广告

加工设备

焊接机器人

相比传统人工，焊接机器人有以下优点：

可以提高生产效率。焊接机器人响应时间短，动作迅速，可以24h不间断运转。

可以提高产品质量。焊接过程中，只要给出焊接参数和运动轨迹，机器人就会精确重复此动作。

可以降低企业成本。主要体现在规模化生产中，可以替代2~4名产业工人。

容易安排生产计划。机器人焊接产品周期明确，容易控制产品产量。固定生产节拍也使得生产计划非常明确。

智能化精加工中心

智能化精加工中心主体采用宽支撑硬轨以及全封闭外观造型设计，结构合理、防护优良、排屑畅通。配有高速运行机械手自动线，可完成自动上、下料，自动装夹工件。

公司不断加强产品制造的智能化、自动化水平，积极响应"中国制造2025"的战略转型，致力于产业的结构升级，更加高效地完成生产任务，为客户提供业内一流的起重机产品。

定梁龙门移动式加工中心

定梁龙门移动式加工中心是集机、电、液等先进技术于一体的机械加工设备，主要用于重型、超重型基础零件的加工，特别适用于零件本身重量大，工件长度较长的黑色金属和有色金属的各种平面、曲面、空间曲面和孔的数控加工。

整机具有高刚性的框架结构设计，因此不仅具有强力切削的能力，同时又能满足精密零件的加工。

数控落地铣镗床

数控落地铣镗床是采用当代机械、电气、液压等新技术，用途广泛的重型金属切削机床。此机床具有扭矩大，转速范围宽等特点。

适用不同材质不同尺寸的刀具，对不同材质不同尺寸的工件进行重切削和精加工。

滑枕移动式落地铣镗床有自由伸出的镗轴，保留了落地镗床的全部功能，机床不仅能实现大直径及大平面的重切削，而且能加工很多工件的内腔、内腔侧面、内腔孔及大端面止口。采用数控四轴联动技术可完成空间位置面加工及曲面外轮廓的加工。

重点产品

新型起重机

该型号起重机是在引进和消化国外先进技术的基础上，以模块化设计理论为指导，以现代计算机技术为手段，引入优化设计及可靠性设计方法，采用进口配置、新材料、新工艺完成的具有轻量化、通用化、节能环保、免维护及高技术含量的新型起重机。

上图为2016年4月12日为江苏宏宝集团承制的KSQ型250t新型双梁起重机。

该型号起重机具有以下特点：

自重轻；占用空间小；运行维护成本低；工作性能高；绿色制造技术；操作方便；安全可靠；新式葫芦；定位快捷。

洁净防爆全自动型起重机

通过研制生产此类型洁净防爆全自动型起重机，我们取得了16项发明专利，是国内率先拿到洁净防爆全自动型起重机生产资质的企业。具有以下先进技术：采用高密封防爆驱动机构，免维自润滑型轴承。电机、减速机、制动器、电器监测集一体紧凑型设计。主体结构采用高强度合金钢制作，转动类、防护类和连接类工件采用不锈钢制成。

上图为江苏鑫华半导体材料科技有限公司的半导体级多晶硅项目研发设计的该型号起重机。该产品具有洁净除尘、安全防爆、智能操作等特点。

轨道式集装箱门式起重机

我公司为兰州国际港务区设计制造的两台CMJ40.5t-35m轨道式集装箱门式起重机，工作级别为A8工作制，能满足现场全天候、各季节工作要求。各部件配置选型均采用国际知名品牌，从控制软件到承重硬件都凝聚了矿山人的智慧与工匠精神。

兰州国际港务区是"一带一路"经济带上国际贸易的枢纽港，承担着中亚国际班列、中欧班列、南亚多式联运班列的货物中转及装卸任务，这两台集装箱起重机正式投入使用，大大提升了国际港口的吞吐能力，也打破了这种大型港口机械，一直由国内大型国企垄断的局面。

宝钢湛江项目

自2014年，河南矿山先后承制了宝钢湛江冷轧2030项目、1550项目共计60余台（套）起重设备。其中1550项目所用起重设备全部由河南矿山一家提供，这是宝钢采购厂房设备过程中没有先例的一次。

宝钢集团要求所有起重机能够实现无人化、全自动化操作。另外在焊接工艺方面，严格控制对接焊缝的埋弧焊缝的余高在0.5~1.5mm之间。采用高铁轨道铝热焊接高精工艺技术，消除了起重机运行中的冲击危害，提升了小车运行平稳度，延长了起重机和轨道的使用寿命。2016年9月荣获宝钢集团优秀供应商称号。

扫描阅读详情　　　扫描阅读详情　　　扫描阅读详情　　　扫描阅读详情

全国免费服务热线
400-0373-818/919

销售电话
0373-8735 555/777/999

传真
0373-8735 695/333

企业简介 About Shuangniao Machinery

浙江双鸟机械有限公司创办于1984年,是中国重型机械工业协会起重葫芦分会副理事长单位,全国起重葫芦行业重点骨干企业。专业生产"双鸟"牌手动葫芦、电动葫芦等起重产品,远销欧美等100多个国家及国内大部分地区。

"双鸟"商标被评为浙江省著名商标,公司获得国家重点高新技术企业、浙江省文明单位、浙江省企业技术中心、浙江省专利示范企业、浙江省劳动关系和谐企业、浙江省AAA级守合同重信用单位、浙江省AAA级纳税信用企业、浙江省安全生产标准化达标企业等荣誉称号。公司通过ISO9001质量管理体系、ISO14001环境管理体系、OHSAS职业健康安全管理体系认证以及德国GS、欧洲CE认证,率先通过欧盟2005/84/EC指令,REACH法规要求。手拉葫芦获得全国工业产品生产许可证,环链、钢丝绳电动葫芦获得国家特种设备制造、安装、改造维修许可证。公司研发的环链电动葫芦被列入国家星火计划项目、国家火炬计划项目。公司累计授权国家专利71项,其中发明专利7项,为主或参与制订手拉葫芦、手扳葫芦、环链电动葫芦钢丝绳电动葫芦等国家和行业标准18项。公司拥有赛默飞金属分析仪、德国CARLIEISS显微镜等先进生产、检测设备,2014年初,公司从德国引进全新链条生产线,为生产一流产品提供了有力保障。

"百年双鸟,葫芦经典"是我们的梦想和追求,"不断创新,为顾客提供满意的产品和服务"是我们永远不变的承诺。我们将与各界客商一道,携手同行,合作共赢,共创美好未来!

企业资质 Enterprise qualification

- 浙江省著名商标
- 浙江名牌产品
- 高新技术企业
- 手拉、手扳葫芦国标起草单位
- 环链电动葫芦国标起草单位
- 中国平安5000万质量承保

浙江双鸟机械有限公司
ZHEJIANG SHUANGNIAO MACHINERY CO., LTD.

地址:浙江省嵊州市黄泽镇玉龙路16号
邮箱:sales@tbmhoist.com
http://www.tbmhoist.com
电话:0575-83055889 83053788
传真:0575-83503838

百年双鸟　葫芦经典

双鸟官方网站直达　关注双鸟官方微信　广告

手动、环电葫芦

- 手拉葫芦：0.5~50t
- 手扳葫芦：0.75~9t
- HHXG型：0.5~3t
- SHH型：0.25~10t

钢丝绳电动葫芦

- SHA XD型：1.6~12.5t
- SH型：1~20t
- 双梁小车型：3.2~20t

中国平安 PING AN　中国平安财产保险承保 产品责任险5000万元

中国第二重型机械集团公司（简称中国二重）始建于1958年，是中国机械工业集团有限公司（简称国机集团）所属的重大技术装备制造企业和我国重要的重大技术装备制造基地。近60年来，中国二重先后为中国及世界市场提供了超过两百万吨的重大技术装备。

中国二重具备一次提供900t钢水、700t钢锭、500t铸钢件和400t锻钢件的能力，是世界重大技术装备领域少数具备极限制造能力的企业。中国二重主业涵盖大型成台（套）装备和大型铸锻件、大型压力容器、大型模锻件、大型传动件装备制造，可为冶金、矿山、能源、交通、汽车、石油化工、航空航天等行业提供系统的装备制造与服务。

在成台（套）装备制造领域，中国二重是冶金成台（套）装备和智能化锻造装备工程总包的核心供应（服务）商；在大型铸锻件领域，中国二重是AP1000、华龙一号、CAP1400为代表的第三代核电机型全套铸锻件和关键零部件重要供应商，是中国率先能够提供"三峡级"70万kW水电机组全套铸锻件和批量生产百万千瓦级超超临界火电机组关键成套铸锻件的供应商；在重型压力容器领域，中国二重具备单体2500吨级以上超大、超厚重型压力容器整体装备制造能力，是中国大型核电、化工重型压力容器的骨干供应商；在大型传动件领域，中国二重是大型冶金、水利传动件装备制造的优势企业和中国主要的大型风电增速机、风机主轴和风机偏航变浆系统制造基地；在航空航天领域，中国二重是中国航空模锻件产品的主要供应商和航天基础装备制造功勋企业。

中国二重将始终以开放的心态拥抱市场，秉持共享发展、协同发展，双赢多赢的理念，以国际化的视野，积极参与全球资源配置，加快向高端装备制造转型，培育国际竞争合作新优势，积极融入"一带一路"建设，参与中国装备走出去和国际产能合作。在国机集团"二次创业，再造一个海外新国机"战略引领下，将中国二重打造成为世界一流的重大技术装备制造企业。

广告

① 中国二重自主设计、制造、安装的800MN大型模锻压机
② 中国二重生产制造的国内CPR1000核电发电机半转速转子
③ 中国二重研制成功AP1000主管道热段A
④ 中国二重为一汽和洛拖生产制造的EXY125MN热模锻曲轴前梁自动生产线
⑤ 中国二重生产制造的上海金山石化加氢精制反应器
⑥ 中国二重生产制造的大型立磨
⑦ 中国二重生产制造的4300mm铝板宽厚板轧机
⑧ 中国二重自主设计制造、安装使用的160MN自由锻压机

			⑧
			⑦
	①		⑥
②	③	④	⑤

广告

国家高新技术企业

CE认证

ISO9001质量体系认证

常州市常欣电子衡器有限公司

实时检测
海量储存

在线观察
远程管理

主要产品

新产品、新标杆——起重机械安全监控管理系统

- 起重量限制器
- 起重机电子秤
- 高度起重量综合仪
- 起升高度限制器
- 力矩限制器
- 起重机械安全监控管理系统

您值得信赖的采购合作伙伴！

- ◆ 30年行业标杆，实力铸就品牌！
- ◆ 行业标准主要起草单位
- ◆ 中国重型机械工业协会理事单位
- ◆ 国家高新技术企业
- ◆ 新产品、新标杆——起重机械安全监控系

QCX-M型起重量限制器

LX型起重力矩限制器

QCX-4C型起重机电子秤

GDQ型高度起重量综合仪

常州市常欣电子衡器有限公司

地址：江苏省常州市中凉亭夏雷路68号　　邮编：213001
销售热线：0519-86643943　86643574　86696883　　传真：0519-86640473
技术支持：0519-86643940　86653079　　售后服务：0519-86643942
E-mail: jishu@51changxin.com　　http://www.51changxin.com

中国机械工业年鉴系列

中国重型机械工业年鉴

2017

中国机械工业年鉴编辑委员会
中国重型机械工业协会 编

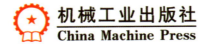

《中国重型机械工业年鉴》2017年版设置综述、大事记、行业篇、市场篇、企业篇、统计资料、标准与质量和附录8个栏目，集中反映了2016年重型机械行业的发展情况，详细记录了18个分行业的生产发展、产品产量、市场销售、科技成果及新产品、标准与质量、基本建设及技术改造等情况，公布重型机械行业权威统计数据以及行业"十三五"发展规划纲要。其中"企业大事记"专栏梳理了行业重点企业2017年的重大事件，记录了企业的发展历程。

《中国重型机械工业年鉴》主要发行对象为政府决策机构、机械工业相关企业决策者，从事市场分析、企业规划的中高层管理人员以及国内外投资机构、贸易公司、银行、证券、咨询服务部门和科研单位的机电项目管理人员等。

图书在版编目（CIP）数据

中国重型机械工业年鉴.2017/中国机械工业年鉴编辑委员会，中国重型机械工业协会编.—北京：机械工业出版社，2018.2

（中国机械工业年鉴系列）

ISBN 978-7-111-59176-4

Ⅰ.①中… Ⅱ.①中… ②中… Ⅲ.①重工业—机械工业—中国—2017—年鉴 Ⅳ.① F426.42-54

中国版本图书馆CIP数据核字（2018）第031054号

机械工业出版社（北京市西城区百万庄大街22号　邮政编码100037）
责任编辑：赵　敏　张珂玲
责任校对：李　伟
北京宝昌彩色印刷有限公司印制
2018年2月第1版第1次印刷
210mm×285mm・18印张・30插页・741千字
定价：380.00元

凡购买此书，如有缺页、倒页、脱页，由本社发行部调换
购书热线电话（010）68326643　88379812
封面无机械工业出版社专用防伪标均为盗版

中国机械工业年鉴编辑委员会

名誉主任 于 珍 何光远

主 任 王瑞祥 第十一届全国政协提案委员会副主任、
中国机械工业联合会会长

副 主 任 薛一平 中国机械工业联合会执行副会长
陈 斌 中国机械工业联合会执行副会长
于清笈 中国机械工业联合会执行副会长
杨学桐 中国机械工业联合会执行副会长
赵 驰 中国机械工业联合会执行副会长兼秘书长
宋晓刚 中国机械工业联合会执行副会长
张克林 中国机械工业联合会执行副会长
王文斌 中国机械工业联合会副会长、机械工业信息研究院院长、
机械工业出版社社长

委 员 （按姓氏笔画排列）
石 勇 机械工业信息研究院副院长
苏 波 中纪委驻中央统战部纪检组组长
李 冶 国家能源局监管总监
李 镜 中国重型机械工业协会常务副理事长
邹大挺 国家科学技术奖励工作办公室主任
周卫东 中国国际贸易促进委员会机械行业分会副会长
赵 明 中国航天科工集团公司办公厅副局级巡视员
赵云城 国家统计局工业统计司司长
赵新敏 中国机械工业联合会副秘书长
姚 平 中国航空工业集团公司综合管理部政策研究室主任
徐锦玲 中国船舶工业集团公司办公厅新闻处处长
郭 锐 机械工业信息研究院副院长、机械工业出版社总编辑
唐 辉 中国船舶重工集团公司新闻处处长
隋永滨 中国机械工业联合会专家委专家
路明辉 中国航天科技集团公司办公厅副主任

中国机械工业年鉴系列

作为「工业发展报告」记录企业成长的每一阶段

中国重型机械工业年鉴执行编辑委员会

主　　　　任	刘鹤群	中国重型机械工业协会第七届理事会理事长
常　务　主　任	李　镜	中国重型机械工业协会第七届理事会常务副理事长
副 主 任 委 员	王继生	中国重型机械工业协会第七届理事会副理事长兼秘书长
	晁春雷	中国重型机械研究院股份公司董事长
	唐　超	北京起重运输机械设计研究院院长
	郝　兵	洛阳矿山机械工程设计研究院院长
	孟文华	一重集团大连设计研究院有限公司副总裁
	蒋新亮	中国第二重型机械集团公司副总工程师

委　　　　员　（按姓氏笔画排列）

王宇航	中国重型机械工业协会重型基础件分会秘书长
王顺亭	国家起重运输机械质量监督检测中心主任
王祥元	中国重型机械工业协会千斤顶分会秘书长
宁德林	中国重型机械工业协会大型铸锻件分会副秘书长
李　志	中国重型机械工业协会破碎粉磨设备专业委员会秘书长
邢德文	中国重型机械工业协会传动部件专业委员会秘书长
吕英凡	中国重型机械工业协会洗选设备专业委员会秘书长
刘正魁	中国重型机械工业协会矿山机械分会秘书长
杨汇荣	中国重型机械工业协会油膜轴承分会秘书长
肖立群	中国重型机械工业协会物料搬运工程设备成套与服务分会秘书长
邵龙成	中国重型机械工业协会散料装卸机械与搬运车辆分会秘书长
张　敏	中国重型机械工业协会起重葫芦分会秘书长
张元健	中国重型机械工业协会冶金压延机械分会副秘书长
张荣建	中国重型机械工业协会带式输送机分会秘书长
张艳君	中国重型机械工业协会副秘书长
张维新	中国重型机械工业协会副秘书长
岳文翀	中国重型机械工业协会桥式起重机专业委员会秘书长
尚　洪	国家质量监督检验检疫总局特种设备局调研员
周　云	中国重型机械工业协会物流与仓储机械分会秘书长
徐郁琳	中国重型机械工业协会润滑液压设备分会秘书长
龚建平	中国重型机械工业协会停车设备工作委员会秘书长

中国重型机械工业年鉴

鉴证行业发展足迹
振兴重型装备工业

中国重型机械工业年鉴编辑出版工作人员

总 编 辑 石 勇
主 编 李卫玲
副 主 编 刘世博 曹 军
责 任 编 辑 赵 敏 张珂玲
编 辑 江道芝 万鲁信
地 址 北京市西城区百万庄大街 22 号（邮编 100037）
编 辑 部 电话（010）88379812 传真（010）68997968
发 行 部 电话（010）68326643 传真（010）88379825

E-mail:cmiy@vip.163.com
http://www.cmiy.com

中国重型机械工业年鉴特约顾问单位特约顾问

特约顾问单位	特约顾问
中国第二重型机械集团公司	陆文俊
北京起重运输机械设计研究院	唐 超
河南省矿山起重机有限公司	崔培军
云南冶金昆明重工有限公司	彭 勇
株洲天桥起重机股份有限公司	肖建平
浙江双鸟机械有限公司	张文忠
安徽盛运重工机械有限责任公司	汪 玉
江西工埠机械有限责任公司	喻连生
南昌矿山机械有限公司	龚友良
淮北矿山机器制造有限公司	胡善宏
浙江东海减速机有限公司	王孙同
河南省东风起重机械有限公司	李伟敏
八达机电有限公司	何国胜
江西华伍制动器股份有限公司	谢徐洲
浙江双金机械集团股份有限公司	胡祖尧
浙江浙矿重工股份有限公司	陈利华
松滋市金津矿山机械股份有限公司	伍发新
广东永通起重机械股份有限公司	叶宏洪
常州市常欣电子衡器有限公司	袁黎萍
武汉雄驰机电设备有限公司	周尤利
南阳起重机械厂有限公司	秦强华
山东省德州市金宇机械有限公司	金树森
安美科技股份有限公司	冯 军

中国重型机械工业年鉴

鉴证行业发展足迹
振兴重型装备工业

中国重型机械工业年鉴特约顾问单位特约编辑

特约顾问单位	特约编辑
中国第二重型机械集团公司	张 健
北京起重运输机械设计研究院	聂索夫
河南省矿山起重机有限公司	任海涛
云南冶金昆明重工有限公司	李粉菊
株洲天桥起重机股份有限公司	李 峰
浙江双鸟机械有限公司	韩 剑
安徽盛运重工机械有限责任公司	黄 薇
江西工埠机械有限责任公司	郭希文
南昌矿山机械有限公司	胡敏锐
淮北矿山机器制造有限公司	彭爱民
浙江东海减速机有限公司	王文斯
河南省东风起重机械有限公司	李伟娟
八达机电有限公司	杜左海
江西华伍制动器股份有限公司	陈胜根
浙江双金机械集团股份有限公司	周 玲
浙江浙矿重工股份有限公司	林为民
松滋市金津矿山机械股份有限公司	张旭明
广东永通起重机械股份有限公司	罗永杰
常州市常欣电子衡器有限公司	包鸿霞
武汉雄驰机电设备有限公司	汤胜华
南阳起重机械厂有限公司	秦云鹏
山东省德州市金宇机械有限公司	张建刚
安美科技股份有限公司	冯 军

中国重型机械工业年鉴

鉴证行业发展足迹
振兴重型装备工业

前　言

重型机械行业（包括冶金机械、矿山机械、起重运输机械、重型锻压机械和大型铸锻件）是我国装备制造业的重要组成部分，也是关系到国民经济命脉和国家安全的重要产业，主要服务于钢铁、有色、矿山、煤炭、建材、电力、水利、交通、石化、物料搬运和国防建设及机械等国民经济各领域，部分产品进入了民众生活服务领域。

2017年是"十三五"规划实施之年，也是各项调控政策效果集中发力之年，《中国制造2025》许多针对性措施落地，重型机械行业也在新常态下由"多、快"转向"好、省"；2017年也是习近平总书记提出"撸起袖子加油干"奋发图强的大好时机，以"三去一降一补"为重点的供给侧结构性改革、"智能制造"战略和"一带一路"倡议的实施为我们提供了许多新的挑战和机遇。自2016年下半年，重型机械行业进入了新一轮上升周期，市场需求有所增长，主要企业订货量好于上年。2017年全行业共实现主营业务收入1.2万多亿元，同比增长8.3%；行业利润总额654亿余元，同比增长19%；进出口总额218.6亿美元，同比增长6.1%；全行业呈现增速稳中有进、经济指标趋好的运行态势。

《中国重型机械工业年鉴2017》是自创办以来的第13期。作为行业的宣传窗口，年鉴展示了2016年行业、企业在转型升级中取得的经验和成绩，并与广大用户和关心重型机械行业发展的读者一起，共同见证了中国重型机械行业、企业创新发展的历程。

2018年是贯彻党的十九大精神的开局之年，是决胜全面建成小康社会的关键一年。在实施"十三五"规划承上启下的关键时刻，中央经济工作会议提出：我国经济增长由"量"转"质"，高质量成为硬要求；供给侧改革将更加注重"补短板"和技术升级。国家持续开展的"去产能、去库存、去杠杆、降成本、补短板"结构性调整，对重型机械行业是压力也是挑战。重型机械行业将按照党中央、国务院的总体部署，贯彻落实十九大精神和《中国制造2025》战略规划，以"夯实基础、自主创新，提质增效、转型发展"为基线，以高质量发展为目标，推动"创新、协调、绿色、开放、共享"五大发展理念和行业"十三五"规划的实施，实现持续、健康、高质量的发展。

中国重型机械工业协会希望通过《中国重型机械工业年鉴》展示行业的整体面貌，加强与各界同仁的交流与沟通，共同努力推动我国重型机械行业在新时代的创新发展。

在《中国重型机械工业年鉴》的编纂过程中，得到了各有关企业和用户的大力支持，也得到了许多行业领域专家的指导，在此表示诚挚的感谢。中国重型机械工业协会将一如既往地为行业企业提供真诚的服务。

中国重型机械工业协会常务副理事长　李镜

2018年2月

广告索引

序号	企业名称	版位
1	浙江东海减速机有限公司	封面
2	河南省矿山起重机有限公司	封二扉页
3	浙江双鸟机械有限公司	前特联版
4	中国第二重型机械集团公司	前特联版
5	常州市常欣电子衡器有限公司	前特页
6	2018中国国际工程机械、建材机械、矿山机械、工程车辆及设备博览会	后特页
7	武汉雄驰机电设备有限公司	封三联版
8	江西工埠机械有限责任公司	封底

绿色、智能制造篇

9	安徽盛运重工机械有限责任公司	A2～A3
10	浙江双金机械集团股份有限公司	A4～A5
11	江西工埠机械有限责任公司	A6～A7
12	浙江东海减速机有限公司	A8～A9
13	2018中国（上海）国际重型机械装备展览会	A10

冶金矿山机械优秀企业篇

14	云南冶金昆明重工有限公司	B2
15	南昌矿山机械有限公司	B3
16	淮北矿山机器制造有限公司	B4
17	浙江浙矿重工股份有限公司	B5
18	松滋市金津矿山机械股份有限公司	B6

广告索引

序号	企业名称	版位
起重运输机械优秀企业篇		
19	八达机电有限公司	C2～C3
20	北京起重运输机械设计研究院	C4
21	株洲天桥起重机股份有限公司	C5
22	河南省东风起重机械有限公司	C6
23	广东永通起重机械股份有限公司	C7
24	南阳起重机械厂有限公司	C8
名优配套件篇		
25	江西华伍制动器股份有限公司	D2
26	山东省德州市金宇机械有限公司	D3
27	壳牌（中国）有限公司	D4
28	安美科技股份有限公司	D5
29	2018亚洲国际动力传动与控制技术展览会	D6

专栏索引

企业大事记		
30	北京起重运输机械设计研究院	E2
31	河南省矿山起重机有限公司	E3
32	山东山矿机械有限公司	E4
33	株洲天桥起重机股份有限公司	E5
34	纽科伦（新乡）起重机有限公司	E6

绿色、智能制造篇

智造引领 创新驱动 协调发展

目前建设的环保型长距离矿山物料运输专用线项目，输送机系统总长46.8km，年运输量2 000万t，可实现从14个不同矿山企业分支线、主线集中运输到货运码头。

安徽盛运重工集团是由安徽盛运环保集团输送设备制造板块组建而成，下辖新疆开源重工机械有限责任公司、上海盛运机械工程有限公司、重工机械厂、重工科技厂以及彭泽盛运廊道输送工程有限公司和一个省级技术研发中心，在桐城国家经济开发区拥有集研发、设计、生产为一体的重型输送机设备，环保设备智能制造科技产业园。集团公司专业从事矿山物料输送系统工程项目、机电工程项目的投资、技术咨询、设计、运营管理及项目工程总承包；各类输送设备；环保设备；智能环卫设备的设计、制造、销售、安装及其工程项目总承包；环境工程项目的设计、施工总承包及运营管理；钢结构工程和市政工程的设计、制造、安装、工程劳务及其工程项目总承包；电气成套设备的研发、设计、制造、销售、安装服务；矿山物料输送工程、机电工程、环保工程等项目的投资（以自有资金）；技术与设备进出口及代理进出口。

公司占地面积56万m²，总资产23.5亿元，注册资本3.98亿元；员工1 600余人，其中各类中高层次、复合型专业技术人才590余人，高级职职称10人、中级职职称80人；拥有发明专利16项，实用新型专利126项。

公司先后获得《全国工业产品生产许可证》和《煤炭安全标志认证》；拥有矿山工程施工总承包、机电工程施工总承包、环保工程施工专

地址：安徽省桐城市市区快活岭同安路265号　　电话：0556-6206966

管状带式输送机

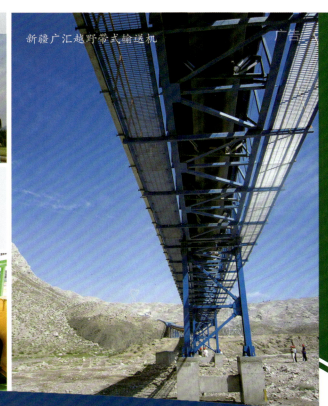
新疆广汇越野带式输送机

拐弯带式输送机

井下可伸缩式输送机

品质改变世界
QUALITY CHANGES THE WORLD

业承包、环境污染治理设施运营资质，环境工程专项设计（甲级）、环境工程施工（甲级）等资质；通过ISO9001：2008质量体系、ISO14001：2004环境管理体系、OHSAS18001：2007职业健康安全管理体系认证；新型输送机械产品工业产值和经济效益均进入行业前5强；为中国重型机械工业协会会员单位；中国煤炭机械工业协会会员单位；安徽省环境保护产业协会会员单位；省级"输送机械专业商标品牌基地骨干企业"；"盛运"牌带式输送机荣获"安徽省名牌产品"，"苏浙皖赣沪名牌产品50佳"；集团公司为"高新技术企业"。

集团公司秉承"至诚团结、拼搏进取、求精创新、追求一流"的企业精神；遵循"诚信广赢市场，团结凝聚力量，质量铸就品牌，人才打造未来"的经营发展理念，以技术与管理创新为动力，致力于实施人才和品牌发展战略，持续提高员工专业技能和管理能力，全面提升盛运重工装备制造业水平，加快拓展相关行业的高端市场，从而提高盛运重工核心竞争力，打造全产业链大未来，为客户提供完整的物料输送、机电、环保设备、智能环卫设备、环境工程、钢结构工程、市政工程、电气成套设备等一体化解决方案。

安徽盛运重工机械有限公司
AN HUI SHENG YUN ZHONG GONG JI XIE YOU XIAN GONG SI

传真：0556-6205280　　http://www.syzg-group.com

浙江双金机械集团股份有限公司
Zhejiang Shuangjin Machinery Holdings Co., Ltd.

浙江双金机械集团股份有限公司创建于1987年，是一家集矿山机械成套设备的研发、生产、销售及工程项目施工为一体的国家高新技术企业。

公司下设6家控股公司，现有专利220项。公司自主研发了SJ系列圆锥破碎机，SK系列单缸液压圆锥破碎机，SJ—PE、SJ—HP系列颚式破碎机，SJ—ZS系列圆锥式制砂机，ZS系列水平式直线振动筛，SJ—3YA2160圆振动筛，SJ—TD型带式输送机等大型矿山设备，完成了从原先的整机生产企业到装备制造业的成功转型。同时公司成套设备已进入国家核电工程项目，先后承接了山东石岛湾、湖南桃花江、海南核电石料厂项目，是当前国内发展较迅速的矿山机械成套设备及解决方案供应商之一。

公司始终遵循"诚信创新、百年双金"的经营宗旨，始终坚持以"金牌的技术、金牌的服务"为理念，致力于为广大客户提供质量可靠、技术先进的产品和服务。

地址：浙江省杭州市余杭区瓶窑镇南山村
销售电话：400 006 1987　　传真：0571-88537368
E-mail：sales@hzsjjx.com.cn
http://www.hzsjjx.com.cn

广告

绿色、智能制造篇

企业简介

工埠机械集团是一家专业从事为起重机等大型成套机械装备配套的新型智能化无齿轮驱动机构研发、制造、销售的高科技企业。建有一个院士工作站、三个研发中心（GBM 控制系统研发中心、GBM 低速大扭矩电机研发中心、江西省节能起重机工程技术研究中心）。

公司位于中国药都——樟树市，占地面积 11 万 m^2，工房面积 62 000 m^2，研发大楼 17 层 15 200 m^2，产品研发专利 36 项，国际专利 6 项。公司拥有国内先进数控加工专用机床150 余台(套)，生产线十余条，年产新型智能化无齿轮驱动机构11 500 套。

企业荣获

国家科技部门重大科技支撑计划项目

国家高新技术企业

中国工业示范单位

中国重型机械工业协会常务理事

中国工程机械学会港口机械分会常务理事

中国起重机械减量化创新战略联盟副理事长单位

江西省科技进步一等奖

起重机起升机构
专利技术

- 结构简单，体积小
- 速比 1:300
- 轻载快速
- 免维护设计，可靠性好
- 安全、智能
- 超静音，无漏油无油污
- 0.2m/min 以下微速运行
- 柔性启动、柔性刹车、零速制动

技术广泛运用于：冶金、矿山、电站、机械制造、集装箱货场、汽车工业、重型机械精密装配、造纸、港口、船舶、航空、军工、煤炭等行业。

地址：江西省樟树市药都北大道223号　电话：(0086) 795-7776606　传真：(0086) 795-7160939　http://www.gongbujx.com

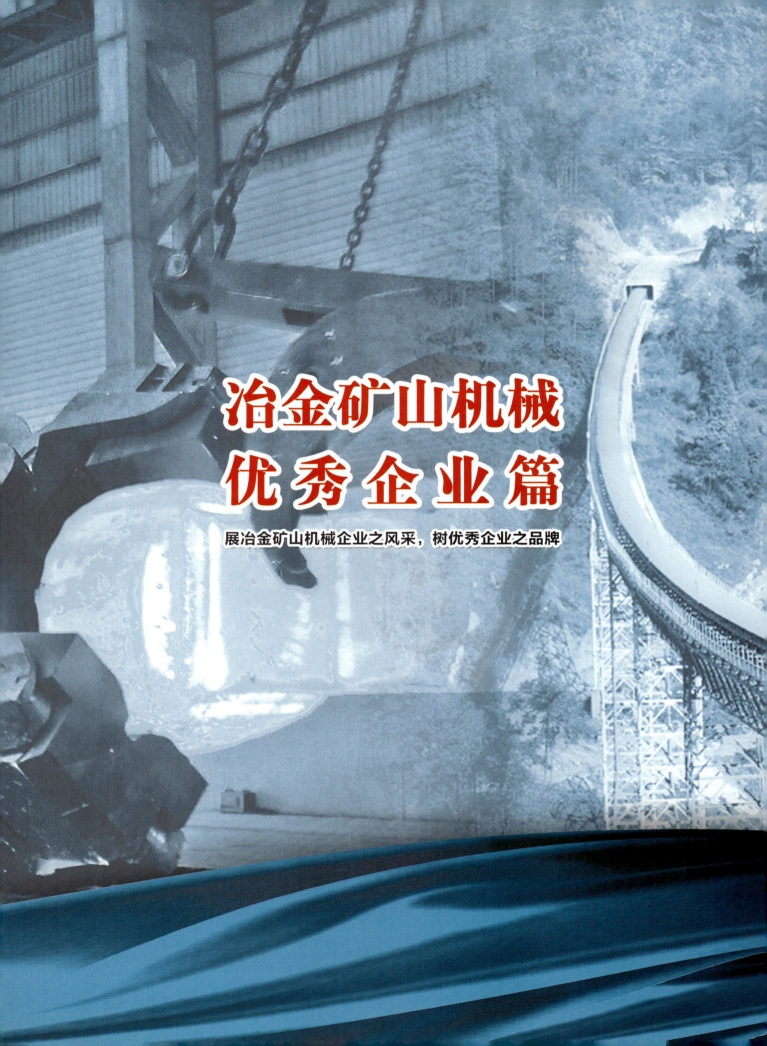

云南冶金昆明重工有限公司

广告

循环水智能环保厕所

高效降耗轻量化桥式起重机

铝锭连续铸锭机组

轧机

直线式拉丝机 / 125t双梁吊钩桥式起重机

80-100万t破碎筛分生产线

轧机现场图

5m回转窑

亚洲第一高桥元江大桥使用的我司塔式起重机

云南冶金昆明重工有限公司前身为始建于1958年的云南重型机器厂（1981年更名昆明重型机器厂）。1994年，昆明重型机器厂更名昆明重型机械工业总公司。2004年，在昆明重型机械工业总公司和其经营性资产管理公司——昆明重工（集团）有限责任公司的基础上组建了昆明力神重工有限公司。2009年，昆明力神重工有限公司与云南冶金集团股份有限公司战略合作，成为其控股子公司，更名为云南冶金昆明重工有限公司（简称昆明重工）。主要生产冶金、起重、矿山、化工、建材等重型机械产品、环保厕所等民用产品和成套成线设备及商品铸锻件。

公司1990年晋升为国家二级企业，1998年通过ISO9001质量体系认证，早期荣获国家计量检测体系合格证书，为国家一级计量单位，是中国重型机械行业协会副理事长单位。连续31年被评为"昆明市守合同重信用企业"，"KH"注册商标连续3届被评为"云南省著名商标"。2011年获"高新技术企业"称号，2014年通过复审。现拥有"耿家盛国家技能大师工作室"，"云南省职工技师工作站"与全国机械冶金建材系统"创新工作室"，是云南省具备大型成套设备综合能力的机械制造企业和铸锻件生产中心。公司被评为昆明市科技创新型试点企业、昆明市质量强企试点单位、昆明市重型装备制造工程技术研究中心、昆明市知识产权试点单位。现有2项产品荣获国家科技奖，48项产品获省部科技奖和优质产品称号，12项产品获昆明市科技进步奖，获国家发明专利3项，实用新型专利55项，软件著作权3项，多项产品技术达到国内先进水平。

公司技术力量雄厚，生产能力强，检测手段先进完备，产品质量优良。产品行销全国，出口德国、日本、英国、美国、泰国、缅甸、巴西、沙特阿拉伯、喀麦隆等20多个国家和地区，先后为多个国内外重大项目提供技术装备。"KH"牌精密轧机、起重机、拉丝机先后被评为"云南名牌产品"；"KH"牌回转圆筒设备、精密轧机、商品锻件、商品铸钢件、商品铸铁件、破碎机等7项产品入选"昆明名牌产品"。多种产品获得云南省重点新产品证书。

公司坚持技术创新为主体，走产学研相结合的道路，经过50多年的发展，培育出一批具有较高素质的人才。现有高精度轧制技术及其成套设备研制省创新团队1个，云南省技术创新人才3名，昆明市中青年学术和技术带头人1名，后备人选1名，昆明市盘龙区优秀专业技术人员3名。云南省有突出贡献优秀专业技术人才1人、享受省政府特殊津贴专家1人、全国劳动模范1人、云南省劳动模范1人，昆明市劳动模范5人，省级技术能手1人、兴滇技能人才1人、昆明市名匠2人、昆明市车工状元1人。在企业全方位优化过程中，对产品、服务的持续改进，以低成本方式实现零缺陷产品，达到质量卓越。公司连续两届获"昆明市名匠工作室"认定，2012年获"国家技能大师工作室"认定。公司以人为本，提倡团队精神，通过建立"绩效是获取报酬的依据"的激励机制，创造人尽其用的宽松环境，吸引优秀人才的加盟。通过引入竞争机制，实行全员聘用制、竞争上岗制和岗位淘汰制，不断提高技术、管理人员的整体素质。

地址：云南省昆明市龙泉路871号
电话：0871-66085010
http://www.khig.com.cn

专业领先 行业品质标杆　　**诚信至上** 幸福企业典范　　国际知名品牌

广告

冶金矿山机械优秀企业篇

CC系列圆锥破碎机　　GC系列旋回破碎机　　MC系列圆锥破碎机

HPF系列棒条给料机　　BS系列椭圆筛　　JC系列颚式破碎机　　YZK/ZKR系列筛分机

　　南昌矿山机械有限公司始建于1965年，坐落于江西省南昌市梅岭风景区，是一家从事矿物和骨料加工技术研究、工程设计、产品开发、设备制造、工程总承包和生产运营的科技型企业。基于五十多年的专业经验和对技术进步的不断追求，目前已发展成国内破碎筛分行业的领导者之一。

　　作为国内领先的破碎筛分解决方案提供商，公司可提供从项目规划设计、成套设备供应到建设安装、运行培训的交钥匙工程，以及运行维护支持、技术咨询和零备件供应，已经成长为矿物和骨料加工领域的全产业链运营商。

　　南昌矿机秉持"专业领先，诚信至上"的经营理念，已经成长为全球高端破碎筛分设备系统卓越制造商和矿山处理总承包的全产业链运营商，最终用户遍布国内外的矿山、水电、核电、石料、水泥和建材等行业。

工程设计　　旋回破碎机GC5065　　 圆锥使用现场　　 紫金矿业集团使用现场

地址：江西省南昌市湾里区红湾大道300号
电话：0791-83782888　83760893　　传真：0791-83761006
E-mail：sales@nmsystems.cn　　http://www.nmsystems.cn

南昌矿机二维码

NZT-53中心传动浓缩机

公司产品内蒙古使用现场

公司产品内蒙古使用现场

云南产品使用现场

国内大型深锥江锂现场

云铜大红山铜矿NTD-60S浓缩机使用现场

赞比亚现场

淮北矿山机器制造有限公司

淮北矿山机器制造有限公司成立于2004年，注册资金1 700万元，为淮北矿山机器厂改制的股份制企业。是中国重型机械工业协会洗选专业委员会副理事长单位、全国矿山机械标准化委员会委员单位、国家高新技术企业、安徽省高科技民营企业、安徽省经信委500家"专、精、特、新"重点监测企业之一、安徽省装备制造业重点企业、具有省级技术研发中心。

公司高度重视技术的投入和研发。与清华大学、中国矿业大学、北京有色金属研究院、昆明钢铁研究院、马鞍山钢铁研究院等进行技术交流，先后投入700多万元成立了"安徽省高效浓缩机重点实验室""淮北市洗选设备暨高效浓缩机工程技术研发中心"等研发机构，建立了室外高效浓缩机半工业化模拟实验装置。同时，公司每年都拿出数百万元用于技术研发和技术人员的奖励，规范奖励办法，培养了一大批素质高、专业技术过硬的人员。

公司每年可生产大型选矿设备300余台，产品销售约占国内同行业市场的50%，同时公司不断扩大国际市场，产品先后出口到哈萨克斯坦、沙特阿拉伯、南非、吉尔吉斯斯坦、巴布亚新几内亚、印度、赞比亚和刚果等国家。

公司秉承"上善若水、厚德载物"的经营哲学，并将其做为淮北矿机人的道德标准。本着"以人为本，才尽其用"的用人宗旨，拼搏进取，彰显自我。

公司先后起草和制定了10项矿山机械类产品的国家标准，拥有国家专利33项，其中三项发明专利。截至目前，公司共研发新产品、新技术达40余项，有十余项产品获得省市县的奖励，其中"GSZN-35高效深锥浓缩机"和"NXZ-53中心传动高效浓缩机"被评为国家重点新产品和安徽省重点新产品，两项被省科技厅评为"高新技术产品"。

董事长： 胡善宏 13965876158　　**副总经理：** 李从军 13909618508
销售总经理： 杨勇 13965898976
公司地址： 安徽省淮北市濉溪经济开发区白杨路15号

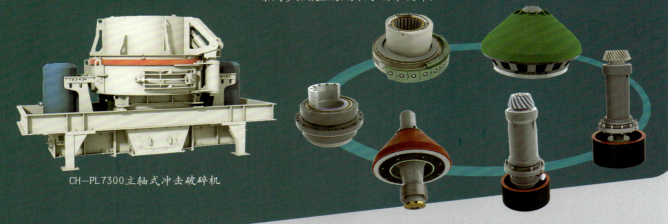

起重运输机械
优秀企业篇

展起重运输机械企业品牌价值,引导他们为行业发展做出贡献

中国·八达机电有限公司
BADA MECHANICAL & ELECTRICAL CO.,LTD.·CHINA

公司创建于1993年，是一家集研发、生产、销售为一体的国家高新技术、国家无区域性企业，主要生产"BADA"牌微型电动葫芦、电动绞盘等系列产品。公司资产总额超亿元，员工380余名，技术管理人员100人，厂区建筑面积4.9万㎡，2008年出口交货值2 500万美元。公司系瑞安市50强企业、瑞安市活力和谐企业、温州市大集团培育企业和温州市"五个一批"重点企业、浙江省清洁生产企业；浙江省纳税AAA级信誉企业、经营AAA级诚信企业、银行资信AAA级企业、安全生产标准化企业；全国创名牌重点企业。

公司是全球大型的"单相电动葫芦"制造商，属国家钢丝绳电动葫芦行业标准起草单位之一，设有"浙江省单相电动葫芦技术研发中心""浙江省企业技术中心"和"国家教育相关部门计算机辅助产品创新设计工程中心八达产业基地"。公司生产的"BADA"牌单相微型电动葫芦PA系列产品，填补了国家微型起重设备的空白，获得13项国家专利，同时被列入"国家重点新产品"和"国家星火计划项目"。产品分别通过了欧盟"CE""EMC"，德国"GS""PAHS"，美国"UL"，加拿大"CUL"认证，欧盟"WEEE""RoHS"绿色双指令认证，多款产品通过TüV的FFU测试。公司通过了ISO9001:2000、ISO14001和GB/T18000认证。产品远销欧美50多个国家和地区，国内外市场占有率均在60%以上，并在欧美16个国家和地区以及中国香港、中国台湾注册了"BADA"牌商标。先后获得"温州名牌产品""温州知名商标""浙江名牌产品""浙江知名商号"和"浙江著名商标"等荣誉。

务实的团队精神、优秀的员工队伍、扎实的管理基础、灵活的经营机制、先进的企业理念、一流的工艺装备、过硬的产品质量、良好的售后服务有效保证了企业的稳定和可持续发展。

株洲天桥起重机股份有限公司
ZHUZHOU TIANQIAO CRANE CO., LTD.

高端智能装备系统解决方案供应商
SOLUTION PROVIDER HIGH-END INTELLIGENT EQUIPMENT SYSTEM

立体停车库

铝电解多功能机组

装船机

通用桥式起重机

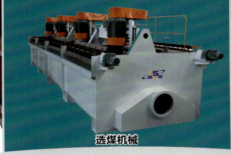
选煤机械

有色冶炼专用设备

公司以高擎中国重装工业先进制造的旗帜为己任，秉承"诚信、敬业、自强、卓越"的企业精神，坚持"顾客至上、诚信为本、规范管理、精心运作、持续改进、开拓创新"的质量方针，突出创新驱动，加快智能化、信息化融合，实现从产品输出向技术输出的转变，努力把公司打造成为以物料搬运装备为核心的重装工业装备系统解决方案供应商。

研发能力
R&D ABILITY

- 高新技术企业
- 研究生创新培养基地
- 省工程技术研究中心
- 省级企业技术中心
- 院士工作站
- 60年传承经验

主营业务
MIAN BUSINESS

- 物料搬运装备
- 有色冶炼智能装备
- 选煤机械
- 立体停车库
- 大型结构件
- 配件及服务

地址：湖南省株洲市石峰区田心北门新民路226号
电话：0731-22337000-8010/8026 传真：0731-22337000-8009

起重运输机械优秀企业篇

广告

车轮组

鼓形联轴器

200t吊钩8片轮片面

鼓形联轴器

弹性联轴器

车轮

滑轮组

32t吊钩组

卷筒联轴器

卷筒组

台车总成

欧式起重机

卷筒组

河南省东风起重机械有限公司（简称东风公司）是集研发、生产、销售于一体的高水平企业。"东起"牌产品主要是起重机及其配套的起重配件。产品有单（双）梁桥式、门式起重机，绝缘、防爆桥式起重机，单梁悬挂起重机，定柱式旋臂起重机，钢丝绳电动葫芦等。配件产品主要有各种型号的车轮组、卷筒组、吊钩组、滑轮组、联轴器等五大类六百余种。公司具有设计各种非标起重机的技术和过硬的安装维修能力。"东起"牌产品，已销往全国各地，并得到用户的好评。

公司以"质量第一、跟踪服务"的理念，健全的质量管理体系，完善的质量检测手段，严格的程序控制，灵活的经营机制，为产品质量提供了保证，为企业的发展奠定了基础。

奋进中的东起公司先后获得了河南省技术创新十佳单位、河南省科技企业、计量合格确认企业、重合同守信用企业、中国行业十大影响力品牌、信用AAA企业、河南省名牌产品、河南省著名商标、河南省质量管理先进企业、河南产品质量管理卓越企业100强等荣誉。

让您的理想随着东风起飞吧，蓝天共翔，辉煌共创，利益共赢，喜悦共享。

河南省东风起重机械有限公司

地　址：河南省长垣起重工业园区纬二路
电　话：0373-2156667　2156668　　传　真：0373-2156886
E-mail：dfcrane@vip.163.com　　http：//www.dfcrane.net

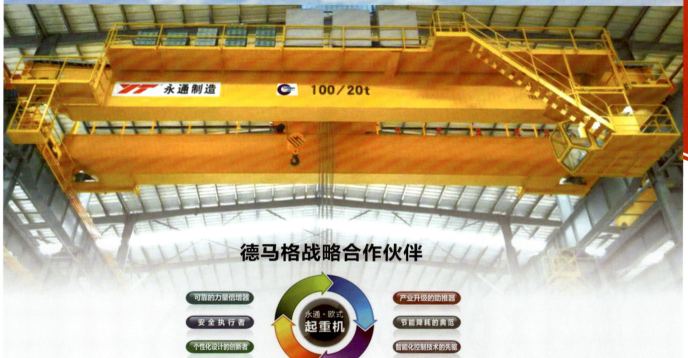

JP 金鹏机械

南阳起重机械厂有限公司始建于1956年，是一家集科研开发，生产制造于一体的综合性企业，是中国重型机械工业协会起重葫芦分会理事单位。具有自营进出口经营权，技术力量雄厚，生产设备先进，拥有先进的德国、意大利高强度圆环链生产线。是国内专业生产"金鹏"牌手动葫芦，环链电动葫芦，卷闸门葫芦，手推、手拉单轨小车，手动牵引器，80-100级高强度圆环链，吊装索具，轮式装备铁路加固系统，汽车防滑防陷器的企业。产品畅销国内钢厂、电厂、煤矿，出口美国、欧洲、日本、韩国、东南亚、中东、非洲和南美等世界各大市场。

南阳起重机械厂有限公司

董事长：秦强华　　地址：河南省南阳市龙升工业园区龙升大道　　邮编：473000

联系人：秦云鹏　　电话：15839969902　0377-63382504　　传真：0377-63380410　http://www.nyhoist.com

名优配套件篇

根据主机配套的要求,围绕新技术、新产品,
树立名优配套件品牌

港口机械制动系统

华伍 致力传动安全

盘式制动器　　鼓式制动器　　安全制动器　　防风制动器　　抓斗液压装置　　液压系统

- 拥有25年专业生产制动器的历史；
- 从2003年起市场份额排名国内同行领先，产品在全球84个国家(地区)110多个码头上长期使用；
- 工业制动器行业内现行国家标准的主起草单位，已主起草共10项行业标准中的9项；
- 能自主研制各类优越的摩擦材料的制动器企业；
- 是国内工业制动器行业A股市场上市公司（华伍股份：300095）。

我们的产品：

在港口　　在轨道交通　　在风力发电
在冶金　　在矿山及建筑机械　　在水利电力工程
在船舶及海洋重工　　在石油钻采……

江西华伍制动器股份有限公司
公司地址：江西省丰城市高新技术产业园火炬大道26号　邮编：331100
电话：0795-6201884　传真：0795-6201896　E-mail: hw@hua-wu.com

详情请访问：
微信公众号：huawu-brakes
官方微博：华伍股份官方微博
官网：www.hua-wu.com

微信二维码

山东省德州市金宇机械有限公司

广告

名优配套件篇

齿轮测量中心

进口台湾陆联数控蜗杆磨床3080

大型数控环面蜗杆专机GJK800

大型平面二次包络环面蜗轮副

轧机压下锥面包络减速机

精密双导程无间隙蜗轮蜗杆副
平面二次包络环面蜗杆减速机
圆弧齿圆柱蜗杆减速器

数控回转台无间隙双导程蜗轮副

钢厂连铸机专用A225二次包络减速机

钢厂专用=RD240二次包络减速机

TPU平面二次包络环面蜗杆减速机

A850尼曼圆弧齿蜗轮副

A1400大型蜗轮副

　　山东省德州市金宇机械有限公司，隶属于部队军械所，始建于1984年，是一家从事平面二次包络减速机、圆弧齿蜗轮减速机、精密无间隙蜗轮副等产品的开发、设计、生产制造的专业厂家。率先通过ISO9000认证，机械工业设计院圆弧齿研究室推荐单位；获得第四届中国通用机械工业博览会金奖；荣获4项国家技术专利；聘请平面二次环面包络蜗杆专家、《平面二次包络环面蜗杆减速器国家标准》起草人之一张建刚为技术总监。

　　公司技术力量雄厚，检测手段完善，拥有铜轮光谱检测仪，减速机功率测试台，哈量齿轮检测中心。拥有数控包络专机5台，二次包络专机18台，大型Y31125滚齿机5台，大型Y31200滚齿机2台，中捷T6118镗床8台，精密数控机床38天，立式VS-1170加工中心5台，汉江S7732蜗杆磨床4台，精度可达5级。2014年引进台湾陆联数控蜗杆磨床，加工精度可达4级，可加工ZA、ZN、ZI、ZK、ZC各种齿形，满足客户任意头数的需要。

　　产品应用于军工产品飞机仪表精密、海洋平台、钢厂轧机压下、轮胎硫化机、数控机床回转台等领域。

官方微信

官方网站

地址：山东省德州市天衢工业园前小屯路8号（德州高速北出口西1km处）
邮编：253000　**电话**：0534-2745032　2745033　2745001
手机：13905342183（金树森）　**传真**：0534-2745033　2745032
http://www.jyjsj.com　**E-mail**：dzjinyu@163.com

广告

高效润滑
有助于降低总拥有成本

| 企业都知道高效设备润滑的降本增效潜力，但却低估了这个潜力 | 企业错过了利用润滑来提高生产率和降低成本的机会 | 这会带来经济方面的影响 |

58% 的企业知道，适当润滑可以将成本**降低5%**以上

降本增效 >5% 以上

51% **不认为**，优质润滑油有助于**降低维护成本**

60% 坦言，润滑油选用或管理失误导致了**计划外停机**

7% 认为，降本增效幅度可以**超过25%**

63% 坦言，他们未能充分开展**员工培训**

29% 认为这些停机造成的损失**超过25万美元**

事实上，润滑油可以影响到维护预算的 **30%**

1/3 的汽车运输公司**全面实施了推荐润滑油管理规程**

1/5 的公司称损失**超过100万美元**

这次调查是由壳牌润滑油委托市场调查公司Edelman Intelligence于2015年11月至12月开展的，对8个国家（巴西、加拿大、中国、德国、印度、俄罗斯、英国、美国）的采矿行业、建筑行业、电力行业、汽车运输行业和制造行业等的决策者进行了调查。

壳牌工业润滑油
携手共进 成就无限可能

扫码关注微信了解更多

企业大事记

记载企业成长的每一个阶段，解读年度重大活动

北京起重运输设计研究院有限公司 2017年大事记

- **1月** 2016年职工大会隆重召开。
- **3月** 召开领导班子宣布大会。
  - 召开2017年干部工作会。
- **4月** 中国中元国际工程有限公司领导莅临我院召开装备制造业务板块（北起院）经营座谈会。
- **5月** 中共北京起重运输机械设计研究院第三次代表大会隆重召开。
  - 索道工程事业部新疆丝绸之路国际度假区滑雪6号脱挂索道签约仪式在中国中元举行。
- **6月** 与厄瓜多尔合作伙伴公司签订战略合作谅解备忘录。
- **7月** 中国中元国际工程有限公司董事会莅临我院调研指导工作。
- **9月** 院自动化立体仓库、桥式起重机两类产品荣获"中国机械工业名牌产品"称号。
- **10月** 我院所属北京科正平机电设备检验所完成改制，名称变更为北京科正平工程技术检测研究院有限公司。
- **11月** 北京起重运输机械设计研究院完成改制，名称变更为北京起重运输机械设计研究院有限公司。
  - 举办"不忘初心 牢记使命"十九大精神专题党课。
  - 召开新任领导班子宣布大会。
  - 与现代农装签订战略合作框架协议。
  - 召开第一届董事会第一次会议。
- **12月** 与进贤县、江西雄宇签署战略及生产合作协议。
  - 召开2017年度市场经营工作会。
  - 与广轻院签署战略合作协议。

河南省矿山起重机有限公司
2017年大事记

1月
- 公司2016年度销售工作总结暨表彰大会隆重举行。县工会主席、人大副主任夏治中、县政法委书记史振彬、副县长王志勇、县政协副主席陶忠民、南蒲办事处党委书记李联合、魏庄办事处党委书记张峰、魏庄办事处主任张琳、公司党委书记崔培军、董事长魏学明、总经理任海涛、公司董事会成员与1200余名销售精英欢聚一堂。设有6个奖项，分别为突出贡献奖、最佳五星级奖、特等奖、一等奖、二等奖和三等奖。公司还为优秀分公司和最佳分公司分别颁发了一万元和两万元广告扶植费。崔书记更是当场为林合雨等七位经理分别发放了100万现金作为奖项，引发现场雷鸣般的掌声。公司还为顺利通过下半年考核的19位矿山孝星颁发了精美礼品。

2月
- 公司为兰州铁路局承制的集装箱门式起重机开始装车发运。公司承制的这批集装箱门式起重机将用于兰州铁路局新建中川综合货场工程，该工程是实施国家"一带一路"倡议的重点工程，是甘肃省、兰州市的"一号工程"，也是中国铁路总公司在建的全国特大的一流综合货场。

3月
- 河南矿山"三八"国际劳动妇女节晚宴浓情上演，出席晚宴的有公司创始人崔培军、总经理任海涛等公司领导及全体女职工。
- 河南矿山第六届孝文化感恩旅游节正式拉开帷幕。本次旅游节共组织1 300余名业务经理及员工父母、搭乘23辆大巴前往华东地区旅游观光。
- 单梁起重机产量再创新高，突破4 100台，逐步发展成为起重机械行业"单梁王"。

5月
- 由中国企业承建的肯尼亚蒙巴萨到内罗毕的标轨铁路——蒙内铁路正式通车。蒙内铁路全长480km，连接肯尼亚首都内罗毕和东非第一大港蒙巴萨港，是肯尼亚独立建国以来最大的单个基础设施工程，被肯尼亚人誉为"世纪铁路"。蒙内铁路是实施"一带一路"倡议和中非合作论坛"十大合作计划"的重要早期收获，是中国同非洲"三网一化"和产能合作的标志性工程。

7月
- 魏庄街道办事处后参木村村委会成员与河南矿山中高层领导共聚一堂举行为后参木"美丽乡村"建设捐款仪式。河南矿山党委书记崔培军现场捐献200万元"美丽乡村"建设款。

8月
- 河南矿山第十四届捐资助学大会隆重召开。县教体局局长王国红、县工会常务副主席鲍利军、魏庄街道办事处党委书记张峰、办事处主任张琳、河南矿山党委书记崔培军、工会主席张如志等领导，以及受资助的部分学生共计200多人出席会议。河南矿山在2004年开始成立了"捐资助学基金会"，十四年来，已使2000多名贫困学生圆了大学梦。
- 经过机器人制造商、行业专家反复论证，并进行长时间试验后，端梁机器人正式调试完毕，即将大规模投入使用。河南矿山将全面进行端梁自动化流水线生产，预计投资1.2亿元。
- 为兰州国际港务区设计制造的两台CMJ40.5t-35m A8轨道式集装箱门式起重机正式投入使用。该集装箱门机能满足现场全天候、各季节工作要求。门机的设计制造达到国内先进、行业领先水平。兰州国际港务区具有多式联运方式港口功能，是"一带一路"经济带上国际贸易的枢纽港，承担着中亚国际班列、中欧班列、南亚多式联运班列的货物中转及装卸任务，这两台集装箱起重机的投入使用，大大提升了国际港口的吞吐能力，也打破了此类港口机械，一直由国内大型国企垄断的局面。
- 河南省委书记谢伏瞻一行莅临河南矿山，就企业转型升级、提质增效进行专题调研。省直各机关领导、长垣县委书记武胜军、县长秦保建、河南矿山党委书记崔培军、董事长魏学明陪同调研。谢伏瞻书记认真听取了崔培军书记的汇报，对河南矿山15年来的高速发展所取得的成绩给予了高度评价，对公司在转型升级、提质增效方面的做法给予充分肯定，希望河南矿山继续稳步前进，坚持创新驱动发展，为传统产业智能化发展做出更大贡献，在先进制造业大省建设中发挥更大的作用。

9月
- 河南矿山研发生产的中国首台洁净防爆全自动型起重机的交付使用，使一些电子、制药、精密机械等行业有了智能环保的发展基础。该起重机，公司取得了16项发明专利，是国内唯一一家拿到洁净防爆全自动型起重机生产资质的企业。
- 中国机械工业联合会暨中国机械工业品牌战略推进委员会在北京隆重召开了"2017年全国机械工业质量品牌提升大会"，机械行业160多家骨干企业、部分机械工业产业集群地方政府及全国性机械行业协会的领导和代表参加了会议。河南矿山"矿源牌桥式起重机"被授予"中国机械工业名牌产品"荣誉称号。
- 流光溢彩、喜气洋洋，为期六天的第六届中秋孝文化节在多功能大厅隆重开幕，公司创始人、党委书记崔培军携公司高层管理人员与广大业务经理父母1500余人欢聚一堂，共同欢庆中秋佳节，畅叙团圆之情。晚会期间为评选出来的"矿山孝星"进行了授牌仪式，给员工父母送去了节日问候和精美礼品。

10月
- 作为迎接党的十九大胜利召开的献礼河南电视台专题片《出彩中原》播出第五集《昂首迈向世界》，报道了河南矿山响应国家"一带一路"倡议，以高科技研发、高精端装备的起重机产品，承建了肯尼亚蒙内铁路全部集装箱及其他起重工程项目，积极拓展海外市场的事迹。
- 公司投资1 600余万元购置的"定梁龙门移动式数控加工中心"正式投入使用。该设备主要用于超大型冶金类、洁净类、欧式小车及大型端梁的整体加工，以及大型集装箱门式起重机运行机构的整体加工。可以进行整体镗、铣、钻等工序实现一次装夹，整体加工，保证了安装尺寸，极大地提高了工作机构的装配精度和整体性能。

山东山矿机械有限公司 2017年大事记

1月
- 在办公楼3楼会议室召开经济形势分析暨2017年度公司方针目标计划贯彻会议，认真总结了公司当前面临的发展机遇与挑战，强调要正确认识宏观经济形势、求真务实、开拓进取就一定能够开创公司发展的新局面。

3月
- 在办公楼3楼会议室召开规范使用合同文本及合同管理知识培训会议。通过这次培训，使相关人员掌握了基本的合同法律知识，增强了合同签订、履行、防范风险的意识，为做好合同的相关工作、有效规避合同风险奠定了有力的知识基础。
- 在大会议室召开了技术创新、小改小革表彰动员大会。会上对一年来涌现出的先进集体和个人进行表彰、奖励。
- 公司组织广大干部职工为患病员工张贤斌开展"送温暖、献爱心"募捐活动。
- 为深入推进"两学一做"学习教育活动的开展，加强党员队伍思想建设，公司党委组织50余名党员赴红色教育基地－淮海战役纪念馆参观学习，缅怀革命先烈丰功伟绩，接受革命传统教育。

6月
- 为进一步提高公司职工的安全意识和安全管理水平，公司邀请了任城区安监局的安全生产专家来公司进行安全生产培训；邀请了任城区消防中队有关领导来公司进行防火消防演练指导，通过此次演练，提高了职工安全防火的个人意识，杜绝了火灾事故发生。
- 济宁市经信委召开市经信系统党建工作暨"七•一"表彰会议，公司党委荣获"先进基层党组织"荣誉称号。
- 公司召开纪念中国共产党成立96周年大会。会上公司党委书记马昭喜回顾了我党的光辉历史及建党以来取得的伟大成就，分析了当前企业面临的形势、机遇和挑战，并就做好下半年工作提出了要求。

8月
- 由济宁市总工会和济宁市人力资源和社会保障局主办，山东山矿机械有限公司承办的"济宁市机械电子工会电焊工技能大赛暨中德"山东•巴伐利亚"产业工人焊接技能大赛全市选拔赛"，在公司山矿技校实习场举行，公司获得团体总分第二名的好成绩。
- 济宁市任城区科技局组织有关专家，对公司承担的任城区2016年度科技发展计划"PL1200制砂机"项目进行了现场论证和鉴定验收。
- 公司开展了金秋助学活动，为11名困难职工的高考学子发放了助学金和慰问品。

9月
- 公司组织开展了天车工、铸造工技能大赛活动，机二车间王荣华、铸造车间郭金星以优异成绩获得天车工、铸造工大赛第一名。大赛得到了上级领导的关心和重视，被济宁市总工会和济宁市人力资源和社会保障局纳入到市二类技能大赛活动范围中，两名冠军选手被授予"济宁市五一劳动奖章"和"济宁市技术能手"荣誉称号。

10月
- 民建济宁市委与山东山矿技工学校共建的精准扶贫助学项目－"同心思源班"在山东山矿技工学校举行开班仪式。济宁市副市长、民建济宁市委主委吴霁雯，中共济宁市委统战部副部长韩利峰，济宁市人力资源与社会保障局副局长徐恩礼等出席开班仪式，济宁市副市长、民建济宁市委主委吴霁雯充分肯定了公司和技校的发展成就，希望技校和公司进一步加快发展，为济宁市的经济发展做出新的更大贡献。

12月
- 山东省质量强省及名牌战略推进工作领导小组办公室发布了关于2017年度山东名牌产品认定结果的公告，认定公司的山矿牌带式输送机等343个产品为2017年度山东名牌产品。这是公司带式输送机第五次荣获此项荣誉。

株洲天桥起重机股份有限公司 2017年大事记

1月
- 全面启动ERP升级工作，通过优化业务板块，提升了OA系统应用，强化流程管理意识。进一步完善OA系统运行，提高办公效率。

3月
- 完善金蝶K3系统，对原金蝶财务系统升级，增加应收、应付、票据管理模块，完成新旧系统财务核算板块对接，基本实现财务与业务一体化；全面上线金蝶物流系统且运行稳定。

7月
- 公司参股的珠海英搏尔电气有限公司在深交所创业板上市，公司持股4.46%，战略投资再结硕果。
- 中共株洲天桥起重机股份有限公司党委隆重召开庆祝建党96周年暨"七一"总结表彰大会。

8月
- 为建立健全党建工作规范化管理体系，加强对企业党建、文明创建、党风廉政和群团等工作的管理，正式成立党群工作部。
- 举办2017年天桥·成长助学基金颁发仪式，仪式为考取重点院校的职工子弟、职工困难子弟、社会特困学生发放奖学、助学资金。我们秉持"凝聚爱心，回报社会"的初心，为打造天桥特色的爱心品牌而不断努力，帮助寒门学子放飞梦想，成就未来。

11月
- 国家发改委地区司副司长张东强一行来到我司，就公司生产经营形势开展调研。通过了解，张东强对公司开拓智能停车库领域及努力实现"科技资源向创新资源，科技成果向高科技产品"的发展方向表示赞赏，并寄语公司要抢抓机遇，继续做大做强智能制造等产业。
- 公司与湖南工业大学签署战略合作协议，旨在"搭建一个基地，建立一个创新中心，打造一个产业化平台"即共建研究生创新创业实践基地、建立科研项目和课题研发中心、打造科技成果产业化平台。

12月
- 与贵阳铝镁设计研究院签订《铝行业智能装备》战略合作协议，开展电解铝智能装备关键技术攻关。积极响应国家提出的工业4.0号召，携手打造智能制造平台。
- 公司与贵阳铝镁设计研究院有限公司、株洲天桥嘉成科技发展有限公司及创始团队，共同出资3000万元，发起成立湖南天桥嘉成智能科技有限公司，公司控股51%，布局有色冶炼、轨道交通产业的智能制造领域。

纽科伦(新乡)起重机有限公司 2017年大事记

- 公司确定2017年为质量管理年。当年，公司围绕质量年的各项要求，制订了质量改进计划推进表，涵盖5大板块，跟踪改进48项，效果显著；实施"班组质量总检制度"，加大对班组长的考核力度，使各班组质量得到了明显提升；顺利关闭6项QC质量攻关项目，制订后续跟踪计划共12项；组织开展质量知识竞赛、油漆涂装技能比赛，积极打造工匠文化，开展金牌工匠评选工作，树立先进典型，带动全员提高自身技能，打造金牌产品。

- 公司自主研发生产的新型智能立体停车库试运行成功，正式投入使用。该产品采用创新性车辆交接搬运技术，布局灵活、存取车方便，引起河南日报、河南都市频道、央广网、网易新闻等媒体的关注和报道。

- 公司船用甲板起重机顺利进行满载和超载实验，成功通过中国船级社验收，标志着公司产品库再添一颗耀眼之星，也预示着公司即将正式进军船用产品领域。

- 公司绿色建筑用PC预制板存储养护系统荣获中国机械工业科学技术奖三等奖。该产品应用于绿色建筑PC自动化生产线，项目符合绿色建筑工业化的发展趋势，具有结构装修一体化、建筑设计标准化、部品生产工厂化、现场施工装配化和过程管理信息化等特性。

- 公司大型工件自动翻转起重机、壁行式全液压船坞维修平台、双梁梁盒自动焊接操作机和25t偏挂式电动葫芦L型门式起重机四个项目，被认定为河南省科技成果，且均达国内领先水平。

- 经国家知识产权局组织评审、认定，公司被认定为2017年度国家知识产权优势企业。多年来，公司十分重视知识产权相关工作的开展，已获得授权专利165项，专利技术转化率达到100%，近年来基于自主知识产权的科技研发成果而获得省级及以上科技奖励20余项。"NUCLEON"品牌先后被认定为"中国著名品牌""河南省著名商标""中国机械工业优质品牌""全国起重机械行业质量领先品牌"等。

- 公司MES制造执行系统一期、二期先后于1月和9月成功上线运行，实现了葫芦和双梁产品生产过程优化管理，纽科伦生产信息化系统建设取得阶段性成果。

- 公司2017年区域代理政策推介会暨签约仪式在云南丽江隆重召开，公司与各区域代理商签订授权协议，纽科伦开创了新的销售模式。

- 公司进一步坚定和落实每年"四个一"的产品发展目标（即每年有一种新系列产品投入市场，每年有一种新系列产品完成试制，每年有一种新系列产品完成设计，每年有一种新系列产品进入研发）。年度内完成架空式智能立体停车库、船用甲板起重机等产品的试制，且形成立体停车库销售订单，完成可变跨抓斗吊钩桥式起重机等新产品的设计。

自攀爬风电维修起重机

纽科伦架空式智能立体停车库

纽科伦被确认为国家知识产权优势企业

综合索引

中国重型机械工业年鉴二维码

鉴证行业发展足迹
振兴重型装备工业

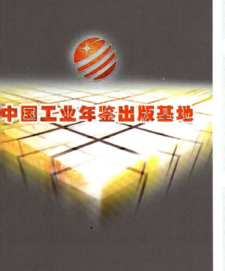

回顾2016年重型机械行业发展状况，公布2016年"中国重型机械科技奖"获奖项目，指出当前行业发展中存在的问题，并提出措施建议。公布重型机械行业"十三五"规划纲要 P3～16	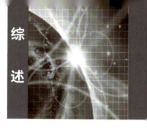 综述
记载2016年重型机械行业发生的重大事件 P19～28	 大事记
从生产发展情况、市场及销售、产品进出口、科技成果及新产品等方面阐述重型机械各分行业2016年的发展情况 P31～108	 行业篇
分析冶金机械、矿山机械、物料搬运机械行业国内外市场情况 P111～130	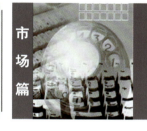 市场篇
2016年重型机械行业主要企业运行情况，重点企业经营理念、文化建设及发展规划 P133～172	 企业篇
客观反映2016年重型机械行业主要经济指标及产品进出口情况 P175～204	 统计资料
介绍重型机械行业标准化及质量工作情况 P207～219	 标准与质量
发布中国重型机械工业协会第七届理事会、监事会名单，组织机构，各分会会员名录 P223～284	 附录

中国机械工业年鉴系列

《中国机械工业年鉴》
《中国电器工业年鉴》
《中国工程机械工业年鉴》
《中国机床工具工业年鉴》
《中国通用机械工业年鉴》
《中国机械通用零部件工业年鉴》
《中国模具工业年鉴》
《中国液压气动密封工业年鉴》
《中国重型机械工业年鉴》
《中国农业机械工业年鉴》
《中国石油石化设备工业年鉴》
《中国塑料机械工业年鉴》
《中国热处理行业年鉴》
《中国齿轮工业年鉴》
《中国磨料磨具工业年鉴》
《中国机电产品市场年鉴》
《中国机械工业集团年鉴》

中国工业年鉴出版基地

编辑说明

一、《中国机械工业年鉴》是由中国机械工业联合会主管、机械工业信息研究院主办的大型资料性、工具性年刊,创刊于1984年。

二、根据行业需要,1998年中国机械工业年鉴编辑委员会开始出版分行业年鉴,逐步形成了中国机械工业年鉴系列。该系列现已出版了《中国电器工业年鉴》《中国工程机械工业年鉴》《中国机床工具工业年鉴》《中国通用机械工业年鉴》《中国机械通用零部件工业年鉴》《中国模具工业年鉴》《中国液压气动密封工业年鉴》《中国重型机械工业年鉴》《中国农业机械工业年鉴》《中国石油石化设备工业年鉴》《中国塑料机械工业年鉴》《中国热处理行业年鉴》《中国齿轮工业年鉴》《中国磨料磨具工业年鉴》《中国机械工业集团年鉴》和《中国机电产品市场年鉴》。

三、《中国重型机械工业年鉴》作为该年鉴系列之一,2005年创办,每年出版一期,2017年为第13期。该年鉴集中反映了重型机械行业的发展情况,全面系统地提供了重型机械行业及其企业的主要经济技术指标。

四、《中国重型机械工业年鉴》2017年版内容由综述、大事记、行业篇、市场篇、企业篇、统计资料、标准与质量和附录8部分构成,统计资料中的数据为快报数据,由中国重型机械工业协会提供,数据截至2016年12月31日。

五、本年鉴在编纂过程中得到了中国重型机械工业协会及所属分会、研究院所和企业的大力支持和帮助,在此深表谢意。

六、未经中国机械工业年鉴编辑部的书面许可,本书内容不允许以任何形式转载。

七、由于水平有限,难免出现错误及疏漏,敬请批评指正。

中国机械工业年鉴编辑部

2018年1月

目 录

综 述

2016年重型机械行业发展报告 ······ 3
2017年1—6月重型机械行业经济运行情况 ······ 9
强基创新，升级增效，实现重型机械行业持续
　健康发展 ······ 11
2016年重型机械行业获得中国机械工业科学
　技术奖项目 ······ 13
重型机械行业"十三五"规划纲要（选编）······ 14

大 事 记

2016年重型机械行业十大新闻 ······ 19
2016年重型机械行业大事记 ······ 20

行 业 篇

冶金矿山机械 ······ 31
　冶金设备 ······ 35
矿山机械 ······ 39
　破碎粉磨设备 ······ 44
　洗选设备 ······ 51
物料搬运（起重运输）机械 ······ 58
　轻小型起重设备 ······ 69
　　千斤顶 ······ 69
　　起重葫芦 ······ 70
　桥式、门式起重机 ······ 80

　带式输送机 ······ 84
　散料装卸机械 ······ 87
　仓储机械 ······ 90
　机械式停车设备 ······ 94
大型铸锻件 ······ 95
基础件 ······ 100
　减速机 ······ 100
　制动器 ······ 104
　油膜轴承 ······ 105
　润滑液压设备 ······ 106

市 场 篇

冶金机械国内市场及进出口情况 ······ 111
矿山机械国内市场及进出口情况 ······ 119
物料搬运机械进出口市场分析 ······ 124

企 业 篇

企业介绍 ······ 133
　中国第一重型机械集团公司 ······ 133
　中国第二重型机械集团公司 ······ 135
　中信重工机械股份有限公司 ······ 137
　大连重工·起重集团有限公司 ······ 141
　上海重型机器厂有限公司 ······ 144
　中国重型机械研究院股份公司 ······ 145
　中国重型机械有限公司 ······ 149

I

云南冶金昆明重工有限公司·····150
北京起重运输机械设计研究院·····153
山东山矿机械有限公司·····156
卫华集团有限公司·····157
上海科大重工集团有限公司·····160
洛阳矿山机械工程设计研究院有限责任公司·····162
山东华特磁电科技股份有限公司·····164
四川省自贡运输机械集团股份有限公司·····166
杭州西子智能停车股份有限公司·····167

统 计 资 料

2016年重型机械行业主要经济指标·····175
2016年全国重型机械及相关产品产量·····177
2016年重型机械行业主要产品进出口额统计·····178
2016年重型机械行业产品进出口数量统计·····179
2016年冶金设备进出口分类统计·····181
2016年冶金设备进出口排名前30位的国家
　（地区）·····183
2016年矿山机械进出口分类统计·····184
2016年矿山机械进出口排名前30位的国家
　（地区）·····185
2016年物料搬运机械进出口分类统计·····186
2016年物料搬运机械进出口排名前30位的国家
　（地区）·····188
2016年轻小型起重设备进出口分类统计·····189
2016年轻小型起重设备进出口排名前30位的国家
　（地区）·····190
2016年起重机进出口分类统计·····191
2016年起重机进出口排名前30位的国家
　（地区）·····193

2016年工业车辆进出口分类统计·····194
2016年工业车辆进出口排名前30位的国家
　（地区）·····195
2016年电梯、自动扶梯及升降机进出口分类
　统计·····196
2016年电梯、自动扶梯及升降机进出口排名前30位的
　国家（地区）·····198
2016年连续搬运设备进出口分类统计·····199
2016年连续搬运设备进出口排名前30位的国家
　（地区）·····200
2016年其他物料搬运设备进出口分类统计·····201
2016年其他物料搬运设备进出口排名前30位的国家
　（地区）·····203

标准与质量

我国冶金设备行业标准化工作情况·····207
我国矿山机械行业标准化工作概况·····207
我国起重运输机械行业标准化工作情况·····210
2016年全国特种设备安全状况·····217

附 录

中国重型机械工业协会组织机构·····223
中国重型机械工业协会第七届理事会正副理事长、
　正副秘书长·····224
中国重型机械工业协会第七届理事会常务理事、
　理事·····225
中国重型机械工业协会第七届理事会监事长、
　监事·····230
中国重型机械工业协会会员名录·····231

Contents

Summary

Report on the Development of Heavy Machinery Industry in 2016 ·· 3
Economic Situation of Heavy Machinery Industry from January to June, 2017 ······················· 9
Consolidating foundation, Upgrading, Improving Efficiency, and Realizing Sustainable and Healthy Development of Heavy Machinery Industry ························· 11
Projects from Heavy Machinery Industry Which Won the Science and Technology Awards 2016 of Chinese Mechanical Engineering Society ·································· 13
Outline of the 13th Five-year Plan for Heavy Machinery Industry ·· 14

Chronicle of Events

Top 10 News on Heavy Machinery Industry in 2016 ······· 19
Major Events of Heavy Machinery Industry in 2016 ······· 20

Products

Metallurgical and Mining Machinery ····················· 31
    Metallurgical Machinery ································ 35
Mining Machinery ·· 39
    Crushing and Grinding Equipment ················ 44
    Washing machinery ··································· 51
Materials Handling (Crane and Transport) Machinery ······ 58
    Series Lifting Equipment ····························· 69
        Lifting Jacks ·· 69
        Hoists ·· 70
    Bridge Cranes and Portal Cranes ··················· 80
    Belt Conveyers ··· 84
    Bulk Cargo Loading and Unloading Machinery ········ 87
    Warehouse Machinery ································ 90
    Mechanical Parking Systems ······················· 94

Heavy Casting and Forging ·································· 95
Basic Parts ·· 100
    Reduction Gears ·· 100
    Braking Set ··· 104
    Filmatic Bearings ······································· 105
    Lubricating and Hydraulic Equipment ··············· 106

Market

Domestic Markets, Import and Export of Metallurgical Machinery ·································· 111
Domestic Markets, Import and Export of Mining Machinery ·································· 119
Import and Export Markets of Materials Handling Machinery ·································· 124

Companies

Corporate Profile ·· 133
    China First Heavy Industries ·························· 133
    China National Erzhong Group Co. ··················· 135
    Citic Heavy Industries Co., Ltd. ······················ 137
    Dhi-Dew Group Co.,Ltd. ································· 141
    Shanghai Heavy Machinery Plant Co., Ltd. ·········· 144
    China National Heavy Machinery Research Institute Co.,Ltd ·· 145
    China National Heavy Machinery Corporation ········ 149
    Yunnan Metallurgical Kunming Heavy Lndustry Co.,Ltd. ··· 150
    Beijing Materials Handling Ressearch Institute ········ 153
    Shandong Shan Kuang Machinery Co., Ltd. ·········· 156
    Weihua Group Co., Ltd. ································· 157
    Shanghai Keda Heavy Industry Group Co., Ltd. ······ 160
    Luoyang Mining Machinery Engineering Design Institute Co., Ltd.` ··· 162
    Shangdong Huate Magnet Technology Co., Ltd. ······· 164

Sichuan Zigong Conveying Machine Group Co., Ltd. ... 166
Hangzhou Xizi Intelligent Parking Limited by Share Ltd. ... 167

Statistics

Major Economic Indicators for Heavy Machinery Industry in 2016 ... 175
Heavy Machinery Industry of China and Capacity of Related Products in 2016 ... 177
Value of Import and Export of Major Products in Heavy Machinery Industry in 2016 ... 178
Quantity of Import and Export of Products in Heavy Machinery Industry in 2016 ... 179
Classification on Import and Export of Metallurgical Machinery in 2016 ... 181
Top 30 Countries (Regions) for Import and Export of Metallurgical Machinery in 2016 ... 183
Classification on Import and Export of Mining Machinery in 2016 ... 184
Top 30 Countries (Regions) for Import and Export of Mining Machinery in 2016 ... 185
Classification on Import and Export of Materials Handling Machinery in 2016 ... 186
Top 30 Countries (Regions) for Import and Export of Materials Handling Machinery in 2016 ... 188
Classification on Import and Export of Series Lifting Equipment in 2016 ... 189
Top 30 Countries (Regions) for Import and Export of Series Lifting Equipment in 2016 ... 190
Classification on Import and Export of Lifting Equipment in 2016 ... 191
Top 30 Countries (Regions) for Import and Export of Lifting Equipment in 2016 ... 193
Classification on Import and Export of Industrial Vehicles in 2016 ... 194
Top 30 Countries (Regions) for Import and Export of Industrial Vehicles in 2016 ... 195
Classification on Import and Export of Elevators, Escalators and Lifters in 2016 ... 196
Top 30 Countries (Regions) for Import and Export of Elevators, Escalators and Lifters in 2016 ... 198
Classification on Import and Export of Continuous Handling Equipment in 2016 ... 199
Top 30 Countries (Regions) for Import and Export of Continuous Handling Equipment in 2016 ... 200
Classification on Import and Export of Other Materials Handling Equipment in 2016 ... 201
Top 30 Countries (Regions) for Import and Export of Other Materials Handling Equipment in 2016 ... 203

Standards and Quality

Progress of Industry-wide Standardization for Metallurgical Machinery of China ... 207
Brief on the Progress of Industry-wide Standardization for Mining Machinery of China ... 207
Development of Industry-wide Standardization for Crane and Transport Machinery of China ... 210
Safety of Special Equipment in China in 2016 ... 217

Appendix

Organizational Structure of China Heavy Machinery Industry Association (CHMIA) ... 223
Chairman, Vice Chairman, Secretary General and Deputy Secretary General of the 7th Council of CHMIA ... 224
Executive Director and Director of the 7th Council of CHMIA ... 225
Chief Supervisor and Supervisors of the 7th Council of CHMIA ... 230
List of CHMIA Members ... 231

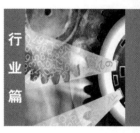

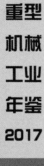

回顾2016年重型机械行业发展状况，指出当前行业发展中存在的问题，并提出措施建议。公布2016年中国重型机械行业获得中国机械工业科学技术奖项目情况。公布重型机械行业"十三五"规划纲要

Look back on the development of the heavy machinery industry in 2016, point out problems existing in its current development, and propose measures and suggestions. Publicize projects from the heavy machinery industry which won the Science and Technology Awards of Chinese Mechanical Engineering Society in 2016 and the 13th Five-year plan for the heavy machinery industry

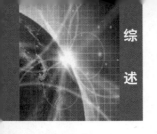
综述

大事记

行业篇

市场篇

2016年重型机械行业发展报告
2017年1—6月重型机械行业经济运行情况
强基创新，升级增效，实现重型机械行业持续健康发展
2016年重型机械行业获得中国机械工业科学技术奖项目
重型机械行业"十三五"规划纲要（选编）

企业篇

统计资料

标准与质量

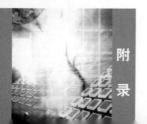
附录

中国重型机械工业年鉴2017

综述

2016年重型机械行业发展报告

重型机械行业是机械工业中冶金机械制造业、重型锻压机械、矿山机械制造业和物料搬运机械制造业以及大型铸锻件制造业的合称。

按照《国民经济行业分类》GB/T 4754—2011新标准的规定,重机行业归口的行业小类已由原冶金设备、采矿采石(矿山)设备和起重运输设备3个行业小类,变更为:冶金设备、矿山机械和轻小型起重设备、起重机、生产专用车辆、连续搬运设备、电梯自动扶梯及升降机、其他物料搬运设备等8个行业小类,并从2012年开始执行。

为反映本行业实际情况,本文根据行业特点的不同,按冶金机械、矿山机械和物料搬运机械三个分行业来分述(将轻小型起重设备、起重机、生产专用车辆、连续搬运设备、电梯自动扶梯及升降机、其他物料搬运设备归为物料搬运机械)。

一、行业基本运行情况

2016年是"十三五"规划的开局之年,面对错综复杂的国内外经济环境,国民经济运行缓中趋稳、稳中向好。2016年全年国内生产总值比上年增长6.7%,总量达到74万亿元。与重型机械行业密切相关的固定资产投资,钢铁、水泥、发电等重点领域总量增速分别为8.1%、0.6%、-4.9%、-0.18%,与上年相比,降幅收窄,重型机械行业全年增速为1.50%,好于年初预期。

1. 全国机械工业情况

2016年全国机械工业主要经济指标在上年较低水平上普遍回升,增长速度超过年初预期。机械工业增加值增速为9.6%,高于全国工业平均水平3.6个百分点;主营业务收入同比增长7.41%,高于全国工业2.53个百分点。在国家统计局公布的64种主要机械产品中,产量实现增长的有41种,占比64.10%,比上年同期增加了36个百分点。

2. 重型机械工业情况

2016年全国重型机械行业呈现出止跌企稳的运行态势,全年未出现负增长情况。2016年各月主营业务收入增速均在临界点上方波动,除1—2月增速在1%以下外,全年有5个月在2%以上,5个月在1%~2%之间,其中:5月份的2.29%为全年最高,1—2月的0.55%为全年最低,12月份全年主营业务收入增速为1.50%,比上年的0.61%上升了0.89个百分点。2016年重型机械行业主要经济指标完成情况见表1,2015年、2016年全国重型机械行业主营业务收入同期对比见图1。

表1 2016年重型机械行业主要经济指标完成情况

行业名称	主营业务收入(亿元)	同比增长(%)	主营业务成本(亿元)	同比增长(%)	利润总额(亿元)	同比增长(%)	利润率(%)	上年同期(%)
重型机械行业合计	12 325.64	1.50	10 378.08	1.58	645.85	-13.36	5.24	6.14
1. 冶金机械行业	1 217.03	0.51	1 087.90	1.25	-17.69	-265.76	-1.45	0.88
2. 矿山机械行业	4 142.87	0.75	3 541.11	-0.24	150.05	-23.96	3.62	4.80
3. 物料搬运机械行业	6 965.74	2.13	5 749.07	2.80	513.49	-4.45	7.37	7.84

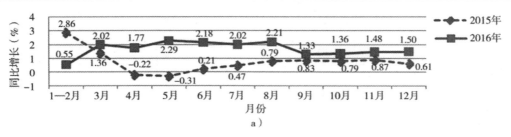

a)

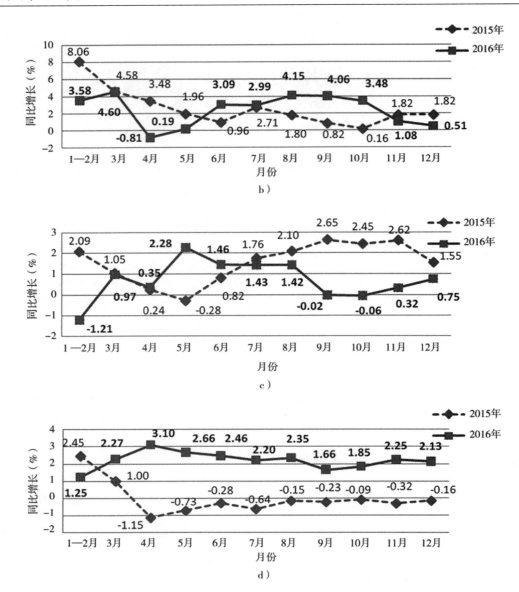

图 1　2015 年、2016 年全国重型机械行业主营业务收入同期对比
a）总体情况　b）冶金机械　c）矿山机械　d）物料搬运机械

二、行业主要产品情况

1.基本情况

从 2016 年重型机械行业主要产品的出产情况看，冶金机械行业、矿山机械行业、物料搬运机械行业的主要产品涨跌互现，其中：金属轧制设备、矿山专用设备、水泥专用设备、电动叉车、内燃叉车、锻件等同比均呈增长状态；金属冶炼设备、起重机、输送机械、减速机、铸钢件等仍处于下降状态。2016 年重型机械行业主要产品产量见表2。2015 年、2016 年重型机械行业主要产品产量同期对比见图2。

表2　2016年重型机械行业主要产品产量

产品名称	单位	2016年产量	2015年产量	同比增长（%）
一、冶金机械行业				
1.金属冶炼设备	万t	54.61	65.59	-16.75
2.金属轧制设备	万t	49.01	48.41	1.23
二、矿山机械行业		794.86	768.93	3.37
水泥设备	万t	86.55	80.07	8.10

（续）

产品名称	单位	2016年产量	2015年产量	同比增长（%）
三、物料搬运机械行业				
1.起重机	万t	984.80	1 002.44	-1.76
2.输送机械（输送机和提升机）	万t	251.41	263.46	-4.57
3.内燃叉车	万台	25.46	23.64	7.68
4.电动叉车	万台	19.46	18.67	4.28
5.减速机	万台	581.77	583.31	-0.26
四、锻件	万t	1 219.22	1 180.55	3.28
五、铸钢件	万t	1 359.80	1 492.63	-8.90

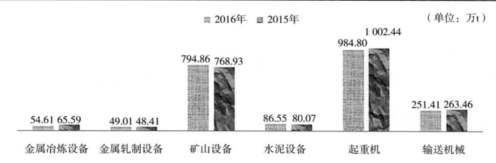

图2　2015年、2016年重型机械行业主要产品产量同期对比

2.各分行业主要产品产量走势

从行业主要产品产量连续三年的走势情况看，冶金机械行业中，冶炼设备2014年同比下降3.49%、2015年同比下降11.62%、2016年同比下降16.75%，连续下行，尚未形成底部区域；轧制设备2014年同比下降11.96%、2015年同比下降17.24%，2016年同比增长1.23%，波动幅度较大，是否止跌企稳尚待观察。矿山机械行业2014年同比增长0.98%、2015年同比下降8.27%，2016年同比增长3.37%、波动幅度过大，下行趋势特征显著。物料搬运机械行业中，起重机2014年同比增长6.79%、2015年同比增长11.32%、2016年同比下降1.76%，波动幅度过大，后期走势不明；输送机械行业2014年同比增长13.87%、2015年同比增长0.16%，2016年同比下降4.57%，连续下行，走势尚待观察。

三、行业经济指标情况

重型机械行业2016年主营业务收入12 325.64亿元，同比增长1.50%；利润总额645.85亿元，同比下降13.36%；利润率5.24%，比上年同期下降0.90个百分点。

1.资产负债情况

重型机械行业资产总额截至12月末为12 980.58亿元，同比增长3.77%。其中：冶金机械行业1 844.49亿元，同比下降5.30%；矿山机械行业4 007.80亿元，同比增长3.21%；物料搬运机械行业7 128.29亿元，同比增长6.74%。

负债总额截至12月末为7 519.25亿元，同比增长4.06%。其中：冶金机械行业为1 234.49亿元，同比下降4.50%；矿山机械行业为2 282.67亿元，同比增长4.68%；物料搬运机械行业为4 002.09亿元，同比增长6.65%。2016年重型机械分行业资产负债率对比见图3。

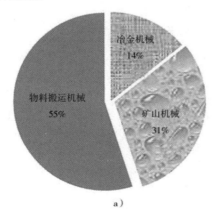
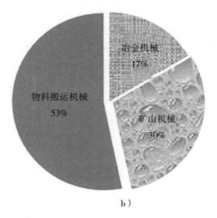

图3　2016年重型机械分行业资产负债率对比

a）资产总额分行业占比　b）负债总额分行业占比

2. 利润总额

重型机械行业 2016 年利润总额为 645.85 亿元,同比下降 13.36%。其中:冶金机械行业为 -17.69 亿元,同比下降 265.76%;矿山机械行业为 150.05 亿元,同比下降 23.96%;物料搬运机械行业为 513.49 亿元,同比下降 4.45%。2016 年重型机械分行业利润总额同期对比见图 4。

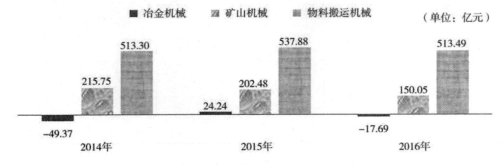

图 4　2016 年重型机械分行业利润总额同期对比

3. 利润率

重型机械行业 2016 年利润率 5.24%,同比下降 0.9 个百分点。其中:冶金机械行业为 -1.45%,比 2015 年的 0.88% 下降 2.33 个百分点;矿山机械行业为 3.62%,比 2015 年的 4.80% 下降 1.18 个百分点;物料搬运机械行业为 7.37%,比 2015 年的 7.84% 下降 0.47 个百分点。2016 年重型机械分行业利润率同期对比见图 5。

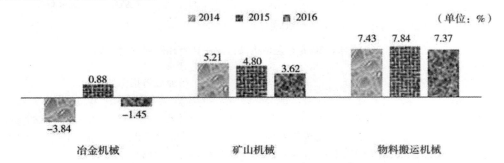

图 5　2016 年重型机械分行业利润率同期对比

四、行业固定资产投资情况

2016 年重型机械行业完成固定资产投资 2 584.66 亿元,同比下降 7.88%,比全国机械工业低 9.58 个百分点。

从分行业的情况看,冶金机械行业完成 208.50 亿元,同比下降 10.06%,增速比上年同期提高 6.77 个百分点;矿山机械行业完成 1 070.32 亿元,同比下降 8.86%,增速比上年同期下降 2.78 个百分点;物料搬运机械行业完成 1 305.85 亿元,同比下降 6.69%,增速比上年同期下降 6.16 个百分点。2016 年重型机械行业固定资产投资情况见表 3。2015 年、2016 年重型机械行业固定资产投资同期对比见图 6。2015 年、2016 年重型机械行业固定资产投资分行业占比见图 7。

表 3　2016 年重型机械行业固定资产投资情况

行业名称	计划总投资		本年新增固定资产		自年初累计完成投资	
	金额（亿元）	同比增长（%）	金额（亿元）	同比增长（%）	金额（亿元）	同比增长（%）
全国机械工业合计	89 687.26	0.96	63 092.01	-11.45	50 132.11	1.70
重型机械行业	4 373.04	-18.27	3 316.53	-23.28	2 584.66	-7.88
占全国机械工业比重（%）	4.88		5.26		5.16	
矿山机械制造	1 775.66	-21.62	1 411.79	-21.16	1 070.32	-8.86
冶金专用设备制造	276.07	-41.14	236.09	-45.67	208.50	-10.06
物料搬运机械制造	2 321.30	-11.27	1 668.65	-20.44	1 305.85	-6.69

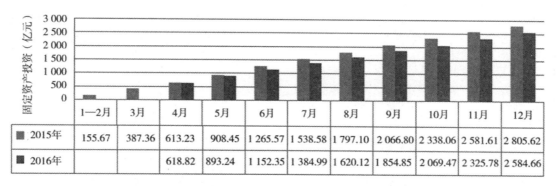

图6 2015年、2016年重型机械行业固定资产投资同期对比

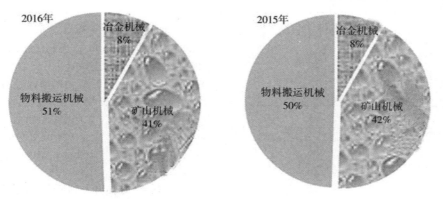

图7 2015年、2016年重型机械行业固定资产投资分行业占比

五、行业进出口情况

据国家海关总署统计，2016年1—12月全国重型机械行业产品进出口总额为206.10亿美元，同比下降13.64%。其中，出口额165.03亿美元，同比下降7.58%，进口额41.07亿美元，同比下降31.66%，进出口顺差123.96亿美元，同比增长4.63%。2016年重型机械行业进出口情况见表4，2015年、2016年重型机械行业进出口同比增长率走势见图8。

表4 2016年重型机械行业进出口情况

行业名称	出口总额（亿美元）	同比增长（%）	进口总额（亿美元）	同比增长（%）	进出口总额（亿美元）	同比增长（%）	进出口顺差（亿美元）	同比增长（%）
重型机械行业合计	165.03	-7.58	41.07	-31.66	206.10	-13.64	123.96	4.63
1.冶金机械行业	11.95	-20.78	4.65	8.47	16.59	-14.31	7.30	-32.38
2.矿山机械行业	12.68	-13.66	2.24	-29.85	14.92	-16.55	10.44	-9.17
3.物料搬运机械行业	140.41	-5.64	34.19	-35.03	174.59	-13.32	106.22	10.43

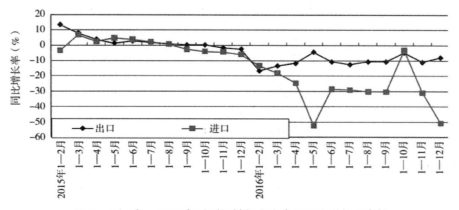

图8 2015年、2016年重型机械行业进出口同比增长率走势

1. 冶金机械产品

2016年冶金机械进出口总额16.59亿美元，其中：出口国家和地区168个，出口金额11.95亿美元；进口国家和地区45个，进口金额4.65亿美元。

出口分类：冶炼设备和连续铸钢设备0.39亿美元，占比3.26%；轧制设备3.05亿美元，占比25.52%；冶金备件8.51亿美元，占比71.21%。2016年冶金机械产品进出口额居前3位的国家和地区见表5，2016年冶金机械产品进出口额居前3位的省、市、区见表6。

表5　2016年冶金机械产品进出口额居前3位的国家和地区

序号	国家（地区）	出口额（万美元）	序号	国家（地区）	进口额（万美元）
1	印度	11 917	1	德国	25 532
2	日本	11 486	2	日本	7 381
3	美国	9 122	3	意大利	4 385

表6　2016年冶金机械产品进出口额居前3位的省、市、区

序号	省市（地区）	出口额（万美元）	序号	省市（地区）	进口额（万美元）
1	江苏	37 187	1	天津	12 779
2	河北	16 043	2	山东	8 965
3	上海	9 954	3	江苏	5 553

2. 矿山机械产品

2016年矿山机械进出口总额14.92亿美元，其中：出口国家和地区181个，出口金额12.68亿美元；进口国家和地区41个，进口金额2.24亿美元。

出口分类：采掘设备3.73亿美元，占比29.42%；破碎设备6.23亿美元，占比49.13%；洗选设备2.32亿美元，占比18.30%；提升设备0.09亿美元，占比0.71%；其他0.32亿美元，占比2.52%。2016年矿山机械产品进出口额居前3位的国家和地区见表7。2016年矿山机械产品进出口居前3位的省市区见表8。

表7　2016年矿山机械产品进出口额居前3位的国家和地区

序号	国家（地区）	出口额（万美元）	序号	国家（地区）	进口额（万美元）
1	印度尼西亚	9 813	1	德国	8 135
2	新加坡	9 417	2	美国	3 521
3	越南	9 393	3	奥地利	2 151

表8　2016年矿山机械产品进出口额居前3位的省、市、区

序号	省市（地区）	出口额（万美元）	序号	省市（地区）	进口额（万美元）
1	上海	20 611	1	北京	3 272
2	河南	17 050	2	河北	3 124
3	广东	14 080	3	上海	3 052

3. 物料搬运机械产品进出口

2016年物料搬运机械产品进出口总额174.59亿美元，其中：出口国家和地区215个，出口金额140.41亿美元；进口国家和地区80个，进口金额34.19亿美元。

出口分类：轻小型起重设备20.19亿美元，占比14.38%；起重机44.11亿美元，占比31.42%；工业车辆19.60亿美元，占比13.94%；连续搬运设备15.05亿美元，占比10.72%；其他物料搬运设备13.11亿美元，占比9.34%；机械式停车设备0.32亿元，占比0.2%；电梯自动梯28.34亿美元，占比20.15%。2016年物料搬运机械产品进出口额居前3位的国家和地区见表9。2016年物料搬运机械产品进出口额居前3位的省市区见表10。

表9　2016年物料搬运机械产品进出口额居前3位的国家和地区

序号	国家（地区）	出口额（万美元）	序号	国家（地区）	进口额（万美元）
1	美国	152 721	1	德国	73 994
2	印度	70 531	2	日本	53 112
3	阿拉伯联合酋长国	70 089	3	韩国	47 024

表10　2016年物料搬运机械产品进出口额居前3位的省、市、区

序号	省市（地区）	出口额（万美元）	序号	省市（地区）	进口额（万美元）
1	江苏	360 717	1	上海	76 666
2	上海	347 214	2	江苏	55 442
3	浙江	206 287	3	广东	45 855

六、行业科技发展情况

2016年获得中国机械工业科学技术奖（重型机械行业）项目见表11。

表11　2016年获得中国机械工业科学技术奖（重型机械行业）项目

项目名称	完成单位	获奖等级
0.12～0.20mm优质超薄热镀锌带钢连续生产线	中国重型机械研究院股份公司、山东舜鑫达新型建材有限公司、西安理工大学	一等奖
LG720冷轧管机组成套设备研制	太原重工股份有限公司、太原科技大学	一等奖

(续)

项目名称	完成单位	获奖等级
综采智能高效大流量集成供液系统	北京天地玛珂电液控制系统有限公司	一等奖
25 000kN 大型伺服闭式四点压力机研制	中国第一重型机械集团公司、上海交通大学、安徽江淮汽车股份有限公司、燕山大学、郑州机械研究所	二等奖
多元合金化锻钢支承辊研制	中国第一重型机械集团公司、天津重型装备工程研究有限公司	二等奖
冷热轧带钢卷取及开卷关键工艺模型与缺陷治理技术开发	燕山大学	二等奖
复杂地形双向双料输送关键技术研究及应用	华电重工股份有限公司	二等奖
基于精益生产管理的起重机先进制造技术与应用	北京起重运输机械设计研究院	二等奖
MG1100/2860-WD 大功率大采高电牵引采煤机的研究与应用	太重煤机有限公司、山西潞安环保能源开发股份有限公司	二等奖
工业铝材高效节能挤压生产关键技术与应用	中国重型机械研究院股份公司、重庆大学、上海重型机器厂有限公司、山东兖矿轻合金有限公司	二等奖
基于物联网技术的十二绳防摇摆集装箱门式起重机	河南卫华重型机械股份有限公司	二等奖
大型球团带式焙烧机成套装备	北方重工集团有限公司	二等奖
提升钢丝绳运行安全保障技术及装备研究	太原理工大学、北京建筑大学、太原科技大学、中国矿业大学、山西科为感控技术有限公司、上海华菱电站成套设备有限公司、武汉市云竹机电新技术开发有限公司	二等奖
装备结构轻量化关键技术研究与应用	上海理工大学、三一海洋重工有限公司、上海延锋江森座椅有限公司	二等奖

〔撰稿人：中国重型机械工业协会 严祥文　审稿人：中国重型机械工业协会 李镜〕

2017年1—6月重型机械行业经济运行情况

一、基本运行情况

截至6月末，行业累计实现主营业务收入6 245亿元，同比增长11.27%，1—6月，行业实现利润总额344.54亿元，同比增长14.17%；应收账款2 686.19亿元，同比下降3.26%；存货2 055.23亿元，同比增长6.51%；企业亏损面16.28%，同比降低0.56个百分点。2017年1—6月重型机械行业主要财务指标完成情况见表1。

表1　2017年1—6月重型机械行业主要财务指标完成情况

名称	主营业务收入（亿元）	同比增长（%）	主营业务成本（亿元）	同比增长（%）	利润总额（亿元）	同比增长（%）	利润率（%）	上年同期（%）
重型机械行业合计	6 245.00	11.27	5 299.87	12.38	344.54	14.17	5.52	5.43
1. 冶金机械行业	613.76	10.40	538.91	8.21	28.09	650.22	4.58	0.67
2. 矿山机械行业	2 111.97	12.69	1 805.12	14.51	98.44	22.19	4.66	4.30
3. 物料搬运机械行业	3 519.27	10.59	2 955.84	11.90	218.01	0.24	6.19	6.83

1. 冶金机械行业

1—6月，累计实现主营业务收入613.76亿元，同比增长10.40%。利润总额28.09亿元，比上年同期增加42.77亿元；应收账款377.93亿元，同比下降12.95%；存货282.82亿元，同比下降4.91%。

2. 矿山机械行业

1—6月，累计实现主营业务收入2 111.97亿元，同比增长12.69%。利润总额98.44亿元，比上年同期增加

17.88亿元；应收账款776.57亿元，同比下降6.47%；存货671.59亿元，同比增长7.75%。

3. 物料搬运机械行业

1—6月，累计实现主营业务收入3 519.27亿元，同比增长10.59%。利润总额218.01亿元，比上年同期增加0.55亿元；应收账款1 531.69亿元，同比增长1.28%；存货1 100.82亿元，同比增长9.12%。

其中，轻小型起重设备累计实现主营业务收入199.07亿元，同比增长4.11%；利润总额9.11亿元，比上年同期减少1.74亿元。

起重机累计实现主营业务收入1 360.29亿元，同比增长14.22%；利润总额64.31亿元，比上年同期增加10.30亿元。

连续搬运设备累计实现主营业务收入230.12亿元，同比增长19.71%；利润总额10.52亿元，比上年同期增加1.30亿元。

二、主要产品完成情况

1—6月，重型机械行业主要产品完成情况如下：

冶金机械行业累计完成金属冶炼设备25.60万t，同比增长5.87%，金属轧制设备28.33万t，同比增长4.40%。

矿山机械行业累计完成矿山设备425.24万t，同比增长13.97%。

物料搬运机械行业累计完成起重机399.67万t，同比增长5.75%；输送机械127.36万t，同比增长0.97%。

本行业相关产品，累计完成减速机309.03万台，同比增长5.60%；水泥专用设备54.64万t，同比增长12.59%；铸钢件573.00万t，同比下降13.05%；锻钢件634.65万t，同比增长9.89%。

三、主要产品进出口情况

根据国家海关总署统计，1—6月重型机械行业进出口总额105.54亿美元，同比增长2.98%，其中：出口额83.95亿美元，同比增长4.40%；进口额21.59亿美元，同比下降2.20%；进出口顺差62.36美元，同比增长6.90%。

1. 冶金机械行业

1—6月，进出口总额为7.94亿美元，同比下降10.01%。其中，出口额6.04亿美元，同比下降0.81%；进口额1.89亿美元，同比下降30.58%；进出口顺差4.15亿美元，同比增长23.32%。2017年1—6月冶金机械行业主要产品进出口情况见表2。

表2 2017年1—6月冶金机械行业主要产品进出口情况

海关货物名称	出口额（亿美元）	同比增长（%）	进口额（亿美元）	同比增长（%）	进出口总额（亿美元）	同比增长（%）	进出口顺差（亿美元）	同比增长（%）
冶金机械合计	6.04	-0.81	1.89	-30.58	7.94	-10.01	4.15	23.32
1.金属冶炼设备	0.36	113.03	0.06	85.07	0.42	108.70	0.30	119.31
2.连铸设备	0.28	501.50	0.00	-53.43	0.28	489.45	0.28	514.11
3.金属轧制设备	1.51	8.63	0.69	-22.32	2.20	-3.44	0.82	63.48
4.冶金设备零件	3.89	-13.23	1.14	-36.62	5.04	-19.94	2.75	2.52

2. 矿山机械行业

1—6月，进出口总额7.65亿美元，同比下降3.85%，其中，出口额6.61亿美元，同比下降0.60%；进口额1.04亿美元，同比下降20.34%；进出口顺差5.56亿美元，同比增长4.24%。2017年1—6月矿山机械产品进出口情况见表3。

表3 2017年1—6月矿山机械行业主要产品进出口情况

海关货物名称	出口额（亿美元）	同比增长（%）	进口额（亿美元）	同比增长（%）	进出口总额（亿美元）	同比增长（%）	进出口顺差（亿美元）	同比增长（%）
矿山机械合计	6.61	-0.60	1.04	-20.34	7.65	-3.85	5.56	4.24
1.采掘设备钻机	1.52	-31.23	0.23	-49.18	1.75	-34.24	1.29	-26.68
2.破碎粉磨设备	3.30	3.84	0.39	-14.18	3.69	1.59	2.91	6.83
3.筛分洗选设备	1.48	41.58	0.41	11.72	1.89	33.82	1.07	57.72
4.矿山卷扬设备	0.03	-19.69	0.00	-97.83	0.03	-44.91	0.03	51.49
5.矿山机械零件	0.27	59.92	0.02	-29.67	0.29	48.72	0.26	74.87

3. 物料搬运机械行业

1—6月，进出口总额89.96亿美元，同比增长4.95%，其中，出口额71.30亿美元，同比增长5.36%；进口额18.66亿美元，同比增长3.41%；进出口顺差52.64亿美元，同比增长6.07%。2017年1—6月物料搬运机械行业主要产品进出口情况见表4。

表4 2017年1—6月物料搬运机械行业主要产品进出口情况

海关货物名称	出口额（亿美元）	同比增长（%）	进口额（亿美元）	同比增长（%）	进出口总额（亿美元）	同比增长（%）	进出口顺差（亿美元）	同比增长（%）
物料搬运机械合计	71.30	5.36	18.66	3.41	89.96	4.95	52.64	6.07
1. 轻小型起重设备	10.33	5.16	1.90	-24.15	12.23	-0.80	8.43	15.21
2. 起重机	19.50	-8.75	0.97	-50.55	20.46	-12.26	18.53	-4.54
3. 工业车辆	13.93	49.03	1.83	50.05	15.76	49.14	12.10	48.87
4. 电梯、自动梯	13.97	0.53	1.55	1.66	15.52	0.64	12.42	0.39
5. 连续搬运设备	7.31	2.86	5.52	7.19	12.84	4.68	1.79	-8.54
6. 其他物料搬运设备	6.26	2.13	6.89	21.15	13.14	11.29	-0.63	-243.40

〔撰稿人：中国重型机械工业协会严祥文　审稿人：中国重型机械工业协会李镜〕

强基创新，升级增效，实现重型机械行业持续健康发展

一、重型机械行业的现状和问题

1. 行业现状

2016年，我国GDP增速为6.7%，机械工业主营业务收入24.55万亿元，比上年增长7.44%。2016年，重型机械行业主营业务收入1.23万亿元，增速为1.50%，较上年提高了0.89个百分点，好于年初-3%的预期；利润比上年下降13.36%，进出口总额比上年下降13.64%；在整个机械行业中属于增速较为缓慢的行业之一。

2012年以来，重型机械行业运行的下行压力逐年加大，周期性特征和新常态特征明显。特别是国家出台的"三去一降一补"调控政策，制定了2016年钢铁、煤炭、建材等工业压缩富余产能年度完成的数量和时间节点。而这些行业是重型机械行业重点服务了六十多年的传统领域，对企业的生产经营、长远规划带来了很大的影响和冲击。同时国家提出的降成本、补短板和绿色发展等要求，又给行业持续发展提出了新的方向和课题。

2017年是"十三五"规划实施之年，也是各项调控政策效果集中显现之年，《中国制造2025》许多针对性措施落地，重型机械行业逐步由"多、快"向"好、省"方向深入发展，2017年也是习近平总书记提出"撸起袖子加油干"奋发图强的大好时机，年初，协会走访了部分行业企业，企业反映市场需求有所增长，主要企业订货量好于上年同期，以"三去一降一补"为重点的供给侧结构性改革以及"智能制造"战略的实施，为企业创造许多新商机。但是受原材料价格上涨、应收款拖欠、无底价招投标等因素影响，行业摆脱困境，做强难度依然很大，行业洗牌的局面还要持续一段时间。

根据各方面汇总情况分析，2017年重型机械行业主营收入增速将达到3%～5%，形势好于2016年。

2. 主要问题

（1）重型机械企业数量多，大多数企业的发展方式仍较为粗放，产品特色不明显，技术开发多是跟随型，创新型人才不足并不时流失，技术研发投入不足，创新能力不强，对目前新的技术、新的经营模式实践不多，经验不足。大型企业大而不强，质量水平不高而且不稳定，知名品牌少，国际高端市场占有率较低。骨干企业新的核心技术不多，创新基础相对薄弱，引入新技术相对缓慢，适应市场能力不强。在当期国家的"调结构、补短板、降成本"等机遇中，苦于没有抓手，难以有所作为。

（2）智能制造技术薄弱。多数产品和生产远没有实现自动化控制，智能控制技术基础欠缺，产品和服务升级相对缓慢，不能满足用户在自动化、信息化方面的要求。在成本优势逐步消失的背景下，传统产业增值空间受到限制。

（3）工程成套技术水平较低，大型工程的竞争能力不强。"走出去"经验不足，抗风险能力差。

（4）现代服务业发展处于初期，多数企业的效果远低于预期，行业整体运行质量不高。

（5）企业之间恶性竞争，获利空间被压缩。低价竞争的后患是企业无法在技术升级改造方面投入资金。

二、2017年行业的工作思路和重点任务

2017年重型机械行业的工作思路是：按照党中央、国务院的总体部署，贯彻落实中央经济工作精神和《中国制造2025》战略规划，深入推进供给侧结构性改革，实施制

造强国战略，以"夯实基础、自主创新，提质增效、转型发展"为基线，坚持调查研究、典型引领，积极推进调结构、补短板、促转型、稳增长，努力保持"稳中向好"的态势，实现重型机械行业持续健康发展。

1. 夯实基础，创建持续发展的支撑平台

重型机械行业大多数企业在本轮下行区间均出现了明显的下滑，突出问题是在技术创新、管理等基础方面与优势企业存在很大差距。有的企业不注意收集用户工艺需求和使用中的问题，提供的商品过于通用化；有的企业订单好时"萝卜快了不洗泥"，放松质量管理和技术提升，最后无力获取订单；有的企业不注重成本分析，不注重通过工艺技术创新减低成本，成本居高不下；有的企业开发新产品缺乏基础性技术数据，不搞实验验证，使千辛万苦造出来的好产品找不到用户，即便在用户现场做重负荷试验，也会给用户和企业造成损失，丢了市场。新常态下如果没有强大的数据和基础技术做支撑，会无法适应发展要求，丧失结构调整的机遇。

重型机械行业属于单件、小批量、定制化和高成本的行业，受原材料、成本变化、质量波动、企业人员流动和经济形势的影响很大，必须把企业数据库、基础零部件、基础材料、基础工艺技术和设计、实验、标准及信息化基础平台建设等基础性工作夯实，分析相关数据更是企业最重要的基础工作。

利用大数据和互联网等信息化技术，收集产品开发、市场需求、生产运行等方面的信息数据。通过扩大、拥有数据量，不断修正数学模型，有的放矢地完善设计、制造、使用的自有技术，是企业谋求产品升级、市场竞争的基本功。

夯实基础需要持之以恒，滴水汇成河，一是要搭建创新平台和设计云平台，在目前的技术设计中，增加虚拟设计、可靠性设计、优化设计和协同设计等；二是做好专业基础数据调查，积极主动参与制订能效（或能耗）、环保排放、安全和质量水平等绿色标准规范。三是加强实验室建设。借力各级政府的支持，建立创新中心建设（包括重点实验室、工程中心、设计中心等），搭建起开放的高端创新平台，汇聚英才，为研究新技术开发个性化新产品提供支撑。四是从降低经营成本出发，找到运行中的跑、冒、滴、漏，科学健全管理制度。五是不断升级信息化支撑平台，为云制造、云服务创造条件。

从协会组织的两次重型机械智能化论坛看，业内一些企业开始利用大数据技术收集、分析自己的企业和产品。也有一批搞IT的"业外"企业，利用自身的优势，深入重型机械行业和用户企业，收集分析各种信息，开展行业、企业、产品的分析。

2. 自主创新，增强行业发展的新动能

重型机械的技术发展正在从引进消化吸收向自主研制转移。近几年，行业成功研制了热/冷连续轧钢成套装备、万吨级油压机、大型升船机、75m³矿用挖掘机、大型矿用磨机、2万t门式起重机、500m直径天眼馈源驱动系统、大型特种机器人和智能停车设备系统等一批具有国际先进技术水平的产品，但是在新一轮智能制造、绿色制造和精益制造方面，整个行业技术研发还处在较低水平。按照"创新、协调、绿色、开放、共享"的发展理念，积极努力落实《国家创新驱动发展战略纲要》和国家出台的"机械工业调结构促转型增效益的指导意见"，在"补短板"中企业应重点关注如下环节：首先不要轻易放弃传统优势，在现有产品基础上，着力在可靠性、性能效率、绿色环保和安全方面创新升级。二是采用新的理论、新的方案，开发适应新的技术和短板产品；三是研发新材料、新工艺。结合国家强基工程，在细分市场中选择自己的攻关目标，从成分配方、生产工艺、工具工装、工艺装备等方面下功夫；四是注重集成和系统创新，充分利用自身平台优势和社会资源，通过创新转变为综合服务能力；五是按照"双创模式"营造良好的众创环境，要建立容错机制，想方设法发挥企业职工和社会专业人士的自主创新热情，培育创新发展新动能。

企业可重点在要推广的装备、重点示范的项目、重点产业化的产品、重点攻关的装备和重点打造的公共服务平台五个方面，根据自身情况提出创新项目，参与国家"十三五"重点专项任务，借助国家产业政策和技术支持方向，结合国家智能化升级和绿色化发展的整体布局，加强自主创新，推进自动化、智能化生产进程，推进智能、绿色产品的研发。

3. 提质增效，打好重型机械行业"好和省"的攻坚战

随着我国小康社会的建成，人们的消费观念从"有无"向"优劣"转变，重型机械行业也需要顺应市场趋势，向"好、省"方面提升，将粗放经营努力向精益生产转变，质量理念也要从符合质量要求向生产一致性和提高产品可靠性方面转变。注重弘扬工匠精神，稳定技工队伍，创造体现自身企业文化的工艺和工艺装备，将产品培育成可以占据一方的特色品牌产品。国家已经启动品质提升工程和品牌培育计划，希望行业企业注重推动自己品牌的培育。

增效主要有两个方面，包括制造企业，也包括用户单位；一方面是增加企业效益，另一方面是提高生产效率。企业只有获得利润，才能扩大再生产。在外部价格环境恶劣的情况下，降低生产经营成本成为企业永恒的任务。目前，有的企业以降低材料规格型号、降低工艺技术要求的做法来获得订单和利润，是在做垮自己的企业。提高效益要对自己不断的革命，其一是开发和完善产品，设计和工艺成本决定了产品80%以上的总成本，要善于利用新技术、新材料和新的设计方法，不断地在提高产品性能、可靠性、节能、环保上下功夫，为用户提供符合法规、获得收益的产品。其二是组织好基层人员开展工艺和技术改造的创新活动，设立创新基金或技术革新奖等，员工结合实践活动的创新更接地气，更容易取得提质增效的效果。其三将单件小批生产，向规模批量生产改进，逐步向生产线、自动化生产线、智能生产线发展，从而减少运输成本，实现零废品率，提高效益。其四是创新市场，创新服务，形成新

的经济增长点。有条件的企业可以积极探索成套服务模式，利用集成能力创造更大效益；对于拥有特色技术的企业要结合自己的专长拓展新市场，培育新领域，提高市场的适应能力；中小企业可在细分市场选择切入点，做优做强，取得效益的最大化。

提高效率是降本增效的有效途径，一些企业已经在研发、建造符合自身条件的机械化、自动化生产线，实现了事半功倍的效果。

4. 转型升级，着力谋求科学发展

伴随着信息化的到来，新思维、新技术、新服务、新产业层出不穷，大数据、"互联网+"、智慧云、机器人、3D打印、纳米材料等对重型机械行业提出了新的要求和挑战，《中国制造2025》"1+X"的规划体系已经形成，在11个工程指南中为重型机械行业明确了转型升级的总体方向、任务和政策措施。迎合发展趋势，跟上技术发展的步伐，向智能制造、绿色制造、优质制造和服务型制造（包括集成服务）四大方向转型，在转型中创建新优势、培育新动能、谋求新发展。转型要利用集多年之功形成传统优势，以及与之相互匹配的各种平台，在结构调整中发挥基础作用。

跨界要利用自己比较优势做大，不能做元帅也要当将军。产品和服务要适应用户的新要求，比如以主机设备延伸成套服务、租赁服务等；升级应该把企业、产品做精做优、务求实效，重视培育品牌知名度和企业诚信度。

2017年国家将深入推进供给侧结构性改革，持续开展"去产能、去库存、去杠杆、降成本、补短板"，对重型机械行业是压力也是挑战，如果把握住趋势就能获得较大商机。比如钢铁去产能，短流程工艺的成套技术和装备节能降成本明显，钢铁企业就很欢迎；煤矿去产能，安全生产技术重视程度则进一步提升，智能综合采煤成套设备成为新卖点；石化限产，但油品升级又产生了大商机，对炼化装备市场一定有所拉动。困难时期转型升级是蓄势待发的大好时机，有可能决定转暖期后企业的生与死。弄清家底、把握大势、巩固优势、跟上科技发展的步伐。

近年来，企业在强基创新、升级增效方面做了许多卓有成效的工作，传统产品的升级换代、新产品的研发，机械化、半自动化、自动化生产线开始进入企业，智能产品的开发和孕育也在探索试用。

〔撰稿人：中国重型机械工业协会李镜　审稿人：中国重型机械工业协会张艳君〕

2016年重型机械行业获得中国机械工业科学技术奖项目

2016年9月1—2日，中国重型机械工业协会在北京组织召开了2016年中国重型机械科学技术奖评审会议，24名行业评审专家参加了评审会。与会专家对2016年度涉及冶金、矿山、起重运输和重型锻压等行业的47个项目，本着实事求是、公开、公平和公正的原则，进行认真、负责的评审，经讨论和初评、专业组全体评委评审和无记名电子投票，评出25项获奖项目，其中一等奖3项，二等奖11项，三等奖11项。这些项目是重型机械行业近几年完成的科研成果，代表了行业科技创新的总体水平。经协会推荐参加中国机械工业科学技术奖评审，分别获得中国机械工业科学技术奖一等奖3项，二等奖11项，三等奖11项。2016年重型机械行业获得中国机械工业科学技术奖项目见表1。

表1　2016年重型机械行业获得中国机械工业科学技术奖项目

项目名称	获奖等级	完成单位
0.12～0.20mm优质超薄热镀锌带钢连续生产线	一等奖	中国重型机械研究院股份公司、山东舜鑫达新型建材有限公司、西安理工大学
LG720冷轧管机组成套设备研制	一等奖	太原重工股份有限公司、太原科技大学
综采智能高效大流量集成供液系统	一等奖	北京天地玛珂电液控制系统有限公司
25 000kN大型伺服闭式四点压力机研制	二等奖	中国第一重型机械股份公司、上海交通大学、安徽江淮汽车股份有限公司、燕山大学、郑州机械研究所
多元合金化锻钢支承辊研制	二等奖	中国第一重型机械股份公司、天津重型装备工程研究有限公司
冷热轧带钢卷取及开卷关键工艺模型与缺陷治理技术开发	二等奖	燕山大学
复杂地形双向双料输送关键技术研究及应用	二等奖	华电重工股份有限公司

(续)

项目名称	获奖等级	完成单位
基于精益生产管理的起重机先进制造技术与应用	二等奖	北京起重运输机械设计研究院
MG1100/2860-WD 大功率大采高电牵引采煤机的研究与应用	二等奖	太重煤机有限公司、山西潞安环保能源开发股份有限公司
工业铝材高效节能挤压生产关键技术与应用研究	二等奖	中国重型机械研究院股份公司、重庆大学、上海重型机器厂有限公司、山东兖矿轻合金有限公司
基于物联网技术的十二绳防摇摆集装箱门式起重机	二等奖	河南卫华重型机械股份有限公司
大型球团带式焙烧机成套装备	二等奖	北方重工集团有限公司
提升钢丝绳运行安全保障技术及装备研究	二等奖	太原理工大学、北京建筑大学、太原科技大学、中国矿业大学山西科为感控技术有限公司、上海华菱电站成套设备有限公司、武汉市云竹机电新技术开发有限公司
装备结构轻量化关键技术研究与应用	二等奖	上海理工大学、三一海洋重工有限公司、上海延锋江森座椅有限公司
带式输送机安全节能运行关键设备的开发与应用	三等奖	山东科大机电科技股份有限公司
中部双向水平喷射式酸洗槽	三等奖	北京中冶设备研究设计总院有限公司
井下现场混装乳化炸药车技术	三等奖	山西惠丰特种汽车有限公司、酒钢集团甘肃兴安民爆器材有限公司嘉峪关分公司、贵州盘江民爆有限公司
多伸位托盘仓储系统研发	三等奖	山西东杰智能物流装备股份有限公司
预切槽隧道施工成套设备关键技术研究	三等奖	中国铁建重工集团有限公司
JK（H）系列单绳缠绕式矿井提升机和提升绞车	三等奖	洛阳中重自动化工程有限责任公司、中信重工机械股份有限公司
海洋石油自升式钻井平台升降系统	三等奖	广东精铟海洋工程股份有限公司
5 000mm宽厚板辊式全液压系列矫直机研制	三等奖	太原重工股份有限公司、唐山文丰机械设备有限公司
船艇搬运起重机	三等奖	纽科伦（新乡）起重机有限公司
曳引式电梯智能化关键技术及产业化应用	三等奖	上海理工大学、森赫电梯股份有限公司、宁波欣达电梯配件厂、天津大学、宁波欧菱电梯配件有限公司
AP1000装换料设备制造技术	三等奖	上海起重运输机械厂有限公司

〔撰稿人：中国重型机械工业协会张维新　审稿人：中国重型机械工业协会李镜〕

重型机械行业"十三五"发展规划纲要（选编）

"十二五"期间，我国重型机械行业稳步前行，行业结构调整持续推进，重点企业竞争力明显提升，信息化和工业化融合进一步发展，科技进步全面提升，产业自主创新能力进一步增强，节能高效产品不断推出，重大装备创新研制取得丰硕成果，大型智能成套装备取得应用性突破，智能制造取得一些工艺性成果推广，产品的外贸成果显著。重型机械行业为我国经济持续发展做出了巨大贡献，为我国成为世界制造业大国的地位做出了突出贡献。

然而，重型机械行业存在着粗放式发展模式，并由此带来了一系列突出矛盾和问题。特别是在我国经济发展进入"新常态"后，经济发展的动力正从传统领域转向新兴领域。重型机械行业所服务的钢铁、有色、建材、煤炭等行业已经出现产能过剩的状况，传统产品市场进一步萎缩，行业主营业务市场面临更严峻的考验。

寻找行业新的发展增长点，积极实施"走出去"发展战略，抓住"一带一路"国际发展机遇，努力把握当今制造业智能制造发展趋势和推进两化深度融合的主攻方向；结合国家实施"中国制造2025"的强国战略，坚持创新驱动、智能转型、强化基础、绿色发展，推动协同创新并打下坚实发展基础，是编制行业"十三五"发展规划（纲要）

出发点。

一、指导思想

坚持科学发展理念，提高发展质量与效益，坚持创新驱动，开拓企业的生存与发展空间。以市场为导向，创新发展适销对路的主导产品，开拓新的服务领域，培育新的经济增长点。贯彻"中国制造2025"强国战略，以两化融合为主攻方向，坚持创新驱动、智能转型、强化基础、绿色发展和高端装备创新。抓住"一带一路"发展机遇，积极实施"走出去"发展战略。创新发展、转型发展，促进行业迈向中高端技术水平，实现专业做精、企业做强。

二、实施目标

"十三五"时期，我国重型机械行业和企业发展重点是转型升级，由规模扩张向质量效益转型，从粗放管理向科学、规范、精益求精转型。坚持创新驱动发展战略，从"简单产品+制造"向"高端产品+服务"方向转变。在经济"新常态"下，实现供给侧改革，努力在市场上寻找新的经济增长点，努力实现行业经济前低后高，平稳运行。

1. 制造逐步实现"五化"

装备制造向"自动化、数字化、绿色化、智能化、网络化"转变。

2. 企业逐步实现"四转型"

企业实现从生产制造型向创新型转型；实现主体设备供应商向成套技术装备供应商转型；实现从提供技术装备向提供全面解决方案转型；实现从本土化企业向国际化企业转型。

3. 行业"创新驱动"发展

加快技术创新平台建设，推动创新联盟发展；开展高端产品研发，掌握一批重点领域的核心技术；开展重大装备的智能化研究和实践，在应用领域取得突破；重视新材料、新工艺装备的研发，开创重型机械发展新局面；形成一批具有自主知识产权的知名品牌，支撑行业由大向强转变。

4. 继续提高产业集中度

推进跨区域、跨所有制、跨行业的兼并重组，适度提高产业集中度。

5. 努力打造"走出去航母"

积极实施"走出去"战略，努力开拓国际市场。培育形成具有设备成套、工程总承包、国际贸易、投融资能力的大型企业集团，发展具有国际竞争力的龙头骨干企业。

6. 提升企业管理现代化、信息化水平

通过持续改进，采用大数据、云计算，实现数据运行过程动态优化，制造信息和管理信息全程透明、共享。全面提升企业的资源配置水平，实现生产管理精细化和智能决策水平。

7. 开拓新兴服务领域

积极参与国民经济、国防建设的基础装备设计制造，立足在航空航天、海洋工程装备与高技术船舶、轨道交通装备、节能与环保、军民结合装备等高端装备方面有重点突破。努力开发与人民生活休戚相关的文化旅游、城市交通等产业，并作为重型机械行业将重点开拓的新兴服务领域。

8. 扩展服务范畴，延长产业链条

扩展服务范畴，是机械工业转型升级的重要取向。制造业向上游扩展，包括研发、工业设计、环保、节能服务等，向下游延伸，开展各种增值服务、专业服务、全寿命周期服务等。

9. 质量目标

产品要在"能干"的基础上，逐步向干得好过渡，产品品质基本达到世界同行业先进水平。重大技术成套装备一次开动成功率达到90%。

三、发展重点

1. 传统产品

全面推动产业技术升级。重点在节能降耗，提高产品质量，优化品种、结构等诸方面下功夫。

2. 生产工艺

鼓励企业用信息技术改造提升工艺装备，实施以数字化车间/智能工厂为方向的试点示范工程建设。重点是促进工艺装备智能化、生产组织柔性化。

3. 企业定位

鼓励部分企业积极向新兴领域扩展，鼓励优势企业向高端迈进。形成大中小企业分别有序定位发展。大型企业向国际化、现代化的企业集团发展；中型企业向国际化、现代化的制造服务型企业发展；小型企业向"专、精、特、优"的网络化企业发展。

4. 创新行动

鼓励实施跨领域、跨行业协同创新发展。完善科研创新体系，加强研发平台建设，推动行业标准升级。

5. 开拓新领域

在《中国制造2025》确立的十大重点应用领域中，积极开拓航空航天、海洋工程装备及高技术船舶，先进轨道交通装备、新型电力装备，新材料等所需要的高端装备市场。

6. 重大装备研制

重点发展符合国家产业政策，适应"一带一路"战略发展的重大装备引领性项目。

四、重点科技攻关方向

1. 物料搬运机械

物流仓储系统智能化技术、集成技术；工业起重机轻量化共性技术、智能化技术、安全技术研究；专用起重机关键技术研究；散料输送设备绿色技术、大型化技术研发；绿色环保带式输送机；高速大运量客运索道技术；远程维护服务平台；起重运输设备标准体系研究等。

2. 矿山装备

数字化/智能化矿山设备；采矿装备的智能化；绿色、节能开采装备的研究；大型露天矿开采重型关键装备研发与智能化控制系统；超大采高综合采掘/提升成套设备及核心技术研究和产业化；大型智能化选矿技术与装备；水泥窑协同处理生活垃圾工艺系统及垃圾综合处理新技术研究；大型矿用自卸车等设备关键部件国产化制造技术研究；磨煤机、回转窑、破碎机节能环保技术研究与产业化等。

3.冶金装备

高炉低碳炼铁技术、非高炉低碳炼铁技术与装备；新一代钢包喷射冶金工艺技术；特殊钢及关键钢材品质提升工艺技术装备；连铸-高温轧制一体化技术与装备；薄带连铸-近终成形生产流程技术装备；高精度连轧机无头轧制短流程工艺技术与装备；热轧板材无酸洗还原退火工艺技术与装备；钢渣处理技术与装备；高品质连铸坯生产工艺装备与控制技术；极限规格板材先进热处理装备及工艺技术；高质量、薄规格热轧带钢无头轧制技术与装备；绿色化连退与涂镀技术装备；真空制坯轧制复合板技术与装备；一体化组织调控工艺技术与关键装备；稀有金属合金以及特殊材料轧制工艺技术与设备等。

4.重型锻压装备

重型工业机器人在压铸、冲压、焊接等场合应用的系统集成；大型直缝焊管四点JCO智能成形压力机；双金属复合管技术研究与设备开发；管线钢管多点智能矫直压力机；300MN等温锻液压机；汽车超高强钢热冲压成形技术和装备；模锻压力机自动锻造线研制；大型高速精密径向锻造成套装备；特大型卧式铝挤压机。

5.大型铸锻件

针对海洋工程、航空航天、矿山装备、冶金装备、电力装备关键铸锻件及主设备研制；超超临界火电、水电大型铸锻件研制；大型模锻件研制；高速列车关键零部件研制及装备国产化等。

五、实施措施

1.增加研发投入，完善企业为主体的产业技术创新机制，构建以企业为主导、产学研用合作的产业技术创新战略联盟。

2.依托重点建设工程，开展重大技术装备自主化工作。利用互联网、大数据等先进信息技术及设计方法，推动原始创新，推进新产品研发。

3.加大技术改造投入，增强企业自主创新能力，大幅度提高基础配套件和基础工艺水平，增强企业综合能力。

4.加强行业结构优化调整，加快淘汰落后生产能力，加快淘汰落后产品。

5.结合国家"一带一路"有关政策，利用亚洲基础设施投资银行和丝路基金，为沿线国家提供矿山开采／选别／冶炼／铸造／锻造／轧制／成型／建材／物料搬运等技术装备，以适应当地基础建设与经济发展需要。

6.构建行业技术标准新体系，加强国家标准、社团标准和企业标准的协调制定，积极推进标准国际化合作，为重型机械产品走出去，提供必要的技术保障。

7.注重行业人才队伍建设，鼓励企业通过股权、期权、分红等激励方式，调动科研人员创新积极性，鼓励行业从业人员发明创造，深入实施知识产权战略行动计划，完善科技成果转化、职务发明相关制度，使创新人才分享成果收益。

8.整顿市场秩序。防止不正当竞争，禁止超低价投标。

六、有关政策建议（略）

〔撰稿人：中国重型机械工业协会张维新　审稿人：中国重型机械工业协会李镜〕

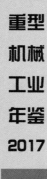

记载2016年重型机械行业发生的重大事件

Record major events of the heavy machinery industry in 2016

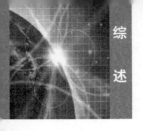
综述

大事记

行业篇

市场篇

企业篇

统计资料

标准与质量

综合附录

中国重型机械工业年鉴 2017

大事记

2016年重型机械行业十大新闻
2016年重型机械行业大事记

2016年重型机械行业十大新闻

1. 2016年5月，中国重型机械工业协会在第七届会员代表大会期间发布《重型机械行业"十三五"发展纲要》，《纲要》分析了新常态下重型机械行业发展的环境和趋势，提出今后五年在贯彻国家"十三五"规划、《中国制造2025》中，重型机械行业发展的思路、重点和路径。

2. 10月13日在国家主席习近平和柬埔寨首相洪森共同见证下，中国重型机械有限公司与柬埔寨国家电力公司在金边和平大厦签署了柬国家电网230kV输变电二期EPC合同。这是中国重型机械有限公司在"一带一路"倡议引领下，顺势而上，又一个扩大柬埔寨电力基础设施建设业务，造福百姓的项目。

10月由太原重型机械股份有限公司自主设计、制造，出口南非的第4台35m^3大型挖掘机发运。4年前，太原重型机械股份有限公司生产的两台35m^3挖掘机首次出口南非爱索矿业有限公司，2015年第3台出口。经过用户使用，挖掘机表现卓越，能够与国外同类型产品相媲美。2016年还首次出口印度6台20m^3大型矿用挖掘机。这是行业重大技术装备持续走出国门迈出的坚实一步。

3. 在原机械部老领导陆燕逊同志的提议下，中国重型机械工业协会联合机械企业管理协会、机械工业经济管理研究院、中国重型机械有限公司撰写的《重型机械行业研究报告》于5月份印发给行业企业；沈烈初同志在《重机通讯》第一期发表文章，提出重型机械创新发展的意见；何光远、孙祖梅等六位老同志于11月12日专门听取了中国第一重型机械集团新任领导刘明忠董事长进行的情况介绍，并提出了企业改革发展的建议。

4. 5月18—19日中国重型机械工业协会第七届会员代表大会暨理事会在北京召开，大会选举69家单位为常务理事，205家单位为理事，3位同志为个人理事。北方重工集团有限公司为理事长单位，李镜同志连任常务副理事长，中国第一重型机械集团公司孙敏副总裁等18位同志为副理事长，中信重工股份有限公司原副总经理王继生同志为副理事长兼秘书长，国家起重运输机械质量监督检验中心主任王顺亭同志为监事长。选举张维新、张艳君为副秘书长；聘请汪建业、徐善继为高级顾问。

5. 2016年度中国机械工业科学技术奖揭晓，重型机械行业获得一等奖3项，二等奖11项，三等奖11项。其中：中国重型机械研究院股份公司、山东顺鑫达新型建材有限公司与西安理工大学共同研制的"0.12～0.2mm优质超薄热镀锌带钢连续生产线"、太原重工股份有限公司与太原科技大学共同研制的"LG720冷轧管机组成套设备研制"、北京天地玛珂电液控制系统有限公司研制的"综采智能高效大流量集成供液系统"均获一等奖。

6. 2016年重型机械行业研制成功一批重大科技新产品，填补了多项国内外的技术空白。

7月大连重工股份公司为国家重大科技基础设施500m口径球面射电望远镜（FAST）工程研制配套的柔性馈源舱索驱动系统成功运转，成为FAST工程的三大自主创新之一，开创了国际先例。

9月18日下午，目前世界上技术难度最高、规模最大的升船机——三峡升船机正式进入试通航阶段。2009—2015年中国第二重型机械集团承担了举升高度113m的三峡升船机升降齿条研制任务，该齿条单根长度5m，模数为62.7，共计102根，彰显了我国在大型大模数齿条铸件的冶炼铸造、感应淬火、加工等方面的制造能力和工艺技术实力，为三峡工程升船机项目顺利安全实施做出了重要贡献。

2016年12月18日，中信重工机械股份有限公司总包研制的世界最大的500吨级水力式垂直升船机在景洪澜沧江水电站正式投运通航，该项目历经8年时间终获成功，填补了国际大型水力升船机的空白。

10月，由大连重工研制的首批三代核电技术"华龙一号"机型（ACP1000）核岛核环吊，各项指标满足技术规格书要求，通过了由中原对外工程公司组织的试验台功能试车验收。

中国第一重型机械集团与上海交大等单位联合开展的"04专项"项目——"25 000kN大型伺服闭式四点压力机"突破了薄板拉伸冲压零件及高强度钢板、铝合金板成型加工制造装备的技术瓶颈，化解了高级汽车板以及高端冲压装备依赖进口的被动局面，填补了我国大型伺服压力机自主设计和制造的空白。

7月6日，中国重型机械研究院承担的国家重大科技"04专项"——"3 000kN/7 500kN·m大型锻造操作机"项目在用户现场江苏国光重型机械有限公司通过验收。

国家智能制造装备发展专项"高精度面板智能化冷连轧生产线"于12月21日在重庆万达薄板有限公司现场通过验收。

1月23日由上海振华集团建造的世界单臂起重量最大的12 000t全回转自航深水起重船，圆满完成起吊13 200t驳船的吊重试验，创造了全球单臂架起重船起重量新纪录。

太原重型机械集团研制成功用于2.5MW、2.0MW风机安装的TZC750履带式起重机主臂最长达132m，最大起重量为750t。

卫华集团纽科伦公司研发生产的风力发电机自攀爬维修起重机试运行成功，该设备可由风电塔筒底部自动攀爬至顶部后，进行起重作业，具有大幅缩短维修时间，减少租用大型起重机的费用，迁移便捷等优势。

由北京起重运输机械设计研究院自主研发、建造的国内首套脱挂索道抱索器和托压索轮组生产线，提高了制造质量和生产效率，填补了高速大运量脱挂式客运索道核心部件制造技术的国内空白。

鞍山重型矿山机器股份有限公司自行研制的高效节能大型香蕉筛，筛宽4.9m，筛长8.54m，单台最大处理能力1 200t/h，筛分面积为国内同类产品最大规格。通过优化减轻重量20%，降低电动机功率20%~30%，综合指标达到国际水平。

陆凯工业技术有限公司制造的两台全球最宽的LKLB5161直线振动筛，单台处理能力800t/h，是目前国内处理量最大的直线振动筛。在承德双滦建龙矿业有限公司选厂投产时使用，经过现场应用实践，设备运行良好。

河北万矿机械厂与河北建工学院合作，自主研发出年处理能力50万~200万t建筑垃圾回收处理成套设备。这套设备集破碎、筛分、抑尘、风选、磁选为一体，对大块混凝土块等建筑废弃物进行破碎后，可以筛选和分离出钢筋、混凝土、砖块、木材、塑料等物质，实现了建筑垃圾就地分离，具有效率高、抑尘效果好等优点。

中信重工机械股份有限公司建立的履带式机器人、巡检机器人、水下机器人、应急救援等五大平台，广泛应用于高电压等级变电站、市政排水管网巡查、消防、非煤和煤矿井下救援等多种高危和特殊环境。其中基于应急救援需要的特种消防机器人，在全国消防部队和危化企业得到快速推广，形成了企业新的增长点。

11月26日，太原重型机械集团有限公司研制的121.92m（400ft）自升式钻井平台在天津滨海生产基地正式下水，为转型发展迈出新的一步。

7. 乘用轿车停车难的矛盾越来越突出，占地面积少、利用空间多的机械式停车设备成为社会各界关注的热点，各级政府政策集中发布实施，促进行业快速发展。各种商业模式出现，生产厂家大量增加，产品从机械化逐步向自动化、信息化、智能化方面提升。其中深圳怡丰自动化科技公司成功开发了用于存取车辆的AGV搬运车，该产品已在南京医院停车场投入试用。

8. 行业主要经济指标进入低速或负增长时期，行业企业洗牌加剧，一部分企业在逐步萎缩，但是仍有一批优势企业抓住机遇，加快技术升级步伐，如焦作科瑞森重装股份有限公司、上海科大重工集团有限公司、广州起重机械有限公司、北京起重运输机械设计研究院、太原重型机械集团有限公司和中信重工机械股份有限公司等一批企业以提质增效为目标，加大技术改造力度，建造多条机械化、自动化生产线。

9. 大型企业积极开展"双创"活动。5月12日，国务院办公厅印发《关于建设大众创业万众创新示范基地的实施意见》，系统部署"双创"示范基地建设工作，中信重工机械股份有限公司上榜首批28个"双创"示范基地名单。近年来中信重工机械股份有限公司积极搭建的技术创客群、工匠创客群、国际创客群和社会创客群形成了"四群共舞"、协同创新的良好体系，围绕矿山重型装备主题在加快新技术研究、解决生产难题、优化工艺技术、形成典型工艺规范、固化创新成果等方面发挥重大促进作用，为大型装备制造行业的转型升级提供了良好示范。

11月26日太原重型机械集团有限公司"无主轴多齿箱紧凑型风力发电机组项目"获得中国科协"首届全国创新方法赛总决赛"金奖。自2009年太重被中国科协确定为创新方法培训试点单位以来，800余名科技人员接受培训，先后成立了15个产品创新项目组，累计节创价值达2亿多元。

10. 北方重工集团有限公司加大结构调整。10月份与丹麦艾法史密斯公司在华组建合资公司，双方持股比例相同，初始业务是中端破碎设备。继2007年并购法国NFM公司后，又并购了美国罗宾斯公司，形成面向国内外市场的全断面联合掘进机完整的制造板块。

〔供稿单位：中国重型机械工业协会〕

2016年重型机械行业大事记

1—2月

1月7日，由上海振华重工（集团）股份有限公司提供全套软硬件装卸系统的、全球首个第四代无人全自动化集装箱码头——厦门远海自动化码头成功装卸首艘干线集装箱船。

1月7日，中国重型机械有限公司在云桂铁路项目云南段设备采购招标中，中标牵引变压器包和自耦变压器两个项目。

1月8日，中共中央、国务院在人民大会堂隆重举行2015年度国家科学技术奖励大会，习近平、李克强、刘云山、张高丽等党和国家领导人出席大会，并向获奖者颁奖。中信重工机械股份有限公司的《中信重工高端矿山重型装备技术创新工程》以及中信重工机械股份有限公司和中国重型机械研究院有限公司完成的《12 000吨航空铝合金厚板张力拉伸装备研制与应用》分别获国家科学技术进步奖二等奖。中信重工机械股份有限公司的《年产千万吨级矿井大型提升容器及安全运行保障关键技术》项目获国家科学技术发明奖二等奖。

1月8日，上海振华重工（集团）股份有限公司对外发布公告，与新加坡国际港务集团签订22台岸桥合同，设备将从2017年起分批交付。

1月13日，中国第二重型机械集团公司制造的广东阳江核电站5号机组4件CPR1000稳压器锻造波动管发往安装现场。

1月14日，中国重型机械行业"十三五"规划研讨会在北京召开。来自中国一重、中国二重、太重集团、大连重工、北方重工、中信重工、上海振华、上海重型、卫华集团、中国重型机械研究院、北京起重院、洛阳矿山院、燕山大学、太原科技大学、吉林大学、国机集团、天地科技、华电重工及太原理工大学等的30多位代表参加了会议。

1月23日，上海振华重工（集团）股份有限公司建造的世界单臂起重量最大的12 000t全回转自航深水起重船，完成起吊13 200t驳船的吊重试验，创造了全球单臂架起重船起重量新纪录。

1月23日，山东华特磁电科技有限公司承担的山东省自主创新专项"新型立环高梯度磁选成套装备关键技术及产业化"项目通过山东省科技厅组织项目验收。

1月26日，载运17.3万t铁砂的马绍尔群岛籍"塞维娜"轮顺利靠泊宁波舟山港衢山港区鼠浪湖矿石中转码头。标志着40万t鼠浪湖矿石码头正式对外运营。该码头一期全套散货设备均由上海振华重工（集团）股份有限公司提供。

2月21日，由中国第一重型机械集团公司承制的国内首套大型不锈钢压力容器中的最后一件锻件——整体封头完成锻造及后续探伤，该项目填补了国内大型不锈钢容器的研制空白。

2月27日，上海振华重工（集团）股份有限公司为中交三航局1 000t自升式风电安装船研制的液压式升降系统在振华重工石油平台完成全程试验，这标志着国内最先进、升降载荷最大的液压式升降系统成功完成调试。

2月29日，国机集团召开了2016年安全生产工作会，中国重型机械有限公司再次荣获安全生产优秀企业荣誉称号。

2月，中信重工机械股份有限公司开诚智能装备有限公司在唐山宣告创立。中信重工收购唐山开诚股权，以发行股份及支付现金方式购买唐山开诚80%股权，交易金额为8.48亿元。此次收购，中信重工获得机器人、自动化、传动、传感器等产业的互补、延伸性技术，与原有领域形成完整体系，从而形成了"核心制造+变频传动+智能控制+成套服务"的复合竞争优势。

2月，中国第一重型机械集团公司成功研制出国内首批宽幅特厚不锈钢复合板试验件。

2月，中国第二重型机械集团公司承制的安德里茨大型上冠、下环完成制造并发运出厂。

2月，中国第二重型机械集团公司承制的首套出口海外容器——巴西石油项目的首批两台船用容器顺利发运。

2月，华龙一号（ACP1000）蒸汽发生器下封头在中国第二重型机械集团公司通过专家组评审。

2月，大连重工·起重集团有限公司研制的塑河静钢厂7m焦炉机械正式投产，并顺利推出第一炉的焦炭。

2月，中国第二重型机械集团公司完成了唐山燕山钢铁有限公司1 580mm热连轧机械装配任务，并全部通过燕钢用户联检。

2月，中国第二重型机械集团公司成功签订河北安丰钢铁有限公司1 780mm热连轧主轧区设备的设计制造合同。

2月，中国重型机械研究院股份公司总包的丹阳龙江钢铁有限公司120t转炉煤气干法回收净化系统投产。

2月，中国第二重型机械集团公司成功签订重庆京宏源铝业2 000mm"1+2"铝板热轧工程总包合同。

2月，上海振华重工（集团）股份有限公司成功中标海南铺前跨海大桥钢结构，桥梁全长5.7km，桥梁钢结构总量2万余吨。

2月，中信重工机械股份有限公司工业设计中心被认定为国家级工业设计中心。国家级工业设计中心由工信部每两年认定一次，并实施动态管理。

3—4月

3月7日，中国重型机械工业协会停车设备工作委员会2015年度年会在四川成都召开。

3月8日，用于中广核集团的核电汽轮机半速转子锻件在中国第二重型机械集团公司炼钢车间成功投料，钢锭重550t。

3月13日，大连重工·起重集团有限公司制造的2台2 500t/h卸船机发往宝钢，提前32天实现发运。

3月15日，代表铸造领域最高技术水平的三菱日立公司摩洛哥项目中压外缸在大连重工·起重集团有限公司装车发货，标志着大连重工·起重集团有限公司成为继日本制钢所（JSW）后，全球第二家能够生产12Cr材质汽缸的企业。

3月16日，中国第二重型机械集团公司铸锻公司采用内置堵板式新方案，成功完成上汽湄洲湾项目百万级超超临界汽轮机阀壳铸件水压试验。

3月17日，中国重型机械有限公司与老挝国家电力公司在老挝首都万象签署了老挝色贡煤电一体化项目EPC合同，合同金额约21亿美元。

3月17日，由中国机械工业联合会组织的"中国二重1 000MW超超临界机组发电机转子产品鉴定会"召开。

3月23日，由北京起重运输机械设计研究院自主研发并建造的国内首套脱挂索道核心部件生产线——套脱挂索道抱索器和托压索轮组生产线，通过北京市科委验收。该生产线填补了高速大运量脱挂式索道核心部件制造的国内空白。

3月25日，由大连重工·起重集团有限公司研制的、出口巴西淡水河谷公司的第一台粮食用装船机运往巴西用户现场。

3月25日，中信重工机械股份有限公司再次与老挝Phonesack集团签订KSO金矿项目8.8m×4.8m半自磨机配套用的6台6kV、7 500kW高压变频器订单合同，实现了高压变频器的批量出口。

3月28日，全国政协副主席陈元到中国第一重型机械集团公司视察。

3月29日，第二届中国质量奖颁奖大会在北京举行，上海振华重工（集团）股份有限公司获得中国政府质量领域最高奖——中国质量奖；中信重工机械股份有限公司和太原重工股份有限公司获得提名奖。中国质量奖每两年评选一次。

3月30日，中国重型机械有限公司与柬埔寨国家电力公司签订了柬埔寨农村电网扩建五、六期EPC工程项目合同。

3月30日，由中国重型机械研究院有限公司研发的适应大倒角结晶器在线热调宽技术在邯钢集团邯宝钢铁有限公司230mm×2 150mm连铸机上一次热试成功。此次热试生产铸坯厚度为230mm，调整宽度从1 226mm到1 176mm，调整量为50mm，调宽整个过程3min30s。

3月30日，中国重型机械研究院有限公司承担的广西钢铁集团有限公司防城港钢铁基地2030冷轧项目重卷检查机组投产。

3月30日，中国重型机械研究院有限公司研制的安徽应流集团36 MN铝基陶瓷粉末复合材料挤压机成功投产，打破了铝基陶瓷粉末复合材料的挤压设备和挤压工艺被欧美等核工业大国的垄断。

4月5日，中信重工机械股份公司召开2016年科技大会，以近400万元奖金重奖2015年度国家及省科技进步奖、2015年度公司科技进步奖获得者。其中，获得国家科技进步二等奖的"高端矿山重型装备技术创新工程"获得了60万元奖励。

4月6日，中国第二重型机械集团公司与英国Romax公司签署战略合作框架及2MW风电齿轮箱国际技术合作协议。

4月20日，中国重型机械有限公司收到巴基斯坦国家输配电公司Thar—Matiari500kV同塔双回线路EPC工程项目的中标函。一条500kV同塔双回输电线路，自巴基斯坦信德省塔尔（Thar）至默蒂亚里（Matiari），线路总长约135km，是巴基斯坦电力骨干网络的重要组成部分。项目合同金额约6 000万美元。

4月20日，中国第二重型机械集团公司承制的首批国际民航用大型起落架锻件成功交付出厂。该产品由法国梅西埃-布加蒂-道蒂公司订购，将用于空客A320/321 EV新机型的主起落架。

4月21日，泰国港务局、泰国ITD建筑公司与河南卫华集团有限公司在曼谷Amari酒店共同签署了泰国港务局林查班港集装箱码头基础建设及设备合同。卫华集团有限公司将为泰国港务局林查班港集装箱码头新建铁路堆场及相关集装箱搬运设备提供整套解决方案。合同总价值约3.5亿元。

4月，"五一"劳动节前夕，国家和山西省集中表彰了一批为经济社会发展做出突出贡献的先进单位（集体）和先进个人，太原重型机械集团有限公司荣获多项"五一"表彰：集团公司技术中心荣获"全国工人先锋号"称号；新能源装备有限公司荣获"山西省五一劳动奖状"；矿山设备分公司焊接厂装焊二组组长、电焊工张瑞峰荣获"山西省五一劳动奖章"；轨道交通设备有限公司车轮厂厂长杜云岗荣获"山西省五一劳动奖章"。

4月，大连重工·起重集团有限公司成功签订日本一株式会社两条高端冷轧线喷涂项目供货合同。该株式会社（NSENGI）的连续热镀铝锌项目有2条生产线，产品包括深冲家电板和高强度高端建材板，装备档次和产品定位均达到国际先进水平。

4月，中国第二重型机械集团公司制造的CAP1400国核堆芯补水箱160t超大核电筒体锻件完成了取试环节，并一次性通过了各项检验，所有力学性能均一次性合格且性能优异。

4月，中国重型机械研究院股份公司总成套的青钢矩形坯连铸机工程中的3#机中间罐等离子加热装置一次点火成功，成为国内第二台应用中间罐等离子加热装置的连铸机。

4月，太原重型机械集团有限公司成功锻制了大直径长筒类锻件，该锻件外径1.7m，内径1.232m，长约7m，重约51t。这标志着太原重型机械集团有限公司在大直径环类锻件的锻造领域达到新的技术高度。

4月，中国第一重型机械集团公司与上海交通大学等单位联合开展的"25 000kN大型伺服闭式四点压力机"项目突破了薄板拉伸冲压零件及高强度钢板、铝合金板成型加工装备的技术瓶颈，化解了高级汽车板以及高端冲压装备依赖进口的被动局面，填补了我国大型伺服压力机自主设计和制造的空白。

4月，中国重型机械研究院有限公司总承包的、目前国内规模最大的湿法改干法系统工程（共6套转炉煤气净化回收系统），在广西盛隆冶金有限公司5号转炉煤气湿法改干法净化回收系统顺利投产。

4月，中国第二重型机械集团公司维修电工胡茂权在四川省职工职业技能大赛维修电工决赛中取得第一名，被四川省总工会授予"四川省五一劳动奖章"。

4月，中国重型机械研究院股份公司推荐的"西北铝50MN水压机改为油压机项目"荣获陕西省职工优秀科技创新成果节能减排与环境保护类银奖。

5—6月

5月12日，国务院办公厅印发《关于建设大众创业万众创新示范基地的实施意见》，系统部署"双创"示范基地建设工作，中信重工机械股份有限公司荣登全国首批28个"双创"示范基地名单。

5月13日，上海振华重工（集团）股份有限公司自主建造的世界最大12 000t自航全回转起重船交船暨命名仪式在振华长兴分公司举行。该船以单臂架12 000t的固定吊重能力和7 000t 360°全回转的吊重能力位居世界第一。

5月18日，中国第二重型机械集团公司牵头承担的国家重大专项《700℃超超临界机组汽轮机高温铸件研制》项目的工艺性试验件完成冶炼与浇注。该试验件采用镍基合金，这在国内大型铸件生产历史上尚属首次。

5月18日，中国重型机械工业协会在第七届会员代表大会期间发布《重型机械行业"十三五"发展纲要》，《纲要》分析了新常态下重型机械行业发展的环境和趋势，提出今后五年在贯彻国家"十三五"规划、《中国制造2025》中重型机械行业发展的思路，发展的重点和路径。

5月18—19日，中国重型机械工业协会第七届会员代表大会暨理事会在北京召开，大会选举69个单位为常务理事单位，205个单位为理事，3位同志为个人理事。北方重工集团有限公司为理事长单位，李镜同志连任常务副理事长；选举中国第一重型机械集团公司孙敏副总裁等18位为副理事长，中信重工机械股份有限公司原副总经理王继生同志当选为副理事长兼秘书长，国家起重运输机械质量监督检验中心主任王顺亭同志为监事长；选举张维新、张艳君为副秘书长，聘请汪建业、徐善继为高级顾问。

5月23日，中国第二重型机械集团公司800MN模锻压机完成的大飞机翼缘条锻件顺利出厂，标志着800MN模锻压机又增加了一种新型号锻件产品。翼缘条锻件是大飞机机翼中的关键部件。

5月29日，中国重型机械工业协会带式输送机分会九届三次理事会在浙江宁波召开。

5月30日，停车设备行业品质促进委员会二届九次会议在浙江东海特国斯传动设备（上海）有限公司召开。

5月，在陆燕逊同志的提议下，中国重型机械工业协会联合机械企业管理协会、机械工业经济管理研究院、中国重型机械有限公司提出的《重型机械行业研究报告》印发给行业企业。

6月5日，由中国重型机械工业协会主办、深圳英威腾电气股份有限公司协办、北方中冶（北京）工程咨询有限公司承办的重型机械智能化技术创新交流会（HMITI2016）在深圳市成功召开。

6月5日，中信重工机械股份有限公司在巴基斯坦拉合尔签订了巴基斯坦GCL公司2×250TPH粉磨站EP合同。这是中信重工继2015年与巴基斯坦PC公司签订余热发电EP合同后，在"一带一路"中亚市场取得的又一重大突破。

6月7日，中信重工机械股份有限公司与菲律宾世纪顶峰矿业公司签订日产5 000t水泥生产线及配套9MW余热发电合同，承担设计、制造、供货、安装、施工、技术服务和培训。

6月22日，中信重工机械股份有限公司研制的GPYT40-8型电厂专用过滤机，正式交付华能洛阳热电有限责任公司。该电厂脱硫石膏脱水专用过滤机与传统的陶瓷过滤机、带式过滤机相比，能耗低、效率高、可实现无人值守、全自动化操作。

6月25日，长征七号运载火箭在海南文昌航天发射场点火升空，助力火箭"飞天"的新一代多功能航天发射移动平台脐带塔由大连重工·起重集团有限公司自主研制，脐带塔高近70m、重280余t。卫华集团有限公司也助力该长征七号火箭，发射指挥部专门给卫华集团有限公司感谢信，感谢卫华集团在"长七"首飞任务中做出突出贡献。

6月28日，"徐滨士重工装备再制造院士工作站"在大连重工·起重集团有限公司正式组建挂牌。中国工程院院士、波兰科学院外籍院士徐滨士被聘请为入站院士。

6月28—30日，在中国机械工业企业管理协会七届四次理事（扩大）会议上，公布了第十批（2015年）机械工业企业信用等级评价结果，中国重型机械研究院股份公司荣获"AAA级信用企业"，成为10家获此殊荣的企业之一。

6月28日，北方重工集团有限公司继2007年并购法国NFM公司后，又成功并购美国罗宾斯公司，并举行股权交割签约仪式。

6月，浙江双鸟起重设备有限公司研发的"单轨低净空钢丝绳电动葫芦的卷扬机构质量平衡装置"获国家知识产权局发明专利授权。截至目前，浙江双鸟已获国家实用新型专利6项。

6月，西安市科技局组织专家对中国重型机械研究院有限公司完成的"高磁感取向硅钢精整机组工艺及装备的研发与应用"和"0.12～0.20mm优质超薄热镀锌带钢连续生产线"两个项目进行了成果鉴定。鉴定组认为："高磁感取向硅钢精整机组工艺及装备的研发与应用"项目创立了一种大产能高磁感取向硅钢纵切（重卷）机组生产新工艺，解决了阻碍纵切圆盘剪国产化的核心技术问题，构建了碎边剪剪刃侧间隙调整数学模型和控制方法。

6月，大连重工·起重集团有限公司成功中标55MN正向双动挤压机设备，这是大连重工承签挤压机产品中规格最大的一台。

6月，中信重工机械股份有限公司EPC总承包项目——柬埔寨CMIC日产5 000t水泥生产线在柬埔寨贡布省举行了隆重的开工奠基仪式。柬埔寨参议院主席赛冲亲王主持仪式，并对中信重工参与柬重点项目建设表示欢迎。

6月，中国第二重型机械集团公司成功签订宏兴钢铁950mm热连轧生产线供货合同。

6月，大连重工·起重集团有限公司制造的海工产品水下机器人收放系统顺利通过用户和法国船级社BV的联合验收，并获得了高度评价。该项目的成功交付标志着大连重工·起重集团有限公司已具备设计、制造海工潜水系统类产品的能力。

6月，太原重型机械集团有限公司完成的5m气化炉是新一代大规模碎煤加压气化炉，具有低污染、低排放、低能耗、低氧耗等特点，其炉膛内径5 000mm，外径5 420mm，高度17m，单台重量为312t。

6月，太原重型机械集团有限公司"LG720冷轧管机组成套设备研制"项目和"5 000mm宽厚板辊式全液压系列矫直机研制"项目顺利通过山西省科技厅组织的科技成果鉴定。经鉴定，两项目均达到国际先进水平。

6月，太原重型机械集团有限公司新产品TZC750履带式起重机进行了调试试验，该产品起重主臂最长达132m，最大起重量750t，可用于2.5MW、2.0MW风机的安装。

6月，中国重型机械有限公司与孟加拉国阿曼水泥二号线公司签署了第二条立磨水泥生产线项目的EP总承包合同。

7—8月

7月1日，由中国重型机械研究院有限公司成套的鞍钢广州汽车钢有限公司重卷检查机组顺利投产，并于7月20日通过验收。

7月7日，中国重型机械有限公司承建柬埔寨达岱水电站的工作人员接待了柬埔寨能矿部官员带领的6位教授和90名柬埔寨科技大学学生参观学习。

7月13日，宝钢特钢韶关有限公司新建的130t VD真空精炼炉项目签约仪式暨设计审查会在中国重型机械研究院有限公司举行。该项目将采用三级全干式机械真空泵，可以有效改善钢液的洁净度，提高成品钢的质量。

7月14—15日，由中国重型机械工业协会和所属7个分会主办，江苏省特种设备安全监督检验研究院、大连华锐重工集团股份有限公司协办，北方中冶（北京）工程咨询有限公司承办的第五届中国物料搬运技术与设备发展论坛在辽宁省大连市举行，来自全国各地的200余名代表参加了此次论坛。

7月21日，中信重工机械股份有限公司与洛阳栾川钼业集团签订两台大型原矿GM160-140高压辊磨机订货合同。两台GM160-140高压辊磨机配备4套中信重工机械股份有限公司生产的CHIC2000系列1 250kW高压变频器，将应用于洛钼集团选矿三公司破碎系统改造项目。

7月，卫华集团有限公司获得国家工商行政管理总局2014—2015年度"守合同重信用"企业。

8月10日，河南省消防部队供水能力现场会在洛阳新区体育广场举行，中信重工机械股份有限公司研发的2台消防机器人参加了现场综合演练。两台外形酷似"微型坦克"的消防机器人，随着"炮筒"的位置变换，展示着消防机器人的水平射程和垂直射程。

8月30日，卫华集团有限公司研制的320t四梁六轨冶金铸造起重机顺利交付使用。

8月，太原重型机械集团有限公司轨道交通设备有限公司实验中心落成。目前太原重工轨道交通设备有限公司可以满足轨道交通机车、客车、货车、动车全系列及工矿冶金等车辆关键零部件产品的制造需求，已向用户提供了400余万件产品，产品出口到世界50余个国家和地区。

8月，北京起重运输机械设计研究院和国家起重运输机械质量监督检验中心承担型式试验的豪氏威马（中国）钢铁制品有限公司制造的2 400t门座起重机获得世界吉尼斯世界纪录证书。2 400t门座起重机是全球著名海工装备制造商HUISMAN公司的全资子公司豪氏威马（中国）钢铁制品有限公司专门为码头生产的。

8月，国家科技部公布首批国家专业化"众创空间"示范名单，中信重工机械股份有限公司建立的"先进矿山装备国家专业化众创空间"成功入选。

8月，北京起重运输机械设计研究院牵头提出的国际标准提案《起重机 术语 第4部分：臂架起重机》，经过19个P成员国（正式成员）投票表决，正式通过国际标准化组织ISO/TC96"起重机技术委员会"的投票。此次国际标准提案《起重机 术语 第4部分：臂架起重机》的成功立项，实现了中国主导制定起重运输机械国际标准零的突破。

8月，大连重工·起重集团有限公司与海洋石油工程股份有限公司就"双6 000t深水半潜式起重铺管船双起重机功能参数优化研究科研服务工作"签订了科研合同。大连重工在2008年就曾与海油工程股份有限公司针对国家重大科技专项"深水半潜式起重铺管船2×8 000t起重机基本设计技术研究"项目进行过成功合作。

8月，太原重型机械集团有限公司同芬兰科尼起重机有限公司签订了3台岸边集装箱起重机供货合同，这3台岸边集装箱起重机将用于印度尼西亚港口项目。岸边集装箱起重机的起重能力为60t，外伸距46m（前后梁总长约110m），整机重量约1 000t，高度70m。

8月，国家工信部、财政部发布2016年智能制造综合标准化与新模式应用项目立项的通知。中信重工机械股份有限公司申报的"特种机器人制造智能化工厂"项目成功立项。

8月，中信重工机械股份有限公司成功中标阿尔及利亚GICA水泥集团BENI SAF水泥公司（SCIBS）日产6 000t熟料水泥厂"交钥匙"工程，这是中信重工在非洲的首个水泥EPC成套总包工程。中信重工此次在与6家国际国内知名企业的竞标中一举胜出。

8月，中国第二重型机械集团公司获得由中国机械工业联合会颁发的《1 000MW超超临界机组发电机转子锻件制造技术与应用》科技成果鉴定证书。鉴定证书认为，中国二重研制的"1 000MW超超临界机组发电机转子锻件"各项指标均满足设计技术要求，与国外同类产品相当，可以用于1 000MW超超临界发电机组。

8月，中国重型机械研究院有限公司为山东西王特钢有限公司设计成套的$\phi 50\sim150$mm两辊棒材矫直机一次试车成功并投入试生产。

8月，中国重型机械研究院有限公司总包的河北唐山燕山钢铁公司炼钢二厂3#板坯连铸机一次热试成功并顺利投入生产。该项目共两台两机两流板坯连铸机（3#和4#板坯连铸机），均为直弧型连铸机，铸机半径9.5m、铸坯规格（180、200、230）mm×（700～1 550）mm。

8月，中国第二重型机械集团公司承制的上海三江63MN热模锻生产线在用户现场一次性热负荷成功，生产线设备系统验收合格。

8月，中国第二重型机械集团公司签订"田湾5#、6#项目""中广核战略备品"共三件百万千瓦级核电发电机转子。这是中国二重自2015年底签订福清6#核电转子后成功签订的核电转子新订单。

8月，中国第一重型机械集团公司和上海交通大学合作研制出我国首台400t·m（4 000kN·m）巨型操作机，该巨型操作机与中国一重万吨压机形成现代锻造系统，应用于大锻件生产，能高效高品质锻造出核电压力容器整体顶盖、低压转子等11类30多种锻件产品。

9—10月

9月1日，防城港3号蒸汽发生器华龙一号核电筒体锻件钢水在中国第二重型机械集团公司冶炼成功。本次投料的筒体化学成分控制要求严格，无损探伤和力学性能等各项指标要求很高，是目前生产冶炼难度最大的产品之一。

9月5日，中国重型机械研究院有限公司再次中标燕山钢铁公司板坯连铸机总包项目。该改造工程项目共1台两机两流（165、180、200）mm×（680～1 100）mm板坯连铸机，最高拉速可达2.3m/min，建设工期13个月，计划年产板坯180万t。项目建成后，将刷新国内同类断面连铸机产量记录。

9月5日，在塔吉克斯坦共和国亚湾市，中国重型机械有限公司承建的塔铝氟化盐（包括冰晶石、氟化铝和氢氟酸）项目现场举行盛大竣工仪式，塔吉克斯坦总统拉赫蒙莅临现场视察，并为项目试车剪彩。

9月8日，中信重工机械股份有限公司洛阳本部特种机器人产业基地一期正式投产，该基地具备年产特种机器人1 200台的能力。

9月8号，在国家总理李克强与老挝总理通伦·西苏里的共同见证下，中国进出口银行和老挝财政部在老挝首都万象国家总理府就中国重型机械有限公司EPC总承包的老挝南俄4水电站项目正式签署贷款协议。该协议的签署，为项目后期执行奠定了坚实基础。老挝南俄4水电站项目是中老两国"一带一路"合作的重点项目之一，装机总量240MW，使用中国政府优惠出口买方信贷资金建设。

9月8日，中国重型机械工业协会洗选设备专业委员会第八届三次会员大会暨理事会在哈尔滨召开。

9月11日，由大连重工·起重集团有限公司研制的国内首台三代核电技术"华龙一号"机型（ACP1000）核环吊暨出口巴基斯坦卡拉奇K2、K3核电项目的首台核环吊完成了试验台功能试车验收，各项指标满足技术规格书要求。

9月13日，经过中国船级社质量认证公司评定审核，中信重工机械股份有限公司顺利通过国家两化融合管理体系贯标评定。

9月18日，目前世界上技术难度最高、规模最大的升船机三峡升船机正式进入试通航阶段。自2009年至2015年中国第二重型机械集团公司承担举升高度113m的三峡升船机升降齿条研制任务，单根齿条长度5m，模数62.7，共计102根，彰显了我国大型大模数齿条铸件的冶炼铸造、感应淬火、加工等方面的制造能力和工艺技术实力，为三峡工程升船机项目顺利安全实施做出了重要贡献。

9月19日，中信重工机械股份有限公司与东营市成功签订特种机器人产业基地项目及机器人设备租赁协议，中信重工特种机器人产业基地正式落户东营市经济技术开发区。这也是继徐州之后联合地方政府开拓的第二个特种机器人产业基地。

9月22日，国家发改委正式批复同意以卫华集团有限公司为主组建"轻量化起重装备国家地方联合工程研究中心"。

9月26日，大连重工·起重集团有限公司为国家重大科技基础设施500m口径球面射电望远镜（FAST）工程研制配套的柔性馈源舱索驱动系统成功运转，成为FAST工程的三大自主创新之一，开创了国际先例。

10月13日，在国家主席习近平和柬埔寨首相洪森共同见证下，中国重型机械有限公司与柬埔寨国家电力公司在金边和平大厦签署了柬国家电网230kV输变电二期EPC合同。这是中国重型机械有限公司在"一带一路"倡议的引领下顺势而上又一个扩大柬埔寨电力基础设施建设、造福百姓的项目。

10月14日，国家副主席李源潮到中信重工机械股份有限公司开诚智能装备有限公司，就企业经营和特种机器人发展情况进行调研。

10月14日，是世界标准日，国家标准化管理委员会召开了2016年世界标准日重要标准发布会。国家质检总局和国家标准化管理委员会批准发布了315项重要的国家标准，并选择了4项国家标准进行现场解读。北京起重运输机械设计研究院起草的GB/T 33082—2016《机械式停车设备使用与操作安全要求》作为上述4项国家标准之一，在现场解读发布。

10月18日，3台由上海振华重工（集团）股份有限公司建造的世界最大3E PLUS岸桥从振华长兴分公司发运，前往阿联酋迪拜Jebel Ali T4码头。该岸桥起升高度为54m，前伸距80m，后伸距29m，双吊具下的起重量为120t，是振华重工迄今为止承接的轨距最宽、大梁最长、高度最高、起吊重量最大的岸桥产品。

10月19日，"第二届军民融合发展高技术成果展"开幕，中信重工机械股份有限公司携多品种机器人参展。当天，国家主席习近平驻足中信重工展台，对随同人员说："这是中信重工的啊，这个企业我知道！"。李克强总理参观该展览时对中信重工参展人员说："你们中信重工这个企业，去年我去过！"。

10月，卫华集团有限公司承担的河南省重大科技专项《高效智能轻量化桥门式起重机关键技术研究及产业化》顺利通过省科技厅专家组验收。

10月，由中国重型机械研究院有限公司总成套的印度尼西亚广青镍业有限公司220mm×1 600mm板坯连铸机一次热试成功，并连续生产11个浇次、100炉、约1.25万t不锈钢铸坯，铸机运行平稳，已正式投入生产。

10月，在广州起重机械有限公司建厂60周年之际，中国重型机械工业协会会长李镜代表重型机械行业全体同仁向广州起重机械有限公司表示祝贺。

10月，大连重工·起重集团有限公司成功签订由美国福禄公司总包的几内亚铝业公司1台10 000t/h堆取料机和1台40r/h双车翻车机供货合同。

10月，太原重型机械集团有限公司与江西铜业集团有限公司举行了WK-35电铲合同签字仪式。

10月，大连重工·起重集团有限公司成功制造了目前国内最大、重量最重的海上5MW风力发电机前机架。该机架成品重量68.5t，铁水97t，是目前国内尺寸最大、重量最重的海上风电产品。

10月，大连重工·起重集团有限公司为哈尔滨市方正县"美丽乡村"制造的两台垃圾处理环保设备已经投入使用，全天24h运转，单台每日可处理垃圾废弃物2~3t，解决了垃圾掩埋带来的土壤污染问题。

10月，北方重工集团有限公司加大结构调整，与丹麦艾法史密斯公司在华组建合资公司，双方持股比例相同，初始业务是中端破碎设备。该公司继2007年并购法国NFM公司后，又并购了美国罗宾斯公司，形成面向国内外市场的全断面联合掘进机完整的制造板块。

10月，由大连重工·起重集团有限公司研制的首批三代核电技术"华龙一号"机型（ACP000）核岛核环吊，各项指标满足技术规格书要求，通过由中原对外工程公司组织的试验台功能试车验收。

10月，太原重型机械股份有限公司自主设计制造出口南非的第4台35m³大型挖掘机发运。4年前太重两台35m³挖掘机首次出口南非爱索矿业有限公司，2015年第3台出口，2016年还首次出口印度6台20m³大型矿用挖掘机。

11—12月

11月3日，卫华集团有限公司助力我国新一代大型运载火箭——长征五号在海南文昌航天发射基地成功发射。卫华集团有限公司党委书记韩宪保受邀现场观看发射。卫华集团有限公司被授予航天重大贡献奖。

11月4日，上海振华重工（集团）股份有限公司的英国利物浦自动化码头项目开港。利物浦港于2014年同振华签约合作，为利物浦全新自动化码头提供所有设备，包括"5+3"台3E级岸桥和"12+10"台自动化轨道吊。

11月1—4日，由中国重型机械工业协会、中国机械工业联合会、汉诺威米兰展览（上海）有限公司共同主办的"2016中国（上海）国际重型机械装备展览会"在上海浦东新国际博览中心成功举办。

11月4日，经国机集团研究决定，将北京起重运输机械设计研究院100%产权无偿划转进入中国中元国际工程公司，北京起重运输机械设计研究院为中国中元国际工程公司的二级法人单位。

11月12日，在新形势下，原机械部老部长们非常关心重型机械行业的发展。沈烈初同志在《重机通讯》第一期发表文章，提出重型机械创新发展的意见；何光远、孙祖梅等六位老同志专门听取了中国第一重型机械集团公司新任领导刘明忠董事长进行的情况介绍，提出了对企业改革发展的希望。

11月16日，中国第二重型机械集团公司"建造大型模锻压机"项目（又称8万t项目）竣工验收会召开。以中国工程院钟掘院士为组长的验收组形成验收意见：中国二重"建造大型模锻压机"项目完成了建设内容，达到了建设目标，同意通过验收。

11月26日，太原重型机械集团有限公司研制的121.92m（400ft）自升式钻井平台在天津滨海生产基地正式下水。

11月26日，"太重集团无主轴多齿箱紧凑型风力发电机组项目"获得中国科学技术协会"首届全国创新方法赛总决赛"金奖。自2009年太原重型机械集团有限公司被中国科学技术协会确定为创新方法培训试点单位以来，800余名科技人员接受培训，先后成立了15个产品创新项目组，累计节创价值达2亿多元。

11月25日和11月29日，中国重型机械有限公司分别签署张家口至呼和浩特铁路项目、哈尔滨至佳木斯铁路项目自耦变压器包和牵引变压器包设备采购合同，合同金额共计7 790万元。

12月2日，中国机械工程学会组织业内相关专家9人组成鉴定委员会，对中信重工机械股份有限公司"GPYT-40盘式过滤机""大型高效旋回破碎机""5m敞开式硬岩掘进机""硅铁矿热炉余热发电技术"四个项目进行科技成果鉴定。鉴定委员会一致同意通过公司的四项新科技成果鉴定，认为其应用前景广阔，并建议进一步加快产业化推广应用。

12月9日，卫华集团有限公司国家认定企业技术中心创新能力建设项目顺利通过专家组验收。

12月10日，大连重工·起重集团有限公司供货的世界最大的1台13 700t/h回转堆料机、2台5 000t/h堆料机、2台14 400t/h取料机、2台14 500t/h堆料机和1台双车翻车机等共9台设备已在澳大利亚西澳洲黑德兰港陆续投入使用。

12月11日，第四届中国工业大奖发布会在人民大会堂隆重举行，中信重工机械股份有限公司荣获被誉为"中国工业奥斯卡"的中国工业大奖。

12月14日，振华－汉德联合技术培训中心在振华技术学院正式挂牌。振华－汉德联合技术培训中心将由振华技术学院、QHSE部、振华检测公司联合TÜV汉德共同开发和实施课程。

12月14日，中信重工机械股份有限公司与中广核核电运营有限公司签订核电站特种机器人战略合作协议。双方将结合自身优势，合作研发适用于核电站高温、高放射性区域的消防、侦测、预警、救援等特种机器人并联合申报国家工信部、科技部及地方政府科研项目。

12月14日，2016"中国好设计"奖颁奖典礼在北京人民大会堂举行。上海振华重工（集团）股份有限公司"12 000t全回转自航起重船"荣获"中国好设计"银奖。这是振华连续第二年登上"中国好设计"领奖台。

12月15日，中信重工机械股份有限公司顺利通过国家海关高级认证企业（AEO）认证并被授予资质证书，成为洛阳市首家获得海关AEO高级认证资质的评定企业。获得国家海关总署"AEO高级认证企业"资质，意味着中信重工获得了全球快速通关的"VIP卡"。

12月17日，中国第二重型机械集团公司与恒力石化（大连）炼化有限公司成功签订2 000万t/a炼化一体化项目中6台加氢反应器的供货合同，设备总重8 600t。

12月17日，中信重工机械股份有限公司承包的巴基斯坦先锋水泥公司12MW余热发电EP成套项目正式并网发电。该项目是利用先锋水泥公司2150TPD熟料生产线窑尾余热及4200TPD窑头窑尾余热及CFB锅炉，建设一套12MW余热回收发电系统。截至2016年12月20日，4台余热锅炉顺利实现并网，最高发电量达9 300kW，各项发电指标完全达到并超过设计能力。

12月18日，中信重工机械股份有限公司总包研制的世界最大的500吨级水力式垂直升船机在景洪澜沧江水电站正式投运通航。升船机总运量135.8万t/a，最大提升高度66.86m，是目前世界上在建的首台水力驱动垂直升船机。

12月21日，由中国重型机械工业协会主办的第二届重型机械基础配套件发展论坛在太原召开。

12月21日，国家智能制造装备发展专项"高精度面板智能化冷连轧生产线"在重庆万达薄板有限公司现场通过验收。

12月23日，中国第二重型机械集团公司与浙江石油化工有限公司成功签订500万t/a渣油加氢装置一、二期建设共10台渣油加氢反应器制造合同，合同金额7亿余元，创下近年来合同"设备数量最多、金额最大"的新纪录。

12月26日，太原重工股份有限公司首台具有完全自主知识产权的TZ400自升式钻井平台在太原重工临港基地码头下水。该平台是海上石油天然气勘探开发作业的高端海工装备，其下水方式采用国内首创重载运输车滑移平行下水工艺，实现了平台建造工艺的重大突破。

12月26日，中国第二重型机械集团公司改革振兴领导及工作小组第十一次扩大会在四川省德阳市召开。2016年公司预计实现营业收入73亿元、利润总额4.8亿元，如期胜利实现三年改革脱困目标。

12月30日，中国船级社授予卫华集团有限公司为CCS焊工认证中心及CCS焊工认证检验中心。

12月，国家工信部网站公示了首批制造业单项冠军示范企业名单，中信重工机械股份有限公司的"矿物磨机"和太原重工股份有限公司的"铸造起重机"上榜制造业单项冠军示范企业。

12月，由中国第二重型机械集团公司牵头的《大型钢质自由锻件通用技术规范》《大型铸钢件通用技术规范》两项国家标准获国家标准化管理委员会批准立项。

12月，2016年在四川省焊接技术对抗表演赛上，中国第二重型机械集团公司焊工高级技师廖用获大赛一等奖。

12月，在国家工信部组织实施的"2016年工业强基工程"创新项目中，中国第二重型机械集团公司成功中标第21分包"超大型构件先进成形、焊接及加工制造工艺"研发项目。

12月，中国重型机械研究院有限公司为安徽应流集团设计成套的中子吸收板轧制机组，经过小批次试生产，正式投入工业化量产，并已为国内多个核反应堆提供了多批次中子吸收板。

12月，中国重型机械研究院有限公司承揽的伊朗穆巴拉克钢铁集团5#板坯连铸机工程项目浇钢平台开始浇注。

12月，中国第二重型机械集团公司航空航天无损检测特种工艺顺利通过PRI（美国质量工程协会）审核。此次审核既是复评审核，同时也是中国二重独立取证审核。

12月，中信重工机械股份有限公司总包的平煤集团京宝焦化公司160t/h干熄焦工程及20MW余热发电项目发电系统正式并网运行，各项指标完全达到设计能力，项目综合利用煤焦化资源，实现最优干熄焦处理与发电指标，可实现年发电量1.4亿kW·h，同时供应16.5万t蒸汽，余热发电系统可解决该公司煤焦化生产线的全部用电。

12月，河南省2016年第二批先进制造业大省专项资金暨省工业结构调整专项支持项目名单揭晓，中信重工机械股份有限公司创新创业人才培养基地、矿山提运系统关键设备检测平台、变频器试验基地3个项目成功入选。

12月，由中国重型机械研究院有限公司承担设计的神木县同得利煤化工有限公司60万t/a兰炭项目经过近两年的建设一次投料试车成功。经过一个多月的运行,各项指标均达到设计要求。

12月,中国重型机械研究院有限公司总承包的湖北金盛兰冶金科技有限公司二期120t转炉煤气干法净化回收系统项目顺利投产。项目从签约到投产仅用了120天。

12月,陕西省科技厅组织专家对中国重型机械研究院有限公司主持完成的"3 000kN/7 500kN·m超大型锻造操作机研制"项目进行成果鉴定。鉴定委员会一致认为:该项目填补了国内空白,总体技术达到国际先进水平。同年7月6日,该项目在用户现场江苏国光重型机械有限公司通过验收。

12月,占地面积少、利用空间多的机械式停车设备成为社会各界关注的热点,各级政府政策的集中发布实施,促进行业快速发展,各种商业模式的出现,生产厂家大量增加,产品从机械化逐步向自动化、信息化、智能化方面提升。其中深圳怡丰自动化科技公司成功开发了用于存取车辆的AGV搬运车,产品在南京医院停车场试用。

12月,焦作科瑞森重装股份有限公司、上海科大重工集团有限公司、广州起重机械有限公司、北京起重运输机械设计研究院、太原重型机械集团有限公司、中信重工机械股份有限公司等一批企业以提质增效为目标,加大技术改造力度,建造多条机械化、自动化生产线。

12月,卫华集团纽科伦公司研发生产的风力发电机自攀爬维修起重机试运行成功。该设备可从风电塔筒底部自动攀爬至顶部后,进行起重作业,具有大幅缩短维修时间、减少租用大型起重机费用,迁移便捷等优势。

12月,鞍山重型矿山机器股份有限公司自行研制的高效节能香蕉筛,筛分面积为国内同类产品最大规格。筛宽4.9m,筛长8.54m,单台最大处理能力1 200t/h,综合指标达到国际水平。

12月,陆凯工业技术有限公司制造的两台全球最宽的LKLB5161直线振动筛,单台处理能力800t/h,是目前国内处理量最大的直线振动筛。该设备在承德双滦建龙矿业有限公司投产使用。

12月,河北万矿机械厂与河北建工学院合作研发出年处理能力50万~200万t建筑垃圾回收处理成套设备。这套设备集破碎、筛分、抑尘、风选、磁选为一体,对大块混凝土块等建筑废弃物进行破碎后,筛选和分离出钢筋、混凝土、砖块、木材、塑料等物质,实现了建筑垃圾就地处理。

12月,中信重工机械股份有限公司建立的履带式机器人、巡检机器人、水下机器人、应急救援等五大平台广泛应用于高电压等级变电站、市政排水管巡查、消防、非煤和煤矿井下救援等多种高危和特殊环境。其中基于应急救援需要的特种消防机器人,在全国消防部队和危化企业得到快速推广,形成了企业新的增长点。

12月,2016年度中国机械工业科学技术奖揭晓,重型机械行业获得一等奖3项,二等奖11项,三等奖11项。其中:中国重型机械研究院股份公司、山东顺鑫达新型建材有限公司与西安理工大学共同研制的"0.12~0.20mm优质超薄热镀锌带钢连续生产线"、太原重工股份有限公司与太原科技大学共同研制的"LG720冷轧管机组成套设备研制"、北京天地玛珂电液控制系统有限公司研制的"综采智能高效大流量集成供液系统"都获得了一等奖。

〔撰稿人:中国重型机械工业协会梁锐 审稿人:中国重型机械工业协会李镜〕

中国重型机械工业年鉴 2017

行业篇

从生产发展情况、市场及销售、产品进出口、科技成果及新产品等方面阐述重型机械各分行业2016年的发展情况

Elaborate on development in 2016 of various sectors in the heavy machinery industry regarding aspects such as development of production, market and sales, product import and export, technological achievements, and new products

综述

大事记

行业篇

市场篇

企业篇

统计资料

标准与质量

附录

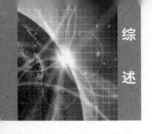
综述

大事记
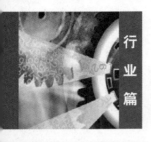
行业篇

市场篇

企业篇

统计资料

标准与质量

附录

中国重型机械工业年鉴 2017

行业篇

冶金矿山机械
　　冶金设备
矿山机械
　　破碎粉磨设备
　　洗选设备
物料搬运（起重运输）机械
　　轻小型起重设备
　　桥式、门式起重机
　　带式输送机
　　散料装卸机械
　　仓储机械
　　机械式停车设备
大型铸锻件
基础件
　　减速机
　　制动器
　　油膜轴承
　　润滑液压设备

冶金矿山机械

行业简况 冶金矿山机械行业是以提供炼焦、烧结、冶炼、轧制、矿山开采、矿井提升、破碎粉磨、煤矿采掘、筛分洗选、竖井及隧道挖掘、水泥、重型锻压等大型成套设备及相关产品,并为能源、原材料、化工、造船、军工、机械等部门提供所需大型铸锻件为主导产品的机械制造业。该行业的主要产品多为重大基本建设项目所需的核心设备,因此该行业不仅在国民经济建设中占有十分重要的地位,而且是国家制造实力的重要体现。2012—2016年冶金矿山机械行业主要经济指标及占比变动情况见表1,2012—2016年冶金矿山机械行业企业规模发展情况见图1,2012—2016年冶金矿山机械行业主营业务收入与利润总额变化情况见图2。

表1 2012—2016年冶金矿山机械行业主要经济指标及占比变动情况

年份	行业名称	企业数(家)	占比(%)	资产总值(亿元)	占比(%)	主营业务收入(亿元)	占比(%)	利润总额(亿元)	占比(%)
2012	重型机械行业	3 829	100	9 833	100	10 195	100	600	100
	冶金矿山机械	2 021	52.78	4 860	49.20	4 598	45.10	234	39
2013	重型机械行业	4 220	100	11 031	100	11 299	100	703.00	100
	冶金矿山机械	2 231	52.87	5 203	47.18	4 970	44.00	232.00	33.04
2014	重型机械行业	4 657	100	12 029	100	12 331	100	697.67	100
	冶金矿山机械	2 414	51.84	5 767	48.00	5 425	44.00	166.37	23.85
2015	重型机械行业	4 669	100	12 184	100	12 226	100	764.60	100
	冶金矿山机械	2 449	52.45	5 527	45.36	5 370	43.92	226.72	29.65
2016	重型机械行业	4 556	100	12 981	100	12 326	100	645.85	100
	冶金矿山机械	2 340	51.36	5 852	45.08	5 360	43.49	132.36	20.49

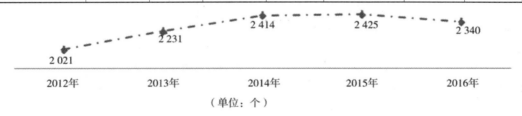

图1 2012—2016年冶金矿山机械行业企业规模发展情况

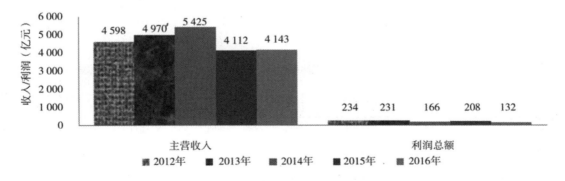

图2 2012—2016年冶金矿山机械行业主营业务收入与利润总额变化情况

二、2016年行业经济运行情况

1. 行业主要经济指标完成情况

2016年冶金矿山机械行业主要经济指标完成情况见表2。

表2　2016年冶金矿山机械行业主要经济指标完成情况

行业名称	企业数（家）	主营业务收入（亿元）			主营业务成本（亿元）		
		2016年	2015年	同比增长（%）	2016年	2015年	同比增长（%）
冶金矿山机械行业	2 340	5 370	5 322.76	0.70	4 629.01	4 624.00	0.11
矿山机械制造	1 839	4 142.87	4 111.87	0.75	3 541.11	3 549.50	-0.24
冶金专用设备制造	501	1 217.03	1 210.89	0.51	1 087.90	1 074.50	1.25

行业名称	企业数（家）	流动资产合计（亿元）			应收账款（亿元）		
		2016年	2015年	同比增长（%）	2016年	2015年	同比增长（%）
冶金矿山机械行业	2 340	3 509.63	3 543.66	-0.96	1 256.47	1 282.71	-2.05
矿山机械制造	1 839	2 318.41	2 273.92	1.96	836.93	825.94	1.33
冶金专用设备制造	501	1 191.22	1 269.74	-6.18	419.54	456.77	-8.15

行业名称	企业数（家）	存货（亿元）			产成品（亿元）		
		2016年	2015年	同比增长（%）	2016年	2015年	同比增长（%）
冶金矿山机械行业	2 340	932.87	951.88	-2.00	300.53	296.55	1.34
矿山机械制造	1 839	660.35	631.37	4.59	218.10	205.90	5.92
冶金专用设备制造	501	272.52	320.51	-14.97	82.43	90.65	-9.07

行业名称	企业数（家）	资产总计（亿元）			负债总计（亿元）		
		2016年	2015年	同比增长（%）	2016年	2015年	同比增长（%）
冶金矿山机械行业	2 449	5 852.29	5 227	0.37	3 517.16	3 473.29	1.26
矿山机械制造	1 839	4 007.80	3 883.13	3.21	2 282.67	2 180.58	4.68
冶金专用设备制造	501	1 844.49	1 947.76	-5.30	1 234.49	1 292.71	-4.50

行业名称	企业数（家）	销售费用（亿元）			管理费用（亿元）		
		2016年	2015年	同比增长（%）	2016年	2015年	同比增长（%）
冶金矿山机械行业	2 340	138.87	132.91	4.48	273.56	260.85	4.87
矿山机械制造	1 839	110.18	106.97	3.00	201.07	182.35	10.27
冶金专用设备制造	501	28.69	25.94	10.60	72.49	78.50	-7.65

行业名称	企业数（家）	利润总额（亿元）			亏损额（亿元）		
		2016年	2015年	同比增长（%）	2016年	2015年	同比增长（%）
冶金矿山机械行业	2 340	132.36	226.72	-36.37	150.70	80.00	88.38
矿山机械制造	1 839	150.05	197.34	-23.96	73.80	38.87	34.93
冶金专用设备制造	501	-17.69	10.67	-265.76	76.90	41.13	35.78

（续）

行业名称	企业数（家）	亏损企业数（个）		亏损面（%）		利润率（%）	
		2016年	2015年	2016年	同比增长（%）	2016年	同比增长（%）
冶金矿山机械行业	2 340	364	295	15.56	15.93	2.47	3.91
矿山机械制造	1 839	242	186	13.16	10.11	3.62	4.80
冶金专用设备制造	501	122	109	24.35	21.76	-1.45	0.88

行业名称	企业数（家）	资产负债率（%）		流动资产周转率（次）		成本费用利润率（%）	
		2016年	2015年	2016年	同比增长（%）	2016年	同比增长（%）
冶金矿山机械行业	2 340	61.95	61.27	1.53	1.50	2.63	4.15
矿山机械制造	1 839	56.96	56.16	1.79	1.81	3.83	5.07
冶金专用设备制造	501	66.93	66.37	1.02	0.95	-1.46	0.88

2. 行业主要产品产量完成情况

从2016年行业出产情况看，冶金矿山机械行业主要产品均处于负增长区间，其中：冶金机械产品产量103.62万t，同比下降9.11%。矿山机械产品产量794.86万t，同比增长3.37%。2016冶金矿山机械行业重点产品产量完成情况见表3，2016年冶金矿山机械行业重点产品产量及与上年对比情况见图3。

表3 2016冶金矿山机械行业重点产品产量完成情况

产品名称	企业数量（家）	2016年产量（万t）	2015年产量（万t）	同比增长（%）
一、冶金机械合计	501	103.62	114.00	-9.11
金属冶炼设备		54.61	65.59	-16.75
金属轧制设备		49.01	48.41	1.23
二、矿山机械	1 839	794.86	768.93	3.37
水泥设备		86.55	80.07	8.10

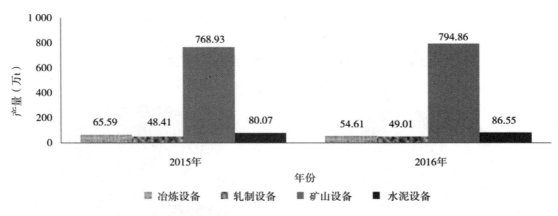

图3 2016年冶金矿山机械行业重点产品产量及与上年对比情况

3. 行业主要产品进出口情况

2016年，冶金矿山机械行业进出口总额31.51亿美元，其中：出口国家和地区184个，金额24.62亿美元，进口国家和地区45个，金额6.88亿美元。冶金机械进出口总额16.59亿美元，其中：出口国家和地区168个，金额11.95亿美元，进口45个国家和地区，金额4.65亿美元。矿山机械进出口总额14.92亿美元，其中：出口国家和地区184个，金额12.68亿美元，进口国家和地区35个，金额2.24亿美元。

2016年冶金矿山机械行业主要产品进出口情况见表4，

2012—2016年冶金矿山机械行业进出口变化趋势见图4，2016年冶金矿山机械行业进出口主要企业类型占比情况见图5，2016年冶金矿山机械行业进出口主要贸易方式占比情况见图6。

表4 2016年冶金矿山机械行业主要产品进出口情况

海关货物名称	出口额（亿美元）	同比增长（%）	进口额（亿美元）	同比增长（%）	进出口总额（亿美元）	同比增长（%）	进出口顺差（亿美元）	去年同期（亿美元）
冶金机械合计	11.95	-22.34	4.65	11.73	16.59	-14.89	7.30	-35.58
金属冶炼设备	0.27	-57.26	0.09	-3.77	0.36	-49.94	0.19	-67.32
连铸设备	0.12	-85.72	0.00		0.12	-85.35	0.11	-86.09
金属轧制设备	3.05	-6.31	1.40	14.10	4.45	-0.54	1.64	-19.58
冶金设备零件	8.51	-20.02	3.15	11.10	11.66	-13.29	5.36	-31.85
矿山机械合计	12.68	-13.76	2.24	-26.12	14.92	-15.96	10.44	-10.34
采掘设备及钻机	3.73	3.23	0.60	-47.77	4.33	-9.48	3.12	28.60
破碎粉磨设备	6.23	-22.57	0.93	7.47	7.16	-19.50	5.31	-26.43
筛分洗选设备	2.32	-9.98	0.63	-30.72	2.95	-15.59	1.68	2.20
矿山卷扬设备	0.09	-23.17	0.02	-17.58	0.11	-22.15	0.07	-24.75
矿山机械零件	0.32	-24.52	0.06	5.28	0.37	-21.12	0.26	-28.91

注：由于四舍五入，因此总数与分数之和有小的出入。

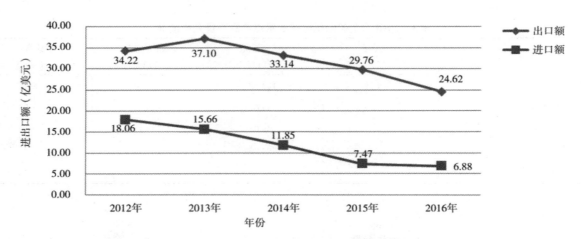

图4 2012—2016年冶金矿山机械行业进出口变化趋势

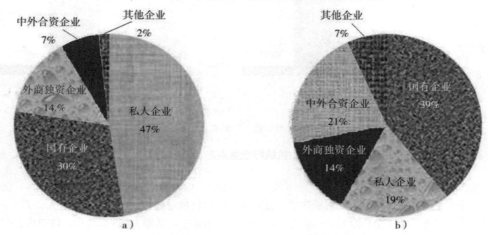

图5 2016年冶金矿山机械行业进出口主要企业类型占比情况
a）出口 b）进口

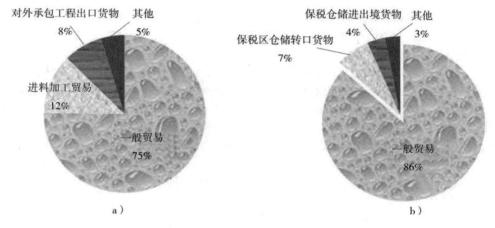

图6 2016年冶金矿山机械行业进出口主要贸易方式占比情况
a）出口　b）进口

4、2016年行业经济运行的基本特点

（1）全年冶金矿山机械行业虽然仍有一定的增长，主营业收入增速0.70%，但同期相比下降了0.91个百分点，仅比重型机械行业的0.61%高0.09个百分点。

主营业务收入增长率，冶金机械行业为0.51%，矿山机械行业的0.75%，均在1%以下。大型企业明显低于小型企业，国有企业明显低于私营企业。

（2）行业经济效益水平仍处在下滑区间。2016年全行业实现利润总额132.61亿元，同比下降36.37%，其主要原因在于大型骨干企业债务处理减除亏损额度较大的影响，冶金机械行业仍有较大亏损，其中冶金机械行业亏损额为17.69亿元；矿山机械行业实现利润150.05亿元，均低于去年同期。

（3）行业主要产品进出口额仍处于下滑状态。受全球经济增长乏力的影响，在2013年出口总额增长8.42%，2014年降为-10.67%，2015年又降为-17.24%，2016年为-17.27%，同比已连续四年下降。其中2016年冶金机械产品同期相比下降20.78，比2015年的-16.07%再降4.71个百分点，矿山机械产品同期相比下降13.66%，比2014年的-18.47%，回升4.81个百分点。相对于出口额，进口额已连续多年下滑，从2010年的21亿美元降至2016年的6.88美元，尽管进出口额始终保持顺差，但已出现下降趋势。

〔撰稿人：中国重型机械工业协会严祥文　审稿人：中国重型机械工业协会李镜〕

冶金设备

生产发展情况　冶金设备行业是为冶金工业提供重大成套技术装备的行业。冶金设备是指用于金属冶炼、铸造、轧制和深加工等生产流程中的专用成套工艺设备，也被称作工业母机，是冶金工业发展所需的重要基础装备。大型冶金成套设备是集连续、高效和自动化、智能化控制技术于一身的技术密集型工艺设备集合，多属于高精尖的重型成套设备，目前已呈系列化分布并具有传统经典特征。主要包括金属冶炼（高炉、烧结机、炼焦炉、电炉、转炉、炉外精炼、矿渣钢渣处理），金属铸造设备（方坯连铸机、圆坯连铸机、板坯连铸机、铸造机、有色金属半连续铸锭机），金属轧制设备（板带热轧机、板带冷轧机、轧管机、型钢轧机、线材轧机、有色金属轧机），金属精整及后处理设备（酸洗机组、连续退火机组、热轧厚板平整机组、冷轧薄板平整机组、热镀锌机组、电镀锡机组、横切机组、纵切机组、重卷机组、彩色涂镀机组）等。

冶金设备制造业与冶金工业关系密切，互为市场。冶金设备制造业通过技术创新和提升服务不断满足钢铁和有色金属等原材料工业"创生"的新需求。当前，国内外钢铁和有色金属冶金市场已呈现产能过剩、供大于求的状况，已由增量需求减速下滑转为存量需求，淘汰落后生产工艺及设备，加快节能降耗、自动化、信息化、智能化技术改造升级做为主市场。与此同时，冶金设备制造业已步入由冶金设备制造向冶金设备制造和技术改造服务双管齐下的转型期，通过结构调整和技术创新，适时推出新产品，使得中高端国产冶金成套设备的国内市场占有率始终保持在85%左右。作为核心冶金成套设备供应商的中国第一重型机械集团公司（中国一重）、中国第二重型机械集团公司（中国二重）和太原重型机械集团有限公司（太重集团）等，在重大冶金成套设备自动化和智能化高端技术研发方面取得了新业绩。

（1）大型热、冷带钢连轧机工艺设备及自动化、智能化技术。大型热、冷带钢连轧机工艺设备及控制已基本达到了二、三级自动化、智能化控制水平，自主设计、集成、制造成套已达到系列化程度，能够满足我国钢铁冶金行业的需要。中国一重自主研发的大型冷连轧机工艺设备和自动化、智能化技术：750mm、900mm、950mm、1 050mm、1 250mm、1 420mm、1 450mm、1 500mm、

1 550mm、1 780mm、2 130mm双机架、四机架、五机架（酸洗）冷连轧机组已广泛应用于鞍钢、宝钢、武钢、梅钢、安阳钢铁、马钢合肥、新余钢铁、柳钢、沙钢、唐山建龙、黄石山力、山东远大、河北中铁、海宁联鑫、河北中金、尼日利亚董氏集团、浙江龙盛、北海诚德、河北兆建、霸州天利、天津宇润德等公司。特别是梅钢1420mm冷连轧机组的技术升级，山力和远大1420mm酸洗冷连轧机组工程总承包项目的开发应用及推广，突破了冷连轧工艺设备成套及生产自动化、智能化控制两大核心技术，实现了国产冷连轧机工艺设备及自动化、智能化技术总集成，实现了我国冷连轧机组的更新换代。其中，自主开发的大型工作辊和中间辊可移动的六辊轧机具有卓越的板形控制能力；自主开发的转盘式双卷筒卷取机实现了高效卷取；自主开发的十八辊冷轧机可实现超薄高强度钢的高效轧制，标志着我国自主设计、集成、制造冷连轧成套的工艺设备技术和自动化智能化技术已达到了中高端水平。中国一重设计开发的大型热连轧成套工艺设备及自动化、智能化技术：1 000mm、1 250mm、1 380mm、1 450mm、1 580mm、1 680mm、1 780mm、2 150mm、2 250mm热带钢连轧机已成功应用于鞍钢、武钢、首钢、新余钢铁、安阳钢铁、日照钢铁、马钢、涟钢、北海诚德、鼎信等钢铁公司。特别是自主研发的北海诚德"1+8"1 680mm不锈钢热连轧工艺设备和自动化、智能化技术在鼎信1 780mm不锈钢热连轧项目的应用，实现了国产热不锈钢连轧机工艺设备及自动化、智能化技术的总集成，实现了不锈钢热连轧生产线的更新换代。其中，高压水除鳞技术，保证了产品的表面质量；立辊轧机具有宽度自动控制和短行程自动控制功能；粗轧机采用电动加液压后，保证了位置的准确度、速度和精度的提高；定宽压力机实现了大压力下减宽和成材率的改善；热卷取箱实现了多钢种节能轧制并缩短了轧线长度；超强转鼓式飞剪进一步提高了剪切能力和头尾剪切优化功能；高刚度四辊全液压精轧机，液压自动厚度和板形控制技术，保证了产品板形及尺寸精度；空冷控制技术保证了中高牌号硅钢的性能要求；全液压三助卷辊地下卷取机采用了自动踏步控制技术，保证了钢卷的卷形质量等。

近年来，国产大型冷、热轧机成套设备出口的项目有：尼日利亚900mm冷连轧机组；尼日利亚1 450mm单机架冷轧机组、印度尼西亚"1+7"1 780mm不锈钢热连轧机组、印度1 800mm和波兰2 250mm热连轧机组成套设备各一套（合作制造）、墨西哥3 500mm和伊朗1 725mm炉卷轧机各一套（合作制造）、意大利阿维迪1 700mm短流程热轧生产线（合作制造）等，标志着我国冶金板带轧制工艺装备技术已步入世界先进行列。

（2）大型多辊冷轧机工艺设备及自动化技术。我国大型多辊高强超薄带轧制成套设备已实现了自主设计：北海诚德、江苏德龙不锈钢双机架1 450mm十八辊双机架不锈钢冷轧机组；山东远大碳素钢1 250mm二十辊、北海诚德不锈钢1 450mm二十辊等大型多辊冷轧机组已投入使用，标志着国产大型多辊冷轧机工艺设备及自动化技术向国际先进行列迈出了一步。

（3）短流程节能轧制及绿色节能工艺设备。近年来，我国在冶金设备领域节能减排工艺设备的开发应用方面取得了长足的进步。中国一重继鞍山钢铁公司"1+6"2 150mm短流程热连轧机研制成功后，又与意大利阿维迪公司合作研发出一套1 700mm连铸连轧短流程试验生产线。其后，相继承担了四套西门子日照1 700mm短流程热轧生产线设备的合作制造，福建吴航2 250mm不锈钢多功能板卷热轧项目，山东泰钢1 780mm炉卷轧机+3机架热连轧机生产线。在冶金领域推广应用脱硫脱硝等绿色环保工艺设备，自主开发研制的3 700mm"自由锻造+筒节成形轧制"大型筒件锻轧工艺设备已成功应用并获得了黑龙江省科技进步奖一等奖。

（4）宽厚板轧机工艺设备及自动化技术。国内自主设计制造的宽厚板轧机成套设备集成已实现了二级自动化控制，基本满足了国内用户的需求，呈现出合作制造与自主设计制造兼容的局面。合作制造的宽厚板轧机有：鞍钢5 500mm、鞍钢5 000mm、宝钢5 000mm、湘钢5 000mm、包钢4 100mm；自主设计制造的宽厚板轧机有：建龙4 300mm、济钢4 300mm、沙钢3 500mm、汉冶4 300mm、汉冶3 800mm。中国一重自主设计制造的3 300mm宽厚板轧机出口到越南、泰国各一套；合作制造并出口的宽厚板轧机：浦项5 500mm、现代5 000mm、泰国钢铁公司5 000mm。

（5）大型成套有色板带轧机工艺设备。国内有色金属行业对大型铝板带轧机生产线成套设备的需求有所上升，中国一重、中国二重等冶金设备企业都承担了一批大型铝板带轧制成套设备自主设计及合作制造项目，并已形成自主设计、制造能力。中国一重承担的项目有：广西银海铝业2 800mm单机架铝板冷轧机组，东北轻合金3 950mm、2 100mm（1+1）铝板热轧机组，青海鲁丰2 400mm单机架铝板热轧机组、2 350mm单机架铝板六辊冷轧机组、2 350mm双机架铝板四辊冷轧机组，天津忠旺3 350mm（1+1+3）、2 400mm（1+1+5）铝板热连轧机组、2 300mm（1#-4#）铝板冷轧机组，南山铝业2 350mm（1+4）铝板热连轧机组、4 100mm+3 000mm（1+5）铝板热连轧机组，山东魏桥2 400mm（1+4）铝板热连轧机组，南南铝业4 100mm+3 100mm（1+1）铝板热轧机组、泰国古河2 500mm（1+4）铝板热连轧机组、吉林麦达斯2 350mm单机架铝板冷轧机组。中国二重承担的项目有：巨科锦宁、浙江永杰1 850mm（1+4）铝板带热连轧机组、柳州银海3 300mm+2 850mm（1+4）铝板热连轧机组。

（6）大型连铸机成套工艺设备。我国大型连铸机成套设备已经全面实现了自主化设计、制造和技术集成，基本能满足冶金行业用户的需求。目前，以中国重型机械研究院为代表的冶金设备企业仍在进行工艺设备技术提升方面的研发，近年来投产的重大成套设备有：舞阳钢铁公司的2 500mm大型板坯连铸成套设备，诚德钢铁公司的1 600mm大型板坯连铸成套设备，敬业钢铁公司的 1 100mm 板坯连铸机，攀枝花钢铁公司的五流 360mm×450mm、邢台钢铁公司的六流 380mm×450mm 两个大型方坯连铸成套设备，700mm 特厚板连铸机、垂直铸造机等。

（7）大型平整机成套设备及精整设备。我国大型先进的冷、热平整工艺设备已经实现了自主设计集成国产化，中国一重集团公司、中国重型机械研究院等企业自主设计集成的大型平整机成套设备已被广泛应用。平整机成套设备有：宝钢 2 030mm、1 850mm 连退在线单机架六辊平整机，宝钢 2 030mm 热镀锌在线单机架四辊光整机，柳钢 1 450mm、1 250mm 单机架四辊平整机组、邯郸日鑫 1 450mm 单机架六辊平整机组、烟台东海薄板 1 250mm 连退在线双机架平整机组、鞍钢 1 450mm 单机架四辊平整机组、河钢衡水 1 250mm 离线双机架六辊平整兼二次冷轧机组、邯郸卓立 1250mm 离线双机架六辊平整兼二次冷轧机组、京唐钢铁 1 580mm 热轧厚板单机架四辊平整分卷机组、1 380mm 离线双机架四辊平整机组（合作制造）、河钢承德 1 780mm 热轧厚板单机架四辊平整分切机组、北海诚德 1 700mm 热轧板单机架四辊平整分切机组、1 320mm 冷轧退火酸洗机组单机架二辊平整机。其中，河钢衡水、邯郸卓立 1 250mm 双机架平整兼二次冷轧机组具有干、湿平整和二次冷轧等多种功能，是深受钢铁用户青睐的一种机型。

（8）新型 TRB 变断面试验轧机设备。用于生产变断面轧制板（Tailer RollBlank，TRB）的轧机在国内仍处于试验阶段，中国一重与宝钢正合作开展 900mm 变断面轧制机组的研发工作。TRB 轧机作为生产变断面轧制板的核心装备，与普通冷轧机相比，机组工艺、设备及参数配置上都有很大的不同。变断面轧制板是为满足汽车轻量化的需要而生产的，变断面轧制板能根据车身零部件所受载荷的不同，合理分布零件的厚度。因此，若车身零件由变断面轧制板冲压而成，则能在不降低车辆强度和安全性能的前提下显著降低车身重量，进而降低车辆单位能耗，在节能的同时减少环境污染。

（9）大型冶金环保设备的开发应用。钢铁冶金行业用户加大了对绿色生产、节能减排的技改投入，促进了我国冶金环保技术和工艺装备的开发和应用，一些国内冶金设备企业已建立环保板块，完成了资源整合，并适时开展环保工艺技术和设备研制。继热轧生产线烟尘抑制技术和连铸生产线排气排烟工艺技术应用后，目前正在全面开展冶炼焦化环节的脱硫、脱硝、除二噁英等工艺技术的研发和应用；中国一重为新宝泰公司研制的 3 800mm 卧式辊磨已应用于钢渣、水渣微粉处理生产线，这必将打开环保和微粉利用市场的新局面。一些企业继续推进新研发的垃圾处理技术和工艺设备的市场应用。

近年来，国内外的冶金市场未见起色，除了一些冶金设备的技术改造外，新上成套项目屈指可数，冶金市场业已进入具有巨大保有量的冶金工艺设备的更新改造和自动化提升阶段，而国际各大洲的冶金市场需求远不及亚洲，继续呈波动下滑和收缩态势。西马克（SMS-SIEMAG）、普锐特冶金技术公司、达涅利（DANIELY）等国外冶金设备公司只能惨淡经营，在我国境内投资建设的工厂也陆续撤回，继续呈现与国内冶金设备制造企业拼争的态势，国内冶金设备企业也继续承受着内外双重压力，这种压力促使以中国一重、中国二重为代表的冶金设备企业提高中高端设备的自主设计、集成及制造能力。

目前，我国自主设计、集成、制造并投产运行的中高端大型冷热连轧成套设备已突破 150 套。在改善产品性能质量、降低能耗、改善环境、先进工艺、高速、自动化和智能化方面稳步提升，以近终形连铸连轧为基本特征的直接轧制与无头轧制，连铸与冷轧成线轧制，酸轧联合高速轧制为标志的短流程和绿色轧制工艺技术正大行其道；不锈钢、高强度钢的轧制和有色金属板带轧制工艺装备的自主研发能力持续提升。

国内多家大中型钢铁冶金企业产量效益继续下滑，出现大范围亏损。一大批使用先进冶金工艺设备如大型冷（热）宽带钢连轧机、宽厚板轧机、大型铝板带轧机、大型连铸机及转炉、高炉等设备的工厂普遍处于开工不足或半停产状态。2016 年，国内新上大型热（冷）连轧项目的仅有几家钢铁企业，大型铝板、宽厚板轧机项目均无新建计划，以钢铁、有色金属为主业的多家冶金设备制造企业的合同额持续递减，一直处于低迷状态，其主要特征是：

1）冶金设备制造业结构转型调整正当其时。面对钢铁冶金企业化解产能过剩，行业亏损，项目少、合同少、价格低等不利现状，冶金设备制造企业整合各种资源、优化设计、优化采购、优化工艺、创新管理，降本提质。中国一重、中国二重、太重集团和中信重工等冶金设备制造公司积极制定、实施转型战略，为了在激烈的竞争中拿到合同还要不能亏损，在营销策略和运行模式方面进行了各种尝试，一方面继续在传统产业领域建立竞争优势，另一方面谋求在新兴领域有所突破，继续开发新产品、提升技术水平。由于冶金设备制造业市场有限，一些冶金设备骨干企业处于亏损和维持状态；中小冶金机械制造厂更是拿不到合同，大面积停工或倒闭，这种状况一直到 2016 年年底尚未有改观。不改革传统运营模式已难以为继，一些冶金机械设备制造企业开始进行转型和重组。

2）抢抓机遇争夺技术和市场制高点。目前，冶金设备制造企业正密切关注《中国制造 2025》和"一带一路"倡议，筹划组建工程项目联合体和战略伙伴同盟以迎接即将到来的发展机遇，通过开发绿色环保工艺设备和发展冶金设备自动化智能化技术而主动作为，通过承担冶金设备技术升级改造项目，提高解决问题的能力和服务水平。为抢占技术制高点而提高系统解决方案和技术创新能力；为抢占市场制高点而提高个性化定制服务能力。冶金设备制造企业一方面抓住技术改造服务市场契机，另一方面锲而不舍地攻克新上的高端项目，一个以产、学、研、用深度联合的技术创新机制逐步形成。

3）适应冶金市场需求由增量型向存量型变化。钢铁冶金行业已经开始全面进行治理整合，除少量新项目所需的高端冶金成套工艺设备外，现有设备的升级改造已成为主要需求，大多数现有设备已将节能减排、品种升级和自动化智能化技术改造提到日程中来。新上冶金设备项目数量少，技术难度大，国内外竞争很激烈，唯有靠技术创新和高端突破。而现有工艺设备改造对成熟技术要求更高，难度更大。中国一重、中国二重等已率先进入存量型冶金设备技术升级改造市场，先后为鞍钢1676mm五机架冷连轧机、1500mm五机架冷连轧机和1780mm热连轧机的卷取机等设备进行了升级改造，为日照热连轧机设备进行了升级改造，研究了宽厚板轧机深加工技术改造方案；提升了宽带钢热（冷）连轧机节能减排和高等级牌号产品的生产工艺。涟钢2250mm宽带钢热连轧机、北海诚德1680mm不锈钢热连轧机、宝钢梅山1420mm酸洗冷连轧机组、北海诚德1600mm不锈钢连铸生产线等自主设计研制成功，说明我国冶金设备企业在满足抢抓增量型、盘活存量型需求上有能力步入高端冶金成套设备供应商的行列。

4) 工程总承包是冶金成套设备的发展方向。中国一重、中国二重等已完成了多个冶金成套总承包项目，这些项目包括：山东远大、海宁联鑫1420mm酸洗冷连轧机交钥匙工程项目，北海诚德1680mm不锈钢热连轧机、1450mm十八辊不锈钢双机架冷轧机组、1600mm不锈钢连铸机及冷轧退火酸洗生产线，尼日利亚董氏集团的900mm冷连轧项目。随着国内自主集成成套设备能力的增强，国内新上项目数量的减少，民营钢铁冶金用户对冶金成套项目工程总承包和交钥匙工程也越来越青睐，这为冶金设备制造业的发展提供了新的机遇，也进一步推动着冶金设备企业向制造服务业升级转变，向国内外高端市场进军。

以中国一重、中国二重、太重集团、中信重工为代表的重型冶金设备制造企业一直发挥着积极作用。从近6年完成的冶金成套项目情况来看，越来越多的冶金成套项目按工程总承包的方式实施，工程总承包将继续推动冶金设备制造企业响应"一带一路"倡议走向国际市场，实现由中国制造向中国创造的转变。

5) 持续应对市场低迷的挑战。应对新常态下的低迷冶金机械市场挑战，只能靠创新驱动来引领。一些重型冶金设备制造企业已加大传统产业和新兴产业技术提升和开发的创新力度，积极探索以冶金工业领域为主向其他工业领域、能源环保装备领域的产业结构转变。协同进行产、学、研、用多元化的合作开发，瞄准国内外市场新需求，重点研发先进轧制工艺及控制模型，研发不锈钢、高强度钢、中高牌号取向硅钢轧制工艺设备。其中，开发的大型高端二十辊和十八辊冷轧工艺技术装备已取得突破；唐钢多功能型钢生产线已投产；大钢模具钢生产线已成功应用；诚钢1600mm不锈钢连铸机、1680mm不锈钢热连轧机已成功应用。面对国内外冶金设备市场的紧缩，一些企业正向各自的新领域进军，制订和实施新一轮转型措施。寻找新的增长领域，继续加大新市场的开发和新产品研发力度，适应新常态，设置多元化的业务板块和进行结构性的资源整合，是重型冶金设备制造企业未来的发展方向。

2016年冶金设备行业主要经济指标完成情况见表1。

表1 2016年冶金设备行业主要经济指标完成情况

指标名称	完成情况（亿元）	同比增长（%）
主营业务收入	1 217.03	0.51
利润总额	-17.69	-265.76

市场与销售 虽然国家为适当扩大内需采取了积极的财政政策，冶金、化工、能源等行业接受国家贴息贷款，在一定程度上维持了技术升级改造的规模。但连年来，受国内外经济新常态的影响，冶金设备行业市场低价无序竞争激烈，冶金设备订单严重不足，冶金设备企业主营业务收入和销售利润下降明显，形势严峻迷离，冶金设备市场将长期处在小幅波动下行状态，市场前景令人关注与期待。

2016年冶金设备行业主要产品产量见表2。2016年冶金设备行业产品进出口额见表3。

表2 2016年冶金设备行业主要产品产量

产品名称	企业数（个）	产量（万t）	同比增长（%）
冶炼设备	97	54.60	-16.75
金属轧制设备	75	49.00	1.23

表3 2016年冶金设备行业产品进出口额

产品名称	进口额（亿美元）	出口额（亿美元）	进出口差额（亿美元）
冶金设备	4.646	11.945	7.299
其中：金属冶炼设备	0.089	0.274	0.185
连续铸钢设备	0.003	0.117	0.114
金属轧制设备	1.404	3.048	1.644
冶金设备零件	3.150	8.506	5.356

2016年冶金设备主要生产企业：中国第一重型机械集团公司、中国第二重型机械集团公司、太原重型机械集团有限公司、大连重工·起重集团有限公司、上海重型机器厂有限公司、北方重工集团有限公司、河北邢台机械轧辊（集团）有限公司、秦皇岛冶金机械有限公司、沈阳冶金机械有限公司、唐山冶金矿山机械厂、衡阳有色冶金机械总厂、中信重型机械公司、上海沪江机器厂、山东冶金机械厂、宝钢常州冶金机械厂、陕西压延设备厂、乐山斯堪机械制造有限公司、太原矿山机器集团有限公司、昆明力神重工有限公司、上海冶金矿山机械厂。

科技成果、新产品与标准 冶金设备行业主要生产企业在引进、消化、吸收世界先进国家同类产品先进技术的基础上，围绕冶金市场新需求持续进行开拓创新，自主设计开发出了多项具有自主知识产权的重大装备新产品，使我国冶金装备的多项新产品和工艺技术水平不断接近或达到国际先进水平，许多项目获得科学技术奖。

2016年冶金设备行业科技成果获中国机械工业科学技术奖的情况见表4。

表4 2016年冶金设备行业科技成果获中国机械工业科学技术奖的情况

项目名称	完成单位	获奖等级
300kN/7 500kN超大型锻造操作机研制	中国重型机械研究院股份公司、江苏国光重型机械有限公司、燕山大学、西安交通大学、重庆大学	特等奖
620℃超超临界火电机组大型关键铸件研制及产业化	二重集团（德阳）重型装备股份有限公司	一等奖
镀锡板高速精整机组关键工艺及装备研发与应用	中国重型机械研究院股份公司	二等奖
三峡升船机螺母柱研制	二重集团（德阳）重型装备股份有限公司	三等奖
高性能难变形工模具钢板高效精密矫直工艺及装备的研究与应用	中国重型机械研究院股份公司、东北特钢集团大连特殊钢有限责任公司模具钢分公司	三等奖

冶金行业标准在冶金设备行业企业的产品经营生产活动中越来越被重视，国内一些主要冶金设备企业积极参加行业标准的编制和宣贯工作，现行冶金机械的国家与行业标准有86项。标准工作由机械工业冶金设备标准化技术委员会归口管理、组织编制和实施。另外，联合企业标准（简称《标重》），已由中国重型机械工业协会批准发布和执行。

冶金机械最新版的《重型机械标准》共四卷，该标准已经四次修订，其中产品标准85%以上等效采用了国外先进标准（主要是德国西马克公司标准）。中国重型机械工业协会已将《重型机械标准》全面发行。

中国重型机械研究院正在组织大型冶金设备制造骨干企业继续开展新一轮冶金设备行业标准的编制工作，已完成了多项新行业标准的编制评审工作，几十项新增重型冶金机械设备部分的冶金设备标准正在编制之中。

〔撰稿人：中国重型机械工业协会冶金压延机械分会 孟文华 审稿人：中国重型机械工业协会 李镜〕

矿山机械

矿山机械行业是为固体原料、材料和燃料的开采和加工提供装备的重要基础行业，也是国家建立独立工业体系的基础。除服务于黑色和有色冶金、煤炭、建材、化工、核工业等重要基础工业部门，其产品也被广泛应用于交通、铁道、建筑、水利水电、节能环保等基础部门的基本建设中。矿山机械行业一直是我国国民经济的重要支柱产业，对我国社会经济的发展有着极其重要的影响。

矿山机械装备的先进性决定了矿山资源科学开发和综合利用的水平，从而成为衡量一个国家工业实力的重要标志。本文所述的矿山机械包括采掘、凿岩设备及钻机、破碎、粉磨设备、筛分、洗选设备、矿山提升设备和矿山机械零件等。

2016年，我国全面落实"去产能、去库存、去杠杆、降成本、补短板"五项重点任务，制定了当年煤炭、建材、冶金等行业压缩富余产能年度完成的数量和时间。面对煤炭、矿山、建材等传统服务领域持续去产能的严峻态势，各矿山机械制造企业主动从关注产品向关注客户转变，通过深化内部管理、增加科技创新投入、加快产品结构调整、加大转型升级力度等一系列举措，积极应对。如有的矿山机械企业及时向制砂、固废处理等领域转型，在大行业较为困难的背景下促进了自身的发展。

生产发展情况 按中国重型机械工业协会统计，2016年我国矿山机械行业主营业务收入达4 142.87亿元，比上年增长0.75%，占当年重型机械行业主营业务收入的33.61%，占当年冶金矿山机械行业主营业务收入的77.29%；实现利润150.05亿元，比上年下降23.96%；利润率为3.62%，上年同期为4.85%。行业利润总额及利润率逐年下滑。2016年矿山机械行业主要经济指标完成情况见表1。2014—2016年矿山机械行业利润总额和利润率情况见表2。

表1 2016年矿山机械行业主要经济指标完成情况

名　称	主营业务收入（亿元）	比上年增长（%）	利润总额（亿元）	比上年增长（%）	利润率（%）
重型机械行业	12 325.64	1.50	645.85	-13.36	5.24
矿山机械行业	4 142.87	0.75	150.05	-23.96	3.62

注：数据来源于中国重型机械工业协会统计简报2016.12期。

表2 2014—2016年矿山机械行业利润总额和利润率情况

年份	利润总额（亿元）	利润率（%）
2014	215.75	5.30
2015	202.48	4.85
2016	150.05	3.62

注：数据来源于《中国重型机械工业年鉴》和中国重型机械工业协会统计简报2016.12期。

2016年，全国主要矿山机械企业完成产品产量794.86万t，比上年增长3.37%。全国主要水泥设备生产企业完成产品产量86.55万t，比上年增长8.10%。2014—2016年矿山机械和水泥设备主要生产企业产品产量见表3。

表3 2014—2016年矿山机械和水泥设备主要生产企业产品产量　（单位：万t）

年份	矿山机械	水泥设备
2014	783.13	94.60
2015	768.93	80.07
2016	794.86	86.55

注：数据来源于《中国重型机械工业年鉴》和中国重型机械工业协会统计简报2016.12期。

市场与销售

（1）国内市场及销售。根据中国外汇交易中心数据显示，截至2016年12月12日人民币对美元的平均汇率为6.90。按此计算，2016年矿山机械国内市场总容量（即：主营业务收入－出口金额＋进口金额）为4 070.83亿元，较2015年的4 098.96亿元基本持平，略有下滑。其中，国内供应量为4 055.38亿元，进口量约15.45亿元。国内产品市场占有率为99.6%，略高于上年0.1个百分点。2007-2016年矿山机械国内市场销售（含进口）情况见图1。

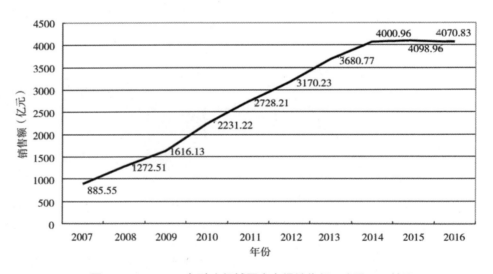

图1 2007—2016年矿山机械国内市场销售额（含进口）情况

注：数据来源于《中国重型机械工业年鉴》及中国重机协会统计简报2016.12期。

（2）回顾。随着我国矿山机械制造技术的不断提高，自2011年以来，国内矿山机械行业几乎提供了国民经济发展所需的矿石、建材及煤炭开采和加工用的全部装备，国产设备市场占有率超过了98%。2012—2016年矿山机械国内市场国产、进口产品销售额占有率见表4。

（3）进出口贸易。近年来，我国矿山机械进出口贸易额呈现逐年下滑状态。2014—2016年我国矿山机械进出口贸易额见表5。

表4 2012—2016年矿山机械国内市场国产、进口产品销售额占有率

年份	2012年	2013年	2014年	2015年	2016年
国产产品占有率（%）	98.2	98.8	99.2	99.5	99.6
进口产品占有率（%）	1.8	1.2	0.8	0.5	0.4

注：数据来源于《中国重型机械工业年鉴》和中国重型机械工业协会统计简报2016.12期。

表5 2014—2016年我国矿山机械进出口贸易额

年份	出口额（亿美元）	进口额（亿美元）	进出口总额（亿美元）	进出口差额（亿美元）
2014	16.77	5.15	21.92	11.62
2015	14.69	3.20	17.88	11.50
2016	12.68	2.24	14.92	10.44

注：数据来源于《中国重型机械工业年鉴》和中国重型机械工业协会《全国冶金矿山机械行业进出口统计年报2016》。

2016年，我国矿山机械出口总额比上年下降13.66%。按人民币对美元的平均汇率6.90计算，出口总额占国内主营收入的2.11%，比上年下降0.16个百分点。进口总额比上年下降29.85%；进出口总额比上年下降16.55%；进出口差额比上年下降9.17%。2016年仍然是自2008年结束的我国矿山机械进出口逆差的第9个顺差年。2016年我国矿山机械各类产品进出口额见表6。

2016年，我国矿山机械产品完成了对184个国家和地区的出口贸易，主要出口至印度尼西亚、新加坡和越南等重工业欠发达的国家和地区；同时，有35个国家和地区的矿山机械产品进口至我国，德国、美国、奥地利和英国等4国仍然是主要进口国，其中德国矿山机械产品的进口额占比高达36.35%。2016年矿山机械进出口额排名前六位的国家（地区）见表7。2016年矿山机械进出口额排名前六位的国内省（自治区、直辖市）见表8。

表6 2016年我国矿山机械各类产品进出口额

产品名称	出口额（亿美元）	进口额（亿美元）	进出口总额（亿美元）	进出口差额（亿美元）
矿山设备	12.68	2.24	14.92	10.44
采掘、凿岩设备及钻机	3.73	0.60	4.33	3.12
破碎、粉磨设备	6.23	0.93	7.16	5.31
筛分、洗选设备	2.32	0.63	2.95	1.68
矿山提升设备	0.09	0.02	0.11	0.07
矿山机械零件	0.32	0.06	0.37	0.26

注：数据来源于中国重型机械工业协会《全国冶金矿山机械行业进出口统计年报2016》。由于4舍5入，数据有微小出入。

表7 2016年矿山机械进出口额排名前六位的国家（地区）

序号	国家	出口额（亿美元）	占出口总额（%）	序号	国家	进口额（亿美元）	占进口总额（%）
1	印度尼西亚	0.98	7.74	1	德国	0.81	36.35
2	新加坡	0.94	7.43	2	美国	0.35	15.73
3	越南	0.94	7.41	3	奥地利	0.22	9.61
4	印度	0.71	5.61	4	英国	0.16	7.28
5	伊朗	0.66	5.20	5	日本	0.14	6.25
6	巴基斯坦	0.56	4.43	6	法国	0.10	4.36

注：数据来源于中国重型机械工业协会《全国冶金矿山机械行业进出口统计年报2016》。

表8 2016年矿山机械进出口额排名前六位的国内省（自治区、直辖市）

序号	省（市）	出口额（亿美元）	占出口总额（%）	序号	省（市）	进口额（亿美元）	占进口总额（%）
1	上海市	2.06	16.26	1	北京市	0.33	14.62
2	河南省	1.71	13.45	2	河北省	0.31	13.96
3	广东省	1.41	11.10	3	上海市	0.30	13.64
4	江苏省	1.26	9.97	4	山西省	0.19	8.28
5	辽宁省	1.10	8.65	5	山东省	0.15	6.90
6	山东省	0.88	6.96	6	天津市	0.15	6.83

注：数据来源于中国重型机械工业协会《全国冶金矿山机械行业进出口统计年报2016》。

科技成果及新产品 2016年，行业各主要设备制造企业坚持以技术为先导，以创新驱动引领技术发展，进一步加大科研开发和人才培养力度，通过自主研发或产学研结合等方式，相继研制出了一批技术先进、具有自主知识产权的重大技术装备。

作为国内矿山重型装备的骨干重点企业，中信重工机械股份有限公司和河南科技大学、机械科学研究总院、北京工业大学等单位密切合作，通过实施"重型装备大型铸锻件制造技术开发及应用项目的系统研究"，掌握了大型铸锻件成形过程中的关键基础数据和核心工艺，形成了大型铸锻件整套集成制造技术，项目产品拿下多个世界之最：世界最大自磨机端盖和球磨机齿圈、世界最大铸件—油压机上横梁等,成功为淡水河谷等世界矿业巨头的重大工程配套,利用自身优势成功研制了国家重大科学装置——北京正负电子对撞机,极大地满足了我国重型装备制造业快速发展的需求。中信重工由于在重型矿山装备领域的突出贡献,2016年获中国工业大奖。

针对煤炭综采液压支架、油气钻机等为代表的大型重载机械装备动强度和抗冲击等关键技术难题,华中科技大学、郑州煤矿机械集团股份有限公司、南阳二机石油装备(集团)有限公司、郑州轻工业学院等单位联合完成的"大型重载机械装备动态设计与制造关键技术及其应用"项目,突破传统设计思想,从全局和系统的视角,研究机械装备的结构动态特性与系统动力学参数的关联关系,分析系统的振动响应和结构动强度时空演变规律,研发大型重载机械装备动态特性分析与仿真系统,建立了大型重载机械装备结构性能综合试验平台,实现了大型重载复杂结构动态响应的精准表征、轻量化结构的动强度和抗冲击能力提升等大型重载机械装备动态设计关键技术的突破。

山西太重煤机有限公司与山西潞安环保能源开发股份有限公司合作研制的"MG1100/2860-WD大功率大采高电牵引采煤机",是目前我国自主研发的切割功率最大(1 100kW)、一次采全高(7.2m)的采煤机。该机滚筒直径3.5m,装机总功率达到2 860kW,生产能力大于4 500t/h,最高日产量达3.86万t,技术指标达到国际先进水平。

冀中能源机械装备集团石家庄煤矿机械有限责任公司与中国矿业大学、中国矿业大学科技发展总公司共同承担的"薄煤层半煤岩掘进机关键技术研究"项目取得重大突破。该项目针对薄煤层半煤岩层巷道低矮、岩石硬度高等特点,在对薄煤层半煤岩掘进机整机机型进行设计及参数优化研究的基础上,重点对工作机构及其布置方式、整机稳定性、水射流辅助截割技术、旋转密封技术、开沟槽技术进行研究,并针对薄煤层巷道机械化掘进特点,研制出薄煤层半煤岩掘进机的机载导航系统及自动开沟槽装备。课题所研制的薄煤层半煤岩掘进机体积小,截割能力强,在薄煤层开采过程中实现了掘进机远程控制和工作面无人化掘进,提高了薄煤层机械化程度,为实现薄煤层高效开采提供了保障。

洛阳中重自动化工程有限责任公司和中信重工机械股份有限公司研发的"JK(H)系列单绳缠绕式矿井提升机和提升绞车"达到国际领先水平,在结构形式、制动器及制动力矩控制等方面实现了多项创新。所研发的悬挂式法兰连接硬齿面行星齿轮减速器新型传动结构,改善了主轴轴端受力状态,结构紧凑、重量轻、安装维护方便,降低了制造和建设成本;所研发的单缸双作用油缸后置浮动式盘形制动器,抗闸盘偏摆能力突出;所研发的新型电气延时、全比例控制的可变力矩制动液压站,制动平稳可靠,提高了设备的安全性能。

天地科技股份有限公司开发的"煤炭综采工作面智能化无人开采技术及装备",实现了综采成套装备和智能化控制系统核心技术的一次重大革命,引领了我国煤炭工业的发展方向,为煤矿安全高效绿色开采做出重大贡献。该项目使综采成套装备智能系统生产自动化率达到90%,设备国产化率81.5%,工作面生产能力达到1 200万t/a,工作面作业人数降到1~3人,在神华集团、陕煤集团等多个矿区推广应用,取得了显著的经济效益。

(1)科技成果及获奖情况。2016年矿山机械行业获奖情况见表9。

表9 2016年矿山机械行业获奖情况

序号	项目名称	奖励类别	等级	主要完成单位
1	北京正负电子对撞机重大改造工程	国家科学技术进步奖	一等奖	中科院高能物理所、中信重工机械股份有限公司等
2	重型装备大型铸锻件制造技术开发及应用	国家科学技术进步奖	二等奖	河南科技大学、机械科学研究总院、中信重工机械股份有限公司、北京工业大学
3	大型重载机械装备动态设计与制造关键技术及其应用	国家科学技术进步奖	二等奖	华中科技大学、南阳二机石油装备(集团)有限公司、郑州煤矿机械集团股份有限公司、郑州轻工业学院
4	综采智能高效大流量集成供液系统	中国机械工业科学技术奖	一等奖	北京天地玛珂电液控制系统有限公司
5	MG1100/2860-WD大功率大采高电牵引采煤机的研究与应用	中国机械工业科学技术奖	二等奖	太重煤机有限公司、山西潞安环保能源开发股份有限公司
6	提升钢丝绳运行安全保障技术及装备研究	中国机械工业科学技术奖	二等奖	太原理工大学、北京建筑大学、太原科技大学、中国矿业大学、山西科为感控技术有限公司、上海华菱电站成套设备有限公司、武汉市云竹机电新技术开发有限公司
7	关键基础部件双金属复合材料设计及制造技术开发应用	中国机械工业科学技术奖	二等奖	河南科技大学、驻马店恒久机械制造有限公司、中信重工机械股份有限公司
8	JK(H)系列单绳缠绕式矿井提升机和提升绞车	中国机械工业科学技术奖	三等奖	洛阳中重自动化工程有限责任公司、中信重工机械股份有限公司
9	煤炭综采工作面智能化无人开采技术及装备	中国工业大奖表彰奖		天地科技股份有限公司

注:数据来源于2016年度国家科学技术进步奖获奖项目目录、2016年度中国机械工业科学技术奖授奖项目目录、第四届中国工业大奖公告。

（2）主要新产品。2016年矿山机械行业开发的主要新产品有：

中信重工机械股份有限公司制造的 $\phi 7.9m \times 13.6m$ 溢流型球磨机、$\phi 11m \times 5.4m$ 半自磨机和 GPYT40-8 电厂专用过滤机；

山西太重集团煤机有限公司与山西潞安环保能源开发股份有限公司合作研制的 MG1100/2860-WD 大功率大采高电牵引采煤机；

山东山矿机械有限公司开发的 2PGCQ700×1500 强力高效双齿辊破碎机；

山东华特磁电公司生产的 LHGC 立环高梯度磁选机；

北京电力设备总厂有限公司研制的 ZGM-A 型高效节能磨煤机；

冀中能源机械装备集团石家庄煤矿机械有限责任公司与中国矿业大学、中国矿业大学科技发展总公司共同研发的薄煤层半煤岩掘进机；

河南群英机械制造有限责任公司制造的涡旋反击式破碎机，郑州中意矿山机械有限公司生产的 PEW180 鹅卵石破碎机。

固定资产投资 2016年，我国煤炭、冶金、矿山、建材等产能过剩行业去产能进入实质推进期，行业固定资产投资增速下滑趋势明显。据国家统计局相关数据显示，2016年度，全国采矿业固定资产投资10 320亿元，同比下降20.4%，其中：煤炭开采和洗选业投资3 038亿元，同比下降24.2%；金属矿采选业投资978亿元，同比下降28.4%；有色金属矿采选业投资1 429亿元，同比下降10%。

受其影响，2016年，重型机械行业和矿山机械制造业的固定资产计划总投资同比下降。2016年矿山机械行业固定资产投资情况见表10。

表10 2016年矿山机械行业固定资产投资情况

行业类别	计划总投资		本年新增固定资产		自年初累计完成投资	
	金额（亿元）	比上年增长（%）	金额（亿元）	比上年增长（%）	金额（亿元）	比上年增长（%）
全国机械工业	89 687.26	0.96	63 092.01	-11.45	50 132.11	1.70
重型机械行业	4 373.04	-18.27	3 316.53	-23.28	2 584.66	-7.88
矿山机械制造业	1 775.66	-21.62	1 411.79	-21.16	1 070.32	-8.86

注：数据来源于中国重机协会统计简报2016.12期。

行业管理

（1）行业标准工作。2016年，全国矿山机械行业共列入行业标准计划项目31项；全国矿山机械标准化技术委员会（SAC/TC 88）当年完成审查和报批国家标准计划项目2项、行业标准计划项目31项。根据国家标准化管理委员会、工业和信息化部以及中国机械工业联合会的要求，全国矿机标委会对归口的434项推荐性标准和在研标准计划项目进行了集中复审，得出复审结论。

全国矿机标委会参加了 ISO/TC 82 矿业技术委员会在芬兰赫尔辛基召开的 2016 年年会及工作组会议，组织行业单位参与《采矿和土方机械-凿岩钻机和岩石加固钻机-第1部分：术语》《采矿和土方机械-凿岩钻机和岩石加固钻机-第2部分：安全要求》和《采矿-地下移动机械-安全要求》等三项国际标准的制定工作。

2016年，《大型矿用筒式磨机电控设备 技术条件》（JB/T 12800—2016）、《矿井提升机用行星齿轮减速器》（JB/T 9043—2016）等18项行业标准经工业和信息化部公告批准。

在全国机械工业标准化和质量提升推进会议上，全国矿山机械标准化技术委员会被评为"十二五"机械工业标准化工作先进集体。

（2）行业检测工作。2016年，国家矿山机械质量监督检测中心完成了25台（套）大型煤炭装卸设备检验和2台大型矿用自卸汽车产品性能测试；完成相关矿山在用设备检验工作，包括煤矿提升系统检验260余台（套）、钢丝绳检验160余条、提升系统主轴及连接装置探伤80余套，罐笼20台（套），防坠器40台（套）、煤样自燃倾向性和煤尘爆炸性鉴定检验30余份、摩擦衬垫检验40余份；完成生产许可证检验7家13台；完成安全标准检验32家220台产品；参加了7个成套项目的设备监理；"矿山提升设备安全准入分析验证实验室"按实施计划有序建设。

（3）行业学术期刊。2016年，《矿山机械》杂志社完成了全年12期杂志的编辑、出版工作，刊登论文320余篇，约280万余字；杂志网站点击率达37万余次；依托中国知网的系统平台和技术支持建立的稿件网络采编平台正式投入使用；开通了杂志社微信公众号（ksjxbjb），及时向广大读者推送杂志最新内容和行业前沿动态，分享优秀科技文章，受到作者、读者的广泛好评。

〔撰稿人：洛阳矿山机械工程设计研究院有限责任公司沈剑峰 审稿人：洛阳矿山机械工程设计研究院有限责任公司杜波〕

破碎粉磨设备

当前，破碎粉磨设备行业（简称破磨行业）正处于转型升级的重要时期，低迷的宏观经济环境使破碎粉磨设备企业正经历一场严峻考验，健康平稳发展任务十分艰巨。尽管2016年国家出台的各项政策和精准调控的利好因素在逐渐显现，但是钢铁、煤炭去产能影响到市场需求进一步收窄，对生产冶金矿山机械造成很大影响，富余产能还会进一步增加，行业洗牌还将继续，预计全年经济运行仍然呈现下滑趋势。作为劳动密集型的行业，破磨行业技术水平在低碳经济发展的大势下还有明显的不足，在节能环保上还有很大的提升空间。

生产发展情况 2016年，四川矿山机器（集团）有限责任公司在新一轮体制改革的使命驱动下，为破除原有体制下"坚冰"、打破惯性思维模式，川矿集团积极发挥改制的红利，从改变员工思想观念入手，进行大刀阔斧的内部改造。一是减员增效，通过改制，企业减员，固定费用大幅度下降。二是转变员工观念、转换思路，所有部门、员工岗位的设置以及工作开展全部围绕市场、经营来展开。三是对企业原有组织架构进行职能梳理、职能归并以及流程再造。四是增资扩股。这一系列举措，不仅确保了企业改制工作的平稳过渡，同时有力激发了企业内部活力，增强了企业竞争力、驱动力和执行力，企业凝聚力得到进一步增强，员工队伍趋于稳定，企业生产经营等各项事务逐步走上正轨，公司日益焕发出新的生机与活力。

山东山矿机械有限公司依托山矿的品牌实力和优势，认真梳理分析，有重点地跟踪攻关国家重点工程项目、国外市场项目，紧紧依靠公司在大管径管带机、大型输送机、大型破碎机和球磨机等主导产品方面的优势，赢得了较好的市场份额，提高了中标率，保持了公司良好的运营。2016年公司签订了国家"一带一路"重点项目——神华国华集团全额投资、山东电力院总承包的印尼爪哇燃煤电厂项目，这是中国在印尼电力市场上具有政治意义的重要项目，对公司产品以后在印尼市场的推广有积极的战略影响。通过激烈的投标竞争，公司拿下了巴基斯坦中电胡布2×660MW燃煤发电项目和CMEC总包塞尔维亚Kostolac-B电站二期项目等多个出口项目合同。2016年，公司以"提高企业发展的质量和效益"为中心，贯穿全年开展了"管理创新点活动"，突出了技术创新、小改小革和质量提升工作，认真展开、落实各项计划措施和管理要素，在严峻复杂的形势下，创新及各项工作取得了一定的成绩。山矿公司始终以市场需求为导向，不断实施技术和产品创新。年初部署下达了公司年度技术创新项目11项，各创新项目小组按要求积极推动项目进展，各项目现已基本完成图样设计，有些已应用到产品销售项目中，有些做好了技术储备。主要创新成果有：PL1200制砂机、四齿辊复合破碎机、PF1320反击破碎机、2PG900×900新型对辊破碎机、PSGH300破碎筛分一体机、落地式大管径管状带式输送机、MLTB系列边缘传动脱硫磨机等新产品。其中4项申报了山东省经信委创新项目、1项山东省科技发展计划项目，同时还申报了山东省机械工业协会科技进步奖1项，并获得了二等奖；2PGCQ700×1500强力高效双齿辊破碎机新产品荣获2016年山东省机械工业科技进步奖二等奖。2016年，公司积极参与全国矿山机械、全国起重运输机械标准化活动，参与制定标准4项，其中破碎机安全标准和液压颚式破碎机标准已经审核完成，公司组织主持或参与制定了JB/T 3666—2015《吊式圆盘给料机》、JB/T 3667—2015《座式圆盘给料机》、JB/T 10245—2015《双辊破碎机》、JB/T 6988—2015《弹簧圆锥破》四项行业标准，并获上级政府奖励。企业产品所执行技术标准的水平，反映了产品的性能和质量水平。公司在过去的一年特别强调了标准化工作，在做好新产品开发的同时，对老产品不断优化设计、改型升级，对皮带机的相关标准部件（头架、尾架、驱动架、中间架、支腿等）进行了标准化归档。编制了空间转弯带式输送机企业标准，为下一步的空间转弯皮带机的设计以及订货储备了资料。公司在技术研发过程中，也加强了对专利技术的实施和知识产权保护工作，2016年申请了重型移动卸料布料车、复合缓冲吊挂托辊组、齿槽式四辊破碎机等11项实用新型专利，国家知识产权局授权了公司申报的带式输送机卸料系统和生物质料场取料设备2项发明专利，实现了公司发明专利零的突破。山矿公司产品覆盖全国市场，并出口加拿大、德国、意大利、日本、孟加拉、尼日利亚、阿埃及利亚、印度、越南、古巴等国家和地区。公司以优质的产品、良好的服务和诚实的信誉，在大批国家重点工程项目建设中脱颖而出，市场业绩在全国同行业中名列前茅，输送设备、破碎设备、工矿电机车均列前两名。公司设计生产的带式输送机被评为2012年度中国机械工业优质品牌，带式输送机、破碎机和球磨机三项产品为山东省名牌产品。

北方重工集团有限公司（简称北方重工）也经受前所未有的重大考验，国内外市场竞争日益激烈，合同订单大幅下滑，资金链异常紧张，主要经济指标逾十年最低水平。面对"新常态"经济形式，北方重工集团有限公司集思广益，群策群力、同舟共济、攻坚破难，在逆境中求生存并实现可持续健康发展。2016年公司矿山产品新增订货额约52 500万元，比上年同期下降35.44%。投融资平台建设取得积极进展。依托北方重工香港有限公司搭建境外投融资平台，降低融资成本，积极拓展海外业务；筹建沈阳志和投资有限公司，为推进企业体制机制改革，迅速提高企业研发能力、市场响应能力和盈利能力打好基础。与中国建材联合重组工作取得进展。公司积极与中国建材旗下相关单位进行业务对接，已达成协同开拓国际市场的共识。紧跟市场动态，逐步完善产品成套化和系列化。完成

φ9.75m半自磨机、高能磨煤机等新产品研发工作和高压辊磨机系列化，加速各类破碎机产品的升级改造工作。积极推动与自动化研究所的技术合作，力争在数字矿山和产品智能化方向实现新突破。合同履约能力得到加强。采用专题会议调度协调等多种手段，及时解决资金、接口、协作等问题，保证巴基斯坦港口等一批重大项目顺利履约；为提高结构件产能，启动"三提三保"工程，积极调整人力资源结构、改进生产工艺、增加设备及作业面积；严控机加件能力性外协，积极协调解决原材料、资金等问题，提高内部配套能力。资金管控进一步加强。加强与金融机构深层次合作，为企业并购、经营提供强有力的资金保障；建立跨境双向人民币资金池和跨境双向外币资金池，为开拓海外融资渠道奠定基础；切实保证按生产进度及需求发放贷款，严格执行贷款资金专款专用制度；拜特资金管理系统增设同类汇总、分级审批功能，确保资金支出可控、及时。5项新产品成功推向市场，其中用于双江口水电站的心墙骨料掺和系统技术填补公司空白，移动式散料系统工艺在青海盐湖料场项目中取得成套领域突破；大型洗选设备计算机流体仿真等3项共性技术开发为集团公司相关产品技术提升奠定了基础；20余项产品完成数字化设计，公司主导产品继续向智能化方向发展。3项重大新产品获国家和省市科技奖，大型球团带式焙烧机成套装备获中国机械工业科学技术奖二等奖和辽宁省科技进步奖三等奖；QJSYT-094硬岩土压双模式掘进机获辽宁省科技进步奖二等奖；球磨机入选辽宁省名牌产品。自主研制MLL355立式螺旋磨机，在丰富了北方重工MLL立式螺旋磨机系列的基础上，比原有球磨机节能30%～50%，该机现用于"乌拉特前旗西沙德盖钼业有限责任公司"钼矿再磨项目中；依托中铝山西铝项目，完成了群狼计划"φ4.5m×8.5m中心传动球磨机"的方案设计、技术设计以及全套工作图设计，该规格磨机填补了北方重工中心传动磨机的空白，也是北方重工最大规格的中心传动球磨机。以大型铸钢件为重点，向产品零缺陷进军。继续聘请专家完善铸造工艺，并引导和促进供应商工艺水平快速提升；将画线工序前移到铸造厂家，并组织专人对铸造过程实施有效监控；加强铸件返修的工艺评审和监督管理，并形成标准化。加强产品集港后运输管理，增强运输保险索赔法律意识。由售后服务人员监督用户现场装卸、运输过程及储存条件，并强化相关验收资料收集工作。加速培养机电液综合服务人员，逐步推行服务经理制。针对民营企业单机设备，建立自动化设计和调试团队；强化安装施工队伍的监督指导，针对单机小型产品，组建安装队伍，保证设备现场运行质量。完善外协外采部件的质量监控。严格按照主合同签订技术协议和检验停止点计划等条款，加强对配套件的各项测试检验，约束供应商售后服务质量。在传统产品升级改造方面，共完成3项重大突破。为适应砂石骨料市场的需求，完成PXF6089旋回破碎机改造升级工作，为拓展骨料市场夯实基础；完成明拓集团MQY5080溢流型球磨机和青海铜业三台磨机的改造升级工作，该项目全面贯彻了2016版矿用磨机企业标准，有效地提升了产品的制造质量和产品工作效率。2016年12月，北方重工与艾法史密斯成立合资公司，在高端破碎领域开展深度合作，引进旋回破碎机、圆锥破碎机、移动破碎站、高压辊磨机、颚式破碎机5项新技术。目前已全面掌握总体设计理念，完成图样转化工作。

南昌矿山机械有限公司是国内技术领先、江西省内唯一一家能自主研发、生产、销售及提供破碎筛分成套系统的高新技术企业。2016年公司以技术创新为主线，全面实施企业再创业工程；以市场需求为导向，全面完善产品结构和营销策略；以企业流程再造为手段，加强企业内部、外部资源的重新整合与配置，通过资产剥离等方式优化资本结构，提高企业的核心资产竞争能力。分阶段调整并逐步过渡，实现企业在创新中发展、在发展中创新的良性循环。目前已经建立起16 000m²的厂房，建立了南昌市破碎筛分工程实验中心，有了自己的热处理车间。添置了一批数控立式车床、数控卧式车床、数显镗床及等离子切割机。公司通过ISO9001质量管理体系，是南昌市破碎筛分工程技术研究中心，是国家级高新技术企业。为了满足公司发展对人才的需求，公司每年投入100多万元用于员工培训，并且逐年引进高校毕业生，充实到研发、销售及管理等重要岗位，为企业的飞速发展做好人才储备。公司技术中心组织成立了洗选、破磨、成套系统、液压、移动及后市场开发设计小组，专门从事筛分、破磨、成套系统、耐磨件等技术开发和研究，为筛分、破磨、成套系统制造提供了强有力的技术支持。生产产品已由过去的筛分给料设备发展为旋回破碎机、颚式破碎机、圆锥破碎机、反击破碎机、立轴冲击破碎机及履带、轮胎移动站等成套设备。目前公司正从单一的矿山机械设备提供商转型为包括矿山处理耐磨件、矿山机械成套设备及矿山处理总承包的全产业链运营商。名牌产品YKR、ZKR系列振动筛，是公司吸收引进德国KHD公司技术开发的具有国内领先技术的拳头产品。该系列产品多次荣获省、部科技进步奖。YKR、ZKR系列振动筛自开发至今，已为水利、煤炭、冶金、交通、化工等行业提供了千余台套，产品遍布全国各地。旋回破碎机、颚式破碎机、圆锥破碎机、反击破碎机、立轴冲击破碎机、履带和轮胎移动站设备、成套设备及矿山处理总承包项目等产品在国内大中型水电站、核电、公路铁路、市政建设项目及金属矿山、非金属矿山、建筑废物回收等矿山行业广泛应用，产品质量、售后服务获得了广大用户的认同，在行业内树立了良好的品牌效应。产品远销俄罗斯、澳大利亚、沙特阿拉伯、巴基斯坦、科特迪瓦、博茨瓦纳、几内亚、纳米比亚、刚果、突尼斯、巴西、智利、芬兰及东南亚等国家和地区。新一代破碎机是根据国际先进技术理念研发出具有自主知识产权的破碎机，获得了多项国家专利技术。新一代破碎机包含单缸液压圆锥破碎机，得到业内的一致好评，多项产品获得了南昌市科技进步奖，行业协会二、三等奖，其中立轴破碎机获得了国家创新基金，为南昌市重大产业化项目。2014年单缸液压圆锥破碎机通过了欧洲 CE 认证，2015 年 11 月公司通过了 ISO9001：2000 国际质量体系复审。

河南省群英机械制造有限责任公司在立足于产品服务的基础上，以不放弃的心态，更加贴近客户、细微周到的技术服务，做精细产品质量，对用户提出不合适之处彻底改进。围绕国家基本公铁建设进行破碎系统模块化设计，以利于用户选择；针对环保及污泥处理，结合设计，原设计利用原有基础把回转窑烘干机等设备应用于污泥处理行业，粉磨设备用于化工、材料等跨行业领域。企业积极寻找转型升级或合作之路。在生产中，从采购源头控制成本，用多少采购多少，降库存，禁止粗制滥造，发扬工匠精神，提高技术工人制造技能，从而提高产品质量。一旦设备到用户处有不适地方，通过现场视频诊断，以快速方式解决，利用网络通信等及时让用户掌握设备性能特点、操作程序等，生产做好销售的坚强后盾，从而互相提升。市场需求的节能环保型、智能自动化程度高的及个性化需求成为主流。高新产品开发仍然以破磨窑为主，新型污泥窑成为企业新的经济增长点。节能型粉磨机通过细节改进更适合市场需求；污泥陶粒回转窑已在现场进行试运行。

河北万矿机械厂在严峻的市场形势下，主要采取销售任务分级负责，随时灵活调整产品及配件价格，业务员全额提费，重要业务厂部主要领导亲自出马协助洽谈等方式，既减少业务丢失，又激发业务人员的销售热情；采取增加售后服务内容，增强售后服务力度，延长产品三包期限等措施来巩固老客户。通过强化办事处功能，完善网络销售功能等措施来促进销售。继续完善新车间的新产品展区，展区整齐摆放了各种规格产品 20 台。紧跟市场步伐参与国内、外项目投标活动，2016 年中标了几家大公司项目，为今后设备招投标工作积累了经验。11 月份参加上海宝马展会，逐步提高了企业的知名度，及时了解了市场动态和产品的发展方向，为扩大销售市场做好了准备。2016 年全年共试制新产品 5 种。同时，还完成了建筑垃圾生产线的完善配套工作和邹家庄村美丽乡村污水处理设备设计工作。对老产品反击破碎机、给料机、振动筛等进行现场投料试验，验证破碎、给料、筛分效果，确定了产量，解决了振动筛扭振问题，掌握了实际数据，完成了 17 种老产品性能优化改造工作。

韶瑞重工是破磨筛分设备制造企业，是砂石骨料行业的装备制造企业。根据预测，到 2019 年，亚太地区对砂石骨料的需求量增长最快，但是受到经济转型之限制，我国对砂石骨料需求量的增长速度将会有所减缓，预计到 2019 年，我国仍旧是世界上砂石骨料需求最大的国家，占世界总砂石骨料用量的 50%。2016 年对于韶瑞重工是一个充满挑战与困难并存的一年。企业面临着严峻的市场形势，多数地方政府对石矿资源进行重新规划，根据市场容量的大小对企业进行整合，在资源优势地区建设与之相匹配的大型现代化绿色砂石生产供应基地，对低效落后、产能过小的中小砂石矿山进行关停、合并处理，淘汰落后产能，市场的变化对于韶瑞重工这样的砂石骨料装备企业来说冲击是非常大的，公司在对市场的变化做分析后，快速调整业务方向，对终端客户做详细分类，抓机遇、求发展，全体员工齐心协力，顽强进取，各方面的工作都取得了一定的成绩。公司在 2016 年 9 月份对外发布了 SCH 系列新型多缸液压圆锥式破碎机，并得到了很好的市场反馈。2016 年是我国砂石骨料行业由粗放式发展向集约型发展、由高能耗向低能耗发展、由高污染向低污染发展、由低附加值向高附加值转型升级的重要一年，韶瑞重工与美卓合资后着手对产品结构进行调整，现有产品功耗更低，产能更大，且比旧款破碎机在相同功率的基础上提升 20%～25% 产能，在能耗不变的前提下，提高了生产能力，让客户利益最大化；装备的合理优化让使用寿命更长，为客户提供真正可持续发展的优质装备。

浙江双金机械集团股份有限公司自成立以来，一直重视技术研发工作，董事长经常与研发团队一起定期召开技术研讨会，不断创新，将这些先进技术应用到相关产品中，将技术转化为现实生产力，提升产品性能。公司在注重技术开发及技术人才队伍建设的同时也注重知识产权保护工作，对新发明、新技术申请专利保护，使公司每年专利授权量不断增加，形成了一系列知识产权。近期，公司还被评为"国家知识产权优势企业"，在 3 年有效期内，公司每年将获得政府培育资金支持，并在企业知识产权管理、维权、人才培养等诸多方面享受相应的政策扶持。近年来，公司高度重视知识产权保护工作及相关宣传教育，注重技术人才队伍建设，全面落实知识产权激励政策。同时，在生产经营过程中加大知识产权的转化和运用，将新技术转化为现实生产力，提升产品性能。截至目前，公司共获得各种专利 229 项，其中发明专利 74 项，实用新型专利 154 项，外观专利 1 项。专利项目不仅包括公司主营产品圆锥破碎机、圆锥式制砂机、单缸液压圆锥机、振动筛等，也包括制砂生产线、除尘方法等技术领域。公司不断创新技术，以优质的创新技术助力每年专利申请、授权，形成一系列自主知识产权。在浙江省经济和信息化委员会最新公示的"2016 年度浙江制造精品认定结果"的名单中，企业的 SK1800 单缸液压圆锥破碎机赫然在列，成为浙江制造高性能工程机械版块中的一项精品。SK1800 单缸液压圆锥机由双金公司自主研发，共获发明专利 11 项，授权实用新型专利 30 项，技术达到国内领先水平。SK1800 单缸液压圆锥破碎机可应用于各黑色、有色、非金属矿山及砂石料等工业领域，被广泛应用在中碎、细碎及超细碎加工当中。其破碎比大、实用性强，腔形比较陡，通过量和处理量大，且便于维修。该产品自 2014 年年底投放市场以来，依靠先进的质量和服务受到客户的青睐。2016 年 6 月以来，双金总部机器订单增多，随之双金的配件生产任务也开始加重。为应对订单压力，公司领导高度重视，召集营销部、生产部等部门召开专题会议，制订应对工作方案与计划，力保各个工序顺利完成生产任务。同时，国家矿山机械质量监督检验中心的相关专家来访双金公司总部及周边客户现场,对双金公司研发生产的14项产品的性能及技术标准等进行系统检测,结果显示各类指标均符合相关要求标准,科技含量达到国内领先水平。据客户反应,双金设备自投产以来,运行稳定可靠、自动化程度高、操作方便且能轻松达到他们对产量及成品料规格的要求,为他们带来了不小的经济效益。此次检测的14项产品包括公司各类主打产品,有各种型号的颚式破碎机、圆锥破碎机、单缸液压圆锥破碎机、多缸液压圆锥破碎机、圆锥制砂机等。检验项目包括最大给矿粒度、排矿口调整范围、处理能力、电动机功率、空运转情况、轴承温度、空载噪声、过载保护、清腔功能、能耗指标等多项指标,检测结果为全部合格。浙江双金机械集团股份有限公司还作为主要参编单位之一,参与制定行业标准《机制砂生产技术规程》。

经济指标完成情况 2016年破碎粉磨设备行业主要企业经济指标见表1。2016年破碎粉磨设备行业主要企业产品出口情况见表2。2016年破碎粉磨设备行业新产品和新技术开发项目见表3。2016年破碎粉磨设备行业主要企业分类产品国内销售情况见表4。

表1 2016年破碎粉磨设备行业主要企业经济指标

序号	企业名称	工业总产值 当年价（万元）	工业总产值 比上年增加（%）	工业增加值（万元）	产品销售收入（万元）	产品销售税金及附加（万元）	利润总额（万元）
1	四川矿山机器（集团）有限责任公司	30 468	9.36	7 012	26 333	79	1 235
2	山东山矿机械有限公司	38 192	-23.00	8 790	37 558	82	533
3	北方重工集团有限公司	1 061 059	11.20	187 595	1 010 318	487	5 661
4	南昌矿山机械有限公司	14 764	-26.47	5 034	12 637	68	432
5	常熟中材装备重型机械有限公司	10 029	-40.36	3 009	10 029	142	415
6	浙江矿山机械有限公司	8 090	—	1 563	8 077	89	514
7	哈尔滨国海星轮传动有限公司	869	-6.39	281	428	40	-147
8	河北万矿机械厂	2 856	-26.80	401	2 330	11	-378
9	河南省群英机械制造有限责任公司	4 980	-5.00	200	4 800	11	-60
10	山东大通机械科技有限公司	7 200	7.00	488	6 840	329	342
11	上海恒源冶金设备有限公司	15 643	15.50	2 425	15 643	559	3 211
12	上海山美重型矿山机械股份有限公司	19 382	8.00	5 815	18 267	570	201
13	韶关市韶瑞重工有限公司	18 269	1.23	2 215	13 192	106	-1 481
14	浙江双金机械集团股份有限公司	27 064	-5.00	2 460	25 066	166	813

表2 2016年破碎粉磨设备行业主要企业产品出口情况

序号	企业名称	出口国家（地区）	出口量（台）	出口额（万美元）
1	四川矿山机器（集团）有限责任公司	缅甸、老挝、刚果（金）	30	150
2	山东山矿机械有限公司	摩洛哥、哥伦比亚、刚果、土耳其、安哥拉、俄罗斯	11	28
3	北方重工集团有限公司	伊朗、马来西亚、澳大利亚	3	517
4	南昌矿山机械有限公司	巴基斯坦、美国、南非	15	241
5	常熟中材装备重型机械有限公司	土耳其	10	56
6	浙江矿山机械有限公司	印度尼西亚、柬埔寨、安哥拉、尼日利亚、喀麦隆、蒙古	57	182
7	河北万矿机械厂	巴基斯坦	5	42
8	上海恒源冶金设备有限公司	印度尼西亚、俄罗斯、沙特、哈萨克斯坦、越南、智利	45	965
9	上海山美重型矿山机械股份有限公司	东南亚、非洲、美洲、中东	115	638
10	韶关市韶瑞重工有限公司	非洲、亚洲、美洲、大洋洲	100	1 793

表3 2016年破碎粉磨设备行业新产品和新技术开发项目

序号	企业名称	项目名称	主要技术性能	获奖项目及等级	专利情况
1	山东山矿机械有限公司	PL1200制砂机	①转子耐磨快，采用双液复合耐磨材料镶嵌硬质合金，在提高产量的同时，减小了磨损件的消耗 ②给料箱中增加缓冲布料装置，使物料均匀地沿破碎腔分布，增加了破碎效果 ③布料缓冲块采用高铬耐磨材料，延长了使用寿命	国内领先	实用新型
		四齿辊复合破碎机	①优化了一级破碎齿辊的结构，由齿板镶嵌式改成了齿圈组合式 ②改变了二级破碎辊的结构形式，由原来的齿辊结构改成槽辊结构 ③二级破碎增加了清扫装置，可以适用于破碎一些黏性较大的物料 ④开发了一种新型齿槽四辊破碎机，齿槽四辊破碎机可以适用于机器性能要求高、破碎质量要求稳定可靠等场合，可以弥补四齿辊破碎机和光辊破碎机的不足并形成互补	国内领先	实用新型
		PF1320反击破碎机	①该机和普通环锤碎煤机相比加大了锤（齿）环的质量，加大了筛孔尺寸，破碎比增大、生产能力提高、能耗及堵煤概率降低 ②在转子圆盘、卡盘外圆表面堆焊了高合金耐磨材料，延长了圆盘、卡盘使用寿命 ③在进料口处设计了风量调节挡板，便于进料口风量与风压在机体内部调节，使出料口呈微正压状态，便于物料在破碎腔内流畅通过，易于粉尘控制 ④蜗轮蜗杆同步调节装置使筛板与锤环之间的间隙调节更方便可靠 ⑤轴承测温、测振超标报警自动控制装置，保证了设备的正常运行	国内领先	实用新型
		落地式大管径管状带式输送机	①采用12辊可调式成管装置，以适应成管段和过渡段直接地面安装曲线变换的需要。该装置采用独立基础，安装方便，结构经济可靠 ②采用变频驱动，满足起动、稳定运行、制动等各种复杂工况对驱动的要求并且节能效果显著 ③头尾展开段采用无损调偏装置，该超前纠偏机械校正装置，在胶带偏离正常运行轨迹时实时纠偏，对胶带没有损害 ④采用管状输送带自动在线监测控制装置，主要用来检测管带扭转、反包及涨塌管现象，实时状态显示管带截面扭转、反包现象及整体运行状态，对预设定的危害现象进行紧急停机，对扭转角度超出预警范围、反包现象、涨管现象、塌管现象等实现声光报警	国内领先	实用新型
2	北方重工集团有限公司	MLL355立式螺旋磨机	装机功率355kW；最大钢球量50t；最大入料粒度6mm；处理量35t/h	国内领先	
		大型球团带式焙烧机成套装备	有效工作面积388.5m²	中国机械工业科学技术奖二等奖和辽宁省科技进步奖三等奖	
3	南昌矿山机械有限公司	大型圆锥破碎机	处理能力1 000～2 000t/h，功率750kW		
		旋回破碎机	处理能力2 000～3 000t/h，功率400kW		
4	常熟中材装备重型机械有限公司	电石砸碎机			ZL201520672412.X

（续）

序号	企业名称	项目名称	主要技术性能	获奖项目及等级	专利情况
5	河南省群英机械制造有限责任公司	水泥熟料辊式破碎机 节能磨机 污泥陶粒窑			ZL201620545146.9 实用新型1项
6	河北万矿机械厂	生活垃圾用立轴研磨机	出料浆状有机质粒径小于5mm，其他物料粒径小于200mm		
7	上海恒源冶金设备有限公司	单缸液压圆锥破碎机	产品粒度均匀，运营成本低		
		欧版颚式破碎机	工作可靠维修简便		
8	浙江双金机械集团股份有限公司	1400（改进型）圆锥式破碎机	①采用先进的熔炼铸造技术，选用优质的合金钢整体铸造机壳，并在熔炼、浇注时采用了稀土孕育新工艺，把优质合金钢的性能又提高了一步。获得了体积合理、用钢量少、强度高的整体机壳 ②采用独特加工高锰钢的技术，将此技术运用在轧白壁、破碎壁的生产上，制造出精密度很高的轧白壁、破碎壁，直接安装在机器上，不需浇铅和填料。通过机械夹固和螺栓紧固的手段，就可以牢牢地将破碎壁与机器有关部分紧密结合 ③采用工艺补贴和接长、超大冒口的工艺，获得了结构致密度极佳的铜套，并在冶炼、浇注过程中加入稀土孕育，进一步提高铜套机械性能		获得ZL201520197495.1，ZL201520197582.7，ZL201520198011.5等8项实用新型专利
		PJS型两层简易升降（液压）俯仰式立体车库	采用液压传动的方式，液压泵利用高压油推动液压缸，驱动载车板上升或下降，达到存取车辆的目的。传动系统运行平稳、安静。设有多层安全保护装置、防坠保险装置及车位互锁装置，确保车辆停放安全 ①一个车位泊两台车 ②可以单台使用，布置方式灵活，拆装方便，无须土建，并可实现异地重建组装 ③超低高度，只要2.3～3.4m的高度即可安装 ④优质钢材及先进的金属喷涂耐蚀技术，耐蚀性能年限高		
		SJ1650（改进型）圆锥式破碎机	①通过改善腔型设计，在排料口尺寸不变的情况下，适当加大进料口尺寸，增加了机器的破碎比（破碎前石料最大粒度与破碎后成品石料最大粒度之比），同时将石料进入破碎腔的塞点（平行带起始点）适当下移，相当于增加了动锥直径，有效提高了机器的规格，提高了产量，最大处理能力可达550 t/h ②较大的排料口调整范围。通过对调整螺套和轧白壁的改进，将排料口范围调整至25～50mm，可实现更大范围内生产不同石料规格的需求。且排料口大小的调整采用了液压驱动方式，快速省时 ③润滑系统一改传统的水密封结构，采用动态双层迷宫式密封结构，防尘效果好，可靠性高，维护方便 ④整机设置有过铁及超载保护、油温、油压检测功能，安全可靠，使用户在使用机器时更加放心 ⑤合理调整锥齿轮的配重数值，优化破碎机的动平衡，解决了由于提高转速而产生早期机件破损影响使用寿命的问题，同时降低了运动中的噪声		本项目拥有发明专利1项，ZL201410133699.9圆锥破碎机保压缸轴销 已拥有实用新型专利1项；ZL201520915961.5一种双组份圆锥破碎机轧白壁

（续）

序号	企业名称	项目名称	主要技术性能	获奖项目及等级	专利情况
8	浙江双金机械集团股份有限公司	新型SJ-PE750×1060复摆颚式破碎机	新型SJ-PE750*1060复摆颚式破碎机能够将在原来颚式破碎机破碎石料效率基础上提高50%～80%的高效颚式破碎机。新型复摆颚式破碎机中动颚中心线与轴板之间夹角的调整为40°～42° ①避免轴板的破损及对动颚的加速磨损 ②在同等能量消耗的前提下，破碎效率提高了50%～80% ③避免破碎后的石料二次被挤压，提高破碎石料产出量的同时，既极大地降低了粉尘产出，又极大地降低了粉尘回收量，避免对环境的污染 ④设备节能。颚式破碎机腔型为深腔双曲面形式，负支撑、零悬挂、小偏心距高摆频的结构与深腔型相匹配，使其获得高处理能力、低磨耗、低能耗的优异性能，单机节能15%～30%，系统节能达到一倍以上，直接降低了生产成本		
		新型SJ-PE900×1200复摆颚式破碎机	①固定式的弹簧座较之老式的活动式的弹簧座，一是避免弹簧座与托架之间产生磨损，节省更换弹簧座和托架的时间，也节省材料，保证产品的正常运转。二是保证弹簧的张紧程度，使它避免受到不规则的振动。三是弹簧拉杆外面一端是靠与托架焊在一起的弹簧座里面的钢管来支撑的，避免更换拉杆时先要拆卸吊杆的麻烦 ②通常动颚体和动颚轴承外圈设计为圆柱形孔配合，动颚轴承内孔和偏心轴采用过盈配合固定，动颚轴承装配时需要采用压入装配法或热装法，这种设计机构在野外使用非常不方便，将这种结构改为退却锥套连接形式，在动颚体和动颚轴承之间设计一个退却外锥套。装卸轴承时，松紧退却外锥套上的螺钉就可拧紧和拆除外锥套，动颚轴承也很方便、轻松固定在动颚体上适当位置		
		单缸液压SK1500s（智能控制）破碎机	单缸液压SK1500s（智能控制）破碎机在之前产品的基础上优化了其结构、增加了智能控制系统。 ①单缸液压圆锥式破碎机智能系统设计。此系统在控制排料大小的同时直观地查看排料口大小值。解决了以往很难一次调节就得到想要的排料口大小的问题。 ②调节系统除能调节排料口大小的功能外还包括对单缸机运行参数的监测；监测对象包括液压油压力，润滑油的压力及温度，电机的电压电流，以便于及时发现圆锥机在运行过程中问题。 ③调节系统还具有自动补偿功能，该功能可以及时修正因为破碎壁磨损而带来的排料口大小误差，该过程无需人为干预。 ④调节系统采用先进的32位ARM处理器，配备高清大尺寸TFT液晶屏，在调节过程中能显示圆锥机动态图，操作界面清楚易懂		本项目获发明专利6项，授权专利号分别为：ZL201210432189.2，ZL201210432494.1，ZL201310293158.8，ZL201310293145.0，ZL201410133698.4，ZL201410666616.2 已拥有实用新型专利1项为：ZL201620077755.6

（续）

序号	企业名称	项目名称	主要技术性能	获奖项目及等级	专利情况
8	浙江双金机械集团股份有限公司	改进型圆锥式制砂机	①高铬铸铁在破碎机的轧臼壁、破碎壁上的首次应用，使易损件使用寿命达到3个月（2 000h）以上，（标准JB/T 53569－2000弹簧圆锥破碎机产品质量分等中轧臼壁、破碎壁优等品的使用时间为450、500h。）因无需频繁更换耐磨件，故可组织连续生产，减少了维修时间和维修成本，提高了管理效率。②制砂机破碎比大、实用性强，可适应多种原料的破碎制砂（如：岩石、鹅卵石、尾矿、建筑垃圾等），还可适应于法制砂、半干法制砂、湿法制砂，其适应性强，比较适合国内机制砂生产的现实现状。③本产品与标准JB/T 7353—2004立式冲击破碎机比较，同规格的PL-900电动机功率为264kW，公司产品为160kW，节能65%		本项目已拥有ZL201210529999.X，ZL201110296983.4，ZL201310115114.6，ZL201310266864.3，ZL201310293147.X，ZL201210529926.0，ZL201210432196.2，ZL201210432190.5，ZL201310050203.7等29项发明专利。

表4　2016年破碎粉磨设备行业主要企业分类产品国内销售情况　　　　（单位：万元）

序号	企业名称	国内销售总收入	其中，破碎机械销售收入	其中，粉磨机类销售收入
1	四川矿山机器（集团）有限责任公司	26 333	2 058	4 644
2	山东山矿机械有限公司	32 580	4 195	3 219
3	北方重工集团有限公司	858 770	30 243	45 365
4	南昌矿山机械有限公司	10 985	5 624	—
5	常熟中材装备重型机械有限公司	9 638	9 638	—
6	浙江矿山机械有限公司	6 605	6 605	—
7	哈尔滨国海星轮传动有限公司	428	—	—
8	河北万矿机械厂	2 075	1 345	—
9	河南省群英机械制造有限责任公司	4 800	1 320	910
10	山东大通机械科技有限公司	6 840	6 500	—
11	上海恒源冶金设备有限公司	9 200	8 400	800
12	上海山美重型矿山机械股份有限公司	13 064	13 064	—
13	韶关市韶瑞重工有限公司	11 399	11 284	115
14	浙江双金机械集团股份有限公司	25 066	16 310	—

〔撰稿人：中国重型机械工业协会破碎粉磨设备专业委员会王斌　审稿人：中国重型机械工业协会破碎粉磨设备专业委员会李志〕

洗选设备

企业发展情况　2016年我国经济形势总的特点是缓中趋稳、稳中向好。供给侧结构性改革为经济发展注入了新的动力。矿山、冶金、水泥等行业实施的调结构、促优化，使生态环境有所好转，绿色环保发展初见成效。由于"十三五"把智能制造提高到了新的高度，从而推动制造装备业智能化不断升级、工艺流程不断优化、核心部件不断革新取得突破，已逐步形成了新型的机械制造体系，也培育出了制造行业的新增长点。"一路一带"的实施，又为我国制造业带来了可喜的成效。洗选行业也逐渐止跌回稳，一部分起步快、结构调整好的优秀企业，已出现回升势态。如：沈阳隆基电磁科技股份有限公司、南昌矿山机械有限公司、威海海王旋流器有限公司、河南威猛振动设备股份有限公司、山东华特磁电科技股份有限公司、鞍山重型矿山机器股份有限公司、海安县万力振动机械有限公司、赣州金环磁选设备有限公司、淮北矿山机器制造有限公司、镇江电磁设备厂有限责任公司、唐山陆凯科技有限公司、北矿机电科技有限公司等基础好、管理好的企业，以科技创新为核心，以细致的个性化售后服务为支撑，以用户满意为目的，加大了制造业与售后服务的深度融合；以产品质量为企业生命线，采取以用户需求而开发、定制在线监测、远程诊断与云服务等新的开发服务模式，采用资源共享、强强联合的方式共同承揽项目，取得了骄人的业绩。2016年洗选设备行业主要企业经济指标见表1。

表1 2016年洗选设备行业主要企业经济指标

序号	企业名称	所有制	工业总产值 当年价（万元）	工业总产值 比上年增长（%）	工业增加值（万元）	产品销售收入（万元）	产品销售税金及附加（万元）	年末固定资产 原价（万元）	年末固定资产 净值（万元）
1	北方重工集团有限公司矿业装备分公司	国有	31 806	-40	14 391	69 383	0.4	18 071	13 584
2	中信重工机械股份有限公司洛阳矿山机器厂	股份制	37 908	-12	-5 334	37 908	1 221	57 154	30 976
3	沈阳隆基电磁科技股份有限公司	股份制	22 830	-10	10 864	21 533	188	14 645	9 517
4	山东华特磁电科技股份有限公司	股份制	15 970	-4.4	5 723	15 099	234	17 925	13 277
5	鞍山重型矿山机器股份有限公司	股份制	7 874	-44	2 141	9 046	243	18 344	10 792
6	淮北矿山机器制造有限公司	股份制	6 580	-7.5	-260	6 580	68	3 080	2 530
7	镇江电磁设备厂有限责任公司	股份制	6 985	-11	1 496	6 897	228	8 561	6 683
8	南昌矿山机械有限公司	股份制	14 764	-26	5 034	12 637	68	10 399	7 228
9	河南威猛振动设备股份有限公司	股份制	10 852	-25	3 160	12 087	1 014	4 961	2 040
10	河南群英机械制造有限责任公司	民营	4 980	-5	200	4 800	11	7 251	1 474
11	赣州金环磁选设备有限公司	国有	20 230	2	9 000	15 000	500	20 195	15 000
12	海安县万力振动机械有限公司	股份制	19 800	1	5 800	19 200	150	5 900	1 220
13	河南平原矿山机械有限公司	民营	9 008	11	694	7 908	345	6 130	5 718
14	山东科力华电磁设备有限公司	民营	4 746	19.8	940	4 520	226	3 420	2 394
15	北矿机电科技有限责任公司	国有	20 177	-20	11 651	20 517	2	5 918	3 978
16	上海盾牌矿筛有限公司	民营	5 100	-0.2	1 700	5 098	32	1 412	758
17	唐山陆凯科技有限公司	民营	14 862	8.4	2 396	13 941	66	6 569	3 696
18	唐山汇力科技有限公司	民营	10 282	5.6	576	13 196	23	1 987	1 212
19	上海山美重型矿山机械股份有限公司	民营	19 382	8	5 815	18 267	570	13 418	9 292
20	钟祥新宇机电制造股份有限公司	股份制	13 514	117	4 720	9 904	47	6 027	3 620
21	湖北松滋金津矿山机械股份有限公司	股份制	3 500	-42	690	3 000	14	3 491	1 822
22	新乡市高科机械设备有限公司	民营	800	-25	815	550	13	640	561

序号	企业名称	所有制	流动资产 合计（万元）	流动资产 平均余额（万元）	流动负债 合计（万元）	流动负债 平均余额（万元）	利润总额（万元）	所有者权益（万元）	全员劳动生产率（万元/人）
1	北方重工集团有限公司矿业装备分公司	国有	139 283	142 801	153 408	153 565	6 055	3 454	39
2	中信重工机械股份有限公司洛阳矿山机器厂	股份制	42 021	43 678	73 064	75 664	1 201	—	83
3	沈阳隆基电磁科技股份有限公司	民营	37 813	38 107	9 891	11 239	701	41 742	—
4	山东华特磁电科技股份有限公司	股份制	27 584	29 167	14 283	14 874	2 166	31 363	35
5	鞍山重型矿山机器股份有限公司	股份制	58 009	60 910	7 680	7 191	-2 485	73 622	18
6	淮北矿山机器制造有限公司	股份制	4 620	—	3 260	—	462	6 745	—
7	镇江电磁设备厂有限责任公司	股份制	4 261	4 185	3 402	3 398	46	3 385	32
8	南昌矿山机械有限公司	民营	24 747	21 994	15 839	17 136	432	16 697	15

(续)

序号	企业名称	所有制	流动资产（万元）		流动负债（万元）		利润总额（万元）	所有者权益（万元）	全员劳动生产率（万元/人）
			合计	平均余额	合计	平均余额			
9	河南威猛振动设备股份有限公司	股份制	18 638	17 647	8 705	8 999	1 503	12 560	16
10	河南群英机械制造有限责任公司	民营	13 252	13 358	9 055	8 504	-60	5 676	21
11	赣州金环磁选设备有限公司	民营	17 800	17 000	7 000	7 200	1 800	28 000	21
12	海安县万力振动机械有限公司	股份制	4 880	4 260	4 120	3 850	400	1 220	60
13	河南平原矿山机械有限公司	民营	7 673	7 583	1 282	1 235	370	9 840	22
14	山东科力华电磁设备有限公司	民营	3 670	305	2 940	240	920	3 210	95
15	北矿机电科技有限责任公司	国有	38 281	37 048	12 014	13 093	5 313	30 531	86
16	上海盾牌矿筛有限公司	民营	3 640	3 590	1 125	1 010	860	3 275	39
17	唐山陆凯科技有限公司	民营	12 256	11 917	8 065	8 097	91	8 637	34
18	唐山汇力科技有限公司	民营	2 627	2 398	3 019	2987	862	5 258	51
19	上海山美重型矿山机械股份有限公司	国有	17 840	19 078	17 344	19 096	266	13 787	47
20	钟祥新宇机电制造股份有限公司	股份制	8 682	8 521	6 689	6 619	21	6 752	12
21	湖北松滋金津矿山机械股份有限公司	股份制	1 366	1 450	1 046	1 124	155	2 142	92
22	新乡市高科机械设备有限公司	民营	1 109	1 067	407	352	18	1 263	3

注："—"表示企业此项指标未报。由于四舍五入，表中占行业比重数据有微小出入。

生产发展情况 2016年洗选设备制造行业内22家骨干企业全年工业总产值为301 950万元，工业增加值为82 212万元；洗选产品销售量为17 228台，销售产值为173 427万元；洗选机械制造行业企业固定资产投资投入为8 333万元，其中基本技术更新改造投资增加2 950万元。

主要企业产品产能 2016年洗选设备行业主要企业产品产量、产值及其增长情况见表2。

表2 2016年洗选设备行业主要企业产品产量、产值及其增长情况

序号	企业及产品名称	产量（台）	产值（万元）	产值比上年增长（%）
1	北方重工集团有限公司矿业装备分公司			
	分级机械	1	226	-37
	浓缩机械	1	45	-87
2	沈阳隆基电磁科技股份有限公司			
	磁选机械	282	7 012	-0.2
	电磁除铁器	629	4 150	-0.1
	起重电磁永磁铁	281	460	-0.4
	非铁分选提纯设备	13	326	0.3
	其他磁力设备	341	2 010	4.3
4	山东华特磁电科技股份有限公司			
	磁选机械	156	2 016	-15
	除铁器	759	4 848	18
	立环高梯度磁选机	65	6 558	8
5	鞍山重型矿山机器股份有限公司			
	筛分机械	208	3 821	-45
6	淮北矿山机器制造有限公司			
	浓缩机械	65	6 990	-8
7	镇江电磁设备厂有限责任公司			
	磁选机械	1 136	5 210	-12

(续)

序号	企业及产品名称	产量（台）	产值（万元）	产值比上年增长（%）
8	南昌矿山机械有限公司			
	筛分机械	215	5 137	
9	河南威猛振动设备股份有限公司			
	筛分机械	1 100	8 600	-6
10	河南群英机械制造有限责任公司			
	分级机械	8	200	-38
	筛分机械	5	60	0
	浓缩机械	5	130	38
11	赣州金环磁选设备有限公司			
	磁选机械	200	9 000	2
12	海安县万力振动机械有限公司			
	筛分机械	5 600	19 200	3
13	河南平原矿山机械有限公司			
	筛分机械	280	2 968	17
14	山东科力华电磁设备有限公司			
	磁选机械	600	4 740	40
15	北矿机电科技有限责任公司			
	浮选机械	407	25 260	-42
	磁选机械	130	3 067	64
16	上海盾牌矿筛有限公司			
	筛网	2 090（套）	4 800	-0.1
17	唐山陆凯科技有限公司			
	筛分机械	465	14 862	35
18	唐山汇力科技有限公司			
	筛分机械	213	6 578	4.8
19	上海山美重型矿山机械股份有限公司			
	筛分机械	120	13 500	64
20	钟祥新宇机电制造股份有限公司			
	振动机械	1 673	7 900	24
21	湖北松滋金津矿山机械股份有限公司			
	振动筛	30	700	25
	给料机	30	753	22
22	新乡市高科机械设备有限公司			
	筛分机械	120	2 300	25
	合 计	17 228	173 427	

产品出口情况 据对15家企业统计，2016年我国洗选设备行业出口洗选设备产值为8 310万美元。2016年洗选设备行业部分企业洗选设备出口情况见表3。

表3　2016年洗选设备行业部分企业洗选设备出口情况

序号	企业名称	出口量（台）	出口额（万美元）
1	沈阳隆基电磁科技股份有限公司		
	磁选机械	26	1 530
	除铁器	77	19
	起重电磁铁	2	5
	其他（含配件）	58	160
2	山东华特磁电科技股份有限公司		
	磁选机械	47	26
	除铁器	182	964
	立环高梯度磁选机械	6	644

(续)

序号	企业名称	出口量（台）	出口额（万美元）
3	淮北矿山机器制造有限公司		
	浓缩机械	2	78
4	镇江电磁设备厂有限责任公司		
	磁选设备	363	153
5	南昌矿山机械有限公司		
	棒条给料机	4	32
6	河南威猛振动设备股份有限公司		
	筛分设备	40	624
7	河南群英机械制造有限责任公司		
	浓缩机械	2	40
	振动筛	2	35
8	赣州金环磁选设备有限公司		
	磁选机械	9	100
9	海安县万力振动机械有限公司		
	振动筛	64	380
10	河南省平原矿山机械有限公司		
	筛分设备	50	650
11	山东科力华电磁设备有限公司		
	磁选机械	40	20
12	北矿机电科技有限责任公司		
	磁选机械	17	56
	浮选机械	120	1 140
13	唐山陆凯科技有限公司		
	筛分设备	72	864
	筛网	2 000	300
14	上海山美重型矿山机械股份有限公司		
	振动筛	113	246
15	湖北松滋金津矿山机械股份有限公司		
	振动筛	10	34.9
	给料机	8	30
	合计	3 314	8 310

科研成果与新产品研制 2016年洗选设备行业内统计的企业共研发或改进了18项产品，其中，北方重工集团有限公司矿业装备分公司共计立项研发新产品3项，沈阳隆基电磁科技股份有限公司研发3项产品，山东华特磁电科技股份有限公司研发2项产品，北矿机电科技有限责任公司研发2项产品，河南威猛振动设备股份有限公司研发2项产品。南昌矿山机械有限公司对新型石料筛分机械进行了技术改造，增大了层间距，提高了处理量。2014年洗选设备行业部分企业新产品新技术开发项目见表4。

表4 2016年洗选设备行业部分企业新产品新技术开发项目

序号	项目名称	主要技术性能	研制单位
1	160m^3大型浮选机及自动控制系统开发	有效容积：160 m^3 设备直径：7 000mm 设备高度：5 240mm 生产能力：30～100 m^3/min 安装功率：160kW 设计转速：111 r/min 充气量：0.8～1.5m^3/（m^2·min）	北方重工集团有限公司矿业装备分公司

（续）

序号	项目名称	主要技术性能	研制单位
2	大型洗选设备多相流计算机流体仿真关键共性技术研究	1）浓缩机械给矿量在 9 000～12 000 m³/h 范围内时，φ10m 布料装置可满足布料均匀要求 2）浓缩机 φ10m 布料装置布料均匀程度每5°内最大差值为10%，即布料均匀 3）10m 搅拌槽混合效率达到90%以上 4）10m 搅拌槽混合均匀程度达到95%以上 5）160m³ 浮选机械槽体内实现四区分化，即混合区、运输区、分离区和泡沫区 6）160m³ 浮选机械矿浆首次矿化率达到90%以上	北方重工集团有限公司矿业装备分公司
3	年处理量千万吨级的矿浆搅拌与匀密成套装备开发研制	大型化搅拌装置实现年处理量千万吨级的矿浆搅拌与匀密 规格（直径）：12m 年处理量≥1 000 万 t 适用矿浆种类≥6 种 叶轮寿命≥8 个月 电动机功率≤100kW	北方重工集团有限公司矿业装备分公司
4	大型立式强磁选设备研发	干矿处理量达 150～250t/h，电耗 0.444kW·h/t，水耗 1m³/t	沈阳隆基电磁科技股份有限公司
5	非金属矿山工艺及装备开发	辽宁省科技进步二等奖	沈阳隆基电磁科技股份有限公司
6	磁性矿高效利用工艺与应用	辽宁省科技进步三等奖	沈阳隆基电磁科技股份有限公司
7	一种有色金属电磁搅拌器的变频方法及变频装置	通过双PWM交直交变频电源把50Hz/60Hz的工频交流电变成频率为0.5～3.5Hz的三相低频电源。将此低频交流电源通入电磁搅拌器的感应线圈，在感应器线圈内产生交变行波磁场，在交变磁场作用下，金属溶液作为导体产生感应电动势，从而产生感应电流，感应电流又和磁场相互作用促使金属溶液规律流动，从而达到搅拌的目的	山东华特磁电科技股份有限公司
8	提精降渣磁选机	采用250°～270°大包角多磁极的磁系结构与新型的顺流型槽体相匹配，结合多级漂洗装置、底部水帘结构以及磁搅动装置，可以对滚筒表面的矿物进行反复的漂洗提纯，充分剔除硅、硫、磷等杂质，尽可能地提高精矿品位。该设备采用独特的三重密封方式，确保轴承运行环境良好，并且在易磨损区域全部采用防护措施，从而确保设备长期可靠运转，作业率可达到98%以上。设备功率：15～30kW；设备处理干矿：20～100t/h；处理物料粒度：＜1mm；设备场强：1 000～5 000Gs	山东华特磁电科技股份有限公司
9	高效自清理筛面分级筛	产品特点：细颗粒粘湿物料干法深度筛分不堵孔；振动强度：5.2g～6.3g；筛分效率：85%～90%	鞍山重型矿山机器股份有限公司
10	混凝土预制构件（PC）生产线成套设备	生产线的节拍时间 15min，单线 PC 预制构件产能 6 万 m³/a，满足24 万 m² 建筑制率达65%需求	鞍山重型矿山机器股份有限公司
11	新型石料筛	筛分机倾角：18°～25° 振幅：8～11mm	南昌矿山机械有限公司
12	液压高频振动筛	筛分机倾角：38°～45° 处理量：60～400t/h 最大转速：5 000r/min 给料粒度：0～20mm	南昌矿山机械有限公司
13	生活垃圾智能分拣机	物理分选技术分拣出渣土、固体、废塑料、残渣有机物、铁制品五大类，再得以充分利用 主要技术指标： 1）处理量：30～500t/d 2）功率：22～150kW 3）分类率：＞85% 4）噪声：≤54.4dB	河南威猛振动设备股份有限公司

(续)

序号	项目名称	主要技术性能	研制单位
14	污水污泥处理成套装备	机械格栅工艺、气浮工艺、膜过滤技术主要技术指标： 1）建筑垃圾成套处理装备总重：23.0～44.0t 2）产量：50～800t/h 3）入料粒度：按照处理量分级，最大入料粒度≤900mm 4）分级粒度：10mm 5）噪声等级：设备负荷运转，1m处检测小于85dB	河南威猛振动设备股份有限公司
15	XL系列螺旋洗砂机	进料粒度：≤10mm 生产能力：100～350t/h 应用领域：公路、水电、建筑等行业 适用物料：中细粒度和粗粒度物料 结构合理、维修便利、处理量大、功率消耗小、洗净度高 新颖的密封结构、全封闭油浴式传动装置、可调式溢流堰板，确保了该系列产品高效、耐用、清洗、脱水效果好，细粒产品保持稳定等	上海山美重型矿山机械股份有限公司
16	TES系列三轴椭圆筛	进料粒度：≤150mm 生产能力：120～462m³/h 应用领域：冶金、建材、交通等行业 适用物料：各种软、中硬矿石，建筑垃圾，尾矿，钢渣 处理能力大，筛分效率高 筛机运行轨迹为椭圆形，运动平稳，功耗低 双振幅（15～19mm）、振动方向角（30°～60°）、振动频率（645～875r/min）可调，调整方便、简捷；物料筛分顺畅，不易堵孔、堵料	上海山美重型矿山机械股份有限公司
17	SMF系列振动给料机	振动平稳；特殊栅条设计，可防止物料堵塞；栅条间隙可调；可选装变频调速电动机，便于控制给料量，无需频繁启动电动机。 双振幅（15～19mm）、振动方向角（30°～60°）、振动频率（645～875r/min）可调，调整方便、简捷；物料筛分顺畅，不易堵孔、堵料	上海山美重型矿山机械股份有限公司
18	单振源共振式复合振动筛研制	筛面面积：2.1～14.40m²， 振动频率：25Hz 振幅：1～2mm	唐山陆凯科技有限公司

固定资产投资情况　2016年洗选设备行业部分企业固定资产投资额见表5。

表5　2016年洗选设备行业部分企业固定资产投资额　（单位：万元）

序号	企业名称	固定资产投资		
		总计	基本建设投资	技术更新改造投资
1	中信重工机械股份有限公司洛阳矿山机械厂	19.87		19.87
2	沈阳隆基电磁科技股份有限公司	110		
4	山东华特磁电科技股份有限公司	1 244.17	1 027.16	217.01
5	鞍山重型矿山机器股份有限公司	1 152		
6	淮北矿山机器制造有限公司	500	300	200
7	南昌矿山机械有限公司	424		
8	河南威猛振动设备股份有限公司	680	400	280
9	河南群英机械制造有限责任公司	210	75	135
10	海安县万力振动机械有限公司	500	320	180

(续)

序号	企业名称	固定资产投资		
		总计	基本建设投资	技术更新改造投资
11	河南平原矿山机械有限公司	884	504	380
12	上海盾牌矿筛有限公司	55		55
13	唐山陆凯科技有限公司	116.98		116.98
14	唐山汇力科技有限公司	421	325	96
15	钟祥新宇机电制造股份有限公司	1 170	100	1 070
16	湖北松滋金津矿山机械股份有限公司	200		200

行业标准化工作 2016 年共完成了 13 项洗选设备标准并已讨论申报待发。详见表 6

表 6　2016 年行业标准化工作情况

序号	标准名称	标准编号	制定、修订情况
1	永磁筒式磁选机	JB/T 7895—2008	修订
2	永磁立磐石尾矿回收机	JB/T 12434—2015	参与
3	中磁场永磁滚筒	JB/T 7351—2015	参与
4	振动筛 试验方法	JB/T 4042	修订
5	大型自同步箱式振动器直线振动筛	JB/T 10728	修订
6	箱式浓缩机行业标准	工信部已审批待出版	制定
7	钢结构浓缩机行业标准	标准委已立项2018年审定	制定
8	振动筛制造通用技术条件	JB/T 5496—2004	修订
9	YKR 型圆振动筛	JB/T 6388—2004	修订
10	矿用隔爆型除铁器用控制箱	Q/KLH 013—2016	修订
11	矿用隔爆型电磁除铁器	Q/KLH 012—2016	修订
12	矿用隔爆型永磁除铁器	Q/KLH 011—2016	修订
13	单振源共振式叠层复合振动筛	Q/LKB 05—2016	修订

〔撰稿人：中国重型机械工业协会洗选设备专业委员会吕英凡　审稿人：中国重型机械工业协会洗选设备专业委员会张斌〕

物料搬运（起重运输）机械

按照 GB/T 4754—2011《国民经济行业分类》标准的规定，物料搬运（起重运输）机械行业分为 6 个行业小类：轻小型起重设备、起重机、生产专用车辆（简称工业车辆）、连续搬运设备、电梯和自动扶梯以及升降机和其他物料搬运设备。

本文所述的物料搬运（起重运输）机械行业包含的是轻小型起重设备、起重机、工业车辆、连续搬运设备、电梯和自动扶梯以及升降机和其他物料搬运设备。

2014—2016 年物料搬运（起重运输）机械行业主要经济指标完成情况见表 1。

表1 2014—2016年物料搬运（起重运输）机械行业主要经济指标完成情况

指标名称	2014年	2015年	2016年
主营业务收入（亿元）	6 906.47	6 856.61	6 965.74
利润总额（亿元）	513.30	537.88	513.49
主营业务收入利润总额率（%）	7.43	7.84	7.37

注：表中数据来源于中国重型机械工业协会统计简报。

行业经济运行情况

1. 2016年物料搬运（起重运输）机械行业主要经济指标完成情况

2016年物料搬运（起重运输）机械行业主要财务指标见表2。

2016年物料搬运（起重运输）机械行业主要产品产量见表3。

2016年物料搬运（起重运输）机械行业固定资产投资情况见表4。

表2 2016年物料搬运（起重运输）机械行业主要财务指标

行业及企业分类	主营业务收入		主营业务成本		利润总额	
	金额（亿元）	比上年增长（%）	金额（亿元）	比上年增长（%）	金额（亿元）	比上年增长（%）
物料搬运（起重运输）机械行业	6 965.74	2.13	5 749.07	2.80	513.49	-4.45
其中：轻小型起重设备行业	419.35	-2.39	350.95	-2.27	25.37	-1.76
起重机行业	2 637.26	5.19	2 262.96	5.76	134.57	-3.21
连续搬运设备行业	423.31	1.23	356.81	1.17	23.26	-1.83
工业车辆行业	466.03	3.07	399.28	3.13	28.46	13.85
电梯、自动扶梯及升降机行业	2 762.02	-0.38	2 166.47	0.58	286.32	-7.62
其他物料搬运设备行业	257.77	6.92	212.60	6.44	15.51	11.48

行业及企业分类	资产总额		负债总额		主营业务利润率	
	金额（亿元）	比上年增长（%）	金额（亿元）	比上年增长（%）	2016年（%）	上年同期（%）
物料搬运（起重运输）机械行业	7 128.29	6.74	4 002.09	6.65	7.37	7.88
其中：轻小型起重设备行业	394.62	-1.77	201.76	-3.65	6.05	6.01
起重机行业	3 102.03	6.76	1 832.02	9.66	5.10	5.55
连续搬运设备行业	349.50	0.55	168.44	0.28	5.49	5.67
工业车辆行业	378.12	9.53	172.05	3.63	6.11	5.53
电梯、自动扶梯及升降机行业	2 632.87	8.18	1 506.36	5.30	10.37	11.18
其他物料搬运设备行业	271.15	10.92	121.46	12.62	6.02	5.77

注：表中数据来源于中国重型机械工业协会统计简报。

表3 2016年物料搬运（起重运输）机械行业主要产品产量

产品名称	单位	产量	上年同期	比上年增长（%）
起重机	万t	984.80	1 186.84	-17.02
输送机械（输送机和提升机）总计	万t	251.41	267.48	-6.01
内燃叉车	万台	25.46	23.31	9.22
电动叉车	万台	19.46	18.59	4.68
减速机	万台	581.77	592.28	-1.77

注：表中数据来源于中国重型机械工业协会统计简报。

表4 2016年物料搬运（起重运输）机械行业固定资产投资情况

行业名称	计划总投资		本年新增固定资产		自年初累计完成投资	
	计划额（亿元）	比上年增长（%）	当年完成额（亿元）	比上年增长（%）	当年完成额（亿元）	比上年增长（%）
全国机械工业合计	89 687.26	0.96	34 155.76	-12.61	50 132.11	1.70
重机机械行业	4 373.04	-18.27	1 769.26	-24.33	2 584.66	-7.88
占全国机械工业比重（%）	4.88		5.18		5.16	
物料搬运（起重运输）机械行业	2 321.30	-11.27	866.06	-26.83	1 305.85	-6.69
其中：轻小型起重设备制造	172.86	-14.43	97.53	-3.43	127.06	-8.87
起重机制造	427.93	-34.03	185.54	-45.18	274.22	-20.97
工业车辆	331.87	-14.94	95.75	-40.93	144.57	-25.96
连续搬运设备制造	332.90	13.10	111.70	11.44	184.88	28.12
电梯、自动扶梯制造	791.49	-8.22	270.95	-29.78	422.51	-4.62
其他物料搬运设备制造	264.25	20.87	104.60	8.91	152.60	16.97

注：表中数据来源于中国重型机械工业协会统计简报。

2.2016年物料搬运（起重运输）机械行业进出口情况

2016年物料搬运（起重运输）机械分类产品进出口情况见表5。

2016年物料搬运（起重运输）机械进出口按国家和地区分类见表6。

2016年物料搬运（起重运输）机械进出口按行政区分类见表7。

表5 2016年物料搬运（起重运输）机械分类产品进出口情况

货品名称	出口额（亿美元）	比上年增长（%）	进口额（亿美元）	比上年增长（%）	进出口总额（亿美元）	比上年增长（%）	进出口差额（亿美元）	上年同期差额（亿美元）	比上年增长（%）
重型机械行业总计	170.81	-4.35	44.66	-25.68	215.47	-9.72	126.14	118.48	6.47
物料搬运（起重运输）机械行业合计	146.18	-1.77	37.78	-28.20	183.96	-8.67	108.40	96.19	12.69
占重型机械行业比重（%）	85.58		84.59		85.38		85.94	81.19	
轻小型起重设备	20.19	-2.79	4.73	-49.84	24.93	-17.45	15.46	11.34	36.33
占物料搬运（起重运输）机械行业比重（%）	13.81		12.52		13.55		14.26	11.79	
起重机合计	44.11	7.43	2.91	-54.39	47.02	-0.89	41.21	34.69	18.80
占物料搬运（起重运输）机械行业比重（%）	30.18		7.70		25.56		38.02	36.06	
工业车辆合计	25.03	0.60	3.64	-17.83	28.67	-2.18	21.39	20.45	4.60
占物料搬运（起重运输）机械行业比重（%）	17.12		9.63		15.58		19.73	21.26	
电梯、自动梯及升降机	28.34	-5.50	2.92	-23.56	31.25	-7.57	25.42	26.18	-2.90
占物料搬运（起重运输）机械行业比重（%）	19.39		7.73		16.99		23.45	27.22	
连续搬运设备合计	15.05	-16.62	10.16	-19.62	25.21	-17.88	4.89	5.41	-9.61
占物料搬运（起重运输）机械行业比重（%）	10.30		26.89		13.70		4.51	5.62	
其他物料搬运设备合计	13.46	-4.20	13.43	-15.64	26.89	-10.28	0.021	-1.87	101.12
占物料搬运（起重运输）机械行业比重（%）	9.21		35.55		14.62		0.02	-1.94	

注：1.表中数据来源于中国重型机械工业协会进出口年报。

2.进出口差额中负号表示逆差。

3.表中金额以亿美元为单位，由于四舍五入的原因会有微小出入。

表6 2016年物料搬运（起重运输）机械进出口按国家和地区分类

序号	国家（地区）	出口额（亿美元）	占出口总金额比重（%）	序号	国家（地区）	进口额（亿美元）	占进口总金额比重（%）
	物料搬运（起重运输）机械总计	146.18	100.00		物料搬运（起重运输）机械总计	37.78	100
1	美国	17.18	11.78	1	德国	7.65	21.49
2	印度	7.11	4.88	2	日本	5.64	15.85
3	阿拉伯联合酋长国	7.02	4.81	3	韩国	4.99	14.02
4	新加坡	6.77	4.64	4	美国	2.61	7.34
5	韩国	5.73	3.93	5	意大利	1.78	4.99
6	越南	5.42	3.71	6	中国台湾	1.34	3.75
7	马来西亚	5.12	3.51	7	奥地利	1.28	3.61
8	澳大利亚	5.06	3.47	8	法国	1.27	3.56
9	印度尼西亚	4.93	3.38	9	荷兰	1.07	3.01
10	中国香港	4.7	3.13	10	瑞士	0.89	2.50
11	日本	4.31	2.95	11	挪威	0.79	2.22
12	土耳其	3.67	2.52	12	新加坡	0.70	1.96
13	泰国	3.53	2.42	13	英国	0.60	1.69
14	德国	3.18	2.18	14	芬兰	0.57	1.61
15	巴基斯坦	2.76	1.90	15	西班牙	0.56	1.58
16	俄罗斯联邦	2.75	1.88	16	瑞典	0.56	1.58
17	英国	2.69	1.85	17	丹麦	0.52	1.46
18	菲律宾	2.57	1.76	18	马来西亚	0.46	1.30
19	中国台湾	2.24	1.54	19	加拿大	0.40	1.11
20	沙特阿拉伯	2.19	1.50	20	捷克	0.27	0.76
21	墨西哥	2.14	1.47	21	中华人民共和国	0.26	0.73
22	巴西	2.01	1.38	22	波兰	0.25	0.71
23	加拿大	1.92	1.31	23	比利时	0.18	0.51
24	荷兰	1.88	1.29	24	爱沙尼亚	0.12	0.33
25	阿尔及利亚	1.68	1.15	25	中国香港	0.10	0.28
26	伊朗	1.66	1.14	26	澳大利亚	0.08	0.24
27	哥伦比亚	1.65	1.13	27	匈牙利	0.08	0.22
28	法国	1.59	1.09	28	俄罗斯联邦	0.06	0.17
29	意大利	1.44	0.99	29	越南	0.06	0.16
30	埃及	1.34	0.92	30	罗马尼亚	0.06	0.16

注：1.表中数据来源于中国重型机械工业协会进出口年报。

2.2016年物料搬运（起重运输）机械共出口214个国家（地区），共从81个国家（地区）进口。

3.表中金额以亿美元为单位，由于四舍五入的原因会有微小的出入。

表7 2016年物料搬运（起重运输）机械进出口按行政区分类

序号	省（市）名称	出口额（亿美元）	占出口总金额比重（%）	序号	省（市）名称	进口额（亿美元）	占进口总金额比重（%）
	物料搬运（起重运输）机械总计	146.18	100		物料搬运（起重运输）机械总计	37.78	100
1	江苏省	37.11	25.45	1	上海市	7.88	22.14
2	上海市	34.88	23.92	2	江苏省	5.84	16.40
3	浙江省	21.74	14.91	3	广东省	4.60	12.94
4	广东省	10.15	6.96	4	山东省	2.44	6.86
5	辽宁省	6.93	4.75	5	北京市	2.22	6.24
6	山东省	6.81	4.67	6	浙江省	1.81	5.09
7	湖南省	3.92	2.69	7	辽宁省	1.74	4.89
8	天津市	3.88	2.66	8	天津市	1.70	4.78
9	福建省	3.65	2.50	9	重庆市	1.48	4.16
10	河北省	3.50	2.40	10	福建省	1.40	3.92
11	安徽省	3.43	2.35	11	河北省	0.75	2.11
12	北京市	3.01	2.07	12	湖北省	0.66	1.86
13	河南省	2.08	1.43	13	河南省	0.43	1.21
14	四川省	0.91	0.63	14	吉林省	0.38	1.08
15	湖北省	0.67	0.46	15	安徽省	0.34	0.97
16	广西壮族自治区	0.61	0.42	16	山西省	0.30	0.83
17	山西省	0.56	0.38	17	江西省	0.23	0.65
18	黑龙江省	0.38	0.26	18	湖南省	0.22	0.61
19	云南省	0.35	0.24	19	四川省	0.22	0.61
20	重庆市	0.32	0.22	20	黑龙江省	0.21	0.60

注：1. 表中数据来源于中国重型机械工业协会进出口年报。
2. 表中金额以亿元为单位，四舍五入会有微小出入。

出口方面：按产品分，起重机出口额占整个物料搬运（起重运输）机械行业的比重最大，占到行业的30.18%；其他行业占比依次为：电梯、自动扶梯及升降机占19.39%，工业车辆占17.12，轻小型起重设备占13.81%，连续搬运设备占10.30%，其他物料搬运设备占9.21%。

进口方面：按产品分，其他物料搬运设备进口额占整个物料搬运（起重运输）机械行业的比重最大，占到行业的35.55%；其他占比依次为：连续搬运设备占26.89%，轻小型起重设备12.52%，工业车辆占9.63%，电梯、自动扶梯及升降机占7.73%，起重机占7.70%。

进出口总额方面：按产品分，起重机的进出口总额占整个物料搬运（起重运输）机械行业的比重最大，占到行业的25.56%；其他占比依次为：电梯、自动扶梯及升降机占16.99%，工业车辆占15.58%，其他物料搬运设备占14.62%，连续搬运设备占13.70%，轻小型起重设备占13.55%。

进出口差额方面：按产品分，起重机的进出口差额占整个物料搬运（起重运输）机械行业的比重最大，进出口差额占到行业的38.02%，电梯、自动扶梯及升降机占23.45%，工业车辆占19.73%，轻小型起重设备占14.26%，连续搬运设备占4.51%，其他物料搬运设备占0.02%。

（2）出口额前10位国家（地区）的情况

2016年，物料搬运（起重运输）机械行业共出口214个国家（地区），出口额146.18亿美元。其中，出口额前10位的国家依次是：美国、印度尼西亚、阿拉伯联合酋长国、新加坡、韩国、越南、马来西亚、澳大利亚、印度以及中国香港。前10位国家（地区）的出口额合计为69.04亿美元，占物料搬运（起重运输）机械出口总额的47.23%。

（3）出口额前6位的省市情况

2016年，物料搬运（起重运输）机械出口额前6位省市是：江苏省、上海市、浙江省、广东省、辽宁省、山东省。前6位的省市出口额合计117.62亿美元，占物料搬运（起重运输）机械行业的80.46%。

（4）进口额前10位的国家（地区）的情况

2016年，物料搬运（起重运输）机械共从81个国家（地区）进口，进口额37.78亿美元，其中，进口前10位国家（地区）依次是德国、日本、韩国、美国、意大利、中国台湾省、奥地利、法国、荷兰、瑞士。前10位国家（地区）进口额合计28.52亿美元，占物料搬运（起重运输）机械进口总额的75.49%。

（5）按企业性质分类的进出口情况

出口方面：私有企业出口占主导地位。2016年，物料搬运（起重运输）机械行业中，私有企业出口额为50.22亿美元，占行业出口额的34.35%，占比最大。其余依次为：中外合资企业出口额为40.57亿美元，占出口总额的27.75%；外商独资企业出口额为31.24亿美元，占出口总额的21.37%；国有企业出口额为15.73亿美元，占出口总额的10.76%；中外合作企业出口额为5.59亿美元，占出口总额的3.82%；集体企业出口额为2.44亿美元，占出口总额的1.67%；个体工商户出口额为0.04亿美元，占出口总额的0.03%。

进口方面：外资独资企业占主导地位。2016年，物料搬运（起重运输）机械行业中，外商独资企业进口额为12.76亿美元，占行业进口总额的33.77%，占比最大；其余依次为：中外合作企业进口额为9.17亿美元，占进口总额的24.27%；私有企业进口额为6.52亿美元，占进口总额的17.26%；国有企业进口额为6.11亿美元，占进口总额的16.17%；中外合作企业进口额为0.83亿美元，占进口总额的2.20%；集体企业进口额为0.20亿美元，占进口总额的0.53%。

（6）按贸易方式分类的进出口情况

出口方面：一般贸易占主导地位。2016年，物料搬运（起重运输）机械进出口按贸易方式分，一般贸易位居第一，出口额为89.69亿美元，占行业出口总额的61.36%，其余依次为：进料加工贸易出口额为46.10亿美元，占出口总额的31.54%；对外承包工程出口货物出口额为6.20亿美元，占出口总额的4.24%；保税区仓储转口货物出口额为1.00亿美元，占出口总额的0.68%；边境小额贸易出口额为0.98亿美元，占出口总额的0.67%；来料加工装配贸易出口额为0.94亿美元，占出口总额的0.64%；保税仓储转口货物出口额为0.36亿美元，占出口总额的0.25%；国家间、国际组织无偿援助和赠送的物资为0.06亿美元，占出口总额的0.04%。租赁贸易出口额为0.03亿美元，占出口总额的0.02%。

进口方面：一般贸易占主导地位。2016年，物料搬运（起重运输）机械进出口按贸易方式分，一般贸易位居第一，进口额为25.24亿美元，占进口总额的66.81%。其余依次为：进料加工贸易进口额为5.66亿美元，占进口总额的14.98%；保税区仓储转口货物进口额为2.01亿美元，占进口总额的5.32%；外商投资企业作为投资进口的设备、货物进口额为1.57亿美元，占进口总额的4.16%；保税仓储进出境货物进口额为0.48亿美元，占进口总额的1.27%；出口加工区进口设备进口额为0.34亿美元，占进口总额的0.90%；来料加工装配贸易进口额为0.16亿美元，占进口总额的0.42%；加工贸易进口设备进口额为0.02亿美元，占进口总额的0.05%；租赁贸易进口额0.01亿美元，占进口总额的0.03%。

3. 行业部分企业的生产销售情况

2016年物料搬运（起重运输）机械行业中部分企业主要经济指标完成情况见表8、表9、表10。

表8　2016年部分轻小型起重设备制造企业主要经济指标完成情况

序号	企业名称	工业总产值（亿元）	比上年增长（%）
1	江苏通润机电集团有限公司	45.43	4.07
2	科尼起重机设备制造（江苏）有限公司	3.90	72.90
3	凯澄起重机械有限公司	2.83	-17.28
4	浙江双鸟机械有限公司	2.17	4.68
5	八达机电有限公司	2.07	3.12
6	南阳市起重机械厂	1.39	-15.41
7	广东超宇起重设备有限公司	0.05	-65.21

注 1. 数据来源于中国重型机械工业协会统计简报。
　 2. 因缺少部分企业的分类数据，故未列入。

表9　2016年部分起重机制造企业主要经济指标完成情况

序号	企业名称	工业总产值（亿元）	比上年增长（%）	序号	企业名称	工业总产值（亿元）	比上年增长（%）
1	卫华集团有限公司	96.95	3.73	9	广州起重机械有限公司	2.79	-0.15
2	河南省矿山起重机有限公司	59.96	14.25	10	浙江众擎起重机械制造有限公司	2.79	-3.85
3	豫飞重工集团	47.98	4.49	11	重庆起重机厂有限责任公司	1.49	-25.49
4	山东光明起重机械集团有限公司	18.09	3.62	12	天津起重设备有限公司	0.69	-9.58
5	法兰泰克重工股份有限公司	7.20	27.43	13	宁夏天地奔牛银起设备有限公司	0.53	-27.00
6	江西起重机械总厂	7.01	13.00	14	辽宁恒泰重机有限公司	0.43	22.60
7	株洲天桥起重机股份有限公司	5.02	0.29	15	湖北银轮起重机械股份有限公司	0.22	-29.02
8	山东重型机械股份有限公司	4.76	0.73	16	新疆通用机械有限公司	0.13	-11.34

注 1. 数据来源于中国重型机械工业协会统计简报。
　 2. 因缺少部分企业的分类数据，故未列入。

表10 2016年部分连续搬运设备制造企业主要经济指标完成情况

序号	企业名称	工业总产值（亿元）	比上年增长（%）	序号	企业名称	工业总产值（亿元）	比上年增长（%）
1	安徽攀登重工股份有限公司	15.33	11.03	6	芜湖起重运输机器股份有限公司	2.03	-23.23
2	衡阳起重运输机械有限公司	5.79	7.94	7	铜陵天奇蓝天机械设备有限公司	0.92	-35.52
3	上海科大重工集团有限公司	5.66	-34.09	8	湖州电动滚筒有限公司	0.82	-1.16
4	四川省自贡运输机械集团股份有限公司	5.11	-19.66	9	包头市万里机械有限责任公司	0.68	-16.81
5	焦作科瑞森重装股份有限公司	4.54	-5.05	10	河北滦宝装备制造有限公司	0.77	

注：1. 数据来源于中国重型机械工业协会统计简报。
　　2. 因缺少部分企业的分类数据，故未列入。

4. 行业科技成果

2016年，物料搬运（起重运输）机械行业获中国机械工业科学技术奖共10项，其中，二等奖5项、三等奖5项。

二等奖项目：

（1）华电重工股份有限公司研制的复杂地形双向双料输送机，解决了相距较远的、中间地形复杂的两个厂区相互运输散状物料时需要采用双路带式输送机的问题。该双向双料输送机将本应由双路带式输送机完成的工作合成为一路带式输送机完成，减少了设备数量和占地面积，节省了投资、降低了消耗、减少了粉尘和噪声。该设备的主要特点：①采用仿真模拟。对带式输送机设备的整机和部件针对复杂地形和多变工况条件进行了仿真模拟。②采用阻力系数测试。发明了带式输送机阻力系数的测量方法。③在设备创新方面，将原回程胶带的平型或V型结构改进为槽型结构，同时在输送机的头尾布置翻带装置，使带式输送机胶带承载面始终保持向上，同时改进物料装载及卸载点的位置，并改进胶带缠绕方式，实现返程胶带也输送物料。④研发了新型的托辊组结构以及相应的特种胶带。⑤采用闭环控制。研发了具有完善自行调整能力的闭环控制系统。

（2）北京起重运输机械设计研究院研发的基于精益生产管理的桥门式起重机先进制造技术与应用，首次引入国际先进精益生产管理模式，结合起重机械产品特征及生产工艺特点，同时借鉴汽车、电子、机加工行业先进制造理念和成功经验，突破传统生产模式，建成国内桥式、门式起重机械行业首条成套产品柔性生产作业流水线，实现每4~5min一条端梁下线，每1小时1台单梁下线的生产效益目标。"流水线"让产品流动起来，代替了原来人围着产品转的传统起重机生产模式，确定了标准作业时间，现场在制品库存大量减少，在制品周转率大幅提升，生产效率翻倍，人员减少了2/3，场地面积减少2/3，劳动强度大大降低。此外，柔性生产线可以根据产品规格的不同以及单日订单需求的变化而灵活调整，产品交付率提高了75%。该系统已在河南省矿山起重机有限公司得到应用，为起重机械制造行业的未来提供了诸多优秀可行的发展经验，促进了起重机械制造行业的结构调整和产品升级。

（3）河南卫华重型机械股份有限公司研制的基于物联网技术的十二绳防摇摆集装箱门式起重机，主要技术特点：基于物联网的起重机控制技术。采用射频识别（RFID）技术读取集装箱上的电子标签，通过无线网络自动采集信息传送至中央信息系统，实现对集装箱的识别。该技术解决了集装箱信息采集效率低下，信息化程度低等问题，实现了对集装箱的全程追踪、信息共享和可视化供应链管理，从而消除了错箱、漏箱事故，保证了运输的安全性和可靠性，极大地提高了物流企业的运行效率。②吊具防摇摆在方面开发了12绳复合防摇摆技术。通过钢丝绳在小车和吊具之间的缠绕，利用几何原理实现了机械性防摇摆，配合先进的电气防摇摆技术，保证集装箱装卸平稳，提高了安全性和装卸效率。③采用起升冗余设计，提高了安全性。采用并联的双起升机构，机构的冗余保证了机构的可靠性，利用12根钢丝绳同时均匀受载，相比8绳受载，显著降低了减速机等配套件负载，减少了配套件成本，更利于产品推广应用。④基于交流变频技术和PLC控制技术，实现精确定位：利用传感器检测吊具高度和大小车位置，配合变频驱动和PLC控制技术，实现了吊具的自动定位。⑤CMS系统的信息化管理技术，实现动态监控及群控管理。可实现整机运行数据的实时采集、分析、判断和储存，内置数据库和专家系统，具有智能监控、故障诊断和运行管理功能。上述研究成果的应用，提高了集装箱门式起重机的作业效率和自动化程度，降低了运行能耗和操作工的劳动强度以及整机制造成本，提高了集装箱装卸作业的水平。

（4）太原理工大学、北京建筑大学、太原科技大学、中国矿业大学、山西科为感控技术有限公司、上海华菱电站成套有限公司、武汉市云竹机电新技术开发有限公司共同研制的提升钢丝绳运行安全保障技术及装备研究，主要科技创新点为：①发明了钢丝绳失效实验方法与断丝检测技术，为钢丝绳安全高效运行提供了重要保障。②研制了大型提升机远程检测及故障预警诊断系统，实现了对超载、罐道性能劣变、钢丝绳张力不平衡、轴承缺陷、天轮异常、尾绳断裂等故障的诊断和预警。③提出了振动限制的多工况控制方案，为启停控制、紧急制动、过卷过放制动、钢丝绳防滑等提供了重要的理论依据。④提出了具有多通道电液闭环控制的恒减速制动装备，可避免由于紧急制动工况导致的冲击和打滑问题；发明了闸失效保护控制系统，实现了与机液制动系统闭锁、主动与被动并存的多重保护措施，可有效防止跑车事故。⑤发明了过卷（放）过程逐步加载制动技术并利用钢带塑性变形吸能的原理将防撞－托罐－辅助罐道集于一体的过卷缓冲装置，可实现过卷事故工况提升容器的安全抓捕。⑥发明了防扭转多根首绳同步更换装置，可为提升系统安全高效运行提供重要保障。该项目在1 000多个提升系统上得到应用，已在17起过卷事故中全部成功捕捉到提升容器，避免了经济损失和人员伤亡，取得了巨大的社会效益。该项目对解决深部开采提升系统的技术瓶颈发展具有重大意义。

（5）上海理工大学、三一海洋重工有限公司、上海延锋江森座椅有限公司研发的装备结构轻量化关键技术研究与应用，发明了针对港口装备特点的结构轻量化构型自动生成技术和多项关键零部件和核心装置的创新技术，最终集成并开发了多款创新性升级换代产品。主要技术特点：①针对大型港口起重装备箱型结构与加筋板壳结构，发明了基于仿生原理的结构轻量化构型自动生成技术，实现了装备结构设计的最优化；②针对高架起重机底盘与塔身，岸边集装箱起重机吊具上架与吊具结构等复杂装配体的轻量化设计，发明了基于子结构的复杂装配体构件边界条件确定方法及三维实体结构材料分布优化设计技术；③在装备结构轻量化基础上，发明了多项装备关键零部件与核心装置的创新技术。集成以上提出的关键技术，在大幅降低装备结构自重并对关键零部件与核心装置进行系统创新的基础上，开发了新型高效节能岸边起重机、高架起重机等多款创新产品，实现了装备系统性创新与产品升级，开发的创新型产品目前已出口东南亚、中东和欧洲等地区。同时，该项目的基于仿生原理的轻量化关键技术已应用于汽车零部件、工程机械、矿山机械、输送机械及机床和机器人等行业7家企业的产品创新设计中，为企业创造直接经济效益4.28亿元，出口创汇1 870万美元。

三等奖项目：

（1）山东科大机电科技股份有限公司从改善输送机的制动性能和加强输送带安全保护两方面入手，研制了带式输送机安全节能运行关键设备——节能型双臂盘式制动装置和断带抓捕装置，用来提高其安全运行性能。主要技术内容：①创新设计了双四连杆和滚轮楔块相结合的机构，在角移机构框架下实现了盘式制动功能；②提出了将保压集成与多级制动协调配合应用于制动器液压系统的新思路，大大提高了制动系统的可靠性；③运用带式输送机动态分析方法，分析断带的高发区域，以此确定断带抓捕器的安装位置和布置方式；④应用输送机断带后输送带张力急剧下降作为抓捕器动作的触发信息，以重力驱动抓捕机构实现对上下输送带同时抓捕，不会因为输送带的短暂逆转而产生误动作；⑤提出了一种纯机械结构的抓捕器，避免了因液压或电气部件的原因造成的误动作或抓捕滞后；采用楔形抓捕靴块与横梁平面的夹紧力来夹紧断裂输送带，不会对输送带产生二次破坏；横梁具有减速功能，可减缓抓捕过程中对输送机机架的冲击，避免事故延伸。该项目已应用了320余台，为带式输送机用户提供出一种制动性能优良的节能型双臂盘式制动装置和结构简单、动作可靠的断带抓捕装置；为带式输送机的安全运行提供了技术和装备保障，对企业安全生产具有重要的社会意义。

（2）山西东杰智能物流装备股份有限公司研制的多伸位托盘仓储系统，以成熟的仓储物流技术为依托，集成了信息技术、计算机技术、数据通信技术、传感器技术、电子控制技术等，研制出该新型高密度的多伸位托盘仓储系统，通过穿梭移载小车的使用，实现了货物的无巷道、高密度仓储。该系统的最高空间使用率与传统的仓储系统相比提高了25%以上。为少品种、大批量的消费品制造企业提供了一种适用、高效的仓储系统。多伸位托盘仓储系统主要由智能穿梭移载小车、穿梭移载小车专用堆垛机、穿梭货架系统、自动充电系统、智能管理系统等组成。通过智能穿梭移载小车来完成货物的存取动作，实现仓储系统空间使用率的大幅提升；通过设置在货架两侧的穿梭移载小车专用堆垛机，实现了一台穿梭移载小车可完成多个巷道的存取工作，以及货物的自动整理和进出库等功能，其取货和出货分别由两侧不同的堆垛机配合多台穿梭移载小车完成，效率更高；穿梭移载小车的应用，也使得立体仓储系统发生了很大的创新变化，所有的货架连成一体，结构更加稳固，空间使用率达到85%以上。系统主要特点：①实现了仓库空间使用率的大幅提高（达到85%以上），节省了仓储土地成本；②使用了穿梭式移载小车，可以多层货道同步工作，工作效率高；③穿梭移载小车自带电源，可以适应-20℃的低温、露天等恶劣环境；④穿梭移载小车使用了大容量电容供电，完美解决了穿梭移载小车的轻量化设计中电池重量过大、体积过大的难题，同时也实现了穿梭移载小车的24h连续工作。产品经多家用户使用证明，该产品空间利用率高、存取效率高、噪声低、布置灵活、适应性强，具有很好的前景。

（3）纽科伦（新乡）起重机有限公司研制的船艇搬运起重机为国内首创新产品，其技术处于船艇吊装领域的前沿。它能广泛应用到游艇俱乐部、水上训练中心、水上游乐场、海军船只维修基地、小吨位炮艇和鱼雷艇维修、填海造岛等需要水上水下相互转运的地方。该项目主要技术内容：①船艇搬运起重机设计采用"［"形结构，可实现搬运超过自身高度的船艇。②在液压系统方面：行走采用闭式液压回路，变量泵+变量马达实现无级变速；转向及提升为开式回路，采用敏感泵+定量马达，提高了工作效率；4台卷扬液压马达由2组双联多路阀控制，实现液压马达的同步动作和单独动作；车桥转向采用涡轮蜗杆机构，可实现9种行走及小半径360°自由旋转。③在电气系统方面，控制系统采用CAN总线+EPEC模块化控制系统；通信效率高、布线少、抗干扰能力强；司机室中装有LED液晶显示屏，通过外部摄像头来实时监控外部地形及被吊物的状态；④在关键工艺研究方面，采用自动化焊接工艺及焊接质量检测；大型结构件和关键零部件采用加工、检测新工艺。项目主要性能指标：额定起重量为100～300t，跨度为13.6～14.4m，工作级别为A3，起升高度为-3.5～14m，起升速度为[0～1.5（满载）/3（空载）m/min]，行走速度为〔0～20（满载）/45（空载）〕m/min，爬坡能力为4%，接地比压为6.5～7.5kg/m²，发动机功率为82～250kW，调速系统：采用PLC+液压调速方式。船艇搬运起重机为中高端起重设备，技术含量高、使用费用低、性能稳定、操作简便、易于维修等优点。该项目打破了国外市场的垄断，提升了国产起重机的竞争力。

（4）上海理工大学、森赫电梯股份有限公司、宁波欣达电梯配件厂、天津大学、宁波欧菱电梯配件有限公司共同研制的曳引式电梯智能化关键技术及产业应用主要特点：①自主研发了高速重载大扭矩的曳引机结构，解决了重载需大功率输出时导致体积增大和难以安装的问题，在额定速度7m/s，额定载重量1 600kg情况下，同等体积曳引机输出扭矩提高了一倍，成为国内功率密度最大的曳引机产品系列。在此基础上设计了高性能的绳轮制动器安全部件，防意外轿厢移动的安全钳制动触发速度低至2m/s，实现了意外事故时轿厢的及时准确制动；②针对目前曳引绳断裂缺少自动检测系统问题，发明了曳引绳智能隐患预警技术，建立了基于高精度激光检测技术的曳引绳断裂安全隐患自动检测与报警系统，实现了当曳引绳出现最初丝状毛刺时即能进行安全隐患报警，毛刺检测分辨率达到300μm；③针对现有轿厢短距离难以抑制超重和失重的问题，开发了电子式轿厢智能减震技术，以动态力实时补偿方式抵消振动过程中速度变化产生的不适感，最大振幅降低了60%；④开发了智能电梯物联网与云计算服务平台，研发了具有自主知识产权的专业设计软件，广泛应用于GRPS客用电梯系列，填补了国内电梯智能控制应用技术的空白。该项目的实施，突破了国外电梯行业技术壁垒，云服务平台的建立将为我国国产电梯实现互联网＋智能安全监测提供了重要技术保障。

（5）上海起重运输机械厂有限公司研制的AP1000装换料设备，用于核电装卸料。核电装卸料机位于反应堆厂房内约41m标高（AP1000厂房标高）平台上。主要由垂直提升、抓取、旋转、水平运行、精确定位、故障报警和控制界面显示系统等部分组成。能作X、Y、Z三个坐标轴方向运行以及抓具在堆腔内作0～270°范围内的旋转运动，以完成装卸、倒换和转运燃料组件，燃料组件之间的间隙只有1mm左右，在堆芯共有157根。它相当于一台大型的机械手。具体功能：①在反应堆首次装卸和换料时装卸燃料组件；②在堆芯与燃料转运装置之间运输燃料组件；③辅助提升机构可操作专用工具对控制棒组件和其他对象进行操作或当主提升失灵时，使用专用工具对燃料组件进行操作；④借助于在线啜吸装置，进行辐照燃料组件破损检查。用于在水下装卸具有高放射性的核燃料组件，并能在堆芯和燃料转运输送系统或抽插更换装置之间输送和装卸燃料组件。项目主要技术指标：①起重量为20kN，跨度为7 925mm，装卸效率为6组/h；②速度。主起升低速区为0～1m/min、高速区为0～12m/min，副起升（葫芦）速度为0.5m/min、5m/min；小车运行：低速区为0～1m/min、高速区为0～12m/min，大车运行：低速区为0～1m/min、高速区为0～18m/min。③套筒旋转范围为0～180°，综合定位精度为±3mm。该项目通过分析系统控制逻辑，研究装换料工作程序及系统程序的编制，确定对核燃料组件安全、准确的操作方式及参数，以防止核安全事故的发生，实现装卸机具备高精度的定位性能，采用了可靠的超载和失载保护以及载荷监测、位置显示、事故报警、起升机构防单一故障保护、安全制动、多重限位开关保护以及控制和连锁等一系列措施。

注：以上资料来源于《中国机械工业科学技术奖公报2016》

轻小型起重设备行业主要经济指标完成情况

（1）主营业务收入和利润总额与上年同期相比，均有所下降。2016年，轻小型起重设备行业主营业务收入为419.35亿元，比上年下降2.39%；利润总额25.37亿元，比上年下降1.76%；两项指标均比上年同期有所下降。

（2）2016年，轻小型起重设备行业进出口总额为24.93亿美元，比上年下降17.45%。其中，出口额为20.19亿美元，比上年下降2.79%；进口额为4.73亿美元，比上年下降49.84%；进出口顺差为15.46亿美元，顺差比上年增长了36.33%。

行业产品的出口额、进口额和进出口总额与上年同期相比，均有所下降，其中进口额下降最大，达到49.84%。

2016年轻小型起重设备分类产品进出口情况见表11。

表11　2016年轻小型起重设备分类产品进出口情况

海关货物名称	出口额（亿美元）	比上年增长（%）	进口额（亿美元）	比上年增长（%）	进出口总额（亿美元）	比上年增长（%）	进出口差额（亿美元）	比上年增长（%）
轻小型起重设备合计	20.19	-2.79	4.73	-49.84	24.93	-17.45	15.46	36.33
电动葫芦	1.54	1.99	0.45	-51.61	1.98	-18.85	1.09	87.93
滑车及手动葫芦	1.47	-4.55	0.24	-7.69	1.70	-5.56	1.23	-3.15
卷扬机及绞盘	4.98	-7.95	3.29	-50.67	8.27	-31.54	1.69	—
千斤顶	6.88	-3.51	0.35	-36.36	7.23	-5.86	6.53	-0.76
汽车举升机	3.75	5.34	0.10	-23.08	3.85	4.05	3.66	6.71
轻小型起重设备零件	1.57	-3.09	0.31	-64.77	1.89	-24.40	1.26	70.27

注：1. 表中数据来源于中国重型机械工业协会进出口统计年报。

2. 由于四舍五入，表中数据可能有微小出入。

起重机行业主要经济指标完成情况

（1）主营业务收入比上年同期有所增加，利润总额比上年同期有所下降。2016年，起重机行业主营业务收入2 637.26亿元，比上年增长5.19%；利润总额134.57亿元，比上年下降3.21%。起重机行业和物料搬运（起重运输）机械行业情况一样，均呈现出主营业务收入比上年同期有所增加，利润总额比上年同期有所下降的情况。

（2）行业产品产量情况。2016年，起重机产量984.80万t，比上年下降17.02%。

（3）行业产品出口额比上年同期有所增长，进口额比上年同期大幅下降。2016年，起重机行业进出口总额为47.02亿美元，比上年下降0.89%。其中，出口额44.11亿美元，比上年增长7.43%；进口额为2.91亿美元，比上年下降54.39%；进出口顺差为41.21亿美元，比上年增长18.80%。行业产品出口额比上年同期有所增长，进口额比上年同期大幅下降。

2016年起重机分类产品进出口情况见表12。

表12　2016年起重机分类产品进出口情况

海关货物名称	出口额（亿美元）	比上年增长（%）	进口额（亿美元）	比上年增长（%）	进出口总额（亿美元）	比上年增长（%）	进出口差额（亿美元）	比上年增长（%）
起重机合计	44.11	7.43	2.91	-54.39	47.02	-0.89	41.21	18.80
桥式起重机	1.69	-24.55	0.34	-22.73	2.03	-24.25	1.36	-24.44
门式起重机	8.62	34.69	0.05	66.67	8.68	34.99	8.57	34.54
装卸桥及其他桥架类起重机	17.50	18.40	0.09	-71.88	17.59	16.49	17.41	20.32
塔式起重机	3.18	-24.82	0.05	-73.68	3.22	-27.15	3.13	-22.52
门座起重机	1.98	2.06	1.47	-55.18	3.45	-33.91	0.51	
流动式起重机小计	7.52	-22.95	0.21	-73.75	7.72	-26.89	7.31	-18.42
未列名起重机	2.61	383.3	0.54	-50.46	3.15	93.25	2.07	
起重机零件	1.01	-13.68	0.16	-33.33	1.17	-17.02	0.85	-8.60

注：1. 表中数据来源于中国重型机械工业协会进出口统计年报。
　　2. 由于四舍五入，表中数据可能会有微小出入。

连续搬运设备行业主要经济指标完成情况

2016年连续搬运设备行业部分产品进出口情况见表13。

（1）主营业务收入比上年同期有所增长，利润总额比上年同期略有下降。2016年，连续搬运设备行业主营业务收入为423.31亿元，比上年增长1.23%；利润总额为23.26亿元，比上年下降1.83%。与上年同期相比，主营业务收入比上年同期有所增长，利润总额比上年同期略有下降。

（2）行业产品出口额、进口额和进出口总额均比上年同期大幅下降。2016年，连续搬运设备行业进出口总额为25.21亿美元，比上年下降17.88%。其中，出口额为15.05亿美元，比上年下降16.62%，进口额为10.16亿美元，比上年下降19.62%，进出口顺差为4.89亿美元，比上年下降9.61%。出口额、进口额、进出口总额均比上年同期大幅下降。

表13　2016年连续搬运设备行业部分产品进出口情况

海关货物名称	出口额（亿美元）	比上年增长（%）	进口额（亿美元）	比上年增长（%）	进出口总额（亿美元）	比上年增长（%）	进出口差额（亿美元）	上年同期进出口差额（亿美元）	比上年增长（%）
连续搬运设备合计	15.05	-16.62	10.16	-19.62	25.21	-17.88	4.89	5.41	-9.61
输送机械	12.70	-20.63	9.39	-18.70	22.08	-19.85	3.31	4.45	-25.62
装卸机械	2.35	14.08	0.77	-29.36	3.13	-0.63	1.58	0.96	64.58

注：1. 表中数据来源于中国重型机械工业协会进出口统计年报。
　　2. 由于四舍五入，表中数据可能有微小出入。

1998—2016年物料搬运（起重运输）机械行业主要经济指标走势

1998—2016年物料搬运（起重运输）机械行业主营业务收入及增长率走势见图1。

1998—2016年物料搬运（起重运输）机械行业利润总额及其增长率走势见图2。

2001—2016年物料搬运(起重运输)机械行业资产总值及其增长率走势见图3。

1998—2016年物料搬运(起重运输)机械进出口额走势见图4。

1998—2016年物料搬运(起重运输)机械进出口额增长率走势见图5。

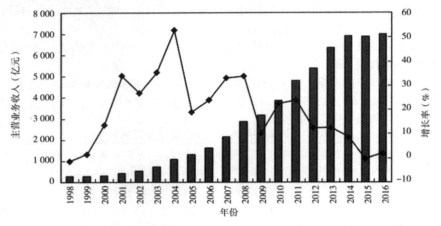

图1 1998—2016年物料搬运(起重运输)机械行业主营业务收入及增长率走势

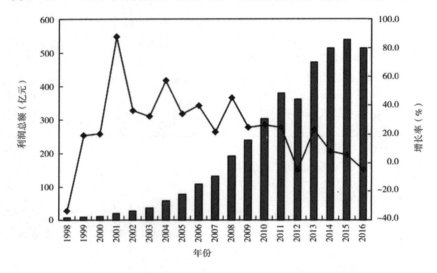

图2 1998—2016年物料搬运(起重运输)机械行业利润总额及其增长率走势

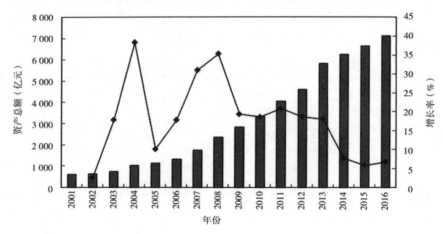

图3 2001—2016年物料搬运(起重运输)机械行业资产总值及其增长率走势

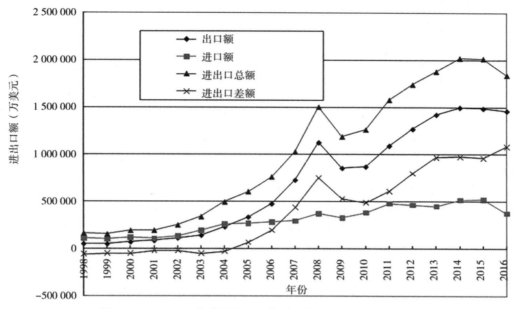

图4 1998—2016年物料搬运（起重运输）机械进出口额走势

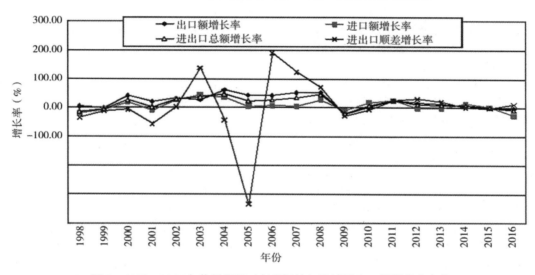

图5 1998—2016年物料搬运（起重运输）机械进出口额增长率走势

〔撰稿人：中国重型机械工业协会梁锐　审稿人：中国重型机械工业协会李镜〕

轻小型起重设备

千斤顶

生产发展情况　千斤顶产品按工作原理主要分为液压千斤顶和机械千斤顶。

改革开放之前，我国千斤顶的需求主要以工业为主。改革开放后，国民经济快速发展，人民生活水平显著提高，汽车逐步进入家庭，拉动了千斤顶的需求。20世纪八九十年代，外资不断注入国内千斤顶行业，部分境外千斤顶生产企业转移到国内，我国千斤顶产业进入快速发展期，千斤顶需求的增速远高于全球平均水平，千斤顶产业得到快速持续发展，成为全球千斤顶生产和消耗量最大的国家之一。

为了满足不断增长的新需求，生产企业特别是行业内的骨干企业投入较大的人力、财力、物力开发设计出大量新产品，改变了原来比较单一的产品结构、改进了加工工艺、提高了产品安全性和操作的便利性。目前超过300种不同规格、不同型号的千斤顶产品极大地丰富了市场，满足了客户需求。特种千斤顶是传统千斤顶产品的扩展和延伸,在道路桥梁建设等方面应用较广,为千斤顶行业创造了新的发展空间。

市场及销售 千斤顶产品以其科学的设计、结构性强、较大的起重能量、小巧便携等特点,被广泛地应用于国民经济的各个领域,特别是流动性起重作业和汽车行业把它作为随车与维修场所必备的起重装备,用于起重、支撑和调整水平等作业。在大型救援设备无法到达灾难现场的救援工作中,千斤顶特别是分离式千斤顶,由于其轻巧灵活而越来越受青睐。

国内较具规模的千斤顶生产企业有70多家,主要分布在浙江省、江苏省、上海市、安徽省、山东省等沿海地区,这5个省(市)的千斤顶产量占国内千斤顶总产量的90%左右。千斤顶行业继续向产品质量高、规模效益好、管理成本低、国际竞争能力强的东南沿海经济发达地区的大、中型企业集中。这些地区行业内专业分工更加细化,千斤顶绝大部分零部件由配套企业生产,配套企业的生产和质量保证能力,规模化协作能力更有待提高。但随着这些地区劳动力成本和土地成本的持续推高以及与千斤顶生产相关的铸造、电镀加工受逐渐趋紧的能源、环保政策约束,这种集中的趋势有可能延缓,甚至产业区域结构有可能发生变化,中西部等相对欠发达地区业内企业应看到承接千斤顶产业转移的机会。如:上海沪南千斤顶厂、上海宝山千斤顶厂被征地后,已逐步退出千斤顶生产制造;抚顺螺旋千斤顶厂等单位已受附近铸造件厂压减、搬迁影响,成本攀升。

千斤顶产品按市场可大致分为商用千斤顶、汽车配套千斤顶、汽车维修保养用千斤顶及特种用途千斤顶。其中国内汽车配套千斤顶增幅较大。2016年江苏通润机电集团生产销售汽车配套千斤顶1 600多万台,占汽车配套市场的20%多。另外,随着国内汽车保有量的快速上升,浙江杭州、嘉兴地区汽车维修保养用的千斤顶设备产量增速明显,浙江省成为国内千斤顶生产、出口的最大省份。

目前我国千斤顶产品主要出口到北美、欧洲、东亚和澳洲等地区的182多个国家和地区。千斤顶行业与汽车产业密切相关,2016年全球汽车产量达9 000多万辆,增速为4.5%。其中,中国和美国两个单一市场产量超过千万辆。2016年中国汽车产量为2 800多万辆,增长14.5%。2016年国内出口千斤顶4 000多万台。其中绝大部分由民营企业和中外合资合作企业生产,15%的产品由外商独资企业生产。出口目的地主要是美国,占比为43.5%;其次是日本、德国、俄罗斯、澳大利亚和加拿大等。

国内千斤顶生产企业面临新的机遇:①工信部发布的《机械基础件、基础制造工艺和基础材料产业"十二五"发展规划》,将液压件列为重点发展的11类机械基础件之一。在国家《汽车发展产业政策》中千斤顶发展得到政策扶持,同时作为物料搬运机械,在重型机械工业发展规划中被列入重点发展的产品。②加入世贸组织以来,我国市场经济地位越来越多地被发达国家认可,国内企业参与国际竞争的能力越来越强,经验越来越丰富。③国际分工越来越细,世界著名汽车制造企业正逐渐将汽车配套千斤顶外移。④国内汽车生产、销售和保有量增长较快。

国内千斤顶生产企业同时也面临风险和挑战:①发达国家对千斤顶产品的贸易保护已经出现,应引起国内生产企业的重视。②千斤顶生产企业是劳动密集型,随着工资成本、财务成本等的上升,千斤顶产品在国际市场的价格竞争力将逐步减弱,利润空间被不断压缩。

技术、质量及标准 千斤顶行业是实行生产许可证制度的行业,国家起重运输机械质量监督检验中心,承担着千斤顶产品生产许可证的相关管理工作,对行业健康发展发挥着越来越积极的作用。2016年7月,JB/T 5315《卧式油压千斤顶》和JB/T 2592《螺旋千斤顶》标准完成报批稿,报全国起重机械标准化技术委员会。目前着手准备上述两项行业标准的宣传和贯彻工作。千斤顶行业标准工作组将着力研究国外先进国家的千斤顶标准体系,并不断进行我国的千斤顶行业调查,同时与上级标委会密切联系,充分及时地了解国内外千斤顶行业和相关行业的标准制修订和技术发展情况并进行分析研究消化,研究我国千斤顶行业的标准结构,结合实际情况,适时开展标准的制(修)订工作,逐步完善我国的千斤顶标准体系,从而提高整个千斤顶行业的整体水平,促进千斤顶行业的健康发展。

〔撰稿人:中国重型机械工业协会千斤顶分会王祥元 审稿人:中国重型机械工业协会李镜〕

起 重 葫 芦

起重葫芦主要产品包括:钢丝绳电动葫芦、环链电动葫芦、微型电动葫芦、气动葫芦、手拉葫芦、手扳葫芦和滑车等提升机械设备,是比较常用的起重工具。起重葫芦广泛用于工厂、矿山、农业、电力、建筑、码头、船舶、仓库的机器安装和货物起吊等方面,是量大面广的通用起重产品。

国内市场与销售 我国起重葫芦行业经过几十年的发展,产业规模已经成为全球最大,制造能力也已是全球最强,基本上可满足国内市场需求,正在努力扩大国际市场份额并向国际知名品牌迈进。

2016年中国经济步入发展新常态,国民经济增长趋缓,世界经济仍处于逐渐复苏调整期,市场不确定性因素依然很大,起重葫芦行业国内外市场受到一定影响,各项行业经济指标较2015年升降不一。

根据中国重型机械工业协会统计网的统计数据,2016年主要企业年产17.1万台电动葫芦(不包括单相电动葫芦),比上年增长7.06%。其中,钢丝绳电动葫芦产销量排在前5位的企业分别是河南省矿山起重机有限公司、卫华集团有限公司、浙江冠林机械有限公司、凯澄起重机械有限公司和浙江双鸟机械有限公司。

单相微型电动葫芦是主要供应于国际市场的电动葫

芦产品，其中八达机电有限公司2016年产量比上年下降7.17%。

手动葫芦产量最大的国内3家企业分别是浙江双鸟机械有限公司、浙江冠林机械有限公司和浙江五一机械有限公司，3家公司的总产量比上年下降12.6%。

进出口情况 根据海关进出口统计数据，2016年我国起重葫芦进出口总量512.3万台，比上年增长4.44%。其中，电动葫芦进出口总量为120.7万台，比上年增长19.6%。其中，进口量1.5万台，比上年增长9.46%；出口量119.2万台，比上年增长19.8%。手动葫芦及滑车进出口总量391.6万台，比上年增长0.5%。其中，进口量2.8万台，比上年下降9.6%，出口量388.8万台，比上年增长0.6%。

根据海关进出口交易金额数据统计，2016年我国起重葫芦进出口总额3.68亿美元，同比下降13.2%。其中，电动葫芦进出口总额1.98亿美元，比上年下降18.9%。其中，进口额0.45亿美元，比上年下降51.61%；出口额1.54亿美元，比上年增长2.0%；贸易顺差1.1亿美元，比上年增长89.65%。手动葫芦及滑车进出口总额1.70亿美元，比上年下降5.6%。其中，进口额0.24亿美元，比上年下降7.7%；出口额1.47亿美元，比上年下降4.5%；贸易顺差1.23亿美元，比上年下降3.9%。

2016年电动葫芦进出口额增长走势见图1，2016年手动葫芦及滑车进出口额增长走势见图2。

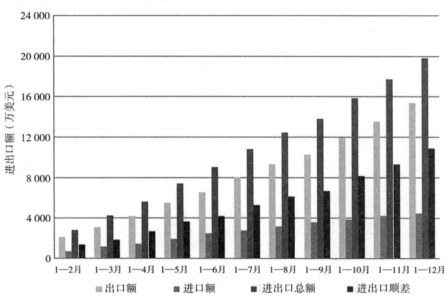

图1 2016年电动葫芦进出口额增长走势

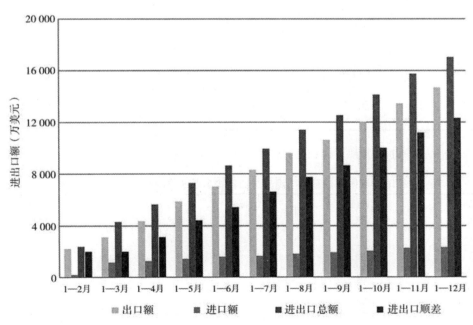

图2 2016年手动葫芦及滑车进出口额增长走势

2016年我国电动葫芦出口额排名前10位国家（地区）的情况见表1。

表1　2016年我国电动葫芦出口额排名前10位国家（地区）的情况

序号	国家（地区）	出口额（万美元）	占出口金额比重（%）	比上年增长（%）	序号	国家（地区）	出口额（万美元）	占出口金额比重（%）	比上年增长（%）
1	伊朗	1 557	10.14	5.8	6	土耳其	633	4.12	0.80
2	美国	1 301	8.47	-23.78	7	韩国	612	3.99	93.67
3	越南	1 213	7.90	-8.18	8	泰国	592	3.85	9.23
4	马来西亚	977	6.36	33.11	9	巴西	545	3.55	-26.75
5	印度尼西亚	663	4.31	5.41	10	德国	482	3.14	-29.01

2016年我国电动葫芦进口额排名前10位国家（地区）的情况见表2。

表2　2016年我国电动葫芦进口额排名前10位国家（地区）的情况

序号	国家（地区）	进口额（万美元）	占进口金额比重（%）	比上年增长（%）	序号	国家（地区）	进口额（万美元）	占进口金额比重（%）	比上年增长（%）
1	德国	1 331	29.84	-77.46	6	西班牙	279	6.25	96.48
2	美国	460	10.31	25.00	7	意大利	180	4.03	46.34
3	日本	407	9.12	-10.94	8	爱沙尼亚	161	3.62	49.07
4	法国	399	8.94	1.53	9	比利时	143	3.20	-0.69
5	芬兰	393	8.80	31.88	10	挪威	106	2.38	-56.73

2016年我国手动葫芦与滑车出口额排名前10位国家（地区）的情况见表3。

表3　2016年我国手动葫芦与滑车出口额排名前10位国家（地区）的情况

序号	国家（地区）	出口额（万美元）	占出口金额比重（%）	比上年增长（%）	序号	国家（地区）	出口额（万美元）	占出口金额比重（%）	比上年增长（%）
1	美国	2 938	20.04	11.80	6	印度	448	3.05	-13.01
2	德国	713	4.86	-28.41	7	荷兰	439	2.99	-30.76
3	韩国	624	4.26	327.40	8	阿拉伯联合酋长国	436	2.97	-37.89
4	印度尼西亚	553	3.77	-29.37	9	日本	428	2.92	-10.08
5	越南	510	3.48	-45.80	10	马来西亚	409	2.79	-12.98

2016年我国手动葫芦与滑车进口额排名前5位国家（地区）的情况见表4。

表4　2016年我国手动葫芦与滑车进口额排名前5位国家（地区）的情况

序号	国家（地区）	进口额（万美元）	占进口金额比重（%）	比上年增长（%）	序号	国家（地区）	进口额（万美元）	占进口金额比重（%）	比上年增长（%）
1	丹麦	716	30.37	11 833.33	4	日本	230	9.74	5.02
2	美国	604	25.61	11.23	5	英国	104	4.43	153.66
3	德国	340	14.42	-58.02					

主要企业主营产品产量、产值情况　2016年我国起重葫芦行业主要企业主机产品产量、产值完成情况见表5。

表5 2016年我国起重葫芦行业主要企业主机产品产量、产值完成情况

企业名称	主营产品	产量（台）	产值（万元）
凯澄起重机械有限公司	钢丝绳电动葫芦	27 348	24 121
纽科伦（新乡）起重机有限公司	钢丝绳电动葫芦	25 376	38 730
	环链电动葫芦	4 957	9 037
北京起重工具厂	手动葫芦	26 086	1 100
浙江双鸟机械有限公司	钢丝绳电动葫芦	1 094	2 650
	环链电动葫芦	6 721	4 100
	手动葫芦	296 450	13 490
浙江冠林机械有限公司	钢丝绳电动葫芦	880	252
	环链电动葫芦	28 145	8 049
	手动葫芦	288 833	16 100
	单相电动葫芦	19 000	5 434
浙江五一机械有限公司	环链电动葫芦	730	225
	环链提升机	610	271
	手扳葫芦	28 350	1 350
	手拉葫芦	221 100	9 730
八达机电有限公司	环链电动葫芦	1 190	95
	单相电动葫芦	306 365	13 756
南阳市起重机械厂	手动葫芦	28 456	1 422
洛阳汉鼎起重机械有限公司	钢丝绳电动葫芦	110	1 001.71
上海浦东明昌起重机械制造有限公司	手动葫芦	150 000	4 300
广州超宇起重设备有限公司	钢丝绳电动葫芦	118	93
聊城五环机械有限公司	手动葫芦	46 519	1 692
山东聊城科顺机械有限公司	环链电动葫芦	45	5.6
	手动葫芦	70 000	2 480
重庆凯荣机械有限责任公司	手动葫芦	140 000	4 000
河南省飞马起重机械有限公司	钢丝绳电动葫芦	13 500	7 425
浙江手牌起重葫芦有限公司	手动葫芦	100 000	3 300
慈溪捷豹起重机械有限公司	环链电动葫芦	550	121
	手动葫芦	110 000	2 250
佳力机械股份有限公司	环链电动葫芦	13 542	9 650
	手动葫芦	5 672	547
	气动葫芦	1 289	1 050
	单相电动葫芦	1 135	1 021
北京双泰气动设备有限公司	气动葫芦	838	1 127.04
	气动单轨吊车	46	648
	气动绞车	20	129.6
	气动单梁起重机	4	20.2
南京神天起重机械设备有限公司	钢丝绳电动葫芦	2 500	2 500
华德起重机（天津）股份有限公司	钢丝绳电动葫芦	1 862	6 138
铜陵市神雕机械制造有限公司	环链电动葫芦	7 600	1 920
	手动葫芦	4 500	1 500

2016年我国起重葫芦行业主要生产企业配件产品产量、产值完成情况见表6。

表6 2016年我国起重葫芦行业主要生产企业配件产品产量、产值完成情况

企业名称	配件产品名称	产量单位	产量	产值（万元）
凯澄起重机械有限公司	起重机运行机构	套	6 016	811
	环链葫芦零件	万件	279	1 000
浙江双鸟机械有限公司	链条			8 040
浙江冠林机械有限公司	单轨小车	台	1 101	51.9
浙江五一机械有限公司	单轨小车	台	1 200	48
	吊带、吊索具			304
	链条	t	155	156
广州超宇起重设备有限公司	减速装置	个	182	54
	吊钩装置	个	350	33
	锥形转子电动机	台	264	52
聊城五环机械有限公司	手动葫芦导轮	万件	97.5	316
山东聊城科顺机械有限公司	链条			300
慈溪市勤丰机械有限公司	长短轴，轴承内外圈			1 200
河南恒达机电设备有限公司	起重量限制器	个	12 000	550
南京特种电机厂有限公司	电动机	台	284 426	24 250
南京起重电机总厂	锥形转子电动机	台	227 536	21 709.25
南京起重开关厂	控制柜	台	2 200	2 500
佳力机械股份有限公司	葫芦配件			1 882
北京双泰气动设备有限公司	气动葫芦加气动单轨吊配件			295.16
天津永恒泰科技有限公司	电磁安全制动器	台	30 072	1 717.98
泰安金龙起重配件有限公司	手拉链轮	万件	700	6 000
浙江浩全电器科技有限公司	行车开关	个	50 000	280
	环链葫芦开关	个	60 000	360
	手动葫芦开关	个	30 000	240
南通合兴铁链股份有限公司	链条	t	8 000	5 600
临安华龙摩擦材料有限公司	环链电动葫芦摩擦片	万片	30	250
	手动葫芦摩擦片	万片	150	250
河北神力索具集团有限公司	吊钩			1 850
	链条			600
温州朗菲电气科技有限公司	相序保护器			230
河北辰力吊索具集团有限公司	链条			7 200
	吊钩、罩壳等			1 650
中煤张家口煤矿机械有限责任公司	起重链条	t	891.6	2 765

主要企业产品出口情况 2016年起重葫芦行业主机及配件产品主要企业产品出口情况见表7。

表7 2016年起重葫芦行业主机及配件产品主要企业产品出口情况

企业名称	出口国家（地区）	出口数量（台）	出口金额（万美元）
凯澄起重机械有限公司	日本、巴西、东南亚	429	195
纽科伦（新乡）起重机有限公司	亚洲	1 193	978
	欧洲	417	382
	北美洲	420	391
	南美洲	586	534
	非洲	518	421
北京起重工具厂	美国	10 923	92
	墨西哥	4 165	12
	加拿大	5 290	9
	巴拿马	1 532	2
浙江双鸟机械有限公司	印度	11 358	125
	美国	23 459	98
	阿拉伯联合酋长国	35 718	89
	荷兰	26 564	76
	南非	30 128	67
浙江冠林机械有限公司	美国	42 088	567.3
	法国	35 239	448.7
	意大利	32 991	423.1
浙江五一机械有限公司	印尼	20 000	187
	越南	21 000	165
	土耳其	5 000	44
	德国	5 000	42
	泰国	5 000	40
八达机电有限公司	欧洲	88 200	637
	美洲	64 800	469
	其他	25 200	191
南阳起重机械厂有限公司	印度	2 500	20
	日本	1 200	10
	马来西亚	3 000	25
上海浦东明昌起重机械制造有限公司	美国	40 000	160
	欧洲	30 000	118
	日本	20 000	80
	其他	20 000	80
山东聊城科顺机械有限公司	印尼	9 800	76
	泰国	1 200	88
重庆凯荣机械有限责任公司	美国	50 000	125
	欧洲	20 000	60
	东南亚	9 500	28.5
	中东	10 000	30

(续)

企业名称	出口国家（地区）	出口数量（台）	出口金额（万美元）
河南省飞马起重机械有限公司	埃塞俄比亚	10	4.2
	伊朗	15	6.5
	泰国	12	7
浙江手牌起重葫芦有限公司	法国	18 000	85
	澳大利亚	6 500	30
	日本	15 500	75
	韩国	13 500	50
慈溪捷豹起重机械有限公司	欧洲	50 000	167
	北美	10 000	36
	澳大利亚	45 000	157
	其他	5 000	7.5
佳力机械股份有限公司	印度	1 925	200
	土耳其	1 650	172
	马来西亚	1 192	124
	美国	2 143	223
	其他	2 956	308
北京双泰气动设备有限公司	巴基斯坦	2	1.68
	新加坡	2	1.80
	泰国	16	4
	阿曼苏丹国	4	9
南京神天起重机械设备有限公司	巴基斯坦	30	30
南通合兴铁链股份有限公司	美国	2 000（t）	350
	日本	1 000（t）	180
	德国	300（t）	53
	西班牙	200（t）	36
	加拿大	200（t）	36
华德起重机（天津）股份有限公司	东南亚	326	436
	巴西	158	252
	东欧	18	29.6
铜陵市神雕机械制造有限公司	印度	3 500	32
	俄罗斯	2 600	21
	新加坡	3 600	23
	土耳其	1 900	21
	印尼	1 500	6.8

新产品研发及获奖等情况 2016年起重葫芦行业部分企业根据本行业、本企业的特点，将市场需求和本企业的技术能力相匹配，通过自主创新或合作创新，研发出不少新产品，获得不少奖项及荣誉。

凯澄起重机械有限公司与日本KITO株式会社合作，成功开发了RY型钢丝绳电动葫芦。该款葫芦采用双速变频功能，变频和吸引式制动器，防止钢丝绳发生上浮、脱落和乱卷现象的导绳器，手电门操作使用了安全电压，为运行部位齿轮配置了罩壳。2016年已批量出口日本、巴西、东南亚等国家。

纽科伦（新乡）起重机有限公司在新产品研制和质量管控方面成绩斐然，该公司获得授权专利24项，其中：发明专利6项，实用新型专利18项。公司先后获得"中核集团合格供应商证书""核工业质量管理体系认证证书"。成功延续了"河南省著名商标"的认定。主要创新成果如下：

1）该公司研制的出口伊朗的300t游艇搬运机荣获"中国机械工业科学技术奖"三等奖。该游艇搬运起重机是目前国内出口吨位最大的游艇搬运机，体现了中国设计、制造的先进程度，促进了行业技术进步及结构调整，提升了国产起重机的竞争力，打破了国外企业在该产品领域的市场垄断地位。

2）该公司的"外罩质量工艺制造改进"项目荣获河南省质量管理小组成果一等奖，"提升双梁主梁制作流程的一次交检合格率"荣获河南省质量管理小组成果二等奖。

3）该公司的ND型钢丝绳电动葫芦入选"河南省节能环保产品推广应用目录"，大跨度多支点电动悬挂起重机获得"长垣县科技进步奖二等奖"。

4）该公司自主研发生产的超高型轮胎式集装箱门式起重机亮相法国后，解决了巴黎大皇宫第七届"纪念碑"（Monumenta）艺术展的布展难题，保证了大型艺术展品顺利呈现在众多国际知名艺术家和各国观众面前，获得国际人士的普遍赞扬。

5）该公司首创研发生产的自攀爬风电维修起重机试运行取得成功。该设备由自适应无损伤夹紧攀爬系统、高卷扬折叠起升系统、液压系统及电气控制系统组成，可自动攀爬至风电塔筒顶端进行起升作业。该起重机的推广应用，颠覆了传统的风电维修方式，将大幅缩短维修时间，降低维修成本，对风电行业的运营维护将产生巨大的积极影响。

6）该公司为白俄罗斯某造纸厂研制的液压木材抓斗门式起重机安装调试完毕。该起重机将刚性导引装置和液压抓斗应用于柔性钢丝绳卷绕起升机构中，属国内首创。创新的起升机构弥补了纯钢丝绳卷绕机构柔韧有余刚性不足和纯刚性起升机构刚度过剩柔性不够的缺点，使抓斗开闭、旋转、升降能抵抗较大的侧向载荷和冲击，允许货物有较大的重心偏斜，可最大限度地减小货物摆动，实现快速定位的同时减小机构的刚性冲击。

7）该公司生产制造的为"麒麟号"盾构机配套的两台管片吊机和一台箱涵件吊机在太原市地铁工程中投入使用。打破了国外企业的垄断，实现国内首创。

8）该公司研制的新型架空式立体停车库取得了1项发明和4项实用新型专利技术。该车库由主体轻型钢构、智能堆高机、梳齿搬运机、安全监测系统和全自动控制系统、车库管理系统等部分组成。采用了创新性车辆交接搬运技术，存取车均为前行方向，无需倒车，简单方便。

浙江双鸟机械有限公司外国专家工作站经浙江省外国专家局批准，2016年6月正式授牌，成为嵊州市成功挂牌的第7家外国专家工作站。浙江双鸟机械有限公司申请专利23项，授权专利8项。

2016年列入省级以上新产品计划的项目6项，已经完成5项，分别是：

1）双向提升手拉葫芦：适宜频繁提升作业，提高了作业效率。创新开发的吊点可选择的双向起升技术，通过双制动机构的开发成功，改变了常规的起降固定模式；葫芦限载器调试装置可以实现单独对限载器部件进行限载力大小的调试作业，可实现试拉、调试同步进行；在减速传动短轴上直接成形的减速片齿轮部和传动齿轮部，进一步提高了传动精度；在长轴与起重链轮配合部位，采用滚动密封球轴承；在长轴与外墙板配合部位，采用滚动轴承，提高了产品的灵活性和使用效率。

2）大吨位船用手拉小车：适宜船上大吨位提升作业，提高了作业效率。开发出一种手拉小车的双向制动机构，针对现有技术中的手拉单轨小车在工字梁下翼缘不能有效固定且易出现滑动的缺点，采用双棘轮制动，使小车既能安全可靠地停留在水平工字梁下翼缘上的任何位置，在具有一定坡度的工字梁下翼缘上的任何位置也能安全、可靠地停留；按船舶要求设计的大啮合斜面重型车轮；四侧导向轮的设计确保运行平稳，阻力小；可微调的减速器固定机构，实现与齿条无缝配合。

3）特高压电缆专用电力紧线器：适宜特高压电力紧线作业，提高了作业效率。半封闭式变速器在设计上采用高强度铝合金压铸技术整体铸造、整机密封，缩小了环链紧线器的体积和重量；链条自由拉曳机构及无载提升功能完全满足电力施工作业需要；可拆卸式链条导向机构使维护保养更方便。采用离合制动装置，起到及时制动的效果。

4）微型环链电动葫芦：适宜频繁轻便快速作业，提高了作业安全性和作业效率。高强度铝合金外壳，外形美观轻巧，整体重量轻；本机采用机械式制动+电磁平面制动高安全性设计，机械式制动和电磁平面止动都为独立单元，提高了使用安全性；采用无刷电动机具有高能效、低噪声、免维护等优点。

5）低噪声免维护电动小车：适宜频繁轻便快速作业，提高了作业安全性和作业效率。本系列电动小车采用整体式铝合金圆柱电动机和整体式行星齿轮结构，并先用平面电磁制动，因此，结构紧凑，外形美观、转动效率高，能耗降低15%，噪声平均降低了18dB，提高了安全性。采用整体电动机和一体式齿轮的电动小车模块化组装，工艺相对简单，齿轮箱采用特殊防尘装置，可10年运行免维护。

浙江冠林机械有限公司取得了环链电动葫芦UL证书扩项认证和CE证书的扩项认证，通过了GB/T 9001—2008/ISO9001：2008质量管理体系认证，全面导入卓越绩效管理模式，6S管理持续实施，并获得安吉县政府质量奖。与美国GGS合作开发了20个品种的符合美国标准要求的H4系列环链电动葫芦，产品均通过UL认证；起重链条增加了多个规格的多种表面处理的TÜV认证。

该公司2016年开发了高强度耐磨手拉链条、HSH系列高效率迷你手扳葫芦、轻巧型双钩铝合金环链紧线器、GL新型无线遥控环链葫芦、新型轻便实用手链单轨小车、高效单速双链三相环链电动葫芦、HSZ-K型高效手拉葫芦、带红外报警功能的单轨小车等一批省级工业新产品。新增发明专利3项，实用新型专利26项，新申请发明专利3项，实用新型专利10项。获得浙江省重点技术创新专项奖（B类），获得国家高新技术企业称号。

浙江五一机械有限公司通过了GB/T 9001—2008/ISO 9001：2008质量管理体系认证、GB/T 24001—2004/ISO 14001：2004环境管理体系认证和GB/T 28001—2011（OHSAS 18001：2007.IDT）职业健康安全管理体系认证；取得了5项浙江省新产品鉴定成果。2016年10月获得浙江省高成长科技型中小企业和浙江省科技型中小企业证书；2016年11月获得浙江省高新技术企业证书。

通过浙江省新产品鉴定的5项产品分别是：

1）1.6t环链铝合金HSH-L手扳葫芦。该产品采用专用压装模具保证了上、下钩架片之间，支撑杆、钢套、整体轴承与右墙板之间，棘爪销、整体轴承与左墙板之间结合的牢固性及垂直度；棘轮与制动器座之间，设计了棘轮衬套，增大了制动半径，提升了制动安全性；设计了由吊钩、承载座、两只半圆环钢件等组成的葫芦吊钩的承载座组件，结构合理，安装方便，避免了漏装滚珠的现象发生，延长了使用寿命，提高了强度，增强了安全性。

2）6t带尾环的铝合金HSH-L手扳葫芦。该产品研发了由挂梁、吊环、吊杆、重块、连接杆、加载块、插销等组成的可调节动载试拉台，重量调节简单方便，占地面积小，成本低；设计了带有位置传感器、控制器的变速控制系统，人工操控弹性按钮，连杆上下移动并带动拨杆转动，带动光栅条移动，控制电动机改变转速，制动方便、控制精度高；设计了由多个U字形空腔、盲孔、压簧、插销等组成的手扳葫芦链尾环，结构简单、成本低、灵活方便、使用快捷和安全性能高。

3）0.8t可调节动载试拉台用铝合金HSH-L手扳葫芦。该产品研发了由摩擦片、棘轮等组成的手扳葫芦的制动装置，结构简单、成本低、安装维护方便、磨损减小、制动更可靠、使用寿命更长、还具有产品需要更换时能自动报警功能；设计了带有位置传感器、控制器的变速控制系统；设计了由吊钩、承载座、两只半圆环钢件等组成的葫芦吊钩的承载座组件。

4）带三点支撑结构的3t铝合金手扳葫芦。该产品设计了传动长轴的三点支撑结构，提高齿轮及整机运行的平稳性，延长了手扳葫芦的使用寿命，提高了手扳葫芦的负载能力；自主设计了变速控制系统。研发了手扳葫芦起重链轮装配圆柱滚柱设备，使用方便、工作效率高，滚柱在起重链轮的弹槽中不倾斜、排列均匀整齐。

5）9t带制动装置的铝合金HSH-L手扳葫芦。该产品研发了由摩擦片、棘轮等组成的手扳葫芦的制动装置，变速控制系统具有产品需要更换时能自动报警功能，结构简单、成本低、安装维护方便、磨损减小、制动更可靠、使用寿命更长。还设计了由吊钩、承载座、两只半圆环钢件等组成的葫芦吊钩的承载座组件。

八达机电有限公司研发的便携式电动葫芦，采用机、电一体化结构设计，具有结构紧凑、体积小、重量轻安装方便等特点；其额定起重量50kg、标准提升高度8m，功耗低，特别适合仓库、家庭、养殖场等场所搬运使用已批量生产。该产品采用傍磁式电动机制动装置，具有生产成本低、安全可靠等优点；采用限位常闭开关，并设置了强制脱开装置，防止限位开关发生粘连而带来的不安全性；电动机定子采用过热保护器，避免温度过高烧毁电动机，并保证电动机使用寿命更长久；产品均采用无铅静电喷塑、无六价铬电镀和无铅生产流程控制，达到欧盟环保标准，在WEEE测试中回收率为98.6%，再利用与再循环率为90.49%。零部件采取易拆卸、易识别设计，产品主要性能和技术指标达到美国UL1340（ETL）标准和欧洲EN14492-2（GS）等标准要求，并获得了国家实用新型专利。

洛阳汉鼎起重机械有限公司于2016年12月获得河南省科技小巨人培育企业证书；获得3项国家实用新型专利。

南京起重电机总厂研发了YBX3系列隔爆型三相异步电动机；获得南京市知识产权示范培育企业称号；获得4项国家实用新型专利，分别是：子母式双速锥形转子三相异步电动机、一种通用型定子铁心去毛刺工装、一种绕线套管自动释放装置、一种电磁制动器；通过了中国国家强制性产品认证（3C认证）、国际电工委员会防爆电气产品认证（IECEx认证）、计量合格确认等。

北京双泰气动设备有限公司作为主要起草单位参加编制并于2014年5月发布的《气动葫芦》JB/T 11963—2014标准，2016年10月23日获得中国机械工业科学技术奖二等奖。

2016年该公司研发了多功能气动平衡器（包括PH70、PH100规格）、便携式防爆气动带锯、岩巷气动移动式支护、30t以上大吨位气动葫芦（包括HQ30.0、HQ40.0、HQ50.0规格）、新型降噪气动小车、减速器限载装置、急停装置手控阀、煤巷综掘气动单轨吊与超前支护平台、微型气动单轨牵引车及气动助力机械手等一批新产品。

南京神天起重机械设备有限公司2016年研发了4种三款新型钢丝绳电动葫芦，分别是：

1）STH型电动葫芦。基础工作级别为M5；外形结构紧凑（外形结构已申请专利），左右尺寸比普通葫芦及欧式葫芦小；吊钩中心到工字钢下沿口尺寸比普通葫芦缩短300mm以上；吊钩垂直上下无位移，工作效率高，安全性能强，适应于安装场所需求；起升、运行都采用变频装置，增设第二制动器；设置了防坠落、水平导向、防翻装置（此装置已申请专利）；安装、调试、极为方便。

2）STM型电动葫芦。此款葫芦可满足核电、军工、航空航天等安全性能要求极高的场所需求，主要特点是增设了末端制动功能（当电动机，减速器等传动部件出现故障时，末端制动功能有效支撑住荷定载荷）。该型葫芦已获得实用新型专利，已通过江苏省特检院的型式试验，并于2016年11月26号通过了中国核能行业协会的科学技术成果鉴定，证书号：核协签字【2016】第144号。

3）该公司研发了双制动防爆葫芦，型号为：BCD-G、BMD-G、BCD-M、BMD-M，制定了防爆电动葫芦防爆型制动装置企业标准并在国家防爆电气产品质量监督检验中心备案。

4）为了满足客户对起升速度更快的需求，研发了STMC型电动葫芦，集运行小车和葫芦本体于一体，16～20t起升速度为$V=7m/min$；32t起升速度为$V=6.3m/min$；40～50t起升速度为$V=6m/min$；801～100t起升速度为$V=3m/min$；工作级别为M5；起升机构设置了双制动，增强安全性。

华德起重机（天津）股份有限公司的D系列起重机用隔爆型双速三相异步电动机取得防爆合格证；三相变频异步电动机（AF115L412N、AF115L411N、AF115M411N）取得国家强制性产品认证证书。

行业大事记 2016年11月17—18日在河南省南阳市召开了中国重型机械工业协会起重葫芦分会二届四次会员大会暨理事会。出席会议的有92家会员单位的117名代表，会议审议通过了"中国重型机械工业协会起重葫芦分会二届四次会员大会暨理事会工作报告""中国重型机械工业协会起重葫芦分会二届四次会员大会暨理事会财务报告"。会议吸纳的10家新会员单位分别是：浙江维大茵特起重设备有限公司、丹东市起重机械有限公司、池州市华安起重机械有限公司、温州朗菲电气科技有限公司、慈溪市洲际齿轮厂、湖北恒欣传动设备有限公司、东莞市台冠起重机械设备有限公司、南通瑞金制链科技有限公司、中煤张家口煤矿机械有限责任公司、无锡欧力特起重设备有限公司。

2016年5月16日，美国工程机械公司特雷克斯与芬兰科尼公司的合并协议达成一致，特雷克斯出售MHPS板块给科尼公司，科尼公司正式合并德马格。

2016年12月7日，科尼宣布与Columbus McKinnon公司就斯泰尔起重设备公司剥离事宜达成协议。

质量和标准

1）纽科伦（新乡）起重机有限公司已在起重葫芦和单梁车间建设完成生产信息化管理系统（MES）；已建成机加工车间SPC数据检测中心，以实现对机加工部件的全过程控制；完成了"ND/NDS电动机减速机试验""降低葫芦减速机噪声大返修率""ND卷筒同轴度工艺方案研究""跑车轮表面处理工艺优化""主梁梁盒内缝焊接质量提升"和"太空舱司机室制作质量改善"6项QC质量攻关项目。

纽科伦（新乡）起重机有限公司主导编写制定了《起重机用球墨铸铁车轮》《洁净厂房用环链电动葫芦》两项河南省地方标准。

2）八达机电有限公司实施精益化生产管理，完成了电动葫芦手柄接线、齿轮箱组装、机电组装和成品总装流水线等布局改造，生产方式从分段作业到"一个流"作业；完成多条微型电动葫芦精益生产整机装配线，使一次性合格率显著上升。

3）2016年1月15日发布了机械行业标准JB/T 5317—2016《环链电动葫芦》，并于2016年6月1日实施，代替JB/T 5317—2007《环链电动葫芦》。该标准负责起草的单位有：北京起重运输机械设计研究院、浙江双鸟机械有限公司、浙江冠林机械有限公司、国家起重运输机械质量监督检验中心。该标准参加起草的单位有江阴市鼎力起重机械有限公司、德马格起重机械（上海）有限公司、科尼起重机设备（上海）有限公司、江阴凯澄起重机械有限公司、南京起重机械总厂有限公司、浙江凯勋机电有限公司、上海得益轻型起重机有限公司、诺威起重设备（苏州）有限公司、江苏欧玛机械有限公司和安吉长虹制链有限公司。

4）2016年2月24日发布了国家标准GB/T 31052.10—2016《起重机械 检查与维护规程 第10部分：轻小型起重设备》，并于2016年9月1日实施。该标准负责起草的单位有：北京起重运输机械设计研究院、国家起重运输机械质量监督检验中心。标准参加起草的单位有：中国电力科学研究院、科尼起重机设备（上海）有限公司、德马格起重机械（上海）有限公司、南京起重机械总厂有限公司、卫华集团有限公司、江阴凯澄起重机械有限公司、浙江双鸟机械有限公司、江西起重机械总厂、天津起重设备有限公司、北京双泰气动设备有限公司、南京今明机械工程有限公司和河南电力博大科技有限公司。

5）2016年5月4日发布了机械行业标准JB/T 12745—2016《电动葫芦 能效限额》，并于2016年9月1日实施。该标准负责起草的单位有：北京起重运输机械设计研究院、国家起重运输机械质量监督检验中心。该标准参加起草的单位有：江阴凯澄起重机械有限公司、江苏三马起重机械制造有限公司、德马格起重机械（上海）有限公司、浙江双鸟机械有限公司、杭州浙起机械有限公司、浙江冠林机械有限公司、卫华集团有限公司、江西起重机械总厂、南京特种电机厂有限公司、湖北银轮起重机械股份有限公司和安吉长虹制链有限公司。

6）2016年10月22日发布了机械行业标准JB/T 7332—2016《手动单轨小车》，并于2017年4月1日实施，代替JB/T7332—2007《手动单轨小车》。该标准负责起草的单位有：浙江双鸟机械有限公司、北京起重运输机械设计研究院和重庆维大力起重设备有限公司。

7）2016年10月22日发布了机械行业标准JB/T 7334—2016《手拉葫芦》，并于2017年4月1日实施，代替JB/T 7334—2007《手拉葫芦》。该标准负责起草的单位有：浙江双鸟机械有限公司、浙江冠林机械有限公司、浙江五一机械有限公司、北京起重运输机械设计研究院。该标准参加起草的单位有：重庆维大力起重设备有限公司、安徽九华机械股份有限公司、安吉长虹制链有限公司、重庆美和机电有限公司。

8）2016年10月22日发布了机械行业标准JB/T 7335—2016《环链手扳葫芦》，并于2017年4月1日实施，代替JB/T 7335—2007《环链手扳葫芦》。该标准负责起草的单位有：浙江冠林机械有限公司、浙江双鸟机械有限公司、浙江五一机械有限公司、北京起重运输机械设计研究院。该标准参加起草的单位有：重庆维大力起重设备有限公司、安徽九华机械股份有限公司、重庆美和机电有限公司和安吉长虹制链有限公司。

9）2016年10月22日发布了机械行业标准JB/T 12983—2016《钢丝绳手扳葫芦》，并于2017年4月1日实施。该标准负责起草的单位有：天津市石化通用机械研究所、北京起重运输机械设计研究院、天津市质量监督检验站第五十七站。该标准参加起草的单位有：天津市产品质量监督检测技术研究院、天津市华民金属制品有限公司、天津市祥马起重设备厂、天津市钰骏金属制品厂、天津市劲龙起重设备厂和天津凯远起重机械有限公司。

对外合作和交流

1）2016年7月1日，纽科伦（新乡）起重机有限公司与意大利PDN工程起重机有限公司签订战略合作协议，双方将以企业联盟的形式在跨运车、游艇搬运机、ND型、NDS型和NL型电动葫芦等产品领域展开紧密合作。

2）浙江冠林机械有限公司与澳大利亚新南威尔士大学进行产学研合作，并引进先进技术，与其开展了国际合作项目——南太湖精英计划领军型创新团队项目。通过项目的实施直接从国外引进两位博士，从上海引进一位博士。

〔撰稿人：中国重型机械工业协会起重葫芦分会张敏
审稿人：中国重型机械工业协会起重葫芦分会张维新〕

桥式、门式起重机

生产发展现状 目前，桥式、门式起重机行业细分市场端倪已经初现，精细化是企业未来发展的重点方向。因此，针对不同领域的客户提供专业化的产品，在最大程度上满足其特殊需求已经成为大多数品牌企业发展的重点内容。

随着国家一系列利好政策的实施，桥式、门式起重机行业将迎来一个新的发展机遇，销量增速有望超过之前市场的预期。

市场与销售 2016年，随着国家利好政策的提出，全球经济的缓慢复苏，我国桥式、门式起重机产品市场与销售逐渐回升。2012—2016年桥式、门式起重机的产量、销售产值统计见表1。

表1 2012—2016年桥、门式起重机的产量、销售产值统计

年份	2012	2013	2014	2015	2016
桥式、门式起重机销售量（万台）	8.4	8.8	8.2	8.0	8.0
销售产值（亿元）	360	380	350	315	305

2016年度桥式、门式起重机行业产值排名前13位企业的起重机产品销售总值达209.71亿元，约占整个国内市场的73.08%。起重机产品销售产值超过2亿元的企业有13个，他们是：卫华集团有限公司82.41亿元，河南省矿山起重机有限公司43.28亿元，河南豫飞重工集团有限公司40.10亿元，法兰泰克重工股份有限公司6.90亿元，江西起重机械总厂6.80亿元，株洲天桥起重机股份有限公司5.02亿元，太原重工股份有限公司4.86亿元，山起重型机械股份公司4.45亿元，科尼起重机设备制造（江苏）有限公司3.90亿元，大连华锐重工集团股份有限公司3.68亿元，郑州凯澄起重设备有限公司2.83亿元，广州起重机械有限公司2.79亿元，浙江众擎起重机械制造有限公司2.69亿元。

2016年度桥式起重机专业委员会部分企业主要经济指标见表2。

表2 2016年桥式起重机专业委员会部分企业主要经济指标

序号	企业名称	工业总产值（亿元）	起重机销售产值（亿元）
1	卫华集团有限公司	96.95	82.41
2	河南省矿山起重机有限公司	59.96	43.28
3	河南豫飞重工集团有限公司	47.98	40.10
4	法兰泰克重工股份有限公司	7.20	6.90
5	江西起重机械总厂	7.01	6.80
6	株洲天桥起重机股份有限公司	5.02	5.02

(续)

序号	企业名称	工业总产值（亿元）	起重机销售产值（亿元）
7	太原重工股份有限公司	50.19	4.86
8	山起重型机械股份公司	4.76	4.45
9	科尼起重机设备制造（江苏）有限公司	3.90	3.90
10	大连华锐重工集团股份有限公司	74.32	3.68
11	郑州凯澄起重设备有限公司	2.83	2.83
12	广州起重机械有限公司	2.79	2.79
13	浙江众擎起重机械制造有限公司	2.79	2.69
	合计	365.70	209.71

注：按起重机销售产值排序。

2016年度起重机产品主营业务收入总产值增速前三位的企业分别是：法兰泰克重工股份有限公司27.43%，辽宁恒泰重机有限公司22.6%，河南省矿山起重机有限公司14.25%。产量增速前3位的企业分别是：河南豫飞重工集团有限公司235%，新疆通用机械有限公司89.14%，云南冶金昆明重工有限公司40.67%。

国家随着"一带一路"战略的提出，为国内起重机走向世界提供了更多的商机。根据《全国物料搬运机械行业进出口统计年报2016》统计，2016年起重机行业有关产品进出口情况见表3，其中：桥式、门式起重机出口额103 157万美元，进口额3 880万美元，占整个起重机行业的22.63%，上年为22.17%。

表3 2016年起重机行业有关产品进出口情况

海关货物名称	出口额（万美元）	进口额（万美元）	进出口总额（万美元）	进出口差额（万美元）
起重机合计	441 140	29 050	470 190	412 090
1.桥式起重机小计	16 919	3 350	20 270	13 569
2.门式起重机	86 238	530	86 768	85 707
3.装卸桥及其他桥架类起重机小计	175 014	894	175 908	174 120
4.塔式起重机	31 753	482	32 235	31 272
5.门座起重机	19 780	14 723	34 503	5 057
6.流动式起重机小计	75 178	2063	77 241	73 115
7.未列名起重机	26 122	5 419	31 541	20 703
8.起重机零件	10 136	1 589	11 725	8 548

根据《中国重型机械工业协会统计简报》2016年12月期统计，2016年协会统计企业与全国起重机企业产量对比见表4。

表4 2016年协会统计企业与全国起重机企业产量对比

企业类型	统计口径	计量单位	2016年产量	2015年产量	同比增长（%）
起重机行业	全国	万t	984.80	1 002.44	-1.76
	协会统计企业	万t	303.68	198.16	53.25

由上面的数据可以看出，虽然全国起重机企业产量同比略有下降，但是协会内协会统计企业同比产量却有大幅度上升，逆势中崭露头角，市场前景良好。

新产品和科技成果 在市场经济条件下，企业的生存和发展，本质上取决于企业的技术创新、吸纳科技成果的能力和经营的能力，而不是仅靠资金、人力的投入上规模来实现量的扩张及效益的提高。企业作为科技成果转化主体，勇挑重担，使企业寓科技成果于产品开发和发展生产之中，真正成为促进科技成果转化的重要力量，桥式、门式起重机企业坚持走在行业技术领域的最前端，多次填补国内外空白。

大连华锐重工起重机有限公司 自主筹建了智能起重

机实验室，设置有中控室（配置服务器、客户端、智能管理系统）、起重机、无线系统、视频系统。开展钢卷库出库、入库、倒库、装车等作业流程，管理系统自动排产、调度起重机自动完成吊装输送过程模拟。试验以实现起重机精准定位、电子防摇等功能，按工单自动高效运行。

开展铝电解多功能机组远程操控系统试验。从整车控制及自动化功能入手对铝电解多功能机组进行技术升级，结合远程视频等技术，实现整车远程操控，取消了辅助工人配备，以降低用户人力成本，提升设备自动化水平。

开展干熄焦提升机运行曲线优化试验。创新地运行曲线优化有效分析、掌控了设备运行效率，对降低运行功率和成本起到了核心作用。

卫华集团有限公司 320t 四梁六轨铸造起重机创造了河南省最大吨位冶金起重机记录；世界首创的自攀爬风电维修起重机样机已研制成功；省内首创的电动葫芦洁净式起重机已批量化生产，并服务于国家暗物质实验室；基于伺服和自动规划路径的全自动起重机研发成功，成功交付上海用户企业，填补了行业空白；应用轻量化设计理念提出了世界上起重量最大的 26 000t 门式起重机的设计方案，得到了用户的肯定。

2016年，卫华集团获得全国创新创业大赛优秀奖1项，河南省装备制造工业科技进步奖一等奖3项、二等奖1项，河南省优秀百项职工科技成果奖2项。

株洲天桥起重机股份有限公司 2016年度全面贯彻"一体两翼"的创新驱动发展战略，在院士工作站和省级冶金物料搬运装备工程技术研究中心的技术平台上，坚持自主创新与联合创新相结合，开展物料搬运智能化关键技术研究。承担了省级战略性新兴产业科技攻关项目——"有色金属精炼搬运装备智能化控制技术及产业化项目"，重点研发了搬运装备全自动运行作业调度管理系统、故障诊断系统、快速高效运行及偏差纠正、在线绝缘检测、极板短路自动检测等核心技术，成功研制了国内首台电解铜全自动搬运门式起重机，开发了机器人剥片及洗涤机组、残极洗涤机组、阳极准备机组、双18模圆盘浇注机等国内首套电解铜自动化地面成套系统。全年获得专利授权9项、软件著作权1项。

太原重工股份有限公司 2016年以"创新驱动促转型，精益管理增效益"为主线，积极化解困难，加大产品转型力度，不断提升核心技术，推进产品智能升级，各项工作稳步推进。

联合省内4所高校共同申报"山西省高端重型装备智能制造重点科技创新平台"并获批建设；4 000t 环轨臂架起重机完成施工设计，为推广到核电领域奠定了基础；完成了5～100t 轻量化起重机系列开发，实现了模块化快速设计；完成1.5MW 风电检修起重机及 TZC500、TZM500、TZT1200 等风电型起重机开发；完成40.5t 全自动轨道式和轮胎式两种集装箱门式起重机、2 500t/h 斗轮堆取料机等产品开发；依托迁钢项目，完成了智能仓储系列无人门式起重机改造设计和软件开发。

完成了重型机械国际科技合作基地的评估；承担了国家标准《铸造起重机报废条件》制定工作。获得发明专利授权62项；完成科技成果鉴定1项；"重型机械高效技术创新体系建设"获天津市科技进步奖三等奖。

北京起重运输机械设计研究院 桥式起重机械轻量化关键技术研究与应用。该项目以工业厂房中普遍使用的桥式起重机为对象，以减重、节能、安全、可靠为目标，开展起重机结构优化设计、关键部件技术要求、安全性在线监测、寿命评价等共性技术研究，研制适用于轻量化起重机的电动机、驱动器、减速器、智能控制系统等关键部件，开发新型、高效的起升传动装置，使之成为我国起重机械行业的更新换代产品，引领我国起重机械行业走绿色发展之路，为我国装备制造业的可持续发展做贡献。

项目试制了5台典型轻量化样机，建设了光纤光栅传感器耐久性试验台、卧式结构综合实验装置、建立了大型机械钢结构损伤安全监测及寿命分析体系、金属结构应力应变在线监测系统等试验装置及系统。已推广270余台，新增新产品产值3.5亿元，新增利润1 350万元。

创新性地研发了关键工艺装备及焊接工艺技术，在起重机桥架自动化焊接机整体加工工艺关键技术研究与应用方面，解决了起重机制造工艺中"大型钢结构件"焊后加工工艺难题，通过设计专用工装，采用先进工艺和装备，突破大型钢结构件的加工难题，确保产品的装配和使用质量。

研制的智能型制动器已在上海港外高桥二期码头岸边集装箱式起重机和上海高桥二期码头集装箱堆场桥式集装箱轮胎起重机中得到应用。提出的新型冷轧薄壁车载轻型免维护滑轮，推广应用于矿山机械、港口起重机械、冶金起重机、工程机械。

2016年11月8日召开的中国机械工业科技大会上，北京起重运输机械设计研究院荣获了"优秀工程（技术）研究中心""优秀创新团队""科技创新领军人才""先进科技工作者""机械工业优秀科技成果项目"等8个奖项。

天津起重设备有限公司 2016年9月自主研发的新一代 TH2 系列低净空钢丝绳电动葫芦，其中5t 产品已验收合格，隆重上市。

该系列产品由公司自主研发，高新技术、产品工业设计双引擎发力，具有结构新颖、低净空、自重轻等特点。双速控制实现精准定位，有效改善了客户工艺流程中的安全性、操作流畅性与高效性，进而提高了生产效率；自主开发高效可靠的起升电机，经过长达800h 的寿命试验，性能稳定可靠；自主设计开发终身免维护减速器，啮合完美，传动高效；高品质的油漆工艺，可满足环境温度 -10～40℃，满足最大90%的环境湿度。

宁波市凹凸重工有限公司 设计开发的橡胶硫化起重机，用于橡胶套的成型、硫化、冷却、脱模、润滑过程中的吊运工作，是橡胶制品行业自动化流水线上一种专用的起重设备，该起重机实现了当橡胶套放入硫化缸时准确对位，是机械结构和电气控制的完美配合；不仅实现自动化控制，还可半自动化或完全由人工控制。操作多样性能满足用户各种情况下的使用需求。该产品首先应用于宁波余姚一家橡胶产品出口企业，下一步将会在同类企业中推广。由朱广超、孙斌撰写的《橡胶硫化成型起重机》一文，获2016年度中国高技术产业发展促进会优秀论文评选二等奖。

公司自主研发的垃圾抓斗桥式起重机已被列入"浙江制造精品"名单，并广泛应用于城市垃圾发电、垃圾处理领域的配套工程。

2016年已申请4项实用新型专利，授权3项发明专利；参加起草了《起重机械检查与维护规程 第5部分：桥式和门式起重机》国家标准；2016年获得浙江省知名商号、浙江省著名商标、浙江省守合同重信用AAA级单位等荣誉。

2016年桥式、门式起重机行业获奖科研项目见表5。

表5 2016年桥式、门式起重机行业获奖科研项目

序号	项目名称	获奖类别	获奖等级	主要完成单位
1	基于精益生产管理的起重机先进制造技术与应用	中国机械工业科学技术奖	二等奖	北京起重运输机械设计研究院
2	基于物联网技术的十二绳防摇摆集装箱门式起重机	中国机械工业科学技术奖	二等奖	河南卫华重型机械股份有限公司
3	气动葫芦（JB/T 11963—2014）	中国机械工业科学技术奖	二等奖	北京起重运输机械设计研究院、北京双泰气动设备有限公司、南京今明机械工程有限公司
4	基于物联网信息化调度及复合防摇摆技术的铁路专用集装箱起重机	河南省科技进步奖	二等奖	河南卫华重型机械股份有限公司
5	6 400t液压复式起重机研制	山西省科技进步奖	二等奖	太原重工股份有限公司
6	船艇搬运起重机	中国机械工业科学进步奖	三等奖	纽科伦（新乡）起重机有限公司
7	AP1000装换料设备制造技术	中国机械工业科学进步奖	三等奖	上海起重运输机械厂有限公司

桥、门式起重机行业以骨干企业为首的各个单位积极组建专门的研发团队，加大试验装置的投入，积极开展创新，在2016年度共获得国家授权专利100余项。

质量与标准 中华人民共和国国家标准公告2016年第5号、2016年第17号发布了与桥式、门式起重机专业相关的部分标准见表6。

表6 与桥、门式起重机专业相关的部分标准

序号	标准号	标准名称	实施日期
1	GB/T 20303.1—2016	起重机司机室和控制站 第1部分：总则	2016-06-01
2	GB/T 23724.1—2016	起重机检查 第1部分：总则	2016-09-01
3	GB/T 5972—2016	起重机钢丝绳保养、维护、检验和报废	2016-06-01
4	GB/T 31052.10—2016	起重机械检查与维护规程 第10部分：轻小型起重设备	2016-09-01
5	GB/T 24817.1—2016	起重机控制装置布置形式和特性 第1部分：总则	2017-05-01

行业发展中存在的问题及对策建议 2016年桥、门式起重机行业逐渐复苏，但是脚步较缓慢。而这几年的市场供需失衡、产能过剩、企业间长期恶性竞争，导致不惜牺牲利润低价中标的畸形榜样比比皆是，从长远来看，起到了"饿死同行，累死自己，坑死甲方"的负面作用，产品转型升级基础薄弱。

现阶段我国桥式、门式起重机的发展主要存在以下6个方面的问题：

（1）抱残守缺，不能与时俱进。随着社会的发展与进步，国内外先进制造技术与工艺理念的不断涌入。但行业内不少企业，守着昨日的辉煌，不肯顺应时代的发展，更不会发现其背后的机遇，借势突破发展，违背市场发展的规律就如逆水行舟，终将被市场淘汰。

（2）盲目的市场多元化。行业内某些中、小企业在本行业的地位还没有稳固就开始觊觎一些高利润的行业，急于将企业所谓的做大。初进一个陌生行业的生命力是最脆弱的，任何一方面的短板都可能带来致命的后果，越是高利润的行业竞争也越激烈。而高昂的经验成本与资源不足的风险往往让盲目扩张的企业付出沉重的代价、甚至倒闭。

（3）缺乏核心竞争力，陷入低层次同质化泥潭。随着近几年恶性竞争的不断加剧，行业内不少企业都在低层次、同质化价格战中拼杀。利润低，抗市场风险能力也很低，长此以往必将被市场所淘汰。其实所谓的核心竞争力不是绝对的竞争优势，只要在自己的产品中拥有相对的竞争优势就可以，而一个企业只要努力挖掘，总能开发出相对的核心竞争力，有时缺点和弱势也可以转化为优势。

（4）产品组织结构不合理，企业规模小。目前桥式、门式起重机企业厂点规划分散，各个区域都力求有比较完善的工业体系，更加重了企业布局散乱、低水平重复建设的程度。形成不了规模化的大集团模式，造就了如今起重机产业"星星满天，不见月亮"的状况。重速度、轻质量；重规模、轻效益；重当前、轻长远的倾向尚未得到根本改变。行业的快速发展仍以过多的资源消耗为代价，生产效率和经营效益与工业发达国家同行相比差距明显。

（5）"两化"融合尚处于起步阶段，信息化程度偏低。首先，是行业内信息系统的集成度不够，造成"信息孤岛"效应，低水平重复建设现象严重，已成为阻碍行业信息化建设的一个瓶颈。其次，是企业对信息化建设不够重视，资金投入严重不足。最后，是企业参与电子商务的认识有待提高，大部分企业对电子商务的认知，仅仅停留在产品宣传、知名度提高等较低的层面上，缺乏对电子商务的深刻认识，这些都极大地影响着信息化的应用绩效。

（6）恶性竞争严重，阻碍行业发展与技术进步。行业内少数企业以低价倾销的方式排挤竞争对手、垄断市场，企业在低价倾销过程中，关注的核心是产品的价格优势，自然会减少用于产品开发和技术进步的资金投入，使产品的发展缺乏后劲。尤其是抗风险能力差的小企业，由于产品获利空间很小或几乎没有获利空间，就更没有能力进行产品的研制和更新换代。当行业内起重机厂家形成不合理的市场价格定格后，其他生产同类产品的相关企业为了不被市场淘汰出局，也只好被动降价以求生存，造成严重的恶性循环，从而阻碍了行业发展与技术进步。

面对存在的种种问题，桥式起重机专业委员会召集业内资深专家，通过深入各个企业，剖析原因，总结经验，对行业内企业提出以下建议：

1. 以创新引领转型升级、大力改造提升传统产业

党的十八大做出了实施创新驱动发展战略的决策部署，结合我国桥式、门式起重机产业现状及特点，应尽快延伸、完善和优化现有产业链，实现自主创新、原始创新。行业内骨干企业应率先实施"全球对标、主攻高端、高举高打"的创新战略，立志在产品技术、质量、海外市场份额和经济效益上全面赶超世界领先企业。只有通过不断提升产品的工艺水平、技术含量和产品附加值等。才能有力地推动产业向价值链中高端跃进，提升行业的整体质量。才能培育面向全球的竞争新优势，使桥式、门式起重机的发展空间更加广阔。

2. 树立品牌观念，推进名牌战略

努力创建中国名牌产品、行业名牌产品。少数行业龙头企业制造中国名牌产品，一批中等骨干企业制造区域名牌产品；引导市场，淘汰落后产品和企业。

3. 打造高端化起重机、向中国智造转型。

未来的起重机发展方向必将以数字化、网络化、智能化为核心。企业应坚持轻量化高端化的发展理念，推动产品创新、制造技术创新推进轻量化高端起重机进程。

4. 树立知识产权意识

起重机企业加大保护知识产权的力度，严厉打击各种违法行为，以有利于调动行业内科技人员和企业创新的积极性。

5. 构建规模化生产方式

应对行业内现有的资源进行整合，形成产业集群的发展模式，加大技术改造的力度，提升装备水平，保证产品质量，提高生产效率，降低制造成本，提高市场竞争力。

6. 收集客户需求、不断改进产品

在竞争持续加剧的国内外起重机市场中，不断满足客户需求，企业内部应培养良好的文化氛围，每个员工在与客户接触时都能主动询问有何需求，并及时反馈，根据客户的需求去发现问题并作出改进。通过群策群力，把产品做到更好。

7. 大力推进企业信息化建设

以互联网为代表的信息和网络技术的广泛应用，给人们的生活工作，思想观念以及社会活动带来了质的变化，也必将使起重机械行业的产品开发、业务流程、管理体制及生产模式发生根本性变革。因此，大力推进企业信息化建设，就需要加强企业信息源建设：不仅要采用国际、国家、行业标准，还要制定适合本企业的信息化工作标准，并相应地制订和完善各种制度。同时加大信息化设备投入和软件开发力度。注重软硬件的配套与兼容。

8. 建立"合作共赢"的模式

通过信息交流加强合作，形成"利益共享、风险共担、全程合作"的命运共同体关系。只有这样，才能避免盲目地依靠低价战，造成"坑死同行，饿死自己"两败俱伤的惨痛结局。

〔撰稿人：中国重型机械工业协会桥式起重机专业委员会夏雯 审稿人：中国重型机械工业协会李镜〕

带式输送机

生产发展情况 2016年，重型机械行业主营业务收入1.23万亿元，增速为1.50%，比上年提高了0.89个百分点，好于年初-3%的预期；利润同比下降13.36%，进出口总额同比下降13.64%；在整个机械行业中属于增速较为缓慢的行业之一。

通过对带式输送机行业79个骨干企业数据统计分析，全部产品工业总产值为149亿元，与上年同比下降了12.8%；利润总额为9.3亿元，利润率同比下降了29%。其中50家带式输送机生产企业2016年带式输送机总产值

为112亿元，比上年同期下降了10%；利润总额为8.2亿元，利润率同比下降了1.5个百分点。

2016年带式输送机行业骨干企业带式输送机产品生产情况见表1。

表1　2016年带式输送机行业骨干企业带式输送机产品生产情况

序号	企业名称	产值（万元）	利润（万元）	出口产值（万元）	产量 以吨计（t）	产量 以米计（m）
1	安徽盛运重工机械有限责任公司	163 690	23 261	16 789	153 870	365 679
2	安徽攀登重工股份有限公司	153 321	18 439	7 657	110 750	240 309
3	北方重工集团有限公司	108 977	583	50 618	68 846	195 973
4	四川省自贡运输机械集团股份有限公司	96 230	5 008	15 330	111 527	93 322
5	衡阳运输机械有限公司	57 868	411	10 988	41 788	143 700
6	上海科大重工集团有限公司	56 632	2 951	23 870	43 561	71 056
7	焦作市科瑞森机械制造有限公司	53 000	4 746	751	26 000	10 600
8	山东能源重装集团巨力装备有限公司	38 679	1 545			
9	山东山矿机械有限公司	38 192	533	5 075	37 896	50 650
10	北京约基工业股份有限公司	35 918	4 973	2 079	28 551	102 622
11	衡水金太阳输送机械工程有限公司	35 625	3 338	102	44 531	
12	宁夏天地西北煤有限公司	30 692	-6 080	0	18 025	
13	河南天隆输送装备有限公司	26 743	415	0		47 332
14	山西东昌实业有限公司	25 299	-855	0		
15	大连长盛海华输送设备制造有限公司	22 800	5700		2 280	
16	河北奋进矿山机械有限公司	22 509	5474	100	1 732	
17	四川东林矿山运输机械有限公司	17 752	1202			
18	常州市传动输送机械有限公司	15 200	1250	0		
19	安徽永生机械股份有限公司	12 650	410	3 100	16 000	
20	安徽马钢输送设备制造有限公司	12 075	135	0		
21	太原向明机械制造有限公司	12 063	352	0	4 500	
22	福建龙净环保股份有限公司	11 053	769			117 600
23	吉林省佳信通用机械股份有限公司	11 043	502	0	2 952	5 407
24	江苏山鑫重工有限公司	11 000	310	1 200	8 600	78 000
25	江苏环宇起重运输机械有限责任公司	10 876	791			26 500
26	铜陵天奇蓝天机械设备有限公司	10 258	-592	0	9 115	37 529
27	武汉武钢北湖机械制造有限公司	10 130	98		5 000	13 000
28	江门市振达机械制造有限公司	10 015	494			13 000
29	焦作鑫恒重工机械有限公司	8 360	52	7	6 966	
30	宁波甬港起重运输设备有限公司	8 234	20	50		
31	江阴华东机械有限公司	7 598	263			
32	中平能化集团机械制造有限公司	6 547	-151		1317	
33	宝鸡杭叉工程机械有限责任公司	6 325	410	67	6 930	421 600
34	包头市万里机械有限责任公司	6 030	46	0	4 200	21 000
35	象山光明输送机有限公司	5 800	500			
36	芜湖市爱德运输机械有限公司	5 662	479	0		
	合计	1 164 846	77 782	137 783	754 937	2 054 879

市场与营销 2017年,要再压减钢铁产能5 000万t,退出煤炭产能1.5亿t,淘汰、停建、缓进煤电产能5 000万kW以上,水泥行业去产能已被提上日程,港口产能处于适度超前阶段,企业转型也迫在眉睫。

冶金行业:2016年,钢铁行业深入推进供给侧结构性改革,大力化解过剩产能,共化解粗钢产能超过6 500万t,超额完成2016年化解4 500万t粗钢产能的目标任务。各项政策措施陆续出台,效果开始显现,市场出现积极变化,钢铁行业运行走势稳中趋好。全年粗钢产量同比小幅上升,钢材价格大幅上涨,钢材出口略有下降,企业效益好转。2016年年初,钢材价格出现大幅上涨,尤其是3月份,波动幅度最大。钢材价格平均上涨30%,部分产品最高涨幅高达50%。

国家计划用5年时间压减粗钢产能1亿~1.5亿t。2017年仍要突出重点,坚定不移地化解过剩产能,压减钢铁产能5 000万t。

煤炭行业:煤炭行业"十三五"目标提出,从2016年起,利用三到五年时间,再退出煤炭产能5亿t。2016年已退出产能2.5亿t,2017年要在2016年的基础上,再退出煤炭产能1.5亿t,山西、河北、河南、贵州等几个能源大省已相继制定了去产能目标。

根据国家发改委统计,2020年我国能源消费总量预期在50亿t标准煤以内,煤炭消费量至多41亿t。扣除净进口2亿t,国内煤炭的市场空间最多39亿t。目前,全国各类煤矿产能总规模可能超出60亿t。可见产能过剩情况十分严重。

煤电行业:国家对于煤电过剩问题政策导向十分明确:煤电不能再扩张了,也可以说是对我国煤电建设来了一个"急刹车"。据行业统计,2016年全国6 000kW及以上电厂装机容量15.7亿kW,火电装机容量为10.4亿kW,其中燃煤机组约占9亿kW。2016年煤电行业经营效益明显下滑,形势严峻,主要是因燃料等成本不断上升,而电价反而不断下降,成本难以有效向外疏导,导致煤电行业利润出现"断崖式"下滑。2016年五大发电集团煤电板块利润同比下降68.6%。

《电力发展"十三五"规划》提出,"十三五"期间要依托"三个一批""取消一批,缓核一批,缓减一批",力争将煤电装机容量控制在11亿kW以内,取消和推迟煤电建设项目1.5亿kW以上。2017年,要在2016年工作的基础上淘汰、停建、缓进煤电产能5 000万kW以上。除江西、安徽、海南、湖北外,28个省级电网区域被列为煤电规划建设红色预警地区。煤电企业依靠扩大装机规模寻求发展的时代已宣告结束。

水泥行业:水泥产能严重过剩阻碍着水泥行业的发展,这也是造成水泥行业面临困难的一个根本原因。2016年全年新点火水泥熟料产能2 558万t,同比下降46%,新增产能已经连续4年下降。虽然新增产能大幅下降,但是水泥生产总量却仍有增长,2016年我国水泥产量为24.03亿t,同比增长2.5%。全国产能利用率不足70%更是突显了水泥产能过剩。水泥行业产能过剩十分严峻,去产能任务十分艰巨。

港口行业:中国经济进入新常态,几乎所有产业面临转型升级,港口亦不例外。2016年,全国港口企业受宏观经济、港口价格改革等因素的影响,整体表现不佳。虽然货物吞吐量继续保持增长的态势,但是多数港口企业的营业收入同比为下降,大型港口企业净利润相对平稳,中型港口企业净利润波动较大,部分港口企业利润也出现不同程度下滑。从整体来看,我国港口产能处于适度超前阶段,即适当的富余,但我国局部地区港口已出现不同程度低水平重复建设、同质化竞争等问题,大有产能过剩趋势。

带式输送机行业服务领域主要集中在煤炭、冶金、电力、建材、港口等行业。随着国家供给侧结构性改革的深入推进,持续开展"去产能、去库存、去杠杆、降成本、补短板"等工作,给本来就产能过剩的带式输送机行业带来了更大的冲击。行业企业订单不足,生产加工能力闲置,企业效益大幅下降,企业运行举步维艰,产能过剩局面突显严重。

为了改变这种行业企业运行状态,要着力做好以下几项工作:

1)实施工业强基工程,培育企业内生动力,做好产品升级与企业转型工作。围绕核心基础零部件和元器件、先进基础工艺、关键基础材料、产业技术基础工业"四基",持续补齐企业发展短板。深挖企业内生动力,做好产品升级与企业转型工作,开发优势产品,打造优势企业。围绕国家战略进行产业升级,围绕产业升级进行改革和创新。

北方重工收购美国罗宾斯公司就TBM和隧道连续输送机设计、制造展开全面合作,提升了产品技术水平;北京约基工业股份有限公司成功开发出垂直循环立体车库,缓解了北京地区夜间停车紧张问题并取得良好效果;无锡宝通带业积极开展产品维保服务工作,仅SINO铁矿一个项目就签订亿元服务订单;西安重装韩城煤机厂走出煤炭领域寻求行业合作,为企业发展和技术升级注入新的活力。

2)结合国家"一带一路"倡议,积极开拓国际市场,消化过剩产能。主动对接"一带一路",借船出海,借鸡生蛋,采用"联合、联盟、联动"的方式同央企一同"走出去",合作承接海外业务。以优势产业、优势产品输出优势产能。行业内几个条件成熟的企业要带头在"一带一路"建设的大背景下,加大海外市场推广力度,借助海外代理商,有效地开发新市场与新客户,让带式输送机优势产业技术、市场向"一带一路"国家、地区及新兴经济体转移,一方面可化解过剩产能,同时可加速带式输送机国际市场的拓展。

3)提升企业创新能力,向产品创新要效益,增强企业核心竞争能力。企业要在发挥传统优势的基础上,积极探索以专家、创客为带头人的对现有产品在可靠性、功能、效率、环保和安全方面进行创新升级的开发模式。利用当前带式输送机新的技术理论设计新的方案,研发新材料、结合新工艺开发新产品;注重集成和系统创新,充分利用企业平台优势和社会资源，通过创新将其转变为综合服务能力；将转型发展与"双创"相结合，解放思想、与时俱进，以汇聚和培养专业化创业创新人才队伍为根本，全面激发员工的积极性和创造性，从而引领带式输送机行业科研开发体系向更高层次变革。提高产品品质，提升企业核心竞争能力。

4）积极推进企业智能制造水平，提高产品制造质量与生产效率。目前，带式输送机行业智能制造、绿色制造和精益制造水平还较低，我们要以"四个着力"和"五大发展"理念为引领，以《中国制造2025》为契机，通过智能改造，实现节能减排、提质增效；通过建设智能工厂，实现对工厂的实时优化控制，整合产业资源，实现精准匹配，助力供给侧结构性改革。

科技成果与新产品 带式输送机行业内各企业十分重视科技发展、技术创新，科技成果不断涌现。

四川省自贡运输机械集团股份有限公司主要针对DG型管状带式输送机、DSJ型煤矿井下用带式输送机、DTⅡ（A）型带式输送机、DJ型大倾角带式输送机等节能环保系列产品进行不断研发和改进。在带式输送机系统，特别是野外大功率、长距离散料输送系统领域，取得了飞跃发展。根据西藏巨龙铜业知不拉铜多金属矿项目需要，研发建设在高海拔应用的超长全封闭空间转弯曲线带式输送机，将超长距离（7.5km）的全封闭空间转弯曲线带式输送机应用于海拔5050m，充分利用铜矿石的势能，采用带能量回馈的4kV高压变频驱动输送机运行，并向电网馈电。依托新疆东方希望有色金属有限公司长距离皮带廊EPC示范输煤工程，开展在高温差（年气温差100℃以上，日温差50℃）、大风沙等极端环境下，22km大运量、高带速超长距曲线带式输送机示范工程关键技术及应用、系列产品设计与生产制造等关键技术攻关，并将成果应用到示范工程中，实现-40~60℃极端环境下大运量、高带速、超长距曲线带式输送机进行输送物料的目标。项目实施采用大直径托辊、大间距布置、降低阻力、减小功率消耗；研究离散元分析技术与定量分料技术的示范应用，实现物料可按任意比例分流，同时降低物料输送粉尘并减小物料对胶带的冲击，延长胶带使用寿命；研究动态分析技术在恶劣环境下的应用，分析在极端环境下，超长距离曲线带式输送机启动、运行、停机时特性，提高系统的安全性和可靠性，其主要技术性能在国内中处于领先水平。2016年"超300m高拱坝混凝土优质快速施工关键技术研究应用"获得中国电力科学技术一等奖；"极端复杂地形超长距离管状带式输送机关键技术研究应用"获得建筑材料科学技术二等奖；"超长距离管状带式输送机关键技术研究应用"获得四川省科技进步三等奖；"磷石膏输送管带式输送机"获得带式输送机分会优秀新产品奖；"管状带式输送机滑架式压带装置"获得四川省专利奖二等奖；"管状带式输送机可调窗式托辊组"获得自贡市专利奖二等奖。

河南天隆输送装备有限公司为响应市场需求，拓展市场空间，联合外聘专家，成功设计D600大管径管状带式输送机，此管带机在使用钢丝绳芯输送带的基础上将曲率半径缩小到180m，大大提高了管带机在复杂环境中的适应能力，达到国内领先技术水平；同时，为响应市场需求变化，看到隧洞工程前景广阔，功研制出了B800隧道皮带机，可实现水平半径R300转弯，结构紧凑，尾部标准段安装操作简单，储带装置运行灵活稳定，整机运行性能好，达到国际领先水平；随着智能制造的不断推进，根据产品特点建立了气垫式输送机气箱自动化生产线，解决了在生产过程中因人员操作不稳定因素造成的积累误差，大大提高了气箱产品质量。

北方重工集团有限公司2016年度共获得辽宁省科技进步二等奖、中国机械工业科技进步二等奖、辽宁省科技进步三等奖。获得专利授权46项，其中：发明专利21项、实用新型专利25项，截至目前，累计获得专利授权264项。

质量与标准 2016年共新增标准3项。

1）新增标准GB/T 33079—2016《散状物料连续装船机 型式和基本参数》。本标准规定了散状物料连续装船机的形式和基本参数。本标准适用于固定式、移动式、弧线摆动式以及直线摆动式散状物料装船机，其他形式的散状物料装船机也可参照使用。

（2）新增标准JB/T12919—2016《成件物品用轻型带式输送机》。本标准规定了成件物品用轻型带式输送机的术语和定义、形式和基本参数、技术要求、试验方法、检验规则、标志、包装、运输和贮存。本标准适用于在室内工作的、输送一般用途成件物品的轻型带式输送机。本标准不适用于输送有毒、有害、易燃、易爆、具有强腐蚀及放射性成件物品的轻型带式输送机。

（3）新增标准JB/T 12636—2016《无轴螺旋输送机》。本标准规定了无轴螺旋输送机的形式和基本参数、技术要求、试验方法、检验规则、标志、包装、运输和贮存。本标准适用于输送散状物料，尤其是输送易缠绕、易堵塞、有粘性及腐蚀性等特性物料的输送机。

〔撰稿人：中国重型机械工业协会带式输送机分会杨俊　审稿人：北方重工集团有限公司王瑀〕

散料装卸机械

2016年，我国固定资产投资负增长且下降幅度较大，连续第七年增速放缓。经济发展进入新常态，由以往高速增长向趋于合理的中低速调整。受国内外经济持续复苏疲软等诸多复杂因素影响，散料装卸机械行业对应领域的投资受到严重冲击，目前的经济形势缺乏对行业涉及领域投资的有力支撑，为港口码头、冶金、煤炭、矿石、电力、建材等服务领域供给侧改革与发展带来不确定性因素。受产能过剩、供需矛盾、高成本、高杠杆等问题影响，全行业投资明显停滞。行业经济运行仍面临困难和巨大压力。

散料装卸机械产品分类及主要生产企业见表1。

表1 散料装卸机械产品分类及主要生产企业

产品分类	主要生产企业名称
门式、混匀式、圆形料场、侧式刮板（刮斗）、桥式刮板式堆取料机	北方重工集团有限公司装卸设备分公司、大连华锐重工集团股份有限公司、华电重工股份有限公司、哈尔滨重型机器有限责任公司、长春发电设备有限责任公司、湖南长重机器股份有限公司、上海电力环保设备总厂有限公司、大连通达矿冶机械有限公司、大连重工机电动力有限公司和泰富重装集团有限公司
斗轮堆取料机、斗轮取料机、堆料机	大连华锐重工集团股份有限公司、哈尔滨重型机器有限责任公司、长春发电设备有限责任公司、湖南长重机器股份有限公司、华电重工股份有限公司、上海电力环保设备总厂有限公司、北方重工集团有限公司装卸设备分公司、上海振华重工集团股份有限公司、大连通达矿冶机械有限公司、大连重工机电动力有限公司、哈尔滨龙鑫重型机器有限公司、大连天重散装机械设备有限公司、上海工茂起重设备有限公司和泰富重装集团有限公司
翻车机	大连华锐重工集团股份有限公司、武汉电力设备厂、华电重工股份有限公司、大连通达矿冶机械有限公司、大连重工机电动力有限公司、上海振华重工集团股份有限公司和大连天重散装机械设备有限公司
装船机、卸船机	上海振华重工集团股份有限公司、大连华锐重工集团股份有限公司、华电重工股份有限公司、长春发电设备有限责任公司、武汉电力设备厂、哈尔滨重型机器有限责任公司和泰富重装集团有限公司

生产发展情况 2016年，我国境内具有设计研发与生产制造散料装卸机械的规模以上的骨干企业近20家，根据对行业15家主要主机生产企业的统计，散料装卸机械工业总产值达到3亿元以上的企业约占40%，与上年同比下降17%，达到10亿元以上的企业占13%，与上年同比下降13%。散料装卸机械行业通过产品结构调整和驱动创新，面对市场持续低迷和行业产能过剩的不利局面，注重提升抗风险能力，并抗风险能力不断增强。据2016年统计（部分数据参考上市企业年度财务报表），全行业的工业总产值达420.42亿元，比上年下降23.53%，销售收入399.42亿元，比上年下降22.9%（部分企业按所属子公司数据统计）。其中散料装卸机械的工业总产值71亿元，比上年下降21.2%。创近五年来新低，全行业大多数企业经营形势严峻，经济指标大幅下滑，亏损面和亏损额持续扩大。下降原因主要是市场需求动力不足，对应服务领域企业基本建设投资持续低迷，制造行业产能过剩，少数企业同比基本持平或增长幅度不大，多数企业同比下降幅度较大。2016年散料装卸机械行业主要经济指标完成情况见表2。

表2 2016年散料装卸机械行业主要经济指标完成情况

指标名称	单位	实际完成	指标名称	单位	实际完成
企业数	家	15	年末固定资产原价	万元	813 073
工业总产值（当年价）	万元	4 204 145	年末固定资产净值	万元	450 125
其中：散料装卸机械工业总产值（当年价）	万元	710 024	流动资产合计	万元	1 663 956
工业总产值比上年下降	%	23.53	流动资产平均余额	万元	1 688 759
其中：散料装卸机械工业总产值比上年下降	%	21.2	流动负债合计	万元	1 346 037
工业增加值	万元	205 310	流动负债平均余额	万元	1 291 687
产品销售收入	万元	3 994 222	所有者权益	万元	901 245
产品销售税金	万元	10 754	全员劳动生产率	万元/人	52.54
利润总额	万元	-4 526			

2016年，全球经济复苏依然脆弱且需求不振，装备制造业仍处于行业调整和转型升级阶段，产能过剩和需求结构升级矛盾突出，实体经济发展面临较大困难。从企业层面看，传统市场需求下降较大，产品价格下降和原材料涨价"双向"挤压矛盾突出，资金回收困难程度加大，经营风险增多，企业面临生存与发展的"双重"压力，但机遇与挑战并存。

大连华锐重工集团股份有限公司面对严峻市场形势，全力拓展市场，着力保持运行平稳，强化战略思维与布局，集中优势资源及时发起营销攻坚战，市场调整与拓展取得较好效果。国际化经营扎实推进，国际化经营支撑企业平稳运行的效果进一步显现；国际化营销网络建设完善，新设立了澳大利亚公司，积极组建马来西亚公司；大力开发新市场，签订几内亚铝土矿散料设备合同，实现美国必维、法国福禄等新顾客订货的突破，首次以BOO方式签订宝钢湛钢翻车机项目；加大后服务市场开发力度，初步建立起以区域为单元的后服务网络。"三新"市场拓展多点开花，"依海拓江"补短板，实现内河港口翻车机总包突破；全年申报发明专利50项，获近70项专利授权，翻车机申请澳大利亚专利已授理。制（修）订技术标准11项，其中1项国家标准，18项标准获省、市百余万元奖励，同时公司拿出40余万元奖励为标准化和知识产权做出突出贡献的科技人员。

华电重工股份有限公司采取了多种措施积极应对当前不利的经济环境。一是业务转型升级。顺应国家能源产业发展大势，实现从燃煤火电项目向新能源、清洁能源和节能环保项目转移，培育战略性新兴业务快速崛起，实现企业经营的转型升级。二是技术创新驱动。明确技术创新在华电重工业务发展中的核心地位，加大华电重工在技术研发领域的资源投入，由工程规模驱动向技术创新驱动转型，以技术创新能力强化华电重工提供系统解决方案和价值创造的能力。三是兼顾存量增量。在新生的市场需求增长乏力的环境之下，大力拓展存量市场，由主要面向港口、电厂等基建市场向面向存量业务的升级改造服务转型，大力拓展客户全生命周期内的业务市场。四是统筹国内国际业务，涵盖领域从主要面向国内市场向面向国内、国外两个市场转型，统筹考虑国内国际两个市场两种资源。在策略上，定位高端市场、抢占市场先机。公司以核心能力建设为基础，顺应产业发展和市场需求规律，通过科学分析，选择市场潜力大、行业竞争格局尚在变化中的潜在高端市场领域，超前筹划，抢占先机，力争取得市场竞争的领先地位。2016年公司先后完成"200m超大跨度封闭料场索拱结构研究及应用""大型桥式双料耙刮板取料机开发及应用""超大直径圆形料场系统研发"等重大项目并通过了科技成果评审；为宝钢集团新疆八一钢铁有限公司设计建造了2座直径为136.5m的超大圆形储料场系统，该储料场系统是目前国际上直径最大的圆形储料场系统。该成果可最大限度地提高单位面积物料储运能力，同时可大幅度减少吨煤存储的投资和装机功率，社会经济效益显著，推广应用市场前景广阔。公司及下属子公司拥有专利349项，其中发明专利46项、实用新型专利303项。2016年新增专利96项，其中新增发明专利18项。

上海振华重工公司2016年荣获"工信部工业企业知识产权运用标杆企业"称号；美国新海湾大桥项目获得上海科技进步奖一等奖；与上海海事大学联合成立上海离岸工程研究院；完成国家科技部对公司"国家海上起重铺管工程中心"以及上海市科委对公司"上海智能焊接工程中心""上海港机工程中心"的评估工作。

泰富重装集团2016年申报湖南"省长质量奖"，公司以其完善的质量控制体系、强大的品牌建设力度、科学精准的产业引领等优势顺利入围"省长质量奖"。

武汉电力设备厂2016年积极开展转型升级，不断开拓市场。传统业务在保持火电市场占有率的同时，实现了从单一的火电配套设施生产向涉及物流、发电、港口等多领域的物料装卸、运输、储存设备研制和服务集成转变，各种新兴业务取得了卓有成效的突破。通过深化EPC工程总包模式，不断提升设计、制造、施工一体化能力，为运河宿迁港区提供成套设备，使企业进入国家"一带一路"中心线起点重点工程中。通过重庆果园港散装物料装卸输送系统EPC项目，成功登陆"一带一路"和长江经济带的重要连接节点。积极开展产品延伸服务业务，加大厂外安装、大修、改造、运维力度。加大航空港、地铁等基础设施领域的市场开拓力度，在钢结构及装配式建筑领域取得新突破，智能停车设备进入高端市场。适应非洲铁路标准的翻车机项目获得中电建科技进步奖三等奖，该翻车机适应非洲铁路窄轨特点，采用自主专利技术适应高低敞车的折叠式靠板，解决了靠板适应多种型号敞车靠车的问题。液压系统采用闭环反馈控制和同步技术，控制精度高、响应速度快。调车机车钩符合北美铁路协会AAR标准，该类型翻车机可在非洲地区大力推广。

湖南长重机器股份有限公司2016年申请专利12项，其中，发明专利6项；再次通过高新技术企业的认定。积极开拓海外市场，在印度设立了办事处。

哈尔滨重型机器有限责任公司DQLL600/600.25型斗轮堆取料机获2016年黑龙江省科技进步奖三等奖。

产品分类产量 2016年，全行业生产的臂式、门式、混匀式、圆形、侧式刮板（刮斗）、桥式刮板、堆取料机、斗轮取料机、堆料机、翻车机、装船机、卸船机等散料装卸机械产品产量实现351台（套），计13.29万t，产量以台（套）计比上年下降23.19%，吨位比上年下降25.3%；其中，翻车机55台（套）计0.887万t，比上年分别增加10.9%和下降3.62%；装卸船37台（套）计4.29万t，同比分别下降13.95%和14.03%；堆取料机259台（套）计8.12万t，比上年分别下降29.04%和31.65%。总体分析，三大类产品产量除翻车机变化不大以外，其他两类产品均有较大幅度下降。2016年散料装卸机械行业主要产品产销量见表3。

表3 2016年散料装卸机械行业主要产品产销量

产品名称	单位	产量 数量	产量 比上年增长（下降）（%）	销量 数量	销量 比上年增长（下降）（%）
翻车机卸车线	套/t	55/8 870	10.09/-3.62	55/8 870	10.09/-3.62
装卸船机	台/t	37/42 924	-13.95/-14.03	37/42 924	-13.95/-14.03
堆取料机	台/t	259/81 205	-29.04/-31.65	271/83 445	-22.13/-26.31

产品进出口贸易 散料装卸机械是为煤炭、矿石、水泥等大宗散状固体原料、燃料和材料进转运、储运、存放、混匀、取样的重大关键设备,广泛应用于交通、冶金、电力、建材、化工、水利等国民经济重要基础工业部门。纵观2016年全球经济与贸易形势的变化,全球经济及贸易下降属于正常水平回调。国内市场保持平稳,亚洲市场继续坚挺,北美市场调整回归,非洲和拉美市场充满潜力,澳大利亚和欧洲市场显现疲态。随着国内投资减缓和国外对传统散料装卸机械设备的需求趋于饱和,大规模的建设及设备采购有所减少,市场需求的增速回落不可避免,甚至需求总量会有所下滑。在此形势下,市场经营情况和竞争形势也更趋恶劣。但全球整体市场中仍有局部区域存在不少热点。东盟区域经济一体化加速、中国"一带一路"倡议落地开花,沿线亚洲、非洲、欧洲中的65个国家之间经贸往来水平的提高,都离不开重大基本建设项目,必将催生一系列对散料装卸机械设备的需求。

目前,我国散料装卸机械产品的生产和销售完全可以满足国内市场,并可满足国外市场,当年实现出口额2.20亿美元,比上年增长2.27%。2016年散料装卸机械产品进出口情况见表4。

表4 2016年散料装卸机械行业产品进出口情况

产品名称	数量单位	进口量	进口额（万美元）	出口量	出口额（万美元）
堆取料机	台	226	3 312	1 272	9 045
装船机	台	21	6 314	110	6 293
卸船机	台	2	11	21	6 662
合计	台（套）	249	9 637	1 403	22 000

注：表中堆取料机、装船机、卸船机数据摘自全国物料搬运机械行业进出口统计年报2016中的表79、表80、表81。

质量及标准 目前,各大类产品主要执行标准分别为：GB/T14695—2011《臂式斗轮堆取料机 型式和基本参数》、GB/T 26475—2011《桥式抓斗卸船机》、JB/T 4149—2010《臂式斗轮堆取料机技术条件》、JB/T 7329—2008《斗轮堆取料机械术语》、JB/T 7015—2010《回转式翻车机、装卸船机执行用户技术规格书》,除专业产品行业标准以外,还执行GB、JB、JC、SD等相关标准。近年来出口产品较多,按属地化标准也相应增加了设计难度,大型斗轮堆取料机、翻车机、装卸船机产品设计和制造质量与近年来相比均有一定提高。有7家企业设计过程中陆续采用三维设计软件、有限元计算分析软件作为计算机辅助优化设计平台,采用计算机"虚拟试验仿真"技术实现"整体可视化"设计分析,确保产品设计达到国际先进水平。按全工业产品生产许可证办公室颁布实施的"港口装卸机械产品生产许可证实施细则"要求,各企业认真贯彻执行并推动散料装卸机械产品设计、制造、质量规范化。目前凡从事港口装卸机械产品生产的企业,已陆续取得港口装卸机械产品生产许可证；取证后每年的复审强化了企业设计、制造能力和质量规范化。各企业在取得ISO9001：1994版基础上,继续强化质量管理,进行了质量管理体系转版换证工作,过渡并通过ISO9001：2000版质量体系认证,加强了质量体系运行控制,完善了质量管理责任制,抓好质量信息处理、传递及重点项目的质量管理档案管理、质量分析通报工作,重大项目实施了检验负责制,制订检验计划,编制检验报告。

对外合作 行业各骨干企业面对行业经济下行的局面,采取"以外补内"的措施,自主出口订货总额同比虽然减少,但对接渠道越来越多,合作伙伴越来越多。2016年相关企业的斗轮取料机、堆料机、翻车机、装卸船机产品出口澳大利亚、加拿大、新西兰、日本、新加坡、秘鲁、智利、马来西亚、巴西、韩国、波兰、土耳其、菲律宾、泰国、越南、缅甸、南非和伊朗等国家。

〔撰稿人：中国重型机械工业协会散料装卸机械与搬运车辆分会邵龙成 审稿人：大连重工·起重集团有限公司邹胜〕

仓储机械

受宏观经济形势影响,我国物流装备行业在2016年呈现出稳步发展、蕴藏变化的特点。随着"互联网+""中国制造2025"等国家战略利好政策的推进,以及用户企业对信息化、自动化、集约化的需求不断增长,我国物流装备市场逐渐展现出一些新的变化趋势。2016年,自动仓储系统已逐渐成为企业信息技术和先进制造业相结合的重要组成部分,也是智能制造中整合企业物流、工艺流、信息流的关键因素；我国工业车辆产销量再创历史新高,随着市场需求的增加,企业不断增加产品研发,车型更加丰富；货架市场竞争日趋激烈,电商等行业需求强劲,海外市场得到进一步开拓。

2016年7月份,国务院总理李克强主持召开了国务院常务会议,部署推进"互联网+高效物流",把"互联网+高效物流"上升到国家决策层面,不仅推动物流行业,还将推动整个中国经济的转型升级。为推动物流行业降本增效及"互联网+高效物流"的落地,国家陆续出台了许多政策,如商务部发布了《商贸物流"十三五"发展规划》和《电子商务"十三五"发展规划》；国家邮政局发布了《快递业"十三五"发展规划》,国家发改委发布了《机器人"十三五"发展规划》,工信部也出台了推动中国智能制造的许多文件等,这些政策和规划的制定对于中国物流仓储装备的技术应用具有巨大的推动作用。以"互联网+高效物流"为标志的"智慧物流"加速起步，催生了一批新模式、新企业、新业态，如"互联网+智能仓储"。智能仓储在快递、电商、冷链、医药等高端细分领域快速推进，其中，各电商企业积极开发全自动仓储系统，使用智能仓储机器人，开展无人机配送，充分利用仓储信息，优化订单管理，大幅提高了仓储作业的机械化、自动化和信息化水平；同时催生出货物跟踪定位、无线射频识别、电子数据交换、可视化技术、移动信息服务和位置服务等具备"互联网+智慧物流"特征的一系列新兴技术迅速进入应用阶段。

2016年10月份，由中国机械工程学会物流工程分会组织编写的《"数控一代"案例集（物流技术与装备卷）》正式出版发行。该书共收录了39个案例，主要涵盖了物流仓储系统、车间物流系统、综合物流系统等诸多领域的具有显著特色的"数控一代"产品的示范应用，体现了物流装备行业在数字化、网络化、智能化方面的创新发展。

自动化立体仓库

1. 总体发展状况

近年来，我国物流装备市场对智能化、自动化物流设备的需求日益增大，智能物流成为市场热点并逐渐演化为企业的核心竞争力。自动化立体仓库所具有的自动化程度高、节能、安全、仓储密集，作业效率高，可实现无人值守等显著特点为市场的发展提供了必要条件。据估算，2016年我国整体物流自动化系统市场规模超过了600亿元，自动化立体仓库的保有量达到3600座，自动化立体仓库的市场规模在135亿元以上。

2. 技术发展情况

自动化立体仓库作为现代物流系统供应链和制造企业生产过程的核心，不仅需要探寻更高的空间利用率和更大的出入库能力，而且也需要在企业信息化管理与生产工艺方面实现对接，以使自动化立体仓储系统与企业的工艺流程结合更为紧密，这就使其功能和装备都发生了变化。

1）功能延伸。自动化立体仓库的定位精度是供应链环节的信息和物料处理的核心，在自动分拣设备、自动装载、自动包装设备，以及在检测、识别技术和控制技术的支撑下，自动化立体仓库逐渐演变为企业的库存控制中心、调度中心、管理中心和增值服务中心。

2）堆垛类设备。目前，市场需求占比较多的巷道堆垛机依然是托盘类产品，并且为了争取更多的仓储容量和搬运效率，巷道堆垛机的发展方向依旧是高度和速度，如国内已有公司设计开发出速度超过300m/min的托盘式堆垛机。此外，针对件箱类物料搬运的高速堆垛机，其需求增长速度也非常快。

3）搬运输送类设备。与自动化立体仓库配套的搬运输送类设备，如辊道输送机、链式输送机、带式输送机、积放式输送机、无动力输送机等，以及可实现一定柔性快速调度的搬运小车（如穿梭车、AGV），由于市场需求量的加大以及供货周期的缩短，使得装备生产企业向产品标准化、系列化方向升级。

输送分拣设备 随着自动仓储分拣技术的创新和发展，以及物流设备的集群化产业生产，配有拣选工作站和库边拣选的自动仓储系统已深入更多的劳动密集型制造企业中，除了缓解用工成本上涨压力之外，可以快速、及时、准确并自动地将生产所需原材料、配套零部件送达生产线、装配线，可以自动快速地实现"货到人""货到机器人"等准时制（JIT）作业模式，从而满足生产制造和分拣配送对时间响应越来越快和精益生产的需求。

目前，国内已有企业开发出四向穿梭车"货到人"拣选系统。该系统由密集存储货架系统、四向穿梭车系统、输送系统、拣选工作站、上位信息系统、入库换箱系统、出库复核打包系统共7个子系统构成。其中四向穿梭车速度可达4m/s，可以实现多个巷道1台车或者一个巷道多台穿梭车的灵活作业，有效解决了仓库各巷道物流作业任务不均衡等问题。拣选站台则采用1V4（1个拣货人员同时拣选4个周转箱货物）的拣选方式，最多可以增加为1V16甚至1V20，能够进一步提高集中度。

与"货到人"拣选系统相比，"货到机器人"的解决方案更具创新性和前沿性。这种机器人拣选工作站拥有多负载处理能力，与多层穿梭车配合，能实现高效拆零拣选，还可应用于自动拆码垛、自动料箱拣选及自动订单包装等环节，未来能够帮助甚至取代人工来执行订单履行。其主要特点包括：365天不眠不休，7×24h持续工作；在1200件/h的高拣选效率下始终保持百分百精准；可按照指定顺序在一个工作空间里灵活拣选不同性质、不同包装的货物；可减少人工操作的错误率，改善订单履行时间，尤其有益于电商行业的发展。

自动导引车AGV 2016年，我国机器人投资热潮依然涌动，作为机器人领域最具柔性的自动化装配及搬运设备，自动导引车（Automated Guided Vehicle, AGV）也受到越来越多的关注。

1. 市场情况

据估计，2016年，国内AGV的市场销售总额约为9亿元，销量超过11 000台，其中，包含AGV、AGC以及电商仓储物流机器人、户外重载AGV，较上年增长160%。其中，传统AGV产品的需求市场增量有限，在销售额方面保持着20%～30%的增长。

2. 生产企业情况

近年来国内AGV产业发展迅速，特别是在机器人投资热潮的带动下，使其成为一个热门的行业，相关企业成长很快。在AGV相关技术方面，国内企业一般采取对外引进和自主研发两种方式，目前，国产AGV产品已能满足80%～90%的国内市场需求，占有了绝对主导权。

2016年，国内专业从事特定领域AGV研发生产的企业在增多，由于专注度更高，在研发投入、团队凝聚力等方面更足，发展也就更快，其影响力也逐渐加大，逐渐体现出"细分为王"的发展态势。

3. 产品应用模式

目前，国内AGV的应用模式依然是传统模式：一是主要用于工业生产线上的物料搬运环节，如生产零部件的装配以及物料的周转；二是在自动化仓库中，与其他设备对接进行配套使用。同时各AGV厂家也在创新应用模式和领域，例如在自动停车库、电商物流分拣等新领域的应用。

4. 生产企业的新变化

在国内领先的AGV专业生产厂基本都拥有自己的核心业务领域，而部分物流系统集成商近年来也纷纷成立了专门的部门或团队开展AGV业务，特别是国内的一些叉车生产企业通过设立相关业务部门，将其产品向AGV转化，主要生产与AGV功能基本类似的无人激光叉车。在一些新建厂房和旧厂改造过程中，在进行无人化设计和生产线规划时，已经尝试考虑无人叉车的应用。

5. 技术研发

AGV在技术层面的研发方向主要是导航方式、传感器技术、伺服控制技术、系统集成等，其中的重点是新兴导航技术的研发。未来发展的趋势是无标记导航，如自然轮廓导航，以取代现有的磁条、磁钉、反光板等导航技术，从而更加适应复杂开放性的动态环境。在系统软件方面，AGV管理系统工具化的趋势非常明显，其开放式调试平台将便于客户使用和维修，同时缩短工程实施的时间。

在产品研发上的两个重点方向：一是能够进行人机协作的复合型AGV产品，例如，在AGV车上装配机械手，然后进行拣选工作。二是无人仓机器人。当一个自动化仓库中有成百上千台机器人同时运行的时候，如何构建一个科学完善的控制和管理系统就需要做更多挑战性的工作，包括前期的仿真、数据算法，需要国内AGV的生产厂家进一步去攻关。

货架行业

1. 市场总体情况分析

2016年，国内货架市场可以概括为：在钢材价格一路上涨中前行；市场竞争十分激烈；从市场表现来看，电商的需求依旧快速增长，是整个行业向前发展的有力引擎，其他需求基本保持平稳低速增长。此外，海外市场得到了进一步开拓，项目不断涌现。

2. 需求类型分析

自动化仓库货架的需求在2016年依旧稳步增长，其类型以横梁式自动化仓库货架为主，且双深位货架的占比在提高，依然占据了行业最大份额。此外电商所需货架的类型以横梁、搁板及阁楼式货架为代表，同样保持了较高的增长速度，也占有大量的市场份额。穿梭板式货架在2016年保持平稳增长，并逐渐有了新的发展方向，即向着更高程度的自动化、智能化方向发展。随着穿梭车与堆垛机的配合使用、子母穿梭车系统及多层穿梭车系统等不断涌现，为穿梭板式货架赋予了更强的竞争力。

此外，部分业主对重力式、压入式货架等传统小众货架还有一定的功能性需求，尚有部分市场；而驶入式货架等传统密集型货架在穿梭板式货架的冲击之下，市场份额已经十分萎缩，竞争力越来越差。

3. 应用行业分布情况

货架市场在行业上的分布与往年基本一致，与民生相关的商业物流、医药化工、食品饮料三个行业牢牢占据货架需求的前三名，已经有数年未有变化，始终保持了较好的发展。此外，第三方物流配送中心及服装纺织行业的货架市场也保持了较好的发展，占有一定的市场份额。

4. 市场区域情况

货架市场在地域上的分布情况与往年基本一致，长三角、环渤海及珠三角作为中国经济最发达的地区，同样是货架需求最旺盛的三个区域，体现出货架需求与经济发达程度的高度相关性；其他区域近几年来也得到了较好发展，但是每年的项目情况波动较大，无法保持与长三角、环渤海及珠三角一样的稳定性。海外市场发展情况良好，项目较多，尤其是东南亚地区的印尼、泰国、越南及马来西亚等国家，地少人多，大项目特别多，货架需求十分旺盛。

5. 行业企业的发展情况

近年来，国内货架市场的价格战十分普遍，部分企业以明显低于市场正常行情的价格来赢取订单，却失去了利润，甚至是质量，这是不可持续的发展模式。尽管已有部分受到过劣质货架产品伤害的客户，开始逐渐认可"优质优价"，不再一味追求低价，但仍然无法改变目前以"价格战"为主的总体态势。

6. 新技术新产品的应用

随着仓储设备自动化系统的进一步发展，穿梭板式货架及其衍生产品逐渐从一种单一的货架类型演变为自动化仓库货架的一种存取手段。随着存储类货架的市场需求向着更高更大的趋势发展，使用穿梭板这种能够存取不同深度货物的高效工具，可大大增加存储的密集度；在拣选系统的料箱式货架使用过程中，穿梭板可通过多层应用极大地提高拣选效率。此外，"库架合一"因其拥有工期短及统一管理的巨大优势，在成本上也十分具有竞争力，得到了业主的空前关注。

工业车辆行业

1. 市场发展状况

2016年，我国机动工业车辆的总销售量达到37 0067台（含出口），与上年同期相比，增长了12.95%；非机动工业车辆的销售量为1 445 054台，与上年同期相比，增长了23.63%。

2016年，在我国市场上全年共销售机动工业车辆268 567台（含进口机动工业车辆716台），与上年同期相比，增长了13.33%。我国市场的销售量占亚洲叉车市场销售量的61.01%，比上年上升了3.16个百分点，仍列亚洲第一位；同时占据了世界叉车市场总销售量1 152 857台的23.30%，比上年上升了1.03个百分点，继续位列世界第一大销售市场。

1）内燃叉车销售情况。2016年，在我国共销售内燃平衡重乘驾式叉车228 542台（其中包括柴油叉车213 982台），与上年同期相比，增长了10.14%。

2）电动叉车销售情况。2016年，在我国共销售电动叉车（包括电动平衡重乘驾式叉车和各类电动仓储叉车）141 525 台，与上年同期相比，增长了17.82%。其中，电动平衡重乘驾式叉车共销售39 985 台，与上年同期相比，增长了4.77%；电动仓储叉车（包括电动乘驾式仓储叉车、电动步行式仓储叉车等）共销售101 540 台，与上年同期相比，增长了23.90%。

2016年，我国共出口机动工业车辆102 216 台，与上年相比，增长了11.12%。其中，电动叉车出口57 158 台，与上年相比，增长了21.28%；内燃叉车（含集装箱叉车）出口45 058 台，与上年的出口量相比，增长了0.45%。在2016年出口的车型中，电动叉车的占比继续保持增长，与上年同期相比，增长了4.68%。

2. 生产商的发展变化

近年来，国内多家叉车制造企业在人工智能的大趋势引领下，开发出了相应的智能产品并投放市场。与以往的叉车新产品不同，无人驾驶叉车以及仓储用AGV对使用环境和搬运系统整体解决方案的要求相对较高，叉车生产企业由于产品的转型升级逐渐从制造商向系统集成商转变，出现了多起国内外叉车制造商收购系统集成商的案例。例如，2016年诺力股份收购了无锡中鼎物流设备有限公司，旨在与目前物流仓储解决方案的产品形成协同效应，以推动该业务板块的发展。

另外，叉车的后市场目前已经进入快速发展期，在租赁、服务等领域逐渐有新的模式导入，通过网络信息技术提升服务能力，通过增加投资扩大租赁和服务范围及规模，形成后市场中的优势。

3. 对新技术与新产品的分析

随着市场需求的增加，生产企业不断增加产品研发投入，车型更加丰富，2016年已经有48t的内燃叉车、12t的电动叉车等车型投放市场；新能源叉车的开发也在积极推进中；仓储叉车由于连续多年是中国市场增长最快的车型，受到业内企业的关注，从事仓储叉车专业化生产的企业越来越多，在产品技术、进口替代方面有了长足的进步。尤其是电动步行式仓储叉车，从国内市场和出口两个方面来看，部分车型的优势比较突出。

2016年，中国工程机械工业协会工业车辆分会举办了第一届"中国工业车辆创新奖"（CITIA）的评选活动，安徽合力股份有限公司的"G2系列1.6～2t前移式叉车"荣获金奖；韶关比亚迪实业有限公司的"比亚迪新能源叉车项目"荣获银奖；浙江中力机械有限公司的"适用于狭小通道的1.5t超小型轻量化电动搬运车"、杭叉集团股份有限公司的"A系列电动托盘车"以及安徽合力股份有限公司的"H3系列2～3.5t内燃平衡重式叉车"并列荣获铜奖。

托盘行业 我国的托盘行业目前仍属于新兴产业，尽管我国经济的下行压力较大，但在国家和各级政府部门的大力推动下，托盘企业在2016年整体呈现出上升的趋势。

1. 行业发展情况

据统计，2016年，我国托盘市场的保有量超过11.4亿片，比上年增长6 082万片，其中1.2m×1.0m标准托盘市场占比达到25.5%左右，比上年年底增长0.5%。标准托盘的租赁量达到1 680万片，比上年年底的1 460万片增长15%左右。

2. 托盘标准化推进工作

2016年是商务部与国标委推行的全国商贸物流标准化专项行动计划的第三年，我国托盘行业的标准化程度持续提高。从2013年起，商务部先后出台了《关于促进商贸物流发展的实施意见》《托盘循环共用系统建设发展指引》《商贸物流标准化专项行动计划》等多个文件；两次召开"全国商贸物流工作现场经验交流会"，要求省、市、自治区商务部门以托盘为切入点推行物流标准化；以"托盘托起未来""托盘标准化与托盘循环共用"为题，编制宣传片和宣传材料，大力推进托盘在城市配送中的应用，推动各地超市连锁物流设施标准化改造和上下游企业托盘循环共用，以托盘为基础的单元化物流，创新了超市连锁的订货模式，大幅提高了快消品的配送效率。

从2014年开始至2016年年底，商务部已经发布了两批托盘标准化试点企业和三批标准化试点城市，32个全国主要经济节点城市成为商务部的试点城市。第三批标准化试点企业名单有望在2017年第一季度公布。目前，全国商务系统都已行动起来，紧紧抓住托盘标准化这一发展契机，促进物流设施、装备标准化和城市配送托盘化。

3. 构筑托盘质量保障体系

在继续深入开展托盘质量认证工作可行性调研的基础上，2016年提出了托盘质量保障体系实施方案，其中包括：框架体系、总体规划、实施方法、效果分析预测等。截至2016年年底，全国五大类托盘企业中有30余家企业获得了托盘质量认定资格，在引领我国托盘标准化和提高托盘质量方面发挥了积极作用。

4. 走出国门，助力"一带一路"的互联互通

2016年6月，在北京召开的"第十一届亚洲托盘系统联盟会议"，以亚洲托盘发展方向、目标及战略为主线，讨论研究了亚洲托盘统一标识和互通互联问题，决定在2017年确定亚洲托盘统一标识并开展亚洲托盘质量认证工作。

随着我国"一带一路"战略的推进，中欧列车已经成为重要的物流项目，但目前在中欧列车上的带托货物都是使用欧洲标准0.8m×1.2m规格的托盘，对我国"一带一路"物流体系建设事业是非常不利的。经过与欧洲托盘协会友好协商，中欧双方决定启动"中欧托盘标识互认、互联互通"工程。该工程的最终目的是实现中国和欧洲生产的标准托盘能做到标识互相承认、质量互相认可，做到无障碍通关，为扩大中欧贸易往来创造更良好的条件。

〔撰稿人：中国重型机械工业协会物流与仓储机械分会纪凯　审稿人：中国重型机械工业协会李镜〕

机械式停车设备

生产发展情况

2016年，在政策引导和市场需求的双重作用下，我国机械式停车设备市场明显回暖，全年新增机械式停车泊位728 643个，比上年增长18.0%，增速较上年提高12.8个百分点；机械式停车设备国内销售总额（含汽车专用升降机）133.3亿元，比上年增长20.2%，增速较上年提高17.3个百分点。

产品分类产量

2016年，我国建设机械式停车库的城市（包括县级城市）262个，与2015年持平；262个城市中，有48个是首次建设机械式停车库，其中39个是县级城市。

首次建设的城市机械式停车泊位达到21 913个，约占到全国新增泊位总数的3%。

泊位数建设量排名前10位的省（自治区、直辖市），占全国新增泊位总数的70.5%。

建设量排名前10城市的泊位数占全国新增泊位总数的47.2%。

2016年机械式停车库按省（自治区、直辖市）分布情况见表1。

表1 2016年机械式停车库按省（自治区、直辖市）分布情况

排名前10位的省（自治区、直辖市）	新增泊位（个）	占全部泊位比例（%）
江苏	135 647	18.62
浙江	62 218	8.54
陕西	59 378	8.15
河南	46 031	6.32
上海	41 688	5.72
广东	39 186	5.38
山西	34 924	4.79
山东	31 673	4.35
北京	31 557	4.33
安徽	31 074	4.26
其他地区	215 267	29.54
合计	728 643	100

2016年机械式停车库按城市分布情况见表2。

表2 2016年机械式停车库按城市分布情况

城市	新增泊位（个）	占全部泊位比例（%）
南京	67 530	9.3
西安	51 973	7.1
上海	41 688	5.7
郑州	38 169	5.2
北京	31 557	4.3
太原	24 084	3.3
杭州	23 694	3.3
天津	23 136	3.2
武汉	22 115	3.0
温州	19 974	2.7
其他城市	384 723	52.8
合计	728 643	100

2016年，升降横移类车库共有1 780个项目，比上年增长7.4%；简易升降类车库共有134个项目，比上年下降24.3%；平面移动类车库共有121个项目，比上年增长12%；垂直升降类车库共有98个项目，比上年增长53.1%；巷道堆垛类车库共有36个项目，比上年下降30.8%；垂直循环类车库共有25个项目，比上年增长733.3%。

2016年新增机械式停车设备类别比较见表3。

表3 2016年新增机械式停车设备类别比较

类别	泊位（个）	比例（%）
升降横移类（PSH）	628 765	86.29
平面移动类PPY	38 452	5.28
简易升降类PJS	35 881	4.92
垂直升降类PCS	14 352	1.97
巷道堆垛类PXD	7 908	1.09
垂直循环类PCX	2 616	0.36
多层循环类PDX	669	0.09
合计	728 643	100

市场及销售

1.国内市场及销售

从车库用户情况来看，小区配建车库新建泊位442 020个，比上年增长14.5%，约占新增泊位总数的60.7%。

小区配建车库采用最多的库型是升降横移类，共有398 397个泊位，占小区车库总数的90.1%；其次是简易升降类，共有24 746个泊位，占小区车库总数的5.6%。

公共配套车库新建泊位201 858个，占泊位总数的

27.7%。比 2015 年增加 54 763 个泊位，同比增长 37.2%。

公共配套车库采用最多的库型是升降横移类，共有 157 015 个泊位，占公共配套总数的 77.8%；其次是平面移动类，共有 22 470 个泊位，占公共配套总数的 11.1%。

单位自用车库新建泊位 84 765 个，占泊位总数的 11.6%，比上年增长 0.7%。

单位自用车库采用最多的库型是升降横移类，共有 72 869 个泊位，占自用车库总数的 86.0%；其次是平面移动类，共有 4 572 个泊位，占自用车库总数的 5.4%。

2016 年新增机械车库用户情况见表 4。

表 4　2016 年新增机械车库用户情况

用户分类	项目数（个）	泊位数（个）	占比（%）
住宅小区	1 066	442 020	60.7
公共配套	679	201 858	27.7
单位自用	455	84 765	11.6
合计	2 200	728 643	100

2016 年，国内销售 20 强企业（按公司名称字母排序）：北京航天汇信科技有限公司，北京鑫华源机械制造有限责任公司，北京大兆新元停车设备有限公司，大洋泊车股份有限公司，杭州大中泊奥科技有限公司，杭州西子智能停车股份有限公司，杭州友佳精密机械有限公司，河南省盛茂永代机械制造有限责任公司，江苏金冠停车产业股份有限公司，江苏启良停车设备有限公司，江苏润邦智能停车设备有限公司，江苏中泰停车产业有限公司，山东莱钢泰达车库有限公司，山东齐星铁塔科技股份有限公司，山东天辰智能停车设备有限公司，上海赐宝停车设备制造有限公司，深圳精智机器有限公司，深圳市伟创自动化设备有限公司，深圳怡丰自动化科技有限公司，唐山通宝停车设备有限公司。

以上 20 家企业的国内销售额计 879 223.31 万元，占上报企业销售总额的 66.0%，其安装泊位数 468 270 个，占国内新增泊位的 64.3%。

2. 设备出口情况

2016 年，共出口 38 个国家和地区，出口项目 107 个，出口泊位总数 22 995 个，出口总额为 58 231.45 万元。

出口数据表明，2016 年升降横移类出口项目为 62 个共 13 205 个泊位，简易升降类出口项目为 12 个，共 1 937 个泊位。平面移动类出口项目 10 个，泊位数为 3 824 个，垂直升降类出口项目 11 个，共 1 761 个泊位。

2016 年设备出口区域情况比较见表 5。2015—2016 年出口设备类型比较见表 6。

表 5　2016 年设备出口区域情况比较

出口地区	出口泊位（个）
亚洲	11 369
美洲	5 435
大洋洲	3 953
欧洲	1 399
非洲	839
总计	22 995

表 6　2015—2016 年出口设备类型比较

设备类型	项目数（个）		泊位数（个）	
	2015 年	2016 年	2015 年	2016 年
升降横移类（PSH）	34	62	9 141	13 205
简易升降类（PJS）	10	12	986	1 937
平面移动类（PPY）	13	10	4 322	3 824
垂直升降类（PCS）	6	11	2 187	1 761
垂直循环类（PCX）	3	7	983	1 289
巷道堆垛类（PXD）	1	2	850	922
多层循环类（PDX）	0	1	0	57
小计	67	105	18 469	22 995
汽车升降机（PQS）	0	2	0	11 台
合计	67	107	18 469	22 995

〔撰稿人：中国重型机械工业协会停车设备工作委员会李仲军　审稿人：中国重型机械工业协会停车设备工作委员会明艳华〕

大型铸锻件

生产发展情况　2016 年，受经济转型和产业结构调整的影响，大型铸锻件行业分化继续，中国第一重型机械集团（一重）、中国第二重型机械集团公司（二重）、大重工·起重集团有限公司（大重）、上海重型机器厂有限公司（上重）、太原重型机械集团有限公司（太重）、北方重工集团有限公司（北方重工）和中信重工机械股份有限公司（中信重工）七大重机企业，大部分出现较大幅度的亏损。同时，在经济增速放缓的情况下，创新驱动的作用更加显著，产业结构继续优化，产业布局更加完善，产品结构向中高端移动的趋势明显。

1.七大重机企业产出指标完成情况

2014—2016年七大重机企业营业收入、机器产品产量和出口交货值比较分别见图1、图2、图3。

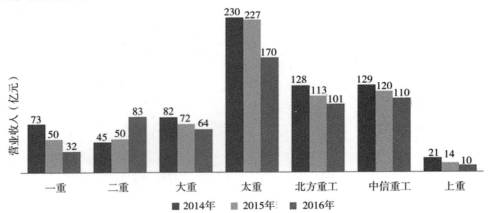

图1　2014—2016年七大重机企业营业收入比较

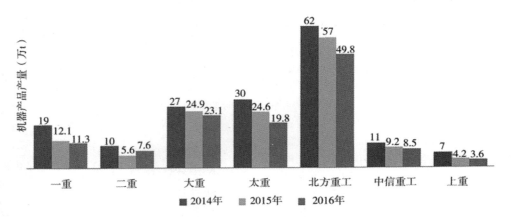

图2　2014—2016年七大重机企业机器产品产量比较

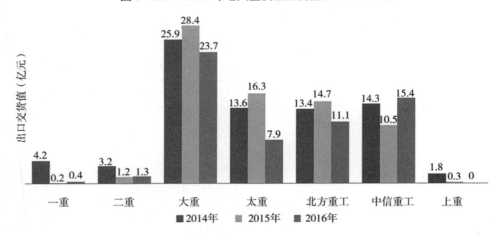

图3　2014—2016年七大重机企业出口交货值比较

2.七大重机企业主要经济指标

2016年大型铸锻件行业重点企业主要经济指标完成情况见表1。

表1　2016年大型铸锻件行业重点企业主要经济指标完成情况　　　　　　　　　　　　　　（单位：亿元）

指标名称	一重	二重	大重	太重	北方	中信	上重
工业总产值（现价）	44.5	61	68.5	103.9	106.1	102.4	7.7
工业增加值（分配法）	-38.4	17.6	13.2	2.5	8.7	-1.4	0
主营业务收入	31.4	81.9	63.6	170	101	110.2	7.3
主营业务成本	39.9	73.8	52.1	159.1	87.3	109.4	8.9
应交税金总额	3.8	2.3	3.7	3.9	0.7	2.7	0.7
利润总额	-54.7	5.3	1.9	-17.9	0.6	-15.1	-4.8
累计订货量（在手合同总量）	136.8	138	153.8	292.9	110.6	240.8	37

市场及销售　从全年行业主要产品的出产情况看，金属轧制设备、锻件同比均为增长；金属冶炼设备、铸钢件仍处于下降状态。2016年大型铸锻件行业主要产品产量完成情况见表2。

表2　2016年大型铸锻件行业主要产品产量完成情况

产品名称	当年产量（万t）	上年产量（万t）	增幅（%）
金属冶炼设备	54.61	65.59	-16.75
金属轧制设备	49.01	48.41	1.23
锻件	1 219.22	1 180.55	3.28
铸钢件	1 359.80	1 492.63	-8.90

科技成果及新产品　新产品研发能力是企业核心竞争力的关键要素。行业内各企业进一步完善研发体系建设，着力提高科技创新能力，取得了较好的成绩。2016年大型铸锻件行业部分科研项目获奖情况见表3。

表3　2016年大型铸锻件行业部分科研项目获奖情况

项目名称	奖项名称	获奖等级	主要完成单位
重型装备大型铸锻件制造技术开发及应用	国家科学技术奖	二等奖	中信重工机械股份有限公司
重型真空靶室原位测量与制造控制方法及应用	中国计量测试学会科技进步奖	二等奖	中国第二重型机械集团公司
LG720冷轧管机组成套设备研制	中国机械工业科学技术奖	一等奖	太原重工股份有限公司
核电站反应堆压力容器主密封成套技术自主开发及应用	中国机械工业科学技术奖	一等奖	中国第一重型机械集团公司
大口径厚壁油气钢管优质高效预精焊关键技术及成套装备	中国机械工业科学技术奖	一等奖	中冶陕压重工设备有限公司
焊接转子技术路线在百万千瓦超超临界汽轮机中的运用	中国机械工业科学技术奖	二等奖	上海电气电站设备有限公司
AP1000核电蒸汽发生器研制	中国机械工业科学技术奖	二等奖	上海电气核电设备有限公司
25 000kN大型伺服闭式四点压力机研制	中国机械工业科学技术奖	二等奖	中国第一重型机械集团公司
多元合金化锻钢支承辊研制	中国机械工业科学技术奖	二等奖	中国第一重型机械集团公司
冷热轧带钢卷取及开卷关键工艺模型与缺陷治理技术开发	中国机械工业科学技术奖	二等奖	燕山大学
工业铝材高效节能挤压生产关键技术与应用研究	中国机械工业科学技术奖	二等奖	上海重型机器厂有限公司
大型球团带式焙烧机成套装备	中国机械工业科学技术奖	二等奖	北方重工集团有限公司
航空发动机高端铝合金壳体铸件关键铸造技术	中国机械工业科学技术奖	二等奖	沈阳铸造研究所
航空航天用耐高温低膨胀合金关键部件精密成形技术及应用	中国机械工业科学技术奖	二等奖	沈阳铸造研究所
超大厚度钢锭火焰切割设备	中国机械工业科学技术奖	二等奖	中国第一重型机械集团公司
5 000mm宽厚板辊式全液压系列矫直机研制	中国机械工业科学技术奖	三等奖	太原重工股份有限公司
船用燃气轮机关键铸件制造技术	中国机械工业科学技术奖	三等奖	沈阳铸造研究所

中国第一重型机械集团公司大力推进科技创新。围绕技术集成、设备成套、工程总包和为用户提供全面系统解决方案开展现代服务业；在核电石化公司成立焊接技术中心，不断加强研发与技术转化能力；将能材所与天津研发中心合并，提高技术资源利用效率。完成了专项装备能力提升项目和核电主设备制造升级改造项目的前期论证并开始建设。科研新产品开发方面，700℃镍基合金转子、CB2汽缸体等新材料研制进展顺利；机械压力机39项结构优化及控制技术提升成果在江淮、江铃、猎豹生产线上得到应用；深熔TIG焊技术研究突破关键技术实验；反应堆压力容器新型顶盖锻件制造工艺取得成功并已通过课题专家鉴定；大型伺服闭式四点压力机等3项科技成果完成鉴定；"三代核电反应堆压力容器及核岛主设备大型锻件制造标准体系研究"等2项核电重大专项课题通过验收。

中国第二重型机械集团公司扎实有序推进科技专项工作。国机集团重点支持的18个长线产品研发项目有序实施，新一代核电关键材料、600℃级超（超）临界核心铸锻件研制取得重大突破，超高强度航空结构锻件、高性能航空发动机转动件等新产品相继研制成功。全年依托长线产品研发成果，累计新增销售订单近6亿元。铸锻件方面，1 000MW超（超）临界发电机转子锻件通过鉴定；600～620℃超（超）临界汽轮机组10%Cr转子完成备份技术路线的样件试制；第三代核电CAP1400常规岛汽机高中压、低压转子完成性能评价；承担了国家科技部重点研发计划"深海关键技术与装备"专项中的大型深海超高压模拟试验装置所有关键大锻件的研制生产任务，对公司开拓海洋工程领域市场意义非凡。核电设备方面，核电泵壳、蒸汽发生器水室封头等新一代核电关键材料研制取得了较大突破，成功研制ACP1000主泵锻造泵壳，世界首套ZH-65型蒸发器水室封头完成试制并通过评定，掌握了中核华龙1号蒸发器全套大型锻件关键制造技术。石化容器产品方面，双超加氢反应器的技术持续升级，支撑了公司在该领域的市场竞争力提升；研制的首套两台船用低温容器——巴西石油项目已实现出口交货；高端换热器完成了螺纹及管箱用筒形锻件试验件设计及制造方案。

上海重型机器厂有限公司（2015年，原上海重型机器厂有限公司铸锻件及特种钢板块整合为上海电气上重铸锻有限公司）积极推进新产品开发。自主设计的Center项目工程实验堆堆内构件整套大锻件通过RCC-M M140制品评定，并完成首套交货；火电COST-E超（超）临界转子锻件生产实现二次国产化，使其力学性能水平与国际先进水平相当，锻件内部质量超过国际先进水平。2016年，先进压水堆核电站核岛关键设备材料技术研究与工程应用获北京市科技进步奖一等奖；工业铝材高效节能挤压生产关键技术与应用研究获中国机械工业科学技术奖二等奖。

大连重工·起重集团有限公司突出科技创新，推进产品结构调整。强化以技术创新推动结构调整，产品开发与升级取得新进展，新产业开拓取得新突破。一是进一步完善创新体系。国家风电传控中心顺利通过国家验收，完成风电智能监控平台研发等科研课题开发，提升了公司在风电行业的地位和影响力。二是积极推进技术升级。产品智能化升级方面，完成堆取料机无人化系统空载测试，利用自主研发的嵌入式机电一体化技术，成功实现焦炉设备核心部件智能控制。三是新产品开发取得进展。以"新领域、高端、前沿"技术为重点，完成新产品开发29项、申报发明专利50项。成功研制铸钢12Cr大型汽缸和国内首台三代核电技术"华龙一号"核环吊。

太原重型机械集团有限公司技术创新成果丰硕。全年完成产品研发140项。完成了5MW海上风电、350公里级动车组齿轮箱、400t起重机智能控制系统等产品开发。完成核电115t环轨起重机、TZL750全地面桁架臂起重机、235MN压力机等77项产品试制。公司重大项目海上核动力平台，汽轮机主体部分完成设计，压力容器完成部分主体材料的锻造工艺设计；钢轮钢锭项目完成了小批量试制并全部交货；30万千瓦级以上转子实现订货18件；4 000t环轨起重机完成了施工设计；高端液压件完成了大排量高压轴向变量柱塞泵、电比例控制柱塞泵等产品的开发，并进入小批量生产阶段。此外，公司产品的智能化提升也取得了一定突破。

中信重工机械股份有限公司技术研发稳步推进。强化技术先导战略，实行科研开发和成套业务经营分离；围绕打造核心制造、关键基础件板块、工程成套板块、机器人及智能装备产业板块、节能环保产业板块、军工产业板块，调整管控模式和考核激励机制，优化资源配置。CSM-250立式搅拌磨成功应用。2016年辊压机新增订货达到25台（套）。发挥工程成套优势、产品设计优势和制造工艺优势，紧紧围绕国家产业政策，积极拓展烧结余热发电产业。自主完成柬埔寨CMIC、巴基斯坦GCL 7000TPD熟料线及粉磨站项目设计工作。2016年新获专利授权48项，其中发明专利授权23项。

北方重工集团有限公司产品研制能力获得进一步提升。5项新产品成功推向市场，其中用于双江口水电站的心墙骨料掺和系统技术填补公司业绩空白，移动式散料系统工艺在青海盐湖料场项目中取得成套领域突破；大型洗选设备计算机流体仿真等3项共性技术开发为集团公司相关产品技术提升奠定了基础；20余项产品完成数字化设计，公司主导产品继续向智能化方向发展。

行业工作

（1）行业标准工作。2016年，高效完成了本年度标准制修订任务。申报国家标准立项2项，国家标准外文版立项2项，行业标准立项5项；获批国家标准计划2项。执行国家标准项目5项，其中2项已获批发布；执行行业标准20项，其中报批6项，完成征求意见和审查14项。开展了27项新版行业标准宣贯培训，推动正确理解和使用标准，对标准今后的研究和修订方向进行了讨论，为标准下一步修订积累技术信息。对80项推荐性行业标准、20项在研推荐性行业标准制修订计划、3项在研推荐性国家标准计划，开展了集中复审工作。

（2）行业学术期刊工作。2016年，《大型铸锻件》杂志和《中国重型装备》杂志分别完成全年6期和全年4期的编辑、出版工作，刊登技术论文186篇，约150万字。受到作者、读者的广泛好评。

对外合作及企业发展　中国第一重型机械集团公司积极推进改革，为实现脱困振兴奠定基础。一是加大内部改革力度。通过借鉴先进企业的"225"管理办法，创建公司新的管理体系。二是深化三项制度改革。人事制度方面，先后对各单位总经理等278个岗位进行内部市场化选聘。劳动用工方面，重新开展职工编制核定工作。三是优化机构设置，各单位以法人或模拟法人模式运行，直面市场、效益否决，初步实现了资源集中和利用最大化。

坚持营销拉动，为实现脱困振兴创造条件。一是确立了以营销为龙头的生产经营机制。二是努力开拓市场。全年实现新增订货81亿元，同比增长51.5%，回款80亿元，同比增长35.6%。对外合作方面，先后与中国核建、中国节能签订了战略合作协议，分别就高温气冷堆项目和垃圾焚烧项目进行合作。国际市场开发方面，成立了俄罗斯办事处，重点开发东欧市场，成立伊朗伊斯法罕容器项目组，负责容器项目的操作与执行。

中国第二重型机械集团公司深耕市场抢订单，压降"两金"增效益。全年实现经营订货86.06亿元，主导产品市场占有率较2015年稳中有升。签订了中石油辽阳石化和中石化镇海石化项目、川西机器厂深潜项目、河北敬业1780热连轧机等为代表的一批重大项目合同；特别是在年末石化容器订单捷报频传，一举斩获了恒力石化、浙江石化近13亿元加氢反应器大单。把长账龄货款回收和存货盘活作为增利的关键措施之一。针对应收账款，采取清理和催收同步，通过上门坐催、法律诉讼、协同收款等方式，长账龄应收账款大幅下降，全年累计实现回收增利约4亿元。

加快重大资产盘活。镇江公司全部股权已于2016年5月底转让给国机集团，并由二重重装托管。正在通过各种途径积极推进镇江基地盘活工作；成都工程中心大楼已于2016年12月底转让给国机资产公司，借助专业力量加快盘活；国务院国资委已批复将注入8万t大型模锻压机后的万航公司49%股权无偿划转中航工业，共同打造具有全球竞争力的航空模锻件基地。

大连重工·起重集团有限公司全力拓展市场，着力保持运行平稳。一是国际化经营扎实推进。新设立澳大利亚公司，积极组建马来西亚公司；大力开发新市场，签订几内亚铝土矿散料设备合同，实现美国必维、法国福禄等新顾客订货突破；稳步扩大零部件出口市场，风电齿轮箱印度市场占有率保持较好水平。二是制造服务市场稳步拓展。总承包领域市场拓展保持稳定，成功取得电力工程施工总承包资质和订货突破；积极创新服务模式，首次以BOO方式签订宝钢湛钢翻车机项目；加大后服务市场开发力度，初步建立起以区域为单元的后服务网络。三是"三新"市场拓展多点开花。实现内河港口翻车机总包突破；紧抓国家军民融合战略机遇，相互协作，成功进入军工领域市场；加大再制造市场开发力度，公司5类产品入选国家再制造产品目录，并取得市场订货突破。

太原重工集团有限公司经销工作效果显著。一是重大项目订货成绩突出。二是转型产品推广成效明显。三是国际化进展取得新突破。2016年实现出口订货14.2亿元，占公司总订货的6%。新设了东南亚、中亚、西亚三个区域性海外机构，完善了国际化布局。四是成套业务进展顺利。五是保障重点产品产出。

完成了智波公司股权重组、太原重工的定向增发工作；太重榆液人员、资产股改上市的整合完毕；山西煤机新三板上市股改完成；厂办大集体企业正在制订改革方案；太液机破产工作基本完成。

中信重工机械股份有限公司2016年新增订货84.48亿元，实现主机订货22.67亿元；全年成套产业订货43.52亿元，占公司订货总额的60.53%。在石化加氢和核电领域，取得了新的市场突破，新兴产业为公司发展注入新动能。加大特种机器人的研发和市场推广，全年订货突破1 300台。完善大客户服务、用户服务和备件服务三位一体的大服务体系，举办备件服务产业大会，组建28个备件项目部，积极开展备件市场调研，全年实现备件订货6.59亿元。一次性同老挝Phonesack集团签订6台7 500kW高压变频器，实现了大功率高压变频器批量市场订货。在中信集团内部并购重组中信机电军鹏公司，进入军用整车领域。

北方重工集团有限公司企业体制创新与改革取得重要进展。投融资平台建设取得积极进展。依托北方重工香港有限公司搭建境外投融资平台，降低融资成本，积极拓展海外业务；筹建沈阳志和投资有限公司，为推进企业体制机制改革，迅速提高企业研发能力、市场响应能力和盈利能力打好基础。与中国建材联合重组工作取得进展。积极与中国建材旗下相关单位进行业务对接，已达成协同开拓国际市场的共识。

推进制造过程数字化，提升质量管控能力。以现有MES系统为基础，构建切合企业实际的ERP系统，缩短周期，提高产品质量。加强国际化信息网络建设。搭建国际化信息管理服务平台，加强对海外业务的管控；搭建备品备件网上服务平台，为客户建立电子档案，实施动态跟踪管理，抢占备件市场；建立与法国NFM公司、美国罗宾斯公司及艾法史密斯公司协同设计、制造与服务平台，实现资源共享和高效利用；应用远程监控、诊断、服务功能，实现主导产品和成套装备服务远程化、智能化和国际化，逐步推动北方重工从单机制造商向工程服务商转型。

上海重型机器厂有限公司积极推进业务再梳理，功能再配置。结合产品业务承续发展的实际，上重机器装备业务整合进入上重碾磨公司、能源管理部业务整合进入上重铸锻公司、包装运输业务按需调整进入两家新公司。在资产梳理过程中，为进一步减少存货及呆滞物资，公司主动协调新公司落实存货利用、处置等工作，盘活资产，挖掘剩余存货价值。推荐和服务新公司全年利用存货资产约

5 445万元,既有效消化上重存货、回笼资金,又快速保证新公司产出需求,缓解新公司的合同项目资金、产出周期压力。2016年在前几年大量减员的基础上持续优化人员结构,不断调整人员配置,结合企业改革步骤平稳实施人员调整等工作。

存在的共同问题

(1) 行业环境不佳。由于国内处于调结构转方式的经济新常态下,行业面临产能过剩、供给不足的问题,企业经营订货受到很大影响。

(2) 规模小且不强。中国装备制造业整体规模虽然很大,但重型机械行业集中度不高,与国际知名企业相比,规模很小,竞争力不强。2016年,七大重机企业整体资产为1 598亿元,从业人员为5.3万人,营业收入合计571亿元,利润为-85亿元,不及斗山重工一家,斗山重工2015年资产总额为237亿美元(约1 493亿元),营业收入为141亿美元(约887亿元),利润亏损13.5亿美元,从业人数为7 909人;在手合同为153亿美元(964亿元),接近于七大重机的1 111亿元;斗山重工的毛利率为17.1%,高于七大重机2016年6.4%的整体水平,接近于大重18.3%的行业最好值。

(3) 赢利能力弱。受内外环境影响,企业普遍亏损,平均利润率低,整体成本费用占收入比重高达110%,最好水平也接近于100%;成本费用利润率为-3.42%。

(4) 资产效率不高。除劳动效率不高外,资产使用效率也不高,整体总资产周转率为0.35次,流动资产周转率为0.5次,每百元资产实现的主营收入为35元,应收账款平均回收期为139天,资金利润率整体为-5.85%。

(5) 产业链和价值链扩张处于起步阶段。虽然部分企业在部分领域进行了开创性探索,并取得不俗成就,但对整体的支撑尚不强。此外,不论在产品结构调整、服务型制造、国际化发展等方面与国际企业成熟的产业链扩张还有差距。

〔撰稿人:中国重型机械工业协会大型铸锻件分会董涛、杜青泉 审稿人:中国重型机械工业协会大型铸锻件分会蒋新亮〕

基 础 件

减 速 机

市场分析 减速机是装备制造业的主要基础件,产品蕴含着装备制造业的核心制造技术,广泛应用于国民经济建设各领域。2016年,我国在适度扩大总需求的同时,为提高经济增长质量、促进经济结构优化、推进节能减排,着力加强供给侧结构性改革,工业结构也在不断优化升级,高技术产业和装备制造业增速明显快于一般工业,这也倒逼传统制造型企业转型升级。

2016年减速机行业发展总体平稳,市场需求和产品价格与上年基本持平。规模较大及开发、创新能力强的几家骨干企业,市场销售情况相对要好。

从产业链下游看,冶金、有色、电力、建材、煤炭、工程机械等传统行业需求仍较低迷。轨道交通、机器人产业、军工配套、海洋特种装备、新能源产业等新兴高新技术行业发展态势较好。

行业内几家上市公司全年业绩如下:

杭州前进齿轮箱集团股份有限公司2016年实现营业收入15.43亿元,比上年增长3.23%,每股实现收益0.018 2元,归属于上市公司股东的净利润730万元,比上年增长106%。

中国高速传动设备集团有限公司2016年实现营业收入89.66亿元,比上年下降8.9%,每股实现收益0.678元,实现毛利29.87亿元,比上年下降6.6%。主要是因非风电业务受到经济环境未能复苏的影响,以及2016年国内风电行业整体增速有所回调。

宁波东力股份有限公司2016年实现营业收入5.15亿元,比上年同期增长2.73%;归属于上市公司股东的净利润为1 156.72万元,比上年同期增长3.72%;经营活动产生的现金流量净额为15 691.96万元,比上年同期增长148.36%。

重庆蓝黛动力传动机械股份有限公司2016年经营业绩呈现良好的增长态势。报告期内实现营业收入116 064.24万元,同比增长48.16%;营业利润13 756.50万元,同比增长114.75%;利润总额14 668.50万元,同比增长70.34%;归属于母公司股东的净利润为12 863.26万元,同比增长73.73%。作为向汽车产业提供乘用车变速器总成及零部件的供应商,公司的经营管理层根据宏观环境及行业发展形势，利用乘用车市场产销量稳定增长的发展契机，紧紧围绕公司发展战略和年度经营目标，不断加大乘用车变速器新产品的研发投入与创新，推进产品技术转型升级，及时调整优化产品结构；以产品质量和产能保障能力为依托，加强与国内多家品牌主机厂的合作，满足市场需求；同时公司坚持以市场为导向，不断开拓新市场，重点开拓变速器总成市场和自动变速器零部件市场，推动公司经营业务持续、稳健发展。

浙江双环传动机械股份有限公司2016年度实现营业总收入173 854.79万元，比上年增长24.42%；营业利润19 460.63万元，比上年增长32.40%；利润总额21 279.04万元，比上年同期增长40.10%；归属于上市公司股东的净利润18 966.83万元，比上年同期增长38.71%。公司主营业务为机械传动齿轮的研发、设计与制造，已形成涵盖乘用车、商用车、非道路机械、电动工具等多个领域门类齐全的产品结构。经过三十多年持续的专业化耕耘，已发展成为具有较高国际知名度的齿轮传动部件研制商和相关服务的提供商。近几年，随着我国高端装备和智能装备产业的不断发展，公司以"精密传动领导者"为经营理念，发挥精密制造与自主创新能力，逐步转向工业机器人、轨道交通、新能源汽车和自动变速器等精密传动部件领域，围绕主业实现产业"同心圆"扩张，实现新兴行业发展的新突破。此外，公司加大在智能服务领域的投入力度，与国内主要汽车制造商建立了"配套属地化"的合作模式，加快实现上下游产业融合及向智能制造装备和相关服务业发展的步伐。

行业发展与技术创新 2016年，在经济发展新常态下，我国经济运行在合理区间。同时我国积极推进供给侧结构性改革，不断优化产业结构，装备制造业增长势头良好。

南京高精传动设备制造集团有限公司在传统齿轮传动设备领域调整了产品的发展策略，凭借自主研发技术，产品以节能、环保为主线，制定了以产品标准化及模块化来推动产品销售的策略。同时，加强向客户提供及出售有关产品之零部件，协助客户在没有增加资本开支的情况下提升现有的生产效率，借以保持在工业传动产品市场上的主要供应商地位。

通过业务结构调整，风力发电传动设备方面产品收入达73.62亿元。报告期内，该集团不仅为客户提供大型风力发电齿轮箱，更进一步优化了5MW和6MW的风力发电齿轮箱传动设备，产品技术水平已与国际竞争对手同步，且该集团于全球首次推出了主齿轮箱和偏航变桨驱动系列化产品平台——NGC StanGear，并推出风电齿轮箱状态监测系统，引领着行业发展。该集团亦与GE Renewable Energy、Nordex、Senvion、Unison、Suzlon、Inox Wind、国电联合、广东明阳、运达风电、上海电气、远景能源、东方电气、金风科技等国内外知名风机厂商建立了良好合作关系，已累计为全球约40个主机厂在30多个国家和地区交付了约50 000台风电主齿轮箱和约300 000台偏航变桨驱动系统，全球市场份额超过29%。该集团优质的产品及良好的服务受到了海内外客户广泛的认可及信赖。期内，该集团重点推出了专门为低风速市场研发的3.X MW平台齿轮箱产品，研发出系列化风电齿轮传动产品平台NGC StanGear，以降低新产品研发成本，缩短开发周期，从而实现低成本快速上市的竞争优势。

在高铁、地铁、市域列车及有轨电车的传动设备业务方面，该集团继续获得国内不同城市地铁线的地铁齿轮箱订单，同时亦增加了悉尼地铁线的地铁齿轮箱订单。该集团轨道交通产品业已获得IRIS（国际铁路行业标准）认证证书，为该集团轨道交通产品进一步拓展国际铁路高端市场奠定了坚实的基础。目前该集团轨道交通产品已成功应用在北京、上海、深圳、南京、青岛、大连、苏州、兰州、南昌、石家庄、香港以及新加坡、巴西、印度、墨西哥及澳大利亚等轨道交通传动设备上。有轨电车用齿轮箱已成功开发出两种机型并获得了首批订单；160km/h的市域列车齿轮箱成功开发了三种机型，其中一种机型已获得国内批量订单。该齿轮箱运用了独特的齿轮修形技术、先进的热处理工艺，满足了齿轮箱在复杂工况下的高可靠性要求。有轨电车用齿轮箱将为公司未来发展提供新的动力。在船用齿轮传动设备方面，该集团的全资子公司——南京高精船用设备有限公司在高、精、尖产品领域以及国家重大项目配套方面有不俗的成绩。如为世界上最大的6 500m^3/h绞吸式挖泥船配套的齿轮箱，单台设计重量约220t，产品结构复杂、使用工况恶劣，可靠性要求高。此外，该公司为该项目承制的舱内泵齿轮箱、水下泵齿轮箱均已完成用户验收，体现了南高齿对绞吸挖泥船齿轮箱的整体打包能力。目前，南高齿的船用九大系列产品已覆盖整个船舶推进系统。

近几年，随着我国高端装备和智能装备产业不断发展，浙江双环传动机械股份有限公司以"精密传动领导者"为经营理念，发挥精密制造与自主创新能力，逐步转向工业机器人、轨道交通、新能源汽车和自动变速器等精密传动部件领域，围绕主业实现产业"同心圆"扩张，实现新兴行业发展的新突破。此外，该公司加大在智能服务领域的投入力度，与国内主要汽车制造商建立了"配套属地化"的合作模式，加快实现上下游产业融合及向智能制造装备和相关服务业发展的步伐。

2016年，公司高端产品成为业绩增长的新引擎。公司在稳步提升现有客户产品的同时，集中优质资源和研发力量，积极开发产品转型所带来的新市场空间。一方面，不断深化与老客户的项目合作，持续推进"亿级"客户的深度合作并取得了显著成效。对比亚迪、博格华纳等客户年销售额突破亿元大关，率先成为公司亿级客户；对福特公司的年销售额近亿元；加深与康明斯、西门子等客户的合作，一批优质项目顺利开展。另一方面，公司抓住手动变速器向自动变速器升级以及新能源车高速增长的机遇，不断为华晨、海马、比亚迪、奇瑞、广汽等客户开发和培育自动变速器或新能源车新品项目。公司在工艺改善、技术革新等方面取得了丰硕成果，获得多项实用新型专利和发明专利，特别是公司申请的三项圆柱齿轮产品获得了"浙江制造"认证证书。

该公司研究开发的 SHPR 高精密减速器及相关零部件参展上海中国工博会，得到了多家国际工业机器人领域重量级企业的高度关注。公司将在 2017 年进一步推动与国内机器人整机企业的合作，加快机器人减速器的投产建设，形成年产万台减速器的批量化生产能力，争取 2020 年实现年产 10 万台的生产能力。公司为广汽等企业开发的几大系列电机轴及特殊产品获得了客户的高度评价，与博格华纳、舍弗勒、西门子等公司就新一代纯电动汽车齿轮件的研制合作进入了新阶段。报告期内，公司与上汽变速器就新能源车辆传动项目投资建设的嘉兴双环，开创了当年投资建设、当年量产、当年产生效益的"桐乡速度"，彻底改变了本行业通常的建设周期长、经济效益见效慢的投资现状，也是对传统的"产地销"合作模式的颠覆，开辟出更为紧密的"地产销"合作新路径。

肩负着"承载双环人梦想，揭开玉环新篇章"重大使命的定增项目双环产业园于 2016 年下半年开工建设，该产业园可助力公司实现二次腾飞。智能化生产线改造在公司全面启动，"机器换人"工程的实施为公司"省人化"工作目标的实现提供了有力保障。南大岙厂区的土地置换相关协议与政策落地，工业用减速器专线建设也进入后期收尾阶段。

陕西法士特公司面对经济全球化对汽车零部件行业的巨大冲击和国内外同行业的围追堵截，依靠科技进步和自主创新，主动适应当前经济形势，牢牢把握市场机遇，积极加快产品结构调整和转型升级，不断扩大企业科技领先优势、装备制造优势、品牌竞争优势和市场主导优势，全面紧跟全球汽车工业发展变化，自主开发的 S 变速器、AMT 自动变速器、AT 自动变速器、客车变速器、液力缓速器等八大系列产品和轮边减速机等新能源产品迅速抢占市场制高点，形成规模发展优势，成为企业新的经济增长极。部分产品的关键技术和核心技术已达到国际领先水平，打破了跨国公司构筑的知识产权壁垒，填补了国内技术空白。其中，重型汽车变速器市场占有率超过 70%，市场保有量 600 万台。瞄准"十三五"，公司深入推进"两化"推进年活动和"5221"战略，全面加快信息化、智能化建设，各种自动化机器人生产线不断增加，节能重型载货汽车变速器智能制造试点项目全面推进，节能与新能源汽车传动系统产业化项目得到省级资金支持，企业高端化、多元化、国际化发展步伐持续加快，被业界誉为中国齿轮行业最具品牌成长性、最具国际影响力、最具规模竞争力和最具科技创新力的领军企业。

液力缓速器是企业为商用车量身打造的、具有自主知识产权的全新一代汽车制动产品，填补了国内市场空白，打破了跨国公司构筑的知识产权壁垒，高效的减速制动功能，为广大用户提供了可靠的安全防护保证。缓速器产品一经推出，便深受市场好评。截至 2016 年年底，销售量上涨近 3 倍。

S 变速器是该公司全面对标欧美、进军国际市场的系列全新高端产品，技术先进，性能卓越，经济环保，性价比高，成为用户青睐的一款热销产品。国内主流主机厂纷纷在其高端新车型设计开发中将 S 变速器作为优选配置。

在中国机械通用零部件工业协会组织的评选中，该公司申报的"液力缓速器"荣获"自主创新优秀新产品"特等奖，"S16 档系列变速器"和"7DS180 系列矿用车变速器"获得优秀奖。公司申报的"节能重卡变速器智能制造试点示范"项目，入选 2016 年智能制造试点示范项目名单。"高性能轮边直驱系统产业化示范应用"项目列入国家 2016 年增强制造业核心竞争力重大工程包专项。

杭州前进齿轮箱集团股份有限公司（简称杭齿集团公司）是我国专业设计、制造齿轮传动装置和粉末冶金制品的大型重点骨干企业、国家高新技术企业。公司立足传动装置主业，依靠科技进步，增强企业核心竞争力，确立了在行业中的领先地位。自 20 世纪 80 年代以来，公司在自主开发的基础上，引进国外先进技术，实现二次创新，产品领域从单一的船用齿轮箱扩展到船舶推进系统、工程机械变速器、风电增速箱、汽车变速器、农业机械变速器、轨道交通传动装置、工业齿轮箱、粉末冶金制品、大型精密齿轮十大类千余个品种。

公司研制的大功率双机并车船用齿轮箱经过客户单位代表的联合评审和各项试验，也顺利通过出厂验收。该齿轮箱是公司目前最大规格的双机并车主推进齿轮箱，双机输入，另带 2 个辅助功率输出（PTO），PTO 要求为初级结构，将用于远洋船的主推进系统。该齿轮箱的顺利验收，体现出杭齿对大功率双机并车齿轮箱具备了成熟的设计制造能力，进一步巩固了杭齿前进品牌在船机市场的领先地位，也为今后类似项目的研制积累了宝贵经验。

公司研制的 HCT1400 型船用齿轮箱具有特大速比、特大推力的特点，主要应用于各种渔船、港口拖船等船舶的主推进系统。该产品采用了三分箱体斜剖方式，在较小的中心距下达到较大减速比；采用湿式离合器前置结构和快速泄油阀装置，缩短了力流传递路线，提高了离合器的可靠性；采用主动齿轮外支撑的布置方式，增加了支撑刚度。产品研发过程中应用了有限元分析和齿轮修形技术，同时满足了齿轮箱减振降噪的技术要求。

由公司为欧洲最大的洋流发电项目提供的洋流（潮汐）齿轮箱，目前为项目的第 1 期，陆续会有 4 台主机下水，总装机量为 6MW，预计 2017 年年底并网发电。此外，由杭齿集团公司自主研发的 2HCTS400 大功率船用齿轮箱可与不同转向配套组成船用动力机组，是应用户特殊要求而精心研制的新一代产品。该齿轮箱为多轴多齿轮传动形式，减速比及相应传递能力满足 CCS 规范及渔检要求，具有双输入、单输出、双减速、离合及承受螺旋桨推力的功能。

公司承接的某国 1 500 吨级高速船舶主推进系统成功通过海试。该船经过 4 天的高速航行，到达目的地海域，在船东、船厂、设计院、监理的多方见证下，严格按照船舶的各项海试大纲要求，对船舶的操作性、机动性、快速性、减震降噪、主机负荷、控制系统、监测报警等综合设备进行了测试和试验。航试结果表明，该船的实际航速、船机桨的性能匹配、振动噪声、可调桨的调距性能、系统工作压力和温度、控制系统的稳定性等技术指标均完全符合设计要求，在航速等关键指标上远超设计要求，各项性能指标处于行业先进水平。

中车戚墅堰机车车辆工艺研究所有限公司（简称中车戚墅堰所）开发的完全自主研发、享有知识产权齿轮传动系统作为高铁能量转换与传递的关键核心部件，技术水平直接决定了高铁的性能。该齿轮传动系统已顺利通过了60万km的线路大考。

高铁是中国装备制造业的一张"金名片"，中国标准动车组以相对时速840km顺利交会少不了高品质齿轮传动系统的保驾护航。在中国高铁引进之初，齿轮传动系统从技术到工艺都被德国和日本公司垄断，价格昂贵，成为高铁列车最"卡脖子"的一环。该所依托自身近40年齿轮传动系统研发制造经验，先后建设了8个试验台，进行了上千次试验。针对国内高铁运行的严苛工况，成功突破产品设计、材料工艺及试验验证等方面的瓶颈技术，完成高铁列车齿轮传动系统全面自主化研制，实现了国产化替代，改变了我国高端装备业迅速崛起而关键核心零部件落后的"空壳化"局面。目前，这一项目已获得专利70余项，先后斩获中国铁道学会科学技术奖特等奖、中国发明专利优秀奖、中国机械工业科学技术奖一等奖等。

此外，该所齿轮生产过程中采用的智能制造手段有效保障了上万套产品的高可靠性，生产效率和质量管控能力大大提升，相比于国外同类产品，温升、噪声明显低，振动得到显著控制，实现了产品的国际领先。目前公司的高铁齿轮传动系统在国内市场占有率近70%，出口脚步不断加快。

秦川数控系统工程有限公司（简称秦川数控）继打破我国高端装备制造"软肋"的通用型高档数控系统QCNC6850批量配套应用于齿轮磨床等高端机床装备后，日前，又成功研制出机器人关节减速器试验台，成为国内完全具有减速器所有测试环节测试试验台的独立设计及制造能力的企业之一。

该公司已先后研制出综合性能测试试验台、可同时测量两台减速器的传动链测试试验台，这套测试系统可完成减速器偏心、减速机的角度传递误差、刚性及齿隙（传递损失）、增速起动转矩、无载运行转矩、效率的测试，良好的测试性能受到用户高度肯定。

随着智能制造在我国的快速兴起，精密减速器的市场需求逐步增大，各减速器制造厂家对试验台的需求也日益强烈。目前，公司为珠海某用户量身定制的减速器试验台已交付用户，另有多家减速器制造厂家多次咨询该试验台的情况，订购意向强烈。由于掌握了测试的核心、关键技术，制造减速器试验台有望成为秦川数控的一个新的经济增长点。公司承接的中船重工海工平台升降齿轮箱项目共72台齿轮箱顺利通过ABS（美国船级社）的现场船检，该项目研制生产任务圆满完成。升降齿轮箱是海工平台最重要的部件之一，是公司发挥半个世纪精密齿轮箱和齿轮成套加工装备技术优势，面向"三航两机"发力，瞄准海工平台升降齿轮箱研发的一次重大胜利，对公司功能部件产业转型升级，进入船舶和海工市场具有重要意义。

该公司的BX（或RV）减速器在国内也处于行业领先地位。采用智能制造方法，打造数字化车间来做机器人关节，要把机器人关节规模化产业化，更要做成数字化产品（实物＋数据包），打通机器人关节、伺服机、驱动器、传感器正向设计通道，支撑机器人整机产业的发展。该公司2016年实现了机器人批量销售3 000台，2017年力争达到12 000台。

为推动行业技术进步和发展，由中国重型机械工业协会重型基础件分会和油膜轴承分会联合举办的"2016第二届重型机械基础配套件发展论坛"在太原隆重召开。会议主题为"加强重型基础件的开发、补齐行业短板"。此次论坛综合分析了我国近几年在重型机械基础配套件方面还存在的支撑技术发展不平衡、整体装备技术水平和国际竞争力还不够高、工业技术的进一步发展和换代升级还不够快等短板，并围绕存在的问题展开研讨，探索解决相关问题的有效途径和方法，努力加快企业与科研机构、大专院校形成产学研用相结合的技术创新体系，扎实推动创新成果产业化，不断提升重型机械基础配套件发展的质量和效益。此次发展论坛也为重型机械配套件行业企业搭建了技术交流沟通的平台，促进了行业整体技术水平的提升，增强了行业企业的市场竞争能力。

标准化与科技奖励 2016年又有一批减速机行业标准通过审查并发布。2016年发布的减速机行业标准见表1。

表1 2016年发布的减速机行业标准

序号	标准号	标准名称
1	JB/T 12808-2016	矿用重载行星齿轮减速器
2	JB/T 2982-2016	摆线针轮减速机
3	JB/T 5561-2016	双摆线针轮减速机
4	JB/T 7253-2016	摆线针轮减速机 噪声测定方法
5	JB/T 12929-2016	摆线针轮减速机 温升测定方法
6	JB/T 12931-2016	摆线针轮减速机 承载能力及传动效率测定方法
7	JB/T 12930-2016	摆线针轮减速机 清洁度测定方法
8	JB/T 9043-2016	矿井提升机用行星齿轮减速器
9	JB/T 12932-2016	WP系列圆柱蜗杆减速器
10	JB/T 12915-2016	砼罐车用行星齿轮减速器

2016年减速机行业又有一批科研项目获得了不同层次的奖励。

由重庆齿轮箱有限责任公司（简称重齿公司）与浙江大学等联合研发申报的"大功率船用齿轮箱传动与推进系统关键技术研究及应用"项目，荣获2016年度国家科学技术进步奖二等奖。重齿公司完成的"一种双输入多输出并车离合船用齿轮箱"专利荣获第十八届"中国专利优秀奖"。

由中车戚墅堰所承担的"高铁列车高可靠性齿轮传动系统研发及产业化"项目获中国工业大奖。这是迄今为止，轨道交通领域项目首次获得该奖项。

由中车戚墅堰机车有限公司主持的"机车车辆用驱动装置铝合金材料及铸造工艺技术研究""CRH6型系列城际动车组齿轮箱的研制"及"LR1200-PROFILE焊轨车（轨道焊接机器人）"获中国中车科学技术奖二等奖。此外，公司参与的《轨道交通用铝及铝合金板材》国家标准研制"项目也获得中国中车科学技术奖二等奖。

杭州前进齿轮箱集团股份有限公司（简称杭齿集团公司）完成的"铁路大型养路机械YH350液力变速器研发及应用"项目荣获2016年度中国机械工业科学技术奖二等奖。杭齿"大兆瓦级风电齿轮箱关键技术研究与产业化"项目获"十二五"机械工业优秀科技成果奖。杭齿参与的"大功率船用齿轮箱传动与推进系统关键技术研究及应用"项目，获得2016年度国家科学技术进步奖二等奖。杭齿集团研制的"HCT1400系列船用齿轮箱"被浙江省机械工业联合会评定为2016年度浙江省机械工业科学技术奖三等奖。

杭齿集团公司粉末冶金研究所研制的"高强度特种车辆铜基摩擦片"荣获2016年度中国机械通用零部件工业协会粉末冶金行业自主创新优秀新产品特等奖。

〔撰稿人：中国重型机械研究院股份公司王宇航
审稿人：中国重型机械研究院股份公司赵玉良〕

制动器

中国重型机械行业中的制动器分行业主要是为起重运输机械、冶金矿山机械、风力发电机械、港口机械等提供配套制动器产品的行业。2016年，我国钢铁、水泥、有色金属等行业继续实施淘汰过剩产能、转型升级、环保达标等政策。2016年，工业制动器行业在2015年主营业务收入下降的基础上徘徊，部分产品出现筑底回升，传统制动器产品的市场基本达到了稳定状态。市场份额的结构产生了一定的变化，出现了小微企业、规模以上重点企业订单减少，部分骨干企业订单明显增多的现象。2016年风电行业制动器继续延续近两年的发展趋势，偏航制动器、高速轴制动器需求量稳步上升，风电市场制动器的维修和服务后市场也显现出勃勃生机。

生产发展状况 2016年制动器行业主要经济指标完成情况见表1。

表1 2016年制动器行业主要经济指标完成情况

指标名称	实际完成（万元）
工业总产值	101 978
工业增加值	14 333
主营业务收入	86 130
产品销售税金及附加	3 155
利润总额	13 831

2016年，制动器行业工业总产值同比下降了不足6%，主营业务收入同比下降了2.9%；利润总额较上年基本保持不变。主营业务收入在同比略有下降的情况下，营业利润基本保持不变的主要原因：一是制动器主要的上游市场需求持续下降，钢铁、煤炭、港口、矿山等均出现需求萎缩，订单量减少的局面依然存在。部分企业的升级换代产品、创新产品等高附加值产品份额同比上升。二是风力发电行业自2014年下半年市场全面恢复以来，风电制动器产品需求出现稳步增长、明显回升的局面。三是行业主要企业——焦作金箍制动器股份有限公司等企业主营业务出现结构性调整，坚持带款提货的政策逐步得到客户认可，资金回收取得了较好的效果，经济运行出现向好趋势，营业收入和利润均处于平稳状态。

焦作金箍制动器股份有限公司在稳定传统市场的同时，大力培育和发展新兴市场，2016年港口机械的销售量比往年有了较大的提升，带式制动器等五类产品取得了中国船级社认证，在新市场开发上取得了一定成果。焦作金箍制动器股份有限公司在做好风电制动器配套供货的同时，努力开发风电制动器维修和服务后市场，取得了良好的效果。江西华伍制动器股份有限公司为了满足客户的个性化需求开发了客户适用的YP及SB系列BMS产品、DLZ系列电动轮边制动器及控制系统、岸桥机房安全制动系统、岸桥挂航保护液压系统、RTG顶升转向液压系统等，不仅稳定、巩固了传统市场，并且逐步扩大了市场份额。部分企业转型升级、新产品、新产业已经超出了原制动器主业，上海伯瑞制动器有限公司的新产品环保冷却塔五金件产值已经占公司工业总产值的82%，创新产品带来了生机，取得了市场和利润双赢的效果。石家庄五龙制动器股份有限公司积极开展校企合作，优势互补，致力于研发推广更加高效、环保、节能的产品，取得了良好的效果，在近几年市场不太景气的大环境下，该公司的订单数量依然保持着每年20%的增长。目前整个行业的收入和利润水平下滑趋势得到逆转，部分企业已经有所回升，制动器行业整体仍处在调整期。2016年制动器行业主要企业主营业务收入和利润情况见表2。

表 2　2016 年制动器行业主要企业主营业务收入和利润情况

企业名称	主营业务收入（万元）	利润（万元）
江西华伍制动器股份有限公司	35 762	3 021
焦作金箍制动器股份有限公司	25 095	1 263
焦作开发制动器有限公司	8 300	814
上海伯瑞制动器有限公司	8 190	630
石家庄五龙制动器股份有限公司	5 300	232
宁波华阳起重电器有限公司	300	20
晋城江淮工贸有限公司	669	60

产量及产品结构　2016 年全行业传统制动器产品结构变化不大，产品向多品种小批量方向发展，其中制动器系统和制动系统控制产品的销售量增加了。批量化产品总产量下降了，非标准产品和个性化产品产量增加了。虽然电力液压制动器仍占制动器行业的主导地位，但是盘式制动器、带式制动器和钳盘式制动器等个性化制动器产品市场进一步扩大。部分企业转型成功，上海伯瑞制动器有限公司的新产品、新行业产值已经超出原制动器主业。石家庄五龙制动器股份有限公司在大环境不景气的情况下仍然保持每年 20% 的增长。以传统制动器为主业的厂家也逐步稳定了传统市场、巩固了市场份额。2016 年制动器行业分类产品产量见表 3，2016 年制动器行业主要企业产品产量见表 4。

表 3　2016 年制动器行业分类产品产量

产品名称	产量（台）
电力液压块式制动器	90 750
电力液压盘式制动器	32 650
风电偏航制动器	60 400
双推杆推动器	25 060
单推杆推动器	65 440
交流电磁块式制动器	22 500

表 4　2016 年制动器行业主要企业产品产量

企业名称	产量（台）
焦作金箍制动器股份有限公司	58 370
江西华伍制动器股份有限公司	55 256
焦作市开发制动器有限公司	36 140
上海伯瑞制动器有限公司	5 596
石家庄五龙制动器股份有限公司	29 016
晋城江淮工贸有限公司	6 050
宁波华阳起重电器有限公司	3 300

〔撰稿人：中国重型机械工业协会传动部件专业委员会邢德文　审稿人：中国重型机械工业协会李镜〕

油膜轴承

生产发展情况　2016 年我国粗钢产量为 80 836.6 万 t，增长速度达 1.24%，结束了"十二五"时期长达 5 年的持续震荡下跌。钢材价格也有了较大幅度的增长，尤其是热轧卷板增长幅度最大，达到了 83.1%，钢铁企业盈利大幅上升。这与国家近几年对钢铁行业的调控有关，通过调控不断淘汰落后产能，有力促进了钢铁行业效益回升和提质增效，企业和社会信心不断增长。

钢铁行业在逐步复苏，但是轧机油膜轴承行业发展较钢铁行业发展延后。2016 年轧机油膜轴承产量比上年下降 20% ～ 30%。油膜轴承行业订单主要集中在油膜轴承备品备件及返修件，占 60% ～ 70%，新建轧线占 30%。

2016 年国内使用油膜轴承的轧线，在建有：河北安丰 1 780 热连轧机、首钢京唐 MCCR 短流程连铸连轧、德隆镍业 1450 热连轧机；2016 年国外在建使用国产油膜轴承有：鼎新印尼 1 780 热连轧机 F8 机架、墨西哥 AHMSA 冷轧油膜轴承等。投入运行的有：唐钢中厚板 3500 粗轧机、沙钢 3500 中厚板轧机、德隆镍业 1450 热连轧机和日钢 ESP 轧机等。

国内从事轧机油膜轴承业务的企业主要以太原重型机械集团（太重集团）为代表。太重集团 1958 年开始研制油膜轴承，目前已成为国内唯一集产品研发、设计、制造、服务为一体的专业生产企业，产品规格从直径 160 ～ 2 000mm，能满足所有热轧板带轧机、冷轧板带轧机装备要求。太重集团是我国《轧辊油膜轴承》行业标准的制定者。中国有色（沈阳）冶金机械有限公司从事少量轧机油膜轴承的制造，另外一些国外公司，如普瑞特在上海的工厂、达涅利常熟工厂也从事轧机油膜轴承制造业务。

行业交流　为进一步加强分会与会员单位的联系，调查研究本行业发展变化的情况，深入了解会员单位经营中的难点和破解困难的经验，收集会员单位有关信息，分会秘书处坚持开展会员单位走访活动。2016 年走访了多家会员单位。通过沟通了解，听取会员单位对分会工作的意见和建议，增强了分会与会员单位的联系。

2016 年全年分会共组织 10 多次钢厂现场培训，参与培训人员近 200 人，为轧机油膜轴承的普及提高、新技术的推广、现场的维护使用等起了不可替代的作用。

产品分类及市场　轧机油膜轴承按轧材类型可分为热轧油膜轴承与冷轧油膜轴承；热轧油膜轴分为热连轧机油膜轴承、中板轧机油膜轴承与宽厚板轧机油膜轴承；按轴承工作位置可分为工作辊油膜轴承与支撑辊油膜轴承；按润滑原理可分为动压润滑油膜轴承和静-动压润滑油膜轴承。

太重集团油膜轴承国内市场占有率达到80%，同时远销墨西哥、印度尼西亚、日本、印度、德国、英国、巴西、南非、哈萨克斯坦等15个国家和地区。沈冶机械、上海普瑞特、常熟达涅利的国内市场占有率达到20%。

截至2016年年底，全国已建成的使用油膜轴承的轧机机架数达到672个，其中热轧宽带轧机480个机架，中宽厚板轧机125个机架，冷轧带钢轧机67个机架。

2016年太重集团油膜轴承主要产品产量及出口情况见表1。

表1 2016年太重集团油膜轴承主要产品产量和出口情况

产品名称	产量		出口额	
	数量（t）	比上年增长（%）	数量（万元）	比上年增长（%）
油膜轴承	1 400	-31.03	861.6	1 495.5

科技成果及新产品

太重集团油膜轴承在板带轧机应用多年，技术成熟、市场稳定。在不断发展板带轧机油膜轴承市场的同时，太重集团积极将油膜轴承推向更多的领域。

目前我国风力发电项目发展迅速，国内多家企业从事风电设备的研发与制造。各个企业不约而同地选择滚动轴承。但是油膜轴承相对滚动轴承有着得天独厚的优势，具有结构尺寸小、制造成本低、使用寿命长、承载能力大、转速范围宽等优点，非常适合用在风机上。太重集团在开发5MW风电增速器时，依托成熟的油膜轴承开发能力，成功研制出5MW风电增速器滑动轴承，并投入使用。这是我国第一次将油膜轴承应用在风电增速器上。太重集团的技术人员通过对油膜轴承各项参数反复验算，对结构形式进行多次试验，成功研制出风电增速器油膜轴承，并完成了5MW风电增速器的安装调试。

快速精锻机是一种快速精密锻压设备，是由几个对称锤头对金属坯料进行高频率锻打的短冲程压力机，可将钢锭或钢坯锻成圆形、方形、矩形截面的棒材或锻成旋转对称轴、实心轴和空心阶梯轴、锥度轴、厚壁管、炮管等。目前我国使用的快速精锻机大多为整体进口的。国内一家企业在研发1500t快速精锻机时，在轴承选型上遇到困难，滚动轴承在尺寸及承载能力上达不到设计要求。太重集团针对其精锻机参数情况及结构特点为其专门设计了一套油膜轴承，这种油膜轴承承载能力高、结构紧凑，完全满足了快速精锻机的工况要求。

太重集团在开发新产品市场的同时，对现有油膜轴承结构进行升级优化，新增两项关于油膜轴承密封的专利："一种轧机油膜轴承的油封装置""油膜轴承及其辊颈密封装置"。这些新技术可以有效提高油膜轴承密封装置的性能和使用寿命。2016年太重集团油膜轴承新产品新技术开发应用见表2。

表2 2016年太重集团油膜轴承新产品新技术开发项目

项目名称	主要技术性能
首钢京唐MCCR短流程连铸连轧油膜轴承	直径1 030mm 轧制压力为45 000kN
河北安丰1780热连轧机油膜轴承	直径分别为875mm、1 065mm 轧制压力分别为30 000 kN、42 000 kN
印尼1780热连轧机油膜轴承	直径1 065mm 轧制压力为43 000 kN
德隆镍业1450热连轧机油膜轴承	直径1 030mm 轧制压力为43 000 kN
墨西哥AHMSA冷轧油膜轴承	直径825mm 轧制压力为20 000kN

对外合作

2016年，国产油膜轴承出口额有较大增长，印度、印度尼西亚、墨西哥、日本、乌克兰、哈萨克斯坦等国家，以及我国台湾省都有订货。

2016年太重集团与中钢签订了墨西哥AHMSA公司冷轧机1机架油膜轴承供货合同，太重集团的技术人员11月赴墨西哥蒙克洛瓦AHMSA公司进行了技术交流，这是国产油膜轴承第一次成套出口到拉美市场。

2016年太重集团与中国第一重型机械集团公司再次签订了印度尼西亚1780热连轧机F8机架油膜轴承供货合同，国产油膜轴承品牌得到印度尼西亚市场的肯定。太重集团在国际市场持续发力，与俄罗斯、伊朗、土耳其等国家进行了商务、技术交流，计划在2017年为其提供油膜轴承设备。

〔撰稿人：中国重型机械工业协会油膜轴承分会孙鹏程 审稿人：中国重型机械工业协会油膜轴承分会杨汇荣〕

润滑液压设备

生产发展情况 2016年，由于润滑液压设备行业继续受到国家限产能、去库存的政策影响，致使行业企业的生产成本上涨，应收账款增加，盈利能力下降，造成企业自身发展能力严重不足。润滑液压设备行业的企业多数为中小型民营企业，自有资金少，企业创新能力低，抗市场风险能力不足。但是行业企业克服企业内部自身困难和企业订单下降的严重挑战，以市场为导向，加强科技创新能力的建设，加快产业结构调整和产业转型升级的步伐，加大新产品的开发力度，提高产品的技术含量，提升核心竞争力，扩大产品的市场占有率，扩大产品的应用领域，使润滑液压设备行业维持了一定程度的发展。

2016年，润滑液压设备行业完成工业总产值19.98亿元，较上年增长4.13%，实现产品销售收入18.90亿元，较上年增长2.08%，产品出口1 252.7万美元，较上年下降2.92%。2016年润滑液压设备行业35家主要生产企业主要经济指标完成情况见表1。

表1　2016年润滑液压设备行业35家主要生产企业主要经济指标完成情况

指标名称	指标单位	实际完成
工业总产值（当年价）	万元	199 810
工业总产值同比增长	%	4.13
工业增加值	万元	49 952
产品销售收入	万元	189 035
产品销售税金及附加	万元	12 051
利润总额	万元	8 445
年末固定资产原值	万元	76 895
年末固定资产净值	万元	60 887
流动资产合计	万元	148 956
流动资产平均余额	万元	138 766
流动负债合计	万元	119 877
流动负债平均余额	万元	108 743
所有者权益	万元	95 143
全员劳动生产率	元/人	109 953

注：表中全员劳动生产率（元/人）是按当年工业总产值和企业人数计算的。

润滑液压设备行业主要生产企业有：太原矿山机器润滑液压设备有限公司、四川川润股份有限公司、常州市华立液压润滑设备有限公司、启东润滑设备有限公司、上海澳瑞特润滑设备有限公司、南通市南方润滑液压设备有限公司、启东市南方润滑液压设备有限公司、上海润滑设备厂有限公司、四平维克斯换热设备有限公司、启东中冶润滑设备有限公司、启东安升润滑设备有限公司、启东丰汇润滑设备有限公司、温州市三丰润滑设备制造有限公司、江苏澳瑞思液压润滑设备有限公司、沈阳市北方润华冷却设备有限公司、温州市龙湾润滑液压设备厂、北京中冶华润科技发展有限公司、大连华锐股份有限公司液压装备厂、沈阳市北方润滑设备制造有限公司、淄博九洲润滑科技有限公司、温州中合润滑设备制造有限公司、沈阳市大金润滑设备厂、苏州宝宇液压设备制造有限公司、四平市隆百洲机电科技有限公司、沈阳三丰液压润滑设备有限公司、江苏恒泰自动化润滑设备有限公司、美润思（北京）科技有限公司、浙江镇南精工机械有限公司、宁波盛发液压有限公司、黄山工业泵制造有限公司、陕西中润液压设备有限公司、淄博市博山润丰油泵厂、南通市博南润滑液压设备有限公司、泰州市远望换热设备有限公司、重庆安特瑞润滑设备有限公司。2016年，润滑液压设备行业35家主要生产企业按企业所有制性质划分，包括：国有企业2家，占全行业企业总数的5.71%；上市公司企业1家，占全行业企业总数的2.85%；外资控股企业1家，占全行业企业总数的2.85%；私人控股企业31家，占全行业企业总数的88.57%。

产品分类产量　按照使用领域的不同，润滑液压设备分为润滑产品和液压产品两大类。润滑产品又根据使用介质的不同和润滑部位的不同分为稀油润滑、干油润滑、油气润滑、工艺润滑和喷射润滑五大部分。液压产品主要有斜轴式轴向柱塞泵、径向柱塞马达、乳化液泵装置、冶金设备液压系统、综合采煤机液压元件和系统、液压油缸等。各主要生产企业的主导产品产量较2015年有一定幅度的增长，少部分产品类型有一定幅度的下滑。2016年润滑液压设备行业主要产品产量及销量见表2。

表2　2016年润滑液压设备主要产品产量及销量

产品名称	单位	产量	比上年增长（%）	销量	比上年增长（%）
稀油站（系统）	台（套）	4 873	1.68	4 697	-0.86
干油站（系统）	台（套）	13 480	4.30	11 544	7.30
冷却器	台	10 966	6.87	10 122	6.78
干油分配器	块	139 877	1.45	129 538	3.13
油气润滑系统	台（套）	457	3.94	438	2.51
工艺润滑站（系统）	台（套）	44	-31.82	41	-29.27
液压站（系统）	台（套）	1 223	5.52	1 082	4.81
液压柱塞泵	台	6 822	2.21	5 307	1.81
其他润滑液压产品	台（套）	12 833	1.72	11 376	0.78
液压缸	套	1 943	-6.28	1 879	-18.73
风电润滑	套	1 536	24.54	1 316	27.20

市场及销售 2016年,润滑液压产品的订货量较2015年有所增长,销售量较2015年增长3.26%,行业生产集中度较2015年有所下降,收入过亿元企业的销售收入总计116 008万元,占整个行业总销售收入的61.37%。2016年收入过亿元企业的销售收入总计较2015年下降12.14%。2016年润滑液压设备行业销售收入超亿元的企业见表3。

润滑液压设备产品进出口 2016年由于国际市场的整体疲软,润滑液压设备行业随主机配套的出口量减少,零部件出口也有所下降,总体出口量较2015年下降了2.92%,进口额比2015年下降了5.47%,2016年度进出口额呈贸易逆差。2016年润滑液压设备产品进出情况见表4。

表3 2016年润滑液压设备行业销售收入超亿元的企业

序号	企业名称	销售收入（万元）
1	四川川润股份有限公司	35 735
2	常州市华立液压润滑设备有限公司	26 510
3	南通市南方润滑液压设备有限公司	20 016
4	启东市南方润滑液压设备有限公司	18 125
5	启东润滑设备有限公司	15 622
	合 计	116 008

表4 2016年润滑液压设备产品进出口情况

产品名称	进口单位	进口数量	进口额（万美元）	产品名称	出口单位	出口数量	出口额（万美元）
过滤器、净油机	件	142	122.3	稀油站	套	255	371.5
各类冷却器	台	38	136.5	液压系统	套	28	433.7
各类润滑泵	台	183	194.4	干油系统	套	31	24.4
各类控制阀	台	2 012	477.3	冷却器	台	26	35.6
各类仪器仪表	套	10 206	703.8	润滑泵	台	112	88.9
				其他	件	4 775	298.6
合 计		12 581	1 634.3	合 计		5 227	1 252.7

〔撰稿人：中国重型机械工业协会润滑液压设备分会徐郁林　审稿人：中国重型机械工业协会润滑液压设备分会郝尚清〕

中国重型机械工业年鉴 2017

市场篇

分析冶金机械、矿山机械、物料搬运机械行业国内、国外市场情况

Analyze domestic and international markets of metallurgical machinery, mining machinery, and materials handling machinery

综述

大事记

行业篇

市场篇

企业篇

统计资料

标准与质量

附录

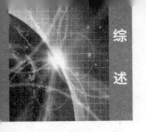

综述

大事记

行业篇

市场篇

企业篇

统计资料

标准与质量

附录

中国重型机械工业年鉴 2017

市场篇

冶金机械国内市场及进出口情况
矿山机械国内市场及进出口情况
物料搬运机械进出口市场分析

冶金机械国内市场及进出口情况

一、国内市场情况

（一）行业基本运行情况

1. 行业主要经济数据

冶金机械行业2016年主营业务收入为1 217.03亿元，比上年增长0.51%；主营业务成本1 087.9亿元，比上年增长1.25%；负债总额为1 234.49亿元，比上年下降4.50%；利润总额-17.69亿元，比上年下降265.76%；利润率-1.45%，比2015年的2.03%下降3.48个百分点；固定资产投资208.50亿元，比上年下降10.06%，增速比上年同期上升6.77个百分点。2015—2016年冶金机械行业主营业务收入增幅比较见图1。

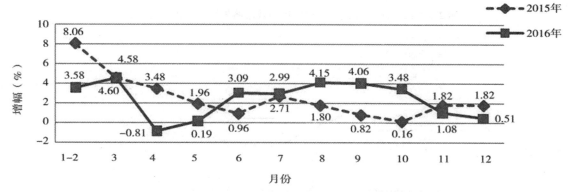

图1 2015—2016年冶金机械行业主营业务收入增幅比较

数据来源：《中国重型机械工业协会统计简报2016年12月期》。

2. 行业主要产品产量

2016年冶金机械行业主要产品产量涨跌互现，金属冶炼设备完成54.61万t，仍处于负增长状态，产量比上年降低16.75%；金属轧制设备完成49.01万t，实现正增长，比上年增长1.23%。

2014—2016年冶炼设备产品产量增速分别为-3.49%、-11.62%和-16.75%；呈连续下行态势，尚未形成底部区域，轧制设备产品增速波动幅度较大，2014年为-11.96%、2015年为-17.24%，2016年为1.23%。

（二）国内市场基本情况

1. 钢铁行业概况

冶金机械行业主要用户行业——钢铁行业在2015年触底后略有反弹，我国粗钢产量和表观消费量均出现小幅回升，2016年全国粗钢产量8.08亿t，较2015年略有增长，同比增长1.2%。表观消费量为7.09亿t，同比增长2.0%。增长主要得益于基础设施、房地产和汽车行业超预期增长，但与此同时造船、大型机械等制造业以及家电、能源等行业用钢需求却在减少。

2. 冶金机械国内市场容量

2016年，冶金机械国内市场总容量粗略估计为1 168亿元，其中，国内供应量为1 137亿元，进口量约为30亿元（美元兑人民币的平均汇率按6.64计算），进口设备占有率为2.64%。2012—2016年冶金机械国内市场总容量和国内供应量趋势见图2，2012—2016年冶金机械进口设备国内市场占有率见图3。

从图2、图3可看出，冶金机械国内市场供应量均在2012年至2014年实现平稳增长，2015年大幅下降，2016年又小幅回调。与此同时，进口设备国内市场占有率持续下降，2016年有小幅增长，仍处于较低水平。

二、冶金机械进出口数据分析

1. 进口分析

2016年冶金机械行业进出口总额为16.59亿美元，实现进出口顺差7.30亿美元。

2016年，我国从45个进口国家和地区进口冶金机械，其中，进口排名前三名的是德国、日本和意大利，进口贸易额占冶金机械进口贸易额的80.28%。2016年，我国冶金机械进口贸易额排名前三名的省（自治区、直辖市）分别是天津市、山东省和江苏省，三者占进口贸易额的58.8%。2016年冶金机械进口额排名前5位的国家（地区）见表1。2016年冶金机械进口额排名前5位的省（自治区、直辖市）见表2。

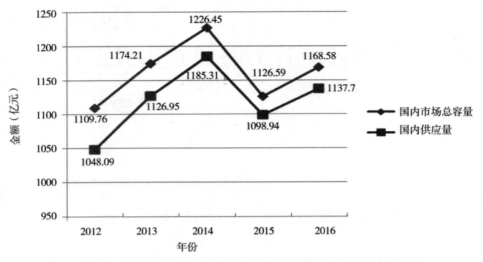

图2 2012—2016年冶金机械国内市场总容量和国内供应量趋势

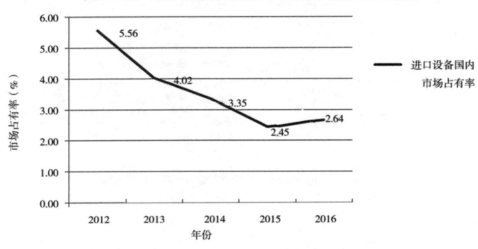

图3 2012—2016年冶金机械进口设备国内市场占有率

表1 2016年冶金机械进口额排名前5位的国家（地区）

序号	国家（地区）	进口金额（万美元）	占进口金额比重（%）	序号	国家（地区）	进口金额（万美元）	占进口金额比重（%）
	冶金机械合计	46 460	100.00	3	意大利	4 385	9.44
1	德国	25 532	54.95	4	美国	3 135	6.75
2	日本	7 381	15.89	5	法国	1 524	3.28

数据来源：中国重型机械工业协会。

表2 2016年冶金机械进口额排名前5位的省（自治区、直辖市）

序号	省（自治区、直辖市）	进口金额（万美元）	占进口金额比重（%）	序号	省（自治区、直辖市）	进口金额（万美元）	占进口金额比重（%）
	冶金机械合计	46 460	100.00	3	江苏省	5 553	11.95
1	天津市	12 779	27.51	4	上海市	4 578	9.85
2	山东省	8 965	19.30	5	浙江省	2 400	5.16

数据来源：中国重型机械工业协会。

冶金机械行业进口贸易中，国有企业进口贸易额占比逐年走低，2013年占比为55.5%，2014年为49.68%，2015年为41.28%，2016年为37.68%。外商独资企业和中外合资企业贸易额占比逐年提高，2013年为11.98%和7.69%，2014年为12%和11.94%，2015年为14.91%和13.02%，2016年为15.99%和16.91%。2016年冶金机械进口贸易额按企业性质分类情况见表3。

表3 2016年冶金机械进口贸易额按企业性质分类情况

序号	企业性质	进口金额（万美元）	占进口金额比重（%）	序号	企业性质	进口金额（万美元）	占进口金额比重（%）
	冶金机械合计	46 460	100.00	4	外商独资企业	7 430	15.99
1	国有企业	17 506	37.68	5	集体企业	4 585	9.87
2	私人企业	9 066	19.51	6	中外合作企业	17	0.04
3	中外合资企业	7 857	16.91				

数据来源：中国重型机械工业协会。

2016年冶金机械按设备大类划分进口额分别为：金属冶炼设备0.089亿美元，占比1.91%；连续铸钢设备0.003亿美元，占比0.06%；金属轧制设备1.404亿美元，占比30.23%；冶金备件3.150亿美元，占比67.80%。

在金属冶炼设备子类中，2014—2016年炉外精炼设备均是主要进口设备；转炉设备进口额和平均单价降幅最大，进口额从2014年的854万美元降到2016年的4万美元，进口平均单价从2014年每台77.64万美元降到2016年每台0.12万美元；炼焦炉连续3年进口为零。2014—2016年金属冶炼设备主要产品进口情况见表4。

表4 2014—2016年金属冶炼设备主要产品情况

货品名称	2014年		2015年		2016年	
	进口数量（台）	进口金额（万美元）	进口数量（台）	进口金额（万美元）	进口数量（台）	进口金额（万美元）
冶金机械		67 008		42 832		46 460
金属冶炼设备	36	1 937	19	878	55	889
炼焦炉	0	0	0	0	0	0
转炉	11	854	4	253	33	4
炉外精炼设备	25	1 082	15	624	22	885

数据来源：中国重型机械工业协会。

在连续铸钢设备子类中，2014—2016年其他钢坯连铸机2015年零进口，2016年进口额比2014年减少97.58%，板坯连铸机连续3年进口为零，方坯连铸机近两年进口为零。2014—2016年连续铸钢设备主要产品进口情况见表5。

表5 2014—2016年连续铸钢设备主要产品进口情况

货品名称	2014年		2015年		2016年	
	进口数量（台）	进口金额（万美元）	进口数量（台）	进口金额（万美元）	进口数量（台）	进口金额（万美元）
冶金机械		67 008		42 832		46 460
连续铸钢设备	76	2 436	0	0	5	29
方坯连铸机	4	1 239	0	0	0	0
板坯连铸机	0	0	0	0	0	0
其他钢坯连铸机	72	1 197	0	0	5	29

数据来源：中国重型机械工业协会。

在金属轧制设备子类中，2014—2016年冷轧管机、其他金属冷轧机、拔丝机是主要进口设备。板材冷轧机进口额、平均价格逐年下降，2016年进口额比2014年下降90.27%，平均单价比2014年下降90.76%。定、减径轧管机进口额、平均价格逐年上涨，2016年进口额同比增长186.25%，平均价格同比上涨472.29%。线材轧机的进口额逐年减少，2016年进口额比2014年下降55.83%，平均单价比2014年上涨209.41%。2014—2016年金属轧制设备主要产品进口情况见表6。

表6　2014—2016年金属轧制设备主要产品进口情况

货品名称	2014年		2015年		2016年	
	进口数量（台）	进口金额（万美元）	进口数量（台）	进口金额（万美元）	进口数量（台）	进口金额（万美元）
冶金机械		67 008		42 832		46 460
金属轧制设备	623	19 827	917	12 028	614	14 044
（1）板材轧机小计	23	2 945	29	608	22	291
板材热轧机	4	5	0	0	2	5
板材冷轧机	19	2 940	29	608	20	286
（2）管轧机小计	14	2 044	10	1 452	16	2 141
热轧管机	4	8	4	185	5	73
冷轧管机	6	2 000	3	1 107	8	1 531
定、减径轧管机	4	36	2	160	1	458
其他金属管轧机	0	0	1	0	2	78
（3）型材轧机	2	173	4	893	1	95
（4）线材轧机	42	1 544	11	1 085	6	682
（5）其他金属轧机小计	63	8 460	59	4 197	65	7 077
其他金属热轧机或冷热联轧机	3	892	1	80	1	79
其他金属冷轧机	60	7 568	58	4 116	64	6 998
（6）拉拔机小计	479	4 664	804	3 793	504	3 758
300t及以下的冷拔管机	10	186	19	287	11	270
其他冷拔管机	0	0	0	0	0	0
拔丝机	184	2 704	700	3 024	361	2 801
金属杆、管、型材、异型材等的拉拔机	285	1 770	85	482	132	687

数据来源：中国重型机械工业协会。

在冶金设备零件子类中，2014—2016年金属冶炼设备零件进口额逐年下降：海绵铁回转窑零件进口额降幅最大，2016年进口为零；焦炉零件平均进口价格降幅显著，2016年平均单价比2014年下降31.94%；连铸机零件中：钢坯连铸机用结晶器进口额降幅显著，2016年进口额比2014年下降92.12%，但平均进口价格波动不大；钢坯连铸机用振动装置平均进口价格逐渐下降；其他钢坯连铸机用零件平均进口价格逐渐升高。金属轧制设备零件类中：金属轧机用轧辊进口额逐年下降，2016年进口额比2014年减少30.77%；其他金属轧机零件平均进口价格逐年升高。2014—2016年冶金设备零件主要产品进口情况见表7。

表7 2014—2016年冶金设备零件主要产品进口情况

货品名称	2014年		2015年		2016年	
	进口数量（t）	进口金额（万美元）	进口数量（t）	进口金额（万美元）	进口数量（t）	进口金额（万美元）
冶金机械		67 008		42 832		46 460
冶金设备零件小计		42 808		29 927		31 499
（1）金属冶炼设备零件小计		8 114		5 234		3 471
海绵铁回转窑的零件	9 484	867	52	142	0	0
焦炉零件	67	361	10	42	3	11
锭模及浇包	81 380	1 321	316	854	195	622
炉外精炼设备的零件	134	699	42	125	26	85
其他金属冶炼设备零件	2 274	4 866	1 262	4 072	1 210	2 753
（2）连铸机零件小计	1 158	4 442	688	2 094	516	2 958
钢坯连铸机用结晶器	286	1 320	198	629	27	104
钢坯连铸机用振动装置	79	257	247	529	91	156
其他钢坯连铸机用零件	792	2 864	243	935	398	2 698
（3）金属轧制设备零件小计		30 253		22 599		25 070
金属轧机用轧辊（个）	9 894	13 033	23 580	10 374	12 441	9 023
其他金属轧机零件	5 522	17 220	3 500	12 224	4 344	16 047

数据来源：中国重型机械工业协会。

2.出口数据分析

（1）各类经济体出口情况

近年来冶金机械出口额总体呈现下降趋势。2012年出口额为18.16亿美元，2013年17.59亿美元，2014年16.37亿美元，2015年15.08亿美元，2016年11.95亿美元。

2016年我国冶金机械出口到168个国家和地区。2016年冶金机械出口额排名前5名的国家（地区）见表8。

2016年出口额排名前三的省（市）分别是江苏省、河北省、上海市，三者占出口金额的52.9%。2016年冶金机械出口额排名前5名的省、区、市见表9。

2016年我国冶金机械产品出口贸易以一般贸易为主，占比84.49%，同比增长1.33个百分点。2016年冶金机械出口按贸易方式分类情况见表10。

表8 2016年冶金机械出口额排名前5名的国家（地区）

序号	国家（地区）	出口金额（万美元）	占出口金额比重（%）	序号	国家（地区）	出口金额（万美元）	占出口金额比重（%）
	冶金机械合计	119 451	100.00	3	美国	9 122	7.64
1	印度	11 917	9.98	4	越南	8 820	7.38
2	日本	11 486	9.62	5	印度尼西亚	5 582	4.67

数据来源：中国重型机械工业协会。

表9 2016年冶金机械出口额排名前5名的省、区、市

序号	省、市、区	进口金额（万美元）	占进口金额比重（%）	序号	省、市、区	进口金额（万美元）	占进口金额比重（%）
	冶金机械合计	119 451	100.00	3	上海市	9 954	8.33
1	江苏省	37 187	31.13	4	辽宁省	8 460	7.08
2	河北省	16 043	13.43	5	广东省	6 628	5.55

数据来源：中国重型机械工业协会。

表10 2016年冶金机械出口按贸易方式分类情况

序号	贸易方式	出口金额（万美元）	占出口金额比重（%）	序号	贸易方式	出口金额（万美元）	占出口金额比重（%）
	冶金设备合计	119 451	100.00	5	边境小额贸易	866	0.72
1	一般贸易	100 926	84.49	6	保税仓储进出境货物	762	0.64
2	进料加工贸易	11 937	9.99	7	保税区仓储转口货物	190	0.16
3	对外承包工程出口货物	3 042	2.55	8	其他	167	0.14
4	来料加工装配贸易	1 562	1.31	9	租赁贸易	1	0

数据来源：中国重型机械工业协会。

冶金机械出口贸易中，国有企业出口额占比总体呈下降趋势，2013年出口额占比为34.51%，2014年为31.62%，2015年为32.97%，2016为年24.75%。私人企业出口额占出口总额比重越来越高，2013年为44%，2014年为45.84%，2015年为46.64%，2016年为49.52%。2016年冶金机械出口贸易按企业性质分类情况见表11。

表11 2016年冶金机械出口贸易按企业性质分类情况

序号	企业性质	出口金额（万美元）	占出口金额比重（%）	序号	企业性质	出口金额（万美元）	占出口金额比重（%）
	冶金设备合计	119 451	100.00	4	中外合资企业	8 188	6.85
1	私人企业	59 151	49.52	5	集体企业	2 443	2.05
2	国有企业	29 569	24.75	6	中外合作企业	81	0.07
3	外商独资企业	19 934	16.69	7	个体工商户	84	0.07

数据来源：中国重型机械工业协会。

（2）冶金机械各子类产品出口情况

2016年冶金机械出口额按设备大类划分：冶炼设备和连续铸钢设备0.39亿美元，占比3.26%；轧制设备3.05亿美元，占比25.52%；冶金备件8.51亿美元，占比71.21%。

在金属冶炼设备子类中，2014—2016年炼焦炉出口额持续增长，2016年涨幅最大，同比增长1 280.3%；炉外精炼设备2016年出口额比2015年下降81.25%，比2014年下降57.84%，降幅最大；炼焦炉平均出口价格先降后升，2016年比2014年增长724.43%。2014—2016年金属冶炼设备主要产品出口情况见表12。

表12 2014—2016年金属冶炼设备主要产品出口情况

货品名称	2014年		2015年		2016年	
	出口数量（台）	出口金额（万美元）	出口数量（台）	出口金额（万美元）	出口数量（台）	出口金额（万美元）
冶金机械		163 671		150 782		119 451
金属冶炼设备	591	3 206	1 018	5 295	751	2 739
炼焦炉	6	39	252	66	17	911
转炉	449	1 611	640	1 730	498	1 172
炉外精炼设备	136	1 556	126	3 499	236	656

数据来源：中国重型机械工业协会。

在连续铸钢设备子类中，2014—2016年板坯连铸机出口额和平均出口价格波动最大，2016年出口额比2015年减少99.45%，比2014年减少93.33%，2016年平均出口价格比2015年下降98.71%，比2014年增长30.04%；方坯连铸机、其他钢坯连铸机出口额、平均出口价格均连续下降。2014—2016年连续铸钢设备主要产品出口情况见表13。

表13 2014—2016年连续铸钢设备主要产品出口情况

货品名称	2014年		2015年		2016年	
	出口数量（台）	出口金额（万美元）	出口数量（台）	出口金额（万美元）	出口数量（台）	出口金额（万美元）
冶金机械		163 671		150 782		119 451
连续铸钢设备	285	3 965	193	8 065	142	1 175
方坯连铸机	54	1 704	35	1 126	36	793
板坯连铸机	175	495	21	5 971	9	33
其他钢坯连铸机	56	1 766	137	969	97	349

数据来源：中国重型机械工业协会。

在金属轧制设备子类中，2014—2016年板材冷轧机均是出口额最多的产品；2016年板材热轧机出口额比2014年减少77.14%，平均出口价格比2014年下降89.13%，降幅最显著；2016年冷轧管机出口额比2014年增长71.99%，出口平均价格比2014年增长33.06%，出口额、出口平均价格逐年提高。2014—2016年金属轧制设备主要产品出口情况见表14。

表14 2014—2016年金属轧制设备主要产品出口情况

货品名称	2014年		2015年		2016年	
	出口数量（台）	出口金额（万美元）	出口数量（台）	出口金额（万美元）	出口数量（台）	出口金额（万美元）
冶金机械		163 671		150 782		119 451
金属轧制设备	24 506	40 089	14 041	31 298	12 486	30 476
（1）板材轧机小计	3 714	14 954	3 652	11 225	3 856	9 190
板材热轧机	39	3 334	344	2 792	82	762
板材冷轧机	3 675	11 619	3 308	8 432	3 774	8 428
（2）管轧机小计	920	3 554	2 004	3 101	1 856	4 167
热轧管机	40	692	42	132	27	99
冷轧管机	525	1 892	644	2 024	679	3 254
定、减径轧管机	90	347	113	236	44	53
其他金属管轧机	265	623	1 205	709	1 106	762
（3）型材轧机	200	2 062	1 142	864	218	834
（4）线材轧机	12 384	4 166	376	2 982	416	3 136
（5）其他金属轧机小计	3 509	7 560	3 265	7 353	3 112	7 523
其他金属热轧机或冷热联轧机	234	1 988	155	1 616	170	2 203
其他金属冷轧机	3 275	5 572	3 110	5 738	2 942	5 320
（6）拉拔机小计	3 779	7 793	3 602	5 774	3 028	5 627
300t及以下的冷拔管机	206	291	435	180	30	72
其他冷拔管机	107	25	3	7	3	3
拔丝机	2 562	6 107	1 825	4 536	2 431	4 768
金属杆、管、型材、异型材等的拉拔机	904	1 371	1 339	1 050	564	784

数据来源：中国重型机械工业协会。

2014—2016年冶金设备零件各子类产品平均出口单价基本持平。其中，连铸机零件、金属轧制设备零件出口额持续下降；其他钢坯连铸机用零件出口额降幅明显，2016年比2015年下降8.0%，比2014年下降39.4%。2014—2016年冶金设备零件主要产品出口情况见表15。

表15 2014—2016年冶金设备零件主要产品出口情况

货品名称	2014年		2015年		2016年	
	出口数量(t)	出口金额(万美元)	出口数量(t)	出口金额(万美元)	出口数量(t)	出口金额(万美元)
冶金机械		163 671		150 782		119 451
冶金设备零件小计		116 410		106 123		85 061
(1) 金属冶炼设备零件小计		37 344		39 065		24 599
海绵铁回转窑的零件	878	695	1 759	711	1 441	527
焦炉零件	15 605	4 347	25 172	7 432	14 250	3 164
锭模及浇包	23 037	5 704	79 835	5 034	72 464	4 296
炉外精炼设备的零件	11 277	5 234	12 912	5 470	5 961	2 598
其他金属冶炼设备零件	59 810	21 364	65 633	20 417	41 477	14 013
(2) 连铸机零件小计	27 549	16 890	19 769	11 164	19 108	10 609
钢坯连铸机用结晶器	1 518	2 469	1 585	1 562	1 255	1 632
钢坯连铸机用振动装置	191	150	169	211	360	335
其他钢坯连铸机用零件	25 839	14 271	18 015	9 391	17 493	8 642
(3) 金属轧制设备零件小计		62 176		55 894		49 853
金属轧机用轧辊(个)	168 751	28 881	166 381	28 926	164 605	25 883
其他金属轧机零件	80 812	33 296	65 917	26 968	59 517	23 970

数据来源：中国重型机械工业协会。

3. 进出口数据对比分析

从2016年单项产品的进出口情况来看，金属冶炼设备主要出口的国家（地区）是印度尼西亚、中国香港、马来西亚，分别占比33.69%、14.05%、8.57%。主要进口的国家是美国、日本、加拿大，分别占比35.14%、25.24%、20.77%。近3年来，转炉在2016年首次实现平均出口价格高于平均进口价格。

连续铸钢设备2016年主要出口国是越南、伊朗、印度尼西亚，分别占比17.04%、14.94%、13.79%。进口国主要是日本。2016年我国从日本进口5台其他钢坯连铸机，平均价格5.89万美元，高于同期平均出口价格。

金属轧制设备2016年主要出口国是越南、印度、阿尔及利亚，分别占比10.82%、7.43%、5.26%。主要进口国是德国、意大利、日本，分别占比59.67%、17.59%、9.17%。板材热轧机连续3年平均出口价格高于平均进口价格。2016年定、减径轧管机平均进口价格约是平均出口价格的382倍，价格差逐年加大。

冶金设备零件2016年主要出口国是日本、印度、美国，分别占比13.23%、11.20%、9.75%。主要进口国是德国、日本、美国，分别占比54.38%、18.54%、7.42%。除个别零件价格波动外，出口平均价格均小于进口平均价格。

2016年我国冶金机械行业设备出口国仍是以发展中国家为主，只有冶金设备零件部分出口至日本、美国等发达国家，但是出口占比仍然小于从发达国家进口的比例。

从上述数据走势看来，我国冶金机械行业中的金属冶炼设备、连续铸钢设备产量下降，进出口贸易减少，国内外市场需求不足；金属轧制设备产量、进口额都在2015年触底后，2016年有所反弹，国内市场需求回暖。

从冶金机械国内市场份额占比看，虽然国内供应量占到绝对高的比例，但是，其中外商独资、合资设立的本地化企业又占到相当高的份额。如西门子集团、西马克集团和达涅利集团等。

冶金设备零件进出口贸易占冶金机械总进出口贸易的比例最大，国内外市场需求旺盛。虽然我国近年来专用设备零部件发展态势良好，少数领先企业制造技术水平和产品性能接近或达到国际先进水平，产品出口至发达国家，但是随着冶金机械设备向大型、高效、绿色、智能方向发展，对关键零部件的技术性能要求会越来越高，发达国家具有成熟的制造工艺技术基础，掌握着专用设备零部件的核心制造技术，而我国行业整体基础技术薄弱，产品以中低档为主，大批高端零部件的制造技术仍没有掌握，仍然依靠进口。就整体行业而言，急需提高研发手段、生产装备、产品档次，生产出技术含量高、质量高的关键零部件。

〔撰稿人：中国重型机械研究院股份公司宋晔　审稿人：中国重型机械研究院股份公司孟令忠〕

矿山机械国内市场及进出口情况

2016年，我国矿山机械主营业务收入4 142.87亿元，比上年增长0.75%，占当年重型机械行业主营业务收入的33.61%，占当年冶金矿山机械行业主营业务收入的77.29%。实现利润150.05亿元，比上年下降23.96%；利润率仅为3.62%，比上年下降1.23个百分点；行业利润总额及利润率逐年下降，2014—2016年矿山机械行业利润总额和利润率情况见图1。全国主要矿山机械企业完成产品产量794.86万t，比上年增长3.37%，全国主要水泥设备生产企业完成产品产量86.55万t，比上年增长8.10%。

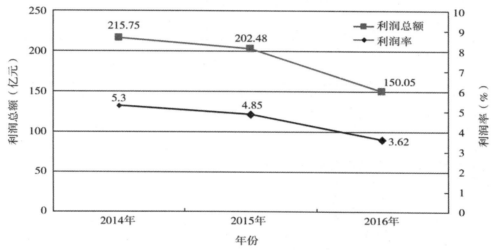

图1 2014—2016年矿山机械行业利润总额和利润率情况

注：数据来源于《中国重型机械工业年鉴》和中国重型机械工业协会统计简报2016.12期。

自2014年以来，我国矿山机械进出口贸易额逐年下滑。2016年，我国矿山机械出口总额为12.68亿美元，比上年下降13.66%。出口额占当年国内主营业务收入的2.11%，比上年下降0.16个百分点。进口总额为2.24亿美元，比上年下降29.85%；进出口总额14.92亿美元，比上年下降16.55%；实现进出口顺差10.44亿美元，比上年下降9.17%。2016年矿山机械主要产品进出口情况见表1。

表1 2016年矿山机械主要产品进出口情况

货品名称（按海关分类）	出口金额（万美元）	进口金额（万美元）	进出口总额（万美元）	进出口差额（万美元）
矿山机械合计	126 789	22 377	149 166	104 412
1. 采掘、凿岩设备及钻机	37 254	6 044	43 298	31 211
采煤、凿岩机及隧道掘进机	28 189	5 157	33 346	23 033
矿用电铲	3 791	0	3 791	3 791
采矿钻机	385	86	471	299
工程钻机	4 889	801	5 690	4 088
2. 破碎、粉磨设备	62 343	9 258	71 601	53 085
齿辊式破碎设备	8 490	2 959	11 449	5 531
球磨式粉磨设备	13 849	249	14 097	13 600
其他破碎或粉磨设备	40 005	6 051	46 055	33 954
3. 筛分、洗选设备	23 155	6 326	29 481	16 829

（续）

货品名称（按海关分类）	出口金额（万美元）	进口金额（万美元）	进出口总额（万美元）	进出口差额（万美元）
4.矿山提升设备	881	197	1 078	685
电动矿山提升设备	841	190	1 031	651
非电动矿山提升设备	40	7	47	34
5.矿山机械零件	3 155	553	3 708	2 602

注：数据来源于中国重型机械工业协会《全国冶金矿山机械行业进出口统计年报2016》。

随着我国矿山机械行业多年来的发展，国产矿山机械不论是质量还是产量都基本满足了国内需求。从2007年以后的年销售额增长率看，2008年度达到近十年的最高点，为45.5%。2008年以后，年销售额增长率呈明显下降趋势。继2015年年销售额增长率骤降为0.82%之后，2016年的年销售额增长率仅为0.75%，比2015年又下降0.07个百分点。2007—2016年矿山机械产品年销售额增长率见表2。

表2 2007—2016年矿山机械产品年销售额增长率

年 份	2007年	2008年	2009年	2010年	2011年	2012年	2013年	2014年	2015年	2016年
年增长率（%）	44.9	45.5	27.4	34.2	28.5	16.3	16.1	10.8	0.82	0.75

注：数据来源于《中国重型机械工业年鉴》和中国重型机械工业协会统计简报2016.12期。

一、国内市场概况

1. 国内市场发展情况

按人民币对美元的平均汇率6.90计算，2016年矿山机械国内市场总容量（即：主营业务收入-出口金额+进口金额）为4 070.83亿元，与上年的4 098.96亿元相比略有下滑。其中，国内供应量为4 055.38亿元，进口量约15.45亿元。国内产品市场占有率为99.6%，比上年略高0.1个百分点。

2. 我国市场中的国内、国外产品构成

（1）市场占有率分析。分析2011年以来国产矿山机械在国内市场的销售额，可以发现，国产矿山机械在国内市场一直占据着绝对优势，客观地反映出国内市场对国产设备的依存度相当高，也说明国内客户在选购产品时，价格和性价比是其优先关注的重要因素。

（2）进口设备分析。2016年，我国从35个国家和地区进口矿山机械产品，德国、美国和奥地利三国仍是主要进口国，以上三国的进口贸易额占矿山机械产品全部进口贸易额的61.69%。2016年我国矿山机械进口贸易额排名前三位的省（市）分别是北京市、河北省和上海市。

从表1可以看出，2016年度，破碎、粉磨设备，筛分、洗选设备和采掘、凿岩设备及钻机是矿山机械进口贸易中的重点，三种设备占当年矿山机械全部产品进口贸易额的96.65%，其中，破碎、粉磨设备占当年矿山机械全部产品进口贸易额的41.37%。2016年破碎、粉磨设备，筛分、洗选设备和采掘、凿岩设备及钻机进口额排名前三位的国家分别见表3、表4和表5。

表3 2016年破碎、粉磨设备进口额排名前三位的国家

序号	国家	进口额（亿美元）	占进口额的比重（%）
1	德国	0.52	56.56

（续）

序号	国家	进口额（亿美元）	占进口额的比重（%）
2	英国	0.06	6.11
3	美国	0.05	5.17

注：数据来源于中国重型机械工业协会《全国冶金矿山机械行业进出口统计年报2016》。

表4 2016年筛分、洗选设备进口额排名前三位的国家

序号	国家	进口额（亿美元）	占进口额的比重（%）
1	美国	0.16	26.07
2	德国	0.11	17.20
3	英国	0.10	16.81

注：数据来源于中国重型机械工业协会《全国冶金矿山机械行业进出口统计年报2016》。

表5 2016年采掘、凿岩设备及钻机进口额排名前三位的国家

序号	国家	进口额（亿美元）	占进口额的比重（%）
1	德国	0.18	28.98
2	奥地利	0.17	28.70
3	美国	0.10	16.92

注：数据来源于中国重型机械工业协会《全国冶金矿山机械行业进出口统计年报2016》。

2016年度，破碎、粉磨设备中的其他破碎或粉磨设备（所属税号：84742090）和采掘、凿岩设备及钻机中的采

煤、凿岩机及隧道掘进机仍然是矿山机械产品进口中的重中之重。其中，其他破碎或粉磨设备进口贸易额占当年破碎、粉磨设备进口贸易总额的65.36%，占当年矿山机械全部产品进口贸易额的27.04%；采煤、凿岩机及隧道掘进机进口贸易额占当年采掘、凿岩设备及钻机进口贸易总额的85.32%，占当年矿山机械全部产品进口贸易额的23.05%。其他破碎或粉磨设备和采煤、凿岩机及隧道掘进机进口额排名前三位的国家分别见表6、表7。

表6　2016年其他破碎或粉磨设备进口额排名前三位的国家

序号	国家	进口额（亿美元）	占金额比（%）
1	德国	0.31	51.54
2	美国	0.04	7.12
3	法国	0.03	5.90

注：数据来源于中国重型机械工业协会《全国冶金矿山机械行业进出口统计年报2016》。

表7　2016年采煤、凿岩机及隧道掘进机进口额排名前三位的国家

序号	国家	进口额（亿美元）	占金额比（%）
1	奥地利	0.17	32.51
2	德国	0.15	28.92
3	美国	0.10	19.70

注：数据来源于中国重型机械工业协会《全国冶金矿山机械行业进出口统计年报2016》。

2016年，我国矿山设备进口贸易中，国有企业进口贸易依然占据首位，达41.97%；其次是外商独资企业。2016年我国矿山设备进口贸易按企业性质分类统计见表8。

表8　2016年我国矿山设备进口贸易按企业性质分类统计

序号	企业性质	占进口总额比重（%）
1	国有企业	41.97
2	外商独资企业	31.90
3	私人企业	17.35
4	中外合资企业	8.33
5	集体企业	0.43
6	中外合作企业	0.02

注：数据来源于中国重型机械工业协会《全国冶金矿山机械行业进出口统计年报2016》。

2016年，一般贸易方式是我国矿山设备进口贸易的主体，占比高达90.26%。2016年我国矿山设备进口贸易按贸易方式分类统计见表9。

表9　2016年我国矿山设备进口贸易按贸易方式分类统计

序号	贸易方式	占进口总额比重（%）
1	一般贸易	90.26
2	保税区仓储转口货物	4.51
3	进料加工贸易	3.34
4	外商投资企业作为投资进口的设备、物资	1.27
5	出口加工区进口设备	0.29
6	来料加工装配贸易	0.25
7	租赁贸易	0.05
8	其他	0.04
9	边境小额贸易	0.00

注：数据来源于中国重型机械工业协会《全国冶金矿山机械行业进出口统计年报2016》。

二、设备出口情况

1. 设备出口情况

2016年，世界经济复苏依然缓慢且不均衡，国际贸易和投资疲弱，增长动力不足，受贸易保护主义抬头、逆经济全球化趋势加剧、欧元区政治经济困局等影响，全球生产率降低、创新受阻，世界经济仍处于"低增长陷阱"。此外，资源、人工、物流等价格的上涨不断推高我国制造业生产成本，加工贸易订单向东南亚、南亚等地区转移趋势加剧。

受其影响，2016年，我国矿山机械出口额仅为12.68亿美元，比上年下降13.66%。按人民币对美元的平均汇率6.90计算，出口额仅占国内主营收入的2.11%，比上年下降0.16个百分点。

2016年，我国矿山机械产品实现了和184个国家和地区的出口贸易，除极少部分产品出口到美国等发达国家以外，大部分产品仍然是出口到印度尼西亚、新加坡、越南和印度等重工业欠发达的发展中国家和地区。

2016年，私人企业和国有企业在我国矿山设备出口贸易中占据了主导地位，二者占矿山设备出口贸易总额的比重达80.57%。2016年我国矿山设备出口贸易按企业性质分类统计见表10。

表10　2016年我国矿山设备出口贸易按企业性质分类统计

序号	贸易方式	占出口总额比重（%）
1	私人企业	45.38
2	国有企业	35.19
3	外商独资企业	11.59
4	中外合资企业	6.47
5	集体企业	1.21
6	个体工商	0.16

注：数据来源于中国重型机械工业协会《全国冶金矿山机械行业进出口统计年报2016》。

2016年,一般贸易、进料加工贸易和对外承包工程出口货物仍是我国矿山设备出口贸易的三大板块,三者占矿山设备出口贸易总额的比重高达92.45%。其中,一般贸易占据主导地位,达65.56%,比上年增长4.47个百分点。2016年我国矿山设备出口按贸易方式分类统计见表11。

表11 2016年我国矿山设备出口按贸易方式分类统计

序号	贸易方式	占出口金额比重（%）
1	一般贸易	65.56
2	进料加工贸易	14.20
3	对外承包工程出口货物	12.69
4	边境小额贸易	4.37
5	保税区仓储转口货物	1.41
6	其他	0.63
7	来料加工装配贸易	0.48
8	租赁贸易	0.48
9	保税仓储进出境货物	0.17
10	国家间、国际组织无偿援助和赠送的物资	0.02

注：数据来源于中国重型机械工业协会《全国冶金矿山机械行业进出口统计年报2016》。

2. 出口设备分析

（1）国产采煤、凿岩机及隧道掘进机，2016年出口额较上年下降16.65%；占当年采掘、凿岩设备及钻机设备出口额的75.67%，较上年下降10.02个百分点；但其占当年全部产品出口贸易额比重为22.2%，较上年下降0.8个百分点。2013—2016年国产采煤、凿岩机及隧道掘进机的出口贸易情况见表12。

表12 2013—2016年国产采煤、凿岩机及隧道掘进机出口贸易情况

年份	出口额（万美元）	占当年矿山机械出口总额比重（%）
2013	3 487	2.2
2014	25 428	15.2
2015	33 821	23.0
2016	28 189	22.2

注：数据来源于《中国重型机械工业年鉴》和中国重型机械工业协会《全国冶金矿山机械行业进出口统计年报2016》。

2016年，国产采煤、凿岩机及隧道掘进机出口至新加坡、以色列、巴西等国家和中国香港地区，其中，出口到新加坡的贸易额最高，占采煤机、凿岩机及隧道掘进机出口贸易额的31.68%。2016年国产采煤、凿岩机及隧道掘进机出口额按国家（地区）排名情况见表13。

表13 2016年国产采煤、凿岩机及隧道掘进机出口额按国家（地区）排名情况

序号	国家（地区）	出口额（亿美元）	占出口总额的比（%）
1	新加坡	0.89	31.68
2	中国香港	0.28	9.84
3	以色列	0.27	9.68
4	巴西	0.23	8.02
5	伊朗	0.19	6.80
6	印度	0.14	4.85

注：数据来源于中国重型机械工业协会《全国冶金矿山机械行业进出口统计年报2016》。

（2）其他破碎或粉磨设备（所属税号：84742090），2016年出口贸易额连续三年下降。但该类设备当年出口贸易额占破碎、粉磨设备出口贸易总额的比重却高达64.17%，高出上年3.54个百分点。2013—2016年国产破碎、粉磨设备及其他破碎或粉磨设备出口额见表14。

表14 2013—2016年国产破碎、粉磨设备及其他破碎或粉磨设备出口额 （单位：万美元）

货品名称（按海关分类）	2013年	2014年	2015年	2016年
破碎、粉磨设备	95 814	88 424	77 077	62 343
其他破碎或粉磨设备（所属税号：84742090）	59 974	50 900	46 730	40 005

注：数据来源于《中国重型机械工业年鉴》和中国重型机械工业协会《全国冶金矿山机械行业进出口统计年报2016》。

2016年，印度尼西亚、越南和巴基斯坦是进口国产其他破碎或粉磨设备（所属税号：84742090）排名前三位的国家。2016年其他破碎或粉磨设备（所属税号：84742090）出口额排名前6位的国家（地区）见表15。

表15 2016年其他破碎或粉磨设备（所属税号：84742090）出口额排名前6位的国家（地区）

序号	国家（地区）	出口额（亿美元）	占出口总额的比（%）
1	印度尼西亚	0.55	13.70
2	越南	0.49	12.12
3	巴基斯坦	0.40	9.91
4	印度	0.13	3.20
5	菲律宾	0.13	3.15
6	土耳其	0.12	2.96

注：数据来源于中国重型机械工业协会《全国冶金矿山机械行业进出口统计年报2016》。

近几年来，破碎、粉磨设备中的其他破碎或粉磨设备（所属税号：84742090）和采掘、凿岩设备及钻机中的采煤、凿岩机及隧道掘进机成为我国矿山机械产品出口的重点，也是进口的重点。2014—2016年采煤、凿岩机及隧道掘进机进出口情况见表16。2014—2016年其他破碎或粉磨设备（所属税号：84742090）进出口情况见表17。

表16　2014—2016年采煤、凿岩机及隧道掘进机进出口情况

年份	出口			进口		
	数量（台）	金额（万美元）	平均单价（万美元）	数量（台）	金额（万美元）	平均单价（万美元）
2014	27 423	25 428	0.93	126	16 801	133.34
2015	29 842	33 821	1.13	1 121	11 128	9.93
2016	20 279	28 189	1.39	216	5 157	23.88

注：数据来源于中国重型机械工业协会《全国冶金矿山机械行业进出口统计年报2016》《全国冶金矿山机械行业进出口统计年报2015》。

表17　2014—2016年其他破碎或粉磨设备（所属税号：84742090）进出口情况

年份	出口			进口		
	数量（台）	金额（万美元）	平均单价（万美元）	数量（台）	金额（万美元）	平均单价（万美元）
2014	25 234	50 900	2.02	865	11 216	12.97
2015	41 443	46 730	1.13	490	5 806	11.85
2016	31 723	40 005	1.26	857	6 051	7.06

注：数据来源于中国重型机械工业协会《全国冶金矿山机械行业进出口统计年报2016》《全国冶金矿山机械行业进出口统计年报2015》。

综合分析表13、表15、表16和表17，可以看出，自2014年以来，采煤、凿岩机及隧道掘进机和其他破碎或粉磨设备（所属税号：84742090）的年出口数量和出口额均远远超过了当年的进口数量和进口额，实现进出口顺差；同时，以上两类设备的进口平均单价呈下降趋势。这两类国产设备的出口平均单价却远远低于进口平均单价，并且主要出口到重工业欠发达的印度尼西亚、越南、印度和巴基斯坦等发展中国家和中国香港地区。

这说明，通过国内相关制造企业近年来的努力，国产采煤、凿岩机及隧道掘进机和其他破碎或粉磨设备（所属税号：84742090）等设备在制造技术和质量等方面取得了长足的进步，正逐步缩小与国外先进设备之间的差距，使得国外同类设备的进口价格在逐渐降低。但与国外先进技术相比，国内各相关制造企业还没有完全掌握技术关键，在设备的寿命周期、智能控制、可靠性和安全性等方面还存在着不小的差距，仍然只能依靠低廉的价格向印度尼西亚、越南、印度等发展中国家（地区）输送自己的产品，尚不具备大举进军欧美等发达国家市场的实力以及引领世界矿山机械装备制造业发展的能力。

在世界经济低迷的形势下，美国等发达国家提出重返制造业；全球最大采矿设备制造商卡特彼勒借收购年代煤矿机电设备制造有限公司重新布局我国的井下煤机市场，着眼于井下综合开采装备这一高端领域；同时，矿山机械低端设备制造中心已经开始由我国转向制造成本更低的东南亚等国。面对严峻复杂的国内外市场形势，如何塑造我国矿山机械制造业优势成为行业当前亟待解决的首要问题。

作为大型工业设备之一，矿山机械设备在很大程度上依靠的是技术价值。我国还不是矿山机械制造强国，只有将更多的精力和资本投入到技术研发中，不断加强基础研究，不断完善装备的结构和功能，通过创新实现从低成本生产向高附加值、高科技制造的转型升级。从低端到高端，从单纯的矿机制造发展到新品设计，同时延伸售后服务，延长产业链，增加产品的附加值，不断提高产品自身的性价比，从根本上改变以低价为先的企业生产模式。只有这样，才能真正赢得国际市场的青睐，真正具备国际化竞争优势，在愈加激烈的市场竞争中占据一席之地。

生存、发展，是企业永恒的主题。对于努力前行的我国矿山机械企业而言，不仅要有"十年磨一剑"的韧劲，还要有"任尔东南西北风，咬定青山不放松"的创新发展意志。

2016年11月，国土资源部发布的《全国矿产资源规划（2016—2020年）》强调，要全面推进绿色勘查、绿色矿山和绿色矿业发展示范区建设，加快转变资源利用方式和矿业发展方式；而被喻为"史上最严""武装到了牙齿"的新《中华人民共和国环境保护法》的实施，更像一把达摩克利斯之剑，时刻悬挂在矿山企业的头上，迫使矿山企业在资源利用、环境保护、开采工艺、技术装备、安全管理等方面进行变革。而这种变革也将为矿山机械行业的发展提供机会，大型、智能、高效节能、绿色环保、个性化的矿山机械装备将会迎来一个高速发展时期。

〔撰稿人：洛阳矿山机械工程设计研究院有限责任公司沈剑峰　审稿人：洛阳矿山机械工程设计研究院有限责任公司杜波〕

物料搬运机械进出口市场分析

物料搬运机械通常包括轻小型起重设备、起重机、输送机械、装卸机械、工业车辆、仓储机械、架空索道等几类产品。根据《中华人民共和国海关统计商品目录》的分类统计,物料搬运机械所涉及的商品共有4类,用4位数字来表示的商品代码分别为8425、8426、8427、8428。8425为轻小型起重设备,包括滑车及起重葫芦、卷扬机及绞盘、千斤顶等;8426为起重机;8427为工业车辆;8428为连续输送设备、电梯、自动扶梯、架空索道等。全路面起重机、汽车起重机列于8705中,电动牵引车、短距离运货机动车辆等列于8709中,本文中提及的物料搬运机械商品的相关零部件列在商品代码8431中。

一、进出口市场概述

2016年与我国进行物料搬运机械进出口贸易的国家和地区共有216个,进出口贸易总额达184.0亿美元,其中,进口贸易总额为37.8亿美元,出口贸易总额为146.2亿美元,进出口贸易顺差为108.4亿美元,与2015年相比,进出口贸易总额同比下降8.6%,进出口贸易顺差同比增长12.7%。2006—2016年物料搬运机械进出口总额统计见图1。

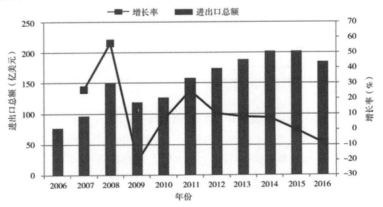

图1 2006—2016年物料搬运机械进出口总额统计

进出口贸易额超过1亿美元的国家或地区共39个,超过2亿美元的国家和地区为26个,超过3亿美元的国家和地区共17个。2016年进出口额超过4亿美元的国家和地区见图2。进出口贸易额前三个国家,分别是美国19.9亿美元,韩国11.5亿美元,德国11.2亿美元。

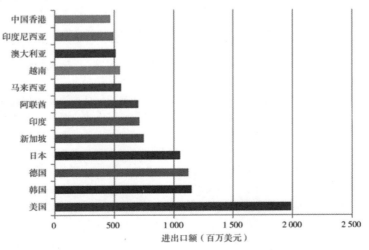

图2 2016年进出口额超过4亿美元的国家和地区

2016年我国内地31个省市、自治区发生了物料搬运机械进出口贸易，2016年进出口贸易额前12位的省市见图3，排名前10位省市的进出口贸易额为172.2亿美元，占全部进出口贸易总额的93.6%。

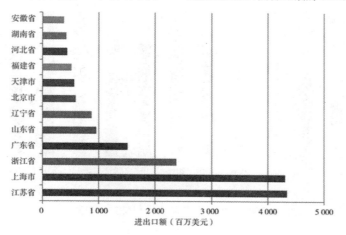

图3　2016年进出口贸易额前12位省市

2016年进出口贸易总额按产品分类统计见图4，其中起重机类进出口贸易额最大，为47亿美元，占进出口总额的25.6%，与2015年相比增加了2个百分点，贸易顺差达41.2亿美元，与2015年相比减少了6.5亿美元。

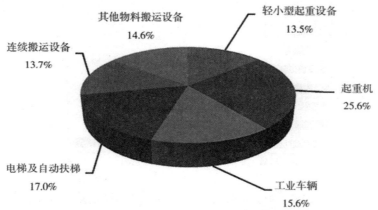

图4　2016年进出口贸易按产品分类统计

2016年进出口贸易额排名前12位的商品及进出口额见表1，前12位商品进出口总额为114.2亿美元，占全部进出口贸易总额的62.1%。

表1　2016年进出口贸易额排名前12位的商品及进出口额

序号	税号	货品名称	进出口总额（百万美元）	序号	税号	货品名称	进出口总额（百万美元）
1	84261942	集装箱装卸桥	155.2	7	84261930	龙门式起重机	86.8
2	84281010	载客电梯	147.0	8	84283300	带式连续运送货物的升降机及输送机	70.5
3	84289090	未列名升降、搬运机械	134.8	9	84312090	品目8427所列机械的其他零件	68.4
4	84272090	其他内燃叉车	104.4	10	84271090	其他电动叉车	66.9
5	84313900	其他8428所列机械的零件	89.5	11	84253190	其他电动的卷扬机及绞盘	66.8
6	84313100	升降机、倒卸式起重机或自动梯的零件	89.2	12	84284000	自动梯及自动人行道	62.3

二、进口市场概述

2016年我国从81个国家和地区进口物料搬运机械，进口贸易总额为37.8亿美元，与2015年同比下降28.1%。2006—2016年物料搬运机械进口总额统计见图5。

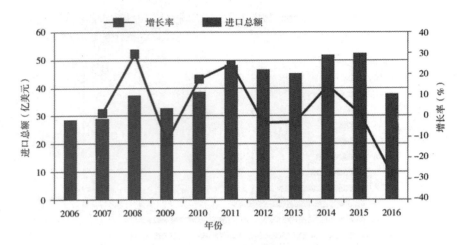

图5 2006—2016年物料搬运机械进口总额统计

2016年进口贸易额排名前10位的国家和地区见图6，其中前三名是德国、日本、韩国，其进口贸易额分别为8.0亿美元、6.2亿美元和5.7亿美元，分别占进口贸易总额的21.3%、16.5%和15.2%。

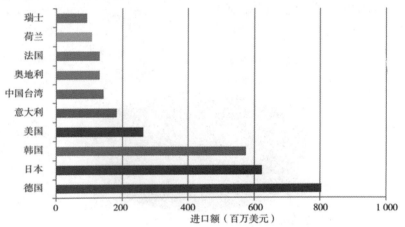

图6 2016年进口贸易额前10位的国家和地区

2016年我国物料搬运机械进口贸易额按进口地区统计，排名前10位的省（市）主要集中在沿海地区，进口贸易额最大的是上海市，共8.2亿美元，占全国进口市场份额的21.6%，江苏省居第二位，为6.1亿美元，占全国进口市场份额的16.2%，广东省居第三位，为4.7亿美元，占全国进口市场份额的12.5%。2016年进口贸易额排名前10位的省（市）见图7。

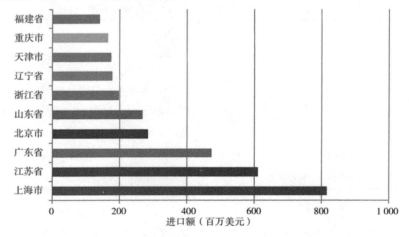

图7 2016年进口贸易额排名前10位的省（市）

2016年进口商品按产品进行分类统计,其他物料搬运设备排列第一,进口额为13.4亿美元,占进口贸易总额的35.6%,包括了立体仓库设备、机械停车设备、机场专用设备及未列名设备和相关零部件等;连续搬运设备排列第二,进口额为10.2亿美元,占进口贸易总额的26.9%,2016年进口贸易按产品分类统计见图8。

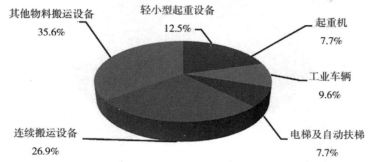

图8 2016年进口贸易按产品分类统计

2016年进口贸易额排名前10位的商品见表2。

表2 2016年进口贸易额排名前10位商品及进口额

序号	税号	货品名称	进口金额(百万美元)
1	84289090	未列名升降、搬运机械	77.5
2	84313900	其他8428所列机械的零件	29.6
3	84253190	其他电动的卷扬机及绞盘	28.6
4	84283990	未列名连续运送货物的升降机及输送机	25.9
5	84289040	搬运机器人	21.8
6	84283300	带式连续运送货物的升降机及输送机	19.1
7	84283910	链式连续运送货物或材料的升降机及输送机	18.2
8	84283920	辊式连续运送货物或材料的升降机及输送机	17.1
9	84263000	门座式起重机及座式旋臂起重机	14.7
10	84281010	载客电梯	14.6

2016年进口贸易按贸易方式分类见图9。从图中可以看出,一般贸易是我国物料搬运机械进口贸易的主体,占71.6%。

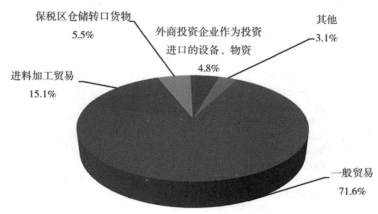

图9 2016年进口贸易按贸易方式分类

2016年进口贸易按企业性质分类见图10。图中数据表明,外商独资企业、中外合资企业、私人企业和国有企业是进口贸易的4大板块,其中外商独资企业所占比例最大,为35.6%,中外合资企业占26.2%,私人企业进口贸易占比从2015年的13.1%快速增长至18.5%并首次超过国有企业。

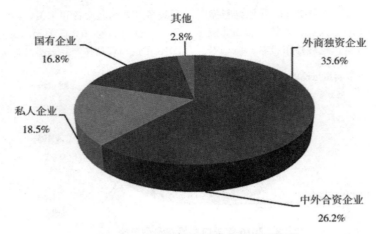

图 10　2016 年进口贸易按企业性质分类

三、出口贸易概况

2016 年我国物料搬运机械商品出口到 213 个国家和地区，出口贸易总额为 146.2 亿美元，比上年下降 1.7%，2006—2016 年物料搬运机械出口总额统计见图 11。

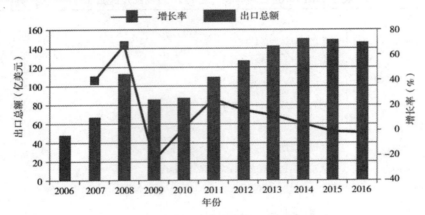

图 11　2006—2016 年物料搬运机械出口总额统计

2016 年出口贸易额超过 2 亿美元的国家和地区共 22 个，出口贸易额超过 3 亿美元的国家和地区共 14 个，2016 年出口额超过 3 亿美元的国家和地区见图 12，出口贸易额超过 4 亿美元的国家和地区共 11 个，其中出口贸易额最大的国家是美国，出口额为 17.3 亿美元，占出口总额的 11.8%，印度居第二，出口额为 7.1 亿美元，占出口总额的 4.9%，阿联酋居第三，出口额为 7.0 亿美元，占 4.8%。

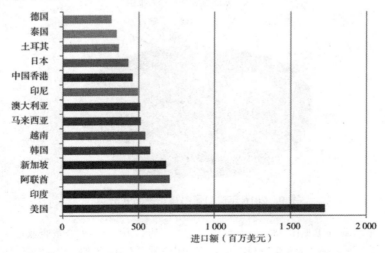

图 12　2016 年出口额超过 3 亿美元的国家和地区

2016年出口贸易排名前10位的省（市）见图13，其中江苏省出口贸易额达37.2亿美元，占全国出口贸易总额的25.4%，排名前3位的江苏、上海、浙江的出口额共计93.9亿美元。占全国出口贸易总额的64.2%。

2016年出口贸易按产品分类统计见图14，出口额最大的是起重机，共计44.1亿美元，占出口总额的30.2%。

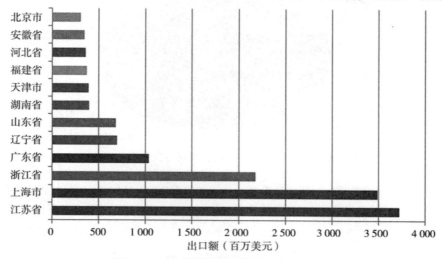

图13　2016年出口贸易额前10位的省市

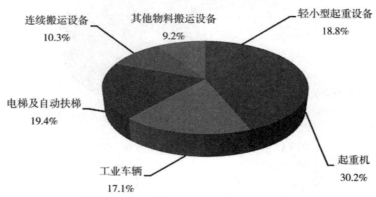

图14　2016年出口贸易按产品分类统计

2016年出口贸易额排名前10位的商品及出口额见表3。

表3　2016年出口贸易额排名前10位的商品及出口额

序号	税号	货品名称	出口金额（百万美元）
1	84261942	集装箱装卸桥	154.7
2	84281010	载客电梯	132.4
3	84272090	其他内燃叉车	99.1
4	84261930	龙门式起重机	86.2
5	84313100	升降机、倒卸式起重机或自动梯的零件	79.5
6	84284000	自动梯及自动人行道	62.3
7	84313900	其他8428所列机械的零件	59.9
8	84289090	未列名升降、搬运机械	57.3
9	84271090	其他电动车辆（叉车）	56.1
10	84312090	品目8427所列机械的其他零件	54.3

2016年出口贸易按贸易方式分类统计见图15。从图中的数据可以看出，我国出口贸易方式主要为一般贸易和进料加工贸易，两种贸易方式占全部贸易的92.1%。

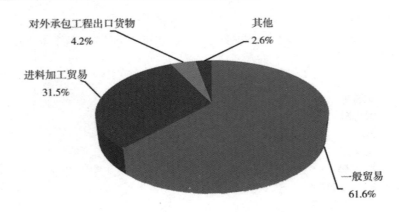

图 15　2016 年出口贸易按贸易方式分类统计

2016年出口贸易按出口企业性质分类统计见图16，出口企业主要由私人企业、中外合资企业、外商独资企业和国有企业四类企业组成，占全部出口贸易的94.5%。

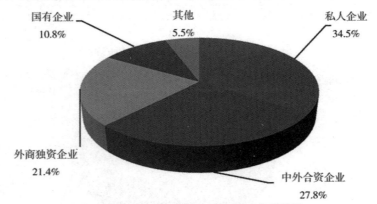

图 16　2016 年出口贸易按企业性质分类统计

〔撰稿人：中国重型机械工业协会物料搬运工程设备成套与服务分会肖立群　审稿人：中国重型机械工业协会李镜〕

综述

大事记

行业篇

市场篇

企业篇

统计资料

标准与质量

附录

中国重型机械工业年鉴 2017

企业篇

2016年重型机械行业主要企业运行情况，重点企业经营理念、文化建设及发展规划

Business operations of major enterprises in the heavy machinery industry in 2016 and business philosophies, cultural development and development planning of important enterprises

综述

大事记

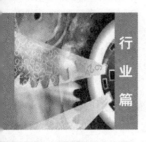
行业篇

企业介绍

中国第一重型机械集团公司

中国第二重型机械集团公司

中信重工机械股份有限公司

大连重工·起重集团有限公司

上海重型机器厂有限公司

中国重型机械研究院股份公司

中国重型机械有限公司

云南冶金昆明重工有限公司

北京起重运输机械设计研究院

山东山矿机械有限公司

卫华集团有限公司

上海科大重工集团有限公司

洛阳矿山机械工程设计研究院有限责任公司

山东华特磁电科技股份有限公司

四川省自贡运输机械集团股份有限公司

杭州西子智能停车股份有限公司

市场篇

企业篇

统计资料

标准与质量

附录

中国重型机械工业年鉴 2017

企业篇

企业介绍

中国第一重型机械集团公司

一、基本情况

中国第一重型机械集团公司（简称一重集团），主要为钢铁、有色金属、电力、能源、汽车、矿山、石油、化工、交通运输等行业及国防军工提供重大成套技术装备、高新技术产品和服务，并开展相关的国际贸易，始建于1954年，是目前中央管理的涉及国家安全和国民经济命脉的国有重要骨干企业之一，拥有上市公司中国第一重型机械股份公司（601106.SH），是国家创新型试点企业、国家高新技术企业，拥有国家级企业技术中心、重型技术装备国家工程研究中心、国家能源重大装备材料研发中心。

二、改革概况

2016年，一重集团认真贯彻落实党中央、国务院关于深化国有企业改革的战略决策，持续推进企业改革。为加强对改革工作的领导，并做好协调落实，成立了改革工作领导小组及领导小组办公室，同时还成立了专责负责改革工作的职能部门改革办公室。

一重集团根据企业的实际情况，制定了深化改革实施方案。提出了改革指导思想、改革目标，明确了改革问题清单、任务清单、责任清单，建立了由公司领导、责任部门、基层单位组成的三级责任体系，落实了改革的时间节点和责任人。一重集团按照积极推进供给侧结构性改革、坚决打好瘦身健体提质增效攻坚战的要求，紧密围绕"完善体制机制、制定发展规划、调整机构职能、深化三项制度改革、发展混合所有制、处置僵尸企业、加强资产管理、推进依法治企、解决历史遗留问题、全面加强党的建设"10个方面的问题、21项任务、105条具体措施，深入推进企业改革工作。尤其是在三项制度改革方面，通过精简机构、压缩定员、分流安置，机构人员从"臃肿"向"精干高效"转变；通过厂办大集体改革、三供一业分离等历史遗留问题的解决，解决问题的方式从"回避矛盾"向"直面矛盾"转变；通过市场化选聘与契约化管理，全体职工从"要我干"向"我要干"转变，通过深化薪酬分配制度改革，薪酬分配从"大锅饭"向"差异化"转变，形成了岗位能上能下、人员能进能出、收入能增能减和"岗位靠竞争、收入凭贡献"的市场化选人用人机制，突破了"能上能下"难题，实现"一子落，满盘活"，使企业发展的活力、动力得到了有效激发。目前，通过系列改革，公司现代企业制度进一步完善、法人治理结构进一步健全、对外合作进一步加强、三项制度改革进一步深化、组织机构进一步压减、历史遗留问题进一步解决，企业改革工作取得了丰硕成果。

三、市场经营及销售情况

在市场经营方面，公司深入谋划、科学布局，形成了专项装备、核电装备、石化装备、高端装备、新材料和现代服务业六大板块，2016年新增订货总额81.18亿元，圆满完成了指标任务。同时公司加强与央企间的合作，共走访了覆盖一重集团六大产品板块领域的24家央企，2016年新增央企合同金额共计37.04亿元，占新增订货总额的45.6%。

在国际市场开发方面，开发了俄罗斯、土耳其、韩国、伊朗、南亚、东南亚、北美等市场，成立了俄罗斯办事处。俄罗斯办事处以俄罗斯为中心，逐步覆盖乌克兰、白俄罗斯、哈萨克斯坦等原苏联国家；为了更好地开发容器市场，特别是针对伊斯法罕的容器项目，特成立了容器项目组，负责该项目的操作与执行。

四、产品质量方面

2016年，一重集团的质量工作紧紧围绕解放思想、转变观念、改变作风的总体要求，以提高管理水平，提高实物质量，降低质量损失作为工作的总思路，在质量体系建设、质量监督考核、质量分析与改进等方面采取了一些新的做法，对质量检验、专项产品制造、重点产品工艺等职能进行了调整；实行了质量周报制度，针对质量问题随时提出整改要求，加大根本原因分析法的实施力度，严格落实整改措施，促进质量改进；针对大型锻件当前的主要质量问题，专门成立了技术攻关推进组进行专项攻关等，这些有针对性的措施，使得大型锻件锻造开裂、联合转子性能不合、C-Mn钢锻件探伤不合等一些质量问题得到改进和解决。总体产品加工合格率达到99.60%以上，保证了机械成套设备产品、加氢产品、核电产品、专项产品制造质量的稳定。

五、技术改造情况

在基建技改方面。一是配合有关部门对中央巡视组有关项目施工问题进行整改落实，完善相关制度；二是成立专项小组，加速推进项目建设，加快专项产品扩产技术改造速度；三是完善工程项目管理，重新梳理工程项目资料，保证项目质保服务，保障公司利益。其中发扬"铁人精神"，采取冬季不停工，完成了专项新厂房、办公楼的基础施工,加快完成了国家重点专项产品生产线产品升级项目,为未来智能化制造奠定了基础;卷筒轴复合加工专机、CAP1400主管道加工专机投入使用,提升了公司核电装备能力,新开工的核电主设备制造升级改造项目将进一步提高公司现有能力和制造技术水平。

在节能减排方面。一是积极争取国家及省(市)节能扶持政策,取得直购电政策,节省电费支出1 772.5万元;二是建立能源消耗机制,创新工作方式,深挖落实节能措施68项,其中通过主变压器实施暂停减容方式累计节省电费支出3 999.6万元;三是建立领导负责制,完善节能减排体系,促进节能措施覆盖生产全过程,完成了电炉排烟除尘风机变频调速系统节能项目,节省电费支出620万元;四是提高服务意识,通过以点检为主、巡检为辅的管理模式,为公司生产正常运行提供了可靠保证。全年能耗总量为277 126t标准煤,单位能耗量0.623t标准煤/万元,发生费用6.17亿元,为预算的95.22%,有效实现了年度预算可控,降低了公司能源消耗成本。

六、科技成果

2016年企业重大科技成果及获省市以上科技(进步)奖项目见表1。

表1 2016年企业重大科技成果及获省市以上科技(进步)奖项

序号	项目名称	完成时间	主要性能参数及技术内容	成果水平评价	负责单位、参与单位
1	25 000kN大型伺服闭式四点压力机研制	2015年	攻克了多项制约大型伺服压力机设计和制造的关键技术,在重载冗余驱动、传动机构构型设计、主传动方案设计、伺服驱动及控制技术、冲压工艺轨迹规划、能量管理、精度保证、自动化上下料以及系统集成等核心技术上都取得了重要突破,使我国具备了大型伺服压力机及其系列化产品的自主研发和制造能力。通过主传动创新设计和系统集成技术的应用,成功研制出了公称压力25 000kN、公称压力行程13mm、滑块行程1 200mm的国内外最大压力行程的伺服压力机,拥有自主知识产权,在我国汽车行业建立了首条自主设计的示范应用伺服冲压生产线。同时本项目获6项发明专利、6项实用新型专利、2项软件著作权,研制的25 000kN大型伺服压力机填补了我国大型伺服压力机自主设计和制造技术的空白,2014年4月投入量产。总体技术达到国际先进水平,其中主传动等核心技术达到国际领先水平	中国机械工业科学技术奖二等奖	中国第一重型机械股份公司、上海交通大学、安徽江淮汽车有限公司、郑州机械所、燕山大学
2	多元合金化锻钢支承辊研制	2015年	该项目研发了基于多元合金的5%Cr-1%Mo-Ni-V-Nb锻钢支承辊新材料,通过Mo、V、Nb等合金元素成分优化,使材料获得了高的淬透性、淬硬性和回火稳定性,显著提高了支承辊耐磨性和抗接触疲劳强度。集成了多元合金的大型支承辊材料热加工成套工艺技术,优化了热加工工艺参数,各项技术指标达到了设计技术要求。该成果在用户中得到了广泛应用,经济和社会效益显著。经行业专家鉴定,该成果拥有自主知识产权,达到了国际先进水平	中国机械工业科学技术奖二等奖	中国第一重型机械股份公司
3	超大厚度钢锭火焰切割设备	2015年	该项目针对超大厚度钢锭火焰切割设备系统与配套切割工艺技术进行研究开发,面向超大厚度切割机市场形成系列的切割机产品,切割厚度从2.0m到3.5m,涵盖超大厚度切割机的所有产品类型。切割质量(精度、平面度、粗糙度)稳定且优良	中国机械工业科学技术奖二等奖	哈尔滨焊接研究所、中国第一重型机械股份公司、哈尔滨理工大学

七、对外合作

一重集团与中国节能签署了战略合作协议,双方在齐齐哈尔合资建设的垃圾焚烧项目已经启动。在国资委的支持帮助和协调下,一重集团与中国核建就第四代核电—高温气冷堆项目进行了深度对接,目前已经完成生产工厂的选址,下一步双方还将合力推动高温气冷堆技术"走出去"。一重集团与鞍钢集团公司签署了战略合作框架协议,对鞍钢设备的10个意向性改造项目达成共识,并签订了1项合同和3项技术协议。一重集团与首钢初步达成顺义钢厂卡鲁塞卷取机改造技术方案及其备件、定宽机备件和热卷箱改造合作意向。

八、存在问题

经过认真分析总结,一重集团在发展过程中主要存在以下三个方面的问题:一是一直以来,一重集团装备制造业板块缺乏市场持续旺盛需要的且利润足以维持公司较好运行的高附加值产品,沿用"以销定产"的模式,单件小批量难以形成规模化。由于客观市场形势的不确定性,导致订货中的产品结构会发生不可预估的变化,与设定的最大产能难以实现较好的匹配,影响计划产能的实现。二是多年积累的资源优势仅仅依托于重型装备制造业,且处于行业链条的一个环节,难以摆脱"打工"的被动局面,缺乏主导权和话语权。同时,所处的重型装备制造业容易受国家政策等因素影响,维持可持续发展的难度较大,一有风吹草动,就会对公司的生产经营造成重大影响。三是一重集团虽然在冶金轧制设备、锻焊结构加氢反应器、核反应堆压力容器及核岛锻件等方面占据较大的国内市场份额,并且还大力发展现代服务业,但是公司作为传统的制造型企业,一直以来只是负责设备制造这一低端环节,研发工程设计和工艺设计都分布在所服务的行业,缺乏提供全面系统解决方案的能力,对外提供有偿技术咨询、技术解决方案和工程实施方案等的多形式服务业务还没有真正落地,尚未形成具有一重集团特色、体现一重集团优势的高利润、低成本的现代服务业板块。

〔供稿单位:中国第一重型机械集团公司〕

中国第二重型机械集团公司

2016年,中国第二重型机械集团公司(简称中国二重)在国务院国资委的关心支持下,在国机集团的正确领导下,认真贯彻落实党的十八大及系列全会精神,狠抓经营生产、市场开拓和应收账款存货处置,打赢了扭亏脱困攻坚战,主要经济指标实现了恢复性增长,收入、订货分别同比增长65%和36%,毛利水平进一步提升,期间费用进一步下降,资产进一步优化,为健康稳健发展提供了保障。

一、努力保持生产经营平稳运行,改善运行质量

中国二重全年完成工业总产值61.03亿元,同比增长1.66%,实现机器产品产量7.11万t,同比增长26.5%,实现了产量的触底回升。通过不断强化合同主体意识和观念转变,创新作业组织方式,协调好投料、深孔、大型铣镗床、探伤、蒸汽供应等公司紧缺的生产资源;加强对"内部合同、外包合同、采购合同、内部生产计划"完成率的执行、监管,对合同完成率进行专项检查;重点针对"核电、外贸、协同、重大"四类合同,设置专人负责,跟踪落实。全年累计合同完成率达93.42%,较上年大幅提升;核电产品实现销售3.79亿元,创历史新高;大汽缸的产出(73套)同比增长1倍以上。2016年主要经济指标完成情况(一)见表1。

表1 2016年主要经济指标完成情况(一)

项目	2016年	2015年	同比增幅(%)
工业总产值(亿元)	61.03	60.03	1.66
机器产品产量(万t)	7.11	5.62	26.50
钢水产量(万t)	9.60	9.61	-0.10
锻件产量(万t)	4.21	4.30	-2.10
铸件产量(万t)	2.03	1.74	16.70

中国二重全年实现新增订货86.06亿元,同比增长36%。通过全力捕捉市场需求信息,加大内部协同力度,创新营销模式和业务形态,先后中标了以辽阳石化和镇海石化项目、川西机器厂深潜项目、宏兴950热连轧机等为代表的一批重大项目,其中,在石化方面,斩获恒力石化、浙江石化近13亿元的大单,实现了历史性突破。公司主要产品市场占有率较上年度总体稳中有升,其中高端铸锻件超过70%,航空模锻件超过60%。

加大国机集团内协同工作力度。以现有跟踪的16个项目为依托,重点关注中国建设赞比亚水泥等项目,积极争取协同订单,弥补传统业务下滑造成的订单不足。通过重型院挤压机、CMEC塞尔维亚项目分交制造等11个项目,完成带入中国二重的制造合同1.77亿元。

公司通过提升产品边利,加强成本管控,推进低效无效资产处置,加强存货盘活和应收账款处置等措施,实现效益和资产质量的双改善。全年实现收入82.86亿元,同比增长65%;实现利润5.3亿元,继2011年亏损以来首次利润为正;期间费用大幅下降,费用整体下降61.4%,其中利息净支出同比减少7.5亿元;资产负债率由最高时的130%多下降到86.92%,平均流动资产增长11%,资产结构进一步优化。2016年主要经济指标完成情况(二)见表2。

表2 2016年主要经济指标完成情况(二)

项目	单位	2016年	2015年	同比增幅(%)
营业收入	亿元	78.10	50.10	56.00
营业成本	亿元	72.70	49.70	46.30
期间费用	亿元	8.20	21.30	-61.40
利润总额	亿元	5.20	-0.50	增长5.7亿元
资产总计	亿元	191.10	184.60	3.50
资产负债率	%	86.92	92.41	-5.49

二、继续推进技术研发工作

中国二重按照"全力推动传统产品技术升级和业务转型,加快进入新兴产品领域"的研发工作指导思想,积极推进成套、核电、容器、模锻件等产品的转型升级,完成了一批科研项目,取得了进展和突破,同时积极探索新的产品领域。全年累计申请专利18项,主持和参与制修订标准35项;承担的《重大装备空间自由曲面精密测量共享服务平台》《加氢反应器2.25Cr1Mo0.25V钢热处理过程相变机制及组织性能关系研究》等项目通过验收;《重型机床可靠性评价与试验方法研究》《重型机械创新设计研究及其应用示范》《大飞机关键构件成型共性技术研究》和《航空发动机用整体叶盘锻件研制》等五个项目,已完成项目研究内容。

1. 成台(套)产品的研发

主要围绕冶金轧制成套设备工艺技术及关键设备、热模锻生产线关键设备及智能化方面进行了研发,注重总包能力的培育,同时积极向粉煤热解、油泥处理环保设备等成套装备新兴领域拓展。围绕热模锻压机设备的高效智能化做技术储备;完成了60万t中试回转反应炉的设计合同的签订,就粉煤热解回转反应炉设备供应,形成战略合作框架,并有望在近期签订该项目的订货合同；围绕大型球体原位制造、智能制造系统开展了大量研究和技术储备工作。

2. 核电设备

锻造主泵泵壳通过了核动力院组织的制造技术评定审查，获得了华龙一号（ACP1000）核电主泵锻造泵泵壳评定合格证书，并成功获得福清6#核电机组3台主泵泵壳锻件订单；中广核的CPR1000主泵泵铸造泵壳产品试制通过了专家评审；完成了世界上首套华龙一号机组ZH-65型蒸汽发生器水室封头的了专家组评定审查，获得评定证书，实现2台ACP1000蒸汽发生器水室封头交货；中广核华龙一号二次侧筒体、上封头已投料。

完成了CAP1400主管道热段及冷段等多件产品的试制，结构尺寸及工艺性能满足技术要求；ACP1000主管道热段环路多种锻件按计划有序推进；稳压器研制完成了试验件的总体制造方案，完成了稳压器拉杆产品试制并通过了专家鉴定；成功签订四代核电高温气冷堆压力容器联合研发协议，有望在核电压力容器领域实现弯道超车；CAP1400堆芯补水箱产品已完成产品最终热处理工序并进行了水压试验。

3. 石化容器开发

公司研制的首套出口海外容器——巴西石油项目的首批两台船用容器顺利发运；完成了螺纹和管箱用筒形锻件试验件（模拟件）的设计图及其制造方案。

4. 高端大型铸锻件

主要围绕火电、水电、核电、轧辊等高端铸锻件进行产品技术升级。实现了10%Cr转子样件订货，进行了国内首次50t级Cr10超超临界转子电渣钢锭开发，基本掌握了600℃机组9%～12%Cr不锈钢电极制造、锻造和热处理制造技术；完成1 000MW及以上高中压焊接转子解剖件资质认证，完成1 000MW及以上低压焊接转子认证件标准性能测试分析并符合技术条件要求；已对8%Cr型支承辊钢锭进行了锻造、热处理、部分试料的加工；完成了以"华龙一号上封头锻造工艺仿真""福清核电站蒸发器下封头锻造工艺改进仿真"等相关产品的计算机数值模拟，参加了《700℃超超临界机组汽轮机高温铸件研制》等两项国家重大专项课题及三项公司级研发项目。

5. 大型模锻件研制

通过"高性能航空发动机核心转动件开发""重型燃气轮机大型涡轮盘模锻件开发"等产品研发，有效地发挥了8万t压力机的装备制造能力。在保持军品航空模锻件市场份额的同时，积极拓展民用航空及非航模锻件产品，保持公司大型模锻件的技术优势和市场优势。研制的首批空客320飞机大型起落架锻件成功用于空客新机型；完成了C919飞机10项钛合金锻件的新产品开发和交付，C919活塞杆锻件已形成批量交付，并完成了宽体飞机上缘条多种钛合金锻件研制和交付；成功试制出新一代发动机GH4169D整体叶盘锻件，填补了我国700℃用高温合金锻件空白；完成了G50重型燃气轮机IN718高温合金一级动力涡轮盘锻件首件的研制生产，锻件组织性能和探伤级别均达到了国际先进水平；完成了军（民）用航空发动机核心转动件30余项新产品的试制；高铁转向架压盖铝合金模锻件进行了两批次试制，正等待用户通过疲劳等各项考核，逐步实现批产。

6. 传动设备研制

通过"大型风电齿轮箱产品开发""CRH380A动车组齿轮箱国产化"等项目实施，调整传动产品市场结构，拓展高端装备市场领域。与Romax公司联合开发的2MW风电齿轮箱项目已完成齿轮箱铸锻件先行件设计，完成了主要零件的制造工艺和装配工艺方案评审，正有序推进样机试制；同时6MW海上风电传动链（含增速机）样机制造即将交付用户。CRH380A动车组齿轮箱国产化项目与青岛四方公司签订了"动车组齿轮传动装置技术研究"合同。

7. 新产品开发情况

企业结合创新中心建设、工业强基、智能制造以及高端装备创新等政策规划，积极布局长线产品研发目标和方向。先后跟踪、预研了核电小型堆、华龙一号反应堆压力容器、乏燃料核废料罐、垃圾（不分类）处理设备、飞轮储能装置等新产品。其中部分项目已与相关企业签订了合作协议。公司采用专项推进、分步实施的方式，力争尽快形成研发成果，进入市场推广和应用，为公司增加新的利润增长点，提高公司的竞争能力。

2015年申报的企业重大科技成果见表3。

表3　2015年申报的企业重大科技成果

序号	项目名称	完成年月	主要性能参数及技术内容	成果水平评价	负责单位、参与单位
1	起落架用超高强度耐蚀钢研制及应用	2013	略	国防科学技术进步奖一等奖	中国二重万航公司
2	超大直径超厚壁加氢反应器攻关研究	2013	通过攻关，中国二重研发出锻焊结构反应器超纯净钢和多包合浇微合金控制、将2.25Cr-1Mo-0.25V钢的淬透深度提高至500mm、内径φ5 400mm反应器倒"Y"形过渡段收口锻造技术，400～600mm厚壁的主焊缝焊接技术及90°弯管整体自动堆焊技术、多通道焊缝横向裂纹无损检测技术等创新技术。突破了本体超大型化、超厚壁锻件均质化控制、420t钢锭超大筒体锻件高温蠕变极限和持久强度、焊接再热裂纹、超大锻件制造和现场组焊等技术瓶颈问题，使加氢反应器多项指标填补世界空白，获得专利技术7项。居国际领先地位	四川省科技进步奖三等奖	二重集团（德阳）重型装备股份有限公司

(续)

序号	项目名称	完成年月	主要性能参数及技术内容	成果水平评价	负责单位、参与单位
3	620℃超超临界火电机组大型关键铸件研制及产业化	2014	在国内率先开发了拥有自主知识产权的620℃超超临界CB2材料铸件技术,制造了国内首台(套)620℃1 000MW超超临界中压内缸铸件,并于2014年2月27日通过了由中国电力投资集团、国电科学技术研究院、国电物资集团有限公司监造管理部、四川省江电建设监理有限责任公司、上海电气电站设备有限公司汽轮机厂等单位组成的专家的鉴定,"该套中压内缸铸件属国内首次制造,填补了国内空白,与国外同类产品相比,研制成果达到国际先进水平"	国机集团科学技术进步奖一等奖	二重集团(德阳)重型装备股份有限公司
4	三峡升船机螺母柱研制	2014	本项目针对具有高难度技术参数的螺母柱在铸造、热处理、加工、装配、检测等方面的制造技术进行研究,创新性的攻克了对螺母柱铸件内部质量的极高要求(要求几乎达到了锻件水平,如:铸件纯度为夹杂物等级≤2级、铸件心部铁素体检验为零铁素体、铸件调质后晶粒度6.5级或更细、铸件整体UT探伤且单个缺陷当量尺寸均不大于ϕ3mm);大导程螺纹面加工、保证瓦片式组合螺母柱螺牙加工精度的工艺技术;多节螺母柱拼装控制螺旋面共面精度的装配工艺技术;大空间分离式螺母柱拼装中的检测技术等多个大型组合式高精度螺母柱制造中的技术难关。由此掌握了大型升船机螺母柱的毛坯冶炼及铸造工艺技术;热处理工艺技术;螺母柱批量加工技术;大尺寸、组合式高精度螺母柱分批拼装技术;高精度、大空间分离式螺母柱在加工和装配中的检测技术	国机集团科学技术进步奖三等奖	二重集团(德阳)重型装备股份有限公司

三、质量管理提升取得成效

2016年,重点加强了质量管理,通过完善体系和优化机制,完成了质量工程师队伍岗位配置,推行了质量参与收入分配的正向激励机制;大力开展专项质量提升活动,针对影响质量提升的14个重点项目,实施跟踪管理,督促持续改进;强化现场和过程监督控制,严格特殊过程控制,持续推行错漏检专项整治和标准化作业;加强供方管理;加强执纪问责和质量问题曝光等,使质量有了明显好转。公司全年发生质量损失同比下降71.6%,质量损失率为0.3%,同比下降0.78个百分点,达到了行业水平,并获得了国机集团2016年度企业质量奖。

四、推进企业改革发展

公司继续推进低效无效资产的处置,实现了镇江公司全部股权转让给国机集团,并由中国二重重装托管;成都工程中心大楼于2016年年底通过挂牌交易转让给国机资产公司;8万t大型模锻压力机正由国机集团和中航工业携手打造成为具有全球竞争力的航空模锻件。在辅业子公司改制方面,制定了相关子公司的改革改制方案,并积极创造条件,等待改制时机完成实施;在"三供一业"移交方面,已全面完成职工生活区供电业务移交,正加快推进供气管网和户表改造、供水设施改造工作。

〔撰稿人:中国第二重型机械集团公司杨毓银 审稿人:中国第二重型机械集团公司魏巍〕

中信重工机械股份有限公司

2016年是中信重工机械股份有限公司(简称中信重工)企业发展进程中重要而非同寻常的一年,面对严峻的经济形势,公司砥砺奋进,取得了显著的成绩。一是领导班子实现新老交替;二是确立了公司"十三五"的规划蓝图和发展战略;三是践行"一带一路"区域发展倡议取得一定成效;四是深化改革取得突破;五是以机器人为代表的新兴产业为公司的发展增添新动能;六是公司品牌实力得到有效提升。

一、公司经营情况

1. 以抓市场保订单为重中之重,综合施策,精准发力

营销系统在行业市场持续低迷的情况下,深挖市场资源,调整营销策略,强化重点项目落实,全年实现新增订货84.48亿元。

在极端困难的市场环境下,中信重工通过加大对重点项目、大项目、新领域新产品项目的全过程策划,充分发挥中信重工的品牌影响力,公司实现主机产品订货15.51亿元。

成套市场开拓效果明显,中信重工先后签订了菲律宾世纪顶峰日产5 000t水泥生产线总包合同、巴基斯坦粉磨站EP合同及日产7 000t熟料生产线总包合同、肯尼亚日产2 000t水泥生产线EP项目、肯尼亚日产100万t粉磨站EPC项目,全年成套产业订货金额为45.25亿元,占公

司生效订货总金额的53.56%。同时从机制体制上强化成套项目管理，提升工程成套项目的管理水平和执行力，一批成套项目顺利投产。

完善大客户服务、用户服务和备件服务三位一体的大服务体系，举办备件服务产业大会，组建28个备件项目部，积极开展备件市场调研，全年实现备件订货5.93亿元。

铸锻产业与上年同期相比，各项营销指标均有较大增长，全年实现铸锻件订货2.92亿元，同比增长28.45%。尤其是在石化加氢和核电领域，取得了新的市场突破。

践行"一带一路"倡议，全年来自国外的新增订单52.54亿元。

2. 以技术创新为核心动力，强化创新驱动，引领产业发展

中信重工首创的电厂脱硫石膏脱水专用GPYT系列过滤机在华能洛阳热电正式交付使用。CSM-250立式搅拌磨在云锡集团羊坝底选厂成功应用。盘固水泥集团有限公司夏桥5 000t/d水泥生产线辊压机原料终粉磨改造项目成功实施。发挥工程成套优势、产品设计优势和制造工艺优势，紧紧围绕国家产业政策，积极拓展烧结余热发电产业。兴澄特钢ORC余热发电项目示范工程实现达标移交；锦州三鸽示范工程稳定运行并通过验收；自主完成柬埔寨CMIC、巴基斯坦GCL 7000TPD熟料线及粉磨站项目设计工作。2016年，公司及下属子公司新获专利授权173项，其中发明专利授权40项。

3. 以满足客户需求为中心，提升品质，做稳做优核心制造

中信重工积极践行"以客户和市场为中心"的经营理念，优化全流程管理，强化合同履约，全年合同履约率达98.87%；梳理核心制造，深化流程再造，先后淘汰酸洗、电镀、发蓝、镀铬、镀镍等高污染工序，关停一批高能耗低效益的设备；优化生产组织，实施降本增效；持续加强先进加工经验的推广应用，不断推动工艺效率革命的有效开展，使关键零部件加工效率平均提高26.28%，批量化生产效率明显提高；健全顶用顶发专项制度，通过积压库存数据平台，化解产成品积压问题。

全面推广以"质量红线"为核心的"155"质量防控体系，实现质量万里行活动常态化，针对矿业、建材、冶金和变频等产业的近五百家客户进行走访，主动服务，提升品牌形象。

4. 以特种机器人为突破口，发展增量，加快培育新动能

在坚定不移做稳做优传统主业的同时，大力培育和发展新动能业务。充分利用总部的平台、资源优势及开诚智能机制灵活的优势，大力发展特殊工况和高危环境下的特种机器人，特种机器人产业取得了爆发式增长。目前，中信重工已发展成为国内最大的特种机器人研发和产业化基地之一。2016年，公司机器人订货达1 409台。

中信重工一次性同老挝Phonesack集团签订了6台7 500kW高压变频器，实现了大功率高压变频器批量市场订货。

5. 以打造产业板块、调整管控模式为主线，深化改革，激发活力

中信重工成立了深化改革领导小组，坚持改革创新、战略导向、价值驱动、合作共赢、有序推进的原则，结合中信集团产业结构调整和中信重工的实际情况，制定了公司深化改革方案并有序推进。一是强化技术先导战略，实行科研开发和成套业务经营分离，不断提升工程、产品、工艺技术研发的整体实力和水平；二是深化干部人事制度改革，健全完善选贤任能的用人机制，制定并下发了包括中层领导干部管理办法、中层领导干部后备人选管理办法、职业经理人管理办法、后备干部培养和选拔工作的实施意见、行政问责办法五个文件；三是围绕打造核心制造、关键基础件板块、工程成套板块、机器人及智能装备产业板块、节能环保产业板块、军工产业板块，调整管控模式和考核激励机制，优化资源配置；四是基于公司战略和发展要求，与美世咨询公司合作，系统推进人力资源和薪酬制度改革，激发各个层级的积极性。

6. 以精细化管理为根基，强化责任和考核，推进管理创效

持续完善公司法人治理结构，加强投资者关系管理，做好信息披露，公司被评为"中国上市企业市值500强""上市公司监事会积极进取50强"。强化资金管控，提高资金使用效率；完善预算管理，定期进行预警和效益分析。利用资本平台，发挥上市公司的品牌效应，拓宽融资渠道，改善融资结构，降低融资和财务成本。加大与国际知名银行的合作力度，开展全球授信，助力公司"一带一路"落地。推进两化融合，公司通过了国家两化融合管理体系贯标评定。推行品质提升工程，使公司品质管理、现场管理水平迈上了新台阶。严格执行技改投资项目报批程序和概算控制，实现了技改项目的全过程控制。就战略、市场、运营、财务、法律"五大风险点"持续做好风险防控，确保公司在复杂多变的外部市场环境中稳健发展。强化责任和考核，促使责任单位对内充分挖掘降本增效潜力，对外积极争取国家政策和资金支持。

7. 以国家双创示范基地建设为依托，完善创客生态，促进转型升级

公司把示范基地建设与国企改革相结合，积极探索企业转型升级与双创机制融合模式。以创客空间模式建立的四个层面创客团队，即技术创客群、工人创客群、国际创客群和社会创客群，"四群共舞"，形成了完整的创客生态体系，加速了产、学、研、用、供协同创新。22个工人创客群全年开展攻关活动926次，参加活动交流10 502人次，完成创新课题105项，固化先进操作法83项，发表论文9篇，申报专利13项，实现节能降耗价值1 378.81万元，经济创效价值达3 141.49万元。

8. 稳健实施资本性支出事项

截至2016年12月31日，上市募投项目中，高端电液智能控制装备制造项目已结项。节能环保装备产业化项目1～3#厂房主体、地坪施工已经完成，天车、平车已

完成安装,正在做工艺流程设计。因重型装备市场不及预期景气,公司根据市场的需求情况放缓了节能环保装备产业化项目和新能源装备制造产业化项目的投资进度。

二、科技成果及获奖情况

2016年企业重大科技成果及获省市以上科技(进步)奖项情况见表1。

表1 2016年企业重大科技成果及获省市以上科技(进步)奖项情况

序号	项目名称	完成年份	主要性能参数及技术内容	成果水平评价	负责单位、参与单位
1	北京正负电子对撞机重大改造工程	2006	北京正负电子对撞机重大改造工程(BEPC II)包括注入器改造、新建双储存环对撞机、新建北京谱仪BES III和通用设施改造等,涉及低温超导、高频微波、超高真空、精密机械、高性能磁铁与电源、高精度束测与控制、先进粒子探测器、快电子学、海量数据获取、数据密集型计算等高新技术,技术难度高、工程复杂。 中信重工对北京正负电子对撞机谱仪BES III机械系统和探测器——CsI晶体电磁量能器机械装备中低碳素钢、不锈钢材质的冶炼、热处理技术,低碳素钢的筒部轭铁、端部轭铁、固定极头、活动极头和不锈钢左右端环、外壳板的加工方案和工艺流程,弱刚性夹层结构的筒部轭铁、端部轭铁的预装方案,进行了大量的试验研究,通过技术攻关和工艺技术创新,成功研制了以上装备	经高能所7年运行取数,各项性能完全满足了我国第三代新型探测器BES III的全部要求,主要技术指标达到了国际当代同类设备的先进水平。 荣获2016年度国家科技进步奖一等奖	中国科学院高能物理研究所、成都飞机工业(集团)有限责任公司、中信重工机械股份有限公司等
2	重型装备大型铸锻件制造技术开发及应用	2013	该项目通过系统研究,开发了大型铸件成形与致密化技术、大型锻件控形控性技术、冷料装炉高纯冶炼和细晶处理技术。解决了大型铸锻件成形过程中的关键技术问题,形成了整套集成制造技术,生产出世界最大铸件油压机上横梁、世界最大自磨机端盖、世界最长单体离心管模、世界最大盾构机单体刀盘等标志性产品,满足了我国重型装备快速发展的重大需求。	该项目技术水平已达到国际先进水平,推动了我国重型装备行业的技术进步。荣获国家科技进步奖二等奖	河南科技大学、机械科学研究总院、中信重工机械股份有限公司、北京工业大学
3	千万吨级矿井特大型摩擦式提升装备研制	2013	该项目的产品是目前国内自主研发的规格最大的多绳摩擦式提升机,填补了国内特大型提升机的空白。其主要创新点如下: 1)研制了特大型提升机专用锥孔轴承装拆装置,实现了电动可控式油压拆装,使大型轴承的装拆快捷简便,为特大型提升机采用锥孔轴承支承提供了技术保障 2)研制了铜瓦油脂清洗、注油功能为一体的无缝分体式四联组合天轮轴瓦 3)研制了双法兰夹板高强度螺栓双摩擦面连接技术,实现了主轴与摩擦轮大扭矩传递;设计了天轮翻转装置,方便了运输及安装 4)研制了特大型提升机的优化设计技术,为后续特大型摩擦式提升机的研发提供了手段	该项目整体技术达到了国际先进水平。荣获2016年洛阳市科技进步奖一等奖	中信重工机械股份有限公司、洛阳矿山机械工程设计研究院有限责任公司、洛阳中重自动化工程有限责任公司、矿山重型装备国家重点实验室
4	新型高效节能水泥磨关键技术研发	2013	该项目通过创新和优化水泥磨结构,提高了磨机粉磨效率,增加了水泥磨的产量,降低了磨机的能耗和物料消耗。 1)进料装置创新设计了返料板装置,控制了物料抛落点 2)国内首创了料风分离式双隔仓,将物料与气流分离,同时闸板装置可以调节物料的通过速度 3)国内首次在滑履轴承上应用静压润滑方式。提高了承载能力,同时改善了轴承润滑状态 4)端衬板设计采用最新的磨损理论,有针对性地加强了重点磨损区域的厚度	整体技术达到国内领先水平,在料风分离技术方面达到国际先进水平。 荣获2016年洛阳市科技进步奖一等奖、河南省科技进步奖三等奖	洛阳矿山机械工程设计研究院有限责任公司、中信重工机械股份有限公司

(续)

序号	项目名称	完成年份	主要性能参数及技术内容	成果水平评价	负责单位、参与单位
4	新型高效节能水泥磨关键技术研发	2013	5）将筒体衬板进行了创新和优化。在粗磨仓采用沟槽阶梯衬板；细磨仓采用小波纹衬板加挡料圈组合 6）出料篦板创新设计为料风分离式，避免气流将物料吹散并带进出磨尾气 7）筒体采用了开放式出料段结构，有效减小了物料排出磨机的阻力，同时有利于筒体散热，改善了滑履轴承的工况，提高了运转率	整体技术达到国内领先水平，料风分离技术方面达到国际先进水平。荣获2016年洛阳市科技进步奖一等奖、河南省科技进步奖三等奖	洛阳矿山机械工程设计研究院有限责任公司、中信重工机械股份有限公司
5	J（H）系列单绳缠绕式矿井提升机和提升绞车	2014	该项目研发了悬挂式法兰连接硬齿面行星齿轮减速器新型传动结构，改善了主轴轴端受力状态，结构紧凑、重量轻、安装维护方便，降低了制造和建设成本；研发了新型电气延时、全比例控制的可变力矩制动液压站，制动平稳可靠，提高了设备安全性能；研发了单缸双作用液压缸后置浮动式盘形制动器，抗闸盘偏摆能力强	该产品在结构形式、制动器、制动力矩控制等方面有创新，整机性能达到国际先进水平。荣获2016年洛阳市科技进步奖二等奖	洛阳中重自动化工程有限责任公司、中信重工机械股份有限公司
6	大型高效旋回破碎机开发	2015	该项目设计的破碎机曲面破碎型腔及衬板，提高了破碎效率和衬板利用率；研发的破碎圆锥和主轴整体式锻造结构，横梁和主轴之间采用球形关节轴承结构和L型密封组件，实现了主轴的自动调心，增强了对润滑脂的密封效果；开发的"大偏心距＋可变偏心距"偏心结构，实现了偏心距的调节，提升了破碎能力；开发的正压防尘系统，避免破碎机工作时的粉尘进入润滑腔，保证了润滑油的清洁度；研发的旋回破碎机控制系统，实现了破碎机排料口的实时监测控制，确保了破碎机的出料粒度，提高了系统工作稳定性	该项目在破碎机机械结构与控制系统等方面有创新，整体技术达到国际先进水平。2016年通过中国机械工程学会科技成果鉴定	中信重工机械股份有限公司、洛阳矿山机械工程设计研究院有限责任公司
7	φ5m敞开式硬岩掘进机	2013	该项目研发了一种集掘进、临时支护、连续皮带出渣、智能纠偏导向为一体的φ5m敞开式硬岩掘进机。该机将连续皮带出渣技术用于小直径TBM，采用辅料无轨运输技术，大幅度提高了出渣效率，满足最大坡度12°的施工要求；采用大行程浮动缸、撑靴缸，并配以十字铰结构，解决了小转弯半径和曲线掘进配套台车易脱轨的问题；该项目刀盘采用大功率配置，驱动主轴承与末级大齿轮采用分体设计，提高了系统的可靠性；研发了轨道铺设转载装置、水泥罐运输转载装置以及刀盘滚刀定位装置；配备的实时智能纠偏与导向系统，保证了工程施工隧道轴线的准确，操作方便可靠性高	该项目在结构设计及系统集成等方面有创新，具有自主知识产权，成果整体达到了国际先进水平。2016年通过中国机械工程学会科技成果鉴定	中信重工机械股份有限公司、洛阳矿山机械工程设计研究院有限责任公司、中煤科工集团上海有限公司
8	GPYT-40盘式过滤机	2015	该项目研发的双分头结构，解决了单分头结构脱水和脱料分布不均、能耗高的问题，改善了设备运行性能；设计出中心轴特殊新型密封结构，使过滤机滤盘浸没率从35%提高到50%以上；改进了进料分配系统，使物料粒度有序排列，提高了产能；设计了具有滤布吸合和支撑装置的分配头，延长了滤布和分配头寿命；扇形板设计为小角度变截面和简单可靠的固定方式，保证了滤盘平面度，降低了维护难度	该项目在破碎机机械结构与控制系统等方面有创新，整体技术达到国际先进水平。2016年通过中国机械工程学会科技成果鉴定	中信重工机械股份有限公司、洛阳矿山机械工程设计研究院有限责任公司
9	硅铁矿热炉余热发电技术研究	2015	该项目系统研究了余热发电流程及硅铁矿热炉工艺协同集成技术，发明了正反螺旋柔性钢刷清灰装置，开发了强制循环高效卧式双压余热锅炉，可有效清除硅铁余热锅炉粉尘，保障了换热效率，实现了硅铁余热的高效回收；设计了硅铁矿热炉滑道式炉门结构，减少了漏风量及散热量；研制了硅铁矿热炉烟气管道内保温材料及结构，大幅度减少了管道散热损失；创立了余热锅炉与硅铁冶炼新型工艺系统，降低了硅铁冶炼系统能耗；将玻璃钢自然通风冷却塔应用于余热发电工程，降低了厂用电率	在火电厂用湿法脱硫脱硝过滤机结构设计上有创新，总体技术达国内领先水平。2016年通过中国机械工程学会科技成果鉴定	中信重工机械股份有限公司、洛阳矿山机械工程设计研究院有限责任公司、宁夏天纵泓光节能余热技术有限公司

〔供稿单位：中信重工机械股份有限公司〕

大连重工·起重集团有限公司

大连重工·起重集团有限公司（简称大连重工）由原大连重工集团有限公司和大连大起集团有限公司于2001年12月重组而成，是我国重型机械行业重大技术装备研制领域的大型骨干企业，是国家七大重机企业之一，2011年实现整体上市。

2016年是"十三五"的开局之年，企业积极应对经济低速、重机行业经营下滑严峻的形势，主动适应新常态，积极谋划长远发展，加快结构调整和创新升级，产品结构得到进一步优化，发展能力进一步提升，一批代表国家装备制造业实力的高端产品获得国家、省（市）和社会各界的广泛认可，国家风电传控中心顺利通过国家验收。2016年企业实现营业收入64.3亿元，销售收入63.6亿元，实现了平稳健康发展，经营规模与运行质量位居重型机械行业企业前列。

一、生产发展

2016年企业实现工业总产值684 762万元，工业增加值131 698万元，2016年生产完成情况见表1。

表1 2016年生产完成情况

指标名称	单位	完成数
工业总产值（当年价格）	万元	684 762
商品产值（现行价）	万元	705 640
工业增加值	万元	131 698
销售收入	万元	636 330
产品产量	t	231 312
其中：起重机械	t	4 728
装卸机械	t	9 085
港口机械	t	19 997
冶金机械	t	10 340
风电设备	t	19 068
船用设备	t	5 662
工程机械	t	317
其他机械设备	t	9
工矿配件	t	26 676

二、市场经营及销售情况

国际化经营扎实推进。完成出口订货3.4亿美元，同比增长9.8%，实现出口创汇3.6亿美元；国际化营销网络建设进一步完善，新设立了1个境外公司；大力开发新市场，顺利签订铝土矿散料设备合同，实现多个国外新顾客订货；稳步扩大零部件出口，实现订货2亿美元，同比增长近10%。

国内市场稳步拓展。总包领域市场实现订货15亿元，成功取得电力工程施工总承包资质和订货突破；开发新顾客68家，15类新产品实现订货近10亿元；加大再制造市场开发力度，公司5类产品入选国家再制造产品目录，并取得市场订货突破。

三、科技成果及新产品

积极推进技术升级。在产品智能化升级方面，完成堆取料机无人化系统空载测试，利用自主研发的嵌入式机电一体化技术成功实现焦炉设备核心部件智能控制；在节能环保升级方面，大幅降低了门式起重机、冶金起重机、中小型堆取料机及钢包等产品的综合成本，开发的新型铬铁冶炼工艺和混铁车加盖技术，为顾客大大降低了生产成本；在产品提效升级方面，折返式翻车机系统效率提升20%。

新产品开发取得进展。以"新领域、高端、前沿"技术为重点，完成新产品开发29项，完成67项科研攻关，加速了产品核心、关键技术研究，申报发明专利50项，获得专利授权近70项，其中数控切割机获德国发明专利授权1项；围绕主导产品和成套工程向上下游延伸，研发了荒煤气余热回收等节能环保技术，形成了核电乏燃料干储运输设备等一批核心技术装备；成功研制出铸钢12Cr大型气缸和国内首台三代核电技术"华龙一号"核环吊等一批重大技术装备。

国家攻关课题取得突破。承担的8项国家级攻关课题进展顺利，深水半潜式起重铺管船双8 000t起重机、大规模网络化PLC系统研发等成功通过验收；国家天文台500m口径射电望远镜落成启动，公司作为参建单位获高度赞扬与表彰；大型船用曲轴出产突破500支，技术水平跻身世界四强，为我国造船业发展做出了贡献；研制的火箭发射脐带塔助力长征7号火箭升空，为国家航天事业发展再立新功。

2016年，企业科技创新得到国家、省（市）认可，贯彻《企业知识产权管理规范》国家标准的管理体系认证通过审核并获颁证书；企业产品获省、市3项科技奖励，其中大型高效环保捣固焦炉机械成套设备首次获得辽宁省企业重大研发成果奖；公司被评为"大连市引进国外智力成果示范推广基地"。

2016年企业重大科技成果项目见表2。2016年获市级以上科技成果奖项目见表3。

表2 2016年企业重大科技成果项目

序号	项目名称	完成年月	主要性能参数及技术内容	成果水平评价	负责单位、参与单位
1	矿砂码头洗运系统	2016年4月	铁矿砂码头洗选输送系统总承包涵盖卸船系统、水处理系统、输送堆存系统、装船系统和电控系统的设计及供货。水力卸船机额定卸船能力为120t/h；水处理系统能够实现连续运行、连续过滤，可提高过滤效率，降低能耗；桥式布料机额定布料能力为264t/h，流动式装船机的额定能力为2 080t/h	达到国际先进水平	大连重工·起重集团有限公司
2	氧化球团法铬铁冶炼工程	2016年5月	工程配套设备有矿热炉、竖炉、圆盘造球机和润磨机，用于冶炼生产FeCr55C1000-Ⅱ。与传统烧结及块矿冶炼工艺相比，可以节省电耗200kW·h/t左右，且该工艺节能环保，球团焙烧所需的燃料完全来自于矿热炉回收煤气；完全回收球团显热，约节能35%以上；球团焙烧环保，炉气中不含硫、硝，适合当前国内铁合金的发展需求	填补了国内空白，达到国际先进水平	大连重工·起重集团有限公司
3	"华龙一号"ACPR1000+核电环行起重机	2016年6月	设备主要用于核电厂建造、运行和退役阶段的吊运服务。"华龙一号"核电站是基于国内二代加机型改进形成的三代技术，与其配套开发的"华龙一号"ACPR1000+核电环行起重机项目属国内首台	达到国内领先水平	大连重工·起重集团有限公司
4	堆取料机全自动无人化系统研发	2016年12月	通过采用3D激光扫描器、GPS、服务器及其他检测装置，实现了图像实时建模和分析。构造全新料场工作环境，提高了散料场系统的自动化控制程度，降低了员工的劳动强度，提高了劳动生产率；降低了运营成本，提高了经济效益	填补了国内散料场相关技术空白，保持在国际散料行业内的技术先进性	大连重工·起重集团有限公司、大连理工大学等
5	铝电解多功能机组远程操控系统	2016年6月	完成了在高温、高粉尘、高磁场条件下的远程视频系统、远程控制系统和远程管理系统的开发。改善了操作人员的工作环境，提高了机组的自动化程序，提高了工作效率和工厂管理水平	达到国际先进水平	大连重工·起重集团有限公司
6	焦炉荒煤气余热回收技术	2016年7月	将焦炉产生的约750℃荒煤气，经上升管换热器进行余热回收，将温度降至500℃，同时产出饱和蒸汽供厂区生产和生活使用，实现对荒煤气的余热利用，回收余热后的荒煤气经高压氨水喷淋后按原有的工艺流程进入化产区	达到国际先进水平	大连重工·起重集团有限公司
7	熔融电石余热回收系统	2016年8月	主要用于回收熔融电石所携带的余热并加以利用。不但能回收熔融电石所带的大量热能，同时能缩短冷却时间、改善作业环境，回收的热能产生的蒸汽用于生产或发电，属于节能项目	达到国际先进水平	大连重工·起重集团有限公司
8	7.2m顶装焦炉机械成套设备	2016年8月	7.2m焦炉是我国具有自主知识产权的最大顶装焦炉，掌握了装煤车密封导套技术和机侧水封除尘技术，完善了公司顶装焦炉机械产品序列	达到国际先进水平	大连重工·起重集团有限公司
9	低温焦炉烟道废气脱硫脱硝联合处理技术研发	2016年9月	开发掌握了物料平衡计算、脱硝装置设计、脱硫装置设计和电气控制系统设计等关键技术，可有效降低焦炉烟道废气污染物的排放，在低温烟气脱硫脱硝方面具有领先地位，符合国家环保要求	达到国际先进水平	大连重工·起重集团有限公司
10	余热循环型套筒对烧石灰窑	2016年10月	攻克石灰窑热平衡技术、高温废气回收技术、助燃风石灰换热技术、石灰窑主体结构设计、燃烧室烟气控制技术和石灰窑自动化控制系统6项关键技术，开发了利用石灰窑废气余热降低工艺电耗的节能型石灰窑	达到国际先进水平	大连重工·起重集团有限公司
11	高效折返式翻车机卸车系统	2016年4月	在不用大幅提升成本、基本不增加场地的前提下提升折返式翻车机卸车系统的作业效率，大幅提升了公司的产品性能	具有国际领先水平	大连重工·起重集团有限公司
12	大方圆坯通用连铸机	2016年10月	可实现在一台连铸机上生产方圆两种类型断面的铸坯，具有一机多用的特点	达到国际先进水平	大连重工·起重集团有限公司
13	MAN系列7G80ME-C曲轴	2016年9月	MAN系列7G80ME-C曲轴总长12 575mm、回转直径4 740mm、重237.131t，全冲程3 720mm，是目前G系列曲轴回转直径和全冲程最大的曲轴，也是全球回转直径和全冲程最大的曲轴，为国内单支最重的曲轴	达到国际先进水平	大连重工·起重集团有限公司

序号	项目名称	完成年月	主要性能参数及技术内容	成果水平评价	负责单位、参与单位
14	5MW风力发电机前机架	2016年3月	成功制造出国内最大、最重的海上5MW风力发电机前机架。成品重量68.5t，铁水97t，质量等级完全按欧标执行，生产难度较大。项目的研制成功为提升大型海上风电市场竞争力奠定了基础	达到国际先进水平	大连重工·起重集团有限公司
15	12cr材质大型汽缸	2016年3月	单套净重97.7t，材料为KT5917S0（12Cr系列），此种材料的耐高温抗蠕变性、抗氧化、抗腐蚀能力强，应用于最新型的超超临界火电机组，是目前国内铸造企业研究的重点方向之一。该产品开创了我国生产12Cr材料大型外缸的历史，为公司开拓新市场、高附加值产品打下了坚实的基础	达到国际先进水平	大连重工·起重集团有限公司
16	中国国家天文台500m口径球面射电望远镜（FAST）索驱动项目	2016年7月	FAST工程全名为500m口径球面射电望远镜（Five hundred meters Aperture Spherical Telescope），由中国国家天文台建设，是国家九大科技基础设施之一。馈源支撑索驱动是FAST三大自主创新之一。设备运行时在160m支撑塔高空，由分布在直径600m圆周的6根钢索形成一个并联索牵引机构，拖动30t的馈源舱在200m范围内运行，实现毫米级定位，以便馈源舱对天文电磁信号的精确、快速捕获，实现天文观测	达到国际先进水平	大连重工·起重集团有限公司、国家天文台、吉林大学

表3　2016年获市级以上科技成果奖项目

序号	获奖产品名称	奖项及等级
1	大型高效捣固焦炉机械成套设备	辽宁省企业重大研发成果奖
2	大功率电气传动测试系统技术及应用	2016年度大连市技术发明奖二等奖
3	7.63m捣固焦炉机械	2016年度大连市科技进步奖三等奖
4	一种不摘钩专用敞车用折返式翻车机卸车系统	大连市专利奖

四、产品质量及标准工作

产品质量。2016年，企业在质量管理体系运行、质量改进（提升）、质量损失管控、重点产品工艺检验文件评审、工艺技术提升、名牌创建、资质保障等方面取得了一定实效。产品出厂检验合格率为100%，顾客满意度为93.94分，无重大质量事故发生，在国家有关质量监督部门的各项产品质量抽查中无不合格产品；大型曲轴被评为辽宁省名牌产品，公司已拥有22项省、市名牌产品。

标准工作。2016年，企业标准化工作不断推进，完成1项国家标准、10项企业标准的制修订，企业主导产品的行业优势地位得到了进一步巩固；完成了"焦炉机械三维标准化设计"等12项"三化"（系列化、通用化、标准化）设计，风电行业标准制订取得突破，《风电齿轮箱高低温试验规范》顺利通过专家组审查；18项标准获得辽宁省质量技术监督局和大连市标准化奖励。

五、基本建设及技术改造

2016年企业按计划进行的基本建设及技术改造61项，投入金额6 000余万元，主要用于设备改造与购置、实验室和研究所的建设等。特别是以硬面技术研究所为依托，建设了大连市表面技术与再制造工程实验室，该实验室以"表面技术"为核心，以服务"再制造"市场为发展方向，新增多项检测、表面处理设备，丰富了企业及实验室表面处理及检测手段，扩大了在行业内的影响力；新购置了落地镗铣床等国际先进的制造加工设备，使企业铸铁等设备的产能得到进一步增强。

六、改革与调整

以风险受控、费用降低、成本核算为重点，制（修）订66项管理制度；加强内控测试评价与整改，完成了3次体系审核，进一步实现了对合同审批执行、采购流程管理等的规范化管理；通过开发完善系统应用流程，库房管理、生产管理、财务管理等业务流程信息化水平进一步得到提升；搭建起"大连重工项目管理平台"，全面推行项目管理；着力管控重点项目、重点单位风险，关键风险点得到了有效控制，为企业提升运行质量奠定了基础。

七、对外合作

企业注重与产业链上下游的国内外企业和机构建立合作关系。2016年，通过签订战略合作协议等方式与多家企业建立了战略合作关系，共同开展项目攻关和拓展市场；通过在国外设立分支机构、签订代理合作协议等措施推进自营出口；借势国家"一带一路"和"走出去"倡议，依托重点"国字号"和国际知名企业，参与其在海外的重点投资项目，借船出海，进一步拓展了几内亚铝土矿大型散料机械设备等海外业务。

〔撰稿人：大连重工·起重集团有限公司姜明东、王晓斌　审稿人：大连重工·起重集团有限公司孙大庆〕

上海重型机器厂有限公司

2016年，上海重型机器厂有限公司（简称上重公司）以党的十八大和中央经济工作会议精神为指导，结合供给侧结构性改革要求和上海电气转型发展战略以及对上重公司改革与发展的要求，抓住有利时机，坚持问题导向，顺势而为、重点突破，充分调动和发挥全体干部员工的智慧和积极性，有效支撑上重公司再次创业的梦想与挑战；在深化改革过程中，精心谋划、励精图治，持续改善运营状况，全面服务新产业板块的创新发展，逐步构建出适应经济发展新常态的产业组合。

一、改革改制情况

2016年，重点深化"活力、能力、动力"建设，在事业部模拟独立核算的基础上，"自主经营、自负盈亏"的独立法人经营实体正式运营，优化了资产、资源，发挥了单体运营的管理扁平、目标清晰、责任到位、运作灵活等优势，实现轻装上阵，短期内实现强势突破。跟踪和发展电气集团内配套需要的、市场急需的产品和技术，提升产品质量，提高服务电气产业战略发展需要的能力和水平，打造行业内差异化定位的新产业板块，形成了一定的行业竞争优势。

二、生产发展情况

在改革调整过程中，为支撑公司的发展、确保在手订单业务的合规履行，对在手的合同施行全面梳理，重点对项目进度、资金到位、成本支出等情况进行分析，明确责权。

2016年上重公司主要产品产量见表1，2016年上重碾磨公司主要产品产量见表2，2016年上重铸锻公司主要产品产量见表3。

表1 2016年上重公司主要产品产量

指标名称	单位	产量
一、工业总产值	万元	77 084.8
二、主要工业产品产量		
其中：铸钢件	t	2 236
锻件	t	2 316
金属成形机床	台	10
矿山专用设备	t	22 370
水泥专用设备	t	158
金属轧制设备	t	6 260
新能源发电设备及配件（核电设备及专用配件）	千元	2 328.2

表2 2016年上重碾磨公司主要产品产量

指标	单位	数量
一、工业总产值	万元	60 691.58
二、主要产品产量	t	22 656.41
其中：矿山专用设备	t	21 293.09
磨煤机	台	149

表3 2016年上重铸锻公司主要产品产量

指标	单位	数量
一、工业总产值	万元	37 759.1
二、主要工业产品产量	t	11 874
其中：核电设备	t	391
电站转子	t	4 181
电站铸件	t	2 787
其他	t	4 515

注：以上产量为单体情况，未作合并。

三、市场经营及销售情况

1. 市场营销情况

在外部行业形势严峻的情况下，上重公司加大对订单承接的支撑力度，保证了订单承接的不断不乱与市场份额的稳定。公司也积极构建核心竞争力，培育市场品牌的知名度，产品专业度明显提高、市场定位更加明晰、营销聚力点更加集中，公司全力以赴开发市场，积极拼抢优质订单，确保生产与市场平稳有序。

2. 产品销售收入

分类产品销售收入见表4。

表4 分类产品销售收入

产品大类	2016年销售收入（万元）
通用类产品	79 547.8
碾磨类产品	61 943.8
铸锻件类产品	33 616.8

注：以上销售为单体情况，涉及的关联交易未作合并。

四、科技成果及新产品情况

2016年，先进压水堆核电站核岛关键设备材料技术研究与工程应用获北京市科技进步奖一等奖；工业铝材高效节能挤压生产关键技术与应用研究获中国机械工业科学技术奖二等奖；中国自主设计的Center项目工程实验堆堆内构件整套大锻件通过 RCC-M M140 制品评定,并完成首套交货;火电 COST-E 超超临界转子锻件生产实现二次国产化,其机械性能水平与国际先进水平相当,锻件内部质量超过国际先进水平。

2016 年企业重大科技成果及当年获省(市)以上科技(进步)成果奖项见表 5。

表 5　2016 年企业重大科技成果及当年获省(市)以上科技(进步)成果奖项

序号	项目名称	完成年月	主要性能参数及技术内容	成果水平评价	负责单位参与单位
1	先进压水堆核电站核岛关键设备材料技术研究与工程应用	2016 年 11 月	(1) 超大型低 Si 控 Al 钢锭制造技术; (2) AP/CAP RPV 整体顶盖低损伤近终形锻造技术及异形锻件性能热处理专有技术; (3) AP/CAP RPV 接管段内外法兰同步变形及特厚锻件性能热处理技术; (4) CAP1400RPV 一体化顶盖反向预成形技术和局部与整体胎模组合工艺技术; (5) CAP1400RPV 一体化下封头大深度盲端封头渐变拉伸锻造技术及内外表面全覆盖喷淬热处理技术; (6) AP/CAP SG 锥形筒体两端直段及中间锥段同步变形锻造技术; (7) AP/CAP SG 管板胎模锻造技术及特厚截面的热处理淬火技术; (8) AP/CAP SG 整体水室封头仿形分步胎模锻造技术; (9) 二代加水室封头管嘴翻边锻造技术; (10) 堆内构件大锻件不锈钢电渣重熔、锻造裂纹和晶粒度控制以及热处理技术。	北京市科技进步一等奖	钢铁研究总院、中国第一重型机械股份公司、宝钢特钢有限公司、烟台台海玛努尔核电设备有限公司、上海重型机器厂有限公司
2	工业铝材高效节能挤压生产关键技术与应用研究	2016 年 10 月	(1) 首次建立了挤压成形能耗计算理论模型并实现了挤压节能效果的量化计算; (2) 通过设计和技术创新实现了大型铝挤压机运行的高速化和高效化,缩短了固定非挤压时间约 60%; (3) 首次实现了大型铝挤压机的摆动式液压剪切,解决了摆动式液压剪切的系列技术难题; (4) 通过设计和技术创新实现了挤压机闷车处理的高效化和快速化; (5) 实现了基于速度分段控制的等温挤压工艺等。	中国机械工业科学技术奖二等奖	中国重型机械研究院股份公司;重庆大学;上海重型机器厂有限公司;山东兖矿轻合金有限公司

〔撰稿人:上海重型机器厂有限公司赵富　审稿人:上海重型机器厂有限公司张国营〕

中国重型机械研究院股份公司

一、总体发展情况

中国重型机械研究院股份公司(原西安重型机械研究所,以下简称中国重型院)创建于 1956 年,是以冶金装备、重型锻造/挤压装备、环保装备和油气输送装备等的综合性装备技术研发、设计、工程成套及咨询为主营业务的科技创新型企业。1999 年转制为科技型企业,加入中国机械工业集团有限公司。2006 年 9 月,国家工商行政管理总局批准组建成立中国重型机械研究院。2009 年 1 月,中国重型机械研究院改制为中国重型机械研究院有限公司。2012 年 6 月,经国务院国资委批准,中国重型机械研究院有限公司变更设立为中国重型机械研究院股份公司。目前,中国重型院下设 15 个专业研究所、7 个子公司、2 个中试工厂、4 个分院。主营业务涵盖钢铁、有色金属冶炼、二次精炼、连续铸造、板(带箔)管(棒)型材轧制、精整处理、金属锻造/挤压、拉伸塑性成型、工业烟气净化回收、页岩油开采与油气输送等所需各种大型、高端工艺装备研发设计、成套和工程承包。具有国家发改委颁发的建筑、钢铁、市政公用工程(燃气热力)工程咨询甲级资质,建设部颁发的建筑工程设计甲级资质、冶金、市政公用燃气工程设计乙级资质。"国家冶金重型机械质量监督检验中心""全国冶金设备标准化技术委员会"挂靠于中国重型院。

2016年，外部形势依然复杂严峻，冶金装备行业普遍出现大幅亏损的不利局势下，中国重型院克服诸多困难，发挥自身的轻资产运营和技术创新优势，实现持续盈利，稳定发展。2016年实现营业收入10.61亿元，同比下降0.67%，利润总额2 099.26万元，同比下降32.95%。

二、市场经营情况

中国重型院围绕"以客户为中心"的经营理念，强化项目全流程服务，从服务过程中获取市场需求信息，通过优质服务赢得客户信任，以优质服务打造"中国重型院"品牌。2016年公司共签订合同16.55亿元，是上年同期的97.48%。合同金额3 000万元以上的大型成套装备合同共计8项，合同总金额为11.94亿元，比上年同期增长0.76%。

1. 重大项目投产情况

（1）中国重型院以成套方式承接的宝钢湛江钢铁有限公司2030冷轧工程重卷检查机组三条生产线顺利投产，已生产出合格的汽车外板。该工程采用多项中国重型院拥有自主知识产权的专利技术，具有高度的自动化水平，能满足厚度为0.45～2.3mm、宽度为900～1 850mm的成品带材生产需求。

（2）中国重型院总包的唐山燕山钢铁有限公司二机二流板坯连铸机顺利投产。该项目的机型均为直弧型连铸机，铸机半径为9.5m，铸坯规格（180、200、230）mm×（700～1 550）mm。该连铸机采用中国重型院独创的辊列设计和中间包升降平衡动态调节、结晶器液面检测、结晶器漏钢预报、结晶器液压振动、二冷电磁搅拌、扇形段远程调辊缝及动态轻压下、二冷气雾冷却及动态控制功能等多项先进技术，整体装机水平达到国内领先。

（3）中国重型院以总成套方式承接的伊朗穆巴拉克钢铁集团板坯连铸机顺利投产，该设备作为穆巴拉克钢铁集团唯一一台非欧洲设计的连铸机，采用多项中国重型院领先技术，如连续弯矫、细辊密布辊列设计、动态二冷水控制、全程防氧化保护浇注、动态可调液压振动、结晶器智能冷却、高效上装引锭等。

（4）中国重型院以总成套方式承接的鞍钢广州汽车钢有限公司重卷检查机组顺利投产，该机组采用多项中国重型院自主知识产权专利技术，具有连续切边、涂油、表面检查、分卷等功能和高度的自动化水平，能够满足厚度0.4～2.5mm、宽度800～1 880mm的成品带材生产需求。

2. 重大装备签约情况

（1）继燕钢两台双流板坯连铸机和青山印尼不锈钢板坯连铸机于2016年顺利投产后，又分别中标燕钢一台双流连铸机、青山印尼一台不锈钢板坯连铸机和一台6流不锈钢方坯连铸机。

（2）高端汽车板重卷检查生产线项目在宝钢湛江和武钢防城港的顺利投产产生了良好的市场效应，2016年中标的山东钢铁日照精品基地项目是国内大型钢企本年度唯一公开招标的同类型项目。

（3）与营口忠旺铝业有限公司一次签订10条75MN和2条125MN单动正向铝型材挤压生产线。75MN单动正向铝型材生产线是中国重型院首次承担的该规格挤压装备的成套供货。

（4）转炉煤气干法回收系统进一步确立优势，获得用户充分认可，签订转炉煤气干法回收系统总承包项目4项。

3. 国际市场开拓情况

2016年，按照国家"一带一路"倡议及国机集团"再造一个海外新国机"战略，中国重型院深耕国际市场，全年签订出口项目6项，合同金额9 696万元。全年组织、参与海外项目近20项，商务技术交流近40次，主要包括乌克兰钢管项目、印度钢管项目、伊朗炉卷轧机项目、造纸项目等。同时，积极拓展海外项目信息收集渠道，寻求与更多海外客商合作，2016年共与9家海外代理商签署合作协议。针对重点市场，组织参加第二届伊朗钢铁会议、伊朗钢铁冶金展，在伊朗相关期刊上刊登宣传资料，深入推广"中国重型院"品牌。

4. 企业技术改造项目和备件签约情况

由于钢铁行业近年来的调结构转型升级，企业新建产能明显减少，现有长服役期装备更新和技术改造项目增多，中国重型院针对这一市场特点，加大回访现有客户，宣传自主知识产权的新技术、新工艺，服务于已投产设备的升级换代和技术改造中。2016年，签订技术改造项目31项，合同金额约8 266万元，比上年同期增长近一倍。2016年，签订备件约220项，合同额共计约4 630万元，比上年同期有所减少。

三、企业科技创新情况

2016年，中国重型院在高端装备制造、战略性新兴产业技术领域进行了科研开发和前瞻性科研课题储备，在掌握核心技术和关键技术的基础上拓展产业链。获得批准的国家、省市、区集团科技计划项目22项；设立院管科研课题11项。荣获各类科技成果奖励10项，其中"3 000kN/7 500kN·m超大型锻造操作机研制"荣获中国机械工业集团科学技术奖特等奖。完成科技成果鉴定和验收项目8项，其中，承担的国家智能化制造装备发展专项"高品质特厚板连铸机"项目的核心内容取得重要的阶段性成果，承担的国家智能化制造装备发展专项"高精度面板智能化冷连轧生产线"项目的任务全面完成，均通过国机集团组织的项目专家现场验收。全年申请专利241件，授权专利202件，其中发明专利101件；申报软件著作权2件，授权1件。

2016年6—7月，中国重型院的"航空万吨级铝合金板张力拉伸机装备"模型参加由科技部、国家发改委、财政部等18个部门机构共同举办的国家"十二五"科技创新成就展。该展览以"创新驱动发展，科技引领未来"为主题，对"十二五"期间我国科技创新取得的重大科技成果和重要工作进展进行全面展示，习近平总书记、李克强总理等党和国家领导人，军委、国务院各部委、各省直辖市领导，两院院士，全国科协代表等均参观了此次展会。

1. 新产品及新工艺研究

2016年，中国重型院研发的国产首台（套）大型成套装备6项。φ50～150mm两辊棒材矫直机，最大矫直棒材规格为φ150mm，矫直精度达0.5mm/m，打破了国外垄断；36MN铝基陶瓷粉末复合材料挤压机，建立了精确的挤压温度及挤压速度控制系统，采用模具在线加热系统，提高了挤压筒温度控制精度，打破了国外垄断；中子吸收板轧制机组，自主设计研发了具有复合板轧制翘头扣头综合控制技术、多层快节奏加热炉系统等多项关键技术，打破了国外技术垄断；φ323mm（200MPa）水压试验机，首创集成式超高压增压系统、联合增压系统、研发超高压模具及结构优化、模具超高压密封、超高压水路控制系统等；0.12～0.20mm优质超薄热镀锌带钢连续生产线，采用机械、化学和电解相结合的脱脂工艺、间接加热退火工艺、湿式光整工艺、两弯两矫拉矫工艺、立式钝化工艺和塔式出口活套等技术，整体技术达到国际先进水平；高磁感取向硅钢精整机组，开发的机组生产工艺、纵切圆盘剪的刀轴直径公差、刀轴径向跳动、剪刃端面跳动、重叠量调整方式处于国际领先水平。

新技术、新产品应用共有5项。大倒角结晶器在线热调宽技术，设计并优化调宽动作控制曲线，在邯钢集团230mm×2150mm连铸机上一次热试成功，是该项技术在国内的首次成功应用；中间罐等离子加热装置技术，提高了铸坯质量，增加了产品附加值；φ610mm水压涨形模具，研发的大口径复合用自动跟随端部模具，使产品利润提高了10%；用于航天领域关键部件的自动清洗装置，首创快速更换夹具，自动变换振幅频率系统，清洗工艺研究，低成本化研发，该装置可提高效率达5倍以上；矩形坯连铸机冷床升降液压同步控制装置及控制方式，较传统液压控制方式更平稳、快速、故障率低、造价低。

2016年企业重大科技成果及获省部以上科技（进步）奖项见表1。

表1 2016年企业重大科技成果及获省部以上科技（进步）奖项

序号	项目名称	完成年月	主要性能参数及技术内容	成果水平评价	负责单位、参与单位
1	3 000kN/7 500kN·m超大型锻造操作机研制	2013年12月	该项目成功研制出缸动压杆式夹持、三点吊挂和并联驱动的六自由度的重载机器人形锻造操作机；提出一种四链轮两组分离控制的无齿隙传动方法，解决了千吨巨型重载机械行走的精确定位和位移精度问题；提出一种高压、大流量电液控制策略，通过多传感器信息检测，成功实现对操作机的可靠控制；通过锻造压机工作参数的采集分析和实时交互，实现超大型操作机与锻造压机的整体协同控制。该项目研制出的操作机是目前世界夹持载荷最大，拥有完全自主知识产权的操作机。最大夹持载荷3 000kN，最大夹持力矩7 500kN·m，夹持尺寸范围φ400～φ3 500mm	中国机械工业集团科学技术特等奖	中国重型机械研究院股份公司、江苏国光重型机械有限公司、燕山大学、西安交通大学、重庆大学
2	加重钻杆管端整体加厚装备研发及应用	2013年6月	该项目实现机、电、液、计算机一体化生产，是国内第一条千吨级石油钻杆管端加厚生产线。创新性开发出加重钻杆三次连镦工艺，加重钻杆管端整体加厚装备及工艺布置，减少了能耗，提高了生产率；研发的新型结构的"回"型整体框架1 000t加厚机主机，实现加重钻杆的管端整体加厚，提高了产品质量；开发了钢管炉前自身旋转、钢管轴向定位、炉膛自动对中等技术，保证钢管加热的均匀性，克服了超长杆加热容易产生弯曲的技术难题。该项目的研制机组可满足对外径为168.3mm的钻杆和外径为178mm的油管进行管端加厚。该项目成果已成功应用于国内外三十多个用户的管端加厚生产线中	陕西省科学技术奖一等奖	中国重型机械研究院股份公司、江苏曙光集团股份有限公司
3	0.12～0.20mm优质超薄热镀锌带钢连续生产线	2014年9月	该生产线为国内首条0.12～0.20mm优质超薄热镀锌带钢连续生产线，它的投产结束了我国优质超薄热镀锌带钢需要进口的局面。该项目的主要创新点为： 1）开发出0.12～0.20mm优质超薄热镀锌带钢连续生产线工艺。实现优质超薄热镀锌带钢的连续稳定生产 2）开发的水平活套张力闭环控制和卷扬钢丝绳预拉伸技术，成功将退火炉前张力波动控制在±0.25kN 3）发明的两侧压力差小于3kN的超薄热镀锌带钢生产线专用光整机和超薄热镀锌带钢热稳定技术，提高了产品的质量 4）发明的立式活套传动链保护技术，降低了立式活套传动链因疲劳断裂而造成重大事故的风险 5）开发的水平退火炉前单辊纠偏技术，解决了带钢容易在炉前跑偏，导致生产线停机的难题	中国机械工业科学技术奖一等奖	中国重型机械研究院股份公司、山东舜鑫达新型建材有限公司、西安理工大学

(续)

序号	项目名称	完成年月	主要性能参数及技术内容	成果水平评价	负责单位、参与单位
4	镀锡板高速精整机组关键工艺及装备研发与应用	2013年10月	该机组是一种将重卷机组功能和准备机组功能融合在一起的新工艺、新技术与新机组,填补了国内空白。攻克了将重卷机组功能与准备机组功能集合到一条机组中的一系列技术难题,包括开发镀锡板高速精整机组运行参数设计方法及镀锡板高速精整机组振动计算方法,解决了机组高速稳定运行的技术难题。开发的满足机组正、反向高速运行的纠偏装置,解决了机组高速稳定逆向运行的技术难题等。主要技术参数:带材厚度:0.15~0.55mm;带材宽度:700~1300mm;工作速度:正向工作速度1000m/min,逆向工作速度550m/min;成品质量:成品带卷错层误差≤1mm,塔形误差≤2mm,剪切宽度精度<0.8mm,剪切飞边高度≤0.0275mm。该机组已应用推广至多个项目中	中国机械工业集团科学技术奖二等奖	中国重型机械研究院股份公司
5	核电用大直径薄壁硬铝合金管材精整工艺及装备研究与应用	2013年5月	该项目建立了适用于硬质铝合金大直径薄壁管材的矫直过程数学模型,解决了应用于核电、核能制备、军工武器装备用管材的高精度精整理论计算难题。研发出适用于硬质铝合金大直径薄壁管材的碾压道次少的合理矫直工艺方案,可有效保证大直径薄壁硬铝合金管材的矫后直线度达到0.15~0.3mm/m。研制出的等预应力立柱系统、矫直辊中心线调整装置、矫直机入口可升降装置、矫直辊角度液压比例调节装置等,解决了大型矫直装备的刚度不均匀性、矫直中心对正、弯曲管材料头避让、矫直辊角度精整调整等难题。所矫直管材的直线度比国际先进水平提高了40%。该项目的成功研制打破了国外对我国大直径薄壁硬铝合金管材精整生产关键装备技术的封锁	陕西省科学技术奖二等奖	中国重型机械研究院股份公司、西北铝加工厂
6	36MN铝基陶瓷粉末复合材料挤压机	2016年2月	该机组是核工业及军工生产用的具有自主知识产权的国产重大装备,主要用于生产核反应堆用的防护板。挤压生产锭坯采用粉末烧结材料,该烧结锭坯对挤压温度及挤压速度十分敏感,对工模具的磨损很大,为此研发了建立精确的挤压温度及挤压速度控制系统,首次采用模具在线加热系统,提高了挤压筒温度的控制精度	该设备打破了铝基陶瓷粉末复合材料的挤压设备和挤压工艺在欧美等核工业大国的垄断,技术水平先进	中国重型机械研究院股份公司
7	中子吸收板轧制机组	2016年11月	该机组所生产的核用中子屏蔽吸收板采用铝基碳化硼复合材料,针对材料特性,自主设计研发了具有复合板轧制翘头扣头的综合控制技术、镰刀弯辊缝调偏控制技术、多层快节奏加热炉系统等多项关键技术。该机组可实现整个轧制过程板材在无前后张力的情况下,经过30个道次轧制,由11.0mm轧到2.85mm,镰刀弯控制精度达到5mm/5000mm之内	中子吸收板轧制技术打破了国外技术的垄断,技术水平先进	中国重型机械研究院股份公司
8	大倒角结晶器在线热调宽技术	2016年3月	自主研发的适应大倒角结晶器在线热调宽技术在邯钢集团230mm×2150mm连铸机上一次热试成功。针对大倒角结晶器冷却特点,从调宽机理出发,设计并优化调宽动作控制曲线,同时研发设计出具有完全自主知识产权的热调宽控制模型。通过现场多次试验验证了该曲线的正确性与可靠性	该技术在国内首次成功应用,填补了国内空白,技术水平先进	中国重型机械研究院股份公司

2.创新平台产学研用合作进展

由中国重型院牵头,江苏国光重型机械有限公司、燕山大学、西安交通大学和重庆大学产学研用联合攻关的"3 000kN/7 500kN·m超大型锻造操作机研制"项目在国家04科技重大专项课题的资助下,研制出缸动压杆式夹持、三点吊挂和并联驱动的六自由度的重载机器人型锻造操作机。

"金属挤压与锻造装备技术国家重点实验室"自2016年11月开始进行系列的海绵钛电极压缩试验,已取得初步成功。该系列试验有望拓宽海绵钛电极的制备工艺方法,对海绵钛电极的高效、绿色制备提供工艺性的指导;另一方面可为中国重型院挤压机开拓出新的应用领域。

2016年3月，中国重型院与燕山大学、东北大学、北京科技大学、西安交通大学等合作，建立了"冷连轧技术互联网平台"。该平台由基于云计算的协同研发设计平台和面向冷轧企业的智能服务云平台组成，目的是探索基于大数据的生产过程质量管理，构建、优化轧制装备质量服务模型，以实现产品服务智能化。

3. 学术交流

中国重型院重视前沿科技的交流推广，以及时了解相关行业前沿领域技术动态，为创新研发技术装备提供新思路、新方法。2016年组织召开了多次学术会议，邀请相关技术领域专家莅临院内做报告，并与广大一线科技工作者展开合作交流。4月14日，中国重型院金属挤压与锻造装备技术国家重点实验室、西安交通大学、法国Transvalor公司、中国重型机械工业协会、陕西省机械工程学会共同举办了"金属成形模拟仿真技术研讨会"，研讨内容涉及金属成形模拟仿真技术、先进成形工艺、模具及装备技术和金属成形智能化发展趋势以及金属成形领域的新技术和新装备。

四、质量管理及标准化工作情况

1. 质量管理工作

中国重型院质量管理与三合一管理体系持续有效，2016年3月，质量、环境和职业健康安全管理体系通过了中国质量认证中心审核，获得认证资格。公司对各级管理体系采用的是过程监督检查方法，针对各专业研究所，根据"产品设计和开发控制程序"规定，定期对设计输入到设计输出整个过程中的文件和记录的完整性、有效性进行监督检查，同时对其环境和职业健康安全方面进行检查；对中试工厂，实行全工作流程质量管理，从提高图设计质量出发规范设计，加强加工制造过程管理，对产品质量和交货期不合格、服务意识差的标准件供货商和制造厂及时淘汰，选择加工能力强、价格合理、抗风险能力好的企业。对合同管理部门，对所有项目的合同评审、合格供方评价等工作进行监督检查。将每月检查情况形成质量月报，对于存在的问题下发纠正预防措施通知单。该项工作由主管院长领导、部署，以质量管理部、人力资源部为主体，开展"质量月"活动。

2. 标准化工作

中国重型院作为全国冶金设备标准化技术委员会秘书处单位，积极参与国家和行业技术标准的制（修）订工作。2016年，主持制订《板带精整与表面处理装备安全技术条件》一项国家标准，参与编制的六项行业标准，截至2016年年底已进入审查阶段。主持和参与制订了《冶炼设备术语》《轧制设备术语》《XP型行星齿轮减速机》《轴类校直机通用规范》四项国家标准和九项行业标准，主持修订的一项行业标准经国家标准管理委员会、国家工业和信息化部正式发布。

〔撰稿人：中国重型机械研究院股份公司宋晔　审稿人：中国重型机械研究院股份公司孟令忠〕

中国重型机械有限公司

一、企业发展情况

1. 改革改制情况

中国重型机械有限公司（以下简称中国重机）成立于1980年9月，隶属于中国机械工业集团有限公司，是以工程总承包、带资运营、贸易和服务为主营业务的工程总承包综合服务企业。根据国机集团国机资〔2011〕106号《关于启动第二批所属企业改制工作的通知》，中国重机于2011年被国机集团列为第二批企业改制单位，于2011年12月30日收到国家工商行政管理总局出具的《准予变更登记通知书》，取得了中国重型机械有限公司《企业法人营业执照》，至此中国重机完成了改制工作。

2. 生产发展情况

截至2016年年底，中国重机全年实现营业收入250 000万元，经济增加值（EVA）14 294万元。

经济发展特点：

2016年，中国重机紧跟国家战略，大力开拓国内市场，不断提升BOT运营水平，持续强化项目管理，抢抓机遇，砥砺奋进，在逆势中实现了经营的持续强劲增长。经营业绩再创新高，全面超额完成国机集团的考核指标，实现利润总额3.17亿元，营业收入达到25亿元。

3. 市场经营及销售情况

2016年，中国重机继续加大市场的开发力度，围绕"一带一路"倡议进行市场建设，关注国家"两优"资金投向，积极开拓传统市场，跟踪新市场，不断调整优化布局。

（1）老挝市场取得新的重大突破

中国重机与老挝国家电力公司签署了老挝色贡煤电一体化项目EPC总承包合同。项目建成后将为老挝提供稳定的基荷，可有效改善旱季缺电状况，有利于老挝国家电网的安全运行。

（2）柬埔寨市场滚动发展

中国重机利用在柬埔寨市场的品牌优势，深度开发柬埔寨电力市场，与柬埔寨国家电力公司一起积极推动柬埔寨国家电网建设，并按照总体规划、分阶段实施的原则，大力推进柬埔寨农村电网改造，取得了丰硕成果。

（3）巴基斯坦市场取得新突破

随着国家"一带一路"建设和中巴经济走廊建设的稳步推进，中国重机把巴基斯坦作为重要的目标市场，积极跟踪项目，中标了巴基斯坦500kV同塔双回路工程，实现了在巴基斯坦输变电领域的新突破。

（4）孟加拉市场持续签约

积极开拓孟加拉市场建材项目，实现持续签约。中国重机先后签订了孟加拉AMAN立磨一号线和二号线项目，新建一条台时产量分别为175t矿渣和240t水泥的立磨站EP承包合同，实现了同一市场的多年持续发展。

（5）积极开拓国内市场

大力开拓国内市场，积极参与利用外资项目的竞争性投标，在铁路、城市集中供热方面取得新的收获。积极参与由亚洲银行和世界银行贷款的项目，中标云桂铁路段和哈佳铁路段的牵引变压器和自耦变压器，保持了国内铁路设备供货的市场份额。

（6）持续开展出口贸易

2016年以来，面临不断增大的环保压力和不断提高的质量要求，中国重机有关项目部全力以赴，积极应对，克服困难，妥善解决问题，继续保持韩国现代重要客户的独家供货商地位。

4. 产品质量及标准工作情况

中国重机顺利完成了柬埔寨农村电网二期输变电项目建设，业主正式签发了验收证书，比合同工期提前一年零三个月竣工移交。柬埔寨金边-巴威115kV输变电项目的业主也签发了项目验收证书。积极做好塔吉克冰晶石、氟化铝和硫酸工厂项目的实施，项目组人员群策群力、精心组织，与各方通力合作，下半年成功举行了冷试车剪彩仪式，塔吉克斯坦总统赫蒙莅临现场视察，为项目剪彩，感谢中国重机向塔吉克斯坦独立25周年献出厚礼。

5. 节能减排情况

2016年，中国重机坚持以科学发展观为指导，以建设资源节约型、环境友好型企业为目标，按照国务院国资委、国机集团关于节能减排的总体要求和公司年初工作计划的安排，结合实际、扎实地开展了节能减排工作。2016年中国重机均未发生环境污染事故，废水、废气、废渣、噪声均达标排放，符合国家法规规定。

在经营活动中，严格按照中国重机的质量、环境和职业健康安全管理体系的要求，认真做好EPC工程承包项目的质量管理、环境保护和职业健康安全管理工作，做好项目现场施工中的降污减排和节能降耗工作，认真履行环境责任。组织开展节能减排宣传周活动，增强广大员工低碳工作、低碳生活意识。加强职业健康安全管理。进一步健全规章制度，做好施工现场的安全监管，系统开展安全培训。认真开展专项活动，扎实组织开展安全生产月活动、安全生产的"三项活动"专项整治活动。强化所属企业的安全管理，加强对所属企业的安全生产工作的监管，签订年度安全生产责任书。

全年未发生重伤及以上生产安全事故，连续10年获国机集团安全生产考核A级企业，并被评为国机集团安全生产管理专项提升先进单位。

2016年，中国重机办公楼用电39.5万度，比2015年降低了7.7%，主要是2015年下半年办公照明系统节能改造产生的效果；经营用车消耗汽油23.23t，比2015年降低了2.8%；能源消费总量0.008 3万t标准煤，比2015年降低了5.7%。万元营业收入能耗（可比价）0.000 3t标煤/万元，优于0.000 576t标煤/万元的年度节能减排指标建议值，比2015年降低了50%，这些成就主要得益于公司营业收入的增长。

6. 对外合作情况

2016年，中国重机集中优势资源，完善团队建设，强化项目管理，促生效、强执行，使海外工程总承包业务呈现了强劲的发展势头，全年工程总承包业务签约金额达到了24.49亿美元。

老挝南俄4水电站项目，相继取得了可研报告批准证书和环评报告批准证书。柬埔寨农网扩建五、六期项目已签约，实现了当年签约当年生效。老挝沙拉湾-色贡输变电项目，在国家主席习近平和老挝新任国家主席本扬的见证下，签署了该项目的贷款协议。老挝色贡煤电一体项目，已被老挝列入向中方申请的"一带一路"项目清单中，现已提交部分资料作为评估依据。

二、企业发展存在的主要问题

1. 成熟的国际市场仍然偏少

中国重机在柬埔寨和老挝这两个传统市场实现了区域滚动发展。但柬埔寨市场的容量有限，在老挝市场中国重机目前已有几个合同在手。从化解风险的角度，我们需要持续发展，为了中国重机的持续健康稳定发展，在巩固老市场的同时，要更加注重新市场的开拓。

2. 项目储备不多，人员配置需要加强

中国重机的项目储备不多，发展后劲不足。下一步将加强市场开发力度，加大中国重机的市场开发工作。

随着中国重机业务的快速发展，人才不能完全满足经营发展的需要。缺乏市场开发的领军人才和项目执行的骨干人才。中国重机要继续加大工作力度，做好人才培养，尤其做好对年轻人的培养使用，在工作中压担子，在实际岗位上增强锻炼，让优秀人才脱颖而出。

对以上问题，在未来的工作中，我们要采取有效的措施切实加以改进。

〔撰稿人：中国重型机械有限公司 郭春玲〕

云南冶金昆明重工有限公司

云南冶金昆明重工有限公司（以下简称昆明重工）是云南省提供大型成套设备综合能力最强的机械制造企业和铸锻件生产中心，已连续27年获得"昆明市守合同重信用企业"称号。公司技术力量雄厚，生产能力强，检测手段完备,产品质量优良,集科研、开发、制造、服务为一体。公司现主要生产冶金、起重、矿山、化工、水利等重型机械产品成套设备及商品铸锻件,产品行销全国,出口德国、日本、越南、缅甸等20多个国家和地区,先后为多个国内外重大项目提供了技术装备。近年来,昆明重工通过持续广泛的技术交流和合作生产,加速传统产品的升级换代,致力于新技术新产品的开发应用,多项产品技术已达到国内先进水平,2项产品荣获国家科技奖,48项产品获省部级科技奖和优质产品称号,12项产品获昆明市科技进步奖。获国家发明专利3件,实用新型专利55件,软件著作权3件。参与制(修)订企业标准5项,多项产品技术达到国内先进水平。

一、生产发展情况

1. 总体情况

2016年是"十三五"的开局之年,也是各项工作奠定坚实基础的关键一年。宏观经济形势依然复杂严峻,工业领域与重型机械行业下行压力依然较大,市场的供大于求、需求疲软未得到改善,供给侧结构性改革持续推进。昆明重工以"浓缩新昆重,重铸昆重魂"为指导思想,以"浓缩、配套、盘活、转型"为指导方针,迎难而上,改革创新,干部职工观念进一步转变,产品结构调整取得突破,以核心人才为代表的人才队伍建设进一步巩固,管控转型机制进一步完善,各产业板块发展逐渐趋好,在全体干部员工的不懈努力下,订货回升明显,控亏取得一定成效,企业生产经营保持了整体稳定态势。

2016年,公司先后关停了锻造、铸造分公司,淘汰了热加工生产线,停止了铸锻件的生产,暂停了咖啡豆出口业务,因此主要经济指标同比有一定下滑。全年完成工业总产值5 641.75万元,完成机器产品产量3 159.44t,实现订货10 007.77万元。2016年主要产品产量见表1。

表1 2016年主要产品产量

序号	产品种类	数量(台)
1	起重设备	73
2	冶炼设备	16
3	金属轧制设备	11
4	矿山设备	22
5	化工设备	1
6	给料机械	12
7	橡胶设备	9

2. 经济发展特点

随着"十三五"将智能制造提高到新的高度,各领域智能制造推进路线进一步明确,国家将构建开放、共享、协作的智能制造产业生态,推动生产装备智能化升级、工艺流程优化改造、基础数据全方位共享及关键智能装备和产品、核心部件不断突破,促进新一代信息通信技术、高端装备、节能与新能源汽车、电力装备、农机装备、新材料、生物医药及高性能医疗器械等产业不断发展壮大,逐步形成新型制造体系,并进一步依托智能制造创新产业业态和发展模式,培育出行业的新的增长点。

二、市场经营及销售情况

2016年公司主要产品销售收入见表2。

表2 2016年公司主要产品销售收入

序号	产品种类	销售收入(万元)
1	回转圆筒设备、起重设备、橡胶设备	1 297.44
2	金属压延加工设备	3 076.60
3	矿山设备	495.81

2016年,公司坚持科技创新引领战略发展,多措并举,激发活力,力争以市场拓展提质增量。认真进行梳理,对有市场竞争力的主导产品进行优化升级,做好、做精、做出特色,逐步淘汰竞争力弱、同质化严重的劣势产品。以昆重特种装备制造公司为主体,整合现有设备及人员,狠抓基础管理,进一步理顺生产流程,缩短生产周期,提高产品质量。产品订单主要以冶金矿山、起重机、铸造机、配件非标件等为主,拉丝机、塔式起重机、橡胶机、化工产品萎缩较大。研发出1 000mm×1 200mm颚式破碎机,填补了制造公司产品结构空白,为进入省内大型破碎机市场打下基础。轻量化起重机也实现了从技术图样到产品的转换,在集团内的项目中首次实现一次性订货26台,价值1 200万元。加大时间长的账款的回收力度,各项欠款比年初下降约23%。不断优化和升级生产计划组织管理流程。加强库存管理和实物管理,完善内控体系建设,重视风险识别、评估、防控及缺陷整改。公司各单位、各部门从细处着手,从实处落实,加强内部管理,夯实管理基础,不断提升管理水平,增强服务意识。

三、企业科技成果及新产品情况

1. 科技项目

公司加大了科技项目的管理力度,年内向省科技厅、省工信委、区市科技局及冶金集团申报科技项目10余项,为进一步提升公司技术创新软实力做出了积极的努力和贡献。其中:"多辊液压轧机成套设备的研制及其产业化"项目列为2016年度云南省工业100项重点技术创新项目;"大产能多功能连续铸造机组关键技术的研发及产业化"项目完成现场检测、科技成果登记、科技成果鉴定,被列为2016年度云南省重点新产品;"全铝零排放移动式智能环保卫生间关键技术研究及产业化"项目申报了云南省科技厅重大科技专项计划;"1450六辊HC可逆液压轧机成套设备研制及产业化"项目荣获云南省科技进步奖三等奖;公司组建的"昆明市重型装备制造工程技术研究中心"通过了2016年昆明市科技局组织的两年一度的工作情况评估,考核评估结果为"优秀";轻量化桥式起重机获盘龙区科技三等奖。

2. 新产品情况

根据公司新产品开发管理办法的规定，重点推广轻量化起重机、复合轧机、磷化工设备、矿山设备、非标设备、产品配件等产品。逐步延伸上下游产品和服务，扩大市场占有率。通过设备技术服务发掘备品备件加工等配套业务，加大非标件的制作，增强生存空间和生存能力。依托集团平台，加强沟通、协调，从小处做起，逐步拓展集团内需业务。结合云南省的区域优势，注重产学研用相结合，加大与科研机构和业主的合作，开发出具有自主知识产权、市场前景好、符合产业发展方向的新产品，进一步提升了企业的竞争力。新产品"1 000mm×1 200mm颚式破碎机"进行了立项开发，该项目的开发充分考虑到公司破碎机系列产品的延展性，可以填补省内该类产品的空白，形成技术储备。加大市场开拓和服务力度，牢牢把握大客户、长期客户，发掘潜在客户。

3. 专利申请及授权情况

2016年，公司大力推进知识产权保护工作，建立健全了知识产权管理制度，创造、运用能力比较优秀，效果显著，以101分的优异成绩完成"昆明市知识产权试点单位"的示范试点工作。截至2016年，公司申请并获授权的发明专利3项，实用新型专利55项，软件著作权3件。拥有云南省著名商标1项，云南省名牌产品2项，昆明市名牌产品5项。

2016年企业重大科技成果及当年获省市以上科技成果奖项目见表3。

表3 2016年企业重大科技成果及当年获省市以上科技成果奖项目

序号	项目名称	完成年月	主要性能参数及技术内容	成果水平评价	负责单位、参与单位
1	多金属复合轧制设备关键技术研究	2016年12月	技术内容： 1）多金属冷复合工艺技术研发（包括多金属复合变形与轧制力、基辅材表面毛化率、复合速度和前后张力的工艺曲线等技术）； 2）多层复合带材自动对中技术研发； 3）轧辊内循环冷却系统研发； 4）样机整机测试研究。 主要性能参数： 坯料规格：厚度：钢带1～8mm 铜带0.12～5mm 宽度：钢带250～520mm 铜带250～520mm 最大卷重：钢带卷6t，铜带卷2.5t 成品规格：厚度：0.5～4mm，宽度：250～520mm 最大卷重：10t 轧制力15 000kN，复合速度0～20m/min；年产量20 000t。	其性能指标达到国内先进水平。目前完成1台样机试制、样机安装、调试和新产品型式试验，并及时进入市场。经用户方使用，各项技术指标均达到设计要求，机组运行情况良好	由云南冶金昆明重工有限公司负责，沈阳添鑫铜业有限公司参与，双方合作开发完成

四、产品质量及标准工作情况

1. 夯实基础管理，提升产品质量

基础管理贯穿于企业日常经营活动的各个环节和每个阶段，是企业健康有序发展的重要支撑和根本所在，也是企业实现创新和提升的动力和关键所在。在2015年职能部门量化责任考核的基础上，2016年继续细化管理内容和管理指标，加强监督检查和考核，提升管理和服务水平。不断完善内部市场化运行机制，强化资金调度，推进全面预算落地，加强成本管理，并实施持续动态跟踪、刚性考核，倒逼各单位和职能部门提质增效。各职能部门全面梳理查找管理中的突出问题和薄弱环节，敢于发现问题、暴露问题，针对薄弱环节、管理短板和瓶颈问题，制定整改提升措施，努力实现库存水平合理、成本费用明显下降、效率明显提升、质量明显提高、企业管理水平全面提升。

2. 进一步强化质量管理，提升产品质量

由于公司机构职能的优化，公司质量管理体系面临着很大范围的修订调整。为建立健全公司质量管理体系，从2016年1月起技术中心开始了此项工作，经过五轮的修改完善，2016版程序文件于6月15日正式发布。加大质量计划实施情况的检查，通过强化工艺纪律抽查、现场巡查、严格审查产品档案、强化考核、加强宣贯等多种方式，增强员工质量意识和生产单位质量主体责任意识，形成关心质量、注重质量、从质量中出效益的氛围，确实提高公司产品质量。

五、对外合作情况

昆明重工在立足自主创新的基础上，借助外部资源，助推自身发展，公司先后与太原科技大学、云南省机械研究设计院、云南南星科技开发有限公司等单位签订了产学研伙伴合作协议，通过"平等互利、优势互补、各扬所长、注重实效"的原则，共建伙伴合作关系，推进涵盖人才培养、学术交流、科技研发、平台共建、资源共享等方面的全方位合作，实现合作共赢和协同发展。公司与沈阳添鑫铜业有限公司合作开发了具有1 500t以上轧制力的多金属复合轧制设备，突破了复合轧制关键技术，填补了国家西部制造业金属加工的空白，使得云南复合轧制的生产水平得到较大幅度的提升，初步满足了云南省内对复合轧板的需求，另外也向销往周边省区和东南亚国家，充分发挥了机械制造行业桥头堡垒的作用。

六、存在的主要问题

历史负担依然沉重。资金紧缺仍然是企业转型发展的难题,设备厂房严重老化、产能落后、生产成本高、人员结构不合理、创新能力不足、基础管理粗放不到位、风险管控能力不强等多种因素也制约了企业的健康发展。

〔撰稿人:云南冶金昆明重工有限公司李艳芳 审稿人:云南冶金昆明重工有限公司殷浩〕

北京起重运输机械设计研究院

一、基本情况

北京起重运输机械设计研究院(原北京起重运输机械研究所,以下简称北京起重院)成立于1958年,经过近六十年的发展,由原机械工业部直属的国家起重运输机械行业技术归口研究所发展成为集科研设计、生产制造、安装调试、工程承包、检验检测、咨询监理服务为一体的国有科技型企业,隶属于世界500强中国机械工业集团有限公司。

北京起重院注册资金5 442万元,现有职工近600人。拥有起重运输机械、索道、矿用机械三个特种设备检验检测资质证书,拥有ISO9001、14001、18001体系认证证书,拥有索道前期咨询、项目管理咨询证书,拥有国内唯一的索道专项甲级工程设计资质证书。

北京起重院重点工程业务板块有客运索道、物流仓储、起重机械、散料运输,主要从事各工程系统的总体规划、机电设计及工程总承包,承包建设的各类工程近2 000项,获得的国家及省部级科技成果奖300余项。是我国起重运输机械行业综合技术实力最强的企业之一。

北京起重院承担国际标准化组织起重机技术委员会(ISO/TC96)主席工作,拥有机械工业物料搬运工程技术研究中心、北京市自动化物流装备工程技术研究中心、机械工业起重机械轻量化重点实验室。设有国家起重运输机械质量监督检验中心、国家客运架空索道安全监督检验中心、国家安全生产北京矿用起重运输机械检验检测中心三个国家级检验中心,主办的《起重运输机械》行业核心学术期刊曾多次荣获全国机械系统优秀期刊奖、全国优秀期刊奖。

北京起重院作为北京市高新技术企业,是全国起重机械、连续搬运机械、物流仓储设备、工业车辆等四个标准化技术委员会秘书处单位。是中国重型机械工业协会副理事长单位,设有中国索道协会、中国机械工程学会物流工程分会、工业车辆分会,中国重型机械工业协会物流与仓储机械分会、桥式起重机专业委员会五个国家行业协会、学会秘书处,为中国物料搬运机械行业的科技进步输送着强大的创新驱动力。

在新的发展时期,北京起重院将继续坚持进行核心技术的创新与研发,大力开展工程设计与承包、产品检验与检测、技术咨询与服务工作,秉承"明德、汇智、致勤、尚和"的企业核心价值观,以"诚信、担当、实干、创新"的企业精神,与客户一同实现"搬动世界,传递真情"的北起梦。

二、企业发展情况

1. 改革改制情况

2016年11月3日,根据国机集团国机资〔2016〕397号文件批复,北京起重院与中国中元国际工程有限公司进行联合重组。北京起重院作为中国中元的二级法人单位,保持原有品牌,相对独立发展。通过联合重组,加快双方科技研发、装备制造、产业发展及工程咨询设计、工程总承包等业务资源的有机融合,进一步提升在客运索道、物流仓储、起重机械、散料运输等方面的技术优势,全力打造出一个集科技创新、咨询服务、工程设计、设备制造与科研转化于一体的、具备完整产业链条的国际工程公司,使重组后的企业快速成长为"国际知名、国内一流"的创新型企业。工商注册变更工作已于2016年12月底完成。

2016年初,北京起重院索道、起重两大经营部和其对应的工程部合并组建成索道工程事业部和起重工程事业部,新事业部统一进行考核,全成本核算。精简机构设置、优化管理职能,原综合管理部、党群工作部合并组建成为新的综合管理部(党委办公室);原运营管理部、市场发展部合并组建成为新的运营管理部,对新组建的事业部和职能部门的领导进行了任命,为北京起重院完成五年战略规划建立了有效的组织保障。

2. 生产发展情况

2016年度,北京起重院实现新签合同金额10.63亿元,生效合同金额10.92亿元,完成年度指标的117.45%,完成各类工程项目合同88项,交付合同额6.45亿元。

在客运索道板块,新签合同43项,合同额45 373.41万元,完成考核指标的133.90%。其中,2016年10月签约的福建步云脱挂式索道工程,创北京起重院索道工程领域单个合同额最高、承包范围最广、索道线路最长、技术含量最高的四个历史之最;2016年12月"高速大运量客运索道"荣获中国好设计银奖,打破了国外同类产品在我国的长期垄断,使北起院成为国内目前唯一掌握先进脱挂客运索道技术的企业,为国产索道占领国际高端市场奠定了坚实的技术基础。此外,2016年还新签订了用于滑雪场的2条脱挂式索道和5条固定抱索器索道,打开滑雪客运索道市场的新局面。

在仓储工程板块,新签合同38项,合同额24 706.9万元,完成考核指标的76.25%。2016年对物流仓储工程事业部来说,是曲折、艰难、高效的一年,经历了大落和大起。经营业绩由上半年的低谷回归到下半年的正轨,是实现重大转变的一年。2016年12月顺利通过验收测试的上海宜家项目,是宜家目前在中国规模最大、功能最先进的自动化立体仓库,对宜家分拨服务在亚太地区的部署起到了关键作用。该项目的整套物流设备系统设计完全满足欧标要求,开创了北京起重院的多项第一:第一个单个合同额过1亿元的项目;第一个海外投标项目;第一个堆垛机高度达30m的项目,第一个使用穿梭车运行速度达到180m/min的项目;第一个采用欧标规范设计的项目。美的智能制造项目,服务于世界上最大的磁控管工厂,是北京起重院符合《中国智能制造2025》计划的第一个项目,对推动我国物流仓储技术发展与进步具有里程碑的意义。

在起重机械板块,起重工程事业部势如破竹,在全球起重行业持续低迷的大背景下,新签合同69项,合同金额26 543.02万元,完成年初考核指标的159.13%。其中,中标并签署的广环投第三资源电厂6台垃圾吊供货合同金额总计2 030万元,成为起重板块最大单笔合同,也是起重板块首个超过2 000万元的单笔合同。该项目还另行签署了4台灰渣吊、2台汽机吊合同,金额620万元,单个项目合同总额达到2 650万元,超过历史最大项目合同的一倍多。巴基斯坦秸秆起重机项目是北京起重院第一个全自动控制秸秆的起重机出口项目,不仅为北京起重院开拓了起重机工程项目海外市场,更加树立了北京起重院起重机项目在国际上的新标杆。

在散料运输板块,散料运输工程事业部积极适应散料市场持续低迷新常态,大力推广"外部广泛合作、内部深入协同"的业务拓展模式,新签合同7项,合同额4 514.95万元,完成考核指标的75.25%。其中,本钢双向输送圆管输送机项目,是冶金行业最长的双向输送管带机,是我国华北地区第一条管带机,是国内首个双向带料输送管带机老厂改造工程,开辟了北京起重院管带机产品的先河;另外,通过集团内部合作,成功承揽了中工国际总承包的埃塞俄比亚糖厂项目,实现了专业产品"借船出海",也为更加深入挖掘集团内部市场,发挥协同效应,实现多赢提供了借鉴模式。

3. 科技成果情况

2016年,北京起重院"基于精益生产管理的起重机先进制造技术与应用"和《气动葫芦》(JB/T11963—2014)两项目获得中国机械工业科学技术奖二等奖;"转角大运量脱挂索道关键技术"获得中国机械工业集团科学技术奖三等奖;"通用型桥式起重机轻量化设计技术及应用"获得北京市科学技术奖二等奖;此外,北京起重院高速大运量客运索道获2016年度中国好设计银奖,在全国机械工业科技大会上,北京起重院荣获优秀工程(技术)研究中心、优秀创新团队、科技创新领军人才、先进科技工作者、机械工业优秀科技成果项目等8个奖项。2016年,北京起重院共申报发明专利8项,实用新型专利33项,已获专利授权22项,申报并取得软件著作权3项。

2016年,北京起重院共有21项课题列入科研计划,其中,国家科技支撑计划课题4项;科技部科研院所技术研究开发项目3项;国机集团科技发展基金项目1项,北京起重院重点项目3项;北京起重院科研基金项目9项,北京市东城区科技计划项目1项。经年终项目考核,各重点项目进展顺利,均取得了较好的阶段性成果。这些项目的实施,有效地支撑了北京起重院的科技创新和核心技术的持续研发。2016年企业重大科技成果及获省市以上科技(进步)奖项见表1。

表1 2016年企业重大科技成果及获省市及以上科技(进步)奖项

序号	项目名称	完成时间	主要性能参数及技术内容	成果水平评价	负责单位、参与单位
1	桥式起重机轻量化技术开发与应用	2015年12月	项目开展了模块化系列设计,涵盖起重量5~100t,工作级别A3~A7,采用20个小车模块、14个端梁模块等,可组合全系列340种规格起重机,产品规格比QD系列增加两倍,平均减重约26%、节能约15%、轮压降低15%、高度降低20%,使用范围更广,是我国桥式起重机的更新换代产品	研究成果显著提升了我国起重机械行业的技术水平,所开发的QDL轻量化桥式起重机系列产品总体技术达到同类产品国际先进水平,其中多项技术为国内首次提出,推动了我国起重机械向轻量化、节能型、安全可靠等国际先进技术方向发展,促进了起重机械行业的技术进步,为我国装备制造业实施节能减排战略与绿色经济发展做出了巨大贡献。项目获得2016年度北京市科学技术奖二等奖	北京起重运输机械设计研究院、山东起重型股份有限公司、清华大学
2	转角大运量脱挂索道关键技术研究	2014年3月	该项目组自主研发转角大运量脱挂索道技术,进行了转角站内钢结构设计、转角站加减速装置设计、大运量站内防撞区间设计、吊厢进站加减速双S曲线理论研究和脱挂抱索器安全性与可靠性研究等关键技术的攻关。成功研制了转角站大运量脱挂索道,最高速度可达5m/s,最大单向运输能力可达2 400人/h	该项目研究的转角大运量脱挂索道关键技术属国内首创,产品的技术和性能指标均达到了国际同类产品的先进水平,填补了国内空白,打破了国外垄断,促进了国产客运索道技术的发展。项目获得2016年度中国机械工业集团科学技术奖三等奖	北京起重运输机械设计研究院

（续）

序号	项目名称	完成时间	主要性能参数及技术内容	成果水平评价	负责单位、参与单位
3	高速大运量客运索道	2014年	该项目组围绕高速大运量客运索道关键技术，首次提出脱挂索道动态载荷线路精确计算方法，开发了脱挂抱索器索道线路总体优化设计软件，解决了高速大运量载荷状态总体设计难题，实现节材20%以上；开发了双螺旋弹簧脱挂抱索器；开发了站内加减速装置；首次提出加减速双S曲线原理；自主创立脱挂索道安全优化控制技术与系统，成功研发并推广应用了脱挂式索道系列产品	该项目开发的高速大运量脱挂抱索器客运索道全套设备，技术性能达到了国际同类产品的先进水平，运行速度是现有固定抱索器索道的5倍，运量是现有固定抱索器索道的3倍。目前该成果已占国内新增同类产品市场份额的40%。项目获得2016年度中国好设计银奖	北京起重运输机械设计研究院
4	基于精益生产管理的起重机先进技术与应用	2014年10月	该项目组建成了国内起重机械行业首条成套产品柔性生产作业流水线，主要技术内容包括单件流生产线工艺、主梁的一次性成型技术、工位能力的平衡设计、可视化管理技术（包括5S管理、标识管理、现场管理）。实现了每4～5min即有一支端梁下线，1h一台单梁下线的生产效益目标。现场在制品库存大量减少，在制品周转率大幅提升，生产效率翻倍，人员减少2/3，场地面积减少2/3，劳动强度大大降低，产品交付率提高75%	该项目首次引入国际先进精益生产管理模式，突破传统生产模式，在发展思路上敢于创新，建成国内起重机械行业首条成套产品柔性生产作业流水线。"单件流"让产品流动起来，代替了原来的人围着产品转的传统起重机生产模式，确定了标准作业时间，此外，柔性生产线可以根据产品规格不同以及单日订单需求的变化而灵活调整，这些"新"的实践对提高客户满意度，缩短产品交付周期提供了强有力的支持。该项目获得2016年度中国机械工业科学技术奖二等奖	北京起重运输机械设计研究院
5	气动葫芦（JB/T 11963—2014）	2014年5月	该项目组制定并发布了《气动葫芦》（JB/T 11963—2014）行业标准，其主要技术内容包括范围、规范性引用文件、术语和定义、型式与基本参数、技术要求、试验方法、检验规则、包装、运输及贮存共8个章节。该标准适用于一般环境、爆炸性气体环境及爆炸性粉尘环境用的气动葫芦	JB/T 11963—2014《气动葫芦》是在总结我国气动葫芦多年的设计、制造、安装、改造、检验和使用等方面的生产实践经验的基础上制定的，是自主创新标准，达到国际先进水平，与ASME HST-5—1999《链式气动葫芦技术要求》和ASME HST-6—1999《钢丝绳气动葫芦技术要求》等国外标准相比，更具体，更具先进性，内容操作性强，技术水平更先进。该项目获得2016年度中国机械工业科学技术奖二等奖	北京起重运输机械设计研究院、北京双泰气动设备有限公司、南京今明机械工程有限公司

4. 产品质量及标准工作情况

在标准化工作方面，北京起重院2016年组织完成了10项国家标准和21项机械行业标准的制修订工作，其中，北京起重院负责起草的标准26项。实质性参与国际标准化组织活动，主导制定2项国际标准：《起重机—术语—第4部分：臂架起重机》和《工业车辆—使用、操作与维护安全规范》，填补了我国牵头制定国际标准的空白，实现了由我国制定起重机国际标准零的突破。

5. 技术改造情况

2016年度，北京起重院继续开展"桥式起重机械轻量化关键技术研究与应用"项目下设四个课题的研究任务，通过课题的实施，完成了桥式起重机轻量化设计共性技术研究，攻克了桥式起重机主要配套件的轻量化设计技术、减量化制造工艺技术、安全可靠性评价技术等关键技术，完成了轻量化桥式起重机系列产品的产业化示范，促进了科技成果的推广应用，促进了我国起重机械产品的技术升级和更新换代。

另外，2016年度北京起重院的三个省部级科技创新平台建设和运行顺利，其中，"机械工业物料搬运工程技术研究中心"因考核结果优异，在11月份举办的全国机械工业科技大会上被评为"优秀工程（技术）研究中心"，并获奖牌。"北京市自动化物流装备工程技术研究中心"也于6月份顺利通过北京市科委的2016年度审查。

北京起重院2016年出台了《博士后研究人员管理办法》，成功与清华大学合作，完成一名优质博士生人才的招录进站工作。

三、企业存在的问题

总结2016年成绩的同时，北京起重院也清醒地认识到，工作中还存在一些问题，发展还面临着严峻的挑战。一是部分干部职工危机意识不强，对面临的困难和发展瓶颈，认识不够，思想准备不足，行动上缺乏紧迫感；二是管理不够精细，在成本控制方面还有潜力可挖，信息化平台建设的覆盖面还不够；三是业务板块之间发展不均衡，部分发展困难的部门和板块没有明显提升的迹象；四是技术创新体系不够完善，业务部门和研发部门之间的工作衔接尚有不足，研发队伍的人才梯队建设尚待加强。

〔撰稿人：北京起重运输机械设计研究院解小燕、秦雅楠〕

山东山矿机械有限公司

一、企业基本情况

山东山矿机械有限公司（简称山矿公司）始建于1970年，是中国重型机械工业协会常务理事单位，是矿山机械分会、破碎粉磨分会、带式输送机分会及中国电器工业协会牵引电气分会副理事长单位。山矿公司是一个拥有总资产7亿元的集团型企业，注册资金2亿元，为国家级高新技术企业、中国机械500强企业。"山矿"商标连续多年被认定为山东省著名商标。

山矿公司建立了省级企业技术中心和市级矿山机械工程研究中心，利用先进的SolidWorks三维设计、CAPP工艺手段，以及PDM（产品数据管理）系统，开发并生产出一系列高效新型、高技术含量、高附加值的大型及成套设备，使新产品产值率达到30%以上。山矿公司的主导产品为破碎筛分粉磨机械、带式输送机械、煤炭洗选机械、竖井掘进机械、工矿电机车、建材机械六大系列300多个品种规格。产品广泛应用于电力、冶金、煤炭、矿山、建材、港口码头及化工等行业，覆盖全国市场，并出口加拿大、德国、意大利、日本、孟加拉国、尼日利亚、阿尔及利亚、印度、越南和古巴等国家。山矿公司以优质的产品、良好的服务和诚实的信誉，在大批国家重点工程项目建设中脱颖而出，市场业绩在全国同行业中名列前茅，输送设备、破碎设备、工矿电机车均列前两名。山矿公司设计生产的带式输送机被评为2012年度中国机械工业优质品牌，带式输送机、破碎机和球磨机三项产品为山东省名牌产品。

二、市场销售情况

2016年我国宏观经济持续低位徘徊运行，市场竞争激烈，项目投标残酷竞价，产品几乎无盈利空间。山矿公司依托山矿品牌的实力和优势，认真梳理分析，有重点地跟踪攻关国家重点工程项目、国外市场项目，紧紧依靠公司在大管径管带机、大型输送机、大型破碎机、球磨机主导产品方面的优势，赢得了较好的市场份额，提高了项目中标率，支撑了公司的良好运营。2016年公司签订了国家"一带一路"重点项目——神华国华集团全额投资、山东电力院总承包的印尼爪哇燃煤电厂项目，该项目是中国在印尼电力市场的重要项目，对公司产品以后在印尼市场的推广有积极的影响。山矿公司通过激烈的投标前期的攻坚克难，拿下了巴基斯坦中电胡布2×660MW燃煤发电项目和CMEC总包塞尔维亚Kostolac-B电站二期项目等多个出口项目合同。

经济持续低迷导致公司的各个项目资金紧张，并且难以规避的风险加大，货款回收难，坏账呆账风险增高，潜在的隐患、不可预测的风险越来越难以预料和防范。营销中心将现在应回款的项目划分为不同类型，不同类型采取不同的清收方式，公司领导、中心领导分别挂靠项目回款，公司财务、审计中心领导协调督促回款工作，及时解决项目执行中的问题及反馈，切实抓好回款时机，争取尽快回收货款，保证后续项目顺利投行，保证公司正常运行。

三、技术创新情况

没有创新，就没有发展，创新已经成为驱动企业发展的一大引擎。2016年以来，山矿公司以"提高企业发展的质量和效益"为中心，贯穿全年开展了"管理创新点活动"，突出了技术创新、小改小革和质量提升工作，认真展示、落实各项计划措施和管理要素，在严峻复杂的形势下，创新及各项工作取得了一定的成绩。山矿公司始终以市场需求为导向，根据市场的信息反馈，不断实施技术和产品创新。2016年年初部署下达了公司年度技术创新项目11项，各创新项目小组按要求积极推进项目，各项目现已基本完成图设计，有些已进入产品销售项目中，有些做好了技术储备。主要创新成果有：PL1200制砂机、四齿辊复合破碎机、PF1320反击破碎机、2PG900×900新型对辊破碎机、PSGH300破碎筛分一体机、落地式大管径管状带式输送机、MLTB系列边缘传动脱硫磨机等新产品。其中申报山东省经信委创新项目4项、山东省科技发展计划项目1项，同时申报山东省机械工业协会科技进步奖1项，并获得了二等奖；2PGCQ700×1500强力高效双齿辊破碎机新产品荣获2016年山东省机械工业科技进步奖二等奖。

四．产品标准化、系列化设计及知识产品保护情况

2016年，山矿公司积极参与全国矿山机械、全国起重运输机械标准化活动，参与标准制定4项，其中破碎机安全标准和液压颚式破碎机标准已经审核完成。山矿公司组织主持或参与制定了JB/T 3666—2015《吊式圆盘给料机》、JB/T 3667—2015《座式圆盘给料机》、JB/T 10245—2015《双辊破碎机》、JB/T 6988—2015《弹簧圆锥破碎机》4项行业标准。企业产品所执行技术标准的水平，反映了产品的性能和质量水平。山矿公司在上一年特别强调了标准化工作，在做好新产品开发的同时，对老产品不断进行优化设计、改型升级，对皮带机的相关标准部件（头架、尾架、驱动架、中间架及支腿等）进行了标准化归档。编制了空间转弯带式输送机企业标准，为下一步进行的空间转弯皮带机的设计以及订货储备了资料。山矿公司在技术研

发过程中，也加强了对专利技术的实施和知识产权的保护，2016年申请了重型移动卸料布料车、复合缓冲式吊挂托辊组、齿槽式四辊破碎机等11项实用新型专利，国家知识产权局授权了公司申报的带式输送机卸料系统和生物质料场取料设备2项发明专利，实现了公司发明专利零的突破。

五、小改小革情况

近几年来，为鼓励广大员工发挥聪明才智，公司相继出台、完善了合理化建议及小改小革管理办法，用各种激励政策鼓励广大员工在各自的工作岗位上找问题、提意见、想方法、创效益。山矿公司大力鼓励蕴藏在各车间、班组中的"本土能手"，通过合理化建议和小改小革活动，为企业挖潜创效，这种"接地气"的创效方式也为企业带来了较好成绩。2016年全年立项的23项小改小革项目已完成鉴定，车间、生产、设备、技术等部门的人员通力配合，每个项目都能结合工作实际，在工作实践中发挥出了较好的成效，效果立竿见影。例如：可调倾斜式滚筒焊接工装、托辊修磨设备、球磨机筒体焊移动式可升降工作平台、耦合器、皮带轮压装工装、型材下料工装、设备革新、缓冲托辊、梳型托辊整体硫化、车间周转平车等项目都大大提高了设备的利用效率，取得了较好效果。这些项目的实施，充分体现了小改小革活动的实用性，不仅提高了现有设备的有效作业率，大大减轻了环境污染，降低了职工劳动强度，消除了不安全因素，提高了产品质量和生产效率，为企业增加了一定的经济效益。

六、基本建设情况

山矿公司继续坚持以"机器换人"，不断完善生产方式，提升自动化制造水平。根据公司产品工艺要求，紧紧围绕效率提高和质量提升，年投入技改资金500万余元以改善制约生产正常进行的瓶颈装备设施，努力培植公司设备的亮点和看点，全面提升企业生产制造能力，满足生产经营的需求和用户的需要。

〔撰稿人：山东山矿机械有限公司 胡秀万〕

卫华集团有限公司

卫华集团有限公司（简称卫华集团）始建于1988年，经过近30年的不断努力，现已发展成为集起重机械、矿用机械、港口机械、减速机等产品研发、设计、制造、销售、安装、服务、进出口业务为一体的大型物流装备制造企业。卫华集团的主导产品有桥式起重机、门式起重机、港口起重机、汽车起重机、矿山机械等十大系列200多个品种，现已具备年产120万t的生产能力，桥、门式起重机产销量连续多年蝉联全国第一。产品及业务覆盖机械、冶金、矿山、电力、铁路、航天、港口、石油及化工等行业，先后服务于西气东输、南水北调、卫星发射、中国核电和中国中煤等数千家大型企业和国家重点工程。卫华集团先后承接了多项国家"863计划""国家科技支撑计划"项目，并助力"神舟十号""嫦娥三号"成功飞天。卫华集团的产品已并远销美国、英国、日本、俄罗斯、韩国等108个国家和地区，是本行业营销网点最多、客户分布最广的企业。现有各种生产、检测设备6 000多台（套），员工近6 000人。

2016年，卫华集团积极应对外部经济形势的挑战，按照年度经营计划和重点工作目标，经受住了市场不振和竞争激烈的考验，实现销售收入100.87亿元。

一、企业战略制定实施情况

2016年卫华集团根据总体发展目标要求，制定了"以转型升级为主线，以创新发展、管理提升、国际拓展、资源整合为驱动力，实现卫华集团的快速发展"的年度发展目标。在研发管理方面，按照统分结合的模式进行管理，实现在共享研发资源平台的基础上，兼顾集团和子公司的研发目标；在研发能力建设方面，搭建了集团设计研究院与各子公司技术部门统一运用的技术设计与管理平台系统，达到资源共享、数据统一管理，实现协同设计、异地协同的设计模式。同时加大对实验室的投入，增强技术基础研究。主要增加了对金属结构的疲劳检测、自动化系统控制及可靠性试验等项目的设施，这将逐步提高卫华集团技术检验测试中心的能力和水平。在组织保障体系建设方面，完善了各项相关管理制度，2016年进行人员培训达3 931人/次、研发投入达3.7亿元，投入60余万元用于项目奖励，比上年度均有所增加。

二、生产发展情况

在市场持续恶化的情况下，卫华人闯关克难，综合实力继续保持全国起重机械销售收入第一，蝉联"中国机械工业100强"。全年共销售起重机47 064台、102.66万t，实现全年销售收入100.87亿元，比上年增长9.93%；实现利润4.51亿元，比上年增长3.8%。

三、市场经营及销售情况

2016年在国家"一路一带"政策引导下，卫华集团积极拓展商业渠道，加快产品走向国际化的步伐，实施了一系列的营销手段和方法，销售收入创历史新高。

1. 营销模式新突破

2016年先后成立甘肃分公司、深圳分公司，目前共有6家由卫华集团统一管控的分公司，加强了与业务经理的深度合作，分公司全年订单金额达5 550万元，新增销售收入1 748万元。

2. 实现电商的突破

完善电商平台建设，2016年收到线上询盘及在线咨询信息670条，成功建立起线上咨询、线下签单的营销模式，全年通过电商平台实现的订单金额为1 699万元。

3. 国际市场实现历史性突破

2016年成功开发了40家国内、国外代理商，成立了泰国分公司、墨西哥分公司,并成功签订泰国港超亿元的大单、马来西亚(碧桂园)森林城市项目、俄罗斯政府援建孟加拉核电站项目等多项重大国际订单。国际贸易销售收入同比增长了186%,订单同比增长了58%。国际贸易实现历史性的突破。

四、科技成果及新产品研发

2016年,集团研究院共有研发课题33个,当年有16个项目结题,子公司共计自主开展了68个研发项目。320t四梁六轨式铸造起重机创造了河南省最大吨位冶金起重机记录;世界首创的自攀爬风电维修起重机样机已研制成功;省内首创的电动葫芦洁净式起重机已批量化生产,并服务于国家重点实验室;基于伺服和自动规划路径的全自动起重机研发成功,成功交付上海明匠,填补了行业空白;应用轻量化设计理念提出了世界上起重量最大26 000t门式起重机的设计方案,得到了用户的肯定。卫华集团承担的河南省重大科技攻关项目"高效智能轻量化桥门式起重机研发及产业化"顺利验收通过,得到了省领导、专家的一致认可。

全年申请专利共77项,获得授权专利52项,其中发明专利17项。截至目前集团共获得授权专利536项,其中授权发明专利57项。卫华集团拥有的授权专利保持着全国起重机行业第一的地位。2016年度获全国创新创业大赛优秀奖1项,中国机械工业科技进步奖二等奖1项、三等奖1项,河南省科技进步奖二等奖1项、河南省装备制造工业科技进步奖一等奖3项、二等奖1项,河南省优秀百项职工科技成果奖2项。

2016年企业重大科技成果及获省市以上科技(进步)奖项见表1。

表1 2016年企业重大科技成果及获省市以上科技(进步)奖项

序号	项目名称	完成时间	主要性能参数及技术内容	成果水平评价
1	基于物联网技术的十二绳防摇摆集装箱门式起重机	2016.10.23	具有自主知识产权的先进的防摇摆控制理论和方法,控制集装箱门式起重机大小车加减速过程中的速度变化,大幅度地消除载荷的摇摆达95%以上,该技术为世界首创	中国机械工业科学技术奖二等奖
2	船艇搬运起重机	2016.09	运用基于参数化设计的新型起重结构设计优化技术、新型轻量化起重机关键配套件技术、新型起重机智能化控制技术、起重机自动化制造工艺技术、起重机安全监测技术进行研发制造	中国机械工业科学技术奖三等奖
3	酸洗车间全自动高精度定位起重机	2015.10.25	该设备综合运行电气防摇摆技术、自动定位技术、实时监控和运行记录等技术研发而成。具有自动移料、自动混料、自动上料、自动识别最高点的功能	中国机械工业科学技术奖三等奖
4	起重机大型钢结构件自动化焊接工艺与装备研发	2016.05	以工程机械大型结构件机器人焊接生产线为对象,以机器人智能焊接工艺与控制、焊接质量在线检验与智能化故障诊断、焊接生产信息化管理和智能调度技术为支撑,重点研究基于视觉传感的焊缝导引及焊缝成形智能控制、焊缝质量在线检测、焊接参数优化调整、基于焊接工艺信息监控的工艺布局、生产调度优化和全程焊接质量追溯技术	河南省百项职工优秀技术创新成果
5	实用型单梁精益流水线创新与实践	2016.05	精益生产、全员参与,引进先进的工作方法改善作业,形成流水化作业,降低了劳动强度,提高了产能	河南省百项职工优秀技术创新成果
6	基于物联网及复合防摇摆技术的铁路专用集装箱门式起重机	2016.9	具有自主知识产权的先进的防摇摆控制理论和方法,控制集装箱门式起重机大小车加减速过程中的速度变化,大幅度地消除载荷的摇摆达95%以上,该技术为世界首创	河南省科学技术进步奖二等奖
7	超大跨度式起重机系列化设计项目	2016.10	运用起重机轻量化设计技术,以大型有限元分析软件ANSYS为工具,利用APDL命令流开发技术,在合理选择单元类型、单元接触形式、载荷类型及边界条件的基础上,建立了金属结构的参数化有限元分析模型	河南省装备制造工业科学技术奖一等奖
8	系列化铁路专用集装箱门式起重机	2016.10	具有自主知识产权的先进的防摇摆控制理论和方法,控制集装箱门式起重机大小车加减速过程中的速度变化,大幅度地消除载荷的摇摆达95%以上,该技术为世界首创	河南省装备制造工业科学技术奖一等奖
9	起重机桥架自动焊接及整体加工工艺关键技术研究与应用	2016.10	针对主梁、端梁等箱型梁的焊接工艺与安全检测,采用龙门自动焊(填补了国内空白),并设计出大型焊接、翻转、液动(气动)定位等工装,实现箱型梁稳定的焊接质量	河南省装备制造工业科学技术奖一等奖
10	移动式可伸缩悬臂铣设计及应用项目	2016.10	采用焊后整体加工工艺与质量检测专用技术与仪器,保证加工精度和整机装配精度,可提高整机的运行寿命	河南省装备制造工业科学技术奖二等奖

五、产品质量及标准管理

在产品质量方面,公司在体系层面开展预防型质量文化建设,建立了覆盖生产经营全过程的质量管理体系,并以ISO9001质量管理体系为主线,先后发布了《质量手册》《质量奖惩制度》《质量检验管理规定》《不合格品控制程序》等20余项质量标准,建立了严谨的质量管理体系和质量标准化体系。集团广泛开展QC、质量月、改善提案等群众性改善活动，大大提高了公司产品的质量水平。2016年卫华集团子公司河南卫华、纽科伦及蒲瑞公司共立项了15项精益项目，固化3项，现已关闭12项，共产生年化财务收益1 803.45万元。

在标准方面，卫华集团持续完善企业标准化体系，2016年集团共参与制修订并发布国家标准3项，主持制定地方标准6项，制定企业技术标准34项，通过了国家"AAAA级标准化良好行为企业"认证；全面推行了卓越绩效管理，荣获"2016河南年度非凡雇主"、蝉联"中原最佳雇主"。

六、技术改造情况

2016年卫华集团开展了一系列技术改造项目，其中投资将近500万元，建立了台车架智能机器人焊接工作站、端梁智能机器人焊接工作站，实现了制造过程的智能生产，改变了过去传统的"地摊式生产"模式，提高了70%的生产效率；投资近800万元，建立了集喷漆、除锈、涂装等功能于一体的起重机主梁自动化涂装生产线，大大提高了起重机主梁生产效率和产品质量；投资近200余万元，建立了面向制造车间执行层的可扩展的生产管理信息化MES系统，实现了对产品制造过程的全过程监测。

卫华集团在完成国家、省、市科技项目研制开发的同时也成功研制开发了许多物流装备领域的新产品，解决了许多关键技术难题，为国家、企业赢得了荣誉和效益，填补了国际、国内的空白，推动了行业科技进步。2014—2016年度承担的国家、省部级以上科研项目见表2。

表2 2014—2016年度承担的国家、省部级以上科研项目

序号	项目级别	项目名称	计划类别
1	国家级	桥门式起重机轻量化关键技术攻关	国家火炬计划
2		面向工程机械大型结构件的机器人焊接生产线关键技术研究与应用示范	国家科技支撑计划
3		新型智能化大型抓斗挖泥船关键技术研究	"863"计划
4		大型矿山减速机轻量化及降噪技术	国家科技支撑计划
5		桥式轻量化起重机共性技术研究	国家科技支撑计划
6		轻量化桥式起重机推广应用技术研究	国家科技支撑计划
7		双驱动轮胎式港口起重机	国家火炬计划
8	省部级	桥式起重机数字化设计平台研发	河南省重点科技攻关计划项目
9		起重机门架结构非概率可靠性优化设计技术及工程应用	河南省重点科技攻关计划项目
10		基于知识工程的桥式起重机设计分析集成系统关键技术研究	河南省科技攻关计划项目
11		32t防水吊钩组	河南省科技攻关计划项目
12		门式起重机轻量化设计的研究	河南省科技攻关计划项目
13		新型除渣机研制	河南省科技攻关计划项目
14		5～50t通用桥机参数化设计	河南省科技攻关计划项目
15		基于ANSYS系列高端塔式起重机整机设计及有限元分析	河南省科技攻关计划项目
16		盾构用系列门式起重机	河南省科技成果转化项目
17		起重机嵌入式微型控制器研究	河南省省院合作专项
18		BX(BB)系列壁式悬臂起重机	河南省科技成果转化计划项目
19		系列自顶升门式起重机	河南省科技成果转化计划项目
20		起重机自动定位防摇摆控制技术的研究	河南省科技攻关计划项目
21		RTG关键技术改进攻关	河南省科技攻关计划项目
22		ND型系列钢丝绳电动葫芦	河南省科技攻关计划项目

七、对外合作情况

为了加强技术中心的技术创新建设，使之能够及时了解行业动态，提高其开发能力、科研水平，卫华集团长期与高等院校、科研院所等起重机械及相关研究机构合作，建立了科研生产联合体，使产学研有机地结合在一起。积极推介与引进重大科技成果、促进高新技术产业化，共同支持建立产学研结合的创新载体建设，加强科技交流与人才培养等，加快了新产品向产业化推进的步伐，形成"科研—生产—市场"一体化运作模式，步入"高科技新产品—实现高利润—对高科技产品的开发资金的大量投入"的良性科技开发循环轨道并取得了显著的成效。2016年度卫华集团共签订8份校企合作协议、21份同行企业间合作协议，

并与之建立了战略合作伙伴关系。

1) 与武汉理工大学合作共建港口物流装备研究所。武汉理工大学拥有"交通部港口装卸技术重点实验室""教育部港口物流技术与装备工程研究中心",通过合作,有利于推进卫华集团成为港机制造重点企业

2) 与郑州大学机械工程学院合作,共建河南省轻量化起重装备数字化设计工程研究中心,组织员工参加成人继续教育,全方位提高全员素质,并且双方在起重领域针对技术、市场及政策等进行了广泛的信息情报交流

3) 与西南交通大学、太原科技大学、中北大学、河南机电高等院校建立了校企合作伙伴关系。

卫华集团全年参加国际展会6次,出访了德国、俄罗斯、白俄罗斯、马来西亚等13个国家。与泰国港建立了合作关系,签订了超亿元的大单,同时参与马来西亚(碧桂园)森林城市项目、俄罗斯政府援建孟加拉核电站项目,承担了多项重大国际订单。

2016年4月21日上午11点,在泰国交通运输部部长 Arkhom Termpittayapaisit、泰国 ITD(Italian-Thailand Development Co., Ltd)建筑公司董事长 Premchai Karnasuta 和卫华集团总裁俞有飞的见证下,泰国港务局总裁 Lt. Sutthinan Hatthawong、泰国 ITD 建筑公司副总裁 Pipat Lorach 与河南卫华董事长郑要杰在曼谷 Amari 酒店共同签署了泰国港务局林查班港(LAEM CHABANG PORT)集装箱码头基础建设及设备合同。卫华将为泰国港务局林查班港集装箱码头新建铁路堆场及相关集装箱搬运设备提供整套解决方案,合同总价值约3.5亿元。

该合同的签订,是卫华集团在港口起重设备和国际贸易领域的重大突破,标志着卫华集团在国际高端港机市场具备了较强的竞争力。随着该项目的执行,卫华集团将在泰国成立分公司,未来将具备完善的市场开发及售后服务能力,可以覆盖泰国乃至整个东南亚地区,将进一步开拓起重机以外的特种车辆、精密加工、矿机、建筑防腐等业务。

八、企业发展中存在的主要问题

国内外起重机市场供大于求,市场保有量急剧上升,工程起重机行业产能过剩问题严重,同时企业存在经营成本上升(原材料价格上涨、人力成本攀升)等问题。

〔撰稿人:卫华集团有限公司机械工程研究院李钢强
审稿人:卫华集团有限公司机械工程研究院李虎〕

上海科大重工集团有限公司

一、公司情况

上海科大重工集团有限公司(简称上海科大重工)成立于1993年,注册资本16 000万元,园区基础设施完善、投资环境良好。上海科大重工是集设计开发、生产制造于一体的科技型实体民营企业,专业生产各种规格的带式输送机,尤其擅长生产长距离、大运量带式输送机。是全国带式输送机行业副理事长单位,全国守合同重信用企业。

上海科大重工现有员工总数452名,其中,工程技术人员86名、各部门管理人员45名,技术开发能力及生产制造实力均相当雄厚。在青浦工业园区拥有华青路、盈港路、汇联路三个厂区,总占地面积115 500 m²,总建筑面积75 600 m²。主要产品为各类高规格带式输送机及圆管输送机。产品产量多年来位列行业前列,连续多年被评为上海市"名牌"产品,并多次获得科技进步奖。公司现有有效专利44项,其中,发明专利申请7项、授权3项、实用新型专利授权37项。公司依靠科技创新为企业发展突破瓶颈,实现向科技型企业成功转型。

公司通过了ISO9001:2008质量体系、ISO14001:2004环境质量体系及OHSAS18001:2007职业健康安全管理体系认证,曾先后被认定为:全国守合同重信用企业、上海市科技小巨人企业、上海市高新技术企业、上海市著名商标、上海市"名牌"产品、上海市百强私营企业、上海市先进企业、上海市文明单位等。

二、生产发展情况

2016年企业经济运行情况见表1,2016年工业总产值按行业划分情况见表2。

表1 2016年企业经济运行情况 (单位:万元)

产品名称	工业总产值(当年价)	销售收入	工业增加值	利润	出口产值	新产品产值(当年价)	产量	
							吨数	米数
企业所有产品	56 632	56 632	15 290	2 951	23 870	9 896	43 561	71 056
带式输送机	55 532	55 532	14 938	2 887	23 870	9 896	43 561	71 056
部件(滚筒、托辊)	1 100	1 100	295	64				

表2 2016年工业总产值按行业划分情况 (单位:万元)

煤炭行业	建材行业	港口行业	冶金行业	粮食行业	矿山行业	其他行业
3 000	8 000	0	11 200		16 398	18 034

三、科技成果及新产品情况

在铁路与水利建设中，TBM（全断面岩石掘进机）施工法是隧道掘进的最先进、最高效的方法。目前，与TBM（全断面岩石掘进机）配套的出渣方式有两种：轨道矿车出渣和连续皮带机出渣。连续皮带机出渣具有运输连续、运量大、污染小、运输管理简单、TBM设备利用率高等特点，是隧道施工出渣运输系统的重要发展方向。而国内的连续皮带机技术与国外还存在着较大差距，在实际工程中，主要采用进口连续皮带机设备。而进口的连续皮带机设备价格昂贵，增加了施工成本。上海科大重工研制出的具有高技术含量的连续皮带机，最终实现了TBM的快速高效掘进，加快了隧道的施工进度。

随着TBM隧道掘进机被越来越多地应用到隧道施工中去，与之配套的连续皮带机出渣系统也成为工程领域研究的热点。近年来，由于动态分析技术、变频软启动技术、自动张紧技术、中间驱动技术、高寿命托辊技术等高新技术的应用，连续皮带机出渣运输系统具有了国产化的基础。

对于≤18km的隧道连续皮带机，国外技术相对成熟，如美国罗宾斯、瑞士马蒂、法国雷伊、美国久益等。国内连续皮带机起步较晚，2015年首台TBM连续皮带机在山西安装运转。随着连续皮带机的国产化，国产连续皮带机迅速发展起来，近两年先后有十几台投入运营，截至目前，连续皮带机单机运行最长距离为17.5km。

对于>18km的隧道连续皮带机，国内外相关业绩较少，有关技术均处于摸索实践阶段。上海科大重工于2016年12月份通过竞标，成功取得了中铁十八局承建的山西中部引黄工程TBM1标段26km连续皮带机的设计制造合同，该皮带机是目前为止世界上单条输送距离最长的隧洞连续皮带机。

通过对小洞径超长距离隧道连续皮带机的研制开发，实现了中铁十八局山西引黄TBM1标26km连续皮带机的输渣任务，做到了整体性能可靠、选型配置合理、系统运行平稳、安装维护方便。该项目的研制成功，不仅创造了隧洞连续皮带机输送距离最长的世界纪录，而且对我国的隧道建设提供了有力的支持，推动了国产连续皮带机的发展，对替代进口，振兴民族工业有很大的社会意义。也为上海科大重工拓展隧道连续皮带机业务、占领国内外市场打下了良好的基础。

1. 该项目创新点

1）摩擦式磁加力站。基于原理和结构上的原因，连续皮带机用滚筒转载式加力站存在着物料对胶带的N次冲击损伤、重力摩擦式加力站存在着加力段过长的问题。磁力摩擦式加力站从设计原理上对传统加力站进行了创新，具有性能可靠、驱动力大、配置灵活、安装方便、结构紧凑、胶带无二次冲击、胶带无须清洗等特点，特别适用于清渣比较困难的隧洞工程。

2）小洞径吊挂机身安装平台。借鉴美国罗宾斯连续皮带机的窗口安装方式和瑞士马蒂连续皮带机的抽屉式机身安装方式，结合现在的小洞径双护盾TBM台车空间，设计了独特的不停机机身安装平台，不仅解决了空间不足问题，而且结构简单，工人操作方便。

3）大角度小半径转弯。除采用常规托辊组内侧抬高、托辊组内侧前倾、加大托辊组槽形角、加挡辊等常规措施外，首次使用磁钢技术、单侧设置压带辊装置等措施，有效地解决了胶带跑偏洒落和胶带翻转问题。

4）十二层储带仓。机头储带仓部分打破了常规设计，采用十二层储带仓，一次性储带600m，TBM每掘进300m胶带进行硫化一次，缩短了掘进机的停机时间，提高了掘进效率。

5）双头硫化放带机。为提高工作效率，缩短胶带硫化时间，胶带接头采用双硫化接头技术，每卷胶带600m，出厂前成卷露出两个接头，设置双硫化平台，两套硫化机同时工作。胶带接头时间缩短了一半，大大提高了胶带硫化接头效率。

6）变频张紧装置。该输送机采用国内首台自主研制的变频张紧装置，填补了国内空白。利用先进变频技术，解决了TBM掘进运行与连续皮带机张紧系统的动态响应问题。具有张紧力预先设定功能和张紧力根据工况自动调节功能，克服了液压系统液体泄漏问题，具有停电自锁安全可靠、屏幕操控便于操作、模块结构使用维护方便的特点。

2. 关键技术

1）长距离输送机的动态响应技术。
2）小洞径连续皮带机多点驱动技术。
3）大角度小半径高张力下皮带机转弯技术。
4）不停机机身安装技术。
5）胶带双头硫化技术。
6）大容量储带技术。
7）长运距输送机节能降耗技术。
8）变频张紧技术。
9）多点驱动变频控制技术。

3. 所取得的创新性成果

1）摩擦式磁加力站已申报国家发明专利，目前已受理。
2）小洞径吊挂机身安装平台已取得国家实用新型专利证书。
3）轻型节能输送带已申报国家发明专利。
4）变频张紧装置已取得国家实用新型专利，目前正在申报国家发明专利。

四、产品质量及标准工作情况

公司质量管理体系的质量方针为：科学管理、精心运作、持续改进、开拓创新。

科学管理：采用科学的管理方法，以系统而合理的方式进行管理，可提高公司的运作效率和效果。

精心运作：公司依存于顾客，顾客的满意与否是检验产品质量的标准，因此全体员工必须不懈努力、精心运作，向顾客提供满意的产品和服务。

持续改进：持续改进总体业绩是全体员工永恒的追求。

持续地改进管理体系，优化各个过程；持续地改进产品和服务，实现顾客满意。

开拓创新：科技创新是科学发现和技术发明的灵魂，企业发展需要源源不断的动力，只有充分调动员工的积极性，激发创新力，开创新工艺，满足顾客要求并尽力超越顾客的期望，才能使企业获得发展。

上海科大重工的质量目标：

1）确保成品出厂合格率100%。

2）顾客满意度≥95。

3）不断加强基础设施管理，完善现场生产环境，加大人力资源投入，开发先进生产工艺，提高产品质量和经济效益。公司检测中心检测设备包括：整套托辊检测设备、振动消磁仪、滚筒能力试验装置、滚筒摩擦试验装置、表面电阻实验装置、带机整体检测平台、拉力试验机、X超声波探测仪、激光扫描仪等，并且为试验室及办公人员配备了先进的计算机软件系统，实现了办公全程自动化、无纸化。公司自贯彻ISO9001：2000质量体系标准以来，一切生产经营活动均按照标准办事，全部生产程序均程序化、规范化、有记录可查；对顾客负责，真正做到"顾客是上帝，服务到永远"。公司每年都顺利通过质量体系审核，及时整改不足之处，保证质量体系在公司有效运行。上海科大重工成立至今，从未出现抽查产品不合格现象。如今，上海科大重工已经成为许多国有大中型企业的定点采购对象。如煤矿系统的神华集团、西山矿务局、黄陵矿务局、大同煤炭集团等国内大型煤矿；电力系统的外高桥电厂、上海吴泾电厂、江苏大仓电厂、贵州纳雍电厂、徐州电厂、常熟电厂等；钢铁系统的宝钢、沙钢、江阴兴澄钢厂、济钢等。在保证国内市场份额的同时，公司不断创新的技术和品质引起了众多海外大型客户的关注，2011年交付的全球最大铁矿石供应商巴西淡水河谷CLN项目，是淡水河谷公司与中国企业签订的第一台整机供货合同，运量20 000t/h是国内最大运量的两倍，达到了国际先进水平，价格又远远低于德国、芬兰等发达国家的同行产品。这些著名项目的承担，给上海科大重工带来了无限的商机，国外大型同类企业不断关注科大，到科大实地考察，目前成功签订的项目有南非、俄罗斯、摩洛哥、蒙古等项目。上海科大重工依靠自身强大的科技开发实力及生产制造实力，不断延伸与海外客户的合作及与新客户的接洽。目前公司向巴西淡水河谷公司等国际大公司提供的产品的技术水平已达到国内出口产品中的最高端最先进。

五、技术改造情况

上海科大重工申报的"环保型智控大运量带式输送机成果转化和产业化技术改造项目"于2013年2月获上海市青浦区经济委员会备案，并获上海市青浦区环保局环评批复；同年4月24日，该项目获上海市经信委、市发改委批准（沪经信投〔2013〕212号文件），项目拟安排中央投资工业中小企业技术改造专项资金960万元，该项目于2013年1月开始投入建设，至2016年7月，已全面完成建设。通过此项目的实施，公司力争成为带式输送机生产行业的龙头企业。此外，作为代表行业内出口产品水准最高的企业之一，该项目的成功实施，将大幅提高公司的海外市场占有率，进一步扩大中国大型重工设备在国际上的影响力和知名度，提升中国机械工业的整体水平，以稳步跻身世界先进行列。

六、对外合作情况

为实现可持续发展，公司从自身实际出发，确立了以技术创新并建立自主知识产权为目标，不断开发具有市场前景和竞争力的新技术、新工艺、新产品的经营理念，建立了完整的研究开发组织管理体系，实现了以研发管理促进研发活动、以创新带动企业发展的目标。

2012年，上海科大重工投入大量资金与山西大同煤矿集团合作成立山西大同煤矿集团机电装备科大机械有限公司，并建设了重点实验室，添置了先进设备，旨在依靠山西大同煤矿集团强大的技术设计实力，结合上海科大重工十几年的开发生产能力，强强联手，围绕公司发展规划，开发出具有国际竞争力的产品，进行全方位技术研究开发，提高企业整体技术创新能力。目前所有建设已完成，已投入生产使用。

2016年，上海科大重工与上海交通大学建立了产学研合作关系，共同开发出超长距离隧道连续皮带机。该项目的研制成功，不仅创造了隧洞连续皮带机输送距离最长的世界纪录，而且对我国的隧道建设提供了强有力的支持，推动了国产连续皮带机的发展，对替代进口，振兴民族工业有很重要的社会意义。也为上海科大重工拓展隧道连续皮带机业务、占领国内外市场打下了良好的基础。

〔撰稿人：上海科大重工集团有限公司孙静　审稿人：上海科大重工集团有限公司李燕〕

洛阳矿山机械工程设计研究院有限责任公司

一．企业发展情况

1．生产发展情况

2016年是"十三五"的开局之年。洛阳矿山机械工程设计研究院有限责任公司（简称洛矿院）根据公司年初的业务分工调整，将工作重心迅速回归到技术研发上来，即狠抓技术创新、技术准备和技术服务等技术工作，持续加快新技术、新产品的市场培育和市场推广。技术研发创新瞄准国家宏观政策，盯紧市场与客户的需求，对标国内外先进技术，不断提升引进消化吸收再创新能力，不断提升自主创新、协同创新能力，形成一批具有自主知识产权的前瞻性、引领性、突破性、集成性的创新技术。持续培育高端产品及核心技术，提升主导产品的市场竞争力，支撑核心制造板块和工程成套板块的稳健发展。

（1）技术创新能力持续提升。大型矿用磨机：为进一步提高大型矿用磨机的国际市场竞争力和适应性，开发了磨矿分级智能专家系统和专用智能变频调速系统。近年来，公司的5.5m以上矿用磨机累计实现订货60多亿元。

高压辊磨机：开发了水泥原料终粉磨系统，矿用高压辊磨机辊面寿命达到国际领先水平。2016年，辊压机新增订货25台。

大型搅拌磨：开发了CSM系列立式搅拌磨系统，首台CSM立式搅拌磨一次成功达标达产，完成了卧式搅拌磨的工艺调研、工艺设计等技术研究。

电厂用过滤机：开发了电厂脱硫石膏专用过滤机，成功替代了真空带式过滤机和陶瓷过滤机。

组合式选粉机：开发了可广泛应用于生料辊压机终粉磨系统和水泥联合粉磨系统的FZN两个规格型号组合式选粉机。

大型破碎机：完成了瑞典LKAB、缅甸破碎站等项目的安装调试，大型破碎机系列设计开发与国际进一步接轨。

水泥成套主机：完成了破碎机、堆取料机、篦冷机、原料立磨、MPS煤立磨等系列主机设备的设计开发任务。

除霾塔技术：完成了具有自主知识产权的除霾塔设计开发、研制，首台（套）样机已完成装配。

TBM硬岩掘进机：保障了故县水库项目正式掘进，完成了苏埃通道盾构机主机转化设计。

（2）技术准备与服务及时到位。根据公司生产和技术准备计划，以品质提升为重点，加强技术准备与技术服务的组织与协调管理，重点抓好出口产品和国内重点产品，确保技术准备与技术服务按期保质保量完成。

（3）技术支持市场稳步推进。举办了电厂脱硫石膏脱水专用GPYT系列过滤机、辊压机原料终粉磨系统、立式搅拌磨等技术推介会，有效加快了创新产品的市场推广应用。积极主动配合营销部门提高项目中标率，确保市场开拓的售前、售中技术支持率为100%，完成投标报价2 225项，其中国外项目907项。

（4）技术创效定位更加清晰。在公司的大力支持下，经过全院上下共同努力，技术与市场、客户距离进一步拉近，在手信息管理、市场订货、合同执行等能力进一步提升，技术创效的主动性、积极性进一步增强，为"十三五"期间技术创效的做大做强打下了良好基础。

（5）信息化建设进一步提速。客户服务管理信息系统、报价管理和外协管理系统、生产厂库房条码管理系统、资金预算管理系统、协同办公系统等多个业务管理系统上线运行并纳入常态化管理；结合研发工作，针对信息化的应用需求，加大了三维设计、瘦客户机等软硬件的推广应用，提升了产品研发与设计水平。科技信息管理平台的上线运行，实现了科研和技术准备信息业务流程和数据的标准化。

（6）行业工作保持良好发展态势。在行业检测方面，通过了实验室换证复评审、安全生产检验检测机构监督评审、国家产品质检中心专项监督检查；全国矿机标委会获评为"十二五"机械工业标准化工作先进集体；国家矿山重型装备实验室完成的实验项目为105项；矿山机械杂志的影响力稳步回升；完成各类翻译计划110余项。大型磨机研发创新团队等团队及个人获得中国机械工业联合会表彰。

（7）机制改革取得实效。在绩效分配方面，逐渐打破吃"大锅饭"的痼疾，积极探索多劳多得、贡献大多得的分配激励机制，骨干技术人员干事创业热情得以激发。技术人员流通机制进一步完善，在除霾塔开发、智能装备等领域，组建跨专业的专项研发团队，集中优势力量实现技术创新。

（8）党群工作营造和谐大局。洛矿院深入开展了"两学一做"学习教育活动，党员干部进一步坚定了理想信念，强化了党性修养和宗旨意识，完成了党员档案排查、党费征缴等专项工作；积极履行国有企业社会责任，为公司对口扶贫援建的汝阳县柳树村扶贫捐款三万余元；进一步发挥群团工作密切联系群众的先天优势，在庆祝建厂60周年系列文化活动中，取得了骄人的参赛成绩。

2. 市场经营及销售情况

通过创新产品的市场培育、技术推广和难度较大项目的技术改造等措施，在过滤机市场、五台云海白云石改造等领域，实现新增订货额6 469.21万元，生效合同6 469.21万元，收款6 596.6万元。

3. 科技成果及新产品情况

2016年承担的国家、省、市科研课题"超深井大型提升装备设计制造及安全运行的基础研究"完成了多绳缠绕式提升机试验台的制造、安装；"大型矿山提升设备齿轮传动装置轻量化及降噪技术研究"通过了国家课题组验收；"基于全生命周期的高端重型装备制造服务系统关键技术研究"成功应用于信阳钢厂矿渣粉磨系统；"超深井大载重高速提升装备及关键安全技术研究"形成了初步的选型规范；"矿山提升设备安全准入分析验证实验室"完成了所辖的8套分析验证系统和1套辅助系统安装。

2016年，"高端矿山重型装备技术创新工程"和"12 000t航空铝合金厚板张力拉伸装备研制与应用"两个项目获得国家科技进步奖二等奖；"年产千万吨级矿井大型提升容器及安全运行保障关键技术"获得国家科技发明奖二等奖，公司获评为国家级工业设计中心、国家级双创示范基地，彰显了公司技术创新的实力。

2016年，四项科研成果"GPYT-40盘式过滤机""大型高效旋回破碎机""5m敞开式硬岩掘进机""硅铁矿热炉余热发电技术"通过了中国机械工程学会组织专家的成果鉴定。

2016年，"千万吨级矿井大型提升成套装备研制"项目获得洛阳市科技进步奖一等奖；"新型高效节能水泥磨技术研发"项目获得洛阳市科技进步奖一等奖、河南省科技进步奖三等奖。

4. 产品质量及标准工作情况

通过对设计、工艺、管理、生产、经营各环节、各层面的全过程全方位进行质量控制管理，加强质量红线考核，并将考核结果直接与单位和个人的绩效工资挂钩，保证了技术工作质量。产品投入运行后，未出现大的质量事故。

全国矿机标委会获评为"十二五"机械工业标准化工作先进集体。

贯彻国际标准和国际规范，制订了"2016年9类主导产品国际化技术标准体系实施计划"。

2016年，洛矿院参与修订的行业标准 JB/T 12801—2016《固定式液压碎石机》、JB/T 12805—2016《矿用高强韧低膨胀锌基耐磨合金》、JB/T 12806—2016《矿用坑道钻探钻杆》、JB/T 12809—2016《磨机强度计算及评价规范》、JB/T 12800—2016《大型矿用筒式磨机电控设备技术条件》发布。

2016年，洛矿院还参与国家标准《单绳缠绕式矿井提升机》《多绳缠绕式矿井提升机》的制（修）订工作，这两项标准已经报批。

5. 技术改造情况

国拨投资6 516万元、洛矿院自筹2 792万元的国家发改委项目"矿山提升设备安全准入分析验证实验室"建设基本完成，该实验室分为矿井提升机安全准入分析验证系统、提升绞车安全准入分析验证系统、矿用辅助绞车安全准入分析验证系统、慢速大力值绞车安全准入分析验证系统、罐笼防坠器及缓冲装置安全准入分析验证系统、制动器分析验证装置、摩擦衬垫分析验证装置、连接装置及悬挂装置分析验证系统、辅助系统共9部分。

6. 对外合作情况

①和中国矿业大学、中南大学、重庆大学、河南科技大学合作，开展国家"973"项目"超深井大型提升装备设计制造及安全运行的基础研究"科研课题研究。②和重庆大学、郑州机械研究所、河南卫华重型机械股份有限公司合作，开展国家支撑计划"大型矿山提升设备齿轮传动装置轻量化及降噪技术研究"科研课题研究。③和浙江大学、郑州轻工业学院、河南科技大学，开展国家支撑计划"基于全生命周期的高端重型装备制造服务系统关键技术研究与应用"科研课题研究。④和洛阳百克特科技发展股份有限公司合作，开展科技部重大项目"深竖井大吨位高速提升装备与控制关键技术"中的子课题"高比压、高摩擦系数衬垫及导向轮布置技术"科研课题研究。

二、企业发展中存在的主要问题

一是传统行业产能严重过剩，技术研发体制机制相对僵化，致使创新意识、活力不足，开放协同创新不够，创新效果不佳；二是创新项目层次不高，缺乏前瞻性、引领性的项目，研发投入产出不成比例；三是复合型领军型人才依然匮乏，研发核心团队建设滞后于转型发展需要，新产品、新技术的市场推广团队亟须加强；四是设计质量问题和设计陋习时有发生，产品设计细节不到位，分析模拟水平有待提升；五是技术经营创效比例太低，不能很好支撑洛研院发展；六是管理相对滞后，通过绩效分配调动技术人员干事创业的激励作用没有充分显现，仍然存在着一定程度的吃"大锅饭"现象。

〔撰稿人：洛阳矿山机械工程设计研究院有限责任公司杜波〕

山东华特磁电科技股份有限公司

一、企业发展情况

1. 改革改制情况

山东华特磁电科技股份有限公司成立于1993年，为了增强企业的发展后劲，改进企业的资本结构，于2007年10月设立股份制公司。改制后的公司完善了法人治理结构，建立了一套科学规范的管理体制和财务体制，提高了公司的管理水平。2010年公司增发1 300万股股票，筹集资金5 200万元，使企业步入了高速发展的快车道。2014年12月2日，公司在全国成功挂牌新三板，成为登陆全国性资本市场的企业。公司挂牌新三板后，通过定向增发股票优化公司的股本结构，补充公司的营运资金，融资金额为4 725万元。2015年5月完成了新增股份登记和注册资本工商登记变更，实现了通过资本市场的直接融资，补充了公司的流动资金。

公司占地面积27 hm^2，注册资金6 475万元，现有员工600余人，其中：博士4人、硕士6人，研究员、高级工程师、教授共27人，聘请院士顾问4人。公司总资产5.1亿元，2016年实现销售收入1.5亿元，上缴税金1 234万元。

公司是装备制造业特色产业基地龙头企业，磁电与低温超导磁体应用技术创新战略联盟理事长单位，设有中国机械工业超导磁体工程技术研究中心、山东省磁电工程技术研究中心、山东省省级企业技术中心、山东省磁力应用技术重点实验室、冶金矿山磁电装备工程技术研究中心、综合院士工作站、国家博士后科研工作站。公司先后承担了国家"十二五"科技支撑计划3项。完成并通过省级鉴定的新产品40余项，共获省部级科技进步奖和专利奖15项。拥有国家专利共计147件，其中国家发明专利18件，有4件发明专利在多个国家和地区注册国际专利。主持和参与制定的国家行业标准11项。

2. 生产发展情况

2016年主要经济指标完成情况见表1。2016年主要产品产量见表2。

表1　2016年主要经济指标完成情况

年份	工业总产值		工业增加值（万元）	产品销售收入（万元）	产品销售税金及附加（万元）	年末固定资产	
	当年价（万元）	比上年增长（%）				原价（万元）	净值（万元）
2016	15 970	-4.37	5 722.28	15 098.64	1 234	17 925.28	13 276.61

年份	流动资产		流动负债		利润总额（万元）	所有者权益（万元）	全员劳动生产率（万元/人）
	合计（万元）	平均余额（万元）	合计（万元）	平均余额（万元）			
2016	27 583.97	29 166.86	14 283.2	14 874.13	-2 166.02	31 363.5	35.49

表2　2016年主要产品产量

序号	产品名称	产量		序号	产品名称	产量	
		数量（台/套）	比上年增长（%）			数量（台/套）	比上年增长（%）
1	除铁器	759	18	3	有色金属设备	75	15
2	磁选机	156	-15	4	立环高梯度磁选机	65	8

3. 市场营销及销售情况

2016年市场销售情况见表3。

表3　2016年市场销售情况

序号	产品名称	产品销售		产品出口		序号	产品名称	产品销售		产品出口	
		数量（台/套）	收入（万元）	出口量（台/套）	出口金额（万元）			数量（台/套）	收入（万元）	出口量（台/套）	出口金额（万元）
1	除铁器	454	3 896.13	182	964.06	3	有色设备	36	1 390.16	14	441.57
2	磁选机	82	2 910.98	47	261.80	4	立环高梯度磁选机	54	7 652.25	6	644.20

4. 科技成果及新产品情况

2016年企业重大科技成果及获省（市）以上科技（进步）奖项目见表4。

表4　2016年企业重大科技成果及获省市以上科技（进步）奖项目

序号	项目名称	完成时间	主要技术性能参数及技术内容	成果水平评价	负责单位、参与单位
	提精降渣磁选机	2016	采用250°～270°大包角多磁极的磁系结构与新型的顺流型草蓆相匹配，结合多级漂洗装置、底部水帘结构以及磁搅动装置，可以对滚筒表面的矿物进行反复的漂洗提纯，充分别除硅、硫、磷等杂质以及连胜提，尽可能地提高精矿品位。该设备采用独特的三重密封方式，确保了轴承的运行环境，并且在易磨损区域全部采用防护措施，从而确保设备长期可靠运转，作业率可达到98%已上。设备功率：15～30kW；设备处理干矿量：20～100t/h；处理物料粒度：<1mm；设备场强：1 000～5 000Gs	国内外首创，达到国际领先水平。并获得2016年度冶金矿业科学技术奖二等奖	山东华特磁电科技股份有限公司

5. 产品质量及标准工作情况

2016年度主要产品经山东省产品质量检测中心检测，全部合格；2016年度公司主持或参与的国家行业标准为JB/T 12434—2015《永磁立盘式尾矿回收机》、JB/T 7351—2015《中磁场永磁滚筒》、JB/T 13118—2017《铝熔铸用交流电磁搅拌器》、JB/T 13119—2017《铝熔铸用永磁搅拌器》4项。

6. 技术改造情况

2016年完成固定资产投资1 244.17万元，其中，基本建议投资1 027.16万元，技术更新改造投资217.01万元。

7. 对外合作情况

2016年公司与德国亚琛大学矿物原料加工教研室共同合作共建实验室，该实验室主要进行智能传感分选装备的关键技术研发，基于传感技术通过对矿石的实时探测从而得到可用于进行元素含量定量分析的数据；根据工业计算机的设定标准，实现执行机构辨别精矿和尾矿的动作指令；智能分选机根据矿石组成的不同，可通过发射不同特征的信号〔X射线（XRT透射）、荧光、红外线、紫外线、混合光谱、可见光等〕，从而达到最佳的选矿目的。

二、企业发展存在的主要问题

受国内外经济环境的影响，产能过剩，主要产品价格下降，致使企业市场营销困难，经营形势低迷恶化，经济效益呈现出负增长。

公司现有除铁器、磁选机、磁力搅拌设备三大主导产品，面对当前国内矿业持续不景气，磁选设备竞争加剧，传统产品销量增速大幅下降的实际，公司审时度势、发挥优势，大力加强科技创新，及时对传统产品进行升级换代，研发具有自主知识产权的新产品，如提浆降渣磁选机等已成为企业新的经济增长点，为企业增添了生机活力。

〔撰稿人：山东华特磁电科技股份有限公司薛鹏　审稿人：山东华特磁电科技股份有限公司刘风亮〕

四川省自贡运输机械集团股份有限公司

四川省自贡运输机械集团股份有限公司（简称自贡运机）创立于2003年9月，系收购原四川省自贡运输机械总厂而组建的股份制企业，是中国极具实力的输送机械设计商、制造商，公司注册资本12 000万元，占地面积276亩（1亩=666.7m^2），总建筑面积12万m^2，主要从事通用带式输送机、管状带式输送机、斗式提升机、螺旋输送机、曲线带式输送机、驱动装置、逆止装备的设计和制造。自贡运机是中国三大输送机械设计、制造商之一，中国重型机械工业协会带式输送机分会副理事长单位，国家火炬计划重点高新技术企业，中国西部地区最大的输送机械设计、制造商。

自贡运机自组建以来引入"以人为本、和谐发展"的管理理念，强化内部经营管理，建立了规范的人力资源管理体系、系统的员工绩效激励机制和员工培训学习机制。公司弘扬"高境界，大胸怀，有文化"的团队精神，树立"团队化、立体化、职业化"的人才发展目标，通过筑巢引凤，积极营造宽松的人才环境和用人氛围，吸引了许多来自五湖四海的人才加盟。目前，自贡运机拥有专业技术人员近200人，已形成了一支优秀的技术研发人才团队，其中拥有享受国务院特殊津贴的专家3人，国家级技术专家3人，中高级工程师80余人。同时公司与CDI、BSJ以及四川理工学院、太原科技大学等国内知名高校和研究所合作开展新产品研发及基础性能、新技术的研究，建设高校产学研基地，在带式输送机系统，特别是野外大功率、长距离输送系统研发领域，取得了飞跃式发展。

自贡运机在瞄准世界先进技术，结合国内外市场以及符合国家节能环保产业要求研发新产品的同时，成功引进国外先进技术，倾力搭建技术创新平台。引进技术、引进人才，成立了公司技术研发中心。对DG型管状带式输送机、煤矿井下用带式输送机、DTⅡ（A）型带式输送机、DJ型大倾角带式输送机等节能环保系列产品进行了不断研发和改进。从单纯的带式输送机设计制造，发展为以散料输送工程承包为核心的国内散料输送机械行业龙头企业，形成以DG型管带机为龙头，以DTⅡ（A）型带式输送机为主导的运输机械产品结构层次，不断提升产品档次和技术含量，实现传统产业与高新技术节能环保产业的有机结合。

自贡运机的龙头产品DG管状带式输送机的技术水平、生产能力、市场资源，已在国内同行中具有领先优势，管状带式输送机在国内的市场份额已达到52%。管状带式输送机系引进日本普利司通先进技术，经过公司技术专家的不断消化吸收、创新发展而研制的新一代输送机械产品。该产品符合国家产业发展政策并达到了节能环保要求，其全程密闭输送、不污染环境、不占用耕地，且比其他输送方式更经济，是新一代的节能环保型输送机械产品。公司研制的超长距离管状带式输送机已列入四川省政府《战略性新兴产品"十二五"培育发展规划》中加快发展90个重点培育产品之一。公司拥有管状带式输送机数十项国家专利和专有技术，已成功掌握了管状带式输送机的动态分析技术、变频驱动和多点驱动技术、自动监控技术、S型水平转弯技术等关键技术并成功实现技术成果产业化。公司还是全国同行业中唯一同时具备管式带状输送机系列产品的研发、制造、项目总承包能力的综合型企业。

2016年企业重大科技成果及获省市以上科技（进步）奖项目见表1。

表1 2016年企业重大科技成果及获省市以上科技（进步）奖项目

序号	项目名称	完成时间	主要性能参数及技术内容	成果水平评价	负责单位、参与单位
1	管状带式输送机滑架式压带装置	2015.6.10	本装置，完全消除了胶带在被强制形成管状过程中出现的爆管、交叉叠带等现象，避免了胶带严重损伤，胶带成圆管状效果佳；另外，一个规格的滑架式压带装置，可以满足2～3种不同管径管状带式输送机胶带成管的需求	四川省专利奖二等奖	四川省自贡运输机械集团股份有限公司
2	超长距离管状带式输送机关键技术研究应用	2015.1.13	该项目研制的7 041m超长距离管状带式输送时，因受运输石灰石地形限制，其立面和水平布置都极为复杂，是目前世界上运行工况最复杂的管状带式输送机，主要体现在以下几个方面：①国内最长的管状带式输送机只有4.5km长，由德国KOCH公司设计，中交建设集团承建，安装在山西省太原市。而该输送机长度超过7km，没有可以借鉴的先例，创造了亚洲第一长，世界第二长的纪录（《起重运输机械》《中国工业报》《中国矿业报》等国内工业媒体在2010年均有报道）；②该项目研制的超长距离管状带式输送机包含了一个极为罕见的凹弧段，一侧在18°大倾角向下运行高度为206m，另一侧在20°大倾角向上运行高度为116m，常规的带式输送机无法实现，并且常规管状带式输送机也容易造成爆管和卡带；③该项目研制的超长距离管状带式输送机包含了一个61°和一个74°的水平转弯，并同时组合了下运倾角达18°的凹凸弧的空间立体曲线，是世界上钢绳芯输送带首次实现如此复杂的空间转弯。该项目成功运行五年，标志着本研制项目的成功	四川省科技进步奖三等奖	四川省自贡运输机械集团股份有限公司、尧柏特种水泥集团有限公司

自贡运机已构建了完善的输送机械制造体系以及科学合理的产品链。产品涉及电力、钢铁、煤炭、交通、水利、化工、冶金、石油、建材等领域，出口印度、尼日利亚、塞内加尔、巴基斯坦、印尼、老挝、越南、马来西亚、美国、马里及缅甸等国家，取得了良好业绩，产能规模排名连续多年位列全国同行业前三名，并创造了多项中国第一、亚洲第一和世界第一，并且获得了"国家火炬计划重点高新技术企业""国家重点新产品""全国五一劳动奖状""国家守合同重信用企业""四川省名牌""四川省著名商标""四川省企业技术中心""四川省优秀民营企业""四川省建设创新型企业""A级诚信纳税企业""AAA银行信用等级企业"等国家、省市多项荣誉和资质。

自贡运机现已成为中国输送机械市场最具创造力和发展力的品牌，以对技术发展方向及客户需求的精准把握，满足节能环保的需要，成为国内物料输送机械设计制造方面的领军者之一。未来，公司将继续以品牌创新、管理创新、技术创新作为依托，将员工视为亲人，将客户的满意度视为生命，建立起科学的管理体系和产品链，打造拥有强大市场驾驭能力与核心竞争力的民族品牌，成为产权清晰、责权明确、管理科学，并具有时代气息、时代文化的输送机械制造商。

〔供稿单位：四川省自贡运输机械集团股份有限公司〕

杭州西子智能停车股份有限公司

杭州西子智能停车股份有限公司（简称西子）自2004年开始从事停车业务，经过多年的发展，公司现已成为集销售、开发、设计、制造、调试、安装、维保、售后服务于一体的专业机械式立体停车设备制造企业，并拥有产品的自营出口权。2014年3月，西子与日本IUK和台湾东元合资成立了杭州西子石川岛停车设备有限公司（简称西子石川岛），自主研发并在华东地区建设了第一座PCS塔库；经过不断创新，西子石川岛成为中国唯一拥有九大类车库制造资质的企业。2013年西子石川岛正式搬迁至余杭开发区。2016年4月，西子电梯集团有限公司以股权转让方式，转让100%股份予杭州西子石川岛停车设备有限公司；2017年3月，杭州西子停车设备有限公司注册资本由2 500万元增加至12 420万元；同时，股东杭州西子石川岛停车设备有限公司经过股改，变更为杭州西子智能停车股份有限公司。

西子生产的产品包括PPY平面移动类、PCS垂直升降类、PSH升降横移类、PCX垂直循环类、PSX水平循环类、PDX多层循环类、PXD巷道堆垛类、PJS简易升降类、

PQJ汽车升降机九大类停车设备，囊括了目前停车设备的所有型号、25种不同结构、100余种不同类型的机械式立体停车设备，覆盖目前立体停车行业已知的容车密度极高的塔式立体车库、经济实用的多段式立体车库、高度智能化的花园平面移动式等所有种类。西子引用了日本石川岛运搬机械株式会社多年的行业先进技术，依靠西子联合的强大实力背景，结合中国的具体国情，以国际化的视野，使技术成为促进市场发展的引擎，带领中国立体停车行业的进一步发展并逐步走向成熟。从设计研发到生产制造，西子都专注细节，力求技术与艺术的完美融合。西子拥有一支强大的技术支持团队，这支团队有着专业的技术素养，注重实践经验的积累，这支团队成员分布于设计、加工和施工各个领域。西子通过自主创新，以超高层塔库、超薄型全浮动式机械手、AGV设备等新产品，填补了国内行业的多项技术空白。

西子每年都制定基础设施更新、改造计划。由生产、设备、安环、供应等专业人员组成的评审小组，对设施的性能指标、使用状况、维修价值以及对能耗、安全、环境等影响因素进行系统评审，从立项、选型到实施进行全程可行性论证。专项改造小组负责基础设施更新改造的归口管理，在更新改造过程中，不断推广新技术、新工艺、新材料，使基础设施的技术水平得以不断提高。在《中国制造2025》、工业4.0环境下，推进信息化与工业化的深度融合是每个企业的核心战略任务，西子作为国家安全生产标准化二级企业，为打造全球顶级车库研发和制造的花园式基地，以精益生产理念为核心，采用"一件流"的生产方式、零库存管理模式，以航空品质控制为准则，努力打造西子立体车库的智能物联系统。这种智能物联系统使用数个信息化系统作为纽带，融入条码RFID等物联网技术，将生产元素中所有的人员、设备、物料，与产品、订单、服务进行有机结合，达成物联互联新型制造模式。西子的固定资产接近1.2亿元，目前配备有先进的、专业的自动生产线11条，各生产线按照功能需求配置有数控车床、数控铣床、数控精密等离子切割机、数控锯床、数控三维钻床、龙门加工中心、立式加工中心、国内首台悬挂式车库油漆生产线和机器人焊接工作站等各种大型精密设备50余台。西子获得国家及省部的先进工艺，同时通过改造设备、改善工艺提高了资源的综合利用率。公司产品为大型、非标、定制化的成套设备，因各个客户对产品用途、性能等要求存在较大的差异，必须基于客户不同的工艺需求、投资概算、场地限制等条件对各个产品以及相应的控制系统进行统筹设计、制造以及安装调试；同样基于客户的个性化定制化需求，公司需要根据定制化订单生产的实际需要进行有针对性的采购，即"以产定购"。公司依托西子的强大制造实力，在提高产品品质，缩短制作周期，减少物流时间，提升服务品牌等方面持续改善，一直以致力于满足各地用户需求为最高目标。近三年，西子的计划完成率、产品一次交验合格率、单位面积产量、年人均产量等指标呈现出逐年上升的趋势。目前公司年生产能力可以达到5万车位，其中超薄机械手、AGV设备小车的加工采用了航空工艺技术，以机器人焊接以及龙门加工中心精加工等智能化设备制造作为精度的保证，使其产品的质量、安全性、运行可靠性得到了有效的保障。

2016年全国立体停车场行业国内销售总额已达到133.34亿元，未来四年（2017—2020年）行业年均复合增长率约为15.05%，2020年，预计全国销售总额将达到233.6亿元。2016年，西子实现销售收入约6.88亿元，利润总额8 770.14万元，上缴税金5 415.58万元，连续多年位居停车行业效益十佳企业。西子作为中国智能停车的领航企业、静态交通规划师，连续多年在车库市场占有率位居首列；西子作为行业协会副理事长单位，多年连续获得行业优秀企业、销售十强企业荣誉称号，产品遍布海内外；2004—2016年连续13年销售额排名行业前列。已为全国150余个城市解决了停车难题，在全国承接了近50万个车位的建设任务；西子的产品已出口新加坡、越南、俄罗斯、希腊、中东、日本和美国等国家和地区。

西子已完成了传统设备向全智能化方向的转型，并且公司通过加强自主创新，对技术进行标准化、通用化规范等手段来降低产品成本，提升市场竞争能力；公司已实现机器换人到机器人产业转型，打造出了一流的智能制造集成工厂。2016年杭州西子停车技术研究院建设启动；西子强化国家企业技术中心建设，实现产品多品种；根据不同行业生产过程、不同现场条件进行设计分析，进行非标准化制造。通过标准化体系建设，研发设计过程中采用"模块化、并行化、标准化、系列化"设计，以及数值模拟技术等研发设计方法，采用PRO-E软件设计、选型，提高了产品的技术含量，缩短了产品的开发周期，从而大大提高了研发设计效率。通过组织"模块化标准化"生产以及"销地外协、就近生产"等方式有效降低了生产成本。公司大力倡导"开源节流、降本增效"，对应用"四新"技术，改善工艺、改良设备、合理利用材料等为公司创造效益的单位予以重奖，第一年奖励改进项目利润的100%，第二年奖励改进项目利润的30%，第三年奖励改进项目利润的10%。随着公司业务的发展和战略转型，结合公司文化建设，总经办对"品牌管理办法"重新进行了修订，提炼并确定了品牌的核心价值及定位，使品牌内涵和品牌形象不断得到丰富和提升。参与PPY标准的起草与制定，给企业和行业带来了可观的经济效益，提升了行业整体的标准化水平。作为中国重型机械工业协会停车设备工作委员会副理事长单位，在停车设备执行的标准中主持了《垂直升降类机械式停车设备》《多层循环类机械式停车设备》等行业标准的制定；参与了《机械式停车设备通用安全要求》《机械式停车设备 术语》《机械式停车设备 分类》《水平循环类机械式停车设备》等国家标准及《机械式停车库工程技术规范》《巷道堆垛类机械式停车设备》《机械式停车设备 类别、型式与基本参数》《平面移动类机械式停车设备》等行业标准的制定。公司拥有已授权专利120项，其中发明专利17项，拥有22项软件著作权。

在经营过程中严格贯彻执行《公司法》《劳动合同法》《环境保护法》《节约能源法》《职业病防治法》《产品质量法》等各项法律法规，注重环境保护、职业健康安全、资源利用，采用先进的生产工艺和设备，不断降低能耗并减轻员工的劳动强度。通过了 ISO14001 环境体系和 OHSAS18001 安全体系认证。通过深入推行卓越绩效管理、精益生产管理、SHA 管理等现代化管理，整合、优化资源配置，实现管理创新。2015 年通过了 EHS 认证，获得了国家安全生产许可证、安全生产标准化二级证书及 5A 信用登记证书。为实现公司质量安全责任目标，公司建立健全质量安全领导机构，成立了由董事长任主任的产品质量安全领导委员会，各子公司设立分委员会，负责产品质量安全工作的监督考核。2012 年建立了"首席质量官（CQO）"制度，明确了 CQO 的职责和权利，充分行使质量安全一票否决权。安全质量部跟各子公司、分厂、部门签订了《产品质量安全责任书》，再分层落实到每个岗位，并实施考核，建立了消防逃生，应急演练，化学药品泄漏等应急体系，通过每年五月的"品质月"活动宣贯质量安全知识，强化员工质量安全意识。通过质量、环境、职业健康安全三体系审核，及时发现与消除质量安全隐患。2016 年西子全公司的重伤及伤亡事故为零，未发生职业病事故，火灾和环保事故为零。

西子先后获得国家级重点新产品、省部级高新技术企业、浙江名牌产品证书、杭州重大技术科技创新资助、杭州市科学进步奖二等奖等荣誉，同时入选了"国家品牌产品""国家科技进步奖"，连续多年获得中国重型机械工业协会停车设备优秀企业。西子经过社会调研，技术委员会专家认证，成功开发出具有自主知识产权的超薄型全浮动式机械手存取车装置、新加坡—超薄型全浮动式机械手存取车装置、俄罗斯—超薄型全浮动式机械手存取车装置、一种机械手存取车搬运设备、一种用于存取车辆的四臂联动式机械手、一种浮动式机械手存取车装置、机械手外观等，成为国内唯一拥有超薄型全浮动式机械手技术的企业。西子着眼于保障国家能源战略安全，积极推进停车产业创新技术研发，自主研发的超薄型全浮动式机械手利用轿厢升降行程，作起高加减速。项目中轿厢升降行程几十米，经过计算分析后若按照正常设计，电机加速度选用 $a=0.25 m/s^2$，极速为 $v=3m/s$，则从速度 0 加速到 3m/s，需 12s 时间，同样减速过程也需要 12s，加上中间极速过程需 22s，升降时间总共需要 46s。改进电机及其他机械部件后，使加速度提升到 0.5 m/s^2，缩短近一半时间，达到了减少库户存、取车时间的目的。自主开发了智能控制多工位方式移动路径等关键技术，解决了大型车库内多辆车独立运动互相干扰的难题，通过路径优化，提高了车辆快速停放效率，节约了时间。与传统机械车库存取单车平均时间相比由优化前的 117.8s 降为 77s，减少了 40.8s，存取车高效便捷，驻车室设计更人性化。此外，采用世界领先的防水技术，很好地解决了地下车库渗水的问题。研发成功后，杭州市特种设备检测院鉴定委员会认定了此项全套技术，中国重型机械工业协会认定中试成果具有首创性，技术水平达到国际领先。自主研发的 AGV 设备小车，采用激光定位导航，停一辆车的速度加快了。一般物流机器人的搬运重量在 100kg 左右，最大搬运重量也就二三百公斤。而第一代智能泊车机器人，搬运重量可达 2.6t，另外还有 20% 左右的弹性空间，也就是说最重可搬 3t。泊车机器人共由四组卧式舵轮组成，可前进、后退、转弯、平移、原地旋转，使用非常灵活。只需把车辆停在车库的指定位置（交互区），接到指令的泊车机器人就会钻到你的爱车车底，把车辆顶起后，根据激光定位导航运到指定车位，因为能对车身周围 360°进行安全激光扫描，如果检测到障碍物，机器人就会自动停止，所以不用担心爱车被刮擦。泊车机器人连续工作时间可以超过 6h。电量低时或者空闲的时候，它会自动"跑"到充电桩充电，保证全天 24h 随时可工作。目前该泊车机器人已拥有国际级技术研发水平，作为全国首家制造生产超高层 PCS 塔库的企业刷新了国内企业新纪录；圆形塔库是省级重大科技专项重点工业项目；西子建设了目前全国最深密渡桥沉井式立体车库（密渡桥路地下停车库位于杭州市政府大楼北门、湖墅南路和密渡桥路交叉口西北侧的绿地下，占地面积 900m²，含机械式停车设备，路面停车泊位和生态公园。该项目为 24h 全天候开放停车场，将缓解周边蓝天商务大厦、华浙广场等写字楼以及周边住宅小区的"停车难"）。大华饭店具有近百年的历史，坐落在风景秀美的西子湖畔，由于其特殊的地理位置和环境，多少年来修建车库只是一个梦想，因为西湖景区对建筑物有严格的限高规定。直到机械式停车库技术的出现使这个梦想才得以实现。2015 年西子设计建造了这个地下停车库，车库的大部分面积延伸到西湖的底下，通过超薄型全浮动式机械手来存取车辆，成为西湖底首个立体车库。为了提高存取效率，车库两个出入口采用了贯通式设计，并设置了出、入库优先模式来减少高峰时段存取车等待时间。为了与西湖景区环境协调，车库出入口外立面采用了覆绿设计。该车库的建成，使饭店的停车位由原来的 40 个增加到 132 个。以杭州承办 G20 峰会为契机，通过大华饭店项目，向人们展示出一个独具魅力的江南名城，高智能化、一流智能停车库，使市民有更多获得感、幸福感。车库表面采用了景观装潢，能带来移步换景的效果，人、车、库与周遭的西湖美景浑然天成，自成一道靓丽的风景。西子领先技术见表 1。西子核心产品及优势见表 2。

表1 西子领先技术

创新成就	意义
SHP（塔式）超高层高度立体停车设备	2008年国家火炬计划项目
无车板全自动平移（PPY）停车设备研发和产业化	2012年杭州市重大科技创新项目
多通道圆周式智能立体车库	2014年浙江省重大科技专项重点工业项目
升降横移类机械式停车设备	"浙江制造"品牌（申请中）

表2 西子核心产品及优势

产品名称	产品领先
传统停车设备	多品种：根据不同行业生产过程、不同现场条件进行设计分析，确定相应技术；非标准化制造
智能停车设备	结构和制造能力处于国内领先水平
充电桩核心技术	方便用户进行充电以及停车的收费操作，提高立体车库的运行效率
智慧云平台	行业领先

西子遵循"自主创新、引进创新和集成创新"相结合的技术创新模式，分别与清华大学、中国科技大学、浙江大学、中国美术学院等在智能停车设备、智慧云平台、新能源（充电桩）一体化、智能物流系统等领域开展技术合作，进行应用基础研究和行业共性技术研究，为未来3～10年间的应用技术作好储备。西子产学研合作项目见表3。

表3 西子产学研合作项目

序号	合作单位	合作项目或成果	序号	合作单位	合作项目或成果
1	浙江大学	SIP系统	6	中国科学技术大学	AGV
2	中国美术学院	产品外观设计和定制、产品标识	7	杭州特种设备检测院	安全挂钩
3	浙江工业大学	自动薄板堆垛机	8	测试中心（国家级）	PLC、开关电源等性能测试
4	华电电力科学研究院	外框钢结构	9	浙江大学西子研究院	研发管理
5	浙江大学	立体车库参数化设计系统			

杭州西子智能提车设备有限公司是一家专业从事国内停车场投资和"一站式"运营服务的企业，具有多年专业停车运营管理经验，在国内多个城市运营了多个经典项目。公司通过与业主、开发商及政府部门的紧密合作，提供针对公共交通枢纽，零售和办公楼物业，休闲娱乐场所及公共设施等一系列的停车方案，来解决城市停车难问题。同时与国际一流的停车场设计与建设企业合作，运用世界领先的停车技术设备，建立高效先进的立体停车库项目，每个项目都因地制宜，提升停车场效益、提供卓越服务和增值服务。众多优势的融合，其最终目的皆是为客户提供的优品泊车服务。

2016年企业重大科技成果及获省市以上科技（进步）奖项目见表4。

表4 2016年企业重大科技成果及获省市以上科技（进步）奖项目

序号	项目名称	完成时间	主要性能参数及技术内容	成果水平评价	负责单位、参与单位
1	SHP（塔式）超高层高度立体停车设备	2008年	①占地面积小，可使用边角空地，充分利用城市空间，该停车设备在约50m²的面积上可停102辆车，是目前国际最高指标；②可与建筑物完美组合，容易配套；③科技含量高，采用金属结构，微机控制，自动升降组合，容量大，耗电少；④停车安全可靠，库内配备火灾自动探测、自动报警及二氧化碳或者自动喷淋系统；⑤工程周期短，涉及面小，见效快；⑥多种检测保护措施：车库设有车辆长、宽、高限制装置，紧急停止、防止超限装置，人车误入检测、载车板上汽车位置的检测装置、出入口门、围栏连锁安全检查装置、停放重叠自动检测装置、防止载车板坠落装置或防钢丝绳松链检测装置、超时保护、超载保护、故障指示、强迫关门装置、户外显示、停车引导、语音提示、警示装置等	当时申报时，超出国际水平，标准为约50m²的面积上可停50辆车，此超高层可停放102辆车	杭州西子智能停车股份有限公司

序号	项目名称	完成时间	主要性能参数及技术内容	成果水平评价	负责单位、参与单位
2	无车板全自动平移（PPY）停车设备研发和产业化	2012年	独立开发的融技术先进性、自动化、人性化于一体的高端产品，它的出现，很好地解决了成本相当高，停车数量少，不能实现集中自动化控制，存取车时间长，不能很好地解决车流、人流的压力等缺点，它是一种自动化、大型化立体车库，容车密度大，一般为封闭式，只需设置较少的出入口，实行集中自动化控制，存取车人员只需在出入口进行汽车的交接，存取车快捷，非常人性化，管理极为方便。其核心技术即库内的汽车交换机构采用的是机械手，此项技术是车库行业最新、最先进的技术，此技术的应用，使得车库整体设计紧凑、层高低、速度快、成本低、安全可靠，现在市场上同类技术开始得到广泛使用	能极大提高公司在国内车库行业的竞争力。产品的性能指标都远远高于国内同类产品	杭州西子智能停车股份有限公司
3	多通道圆周式智能立体车库	2014年	①圆周式立体车库采用单梯往复输送、多通道进出存取、快速无间隔起运的新方法，减少了单通道存取车辆候车时间；采用了停车优先和取车优先组合策略，自动实现停车优先或取车优先的转换；②应用了智能机械手控制方案，开发了无车板的车辆起停浮动伺服控制系统，使车辆在托起后自由运动，节约空间；③开发了进出门智能平台，保证了车辆进出的稳定性与可靠性；④开展了整体停车设备可靠性研究，加装了进出车辆位置检测、重量检测、物料与人员检测、车辆型号及关键参数自动识别装置，车辆的上下运行、库容检测等装置，确保停车设备安全运行	可以利用有限空间提供更多的停车泊位，对节约城市用地、推动停车设备产业发展、缓解日益突出的"停车难"问题具有重要意义	杭州西子智能停车股份有限公司

〔撰稿人：杭州西子智能停车股份有限公司王银华　审稿人：杭州西子智能停车股份有限公司王洪艳〕

综述

大事记

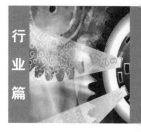
行业篇

市场篇

中国重型机械工业年鉴 2017

统计资料

客观反映2016年重型机械行业主要经济指标及产品进出口情况

Objectively reflect major economic indicators and import and export of products from the heavy machinery industry in 2016

企业篇

统计资料

标准与质量

附录

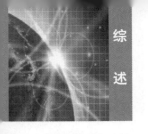综述

大事记

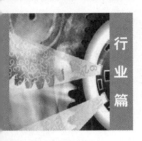行业篇

2016年重型机械行业主要经济指标

2016年全国重型机械及相关产品产量

2016年重型机械行业主要产品进出口额统计

2016年重型机械行业产品进出口数量统计

2016年冶金设备进出口分类统计

2016年冶金设备进出口排名前30位的国家（地区）统计

2016年矿山机械进出口分类统计

市场篇

2016年矿山机械进出口排名前30位的国家（地区）

2016年物料搬运机械进出口分类统计

2016年物料搬运机械进出口排名前30位的国家（地区）

2016年轻小型起重设备进出口分类统计

企业篇

2016年轻小型起重设备进出口排名前30位的国家（地区）

2016年起重机进口分类统计

2016年起重机进口排名前30位的国家（地区）

2016年工业车辆进出口分类统计

2016年工业车辆进出口排名前30位的国家（地区）

统计资料

2016年电梯、自动扶梯及升降机进出口分类统计

2016年电梯、自动扶梯及升降机进出口排名前30位的国家（地区）

2016年连续搬运设备进出口分类统计

2016年连续搬运设备进出口排名前30位的国家（地区）

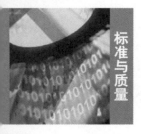标准与质量

2016年其他物料搬运设备进出口分类统计

2016年其他物料搬运设备进出口排名前30位的国家（地区）

附录

2016年重型机械行业主要经济指标

行业及细分行业	企业数（家）	主营业务收入（亿元）	同比增长（%）	存货（亿元）	同比增长（%）	产成品（亿元）	同比增长（%）	主营业务成本（亿元）	同比增长（%）	资产总值（亿元）	同比增长（%）	流动资产合计（亿元）	同比增长（%）	负债总计（亿元）	同比增长（%）	应收账款（亿元）	同比增长（%）	利润总额（亿元）	同比增长（%）	销售费用（亿元）	同比增长（%）	亏损额（亿元）	同比增长（%）	管理费用（亿元）	同比增长（%）	亏损企业数量（家）	同比增长（%）
机械工业合计	86 046	245 517.81	5.01	24 798.65	7.44	9 986.01	208 444.26	7.11	211 009.36	7.52	125 592.08	9.63	113 589.76	9.55	40 771.60	9.57	16 860.40	9.98	6 706.45	5.54	1 330.76	7.45	11 398.34	1 252.45	10 250	7.44
重机行业合计	4 556	12 325.64	3.00	2 001.00	1.50	656.17	10 378.08	6.23	12 980.58	1.58	8 080.89	3.78	7 519.25	3.77	2 782.93	4.06	645.85	0.94	373.10	-13.36	172.49	1.68	672.42	99.95	708	4.55
物料搬运机械行业	2 216	6 965.74	7.79	1 068.13	2.13	355.64	5 749.07	10.74	7 128.29	2.80	4 571.26	7.74	4 002.09	6.74	1 526.46	6.65	513.49	3.54	234.23	-4.45	21.79	0.08	398.86	19.95	344	4.33
轻小型起重设备制造	240	419.35	-0.17	61.27	-2.39	18.75	350.95	-16.79	394.62	-2.27	240.62	0.23	201.76	-1.77	70.39	-3.65	25.37	0.72	13.98	-1.76	1.34	-5.12	26.78	1.35	37	4.02
起重机制造	699	2 637.26			5.19		2 262.96			5.76	1 791.34	9.98			676.14			-1.26	60.48			1.05	111.08			2.42
生产专用车辆制造	154	466.03			3.07		399.28			3.13	247.45	15.88			65.87			13.25	16.17			0.84	23.35			5.15
连续搬运设备制造	282	423.31			1.23		356.81			1.17	211.24	-0.14			81.80			-6.07	16.01			7.81	22.90			7.20
电梯、自动扶梯及升降机制造	691	2 762.02			-0.38		2 166.47			0.58	1 921.73	6.67			579.82			10.15	116.82			-1.68	197.83			4.27
其他物料搬运设备制造	150	257.77			6.92		212.60			6.44	158.88	7.84			52.44			9.40	10.77			10.45	16.92			14.06
冶金矿山机械行业	2 340	5 359.90			0.70		4 629.01			0.11	3 509.63	-0.96			1 256.47			-2.05	138.87			4.48	273.56			4.87
矿山机械制造	1 839	4 142.87			0.75		3 541.11			-0.24	2 318.41	1.96			836.93			1.33	110.18			3.00	201.07			10.27
冶金专用设备制造	501	1 217.03			0.51		1 087.90			1.25	1 191.22	-6.18			419.54			-8.15	28.69			10.60	72.49			-7.65

(续)

行业及细分行业	存货（亿元）	同比增长（%）	产成品（亿元）	同比增长（%）	资产总值（亿元）	同比增长（%）	负债总计（亿元）	同比增长（%）	利润总额（亿元）	同比增长（%）	亏损额（亿元）	同比增长（%）	亏损企业数量（家）
起重机制造	525.00	14.94	146.24	34.47	3 102.03	6.76	1 832.02	9.66	134.57	-3.21	8.68	7.24	103
生产专用车辆制造	56.21	-3.23	23.03	3.35	378.12	9.53	172.05	3.63	28.46	13.85	3.73	5.41	31
连续搬运设备制造	54.18	7.69	18.61	13.90	349.50	0.55	168.44	0.28	23.26	-1.83	2.17	1.74	49
电梯、自动扶梯及升降机制造	334.84	2.20	139.24	-1.85	2 632.87	8.18	1 506.36	5.30	286.32	-7.62	4.22	3.21	100
其他物料搬运设备制造	37.63	-0.41	9.77	4.25	271.15	10.92	121.46	12.62	15.51	11.48	1.65	1.00	24
冶金矿山机械行业	932.87	-2.00	300.53	1.34	5 852.29	0.37	3 517.16	1.26	132.36	-36.37	150.70	80.00	364
矿山机械制造	660.35	4.59	218.10	5.92	4 007.80	3.21	2 282.67	4.68	150.05	-23.96	73.80	38.87	242
冶金专用设备制造	272.52	-14.97	82.43	-9.07	1 844.49	-5.30	1 234.49	-4.50	-17.69	-265.76	76.90	41.13	122

行业及细分行业	亏损面（%）	上年同期（%）	利润率（%）	上年同期（%）	资产负债率（%）	同比增长（%）	流动资产周转率（次）	同比增长（%）	成本费用利润率（%）	同比增长（%）	出口交货值（亿元）	同比增长（%）
机械工业合计	12	11.50	6.87	6.99	53.83	0.02	1.95	-2.01	7.39	-1.73	18 387.36	0.41
重机行业合计	16	15.13	5.24	6.14	57.93	0.28	1.53	-1.92	5.65	-14.91	785.36	-6.03
物料搬运机械行业	16	14.33	7.37	7.88	56.14	-0.08	1.52	-5.59	8.05	-7.04	650.37	-5.47
轻小型起重设备制造	15	14.17	6.05	6.01	51.13	-1.92	1.74	-2.79	6.42	0.16	92.27	3.05
起重机制造	15	13.88	5.10	5.55	59.06	2.72	1.47	-4.55	5.43	-7.65	231.84	-16.84
生产专用车辆制造	20	21.43	6.11	5.53	45.50	-5.39	1.88	-11.32	6.47	10.41	70.45	1.27
连续搬运设备制造	17	15.60	5.49	5.67	48.19	-0.27	2.00	1.01	5.82	-3.32	21.39	12.01
电梯、自动扶梯及升降机制造	14	10.56	10.37	11.18	57.21	-2.67	1.44	-6.49	11.54	-8.34	198.73	2.42
其他物料搬运设备制造	16	11.33	6.02	5.77	44.79	1.53	1.62	-1.22	6.41	4.23	35.69	-3.55
冶金矿山机械行业	16	15.93	2.47	3.91	60.10	0.89	1.53	2.00	2.63	-36.63	134.99	-8.67
矿山机械制造	13	10.11	3.62	4.80	56.96	1.43	1.79	-1.10	3.83	-24.46	89.76	-7.01
冶金专用设备制造	24	21.76	-1.45	0.88	66.93	0.84	1.02	7.37	-1.46	-265.91	45.23	-11.80

〔撰稿人：中国重型机械工业协会严祥文　审稿人：中国重型机械工业协会李镜〕

2016年全国重型机械及相关产品产量

序号	产品名称	产品代码	计量单位	当年产量	上年同期	同比增长（%）
1	挖掘、铲土运输机械	3513010	台	261 225	248 041	5.32
	其中：挖掘机	3513020	台	111 395	93 328	19.36
	装载机	3513060	台	112 086	115 438	-2.90
2	压实机械	3513070	台	31 460	34 698	-9.33
3	混凝土机械	3515040	台	413 409	392 685	5.28
4	炼油、化工生产专用设备	3521010	t	1 867 260	2 161 830	-13.63
5	环境污染防治专用设备	3591010	台（套）	866 749	665 179	30.30
6	矿山专用设备	3511020	t	7 948 547	7 689 352	3.37
7	金属冶炼设备	3516020	t	546 060	655 905	-16.75
8	起重机	3432100	t	9 848 004	10 024 421	-1.76
9	输送机械（输送机和提升机）	3434311	t	2 514 109	2 634 566	-4.57
10	金属轧制设备	3516110	t	490 007	484 062	1.23
11	减速机	3490020	台	5 817 687	5 833 095	-0.26
12	电动车辆（电动叉车）	3433280	台	194 636	186 652	4.28
13	内燃叉车	3433290	台	254 589	236 430	7.68
14	水泥专用设备	3515010	t	865 540	800 657	8.10
15	金属成形机床	3422010	台	318 401	305 165	4.34
16	铸造机械	3423010	台	2 243 453	1 877 987	19.46
17	水轮发电机组	3811070	kW	14 071 366	17 280 310	-18.57
18	汽轮发电机	3811090	kW	87 154 100	73 737 300	18.20
19	风力发电机组	3811091	kW	26 071 412	28 958 638	-9.97
	其中：电站用汽轮机	3413020	kW	77 583 957	76 667 625	1.20
	电站水轮机	3414020	kW	2 189 773	2 098 440	4.35
	燃气轮机	3413030	kW	2 668 800	3 296 600	-19.04
	工业电炉	3461020	台	25 246	23 669	6.66
	包装专用设备	3468010	台	104 245	100 078	4.16
	铸钢件	3130020	t	13 598 046	14 926 299	-8.90
	锻件	3391010	t	12 192 209	11 805 536	3.28

〔撰稿人：中国重型机械工业协会严祥文　审稿人：中国重型机械工业协会李镜〕

2016年重型机械行业主要产品进出口额统计

货物名称	出口额（亿美元）	同比增长（%）	进口额（亿美元）	同比增长（%）	进出口总额（亿美元）	同比增长（%）	进出口顺差（亿美元）	同比增长（%）
重机行业总计	165.03	-10.96	41.07	-31.02	206.10	-16.00	123.96	-0.81
一、冶金矿山机械总计	24.62	-18.13	6.88	-4.39	31.51	-15.40	17.74	-22.69
（一）冶金设备合计	11.95	-22.34	4.65	11.73	16.59	-14.89	7.30	-35.58
1.金属冶炼设备	0.27	-57.26	0.09	-3.77	0.36	-49.94	0.19	-67.32
2.连续铸钢设备	0.12	-85.72	0.00		0.12	-85.35	0.11	-86.09
3.金属轧制设备	3.05	-6.31	1.40	14.10	4.45	-0.54	1.64	-19.58
4.冶金设备零件	8.51	-20.02	3.15	11.10	11.66	-13.29	5.36	-31.85
（二）矿山机械合计	12.68	-13.76	2.24	-26.12	14.92	-15.96	10.44	-10.34
1.采掘、凿岩设备及钻机	3.73	3.23	0.60	-47.77	4.33	-9.48	3.12	28.60
2.破碎、粉磨设备	6.23	-22.57	0.93	7.47	7.16	-19.50	5.31	-26.43
3.筛分、洗选设备	2.32	-9.98	0.63	-30.72	2.95	-15.59	1.68	2.20
4.矿山提升设备	0.09	-23.17	0.02	-17.58	0.11	-22.15	0.07	-24.75
5.矿山机械零件	0.32	-24.52	0.06	5.28	0.37	-21.12	0.26	-28.91
二、物料搬运（起重运输）机械总计	140.41	-9.53	34.19	-34.74	174.59	-16.11	106.22	4.23
（一）轻小型起重设备合计	20.19	-3.10	4.73	-51.07	24.93	-18.26	15.46	38.13
1.电动葫芦	1.54	-1.38	0.45	-51.71	1.98	-20.87	1.09	85.06
2.滑车及手动葫芦	1.47	-2.30	0.24	-6.61	1.70	-2.95	1.23	-1.38
3.卷扬机及绞盘	4.98	-6.88	3.29	-52.13	8.27	-31.94	1.69	-239.96
4.千斤顶	6.88	-3.56	0.35	-40.88	7.23	-6.38	6.53	-0.25
5.车辆举升机	3.75	5.37	0.10	-30.66	3.85	4.03	3.66	6.81
6.轻小型起重设备零件	1.57	-9.34	0.31	-64.87	1.89	-29.59	1.26	65.54
（二）起重机合计	44.11	-4.00	2.91	-53.85	47.02	-10.57	41.21	4.92
1.桥式起重机	1.69	-31.14	0.34	-34.69	2.03	-31.74	1.36	-30.24
2.门式起重机	8.62	23.04	0.05	127.82	8.68	23.42	8.57	22.66
3.装卸桥及其他桥架类起重机	17.50	8.28	0.09	-71.35	17.59	6.65	17.41	9.99
4.塔式起重机	3.18	-25.26	0.05	-75.05	3.22	-27.55	3.13	-22.74
5.门座起重机	1.98	-0.20	1.47	-53.02	3.45	-32.09	0.51	-153.76
6.流动式起重机	7.52	-24.89	0.21	-75.19	7.72	-28.82	7.31	-20.22
7.未列名起重机	2.61	-8.88	0.54	-47.64	3.15	-34.95	2.07	-84.41
8.起重机零件	1.01	-15.31	0.16	-33.11	1.17	-18.38	0.85	-10.62

(续)

货物名称	出口额（亿美元）	同比增长（%）	进口额（亿美元）	同比增长（%）	进出口总额（亿美元）	同比增长（%）	进出口顺差（亿美元）	同比增长（%）
（三）工业车辆合计	19.60	-21.16	2.22	-49.86	21.83	-25.53	17.38	-14.87
1. 电动车辆（叉车）	5.67	21.41	1.19	-23.74	6.86	10.06	4.49	44.21
2. 内燃叉车	10.33	-3.29	0.54	-37.71	10.87	-5.93	9.78	-0.17
3. 短距离牵引车	0.30	-2.15	0.09	-39.85	0.39	-14.17	0.21	30.98
4. 固定平台搬运车	0.22	6.93	0.07	-28.54	0.29	-5.16	0.15	44.89
5. 手动起升搬运车辆	2.96	-5.73	0.05	-48.64	3.01	-7.09	2.90	-4.28
6. 工业车辆零件	0.12	-97.83	0.27	-83.24	0.40	-94.60	-0.15	-103.60
（四）电梯、自动梯及升降机合计	28.34	-7.22	2.92	-22.68	31.25	-8.97	25.42	-4.97
1. 载客电梯	13.24	-5.82	1.46	17.99	14.70	-3.85	11.78	-8.17
2. 其他升降机及倒卸式起重机	0.92	3.56	0.49	-51.68	1.40	-27.20	0.43	-266.71
3. 自动梯及自动人行道	6.23	-16.60	0.00	-86.34	6.23	-16.67	6.23	-16.53
4. 电梯、自动梯及升降机零件	7.95	-2.08	0.97	-35.46	8.92	-7.38	6.98	5.69
（五）连续搬运设备合计	15.05	-18.41	10.16	-18.36	25.21	-18.39	4.89	-18.51
1. 输送机械（输送机及提升机）	12.70	-22.53	9.38	-17.09	22.08	-20.27	3.31	-35.83
2. 装卸机械	2.35	15.61	0.77	-31.44	3.13	-1.45	1.58	77.72
（六）其他物料搬运设备合计	13.11	-8.60	11.25	-29.02	24.36	-19.51	1.85	-167.80
1. 立体仓库设备	0.61	101.79	0.39	18.37	1.00	58.42	0.21	-985.02
2. 机械停车设备	0.32	43.95	0.04	6.74	0.36	38.39	0.28	51.89
3. 机场专用搬运设备	0.39	-28.93	0.09	-42.41	0.48	-32.23	0.30	-22.45
4. 矿车推进机、转车台、货车倾卸	0.07	-81.16	0.02	9219.43	0.09	-76.91	0.06	-85.41
5. 搬运机器人	0.35		2.18		2.53		-1.83	
6. 未列名提升、搬运、装卸机械	5.73	5.36	7.75	-25.59	13.48	-15.09	-2.03	-58.26

注：进出口统计数据部分由于四舍五入，合计数据有微小出入。

〔撰稿人：中国重型机械工业协会严祥文　审稿人：中国重型机械工业协会李镜〕

2016年重型机械行业产品进出口数量统计

货物名称	单位	出口数量	进口数量
矿山设备			
采掘、凿岩设备及钻机	台	42 350	272
破碎、粉磨设备	台	42 235	1 044
筛分、洗选设备	台	31 812	1 569
矿山提升设备	台	1 067	169
矿山机械零件	台	8 259	281

(续)

货物名称	单位	出口数量	进口数量
冶金设备			
金属冶炼设备	台	751	55
连续铸钢设备	台	142	5
金属轧制设备	台	12 486	614
物料搬运机械			
轻小型起重设备	台		
起重机	台		
工业车辆	台		
电梯及自动扶梯	台		
连续搬运设备	台	319 412	72 643
其他物料搬运设备	台		
轻小型起重设备			
电动葫芦	台	1 191 918	14 751
滑车及手动葫芦	台	3 888 195	27 732
卷扬机及绞盘	台	6 252 297	56 900
千斤顶	台	42 518 106	221 448
车辆举升机	台	2 094 706	2 477
轻小型起重零件	台/吨	59 063 379	2 018 760
起重机			
桥式起重机	t	3 510	712
门式起重机	t	2 614	19
装卸桥及其他桥架型起重机	t	3 531	77
塔式起重机	t	2 565	23
门座起重机	t	1 001	488
流动式起重机	t	4 146	362
未列名起重机	t	16 039	529
起重机零件	个/吨	46 652	1 969
工业车辆			
电动车辆（叉车）	台	99 116	8 004
内燃叉车	台	67 596	839
短距离牵引车	台	2 377	873
固定平台搬运车	台	12 834	270
手动起升搬运车辆	台	1 561 250	2 543
工业车辆零件	台/吨	428 341	17 103
电梯、自动扶梯及升降机			
载客电梯	台	56 736	2 093
其他升降机及倒卸式起重机	台	14 388	741
自动梯及自动人行道	台	19 644	4

(续)

(续)

货物名称	单位	出口数量	进口数量
电梯、自动梯及升降机零件	台	462 311	11 860
连续搬运设备		**319 412**	**72 643**
输送机械	台	316 481	72 032
装卸机械	台	2 931	611
其他物料搬运设备			
自动化立体仓储设备	台		
有轨巷道堆垛机	台	77	259
机械停车设备	台	9 728	32
机场用旅客登机桥	台	169	1
其他旅客登机（船）桥	台	515	4
矿车推进机、转车台、货车倾卸	台	287	68
搬运机器人	台	158 723	56 082
未列名提升、搬运、装卸机械	台	3 261 223	236 394
税号84.28所列其他机械零件	台/吨	177 124	12 127

〔撰稿人：中国重型机械工业协会严祥文　审稿人：中国重型机械工业协会李镜〕

2016年冶金设备进出口分类统计

序号	分类方式	出口额（万美元）	占出口总额的比重（%）	分类方式	进口额（万美元）	占进口总额的比重（%）
	冶金设备合计	119 450.86	100.00	冶金设备合计	46 460.48	100.00
1	按企业性质分类			按企业性质分类		
	私人企业	59 150.88	49.52	国有企业	17 506.12	37.68
	国有企业	29 569.41	24.75	私人企业	9 065.75	19.51
	外商独资企业	19 933.75	16.69	中外合资企业	7 857.05	16.91
	中外合资企业	8 187.91	6.85	外商独资企业	7 429.76	15.99
	集体企业	2 443.32	2.05	集体企业	4 585.23	9.87
	中外合作企业	81.10	0.07	中外合作企业	16.57	0.04
	个体工商户	84.49	0.07			

(续)

序号	分类方式	出口额（万美元）	占出口总额的比重（%）	分类方式	进口额（万美元）	占进口总额的比重（%）
2	按贸易方式分类			按贸易方式分类		
	一般贸易	100 925.79	84.49	一般贸易	39 389.19	84.78
	进料加工贸易	11 937.09	9.99	保税仓储进出境货物	3 709.27	7.98
	对外承包工程出口货物	3 041.78	2.55	外商投资企业作为投资进口的设备、物资	2 187.34	4.71
	来料加工装配贸易	1 562.07	1.31	保税区仓储转口货物	339.25	0.73
	边境小额贸易	865.53	0.72	进料加工贸易	282.83	0.61
	保税仓储进出境货物	761.62	0.64	出口加工区进口设备	264.10	0.57
	保税区仓储转口货物	189.69	0.16	其他	150.43	0.32
	其他	166.57	0.14	来料加工装配贸易	138.07	0.30
	租赁贸易	0.72	0.00			
3	按行政区分类			按行政区分类		
	江苏省	37 186.64	31.13	天津市	12 779.46	27.51
	河北省	16 042.86	13.43	山东省	8 964.64	19.30
	上海市	9 953.56	8.33	江苏省	5 553.04	11.95
	辽宁省	8 460.02	7.08	上海市	4 577.85	9.85
	广东省	6 628.37	5.55	浙江省	2 399.68	5.16
	浙江省	5 813.32	4.87	河北省	2 393.13	5.15
	山东省	5 475.08	4.58	广东省	2 140.64	4.61
	福建省	4 777.83	4.00	河南省	1 140.33	2.45
	天津市	4 419.27	3.70	湖北省	971.12	2.09
	山西省	3 220.76	2.70	辽宁省	868.63	1.87
	河南省	3 222.01	2.70	北京市	772.46	1.66
	陕西省	3 034.14	2.54	福建省	760.07	1.64
	北京市	2 794.69	2.34	重庆市	632.14	1.36
	四川省	2 715.44	2.27	安徽省	536.53	1.15
	湖北省	1 520.39	1.27	甘肃省	482.19	1.04
	安徽省	1 059.87	0.89	吉林省	323.97	0.70
	湖南省	1 053.27	0.88	陕西省	324.12	0.70
	黑龙江省	623.60	0.52	四川省	231.70	0.50
	内蒙古自治区	379.00	0.32	山西省	144.13	0.31
	吉林省	312.74	0.26	江西省	132.40	0.28
	其他	758.00	0.63	其他	332.25	0.72

〔撰稿人：中国重型机械工业协会严祥文　审稿人：中国重型机械工业协会李镜〕

2016年冶金设备进出口排名前30位的国家（地区）统计

序号	国家（地区）	出口额（万美元）	占出口总额的比重（%）	国家（地区）	进口额（万美元）	占进口总额的比重（%）
1	印度	11 916.91	9.98	德国	25 531.78	54.95
2	日本	11 486.06	9.62	日本	7 381.00	15.89
3	美国	9 122.21	7.64	意大利	4 385.27	9.44
4	越南	8 820.25	7.38	美国	3 135.03	6.75
5	印度尼西亚	5 582.10	4.67	法国	1 524.24	3.28
6	韩国	5 244.22	4.39	韩国	1 061.05	2.28
7	伊朗	5 042.60	4.22	中国台湾	685.96	1.48
8	德国	4 503.57	3.77	奥地利	643.65	1.39
9	土耳其	4 115.33	3.45	中华人民共和国	359.98	0.77
10	俄罗斯联邦	3 897.57	3.26	比利时	313.86	0.68
11	中国台湾	3 537.98	2.96	英国	267.37	0.58
12	泰国	3 026.08	2.53	加拿大	213.03	0.46
13	阿尔及利亚	2 473.64	2.07	挪威	182.92	0.39
14	墨西哥	2 313.51	1.94	瑞典	166.67	0.36
15	马来西亚	2 049.39	1.72	瑞士	129.90	0.28
16	西班牙	1 932.10	1.62	泰国	79.60	0.17
17	尼日利亚	1 773.99	1.49	芬兰	73.29	0.16
18	巴西	1 538.59	1.29	斯洛文尼亚	73.73	0.16
19	加拿大	1 527.27	1.28	俄罗斯联邦	67.36	0.14
20	菲律宾	1 433.17	1.20	西班牙	49.01	0.11
21	哈萨克斯坦	1 398.83	1.17	印度尼西亚	37.92	0.08
22	南非	1 393.05	1.17	卢森堡	28.91	0.06
23	孟加拉国	1 184.57	0.99	捷克	23.45	0.05
24	荷兰	1 127.76	0.94	印度	9.92	0.02
25	意大利	1 047.87	0.88	波兰	11.04	0.02
26	巴基斯坦	1 021.79	0.86	巴西	10.81	0.02
27	澳大利亚	1 030.44	0.86	马来西亚	3.52	0.01
28	沙特阿拉伯	972.53	0.81	中国香港	0.00	0.00
29	阿拉伯联合酋长国	965.50	0.81	伊朗	0.05	0.00
30	比利时	942.20	0.79	菲律宾	0.54	0.00

〔撰稿人：中国重型机械工业协会严祥文　审稿人：中国重型机械工业协会李镜〕

2016年矿山机械进出口分类统计

序号	分类	出口额（万美元）	占出口总额的比重（%）	分类	进口额（万美元）	占进口总额的比重（%）
	矿山机械合计	126 789.15	100.00	矿山机械合计	22 376.86	100.00
1	按企业性质分类			按企业性质分类		
	私人企业	57 533.02	45.38	国有企业	9 391.68	41.97
	国有企业	44 612.63	35.19	外商独资企业	7 138.62	31.90
	外商独资企业	14 689.80	11.59	私人企业	3 881.36	17.35
	中外合资企业	8 208.75	6.47	中外合资企业	1 864.22	8.33
	集体企业	1 539.48	1.21	集体企业	96.33	0.43
	个体工商户	205.47	0.16	中外合作企业	4.65	0.02
2	按贸易方式分类			按贸易方式分类		
	一般贸易	83 116.93	65.56	一般贸易	20 196.38	90.26
	进料加工贸易	18 004.49	14.20	保税区仓储转口货物	1 008.52	4.51
	对外承包工程出口货物	16 088.67	12.69	进料加工贸易	746.34	3.34
	边境小额贸易	5 542.21	4.37	外商投资企业作为投资进口的设备、物资	284.62	1.27
	保税区仓储转口货物	1 785.60	1.41	出口加工区进口设备	64.49	0.29
	其他	802.98	0.63	来料加工装配贸易	56.13	0.25
	来料加工装配贸易	610.12	0.48	租赁贸易	12.00	0.05
	租赁贸易	604.43	0.48	其他	8.25	0.04
	保税仓储进出境货物	214.22	0.17	边境小额贸易	0.13	0.00
	国家间、国际组织无偿援助和赠送的物资	19.50	0.02			
3	按行政区分类			按行政区分类		
	上海市	20 611.21	16.26	北京市	3 271.67	14.62
	河南省	17 049.93	13.45	河北省	3 123.97	13.96
	广东省	14 079.88	11.10	上海市	3 051.91	13.64
	江苏省	12 635.63	9.97	山西省	1 852.87	8.28
	辽宁省	10 968.88	8.65	山东省	1 544.94	6.90
	山东省	8 827.57	6.96	天津市	1 527.29	6.83
	北京市	8 665.67	6.83	广东省	1 239.15	5.54
	天津市	7 133.46	5.63	内蒙古自治区	1 157.38	5.17
	山西省	5 203.74	4.10	江苏省	1 069.52	4.78
	浙江省	3 836.34	3.03	安徽省	1 043.99	4.67
	湖北省	3 205.93	2.53	浙江省	739.18	3.30

(续)

序号	分类	出口额（万美元）	占出口总额的比重（%）	分类	进口额（万美元）	占进口总额的比重（%）
	河北省	2 300.79	1.81	湖北省	476.90	2.13
	安徽省	2 135.76	1.68	辽宁省	431.34	1.93
	广西壮族自治区	1 443.96	1.14	云南省	287.21	1.28
	云南省	1 441.19	1.14	四川省	247.60	1.11
	江西省	1 395.32	1.10	江西省	242.09	1.08
	湖南省	1 176.95	0.93	湖南省	234.49	1.05
	福建省	1 088.54	0.86	陕西省	224.89	1.01
	四川省	995.06	0.78	重庆市	176.81	0.79
	新疆维吾尔自治区	651.78	0.51	广西壮族自治区	172.64	0.77
	其他	1 941.56	1.53	其他	261.02	1.17

〔撰稿人：中国重型机械工业协会严祥文　审稿人：中国重型机械工业协会李镜〕

2016年矿山机械进出口排名前30位的国家（地区）

序号	国家（地区）	出口额（万美元）	占出口总额的比重（%）	国家（地区）	进口额（万美元）	占进口总额的比重（%）
1	印度尼西亚	9 813.29	7.74	德国	8 134.76	36.35
2	新加坡	9 417.30	7.43	美国	3 520.97	15.73
3	越南	9 393.43	7.41	奥地利	2 150.66	9.61
4	印度	7 107.19	5.61	英国	1 629.29	7.28
5	伊朗	6 587.71	5.20	日本	1 399.41	6.25
6	巴基斯坦	5 618.13	4.43	法国	975.83	4.36
7	美国	4 322.71	3.41	澳大利亚	733.82	3.28
8	俄罗斯联邦	4 063.02	3.20	韩国	588.16	2.63
9	土耳其	3 632.41	2.86	芬兰	484.86	2.17
10	老挝	3 295.17	2.60	中国台湾	440.58	1.97
11	泰国	3 202.09	2.53	意大利	391.88	1.75
12	中国香港	3 166.77	2.50	印度	371.94	1.66
13	以色列	2 763.05	2.18	加拿大	318.11	1.42
14	马来西亚	2 679.34	2.11	瑞典	273.42	1.22
15	巴西	2 591.12	2.04	挪威	221.64	0.99
16	南非	2 502.73	1.97	捷克	147.86	0.66
17	澳大利亚	2 273.81	1.79	新加坡	120.11	0.54

(续)

序号	国家（地区）	出口额（万美元）	占出口总额的比重（%）	国家（地区）	进口额（万美元）	占进口总额的比重（%）
18	菲律宾	2 030.66	1.60	波兰	73.67	0.33
19	缅甸	1 998.56	1.58	秘鲁	67.67	0.30
20	沙特阿拉伯	1 995.06	1.57	丹麦	62.94	0.28
21	加纳	1 530.82	1.21	荷兰	56.68	0.25
22	肯尼亚	1 347.01	1.06	土耳其	41.47	0.19
23	苏丹	1 343.19	1.06	南非	34.39	0.15
24	黎巴嫩	1 324.14	1.04	瑞士	32.51	0.15
25	孟加拉国	1 306.50	1.03	泰国	29.62	0.13
26	莫桑比克	1 225.85	0.97	新西兰	19.97	0.09
27	秘鲁	1 119.08	0.88	阿拉伯联合酋长国	13.34	0.06
28	阿尔及利亚	1 081.05	0.85	中华人民共和国	10.18	0.05
29	加拿大	1 051.44	0.83	比利时	8.90	0.04
30	埃及	977.28	0.77	俄罗斯联邦	8.50	0.04

〔撰稿人：中国重型机械工业协会严祥文　审稿人：中国重型机械工业协会李镜〕

2016 物料搬运机械进出口分类统计

序号	分类	出口额（万美元）	占出口总额的比重（%）	分类	进口额（万美元）	占进口总额的比重（%）
	物料搬运机械合计	1 458 333.12	100.00	物料搬运机械合计	355 986.29	100.00
1	按企业性质分类			按企业性质分类		
	私人企业	502 185.42	34.44	外商独资企业	127 582.17	35.84
	中外合资企业	405 717.47	27.82	中外合资企业	91 680.11	25.75
	外商独资企业	312 441.53	21.42	私人企业	65 196.29	18.31
	国有企业	157 251.87	10.78	国有企业	61 105.29	17.17
	中外合作企业	55 917.28	3.83	中外合作企业	8 310.87	2.33
	集体企业	24 374.37	1.67	集体企业	2 022.78	0.57
	个体工商户	445.08	0.03	个体工商户	69.34	0.02
	其他企业	0.10	0.00	其他企业	19.44	0.01

(续)

序号	分类	出口额（万美元）	占出口总额的比重（%）	分类	进口额（万美元）	占进口总额的比重（%）
2	按贸易方式分类			按贸易方式分类		
	一般贸易	896 899.61	61.50	一般贸易	252 390.68	70.90
	进料加工贸易	461 048.34	31.61	进料加工贸易	56 558.02	15.89
	对外承包工程出口货物	62 020.94	4.25	保税区仓储转口货物	20 104.41	5.65
	保税区仓储转口货物	10 036.08	0.69	外商投资企业作为投资进口的设备、物资	15 729.78	4.42
	边境小额贸易	9 840.46	0.67	保税仓储进出境货物	4 792.32	1.35
	来料加工装配贸易	9 441.29	0.65	出口加工区进口设备	3 412.26	0.96
	其他	4 466.53	0.31	来料加工装配贸易	1 556.66	0.44
	保税仓储进出境货物	3 605.68	0.25	其他	1 071.81	0.30
	国家间、国际组织无偿援助和赠送的物资	626.35	0.04	加工贸易进口设备	247.38	0.07
	租赁贸易	347.08	0.02	租赁贸易	122.14	0.03
	易货贸易	0.76	0.00	边境小额贸易	0.83	0.00
3	按行政区分类			按行政区分类		
	江苏省	371 141.09	25.45	上海市	78 815.10	22.14
	上海市	348 840.98	23.92	江苏省	58 366.15	16.40
	浙江省	217 384.41	14.91	广东省	46 048.21	12.94
	广东省	101 490.60	6.96	山东省	24 410.92	6.86
	辽宁省	69 307.17	4.75	北京市	22 225.03	6.24
	山东省	68 082.10	4.67	浙江省	18 129.53	5.09
	湖南省	39 233.90	2.69	辽宁省	17 418.73	4.89
	天津市	38 793.58	2.66	天津市	17 011.99	4.78
	福建省	36 471.91	2.50	重庆市	14 814.37	4.16
	河北省	34 957.62	2.40	福建省	13 960.14	3.92
	安徽省	34 336.13	2.35	河北省	7 516.05	2.11
	北京市	30 121.48	2.07	湖北省	6 611.24	1.86
	河南省	20 846.48	1.43	河南省	4 308.96	1.21
	四川省	9 123.78	0.63	吉林省	3 846.99	1.08
	湖北省	6 716.46	0.46	安徽省	3 440.62	0.97
	广西壮族自治区	6 095.13	0.42	山西省	2 965.09	0.83
	山西省	5 597.80	0.38	江西省	2 315.67	0.65
	黑龙江省	3 782.19	0.26	湖南省	2 183.74	0.61
	云南省	3 538.22	0.24	四川省	2 182.91	0.61
	重庆市	3 155.79	0.22	黑龙江省	2 119.38	0.60
	其他	9 316.30	0.64	其他	7 295.47	2.05

〔撰稿人：中国重型机械工业协会严祥文　审稿人：中国重型机械工业协会李镜〕

2016年物料搬运机械进出口排名前30位的国家（地区）

序号	国家（地区）	出口额（万美元）	占出口总额的比重（%）	国家（地区）	进口额（万美元）	占进口总额的比重（%）
1	美国	171 835.89	11.78	德国	76 487.62	21.49
2	印度	71 110.05	4.88	日本	56 435.70	15.85
3	阿拉伯联合酋长国	70 153.87	4.81	韩国	49 912.42	14.02
4	新加坡	67 702.09	4.64	美国	26 127.23	7.34
5	韩国	57 292.88	3.93	意大利	17 764.48	4.99
6	越南	54 157.90	3.71	中国台湾	13 365.43	3.75
7	马来西亚	51 162.98	3.51	奥地利	12 835.25	3.61
8	澳大利亚	50 580.07	3.47	法国	12 684.57	3.56
9	印度尼西亚	49 303.42	3.38	荷兰	10 700.59	3.01
10	中国香港	45 674.95	3.13	瑞士	8 913.15	2.50
11	日本	43 055.47	2.95	挪威	7 914.46	2.22
12	土耳其	36 709.62	2.52	新加坡	6 992.75	1.96
13	泰国	35 296.81	2.42	英国	6 015.83	1.69
14	德国	31 786.46	2.18	芬兰	5 728.48	1.61
15	巴基斯坦	27 645.20	1.90	西班牙	5 616.66	1.58
16	俄罗斯联邦	27 468.63	1.88	瑞典	5 623.72	1.58
17	英国	26 949.25	1.85	丹麦	5 214.40	1.46
18	菲律宾	25 670.37	1.76	马来西亚	4 637.28	1.30
19	中国台湾	22 392.76	1.54	加拿大	3 954.01	1.11
20	沙特阿拉伯	21 932.02	1.50	捷克	2 722.24	0.76
21	墨西哥	21 378.67	1.47	中华人民共和国	2 605.97	0.73
22	巴西	20 068.89	1.38	波兰	2 528.41	0.71
23	加拿大	19 165.29	1.31	比利时	1 808.84	0.51
24	荷兰	18 845.94	1.29	爱沙尼亚	1 179.12	0.33
25	阿尔及利亚	16 815.20	1.15	中国香港	1 014.38	0.28
26	伊朗	16 621.99	1.14	澳大利亚	845.76	0.24
27	哥伦比亚	16 471.32	1.13	匈牙利	799.39	0.22
28	法国	15 906.84	1.09	俄罗斯联邦	612.77	0.17
29	意大利	14 390.57	0.99	越南	566.54	0.16
30	埃及	13 425.91	0.92	罗马尼亚	571.38	0.16

〔撰稿人：中国重型机械工业协会严祥文　审稿人：中国重型机械工业协会李镜〕

2016年轻小型起重设备进出口分类统计

序号	分类	出口额（万美元）	占出口总额的比重（%）	分类	进口额（万美元）	占进口总额的比重（%）
	轻小型起重设备合计	201 942.34	100.00	轻小型起重设备合计	47 319.99	100.00
1	按企业性质分类			按企业性质分类		
	私人企业	120 710.38	59.77	中外合资企业	15 848.73	33.49
	外商独资企业	30 104.54	14.91	外商独资企业	12 474.30	26.36
	中外合资企业	27 190.63	13.46	国有企业	11 156.31	23.58
	国有企业	17 373.22	8.60	私人企业	5 208.10	11.01
	中外合作企业	4 722.02	2.34	中外合作企业	2 416.17	5.11
	集体企业	1 620.32	0.80	集体企业	157.18	0.33
	个体工商户	221.13	0.11	个体工商户	45.02	0.10
	其他企业	0.10	0.00	其他企业	14.18	0.03
2	按贸易方式分类			贸易方式分类		
	一般贸易	180 362.00	89.31	一般贸易	27 666.56	58.47
	进料加工贸易	9 918.30	4.91	进料加工贸易	16 635.04	35.15
	对外承包工程出口货物	4 066.09	2.01	保税区仓储转口货物	1 727.80	3.65
	其他	2 359.10	1.17	来料加工装配贸易	592.52	1.25
	保税区仓储转口货物	2 031.19	1.01	保税仓储进出境货物	469.26	0.99
	来料加工装配贸易	1 512.51	0.75	其他	121.38	0.26
	边境小额贸易	1 243.49	0.62	外商投资企业作为投资进口的设备、物资	79.90	0.17
	保税仓储进出境货物	431.28	0.21	出口加工区进口设备	27.53	0.06
	国家间、国际组织无偿援助和赠送的物资	14.67	0.01			
	租赁贸易	3.71	0.00			
3	按行政区分类			按行政区分类		
	浙江省	69 298.91	34.32	上海市	15 644.14	33.06
	江苏省	51 105.51	25.31	江苏省	7 333.21	15.50
	上海市	22 269.38	11.03	广东省	6 261.22	13.23
	广东省	11 843.49	5.86	辽宁省	3 898.12	8.24
	山东省	11 402.88	5.65	山东省	2 847.91	6.02
	辽宁省	9 444.30	4.68	浙江省	2 533.63	5.35
	河北省	5 195.62	2.57	天津市	2 231.04	4.71
	安徽省	3 989.50	1.98	北京市	1 650.20	3.49
	河南省	3 877.24	1.92	福建省	1 538.14	3.25

（续）

序号	分类	出口额（万美元）	占出口总额的比重（%）	分类	进口额（万美元）	占进口总额的比重（%）
	福建省	2 993.31	1.48	河南省	1 278.96	2.70
	天津市	2 845.44	1.41	河北省	542.83	1.15
	北京市	2 045.33	1.01	安徽省	326.15	0.69
	重庆市	1 786.61	0.88	重庆市	174.15	0.37
	四川省	947.95	0.47	湖南省	155.93	0.33
	湖北省	726.64	0.36	陕西省	156.61	0.33
	广西壮族自治区	529.60	0.26	吉林省	149.79	0.32
	吉林省	425.35	0.21	湖北省	136.97	0.29
	新疆维吾尔自治区	416.19	0.21	四川省	138.00	0.29
	黑龙江省	220.22	0.11	山西省	126.39	0.27
	云南省	163.56	0.08	甘肃省	39.49	0.08
	其他	415.31	0.21	其他	157.11	0.33

注：因四舍五入，表中数据有微小出入。

〔撰稿人：中国重型机械工业协会严祥文　审稿人：中国重型机械工业协会李镜〕

2016年轻小型起重设备进出口排名前30位的国家（地区）

序号	国家（地区）	出口额（万美元）	占出口总额的比重（%）	国家（地区）	进口额（万美元）	占进口总额的比重（%）
	轻小型起重设备合计	201 942.34	100.00	轻小型起重设备合计	47 319.99	100.00
1	美国	67 139.50	33.25	德国	11 178.26	23.62
2	韩国	10 469.05	5.18	日本	6 463.07	13.66
3	日本	9 916.07	4.91	美国	5 349.18	11.30
4	德国	9 914.75	4.91	芬兰	2 696.47	5.70
5	俄罗斯联邦	6 864.13	3.40	西班牙	2 436.36	5.15
6	澳大利亚	5 486.05	2.72	新加坡	2 361.67	4.99
7	印度	5 152.13	2.55	意大利	2 170.36	4.59
8	加拿大	5 013.39	2.48	韩国	1 911.13	4.04
9	英国	4 873.81	2.41	挪威	1 891.15	4.00
10	泰国	4 440.82	2.20	加拿大	1 782.66	3.77
11	越南	3 928.88	1.95	法国	1 609.03	3.40
12	荷兰	3 834.18	1.90	丹麦	1 244.01	2.63
13	马来西亚	3 407.93	1.69	瑞士	907.99	1.92

(续)

序号	国家（地区）	出口额（万美元）	占出口总额的比重（%）	国家（地区）	进口额（万美元）	占进口总额的比重（%）
14	印度尼西亚	2 973.20	1.47	荷兰	831.75	1.76
15	法国	2 679.34	1.33	英国	491.62	1.04
16	巴西	2 683.73	1.33	马来西亚	444.06	0.94
17	伊朗	2 483.41	1.23	比利时	423.98	0.90
18	墨西哥	2 364.81	1.17	瑞典	409.53	0.87
19	波兰	2 345.72	1.16	捷克	412.97	0.87
20	新加坡	2 289.12	1.13	塞尔维亚	392.37	0.83
21	土耳其	2 239.28	1.11	中国台湾	340.38	0.72
22	中国台湾	2 074.52	1.03	罗马尼亚	250.35	0.53
23	西班牙	2 060.49	1.02	波兰	217.05	0.46
24	阿拉伯联合酋长国	2 028.39	1.00	中华人民共和国	209.45	0.44
25	南非	1 803.14	0.89	爱沙尼亚	194.21	0.41
26	巴基斯坦	1 484.39	0.74	俄罗斯联邦	146.02	0.31
27	意大利	1 425.04	0.71	澳大利亚	142.75	0.30
28	瑞典	1 402.98	0.69	奥地利	129.65	0.27
29	阿根廷	1 353.42	0.67	阿拉伯联合酋长国	67.61	0.14
30	沙特阿拉伯	1 205.92	0.60	克罗地亚	55.28	0.12

〔撰稿人：中国重型机械工业协会严祥文　审稿人：中国重型机械工业协会李镜〕

2016年起重机进出口分类统计

序号	分类	出口额（万美元）	占出口总额的比重（%）	分类	进口额（万美元）	占进口总额的比重（%）
	起重机合计	441 140.05	100.00	起重机合计	29 050.34	100.00
1	按企业性质分类			按企业性质分类		
	中外合资企业	271 621.50	61.57	中外合资企业	11 011.20	37.90
	私人企业	76 225.36	17.28	国有企业	8 308.25	28.60
	国有企业	58 696.95	13.31	外商独资企业	5 348.93	18.41
	外商独资企业	32 443.54	7.35	私人企业	4 055.05	13.96
	集体企业	2 021.47	0.46	集体企业	325.96	1.12
	个体工商户	93.45	0.02	中外合作企业	0.95	0.00
	中外合作企业	37.78	0.01			

(续)

序号	分类	出口额（万美元）	占出口总额的比重（%）	分类	进口额（万美元）	占进口总额的比重（%）
2	按贸易方式分类			按贸易方式分类		
	进料加工贸易	302 521.13	68.58	进料加工贸易	16 005.08	55.09
	一般贸易	104 609.17	23.71	一般贸易	10 073.49	34.68
	对外承包工程出口货物	20 370.71	4.62	出口加工区进口设备	901.03	3.10
	来料加工装配贸易	6 998.28	1.59	保税区仓储转口货物	847.55	2.92
	边境小额贸易	5 075.33	1.15	来料加工装配贸易	744.58	2.56
	国家间、国际组织无偿援助和赠送的物资	472.35	0.11	外商投资企业作为投资进口的设备、物资	232.92	0.80
	保税区仓储转口货物	353.99	0.08	保税仓储进出境货物	225.47	0.78
	保税仓储进出境货物	305.97	0.07	其他	19.39	0.07
	租赁贸易	284.89	0.06	边境小额贸易	0.83	0.00
	其他	148.23	0.03			
3	按行政区分类			按行政区分类		
	上海市	218 783.42	49.60	广东省	6 431.23	22.14
	江苏省	82 983.56	18.81	上海市	6 185.52	21.29
	湖南省	30 718.44	6.96	辽宁省	3 584.88	12.34
	辽宁省	19 314.58	4.38	江苏省	2 705.53	9.31
	山东省	16 371.72	3.71	山东省	2 585.46	8.90
	福建省	12 481.43	2.83	浙江省	2 165.83	7.46
	广东省	11 673.72	2.65	福建省	1 584.07	5.45
	浙江省	10 846.16	2.46	天津市	747.82	2.57
	北京市	8 923.35	2.02	河北省	676.42	2.33
	河南省	7 209.43	1.63	湖北省	486.55	1.67
	四川省	5 178.09	1.17	江西省	444.92	1.53
	河北省	3 633.21	0.82	内蒙古自治区	314.63	1.08
	广西壮族自治区	2 909.35	0.66	四川省	302.98	1.04
	湖北省	1 887.47	0.43	湖南省	284.89	0.98
	天津市	1 822.34	0.41	青海省	180.24	0.62
	黑龙江省	1 505.40	0.34	北京市	140.69	0.48
	陕西省	1 171.24	0.27	山西省	95.16	0.33
	新疆维吾尔自治区	962.06	0.22	安徽省	49.62	0.17
	安徽省	682.28	0.15	广西壮族自治区	48.20	0.17
	云南省	469.75	0.11	重庆市	31.69	0.11
	其他	1 613.05	0.37	其他	4.01	0.01

注：因四舍五入，表中数据有微小出入。

〔撰稿人：中国重型机械工业协会严祥文　审稿人：中国重型机械工业协会李镜〕

2016年起重机进出口排名前30位的国家（地区）

序号	国家（地区）	出口额（万美元）	占出口总额的比重（%）	国家（地区）	进口额（万美元）	占进口总额的比重（%）
	起重机合计	441 140.05	100.00	起重机合计	29 050.34	100.00
1	阿拉伯联合酋长国	53 127.12	12.04	德国	4 429.69	15.25
2	新加坡	45 630.37	10.34	挪威	3 599.94	12.39
3	印度	33 282.65	7.54	荷兰	3 349.02	11.53
4	中国香港	26 600.35	6.03	马来西亚	2 291.04	7.89
5	美国	23 548.93	5.34	意大利	2 151.33	7.41
6	韩国	15 575.65	3.53	韩国	2 086.14	7.18
7	越南	14 297.56	3.24	新加坡	1 808.42	6.23
8	巴基斯坦	12 912.31	2.93	英国	1 772.71	6.10
9	印度尼西亚	11 322.29	2.57	芬兰	935.60	3.22
10	马来西亚	11 052.83	2.51	中国香港	899.57	3.10
11	哥伦比亚	9 617.93	2.18	波兰	892.17	3.07
12	英国	9 379.03	2.13	爱沙尼亚	760.47	2.62
13	中国台湾	8 623.88	1.95	日本	745.11	2.56
14	澳大利亚	8 124.31	1.84	比利时	686.57	2.36
15	埃及	8 019.78	1.82	奥地利	642.33	2.21
16	希腊	7 322.11	1.66	土耳其	390.09	1.34
17	巴西	7 034.21	1.59	加拿大	340.98	1.17
18	沙特阿拉伯	6 970.58	1.58	斯洛文尼亚	286.46	0.99
19	吉布提	6 990.07	1.58	中国台湾	285.07	0.98
20	土耳其	6 903.45	1.56	美国	183.10	0.63
21	泰国	6 632.60	1.50	中华人民共和国	103.08	0.35
22	阿尔及利亚	6 379.45	1.45	西班牙	83.13	0.29
23	阿曼	5 525.15	1.25	丹麦	81.72	0.28
24	委内瑞拉	5 269.24	1.19	法国	66.96	0.23
25	菲律宾	4 786.11	1.08	捷克	57.98	0.20
26	墨西哥	4 521.54	1.02	瑞典	36.25	0.12
27	德国	3 974.60	0.90	越南	29.53	0.10
28	科威特	3 914.19	0.89	爱尔兰	18.70	0.06
29	多哥	3 880.13	0.88	澳大利亚	16.27	0.06
30	意大利	3 803.20	0.86	俄罗斯联邦	14.52	0.05

〔撰稿人：中国重型机械工业协会严祥文　审稿人：中国重型机械工业协会李镜〕

2016年工业车辆进出口分类统计

序号	分类	出口额（万美元）	占出口总额的比重（%）	分类	进口额（万美元）	占进口总额的比重（%）
	工业车辆合计	250 296.66	100.00	工业车辆合计	36 356.85	100.00
1	按企业性质分类			按企业性质分类		
	国有企业	10 232.62	4.09	外商独资企业	17 182.54	47.26
	中外合作企业	9 090.24	3.63	私人企业	8 328.57	22.91
	中外合资企业	18 578.44	7.42	国有企业	5 307.80	14.60
	外商独资企业	102 296.67	40.87	中外合作企业	3 859.89	10.62
	集体企业	14 495.78	5.79	中外合资企业	1 507.11	4.15
	私人企业	95 582.95	38.19	集体企业	170.81	0.47
	个体工商户	19.96	0.01	个体工商户	0.13	0.00
2	按贸易方式分类			按贸易方式分类		
	一般贸易	140 385.34	56.09	一般贸易	20 539.04	56.49
	进料加工贸易	106 419.86	42.52	进料加工贸易	7 859.00	21.62
	保税区仓储转口货物	1 311.67	0.52	保税区仓储转口货物	7 228.83	19.88
	对外承包工程出口货物	677.75	0.27	保税仓储进出境货物	353.62	0.97
	其他	500.43	0.20	出口加工区进口设备	243.20	0.67
	边境小额贸易	407.64	0.16	其他	61.26	0.17
	保税仓储进出境货物	325.87	0.13	外商投资企业作为投资进口的设备、物资	32.61	0.09
	来料加工装配贸易	206.01	0.08	租赁贸易	27.86	0.08
	国家间、国际组织无偿援助和赠送的物资	58.19	0.02	加工贸易进口设备	11.43	0.03
	租赁贸易	3.14	0.00			
	易货贸易	0.76	0.00			
3	按行政区分类			按行政区分类		
	浙江省	67 535.63	26.98	上海市	13 553.04	37.28
	江苏省	58 520.56	23.38	福建省	4 586.73	12.62
	安徽省	24 706.39	9.87	江苏省	4 201.71	11.56
	山东省	19 850.32	7.93	山东省	3 403.80	9.36
	辽宁省	16 005.72	6.39	北京市	1 855.05	5.10
	福建省	13 168.66	5.26	广东省	1 792.51	4.93
	天津市	12 052.45	4.82	天津市	1 569.49	4.32
	上海市	11 060.57	4.42	辽宁省	1 518.09	4.18
	河北省	8 875.22	3.55	云南省	1 098.51	3.02
	广东省	8 371.67	3.34	浙江省	836.00	2.30

(续)

序号	分类	出口额（万美元）	占出口总额的比重（%）	分类	进口额（万美元）	占进口总额的比重（%）
	山西省	3 651.45	1.46	安徽省	330.67	0.91
	湖南省	2 420.10	0.97	山西省	283.48	0.78
	北京市	1 039.81	0.42	湖南省	278.65	0.77
	广西壮族自治区	1 009.32	0.40	重庆市	196.39	0.54
	河南省	549.30	0.22	河南省	137.47	0.38
	湖北省	450.16	0.18	海南省	133.22	0.37
	陕西省	271.64	0.11	江西省	120.33	0.33
	新疆维吾尔自治区	215.40	0.09	吉林省	109.72	0.30
	黑龙江省	108.01	0.04	甘肃省	80.12	0.22
	四川省	90.15	0.04	湖北省	61.63	0.17
	其他	344.13	0.13	其他	210.24	0.58

注：因四舍五入，表中数据有微小出入。

〔撰稿人：中国重型机械工业协会严祥文　审稿人：中国重型机械工业协会李镜〕

2016年工业车辆进出口排名前30位的国家（地区）

序号	国家（地区）	出口额（万美元）	占出口总额的比重（%）	国家（地区）	进口额（万美元）	占进口总额的比重（%）
	工业车辆合计	250 296.66	100.00	工业车辆合计	36 356.85	100.00
1	美国	44 201.30	17.66	德国	9 155.48	25.18
2	澳大利亚	13 049.32	5.21	日本	6 808.27	18.73
3	韩国	12 652.95	5.06	美国	4 277.45	11.77
4	荷兰	10 546.78	4.21	韩国	3 487.06	9.59
5	日本	9 950.69	3.98	奥地利	2 418.49	6.65
6	德国	9 908.79	3.96	意大利	2 125.91	5.85
7	法国	7 670.42	3.06	瑞典	1 284.30	3.53
8	比利时	7 643.38	3.05	法国	1 187.36	3.27
9	泰国	7 316.70	2.92	加拿大	1 003.90	2.76
10	土耳其	6 130.17	2.45	捷克	869.79	2.39
11	俄罗斯联邦	5 942.39	2.37	英国	572.80	1.58
12	新加坡	5 509.78	2.20	马来西亚	519.03	1.43
13	阿根廷	5 425.45	2.17	越南	319.26	0.88
14	英国	5 376.89	2.15	罗马尼亚	314.75	0.87
15	印度尼西亚	5 351.39	2.14	中华人民共和国	245.35	0.67

（续）

序号	国家（地区）	出口额（万美元）	占出口总额的比重（%）	国家（地区）	进口额（万美元）	占进口总额的比重（%）
16	菲律宾	4 792.53	1.91	荷兰	226.25	0.62
17	马来西亚	4 412.11	1.76	澳大利亚	213.00	0.59
18	印度	4 327.16	1.73	西班牙	207.06	0.57
19	阿尔及利亚	4 335.55	1.73	丹麦	197.32	0.54
20	越南	4 216.45	1.68	爱尔兰	166.10	0.46
21	南非	4 018.53	1.61	波兰	131.25	0.36
22	意大利	3 787.50	1.51	芬兰	125.58	0.35
23	中国香港	3 450.00	1.38	中国台湾	114.66	0.32
24	沙特阿拉伯	3 085.12	1.23	爱沙尼亚	70.38	0.19
25	瑞典	3 082.46	1.23	墨西哥	58.85	0.16
26	加拿大	2 604.81	1.04	斯里兰卡	54.17	0.15
27	阿拉伯联合酋长国	2 518.18	1.01	土耳其	49.79	0.14
28	巴西	2 349.09	0.94	印度尼西亚	48.65	0.13
29	波兰	2 266.92	0.91	比利时	28.26	0.08
30	墨西哥	2 279.58	0.91	印度	16.46	0.05

〔撰稿人：中国重型机械工业协会严祥文　审稿人：中国重型机械工业协会李镜〕

2016年电梯、自动扶梯及升降机进出口分类统计

序号	分类	出口额（万美元）	占出口总额的比重（%）	分类	进口额（万美元）	占进口总额的比重（%）
	电梯、自动扶梯及升降机合计	**283 379.53**	**100.00**	**电梯、自动扶梯及升降机合计**	**29 167.46**	**100.00**
1	**按企业性质分类**			**按企业性质分类**		
	外商独资企业	92 387.11	32.60	中外合资企业	14 853.47	50.92
	私人企业	77 033.92	27.18	外商独资企业	6 347.75	21.76
	中外合资企业	64 603.15	22.80	私人企业	3 565.42	12.22
	中外合作企业	41 802.26	14.75	国有企业	3 374.61	11.57
	国有企业	5 691.74	2.01	中外合作企业	996.95	3.42
	集体企业	1 839.17	0.65	集体企业	29.26	0.10
	个体工商户	22.18	0.01			
2	**按贸易方式分类**			**按贸易方式分类**		
	一般贸易	270 224.12	95.36	一般贸易	25 026.44	85.80
	进料加工贸易	7 033.18	2.48	进料加工贸易	3 710.10	12.72

（续）

序号	分类	出口额（万美元）	占出口总额的比重（%）	分类	进口额（万美元）	占进口总额的比重（%）
	保税区仓储转口货物	3 384.31	1.19	外商投资企业作为投资进口的设备、物资	110.07	0.38
	对外承包工程出口货物	1 153.75	0.41	其他	100.58	0.34
	其他	639.28	0.23	出口加工区进口设备	93.92	0.32
	边境小额贸易	515.05	0.18	保税区仓储转口货物	66.06	0.23
	保税仓储进出境货物	243.21	0.09	保税仓储进出境货物	54.37	0.19
	来料加工装配贸易	109.87	0.04	租赁贸易	5.37	0.02
	国家间、国际组织无偿援助和赠送的物资	66.49	0.02	来料加工装配贸易	0.55	0.00
	租赁贸易	10.27	0.00			
3	按行政区分类			按行政区分类		
	江苏省	105 103.70	37.09	上海市	13 373.16	45.85
	上海市	61 283.42	21.63	广东省	7 278.56	24.95
	浙江省	43 623.40	15.39	江苏省	3 080.31	10.56
	广东省	33 619.90	11.86	天津市	1 351.21	4.63
	辽宁省	11 319.99	3.99	重庆市	936.10	3.21
	天津市	10 768.77	3.80	北京市	844.16	2.89
	河北省	6 641.10	2.34	辽宁省	609.79	2.09
	山东省	4 852.37	1.71	浙江省	417.96	1.43
	北京市	1 871.64	0.66	山东省	285.49	0.98
	福建省	1 513.36	0.53	河北省	248.37	0.85
	新疆维吾尔自治区	484.87	0.17	福建省	212.29	0.73
	河南省	440.95	0.16	湖北省	194.97	0.67
	安徽省	294.21	0.10	四川省	99.14	0.34
	江西省	183.84	0.06	陕西省	98.55	0.34
	湖北省	170.70	0.06	云南省	53.57	0.18
	湖南省	164.75	0.06	吉林省	29.69	0.10
	广西壮族自治区	158.05	0.06	河南省	24.50	0.08
	贵州省	145.01	0.05	黑龙江省	17.34	0.06
	云南省	143.60	0.05	湖南省	4.72	0.02
	陕西省	132.06	0.05	安徽省	1.50	0.01
	其他	463.84	0.16	其他	6.08	0.02

注：因四舍五入，表中数据有微小出入。

〔撰稿人：中国重型机械工业协会严祥文　审稿人：中国重型机械工业协会李镜〕

2016年电梯、自动扶梯及升降机进出口排名前30位的国家（地区）

序号	国家（地区）	出口额（万美元）	占出口总额的比重（%）	国家（地区）	进口额（万美元）	占进口总额的比重（%）
	电梯、自动扶梯及升降机合计	283 379.53	100.00	电梯、自动扶梯及升降机合计	29 167.46	100.00
1	马来西亚	20 851.03	7.36	日本	13 872.54	47.56
2	印度	17 919.37	6.32	德国	3 203.16	10.98
3	韩国	14 583.66	5.15	韩国	2 009.81	6.89
4	美国	13 730.39	4.85	荷兰	1 793.78	6.15
5	土耳其	12 261.48	4.33	奥地利	1 622.38	5.56
6	印度尼西亚	10 517.52	3.71	瑞典	1 463.19	5.02
7	阿拉伯联合酋长国	10 106.77	3.57	西班牙	883.33	3.03
8	澳大利亚	10 089.71	3.56	意大利	801.99	2.75
9	新加坡	10 069.80	3.55	美国	760.26	2.61
10	中国香港	9 192.84	3.24	芬兰	581.20	1.99
11	泰国	9 013.08	3.18	英国	500.56	1.72
12	越南	8 569.96	3.02	瑞士	343.10	1.18
13	沙特阿拉伯	7 970.79	2.81	加拿大	266.41	0.91
14	墨西哥	7 667.62	2.71	捷克	244.76	0.84
15	日本	7 424.18	2.62	中华人民共和国	212.43	0.73
16	伊朗	6 705.83	2.37	泰国	147.22	0.50
17	菲律宾	6 251.42	2.21	中国台湾	143.78	0.49
18	俄罗斯联邦	5 475.34	1.93	立陶宛	51.25	0.18
19	哥伦比亚	4 625.37	1.63	丹麦	38.11	0.13
20	加拿大	4 492.79	1.59	斯洛伐克	38.59	0.13
21	中国台湾	4 444.19	1.57	法国	35.40	0.12
22	南非	4 354.54	1.54	新加坡	26.33	0.09
23	孟加拉国	3 759.51	1.33	希腊	24.59	0.08
24	德国	3 667.96	1.29	比利时	20.62	0.07
25	意大利	3 089.33	1.09	马来西亚	10.70	0.04
26	澳门	2 853.26	1.01	土耳其	10.48	0.04
27	西班牙	2 741.03	0.97	中国香港	9.94	0.03
28	巴西	2 754.62	0.97	墨西哥	8.79	0.03
29	智利	2 720.65	0.96	印度	5.88	0.02
30	卡塔尔	2 458.44	0.87	波兰	5.42	0.02

〔撰稿人：中国重型机械工业协会严祥文　审稿人：中国重型机械工业协会李镜〕

2016年连续搬运设备进出口分类统计

序号	分类	出口额（万美元）	占出口总额的比重（%）	分类	进口额（万美元）	占进口总额的比重（%）
	连续搬运设备合计	150 517.47	100.00	连续搬运设备合计	101 573.34	100.00
1	按企业性质分类			按企业性质分类		
	私人企业	64 498.83	42.85	外商独资企业	44 858.31	44.16
	国有企业	45 777.19	30.41	私人企业	22 313.12	21.97
	外商独资企业	25 336.65	16.83	国有企业	17 214.18	16.95
	中外合资企业	11 538.00	7.67	中外合资企业	16 035.08	15.79
	集体企业	3 192.03	2.12	中外合作企业	973.40	0.96
	中外合作企业	122.38	0.08	集体企业	179.25	0.18
	个体工商户	52.39	0.03			
2	按贸易方式分类			按贸易方式分类		
	一般贸易	101 631.71	67.52	一般贸易	87 010.81	85.66
	对外承包工程出口货物	26 264.77	17.45	外商投资企业作为投资进口的设备、物资	6 161.06	6.07
	进料加工贸易	18 518.87	12.30	保税区仓储转口货物	3 508.48	3.45
	保税区仓储转口货物	1 526.85	1.01	进料加工贸易	2 661.76	2.62
	边境小额贸易	1 429.64	0.95	保税仓储进出境货物	1 124.14	1.11
	保税仓储进出境货物	595.77	0.40	出口加工区进口设备	573.92	0.57
	其他	495.74	0.33	其他	267.99	0.26
	来料加工装配贸易	23.42	0.02	来料加工装配贸易	106.84	0.11
	租赁贸易	28.84	0.02	加工贸易进口设备	112.54	0.11
	国家间、国际组织无偿援助和赠送的物资	1.86	0.00	租赁贸易	45.80	0.05
3	按行政区分类			按行政区分类		
	江苏省	35 843.82	23.81	江苏省	19 889.40	19.58
	上海市	20 275.32	13.47	上海市	13 448.20	13.24
	广东省	18 914.50	12.57	广东省	10 845.64	10.68
	北京市	10 817.95	7.19	浙江省	8 243.70	8.12
	辽宁省	9 802.04	6.51	北京市	7 659.89	7.54
	河南省	7 559.45	5.02	重庆市	6 141.56	6.05
	天津市	7 254.36	4.82	天津市	5 440.63	5.36
	山东省	6 331.16	4.21	山东省	4 968.92	4.89
	浙江省	5 911.64	3.93	辽宁省	3 715.31	3.66
	河北省	4 995.90	3.32	河北省	2 755.48	2.71

(续)

序号	分类	出口额（万美元）	占出口总额的比重（%）	分类	进口额（万美元）	占进口总额的比重（%）
	湖南省	4 296.58	2.85	福建省	2 577.45	2.54
	安徽省	3 447.95	2.29	山西省	2 350.14	2.31
	湖北省	2 913.10	1.94	湖北省	2 241.04	2.21
	云南省	2 215.95	1.47	安徽省	1 576.98	1.55
	四川省	2 194.11	1.46	河南省	1 557.79	1.53
	黑龙江省	1 570.51	1.04	吉林省	1 347.06	1.33
	广西壮族自治区	1 297.51	0.86	四川省	1 165.71	1.15
	福建省	1 224.46	0.81	宁夏回族自治区	1 103.00	1.09
	山西省	1 005.88	0.67	湖南省	1 042.51	1.03
	宁夏回族自治区	815.50	0.54	黑龙江省	694.29	0.68
	其他	1 829.78	1.22	其他	2 808.64	2.77

注：因四舍五入，表中数据有微小出入。

〔撰稿人：中国重型机械工业协会严祥文　审稿人：中国重型机械工业协会李镜〕

2016年连续搬运设备进出口排名前30位的国家（地区）

序号	国家（地区）	出口额（万美元）	占出口总额的比重（%）	国家（地区）	进口额（万美元）	占进口总额的比重（%）
	连续搬运设备合计	150 517.47	100.00	连续搬运设备合计	101 573.34	100.00
1	越南	16 723.90	11.11	德国	27 004.35	26.59
2	印度尼西亚	16 161.67	10.74	韩国	18 650.33	18.36
3	巴基斯坦	8 928.80	5.93	日本	10 980.94	10.81
4	土耳其	7 341.94	4.88	美国	6 426.67	6.33
5	马来西亚	7 059.56	4.69	中国台湾	6 369.26	6.27
6	印度	6 484.51	4.31	意大利	5 266.26	5.18
7	日本	5 716.97	3.80	奥地利	4 922.81	4.85
8	泰国	5 214.38	3.46	法国	3 145.67	3.10
9	美国	5 098.81	3.39	丹麦	2 472.34	2.43
10	巴西	4 192.00	2.79	瑞士	2 321.73	2.29
11	澳大利亚	3 907.63	2.60	荷兰	2 221.56	2.19

（续）

序号	国家（地区）	出口额（万美元）	占出口总额的比重（%）	国家（地区）	进口额（万美元）	占进口总额的比重（%）
12	菲律宾	3 748.35	2.49	新加坡	1 914.90	1.89
13	伊朗	2 934.17	1.95	英国	1 701.58	1.68
14	俄罗斯联邦	2 917.09	1.94	瑞典	1 464.47	1.44
15	缅甸	2 846.56	1.89	西班牙	1 356.31	1.34
16	埃塞俄比亚	2 703.54	1.80	芬兰	827.21	0.81
17	委内瑞拉	2 712.56	1.80	马来西亚	701.16	0.69
18	加拿大	2 703.79	1.80	捷克	610.34	0.60
19	中国香港	2 650.47	1.76	中华人民共和国	604.28	0.59
20	中国台湾	2 295.90	1.53	波兰	561.51	0.55
21	埃及	2 225.05	1.48	匈牙利	541.88	0.53
22	孟加拉国	1 996.64	1.33	比利时	302.75	0.30
23	新加坡	2 009.01	1.33	泰国	263.91	0.26
24	韩国	1 558.90	1.04	加拿大	166.78	0.16
25	阿尔及利亚	1 544.49	1.03	澳大利亚	110.56	0.11
26	南非	1 469.77	0.98	中国香港	91.80	0.09
27	沙特阿拉伯	1 434.92	0.95	爱沙尼亚	92.38	0.09
28	尼日利亚	1 409.62	0.94	挪威	78.62	0.08
29	墨西哥	1 289.93	0.86	以色列	69.49	0.07
30	白俄罗斯	1 286.28	0.85	斯洛伐克	75.50	0.07

〔撰稿人：中国重型机械工业协会严祥文　审稿人：中国重型机械工业协会李镜〕

2016年其他物料搬运设备进出口分类统计

序号	分类	出口额（万美元）	占出口总额的比重（%）	分类	进口额（万美元）	占进口总额的比重（%）
1	其他物料搬运设备合计 按企业性质分类	134 557.20	100.00	其他物料搬运设备合计 按企业性质分类	134 340.95	100.00
	私人企业	70 063.71	52.07	外商独资企业	48 402.76	36.03
	外商独资企业	30 921.64	22.98	中外合资企业	39 815.81	29.64

(续)

序号	分类	出口额（万美元）	占出口总额的比重（%）	分类	进口额（万美元）	占进口总额的比重（%）
	国有企业	19 730.22	14.66	私人企业	26 463.17	19.70
	中外合资企业	12 388.37	9.21	国有企业	18 256.34	13.59
	集体企业	1 274.69	0.95	集体企业	1 214.68	0.90
	中外合作企业	142.60	0.11	中外合作企业	158.74	0.12
	个体工商户	35.97	0.03	个体工商户	24.19	0.02
				其他企业	5.26	0.00
2	按贸易方式分类			按贸易方式分类		
	一般贸易	102 916.80	76.49	一般贸易	100 128.28	74.53
	进料加工贸易	16 637.00	12.36	外商投资企业作为投资进口的设备、物资	11 441.69	8.52
	对外承包工程出口货物	9 487.87	7.05	进料加工贸易	10 099.27	7.52
	保税仓储进出境货物	1 956.93	1.45	保税区仓储转口货物	7 349.87	5.47
	保税区仓储转口货物	1 443.63	1.07	保税仓储进出境货物	2 658.86	1.98
	边境小额贸易	1 170.67	0.87	出口加工区进口设备	1 672.01	1.24
	来料加工装配贸易	591.20	0.44	其他	535.04	0.40
	其他	324.08	0.24	加工贸易进口设备	298.14	0.22
	国家间、国际组织无偿援助和赠送的物资	12.79	0.01	来料加工装配贸易	112.17	0.08
	租赁贸易	16.23	0.01	租赁贸易	45.62	0.03
3	按行政区分类			按行政区分类		
	江苏省	38 571.00	28.67	江苏省	23 923.29	17.81
	浙江省	20 310.41	15.09	上海市	19 407.63	14.45
	广东省	18 894.19	14.04	北京市	16 255.96	12.10
	上海市	15 240.12	11.33	广东省	14 716.19	10.95
	山东省	9 334.64	6.94	山东省	12 757.68	9.50
	河北省	5 866.77	4.36	重庆市	9 020.33	6.71
	北京市	5 423.40	4.03	天津市	6 141.58	4.57
	福建省	5 134.14	3.82	浙江省	5 486.13	4.08
	天津市	4 055.40	3.01	辽宁省	4 471.27	3.33
	辽宁省	3 420.54	2.54	河北省	4 315.24	3.21
	湖南省	1 488.36	1.11	湖北省	3 754.83	2.80
	河南省	1 265.18	0.94	福建省	3 540.45	2.64
	安徽省	1 244.78	0.93	吉林省	2 355.50	1.75

(续)

序号	分类	出口额（万美元）	占出口总额的比重（%）	分类	进口额（万美元）	占进口总额的比重（%）
	重庆市	684.52	0.51	黑龙江省	1 382.83	1.03
	四川省	617.13	0.46	河南省	1 321.20	0.98
	湖北省	570.22	0.42	江西省	1 244.51	0.93
	陕西省	520.80	0.39	安徽省	1 241.48	0.92
	云南省	440.32	0.33	陕西省	643.74	0.48
	山西省	378.37	0.28	广西壮族自治区	594.94	0.44
	黑龙江省	347.40	0.26	湖南省	537.17	0.40
	其他	749.51	0.56	其他	1 229.00	0.91

注：因四舍五入，表中数据有微小出入。

〔撰稿人：中国重型机械工业协会严祥文　审稿人：中国重型机械工业协会李镜〕

2016 年其他物料搬运设备进出口排名前 30 位的国家（地区）

序号	国家（地区）	出口额（万美元）	占出口总额的比重（%）	国家（地区）	进口额（万美元）	占进口总额的比重（%）
	其他物料搬运设备合计	134 557.20	100.00	其他物料搬运设备合计	134 340.95	100.00
1	美国	18 886.27	14.04	韩国	29 277.78	21.79
2	澳大利亚	9 972.82	7.41	德国	25 363.74	18.88
3	日本	8 542.79	6.35	日本	23 411.88	17.43
4	越南	6 650.38	4.94	美国	9 319.22	6.94
5	菲律宾	4 967.29	3.69	法国	6 948.91	5.17
6	英国	4 778.38	3.55	中国台湾	6 934.56	5.16
7	马来西亚	4 464.75	3.32	意大利	5 734.60	4.27
8	法国	4 227.88	3.14	瑞士	5 561.69	4.14
9	印度	4 028.52	2.99	奥地利	3 373.10	2.51
10	德国	3 846.56	2.86	挪威	2 343.06	1.74
11	墨西哥	3 369.21	2.50	瑞典	2 300.86	1.71
12	中国香港	3 130.19	2.33	荷兰	2 285.32	1.70
13	印度尼西亚	3 096.00	2.30	中华人民共和国	1 334.51	0.99

（续）

序号	国家（地区）	出口额（万美元）	占出口总额的比重（%）	国家（地区）	进口额（万美元）	占进口总额的比重（%）
14	荷兰	3 024.25	2.25	丹麦	1 195.62	0.89
15	中国台湾	2 977.72	2.21	英国	1 105.71	0.82
16	泰国	2 951.88	2.19	捷克	1 012.30	0.75
17	韩国	2 598.00	1.93	新加坡	970.29	0.72
18	俄罗斯联邦	2 496.91	1.86	波兰	721.01	0.54
19	阿尔及利亚	2 491.89	1.85	马来西亚	689.62	0.51
20	伊朗	2 280.15	1.69	西班牙	680.31	0.51
21	新加坡	2 234.93	1.66	芬兰	562.42	0.42
22	加拿大	2 077.15	1.54	俄罗斯联邦	446.79	0.33
23	土耳其	1 907.15	1.42	加拿大	419.73	0.31
24	意大利	1 554.84	1.16	比利时	388.86	0.29
25	阿拉伯联合酋长国	1 530.34	1.14	澳大利亚	357.74	0.27
26	巴基斯坦	1 383.61	1.03	印度尼西亚	258.55	0.19
27	南非	1 287.63	0.96	匈牙利	237.44	0.18
28	沙特阿拉伯	1 281.19	0.95	越南	181.92	0.14
29	巴西	1 128.18	0.84	波斯尼亚—黑塞哥维那	134.32	0.10
30	西班牙	928.43	0.69	南非	125.35	0.09

〔撰稿人：中国重型机械工业协会严祥文　审稿人：中国重型机械工业协会李镜〕

中国重型机械工业年鉴 2017

标准与质量

介绍重型机械行业标准化及质量工作情况

Introduce progress of industry-wide standardization and quality work for the heavy machinery industry

综述

大事记

行业篇

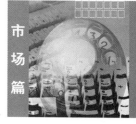
市场篇

企业篇

统计资料

标准与质量

附录

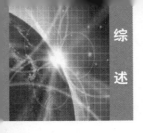
综述

大事记

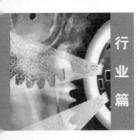
行业篇

市场篇

我国冶金设备行业标准化工作情况
我国矿山机械行业标准化工作情况
我国起重运输机械行业标准化工作情况
2016年全国特种设备安全状况

企业篇

统计资料

标准与质量

附录

中国重型机械工业年鉴2017

标准与质量

我国冶金设备行业标准化工作情况

截至 2016 年年底，全国冶金设备标准化技术委员会（SAC/TC409）归口管理国家标准 5 项，行业标准 378 项；在研国家标准 7 项（含已报批 1 项），行业标准 109 项。

2016 年，国家标准委批准立项 SAC/TC409 归口管理的国家标准 2 项，工业和信息化部批准立项 SAC/TC409 归口管理的行业标准 8 项，SAC/TC409 向国家标准委报批国家标准 1 项，向工业和信息化部报批行业标准 30 项；审查国家标准 4 项，行业标准 14 项。国家标准委批准发布的国家标准 3 项，工业和信息化部批准发布 SAC/TC409 归口管理的行业标准 37 项。

在上级主管部门领导下，SAC/TC409 根据《推荐性标准集中复审工作方案》（国标委综合〔2016〕28 号）的要求，对所归口的推荐性标准和计划项目开展集中复审工作。通过征询行业意见，听取专家建议，集中开会讨论等，提出了《冶金设备推荐性标准和计划项目集中复审结论汇总表（送审稿）》，交标委会委员审查。审查结论为：

推荐性标准集中复审结论：继续有效 273 项，修订 61 项，直接废止 13 项，转化 17 项。

推荐性标准制（修）订计划集中复审结论：继续有效 37 项，延期 85 项，直接废止 4 项。

SAC/TC409 按照工业和信息化部、中国机械工业联合会的要求，组织行业内有关单位对标准体系现状进行分析，依据冶金行业产业发展的重点，编制完成《机械工业冶金设备专业领域"十三五"技术标准体系建设方案》。

SAC/TC409 在总结国家标准《板带精整与表面处理装备 安全技术条件》的制定工作经验基础上，开展了《连铸机 安全技术条件》《轧制设备 安全技术条件》《炉外精炼设备 安全技术条件》和《重型挤压机 安全技术条件》4 项冶金设备安全标准的预研。完善 16 项《重型机械 通用技术条件》系列国家标准（中英文）的草案，并开展计划立项申报工作。

2016 年 11 月 15—18 日，SAC/TC409 在广西南宁市召开全体年会。会议听取了 2016 年全国冶金设备标准化委员会工作总结和标准制（修）订计划执行情况，以及 2017 年标准化工作主要思路的汇报，会议审查标准 18 项，初评《重型机械 通用技术条件》16 项标准（中英文）的草案，审查论证拟申请的国家标准和行业标准立项建议，确定将其中的 37 项列为 2017 年度向国家标准委和工业和信息化部申报项目。

〔撰稿人：中国重型机械研究院股份公司苏静　审稿人：中国重型机械研究院股份公司晁春雷〕

我国矿山机械行业标准化工作情况

全国矿山机械标准化技术委员会（SAC/TC88，以下简称全国矿机标委会）是全国性矿山机械（固体矿物的开采与选别加工处理设备）行业标准化工作的技术组织，负责全国矿山机械行业标准化工作的技术归口管理，并与相应的国际标准化组织建立联系和开展交流活动。2014 年国家标准化管理委员会批复成立第五届全国矿机标委会，第五届标委会由 1 名顾问和 63 名委员组成，秘书处仍设在洛阳矿山机械工程设计研究院有限责任公司；2016 年全国矿机标委会机构和委员未做调整，保持了原有的规模和发展态势。

全国矿机标委会 2016 年主要组织完成行业标准制修订、推荐性标准集中复审、强制性国家标准整合精简评估、"十三五"标准体系建设、参与国际标准化活动等重点工作，圆满完成了各项工作任务，继续保持了稳步发展的良好态势，取得了丰硕成果，为我国矿山机械行业和标准化事业的发展做出了重要贡献。在 2016 年 9 月召开的全国机械工业标准化和质量推进会议上，全国矿机标委会被评为"十二五"机械工业标准化工作先进集体，杨现利副主任委员、郭明秘书长和林天华委员被评为"十二五"机械工业标准化工作先进工作者。

截至 2016 年年底，全国矿机标委会下设电气设备分委会、液压传动与控制设备分委会和筒式磨机工作组、石材矿山开采机械工作组。归口标准总数338项（其中国家标准69项、机械行业标准269项）；在研国家标准计划项目27项，在研行业标准计划项目85项。

1. 标准制定、修订工作完成情况

2016年，矿山机械行业共列入行业标准计划项目31项；全国矿机标委会完成审查和报批国家标准计划项目2项、行业标准计划项目31项。为落实2016年国家标准和行业标准制定、修订项目计划，协调标准起草工作中的有关问题，全国矿机标委会于2016年4月在湖北省襄阳市召开了矿山机械行业2016年度国家标准和行业标准起草协调工作会议，逐项对2016年度标准计划项目进行了协调落实，明确了标准项目的负责起草单位、参加起草单位和标准主要技术内容及总体要求、分工和进度安排，为2016年标准项目计划的正常实施和顺利完成奠定了基础。

2016年8月，全国矿机标委会在河南省洛阳市组织召开了矿山机械标准技术审查会，对《永磁筒式磁选机》等标准计划项目进行技术审查。在2016年11月召开的五届三次年会上，组织完成对《多绳缠绕式矿井提升机》等2项国家标准和31项机械行业标准的审查，2016年年底逐步实现报批。2016年，工业和信息化部批准发布全国矿机标委会归口标准18项。2016年全国矿机标委会完成审查上报的标准计划项目见表1。

表1 2016年全国矿机标委会完成审查上报的标准计划项目

序号	项目计划编号	项目名称	标准级别	标准属性	制定或修订
1	20151688—T—604	单绳缠绕式矿井提升机	国际标准	推荐	修订
2	20151687—T—604	多绳缠绕式矿井提升机	国际标准	推荐	制定
3	2015—1403T—JB	排土机	行业标准	推荐	制定
4	2015—1399T—JB	矿用单轨液压自移式设备运输车	行业标准	推荐	制定
5	2015—1405T—JB	内减速摆式磨粉机	行业标准	推荐	制定
6	2015—1407T—JB	固定式抓斗矿车装卸机	行业标准	推荐	制定
7	2016—0531T—JB	矿用活塞式充填泵送机	行业标准	推荐	制定
8	2016—0533T—JB	巷道掘进钻装机	行业标准	推荐	制定
9	2016—0591T—JB	大型自同步箱式振动器直线振动筛	行业标准	推荐	修订
10	2016—0592T—JB	直流传动矿井提升机电控设备 检验规范	行业标准	推荐	制定
11	2016—0714T—JB	自卸式立盘尾矿回收机	行业标准	推荐	制定
12	2016—0715T—JB	侧卸式装岩机	行业标准	推荐	制定
13	2016—0716T—JB	立筒式高梯度磁选机	行业标准	推荐	制定
14	2016—0717T—JB	动偏心式圆振动筛	行业标准	推荐	制定
15	2016—0718T—JB	矿井提升机 高压变频传动电控设备 技术条件	行业标准	推荐	制定
16	2016—0719T—JB	矿井提升机 中压变频传动电控设备 技术条件	行业标准	推荐	制定
17	2016—0720T—JB	矿井提升机和矿用提升绞车 变频传动电控设备 检验规范	行业标准	推荐	制定
18	2016—0721T—JB	矿井提升机和矿用提升绞车 盘形制动系统 技术条件	行业标准	推荐	制定
19	2016—0722T—JB	矿井提升机和矿用提升绞车 盘形制动系统 检验规范	行业标准	推荐	制定
20	2016—0723T—JB	矿用隔爆型电磁除铁器电源控制箱	行业标准	推荐	制定
21	2016—0724T—JB	矿用金属编织筛网	行业标准	推荐	修订
22	2016—0725T—JB	矿用摆动带式堆料机	行业标准	推荐	制定
23	2016—0726T—JB	矿渣水泥立磨	行业标准	推荐	修订
24	2016—0727T—JB	破碎筛分设备用短式皮带机	行业标准	推荐	修订
25	2016—0728T—JB	潜孔钻机 第1部分：露天矿用型	行业标准	推荐	修订
26	2016—0729T—JB	湿式强磁板式磁选机	行业标准	推荐	制定
27	2016—0731T—JB	现场混装炸药车 第1部分：重铵油炸药型	行业标准	推荐	修订
28	2016—0732T—JB	现场混装炸药车 第2部分：粒状铵油炸药型	行业标准	推荐	修订
29	2016—0733T—JB	现场混装炸药车 第3部分：乳化炸药型	行业标准	推荐	修订

(续)

序号	项目计划编号	项目名称	标准级别	标准属性	制定或修订
30	2016—0734T—JB	现场混装炸药车地面辅助设施	行业标准	推荐	修订
31	2016—0735T—JB	永磁筒式磁选机	行业标准	推荐	修订
32	2016—0736T—JB	振动筛 试验方法	行业标准	推荐	修订
33	2016—0737T—JB	深腔圆锥破碎机	行业标准	推荐	制定

2.《机械工业"十三五"技术标准体系建设方案——矿山机械专业领域》编制

根据中国机械工业联合会的统一部署，全国矿机标委会秘书处组织人员在广泛调研矿山机械行业产品和技术发展状况的基础上，收集需求并加以分析研究，结合2015年完成的《"十三五"矿山机械行业标准化发展规划》等相关工作成果，编制了《机械工业"十三五"技术标准体系建设方案——矿山机械专业领域》，组织有关专家审议，经进一步完善后上报中国机械工业联合会。矿山机械标准体系建设方案主要包括专业领域发展概述、标准体系框架、标准体系的现状、"十三五"发展的重点领域、"十三五"技术标准体系的发展目标和主要任务五个部分。"十三五"期间，矿山机械专业领域现行标准、在研计划、拟制修订项目总计567项，其中，现行有效标准338项（国家标准69项、行业标准269项），在研计划112项（国家标准27项、行业标准85项），拟制修订项目117项（国家标准49项、行业标准68项）。

3. 推荐性标准集中复审工作

根据国家标准化管理委员会、工业和信息化部以及中国机械工业联合会关于开展推荐性标准集中复审工作的通知要求，全国矿机标委会对归口的434项推荐性标准和在研计划(319项推荐性标准和115项在研标准计划项目)进行了全面清理，在广泛征求标准原负责起草单位意见的基础上，结合现行的国家标准化相关政策，对这些标准的技术水平、使用情况及存在问题进行了认真分析研究，逐项提出了初审意见，提交标委会审查。全国矿机标委会于2016年8月在河南省洛阳市召开了标准复审工作会议，对434项推荐性标准和在研标准计划项目逐项进行了认真细致的审查和讨论，达成了一致意见，从而得出了复审结论及处理意见，复审结论已上报。

4. 强制性国家标准的整合精简评估工作

根据国家标准化管理委员会、中国机械工业联合会有关强制性整合精简预评估工作的文件要求，2015年全国矿机标委会组织行业专家、企业代表、科研院所及检测机构等方面的专家，按照《强制性标准整合精简技术评估方法》的要求，在已有强制性国家标准梳理成果的基础上，对归口范围内的21项强制性国家标准和5项在研强制性国家标准计划项目进行深入的研究，得出了预评估结论，报上级主管部门。2016年按照相关要求完成正式评估，报上级主管部门。

5. 石料矿山开采设备分技术委员会筹建

按照全国矿机标委会五届一次会议确定的工作任务，根据行业发展需要，全国矿机标委会启动了天然石矿山开采设备分技术委员会筹建工作，经与地方质监部门协商，由福建省质量监督局为主向国标委申报成立天然石矿山开采设备分技术委员会（SAC/TC88/SC3）；国标委于2016年2月进行了筹建公示，又于2016年7月召开专门协调会议，会议明确成立"石料矿山开采设备分技术委员会"，进入筹建正式程序。

6. 参与国际标准化活动

近年来，全国矿机标委会根据国家标准化管理委员会有关我国实质性参与国际标准化活动为产品出口提供强有力技术支持的要求，按照积极寻找突破口，先参与相关国际标准制定、条件成熟后再承接秘书处为目标的工作计划开展工作。

ISO/TC 82矿业技术委员会2013年开始恢复活动，启动《采矿和土方机械 凿岩钻机和岩石加固钻机 第1部分：术语》《采矿和土方机械 凿岩钻机和岩石加固钻机 第2部分：安全要求》等多项国际标准制定，全国矿机标委会组织行业相关单位积极参加该技术委员会及工作组组织的活动，参与两项国际标准的制定工作，为促进该领域自主创新产品进入国际市场提供有力的技术支持。目前两项国际标准处于工作组草案阶段。

国际标准化组织ISO/TC 127土方机械技术委员会，联合ISO/TC 82矿业组成联合工作组ISO/TC 127/WG 14（第14工作组，简称为"UGM"），已制定出《采矿 地下移动机械 安全要求》国际标准草案，目前已进入最终投票阶段。全国矿机标委会秘书处代表中国参与该联合工作组活动，并组织行业单位参与了该国际标准的制定工作。

ISO/TC 82矿业技术委员会于2016年10月3—7日在芬兰赫尔辛基召开了2016年年会及工作组会议，共有20多个国家的40多名专家参加，我国派出6名专家参加，ISO中相关的技术委员会也参加此次年会，充分反映世界各国对矿业领域国际标准化工作的重视，特别是中国和发展中国家。

7. 加大行业技术服务力度，引导企业积极参与标准制定工作

全国矿机标委会继续组织编辑《矿山机械标准化》和《标准出版快讯》等内部刊物，社会各界通过标委会门户网站全面了解标委会工作动态、国家的标准化政策、行业技术发展等多方面信息，企业可以快速查阅、购买所需的

标准资料，为行业发展提供交流平台，收到了很好效果。

行业标准化工作只有与市场经济紧密结合，与企业发展需求紧密结合，才能充满新的活力，具有大的发展。多年以来，全国矿机标委会十分重视依靠企业的力量促进行业标准化工作的开展，标委会通过公开征集标准项目，吸引了大量关心标准化工作的单位和个人加入到矿山机械行业标准化工作中，使企业真正成为标准化工作的主体，调动了企业参与标准化工作的积极性，同时也使标准密切结合了工作实际，实用性更强。

〔撰稿人：洛阳矿山机械工程设计研究院有限责任公司杨现利　审稿人：洛阳矿山机械工程设计研究院有限责任公司邹声勇〕

我国起重运输机械行业标准化工作情况

2016年是"十三五"的开局之年，是深化标准化改革发展的关键之年，也是狠抓规划措施和改革任务的落实之年，起重运输机械标准化工作在国家标准化管理委员会、工业和信息化部及中国机械工业联合会的领导下，在起重运输机械行业企业的大力支持下，较好地完成了标准的制（修）订工作、国际标准化工作和标准化服务等工作。截至2016年12月31日，起重运输机械行业已制定标准454项，其中国家标准257项（包括强制性国家标准15项，推荐性国家标准240项），机械行业标准197项。

一、2016年起重运输机械国内标准化工作情况

（一）起重机械标准化工作情况

全国起重机械标准化技术委员会（SAC/TC227，简称起重机标委会）是我国从事起重机械专业技术标准制（修）订的最高技术机构，主要负责我国各类起重机、轻小型起重设备、机械式停车设备、起重吊钩、圆环链及附件、起重机械用电气设备等专业领域的标准化技术归口工作，截至2016年年底，我国起重机械行业共有现行有效标准294项，其中国家标准198项（包括11项强制性标准和187项推荐性标准），机械行业标准96项。

2016年，起重机标委会共组织完成7项国家标准和14项机械行业标准的制（修）订工作，并重点完成了如下重要标准的制（修）订工作及其他标准化工作。2016年已完成的起重机械标准计划项目见表1。

表1　2016年已完成的起重机械标准计划项目

序号	标准项目名称	标准级别	标准性质	制定或修订	代替标准
1	起重机械安全规程　第6部分：缆索起重机	国家标准	强制	制定	
2	起重机术语　第2部分：流动式起重机	国家标准	推荐	修订	GB/T 6974.2—2010
3	起重机通道及安全防护设施　第4部分：臂架起重机	国家标准	推荐	制定	
4	起重用短环链吊链用8级普通精度链	国家标准	推荐	修订	GB/T 24816—2009
5	起重吊具　分类	国家标准	推荐	制定	
6	起重机械　安全监控管理系统	国家标准	推荐	修订	GB/T 28264—2012
7	起重机和葫芦　钢丝绳、卷筒和滑轮的选择	国家标准	推荐	制定	
8	起重机械用工业制动器能效限额	行业标准	推荐	制定	
9	起重机械用冶金电动机能效限额	行业标准	推荐	制定	
10	起重机用三支点减速器	行业标准	推荐	修订	JB/T 8905.1—1999
11	起重机用底座式减速器	行业标准	推荐	修订	JB/T 8905.2—1999
12	起重机用立式减速器	行业标准	推荐	修订	JB/T 8905.3—1999
13	起重机用套装式减速器	行业标准	推荐	修订	JB/T 8905.4—1999
14	流动式起重机行走机构试验规范	行业标准	推荐	制定	
15	螺旋千斤顶	行业标准	推荐	修订	JB/T 2592—2008

(续)

序号	标准项目名称	标准级别	标准性质	制定或修订	代替标准
16	起重机用聚氨酯缓冲器	行业标准	推荐	修订	JB/T 10833—2008
17	卧式油压千斤顶	行业标准	推荐	修订	JB/T 5315—2008
18	起重机械无损检测 钢焊缝超声检测	行业标准	推荐	修订	JB/T 10559—2006
19	起重机用主令控制器	行业标准	推荐	制定	
20	起重机用抓斗	行业标准	推荐	制定	
21	工业制动器 制动衬垫	行业标准	推荐	制定	

1. 完成国家标准和机械行业标准的制（修）订

（1）修订国家标准《起重机械 安全监控管理系统》。GB/T 28264—2012《起重机械 安全监控管理系统》于2012年7月1日正式实施以来，为贯彻落实国务院《关于进一步加强企业安全生产工作的通知》（国发〔2010〕23号）中有关"大型起重机械要安装安全监控管理系统"的精神以及配合国家质检总局和国家安监总局在大型起重机械安装安全监控管理系统的各项工作中，提供了重要技术支撑，为起重机械安全监控管理系统的研制开发、试验验证提供了重要的技术依据，并对保障在用起重机械的使用安全，减少起重机械安全事故，发挥了重要作用。但在近3年的实施过程中，也发现了一些问题，为进一步提升标准水平和质量，完善标准内容，解决标准实施过程中发现的问题，使标准更具操作性、合理性和先进性，对该国家标准进行了修订。

该标准在修订过程中参考了GB 6067.1—2010《起重机械安全规程 第1部分：总则》、GB 5226.2—2002《机械安全 机械电气设备 第32部分：起重机械技术条件》、GB/T 25196.1—2010《起重机 状态监控 第1部分：总则》等国家标准，并结合近几年起重机械安全监控管理系统的开发、生产及使用经验而制定。标准的修订，为用科技手段来加强起重机械的监管、实现起重机械在正常工作过程阶段和事故发生阶段的可记录性，以及增加事故的可追溯性等方面，打下了坚实的基础。该国家标准达到了国际先进水平。

（2）制定强制性国家标准《起重机械安全规程 第6部分：缆索起重机》。缆索起重机是一种特殊的起重机械，广泛应用于电站、桥梁等工程建设中。该强制性国家标准在配合特种设备加强对缆索起重机的监督管理，进一步提高我国缆索起重机的产品质量和本质安全性，减少缆索起重机的安全事故，规范市场经济秩序等方面，发挥重要作用。该国家标准达到了国内先进水平。

（3）制定国家标准《起重吊具 分类》。起重吊具是起重机械的直接承载部件之一，其产品质量直接关系到起重机械的使用安全。近年来，随着我国经济建设的高速发展，起重吊具的需求量越来越大，生产企业也不断增多，已经形成一个独立的行业。该国家标准的制定，明确了起重吊具的产品种类，填补了国内外标准空白，为建立起重吊具的标准体系，指导各类起重吊具产品标准的制定，规范行业发展，具有重要的指导意义。

（4）修订JB/T 10559—2006《起重机械无损检测 钢焊缝超声检测》。起重机械属于特种设备，广泛应用于冶金、造船、钢铁、建筑、水利水电、铁路建设、交通运输和航空航天等行业。焊接作为起重机械生产制造的关键工艺，其质量关系到起重机械的安全和使用寿命。因起重机焊缝质量问题出现的事故也很多，造成了无法挽回的生命和财产损失，本次修订，修改了检查人员的资格要求、检测等级和验收等级及检测记录和检测报告的内容，增加了耦合剂、检测试块的要求以及母材厚度为6～8mm（不包括8mm）无衬垫结构钢全焊透熔化焊对接接头的超声检测方法等要求，避免了标准制约技术的发展，扩大了标准适用范围，保证了标准的时效性、适用性和科学性，对提升起重机械无损检测技术水平，保障起重机械焊接质量，减少起重机械安全事故的发生，具有重要意义。

2. 贯彻落实《深化标准化工作改革方案》，做好强制性标准整合精简工作

根据中国机械工业联合会秘书处文件机联秘标〔2016〕1号"关于做好强制性国家标准整合精简预评估工作的通知"的要求，起重机标委会按照《强制性标准整合精简技术评估方法》确定的评估原则和技术评估方法，在广泛调研和征求行业意见的基础上，开展了对起重机械行业的11项强制性国家标准和6项强制性国家标准计划的预评估工作，并配合国家质检总局特种设备安全监察局做好了特种设备领域的起重机械强制性标准的评估工作。在此期间，起重机标委会先后参加了中国机械工业联合会组织召开的强制性国家标准整合精简预评估工作座谈会，国家质检总局特种设备安全监察局组织召开的特种设备安全强制性国家标准整合精简评估报告审定会议，最终确定了技术评估结论，根据技术评估结论，起重机械行业拟保留两项起重机械强制性国家标准，即GB 26469—2011《架桥机安全规程》、GB 28755—2012《简易升降机安全规程》，其余强制性国家标准和强制性国家标准计划均转为推荐性。

3. 贯彻落实《深化标准化工作改革方案》，做好推荐性标准优化完善工作

根据《国家标准化管理委员会关于推荐性标准集中复

审工作方案》（国标委综合〔2016〕28号）和《工业和信息化部办公厅关于开展工业和通信业推荐性标准集中复审工作的通知》（工信厅科函〔2016〕321号）的要求，组织开展了起重机械专业领域现行推荐性标准和在研推荐性标准的集中复审工作。根据集中复审结论，起重机械专业领域推荐性标准共计290项，继续有效198项，修订68项，直接废止24项；推荐性标准制（修）订计划共计60项，继续有效52项，修订4项，直接废止4项。

4. 加强标准宣贯，推动"标准化+"落地

为使各有关单位和人员充分理解标准的制定背景、主要技术内容及其制定依据，推动标准的贯彻实施，发挥"标准化+"效应，减少产品在检验验收过程中的纠纷，在全国范围内组织对GB/T 28264—2012《起重机械 安全监控管理系统》、GB/T 31052.1—2014《起重机械检查与维护规程第1部分：总则》、GB/T 31052.11—2015《起重机械检查与维护规程第11部分：机械式停车设备》、JB/T 10474—2015《巷道堆垛类机械式停车设备》和JB/T 10475—2015《垂直升降类机械式停车设备》5项重要标准召开了2期标准宣贯会。来自从事起重机械设计、制造、安装、检验、维保和使用等方面工作的工程技术人员共计230余人参加了会议。

5. 积极配合国标委做好各项工作，充分发挥起重机标委会承上启下的作用

（1）世界标准日宣传工作。2016年10月14日是世界标准日，世界标准日的主题是"实施标准化战略，促进世界互联互通"。在世界标准日前夕，国家标准化管理委员会组织召开了2016年世界标准日重要标准发布会。国家标准化管理委员会于欣丽副主任出席会议并发表重要讲话，中央电视台、新华日报等各大主流媒体应邀出席会议并进行了相关报道。新闻发布会上，国家质检总局和国家标准化管理委员会批准发布315项重要的国家标准，并选择4项国家标准进行现场解读。受国家标准化管理委员会工业标准一部委托，起重机标委会负责对归口管理的GB/T 33082—2016《机械式停车设备 使用与操作安全要求》进行了现场解读。

（2）贯彻落实"标准化+"战略行动。为配合国家标准委做好"标准化+先进制造"的宣传工作，扩大起重机标委会影响力，按要求提供了GB/T 3811—2008《起重机设计规范》的宣传资料。

（3）"中国装备"标准体系建设二期的研究工作。积极配合国标委完成了"中国装备"标准体系建设二期的研究工作，并提出了俄白哈海关联盟国家流动式起重机和塔式起重机使用的标准目录以及标准比对情况，为了解我国工程机械在"一带一路"沿线国家的标准需求，减少我国产品出口贸易的技术壁垒，推动中国企业和中国装备走出去，奠定了重要基础。

6. 稳步推进起重机械电气设备标准化工作

为进一步增加电气设备工作组凝聚力，2016年9月27—29日，在浙江省台州市组织召开全国起重机械标准化技术委员会电气设备工作组一届二次会议。该工作组自成立以来，建立了起重机械电气设备标准体系，组织制（修）订了JB/T 12664—2016《起重机定子调压调速控制装置》、《起重机械用变频器》、《起重机械用电阻器》、《起重机用主令控制器》等5项机械行业标准，为提高起重机械电气设备产品质量，规范市场经济秩序，减少因电气设备故障引发的起重机械安全事故，打下了坚实的基础。

7. 密切配合特种设备开展各项工作

根据《中华人民共和国特种设备安全法》和《特种设备目录》的规定，部分起重机械属于特种设备，因此，起重机械标准化工作与特种设备密不可分、相互衔接。2016年，配合特种设备开展的主要标准化工作如下：

（1）积极配合国家总局特种设备安全局做好特种设备强制性国家标准的整合精简评估工作以及特种设备法规标准优化清理工作，并派员参加了相关会议。

（2）配合国家质检总局特种设备安全监察局做好升降横移类机械式停车设备和垂直升降类机械式停车设备的技术差异比对工作。

（3）受企业委托，组织对"升降横移类机械式停车设备采用尼龙滑轮时，滑轮名义直径与钢丝绳直径之比不应小于18"进行技术论证；组织对用于架设桥梁的架桥设备是否属于GB/T 26470—2011《架桥机通用技术条件》中规定的架桥机，在广泛征求委员意见的基础上，本着慎重、负责的态度给予了答复。

8. 积极申报标准成果，归口标准荣获奖励

按照中国机械工业科学技术奖励工作办公室《关于2016年度"中国机械工业科学技术奖"申报、推荐工作的通知》的要求，起重机标委会组织申报了归口管理的JB/T 11963—2014《气动葫芦》。根据中国机械工业联合会中机联科〔2016〕259号"关于表彰2016年度中国机械工业科学技术奖奖励项目的通报"，上述机械行业标准荣获2016年度中国机械工业科学技术奖二等奖。

9. 标准化工作成绩显著，再获荣誉

为了鼓励先进，树立典型，2016年中国机械工业联合会组织开展了"十二五"期间机械工业标准化工作先进集体和先进工作者的评选工作。按照中国机械工业联合会秘书处文件机联秘标〔2016〕53号《关于评选"十二五"期间机械工业标准化工作先进集体和先进工作者的通知》的要求，起重机标委会填报了《"十二五"机械工业标准化工作先进集体申报书》。经过重重筛选，起重机标委会荣获"十二五"期间机械工业标准化工作先进集体。因工作成绩突出，起重机标委会已荣获"九五""十五""十一五""十二五"机械工业标准化工作先进集体荣誉称号。

10. 2016年批准发布的起重机械标准情况

2016年，起重机械专业领域批准发布了21项国家标准和17项机械行业标准。2016年批准发布的起重机标准见表2。

表2 2016年批准发布的起重机械标准

序号	标准号	标准名称	代替标准号	实施日期
1	GB/T 5972—2016	起重机钢丝绳保养、维护、报废规范	GB/T 5972—2009	2016-06-01
2	GB/T 6974.4—2016	起重机术语 第4部分：臂架起重机		2017-05-01
3	GB/T 6974.6—2016	起重机术语 第6部分：铁路起重机	GB/T 6974.7—1986	2016-06-01
4	GB/T 14560—2016	履带起重机	GB/T 14560—2011	2016-09-01
5	GB/T 20303.1—2016	起重机司机室和控制站 第1部分：总则	GB/T 20303.1—2006	2016-06-01
6	GB/T 20303.3—2016	起重机司机室和控制站 第3部分：塔式起重机	GB/T 20303.3—2006	2017-05-01
7	GB/T 20863.2—2016	起重机械分级 第2部分：流动式起重机	GB/T 20863.2—2007	2017-05-01
8	GB/T 23724.1—2016	起重机检查 第1部分：总则	GB/T 23724.1—2009	2016-09-01
9	GB/T 24817.1—2016	起重机械控制装置布置形式和特性 第1部分：总则	GB/T 24817.1—2009	2017-05-01
10	GB/T 24817.3—2016	起重机械控制装置布置形式和特性 第3部分：塔式起重机	GB/T 24817.3—2009	2017-05-01
11	GB/T 31051.4—2016	起重机工作和非工作状态下的锚定装置 第4部分：臂架起重机		2017-05-01
12	GB/T 31052.2—2016	起重机械检查和维护规程 第2部分：流动式起重机		2017-05-01
13	GB/T 31052.3—2016	起重机械检查和维护规程 第3部分：塔式起重机		2017-05-01
14	GB/T 31052.6—2016	起重机械检查和维护规程 第6部分：缆索起重机		2017-05-01
15	GB/T 31052.7—2016	起重机械检查和维护规程 第7部分：桅杆起重机		2016-09-01
16	GB/T 31052.8—2016	起重机械检查和维护规程 第8部分：缆索起重机		2017-05-01
17	GB/T 31052.9—2016	起重机械检查和维护规程 第9部分：升降机		2017-05-01
18	GB/T 31052.10—2016	起重机械检查和维护规程 第10部分：轻小型起重设备		2016-09-01
19	GB/T 32544-2016	桥式与门式起重机金属结构声发射检测及结果评定方法		2016-09-01
20	GB/T 33080—2016	塔式起重机安全评估规则		2017-05-01
21	GB/T 33082—2016	机械式停车设备使用与操作安全要求		2017-05-01
22	JB/T 5317—2016	环链电动葫芦	JB/T 5317—2007	2016-06-01
23	JB/T 6042—2016	汽车起重机专用底盘	JB/T 6042—2006	2017-04-01
24	JB/T 7332—2016	手动单轨小车	JB/T 7332—2007	2017-04-01
25	JB/T 7334—2016	手拉葫芦	JB/T 7334—2007	2017-04-01
26	JB/T 7335—2016	环链手扳葫芦	JB/T 7335—2007	2017-04-01
27	JB/T 8437—2016	起重机械无线遥控装置	JB/T 8437—1996	2017-04-01
28	JB/T 10545—2016	平面移动类机械式停车设备	JB/T 10545—2006	2016-06-01
29	JB/T 12664—2016	起重机定子调压调速控制装置		2016-06-01
30	JB/T 12745—2016	电动葫芦能效限额		2016-09-01
31	JB/T 12880—2016	起重机械用不锈钢电阻器		2017-04-01
32	JB/T 12982—2016	电磁圆盘式制动器		2017-04-01
33	JB/T 12983—2016	钢丝绳手扳葫芦		2017-04-01
34	JB/T 12984—2016	起重机抗风制动装置		2017-04-01
35	JB/T 12985—2016	流动式起重机行走机构试验规范		2017-04-01
36	JB/T 12987—2016	起重机弹簧缓冲器	JB/T 8110.1—1999	2017-04-01
37	JB/T 12988—2016	起重机橡胶缓冲器	JB/T 8110.2—1999	2017-04-01
38	JB/T 12989—2016	起重机械用变频器		2017-04-01

（二）连续搬运机械标准化工作情况

全国连续搬运机械标准化技术委员会（SAC/TC331，简称连续搬运标委会）负责连续搬运机械（包括输送机械、给料机械、装卸机械和液力偶合器等液力传动机械）国家标准和行业标准的归口管理工作。截至2016年年底，我国连续搬运机械行业共有现行有效标准79项，其中国家标准10项（包括1项强制性标准），机械行业标准69项。

2016年，连续搬运标委会组织完成机械行业标准《带式输送机用盘式制动器》的制定以及JB/T 7330—2008《电动滚筒》和JB/T 8848—1999《液力元件 系列型谱》2项标准的修订工作。

1.完成重要标准的制（修）订

（1）制定机械行业标准《带式输送机用盘式制动器》。近年来随着现代化矿山、水泥、电厂、冶金、化工、码头等行业用大运量、长距离、大角度、高带速带式输送机的应用越来越广泛，随之带来的安全停车制动问题越来越突出。因此，该标准的制定，填补了国内标准空白，为规范市场经济秩序，提高盘式制动器的产品质量和技术水平，促进带式输送机的制动安全，将发挥积极的作用。

（2）修订JB/T 7330—2008《电动滚筒》。电动滚筒是输送机械的重要部件之一，近年来，随着国民经济的迅猛发展，电动滚筒行业也有了长足的进步，现行标准JB/T 7330—2008在实施过程中发现了一些与之不协调的问题，影响了产品在国内外市场的竞争力。该标准的修订，避免了标准制约技术的发展，对提高电动滚筒产品质量和技术水平，增强产品国际竞争力，奠定了重要基础。该标准在修订时增加了外置式电动滚筒（减速滚筒）的相关要求，提高了电动滚筒用电动机能效等级、噪声指标等，为满足节能降耗、环保、高效的要求，奠定了基础。

2.连续搬运机械强制性标准整合精简预评估工作

根据中国机械工业联合会秘书处文件机联秘标〔2016〕1号"关于做好强制性国家标准整合精简预评估工作的通知"的要求，连续搬运标委会按照国家标准化管理委员会关于《强制性标准整合精简技术评估方法》确定的评估原则和技术评估方法，在广泛调研和征求行业意见的基础上，开展了对连续搬运机械行业1项强制性国家标准和2项强制性国家标准计划的预评估工作，根据技术评估结论，连续搬运机械行业拟保留1项强制性国家标准，即GB 14784—2013《带式输送机安全规范》；已经上报的强制性国家标准计划20120114-Q-604《埋刮板输送机 安全规范》继续执行，正在制定的强制性国家标准计划项目《连续搬运机械 装卸机械 安全规范》转化为推荐性标准计划项目。

3.连续搬运机械专业领域推荐性标准集中复审工作

根据《国家标准化管理委员会关于推荐性标准集中复审工作方案》（国标委综合〔2016〕28号）和《工业和信息化部办公厅关于开展工业和通信业推荐性标准集中复审工作的通知》（工信厅科函〔2016〕321号）的要求，连续搬运机械标委会组织开展了本专业领域的现行推荐性标准和在研推荐性标准计划的集中复审工作。根据集中复审结论，连续搬运机械专业领域推荐性标准共计80项，继续有效25项，修订43项，直接废止2项，视情况废止10项。在研推荐性标准制（修）订计划共计14项，继续有效14项。

4.国家标准英文版的翻译工作

为进一步满足我国连续搬运机械国际贸易的需要，推动更多标准和企业"走出去"，根据国家标准化管理委员会下达的2014年国家标准外文版翻译出版计划的要求，组织连续搬运机械行业有关专家开展了对GB/T 14695—2011《臂式斗轮堆取料机 型式和基本参数》英文版的翻译工作和专家审查会，并完成英文版报批稿的上报。另外，根据国家标准化管理委员会文件国标委综合〔2016〕16号"国家标准委关于发布《家用和类似用途单相插头插座 形式、基本参数和尺寸》等39项国家标准外文版的通知"，GB/T 10595—2009《带式输送机》英文版由国家标准化管理委员会于2016年3月4日正式批准发布。

5.行业服务

积极配合全国工业产品生产许可证办公室完成"轻小型起重运输设备生产许可证实施细则"有关带式输送机相关要求的修订工作及征求意见工作。

6.2016年批准发布的连续搬运机械标准情况

2016年，批准发布的连续搬运机械专业领域的标准见表3。

表3　2016年批准发布的连续搬运机械标准

序号	标准号	标准名称	实施日期
1	JB/T 12636—2016	无轴螺旋输送机	2016-06-01
2	JB/T 12919—2016	成件物品用轻型带式输送机	2017-04-01

（三）工业车辆标准化工作情况

全国工业车辆标准化技术委员会（SAC/TC332，简称工业车辆标委会）负责我国工业车辆领域的国家标准和机械行业标准归口管理工作。截至2016年年底，我国工业车辆行业已有现行有效标准64项，其中国家标准45项（包括2项强制性国家标准和43项推荐性国家标准），机械行业标准19项。

2016年，工业车辆标委会共组织完成1项国家标准和3项机械行业标准的制（修）订工作，并重点完成了如下重要标准的修订工作及其他标准化工作。2016年工业车辆行业完成修订的标准见表4。

表4　2016年工业车辆行业完成修订的标准

序号	标准项目名称	标准类别	标准性质	制定或修订	代替标准
1	越野型叉车 安全要求及验证 第1部分：伸缩臂式叉车	国家标准	推荐	制定	
2	牵引车	行业标准	推荐	修订	JB/T 10750—2007 JB/T 10751—2007
3	叉车属具 倾翻架	行业标准	推荐	制定	
4	叉车属具 软包夹	行业标准	推荐	制定	

1. 制定机械行业标准《叉车属具 倾翻架》及《叉车属具 软包夹》，促进工业车辆配套件行业发展

随着现代物流运输业的不断发展，为了能够大大提高叉车的使用效率，降低生产运营成本，越来越多的用户要求在叉车上配装专用属具，如倾翻架和软包夹，但目前国内尚未制定相应的标准。2016年制定的《叉车属具 倾翻架》和《叉车属具 软包夹》2项机械行业标准，解决了倾翻架和软包夹无统一标准的现状，完善了工业车辆标准体系，对提高倾翻架和软包夹的产品质量和技术水平，规范国内市场秩序，更好地满足叉车的使用需要打下良好的基础。

2. 做好强制性国家标准整合精简预评估工作

按照国务院《深化标准化工作改革方案》确定的强制性标准制定原则和范围，工业车辆标委会对归口管理的2项强制性国家标准GB 10827.1—2014《工业车辆 安全要求和验证 第1部分：自行式工业车辆（除无人驾驶车辆、伸缩臂式叉车和载运车）》和GB 10827.5—2013《工业车辆 安全要求和验证 第5部分：步行式车辆》及2项强制性国家标准制（修）订计划项目《机动工业车辆 使用、操作与维护安全规范》和《越野型叉车 安全要求及验证 第1部分：伸缩臂式叉车》开展了清理评估工作。在此期间，工业车辆标委会先后参加了中国机械工业联合会组织召开的强制性国家标准整合精简预评估工作座谈会，国家质量监督检验检疫总局特种设备局组织召开的特种设备安全强制性国家标准整合精简评估报告审定会议，最终确定了技术评估结果，建议上述强制性国家标准及制（修）订计划项目均转化为推荐性标准。

3. 中国标准外文版的翻译工作

为满足我国工业车辆领域国际贸易的需要，推动更多标准和企业"走出去"。根据"国家标准委关于下达2015年国家标准外文版翻译计划的通知"（国标委综合〔2016〕3号）的要求，标委会向安徽合力股份有限公司等4家企业下达了GB/T 26945—2011《集装箱空箱堆高机》等5项国家标准英文版的翻译出版计划。

4. 继续配合开展中国装备走出去课题研究

继续配合中国工程机械工业协会开展"中国装备"标准体系建设研究（第二期），提供中国工程机械中工业车辆领域在"一带一路"沿线重点国家的标准需求，产能合作情况等。

5. 标准复审工作

根据国家标准化管理委员会《推荐性标准集中复审工作方案》（国标委综合〔2016〕28号）和《工业和信息化部办公厅关于开展工业和通信业推荐性标准集中复审工作的通知》（工信厅科函〔2016〕321号）的要求，工业车辆标委会组织开展了对本专业领域现行推荐性标准（40项国家标准、24项行业标准）和在研推荐性标准（17项国家标准计划、6项行业标准计划）的集中复审工作。工业车辆标委会秘书处在全体委员中征求意见，最终按时上报了《工业车辆专业领域推荐性标准集中复审工作总结报告》《推荐性标准集中复审结论汇总表》和《推荐性标准制（修）订计划集中复审结论汇总表》。

6. 2016年批准发布的工业车辆标准情况

2016年工业车辆专业领域批准发布的国家标准见表5。

表5　2016年工业车辆专业领域批准发布的国家标准

序号	标准号	标准名称	代替标准	实施日期
1	GB/T 5184—2016	叉车 挂钩型货叉和货叉架 安装尺寸	GB/T 5184—2008	2017-05-01
2	GB/T 26949.4—2016	工业车辆 稳定性验证 第4部分：托盘堆垛车、双层堆垛车和操作者位置起升高度不大于1 200mm的拣选车	GB/T 21468—2008	2017-05-01
3	GB/T 26949.7—2016	工业车辆 稳定性验证 第7部分：两向和多向运行叉车	GB/T 22420—2008	2017-05-01
4	GB/T 26949.8—2016	工业车辆 稳定性验证 第8部分：在门架前倾和载荷起升条件下堆垛作业的附加稳定性试验	GB/T 21467—2008	2017-05-01
5	GB/T 26949.11—2016	工业车辆 稳定性验证 第11部分：伸缩臂式叉车		2017-05-01
6	GB/T 26949.14—2016	工业车辆 稳定性验证 第14部分：越野型伸缩臂式叉车		2017-05-01
7	GB/T 26949.20—2016	工业车辆 稳定性验证 第20部分：在载荷偏置条件下作业的附加稳定性试验		2017-05-01
8	GB/T 26949.21—2016	工业车辆 稳定性验证 第21部分：双向和多向车辆		2017-05-01

（四）物流仓储设备标准化工作情况

全国物流仓储设备标准化技术委员会（SAC/TC499，以下简称物流仓储设备标委会）负责物流仓储设备领域国家标准和机械行业标准的归口管理工作。截至2016年年底，物流仓储设备行业已经制定标准17项，其中国家标准4项（均为推荐性标准），机械行业标准13项。

2016年，物流仓储设备标委会共组织完成国家标准《物流仓储配送中心成件物品用连续垂直输送机》的制定工作。

1. 物流仓储设备国家标准和机械行业标准的制（修）订情况

2016年，物流仓储设备标委会开展了《物流仓储配送中心成件物品用连续垂直输送机》等6项国家标准及《工业称重式充填机》等8项机械行业标准的制（修）订工作。在标准制（修）订过程中，为提高广泛性、代表性，保证标准制定的科学性、公正性，年初物流仓储设备标委会针对所有归口管理的标准制（修）订计划向社会公开征集参与起草单位，积极鼓励企业参与标准制（修）订工作。为使新制定的标准具有实用性和可操作性，其中针对5项重要标准，物流仓储设备标委会与全国物流标准化技术委员会（SAC/TC 269）于2016年6月24日在北京市组织召开了《搁板式货架》等3项国家标准审查会议；于2016年9月1—3日，物流仓储设备标委会在浙江省湖州市组织召开了国家标准《物流仓储配送中心成件物品用连续垂直输送机（初稿）》讨论会；2016年9月25—27日在上海市组织召开了国家标准《立体仓库货架系统设计规范（初稿）》专家讨论会。

2. 开展机械工业领域推荐性标准集中复审工作

根据国家标准化管理委员会《推荐性标准集中复审工作方案》（国标委综合〔2016〕28号）和《工业和信息化部办公厅关于开展工业和通信业推荐性标准集中复审工作的通知》（工信厅科函〔2016〕321号）的要求，物流仓储设备标委会组织开展了对本专业领域现行推荐性标准（4项国家标准、13项行业标准）和在研推荐性标准（13项国家标准计划、11行业标准计划）的集中复审工作。物流仓储设备标委会秘书处在全体委员中广泛征求意见，按时上报了《物流仓储设备专业领域推荐性标准集中复审工作总结报告》《推荐性标准集中复审结论汇总表》和《推荐性标准制（修）订计划集中复审结论汇总表》。

3. 标委会的组织建设工作

为提高标准化技术委员会委员构成的广泛性、代表性，严格委员投票表决制度，积极配合标准化技术委员会考核评估试点工作。2016年7月25日，标委会收到了"关于调整全国物流仓储设备标准化技术委员会委员的批复"（标委工一函〔2016〕78号），正式增补南京市产品质量监督检验院周骏贵等10名同志为标委会委员，同时解聘黄明等11名委员的职务。

4. 上报2015年度《全国专业标准化技术委员会年报》

根据国家标准化管理委员会的要求，结合专业现状以及2015年度实际工作情况，认真编制了《全国物流仓储设备标准化技术委员会工作报告》和《全国物流仓储设备标准化技术委员会工作报表》。

二、2016年起重运输机械国际标准化工作情况

起重运输机械行业对口的国际标准化组织为ISO/TC96"起重机技术委员会"、TC101"连续机械搬运设备技术委员会"、TC110"工业车辆技术委员会"、TC111"钢制圆环链、吊链、部件及附件技术委员会"。2016年我国积极组织参与了起重机械和工业车辆行业的国际标准化活动，并完成了以下重要工作。

1. 国际标准文件投票达到100%

2016年，共收到ISO/TC96文件163个，其中国际标准投票文件30个，已投票30个，其他文件133个；收到ISO/TC110文件132个，其中国际标准投票文件32个，已投票32个，其他文件100个；收到ISO/TC111文件12个，其中国际标准投票文件0个，其他文件12个。

2. 主导制定2项国际标准，填补我国牵头制定国际标准空白

由我国牵头提出的国际标准提案《起重机 术语 第4部分：臂架起重机》和《工业车辆 使用、操作与维护安全规范》，经过投票表决，分别于2016年8月和2016年3月正式立项成功，并已进入准备阶段，实现了由我国主导制定起重机和工业车辆国际标准零的突破。

3. 再次承办ISO/TC96起重机技术委员会系列会议

2016年9月5—10日，国际标准化组织起重机技术委员会（ISO/TC96）2016年系列会议在长沙市召开。起重机标委会负责组成32人代表团代表国家标准化管理委员会（SAC）参加了系列会议。在此次会议上，中国正式启动国际标准 ISO 4306-4《起重机 术语 第4部分：臂架起重机》的制定工作，并召开了第一次工作组（ISO/TC96/SC8/WG3 臂架起重机术语）会议。工作组会议由北京起重运输机械设计研究院的项目负责人赵春晖女士主持，美国、英国、德国、日本、俄罗斯、澳大利亚、中国共8个国家的20名专家出席了会议，会议充分听取与会各国代表意见，最终达成一致建议。此次会议为按时完成该国际标准的制定打下坚实的基础。

2015年我国提出的2项国际标准提案又有新进展。在SC4会议上，我国提出的国际标准提案《电动葫芦能效测试方法》在各国专家的建议下，正式注册为预工作项目（PWI），并成立由德国、法国、芬兰、波兰、俄罗斯、中国组成的WG2工作组，中国为项目负责人，专门为研究标准的后续工作提供支持。在SC5会议上，针对中国2015年提出的国际标准提案《起重机械 安全监控和运行管理要求》，会议要求中国根据法国代表提出的建议对草案进行修改，于2017年5月底前将修改后的草案提交SC5秘书处，分发征集各国意见供下次年会讨论。值得一提的是，在SC6会议上，我国又提出了一项新的国际标准提案《起重机 供需双方应提供的资料 第2部分：流动式起重机》，会议同意会后将对新工作项目建议进行投票。上述成绩的取得，标志着我国在起重机国际标准领域拥有了

更多的话语权。

4. 组团参加 ISO/TC110 工业车辆技术委员会系列会议

2016 年 10 月 10—14 日，国际标准化组织工业车辆技术委员会（ISO/TC110）2016 年系列会议在英国伦敦召开。工业车辆标委会负责组成 9 人代表团代表国家标准化管理委员会参加了此次系列会议。在此次 ISO/TC110/SC2 会议上，中国代表介绍了国际标准提案《工业车辆 使用、操作和维护 安全规范》的相关进展，会议要求中国尽快准备工作草案，于 2017 年 1 月底前提交该草案用于工作组内征求意见。另外，中国代表在会上做了题为"中国工业车辆标准情况"的报告，介绍了近两年已出版的工业车辆标准、正在制（修）订的工业车辆标准、工业车辆国家标准英文版及特种设备法规制定情况，获得了与会代表的高度赞扬。

2015 年 1 月 1 日，中国开始正式承担 ISO/TC110/SC5 可持续性分技术委员会副主席和联合秘书处。在 2016 年的系列会议上，SC5 分技术委员会召开了第二次会议，会议由德国的 Anderas Kuehn 博士和中国的赵春晖女士共同主持。此次会议上，中国代表在会上做了"中国能效法规和标准现状"的报告，并介绍了"中国能效标准 JB/T 11988—2014《内燃平衡重式叉车能效测试方法》与 EN 能效标准 EN 16796 之间差异比较"的报告，为 SC5 分技术委员会今后制定能效国际标准奠定了基础。另外，值得一提的是，针对工业车辆可持续性重要组成内容的再制造，中国代表在会上介绍了 ISO/TC127 土方机械技术委员会在再制造方面制定标准的情况，会议要求中国尽快根据 TC127 土方机械再制造标准体系起草工业车辆再制造标准草案，并于 2017 年年会前将草案提交给 SC5 秘书处。

5. 国家标准英文版翻译工作稳步推进

按照国家标准化管理委员会下达的国家标准英文版翻译出版计划的要求，及时向有关单位下发了 14 项起重机械国家标准和 5 项工业车辆国家标准英文版的翻译计划，并组织完成了 GB/T 3811—2008《起重机设计规范》、GB/T 28264—2012《起重机械 安全监控管理系统》、GB/T 14695—2011《臂式斗轮堆取料机 型式和基本参数》共 3 项国家标准英文版的报批稿上报工作。

〔撰稿人：北京起重运输机械设计研究院赵春晖　审稿人：中国重型机械工业协会李镜〕

2016 年全国特种设备安全状况

一、特种设备基本情况

1. 特种设备登记数量情况

截至 2016 年年底，全国特种设备总量达 1 197.02 万台，比 2015 年上升 8.81%。其中：锅炉 53.44 万台、压力容器 359.97 万台、电梯 493.69 万台、起重机械 216.19 万台、客运索道 1 008 条、大型游乐设施 2.23 万台（套）、场（厂）内机动车辆 71.38 万辆。另有：气瓶 14 235 万只、压力管道 47.79 万 km。2016 年特种设备数量分类比例见表 1。

表 1　2016 年特种设备数量分类比例

特种设备分类	数量单位	数量	所占比例（%）
锅炉	万台	53.44	4.46
压力容器	万台	359.97	30.07
电梯	万台	493.69	4.24
起重机械	万台	216.19	18.06
客运索道	条	1008	0.01
场（厂）内用机动车	辆	71.38	5.96
大型游乐设施	万台（套）	2.23	0.19

2. 特种设备生产和作业人员情况

截至 2016 年年底，全国共有特种设备生产（含设计、制造、安装、改造、修理、气体充装）单位 70 079 家，持有许可证 70 382 张，其中：设计单位 3 524 家，制造单位 17 184 家，安装改造修理单位 26 813 家，移动式压力容器及气瓶充装单位 22 558 家。2016 年特种设备生产单位数量分布见表 2。

表 2　2016 年特种设备生产单位数量分布

生产单位	数量（家）	所占比例（%）
设计	3 524	5.03
制造	17 184	24.52
安装改造修理	26 813	38.26
充装	22 558	32.19

截至 2016 年年底，全国特种设备作业人员持证 1 099.52 万张，比 2015 年增长 4.95%。

二、特种设备安全状况

1. 事故总体情况

2016 年，全国发生特种设备事故和相关事故 233 起，死亡 269 人，受伤 140 人，与 2015 年相比，事故起数减少 24 起、比上年下降 9.34%，死亡人数减少 9 人、比上年下降 3.24%，受伤人数减少 180 人、比上年下降 56.25%。

2016 年全国万台特种设备死亡人数为 0.33，比 2015 年下降 8.33%，全年未发生重特大事故，特种设备安全形势总体平稳向好。2011—2016 年万台设备死亡人数趋势见图 1。

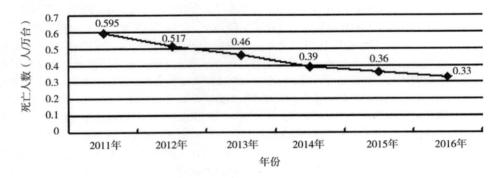

图 1　2011—2016 年万台设备死亡人数趋势

2. 事故特点

按设备类别划分，锅炉事故 17 起，压力容器事故 14 起，气瓶事故 13 起，压力管道事故 2 起，电梯事故 48 起，起重机械事故 94 起，场（厂）内机动车辆事故 39 起，大型游乐设施事故 6 起。其中，电梯和起重机械事故起数和死亡人数所占比重较大，事故起数分别占 20.60%、40.34%，死亡人数分别占 15.24%、51.67%。

按发生环节划分，发生在使用环节 192 起，占 82.40%；维保检修环节 18 起，占 7.73%；安装拆卸环节 19 起，占 8.15%；充装运输和改造环节各 2 起，占 1.72%。

按涉事行业划分，发生在制造业 77 起，占 33.05%；发生在建设工地和建筑业 63 起，占 27.04%；发生在社会及公共服务业 43 起，占 18.45%；发生在冶金石化业 12 起，占 5.15%；发生在交通运输与物流业 11 起，占 4.72%；其他行业和领域 27 起，占 11.59%。

按损坏形式划分，承压类设备（锅炉、压力容器、气瓶、压力管道）事故的主要特征是爆炸、泄漏着火等；机电类设备（起重机械、电梯、大型游乐设施、场（厂）内专用机动车辆）事故的主要特征是倒塌、坠落、撞击和剪切等。

3. 事故原因

根据已经调查结案并上报的事故调查报告，事故原因主要包括：

（1）锅炉事故。违章作业或操作不当原因 7 起，设备缺陷和安全附件失效原因 3 起。

（2）压力容器事故。违章作业或操作不当原因 4 起，设备缺陷和安全附件失效原因 3 起。

（3）气瓶事故。违章作业或操作不当原因 6 起，设备缺陷和安全附件失效原因 2 起，非法经营 1 起。

（4）压力管道事故。1 起为山体滑坡导致管道破裂引发爆燃，1 起为人员违章操作。

（5）电梯事故。违章作业或操作不当原因 21 起；安全附件或保护装置失灵等设备原因 13 起；应急救援（自救）不当导致的事故 4 起；儿童监护缺失及乘客自身原因导致的事故 3 起。

（6）起重机械事故。事故原因主要是违章作业或操作不当；另有非法制造、改造、安装原因 4 起，安全附件或保护装置失灵等设备原因 3 起，吊具原因 2 起，极端天气原因 1 起。

（7）场（厂）内专用机动车辆事故。37 起为叉车事故，2 起为旅游观光车事故。无证驾驶、违章作业或操作不当原因 30 起，设备原因 2 起，安全管理不到位 1 起。

（8）大型游乐设施事故。安全保护装置失灵及设备故障原因 2 起，安全管理不到位 2 起，违章作业原因 1 起，非法制造、使用原因 1 起。

三、2016 年特种设备安全监察与节能主要工作情况

1. 深化"三大"战役

（1）扎实开展电梯安全攻坚战。共整治隐患电梯 39 750 台，继续挂牌督办 1 215 台，电梯事故大幅下降，治理成效明显。建立电梯应急处置平台的城市从 2015 年的 15 个增加到 104 个。协调住建、安全监管等部门，牵头起草国务院办公厅《关于加强电梯安全工作的意见（代拟稿）》。北京、天津、广东、浙江、重庆、贵州等省（市）在老旧电梯更新改造、构建多元共治监管模式、发挥市场机制作用等方面开展了有效创新，收到了良好效果。

（2）继续开展油气输送管道隐患整治攻坚战。

（3）大力推进燃煤锅炉节能减排攻坚战。完成 3 385 台燃煤工业锅炉能效普查。

2. 推进改革创新

（1）全面启动安全监管改革。颁布《特种设备安全监管改革顶层设计方案》，提出了明晰各方责任边界、建立权责一致共治体系的改革路径。制定了特种设备"十三五"规划及科技、节能专项规划。成立了法规标准优化清理、行政许可改革、检验工作改革和电梯监管改革 4 个小组，从中观微观层面落实改革举措。

（2）降低企业制度性交易成本。颁布《特种设备使用管理规则》，大幅简化使用登记申请表格、使用管理制度等内容。

（3）探索安全主体责任落实机制。落实国务院工作要求，对特种设备生产单位和检验检测机构全面推行"双随机"证后监督抽查，提升监督效果。组织开展电梯维保标准自我声明和服务质量公开承诺活动，引导企业提供高于国家标准、技术规范的电梯维保服务。陕西省在全省范围内通报电梯安全运行状况，通过市场选择倒逼电梯企业落实安全主体责任。

3．增强服务发展

（1）加强服务保障。圆满完成G20峰会电梯等特种设备安全保障任务，峰会期间，浙江省、杭州市质监部门全力保障核心区771台电梯等特种设备"零故障"运行，得到国务院领导充分肯定；上海市保障迪斯尼乐园项目顺利开业；北京、天津市全力做好全国"两会"、达沃斯经济论坛等重大活动、会议期间特种设备安全保障工作。

（2）促进经济发展。配合国家发改委推广高效锅炉，修订《节能专用设备企业优惠所得税目录》，推动将锅炉、热交换器等产品列入节能减税范围。

（3）加强国际交流。继续推动与ASME在锅炉压力容器材料标准的国际互认，成立ASME第八卷中国国际工作组。加快推进全球环境基金（GEF）项目，《工业供热系统和高耗能特种设备能效促进》最终协议正式启动。加强中美锅炉能效标准合作，组织开展中美锅炉节能环保法规标准对比研究。

4．夯实工作基础

（1）坚持依法治特。推动《电梯安全条例》列入国务院2016年立法计划研究项目，联合国家发改委、环保部制订《锅炉节能环保监督管理办法》、"七合一"的大规范《固定式压力容器安全技术监察规程》，发布《电梯型式试验规则》等安全技术规范，组织完成了特种设备安全强制性国家标准整合精简，进一步完善了安全技术规范与标准的协调机制。各地加大法制建设力度，全国对电梯专门制定的地方行政法规和部门规章达到57部，特种设备安全尤其是电梯安全逐步从部门行为上升为政府工作。

（2）加强队伍建设。充分发挥国务院安委会专家咨询委特种设备专业委员会和国家安全生产监督管理总局（国家质监总局）安技委优势，整合了原有的特种设备应急救援专家库与事故调查处理专家库。连续举办全国特种设备安全监察处长、地市质监局长培训班，全系统共完成35 000余人的各类安全监察人员考核换证。河南省、福建省等创新思路，强化基层监察人员培训，成效显著。

（3）加大宣传力度。开展"走近特种设备""电梯安全周"等系列主题宣传活动，采取邀请中央主流媒体实地考察、专家访谈、印制宣传海报等方式，广泛宣传特种设备安全知识。在北京市、上海市、浙江省、四川省等开展"电梯安全知识宣传小学生命题绘画征集活动"，产生较大社会反响。

〔撰稿人：国家起重机运输机械质量监督检验中心 王顺亭　审稿人：中国重型机械工业协会李镜〕

中国重型机械工业年鉴 2017

附录

发布中国重型机械工业协会第七届组织机构，理事会、监事会名单，分会会员名录

Publicize organization structure of China Heavy Machinery Industry Association (CHMIA), name list of its council and board of supervisors, and list of members in its branches

综述

大事记

行业篇

市场篇

企业篇

统计资料

标准与质量

附录

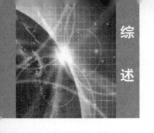
综述

大事记

行业篇

市场篇

企业篇

统计资料

标准与质量

附录

中国重型机械工业年鉴2017

附录

中国重型机械工业协会组织机构
中国重型机械工业协会第七届理事会正副理事长、正副秘书长
中国重型机械工业协会第七届理事会常务理事、理事
中国重型机械工业协会第七届理事会监事长、监事
中国重型机械工业协会会员名录

中国重型机械工业协会组织机构

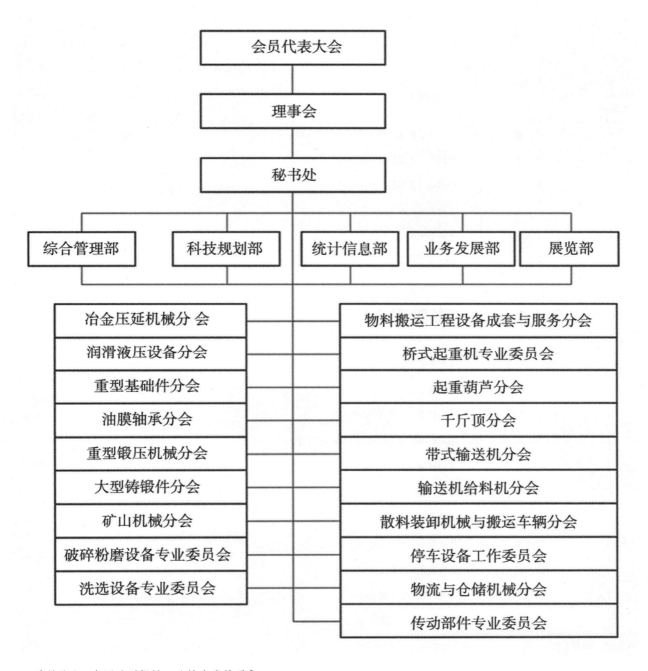

〔供稿人：中国重型机械工业协会张艳君〕

中国重型机械工业协会第七届理事会正副理事长、正副秘书长

序　号	姓　名	单位名称	职　务
理事长			
1	刘鹤群	北方重工集团有限公司	董事长
副理事长			
2	李　镜	中国重型机械工业协会	常务副理事长
3	孙　敏	中国第一重型机械集团公司	副总裁
4	王　平	中国第二重型机械集团公司	党委副书记
5	王创民	太原重型机械集团有限公司	董事长
6	邵长南	大连重工·起重集团有限公司	总经理
7	俞章法	中信重工机械股份有限公司	董事长
8	严云福	上海振华重工（集团）股份有限公司	总工程师
9	陆文俊	中国重型机械有限公司	董事长
10	张安频	上海重型机器厂有限公司	执行董事兼总经理
11	韩红安	卫华集团有限公司	董事长
12	晁春雷	中国重型机械研究院股份公司	董事长
13	唐　超	北京起重运输机械设计研究院	院长
14	郝　兵	洛阳矿山机械工程设计研究院有限责任公司	院长
15	陆鹏程	中钢设备有限公司	董事长
16	彭明德	中材装备集团有限公司	常务副总经理
17	马骏彪	华电重工股份有限公司	总经理
18	崔培军	河南省矿山起重机有限公司	党委书记
19	彭　勇	云南冶金昆明重工有限公司	总经理
20	黄乐亭	天地科技股份有限公司	副总经理
21	王继生	中国重型机械工业协会	副理事长兼秘书长
秘书长、副秘书长			
1	王继生	中国重型机械工业协会	秘书长
2	张维新	中国重型机械工业协会	副秘书长
3	张艳君	中国重型机械工业协会	副秘书长

〔供稿人：中国重型机械工业协会张艳君〕

中国重型机械工业协会第七届理事会常务理事、理事

序号	姓名	单位名称	职务
常务理事			
1	刘宏民	燕山大学	校长
2	徐格宁	太原科技大学	实验教学中心主任
3	黄庆学	太原理工大学	校长
4	朱庆	江苏通润机电集团有限公司	总经理
5	梁敏志	上海起重运输机械厂有限公司	总经理
6	黄珑琳	凯澄起重机械有限公司	总经理
7	张满苍	北京首钢机电有限公司	总经理
8	马昭喜	山东山矿机械有限公司	董事长
9	郭映宏	四川矿山机器（集团）有限责任公司	总经理
10	廖纯德	衡阳运输机械有限公司	董事长
11	肖建平	株洲天桥起重机股份有限公司	董事长
12	徐新民	山起重型机械股份公司	董事长
13	李静	芜湖起重运输机器股份有限公司	董事长
14	刘木南	三一海洋重工有限公司	院长
15	宋太俊	河南长垣起重工业园区管理委员会	管委会主任
16	明艳华	中国重型机械工业协会停车设备工作委员会	理事长
17	周水妹	杭州西子智能停车股份有限公司	总经理
18	王彤	北京中冶设备研究设计总院有限公司	院长
19	贺石中	广州机械科学研究院有限公司	总经理助理
20	李平	上海科大重工集团有限公司	董事长
21	龚欣荣	四川省自贡运输机械集团股份有限公司	总经理
22	郭章先	豫飞重工集团有限公司	董事长
23	鞠乔林	江苏三马起重机械制造有限公司	董事长
24	段京丽	焦作金箍制动器股份有限公司	董事长
25	杨永柱	鞍山重型矿山机器股份有限公司	董事长
26	苗体魁	河南圣起机械集团有限公司	董事长
27	黄海珊	广州起重机械有限公司	董事长
28	张志华	郑州新大方重工科技有限公司	董事长
29	张明荣	泰星减速机股份有限公司	董事长

(续)

序号	姓　名	单位名称	职　务
30	殷爱国	江苏泰隆减速机股份有限公司	总经理
31	郑才刚	宁波东力股份有限公司	副总经理
32	张文忠	浙江双鸟机械有限公司	董事长
33	翁耀根	无锡华东重型机械股份有限公司	董事长
34	许　强	机械工业第一设计研究院	总工程师
35	聂仲毅	中钢集团西安重机有限公司	董事长
36	孟凡波	焦作科瑞森重装股份有限公司	副总经理
37	罗永忠	四川川润股份有限公司	董事长
38	张承臣	沈阳隆基电磁科技股份有限公司	董事长
39	王兆连	山东华特磁电科技股份有限公司	董事长
40	汪碧远	SEW-传动设备（天津）有限公司	总经理助理
41	刘文军	北京约基工业股份有限公司	总工程师
42	韩红静	北京斯诺堡轴承有限公司	总经理
43	郭继保	太原通泽重工有限公司	总工程师
44	唐　波	上海重型装备制造行业协会	副会长
45	汪　玉	安徽盛运重工机械有限责任公司	董事长
46	王红华	浙江冠林机械有限公司	董事长
47	喻连生	江西工埠机械有限责任公司	董事长
48	龚友良	南昌矿山机械有限公司	总经理
理事			
1	张　勇	中国煤炭机械工业协会	理事长
2	李玉贵	重型机械教育部工程研究中心	常务副主任
3	陈　思	唐山冶金矿山机械厂	厂长
4	方　羽	中机中联工程有限公司	所长
5	葛　明	象王重工股份有限公司	董事长
6	肖富凯	中冶京诚（湘潭）矿山装备有限公司	副总经理
7	李富奎	太重煤机有限公司	总经理
8	周光海	重庆起重机厂有限责任公司	董事长
9	王伯芝	济南重工股份有限公司	董事长
10	宋伟刚	东北大学机械工程与自动化学院	教授
11	朱真才	中国矿业大学科学技术研究院	常务副院长
12	孙　波	湖北宜都机电集团有限责任公司	董事长
13	罗向阳	湖南长重机器股份有限公司	董事长兼总经理
14	秦春林	南宁广发重工集团有限公司	董事长
15	黄立军	北京起重工具厂	法人代表

(续)

附 录

（续）

序号	姓 名	单位名称	职 务
16	李亚慧	哈尔滨重型机器有限责任公司	总经理
17	段春红	唐山市矿山机械厂	总经理
18	胡善宏	淮北矿山机器制造有限公司	董事长
19	杨　斌	南昌凯马有限公司	总经理
20	秦英奕	江西起重机械总厂	总经理
21	谭　渊	广西百色矿山机械厂有限公司	董事长
22	马卫国	新疆通用机械有限公司	总经理
23	钱立华	铜陵天奇蓝天机械设备有限公司	总经理
24	宋彦东	郑起重工有限公司	董事长
25	任会江	河南省新乡市矿山起重机有限公司	董事长
26	胡鹏辉	河南重工起重机集团有限公司	总经理
27	韩永章	河南宝起华东起重机有限公司	总经理
28	韩宜增	河南豫中起重集团有限公司	董事长
29	阮曙峰	浙江众擎起重机械制造有限公司	董事长
30	李子木	宁夏天地奔牛银起设备有限公司	总经理
31	张佳林	辽宁恒泰重机有限公司	董事长
32	王孙同	浙江东海减速机有限公司	总经理
33	孙文田	鞍钢重型机械有限责任公司	总经理
34	吴　潇	柳州起重机器有限公司	董事长
35	詹玉巍	天水长城控制电器有限责任公司	总经理助理
36	陶　楠	长春发电设备总厂	厂长
37	梁　旭	洛阳起重机厂有限公司	常务副总经理
38	黄建华	上海电力环保设备总厂有限公司	总经理
39	张清明	光明起重集团有限公司	董事长
40	项建忠	浙江通力重型齿轮股份有限公司	董事长
41	杨忠良	江阴齿轮箱制造有限公司	副总经理
42	施　凡	湖州双力自动化科技装备有限公司	总经理
43	徐　敏	无锡新大力电机有限公司	董事长
44	杜　勇	武汉电力设备厂	副厂长
45	朱天合	河南焦矿机器有限公司	总经理
46	吴建一	湖北银轮起重机械股份有限公司	总经理
47	李　坤	天津重钢机械装备股份有限公司	董事长兼总经理
48	李祥啟	大洋泊车股份有限公司	董事长
49	周　卉	山东莱钢泰达车库有限公司	董事长
50	江　鹏	湖北鄂重重型机械有限公司	董事长

(续)

序号	姓名	单位名称	职务
51	张彦五	上海嘉庆轴承制造有限公司	董事长
52	李伟敏	河南省东风起重机械有限公司	董事长
53	何国胜	八达机电有限公司	董事长
54	张瑞庆	无锡宏达重工股份有限公司	董事长
55	操文章	安徽攀登重工股份有限公司	董事长、总经理
56	丁加新	吉林省佳信通用机械股份有限公司	董事长
57	许彦科	山西新富升机器制造有限公司	总工程师
58	纪振昌	河北同力滑车有限公司	总经理
59	姚雨轩	江苏佳力起重机械制造有限公司	市场总监
60	王东升	北京中冶华润科技发展有限公司	董事长
61	刘新代	河南天隆输送装备有限公司	副董事长
62	张俊新	天津起重设备有限公司	常务副总经理
63	曹明生	江西华伍制动器股份有限公司	总经理
64	单激文	盐城市大丰区重型装备产业园管理委员会	主任
65	冀慎珠	新泰市羊流起重机械协会	常务副会长
66	崔天雄	济南永固重型机械制造有限公司	副总经理
67	李涛	四平维克斯换热设备有限公司	总经理
68	万名炎	湖北咸宁三合机电股份有限公司	董事长
69	陈敏兆	浙江合建重工科技股份有限公司	董事长
70	付小邗	浙江矿山机械有限公司	董事长
71	胡建明	浙江双金机械集团股份有限公司	副董事长
72	李海通	河南奔宇电机科技有限公司	总经理
73	韩景轩	河南华北起重吊钩有限公司	董事长
74	高海	安徽铜冠机械股份有限公司	副总经理
75	徐冰	法兰泰克重工股份有限公司	副总经理
76	刘存德	《重型机械》编辑部	主编
77	于伟涛	《矿山机械》杂志社	主编
78	黄平	《起重运输机械》编辑部	主编
79	李国俊	《大型铸锻件》杂志	主编
80	林善灿	宝山钢铁股份有限公司	副部长
81	承勇	常州市华立液压润滑设备有限公司	总经理
82	李传林	中钢集团衡阳重机有限公司	总经理
83	时文泊	河南太行振动机械股份有限公司	董事长
84	陈清波	科尼起重机设备(上海)有限公司	中国区总监
85	刘仰南	德马格起重机械(上海)有限公司	总经理

(续)

（续）

序号	姓 名	单 位 名 称	职 务
86	龙宏欣	纽科伦（新乡）起重机有限公司	董事长
87	苏光耀	浙江五一机械有限公司	董事长
88	谈育星	常熟中材装备重型机械有限公司	总经理
89	薛文峰	韶关市韶瑞重工有限公司	总经理
90	刁明霞	淄博大力矿山机械有限公司	董事长
91	王宏玉	沈阳新松机器人自动化股份有限公司	副总裁
92	尹军琪	北京伍强科技有限公司	总经理
93	朱剑君	宁波市凹凸重工有限公司	董事长
94	杨小军	宁夏天地西北煤机有限公司	总经理、高级工程师
95	钱夏夷	江苏省特种设备安全监督检验研究院	院长
96	熊铁钢	湘电重型装备有限公司	副总经理
97	陈利华	浙江浙矿重工股份有限公司	董事长
98	杨 钢	镇江磁电设备有限责任公司	董事长
99	魏德州	东北大学资源与土木工程学院	院长
100	王思民	河南威猛振动设备股份有限公司	总经理
101	黄小伟	奥力通起重机（北京）有限公司	董事长
102	叶宏洪	广东永通起重机械实业有限公司	董事长
103	罗清华	江西特种电机股份有限公司	常务副总经理
104	田 振	辽宁国远科技有限公司	董事长
105	张树文	山东德鲁克起重机有限公司	总经理
106	韩秉文	长春一汽四环随车工具有限公司	董事长
107	王 斌	湖北博尔德科技股份有限公司	董事长
108	徐建人	绍兴华运输送设备有限公司	总经理
109	李继东	沈阳泰丰胶带制造有限公司	总经理助理
110	张 斌	广东中兴液力传动有限公司	董事长
111	王东成	东莞大马输送设备有限公司	办公室主任
112	赵红平	湖南鸿韵传送科技发展有限公司	总经理
113	肖阳东	四川东林矿山运输机械有限公司	总经理
114	周冬青	湖北三六重工有限公司	董事长
115	张 标	启东润滑设备有限公司	总经理
116	张 超	启东市南方润滑液压设备有限公司	总经理
117	邰正彪	泰尔重工股份有限公司	总裁
118	陈德木	杭州杰牌传动科技有限公司	董事长、总经理
119	任汉友	江苏省金象传动设备股份有限公司	董事长
120	肖北平	荆州市巨鲸传动机械有限公司	董事长

(续)

序号	姓 名	单位名称	职 务
121	高铁英	浙江恒星科技控股集团有限公司	集团副总经理
122	郭 建	洛阳中重铸锻有限责任公司	总经理
123	张 军	深圳怡丰自动化科技有限公司	副总经理
124	苗庆华	河南中继威尔停车系统股份有限公司	总经理
125	马景山	北京航天汇信科技有限公司	副总经理
126	洪伟泉	浙江子华停车设备科技股份有限公司	董事长
127	王牧轩	唐山通宝停车设备有限公司	总经理
128	侯玉鹏	山东天辰智能停车设备有限公司	总经理
129	蒋玲华	上海赐宝停车设备制造有限公司	总经理
130	崔 维	昆明昆船物流信息产业有限公司	副总经理
131	谭延斌	沈阳飞机工业集团物流装备有限公司	总经理
132	岳秀江	北京机械工业自动化研究所	副所长
133	付龙根	上海沪南千斤顶厂	厂长
134	王世光	中航工程集成设备有限公司	董事长
135	何安瑞	北京科技大学工程技术研究院	院长
136	梁新文	山西省平遥减速器有限责任公司	董事长
137	赵 兵	中国机械工业集团有限公司	原总裁助理
138	须 雷	德马格起重机械（上海）有限公司	总监
139	王 鹰	太原科技大学	原副校长
140	李国杰	三一海洋重工有限公司	海工研究院院长

中国重型机械工业协会第七届理事会监事长、监事

序号	姓 名	单位名称	职 务
监事长：			
1	王顺亭	国家起重运输机械质量监督检验中心	主任
监事：			
2	王国强	吉林大学	纪委副书记
3	王玉敏	中国建材机械工业协会	常务副会长
4	孙 超	哈尔滨国海星轮传动有限公司	总经理

〔供稿人：中国重型机械工业协会张艳君〕

中国重型机械工业协会会员名录

矿山机械

单位名称	联系地址	邮编	电话	传真
中信重工机械股份有限公司	河南省洛阳市涧西区建设路 206 号	471039	0379-64088001	0379-64214680
洛阳矿山机械工程设计研究院有限责任公司	河南省洛阳市涧西区建设路 206 号	471039	0379-64087719	0379-64221800
太原重型机械集团有限公司	山西省太原市万柏林区玉河街 53 号	030024	0351-6365768	0351-6361133
太重煤机有限公司	山西省太原市经济技术开发区电子街 25 号	030009	0351-3040108	0351-3041942
山东山矿机械有限公司	山东省济宁市济安桥北路 11 号	272014	0537-2226931	0537-2228529
南昌凯马有限公司	江西省南昌市国家经济技术开发区丁香路凯马机电工业园	330101	0791-83951398	0791-83951350
中国矿业大学科学技术研究院	江苏省徐州市三环南路	221116	0516-83590758	0516-83590289
山西新富升机器制造有限公司	山西省太原市小东门街新开南巷 27 号	030013	0351-3075217	0351-2664710
浙江矿山机械有限公司	浙江省义乌市义亭工业区	322005	0579-5817891	0579-5815387
鞍山重型矿山机器股份有限公司	辽宁省鞍山市立山区胜利北路 900 号	114042	0412-6215364	0412-6216900
济南重工股份有限公司	山东省济南市东郊机场路	250109	0531-86139298	0531-88287286
吉林大学机械科学与工程学院	吉林省长春市人民大街 5988 号	130025	0431-85094404	0431-85095288
太原科技大学交通与物流学院	山西省太原市万柏林区窊流路 66 号	030024	0351-6998056	0351-6863369
淄博大力矿山机械有限公司	山东省淄博市周村区恒通路 887 号	255300	0533-6181501	0533-6181392
山东省生建重工有限责任公司	山东省淄博市淄川区昆仑路 1 号	255129	0533-5787201	0533-5780070
山东泰山天盾矿山机械有限公司	山东省新泰市开发区新兴路	271200	0538-7069810-8603	0538-7069332
湘电重型装备股份有限公司	湖南省湘潭市下摄司街 302 号	411101	0731-58595647	0731-58595267
中钢集团衡阳重机有限公司	湖南省衡阳市珠晖区东风路	421002	0734-8352311	0734-8332398
四川矿山机器（集团）有限责任公司	四川省江油市建设北路 888 号	621701	0816-3696018	0816-3698888
浙江双金机械集团有限公司	浙江省杭州市余杭区瓶窑镇	311115	0571-28057991	0571-28057991
浙江浙矿重工股份有限公司	浙江省长兴县和平镇工业园区	313103	0572-6955888	0572-6959977
韶关市韶瑞重工有限公司	广东省韶关市西郊武江科技工业园	512026	0751-8136683	0751-8136193
贵阳高原矿山机械有限公司	贵州省贵阳市花溪区航天路路尾	550025	0851-83636103	0851-83636113
哈尔滨国海星轮传动有限公司	黑龙江省哈尔滨市哈平路工业区烟台三路 8 号	150060	0451-86522278	0451-86530858
重庆泰丰矿山机器有限公司	重庆市九龙坡区石坪桥横街 66 号	400051	023-68822731	023-68822731
安徽盛运重工机械有限责任公司	安徽省桐城市同安路 265 号	231400	0556-6213999	0556-6205280
郑州鸿源重型机械有限公司	河南省郑州市郑上路石砦	450100	0371-64629998	0371-64602334
洛阳百克特摩擦材料有限公司	河南省洛阳市高新开发区孙辛辅路 4 号	471003	0379-65112136	0379-64183328
洛阳大华重型机械有限公司	河南省洛阳市洛龙区关林路 280 号	471023	0379-65520221	0379-65511602
中实洛阳工程塑料有限公司	河南省洛阳市建设路 206 号	471039	0379-64088063	0379-64214823

(续)

单位名称	联系地址	邮编	电话	传真
湘煤立达矿山装备股份有限公司	湖南省株洲市新华东路699号	412003	0731-22493253	0731-28780421
浙江武精机器制造有限公司	浙江省武义县城青年路106号	321200	0579-87641326	0579-87647558
广东省韶铸企业集团	广东省韶关市北郊十里亭	512031	0751-8832578	0751-8853784
湖州恒通机械设备有限公司	浙江省湖州市滨河路288号爱都花园2号楼1单元15FA	313000	0572-2367341 2367342	0572-2367343
鹤壁市豫兴煤机有限公司	河南省鹤壁市山城区豫兴工业园	458007	0392-2560169	0392-2566177
鹤壁市万丰矿山机械制造有限公司	河南省鹤壁市山城区石林乡东石林村	458000	0392-2566777	0392-2560777
鹤壁市四达矿山设备有限公司	河南省鹤壁市山城区汤鹤路中段	458000	0392-2560391	0392-2560800
鹤壁市通达矿山设备有限公司	河南省鹤壁市山城区汤鹤路中段山城工业区	458000	0392-2560354	0392-2568096
鹤壁市星光矿山机械制造有限公司	河南省鹤壁市山城区石林乡东石林村	458000	0392-2563669	0392-2566433
鹤壁市双信矿山机械有限公司	河南省鹤壁市山城区汤鹤路中段路北	458000	0392-2560366	0392-2568366
重庆四丰矿山建筑机械有限公司	重庆市大渡口区八桥镇互助工业园	400084	023-68953208	023-68953258
河南太行振动机械股份有限公司	河南省新乡市经济开发区西区中央大道北段66号	453731	0373-5590168	0373-5586881
郑州一帆机械设备有限公司	河南省郑州市荥阳开发区郑源路中段	450100	0371-64606406	0371-64606468
山东升金矿山机械有限公司	山东省新泰市新安路53号	271200	13805487285	0538-2200111
宁夏天地西北煤机有限公司	宁夏回族自治区石嘴山市大武口工业园区	753001	0952-2175328	0952-2175329
山东东平开元机械制造有限公司	山东省泰安市东平县工业园区	271500	0538-2821052	0538-6356808
浙江镇南精工机械有限公司	浙江省诸暨市店口镇解放路259号	311835	0575-87655388	0575-87655618
南昌矿山机械研究所	江西省南昌市下罗枫林东大街168号	330001	0791-83806998	0791-83805987
南昌矿山机械有限公司	江西省南昌市湾里区盘龙路23号	330004	0791-83798611	0791-83761006
山东华特磁电科技股份有限公司	山东省潍坊市临朐县经济技术开发区华特路5777号	262600	0536-3158808	0536-3158801
沈阳隆基电磁科技股份有限公司	辽宁省抚顺市经济开发区文华路6号	113122	0413-6700045	0413-6605768
浙江东海减速机有限公司	浙江省温州市平阳县经济开发区（鳌江镇）	325401	0577-63675933	0577-63635393
石家庄油漆厂	河北省石家庄市中山西路433号	050000	0311-85233768	0311-83013681
鸡西永益煤矿机械制造有限公司	黑龙江省鸡西市鸡冠区南星街47号	158100	0467-2725068	0467-2725068
大连骅洋液力偶合器有限公司	辽宁省大连市甘井子区营城子街道对门沟	116036	0411-84444529	0411-84444509
遵化市君盛同合矿山机械厂	河北省遵化市黎河桥路西	064200	0315-6601508	0315-6603668
遵化市禹铭矿山机械厂	河北省遵化市黎河桥路西	064200	0315-6883926	0315-6603658
河北宣化工程机械股份有限公司	河北省张家口市宣化区东升路21号	075105	0313-3186001	0313-3186026
洛阳百力克矿山机械有限公司	河南省洛阳市洛新工业园双湘路12号	471822	0379-65190660	0379-67312866
江苏三羊开泰煤矿机电制造有限公司	江苏省丹阳市开发区胡桥大贡	212313	0511-86981555	0511-86967626
杭州山虎集团	浙江省杭州市余杭区仁和镇工业区	311107	0571-86391375	0571-86390372
青岛胶六橡特胶带有限公司	山东省青岛市市北区市场二路36号	266011	0532-82825527	0532-83809013
山西电机制造有限公司	山西省太原市并州南路68号	030012	0351-7081088	0351-7043811
广州机械科学研究院	广东省广州市黄埔区茅岗路828号	510700	020-32389630	020-32389566
芜湖众发中运机械有限公司	安徽省芜湖市鸠江经济开发区二期永昌路67号	241100	0553-5716423	0553-5716423
湖南山拓机械制造有限公司	湖南省岳阳市华容县工业园	414200	0730-4108893	0730-4108893

(续)

单位名称	联系地址	邮编	电话	传真
中实洛阳重型机械有限公司	河南省洛阳市建设路206号	471039	0379-64088063	0379-64086466
四川川润液压润滑设备有限公司	四川省成都市郫县现代工业港港北六路85号	611743	028-61836518	028-65028874
上海辛格林纳新时达电机有限公司	上海市嘉定区思义路1560号	201801	021-69896275	021-69926011
洛阳超拓实业有限公司	河南省洛阳市宜阳县西庄产业集聚区	471900	13938895858	0379-68902777
江苏太兴隆减速机有限公司	江苏省泰兴市城区科技工业园	225400	0523-87996888	0523-87996999
河南黎明重工科技股份有限公司	河南省郑州市高新区科学大道169号	450001	0371-67988906	0371-67988906
河南省荥阳矿山机械制造厂	河南省荥阳市荥密路三里庄	450100	0371-64696896	0371-64696386
荆州市康海传动机械制造有限公司	湖北省荆州市沙市区锣场工业园二号路20号	434000	0716-8377491	0716-8377493
重庆忠惠机械有限责任公司	重庆市九龙坡区西彭镇长安村	401326	13808300938	023-65805411
安徽铜冠机械股份有限公司	安徽省铜陵市经济技术开发区翠湖三路西段998号	244061	0562-5864504	0562-5861106
四川俊江机械有限公司	四川省内江市隆昌县三道桥工业园区	642150	0832-3950899	0832-3965222
浙江双飞无油轴承股份有限公司	浙江省嘉善县干窑工业区宏伟北路18号	314115	0573-84519568	
臣桀（上海）橡胶工业技术有限公司	上海市金山区吕巷镇溪南路86号	214107	021-61841222	021-61842333
唐山拓新电器有限公司	河北省唐山市高新区西昌路（创业中心）	063000	13932554266	0315-3851766
遵化市一超盛方重型机械厂	河北省遵化市苏家洼镇苏家洼村	064200	13931583670	
郑州中意矿山机械有限公司	河南省荥阳市荥密路三里庄	450100	13838055736	0371-64793555
鄂州市恒基矿山机械制造有限公司	湖北省鄂州市经济开发区	436001	13677117578	0711-3619268
洛阳力为机械科技有限公司	河南省洛阳市西工区洛阳工业园区经十路16号	471041	0379-62189698	0379-62189698
天津市立鑫晟精细铸造有限公司	天津市静海县良王庄乡良二村	301601	022-68122819	022-68122819
德力西（杭州）变频器有限公司	浙江省杭州市西湖区转塘科技经济区块8号	310023	0571-85362042	0571-85225972
沈阳市永达有色铸造厂	辽宁省沈阳市皇姑区鸭绿江北街168号	110033	024-86671086	024-86671086
江阴齿轮箱制造有限公司	江苏省江阴市澄山路601号	214437	0510-86993113	0510-86993519
卫华集团有限公司	河南省新乡市长垣县卫华大道西段	453400	0373-8888761	0373-8888761
中冶京诚（湘潭）矿山装备有限公司	湖南省湘潭市九华江南大道8号	411200	0731-58276200	0731-58276200
新乡市通用电机有限公司	河南省新乡市小店工业园经九路纬六路西南	453000	13937303339	0373-3686333
矿山机械杂志社	河南省洛阳市建设路206号	471039	0379-64087786	0379-64087868
全国矿山机械标准化技术委员会	河南省洛阳市建设路206号	471039	0379-64087746	0379-64087746
国家矿山机械质量监督检测中心	河南省洛阳市建设路206号	471039	0379-64087842	0379-64215427
义乌黑白矿山机械有限公司	浙江省义乌市上溪镇四通西路36号	322000	0579-85861866	0579-85866118
河南蒲瑞精密机械有限公司	河南省新乡市长垣县巨人大道与纬十路交叉口路南	453400	0373-8621889	0373-8621889
泰星减速机股份有限公司	江苏省泰兴市姚王镇泰姚北路10号	225402	0523-87635681	
广州华宝矿山设备有限公司	广东省广州市天河区广汕路凤凰软件园首层B2	510520	020-87026100	020-87026465
定襄县佳敏机械锻造有限公司	山西省定襄县河边镇牛台村	035400	0350-6090909	0350-6090911
河南红星矿山机器有限公司	河南省郑州高新技术产业开发区檀香路8号	450100	0371-86670277	
山西省平遥减速器有限公司	山西省晋中市平遥县科技工业区	031100	13903446868	0354-5650091

破碎粉磨设备

单位名称	联系地址	邮编	电话	传真
四川矿山机器(集团)有限责任公司	四川省江油市建设北路888号	621701	13608122851	0816-3698888
山东山矿机械有限公司	山东省济宁市济安桥北路11号	272041	13905378893	0537-2228529
北方重工集团有限公司矿山冶金设备分公司	辽宁省沈阳市经济技术开发区开发大路16号	110860	13840098197	024-25802858
河南焦矿机器有限公司	河南省焦作市焦东中路28号	454002	13803918298	0391-3929939
南昌矿山机械有限公司	江西省南昌市湾里区盘龙路23号	330004	13807085540	0791-83961006
浙江矿山机械有限公司	浙江省义乌市义亭镇矿机一路96号	322005	13905796954	0579-85815387
常熟中材装备重型机械有限公司	江苏省常熟市北三环276号	215500	13901576886	0512-52850414
上海重型机器厂有限公司	上海市闵行区东川路3988号	200245	13817817662	021-54721753
云南冶金昆明重工有限公司	云南省昆明市龙泉路871号	650203	0871-66085010	0871-66085303
河北金马矿山机械集团公司	河北省遵化市东新庄镇	064209	13933463588	0315-6999117
河南省群英机械制造有限责任公司	河南省焦作市解放中路397号	454002	13703891625	0391-3933430
上海嘉庆轴承制造有限公司	上海市民德路158号铭德国际广场1802室	200071	13701723177	021-56639899
江苏鹏胜重工股份有限公司	江苏省淮安市盱眙经济开发区玉兰大道	211700	13915165099	0517-88293883
松滋市金津矿山机械有限责任公司	湖北省松滋市城东工业园区永兴路3号	434200	13972364370	0716-6222339
广西壮族自治区桂林矿山机械厂	广西壮族自治区桂林市灵川县桂矿路1号	541200	13807734588	0773-6812096
哈尔滨国海星轮传动有限公司	黑龙江省哈尔滨市哈平路工业园区烟台三路8号	150060	13904513290	0451-86523288
广西南宁金宇破碎设备有限责任公司	广西壮族自治区南宁市秀安路15号	530001	13878816318	0771-3123361
山东大通机械科技有限公司	山东省淄博市博山区东良庄北首	255200	13864422666	0533-4200699
洛阳矿山机械工程设计研究院有限责任公司	河南省洛阳市涧西区建设路206号	471039	18638871877	0379-64221800
上海龙阳机械厂	上海市浦东新区龙东支路98号	201201	13701798820	021-58970007
湖北枝江峡江矿山机械有限责任公司	湖北省宜昌市白洋镇沿江街1号	443208	13807203278	0717-4402299
成都大宏立机器制造有限公司	四川省成都市大邑县工业大道128号	611330	13908210932	028-88201030
溧阳中材重型机器有限公司	江苏省溧阳市天目湖工业园区滨河路11号	213332	13906143285	0519-80895018
河北万矿机械厂	河北省张家口市西山产业集聚区(万全县)矿机路6号	076250	13931302222	0313-4811166
上海山美重型矿山机械有限公司	上海市奉贤区青村镇奉村路258号	201414	18621366177	021-57566188
山东黑山路桥机械科技有限公司	山东省淄博市博山区八陡镇黑山前165号	255203	13070665544	0533-4518147
北京斯诺堡轴承有限公司	北京市西城区广安门外三义东里20号	100055	13910418888	010-63479753
海门市重型矿山机械厂	江苏省海门市三厂镇厂洪路28号	226121	13706280280	0513-82608081
北京锋必达矿山机械有限公司	北京市门头沟区中门寺街69号	102300	13910036093	010-61891117
上海恒源冶金设备有限公司	上海市浦东新区老芦公路938号	201304	13816098849	021-58975926
遵化市宏宇矿山机械有限公司	河北省遵化市西留村乡学汉坨村	064200	13603159698	0315-6603666
昆山多灵重型设备科技有限公司(原上海多灵沃森机械设备有限公司)	江苏省昆山市锦溪镇锦荣路550号	215324	13391061660	0512-83639697
山东益杰重工机械有限公司	山东省淄博市博山经济开发区(高速路口)	255200	0533-4661666	0533-4658727
包头市冶金矿山机械制造有限公司	内蒙古自治区包头市铝业产业园区长征路2号	014040	13848258757	0472-4172310
遵化新保益达重型机械制造有限公司	河北省遵化市黎河桥西行4公里路南	064200	13436669666	0315-6989222

(续)

单位名称	联系地址	邮编	电话	传真
成都市双流金石机械制造有限公司	四川省成都市双流县金桥镇永和村三组	610200	13908089862	028-85851618
山东华力电机集团股份有限公司	山东省荣成市明珠路89号	264300	0631-7551153	0631-7553744
中南大学机电工程学院	湖南省长沙市岳麓山南路105号	454002	18627558728	0731-88851136
荆州市巨鲸传动机械有限公司	湖北省荆州市沙市区东方大道58号	434000	13807212282	0716-8303886
河北省邯郸市邯山冶金机械备件厂	河北省邯郸市马庄收费站东200米	056001	13903209648	0310-5276955
山东华特磁电科技股份有限公司	山东省潍坊市临朐县经济开发区华特路5177号	262600	13791661888	0536-3158801
启东市南方润滑液压设备有限公司	江苏省启东市惠萍镇工业园区	226255	0513-83792888	0513-83795028
浙江镇南精工机械有限公司	浙江省诸暨市店口镇解放路259号	311835	13395758888	0575-87655618
朝阳华亿重工机械制造有限责任公司	辽宁省朝阳市中山大街一段35号	122000	0421-3724900	0421-3724900
章丘市东风水泥机械有限公司	山东省章丘市相公庄镇四村	250203	13705418314	0531-83821626
洛阳市豫跃矿业设备有限公司	河南省洛阳市建设路133号	471039	13703497561	0379-64250589
定襄县佳敏机械锻造有限公司	山西省忻州市定襄县九龙湾工业区	035400	13803468830	0350-6090911
宁波市实立矿山机械制造有限公司	浙江省宁波市象山县石浦镇兴港路100号	315731	13906600218	0574-65912665
邯郸四达电机股份有限公司	河北省邯郸市中华北大街680号	056004	18603201856	0310-3178506
陕西蒲城秦星建设机械有限公司	陕西省渭南市蒲城县苏坊镇东大街	715514	13709132485	0913-7325552
唐山鑫虎重型矿山机械有限公司	河北省遵化市团瓢庄乡山里各庄村	064209	13903383909	0315-6986868
遵化市宏盛大诚矿山机械厂	河北省遵化市城南黎河桥西1公里	064200	13832892566	0315-6601489
遵化市大明矿山机械有限公司	河北省遵化市团瓢庄乡兴隆店村	064200	0315-6991888	0315-6991788
山东省东平县开元机械制造有限公司	山东省泰安市东平县工业园	271500	0538-6356808	0538-6356808
吉林大学机械生物学与工程学院	吉林省长春市人民大街5988号吉林大学南岭校区	130025	0431-85095288	0431-85095288
济南义和轴承有限公司	山东省济南市蓝翔路15号-6区-2号	250023	0531-85980518	0531-85980518
固安百滤得机械制造有限公司	河北省廊坊市固安县温泉园区	065501	0316-6228358	0316-6228358
淄博市博山万雷机械设备厂	山东省淄博市博山区颜北路192路	255200	0533-438000	0533-4235111
巢湖诺信建材机械设备有限公司	安徽省巢湖市炀庄工业区	238072	0511-88515783	0511-88512652
国茂减速机集团有限公司	江苏省常州市武进高新区西湖路111号	213164	0519-86568898	0519-86581901
天津赛瑞机器设备有限公司齿轮制造分公司	天津市东丽区滨海重机园3号	300350	022-24362086	022-24355100
山西东皇风电法兰制造有限公司	山西省忻州市定襄县崔家庄工业园	035400	021-66092407	0350-66093403
广东磊蒙重型机械制造有限公司	广东省韶关市镇江区工业园产业转移工业园	512000	0751-6528888	0751-32002551
山东九昌重工科技有限公司	山东省潍坊市临朐东城工业区朐阳路368号	262600	0536-3157532	0536-3157006
济南永固重型机械制造有限公司	山东省济南市堤口路177号	250203	0531-85994678	0531-85994678
上海创申重型装备制造有限公司	上海市奉贤区塘外工业园地8号	201411	021-53011861-8001	021-53011873
杭州山虎机械有限公司	浙江省杭州市余杭区仁和镇	311107	0571-86391375	0571-86390372
浙江双金机械集团股份有限公司	浙江省杭州市余杭区瓶窑镇南山村	311115	0571-88537288	0571-88503532
臣桀(上海)橡胶工业技术有限公司	上海市金山区吕巷镇溪南路86号	214107	021-88733929	021-88733929
新乡市鼎力矿山设备有限公司	河南省卫辉市唐庄工业园区	453100	0373-4222222	0373-4222222
山东金宝山机械有限公司	山东省临沂市金宝山路1号	276000	0539-8529300	0539-8529099

（续）

单位名称	联系地址	邮编	电话	传真
哈尔滨和泰电力设备有限公司	黑龙江省哈尔滨市南岗区长江路380号宏洋大厦	150090	0451-82314958	0451-82314178
沈阳远大科技电工有限公司	辽宁省沈阳市经济技术开发区十六号街6号	110027	024-25273535	024-25273535
新乡市通用电机有限公司	河南省新乡市国家经济技术开发区丰收路	453000	0373-3686333	0373-3686333
天津市立鑫晟精细铸造有限公司	天津市静海县良王庄乡良二村	301601	022-68120451	022-68120451
江阴兴澄特种钢铁有限公司	江苏省江阴市滨江东路297号	214400	0510-86191400	0510-86191400
莒州集团有限公司	山东省日照市莒县浮来工业园	276511	0633-7882278	0633-6269678
长沙矿冶研究院有限责任公司	湖南省长沙市麓山南路966号	410012	13808462653	0731-88657306
沈阳罕王精密轴承有限公司	辽宁省沈阳市经济技术开发区沈西三东路9号	110027	024-25991863	024-25991863
瓦房店金峰轴承制造有限公司	辽宁省瓦房店市西安北街28号	116300	0411-85658333	0411-85658333
韶关市韶瑞重工有限公司	广东省韶关市武江工业园	512000	0751-8136871	0751-8136871
福建宏大特钢有限公司	福建省福鼎市太姥山镇文渡工业区文渡路1号	355200	0593-7276488	0593-7276488
山东邦德重工科技有限公司	山东省淄博市博山经济开发区工业园	255200	0533-4526666	0533-4526666
无锡江溪弹簧制造有限公司	江苏省无锡市新区鸿山街道鸿祥路67号	214000	0510-88550199	0510-88550199
广州市光泽齿轮机械有限公司	广东省广州市荔湾区海龙街道东联路40号自编N栋	510378	020-81419878	020-81419733
广州市孟维矿山机械设备有限公司	广东省广州市天河区龙洞广汕一路685号	510000	020-37360100	020-37360100
哈尔滨贵友科技开发有限公司	黑龙江省哈尔滨市呼兰区双井镇勤劳村	510378	0451-55234800	0451-55234700
武汉正通传动技术有限公司	湖北省武汉市黄陂区横店街正通大道99号	430301	027-61768899	027-61768899

洗选设备

单位名称	联系地址	邮编	电话	传真
北方重工集团有限公司矿业装备分公司	辽宁省沈阳市经济技术开发区开发大路16号	110027	024-25802477	024-25197493
中信重工机械股份有限公司矿山机器厂	河南省洛阳市涧西区建设路206号	471039	15690660259	0379-64088626
沈阳隆基电磁科技有限公司	辽宁省抚顺市经济开发区文华路6号	113122	13804933905	0413-56605768
山东华特磁电科技股份有限公司	山东省潍坊市临朐县经济开发区华特路5777号	262600	13791661888	0536-3158801
鞍山重型矿山机器股份有限公司	辽宁省鞍山市鞍千路294号	114051	13904120312	0412-5239900
淮北矿山机器制造有限公司	安徽省淮北市濉溪经济开发区工业园白杨路15号	235005	13965876158	0561-6063318
东北大学资源与土木工程学院	辽宁省沈阳市东北大学265信箱	110006	15904051956	024-23890448
镇江电磁设备厂有限责任公司	江苏省镇江市丹徒新城谷阳大道东延99号	212004	13805282608	0511-85622591
南昌矿山机械有限公司	江西省南昌市湾里区盘龙路23号	330004	13807085540	0791-83761006
海安县万力振动机械有限公司	江苏省南通市海安城江海西路168号	226600	13706277726	0513-88814780
北京矿冶机电科技有限责任公司	北京市丰台区南四环西路188号总部基地18区23号楼	100044	13701325849	010-68336186
煤炭科学研究总院唐山设计研究院	河北省唐山市新华西道21号	063012	13703348985	0315-2829275
上海盾牌筛网滤器有限公司	上海市闸北区天目中路383号海文大楼1503室	200070	18930850700	021-23010291

(续)

单位名称	联系地址	邮编	电话	传真
唐山汇力科技有限公司	河北省唐山市路南区唐古街3号	063001	13503152229	0315-2876709
河南威猛振动设备股份有限公司	河南省新乡市新乡县工业路1号	453700	13837359259	0373-5590098
江阴齿轮箱制造有限公司	江苏省江阴市工业园区澄山路601号	214437	13656165722	0510-86993196
上海山美重型矿山机械有限公司	上海市奉贤区青村镇奉村路258号	453731	13700863691	021-58200089
钟祥市新宇机电制造有限公司	湖北省钟祥市经济开发区西环二路8号	431900	13707264888	0724-4223279
沈阳鸿翔复合弹性设备有限公司	辽宁省沈阳市大东区大什字街80-1号23-4	110014	13604904882	024-88472546
上海嘉庆轴承制造有限公司	上海市闸北区民德路158号铭德国际广场1802室	200070	13564241799	021-56559515
河南太行振动机械股份有限公司	河南省新乡市经济开发区中央大道66号	453731	13803738509	0373-5586811
辽源通工机械有限公司	吉林省辽源市工业开发区向阳工业园福兴路1号	136200	13604375653	0437-3170955
郑州一帆机械设备有限公司	河南省郑州市荥阳开发区郑源路中段	450131	13849040105	0371-88380880
河南师大振动机械有限公司	河南省新乡市建设东路46号	543007	13603737789	0373-3326999
江苏保龙机电制造有限公司	江苏省溧阳市昆仑开发区昆仑北路75号	213300	13906143181	0519-87301886
江苏省姜堰市橡胶制品厂	江苏省姜堰市民营经济产业中心	225500	13705268229	0523-88286079
柳州中特高压电器有限公司	广西壮族自治区柳州市柳东路222号	545006	13707726048	0772-2615882
河南省群英机械制造有限责任公司	河南省焦作市解放中路397号	454002	13782713789	0391-3911397
辽阳市望水橡胶制品厂	辽宁省辽阳市振兴路下王家256号	111004	13500495666	0419-3306825
江都市金马矿配件有限公司	江苏省扬州市江都区通江路43号	225200	13705250833	0514-86893833
淮北市协力重型机器有限公司	安徽省淮北市濉溪经济开发区工业园金桂西路2号	235000	13905612169	0561-4080808
淮北市一环矿山机械有限公司	安徽省淮北市南黎路西段	235000	13909615455	0561-3015222
淮北科源矿山机器有限公司	安徽省淮北市杜集经济开发区滂汪工业园	235037	13905610939	0561-3038516
北京有色冶金设计研究总院选矿室	北京市海淀区复兴路戊12号	100038	13641233600	010-63963662
沈阳永翔科技有限公司	辽宁省沈阳市和平区十三纬路39号（1-21-10）	110002	13804077264	024-22722669
镇江市鸿兴磁选设备有限公司	江苏省镇江市润州区润兴路33号	212002	13705283961	0511-85287677
松滋市金津矿山机械有限责任公司	湖北省松滋市城东工业园永兴路3号	434200	13972364370	0716-5951166
抚顺沃尔普机电设备有限公司	辽宁省抚顺市望花区铁岭街12-1号	113001	13700010186	024-56380540
辽宁志远筛子王制造有限公司	辽宁省鞍山市达到湾工业园区C05-6	114044	13204233336	0412-5210599
镇江市江南矿山机电设备有限公司	江苏省镇江市丁卯开发区南纬四路10号	212009	13906104105	0511-88893966
淮北中芬矿山机器有限公司	安徽省淮北市杜集区孙谢庄工业园腾飞路1号	235000	13905610503	0561-3091224
河南省平原矿山机械有限公司	河南省新乡市黄河大道289号	453700	13803802825	0373-5071699
唐山陆凯科技有限公司	河北省唐山高新技术产业园区火炬路208号	063020	13931539268	0315-3859960
江都市亚业筛网厂	江苏省江都市城南工业园刘桥路	225200	13905258171	0514-86545138
柳州市远健磁力设备制造有限责任公司	广西壮族自治区柳州市柳江县新兴工业园兴福路12号	545112	13807722327	0772-3269178
河北亚恒橡胶科技有限公司	河北省深州市大屯镇	053873	13785836738	0318-3486866
河南蒲瑞精密机械有限公司	河南省新乡市长垣县巨人大道南段路西	453400	15237330018	0373-8621889
马鞍山矿山研究院 网络信息中心	安徽省马鞍山市花山区湖北路9号	243004	13955581566	0555-2475796

(续)

单位名称	联系地址	邮编	电话	传真
河南省金特振动机械有限公司	河南省新乡市经济开发区太行北路西段	453731	13803734948	0373-5597320
江苏科行环境工程技术有限公司	江苏省盐城市新洋经济区新洋路9号	224003	13705103032	0515-88566200
黑旋风工程机械开发有限公司	湖北省宜昌市大连路8号	443005	13607200788	0717-6467192
浙江镇南精工机械有限公司	浙江省诸暨市店口镇解放路259号	311835	13395758888	0575-87655618
淄博九州润滑科技有限公司	山东省淄博市高新区万杰路108号1208室	255086	13355281819	0533-3588387
江苏金基特钢有限公司	江苏省句容市宝华镇和平村汤龙公路旁	212415	13705183558	025-85818226
济南中燃科技发展有限公司	山东省济南市高新开发区开拓路1251号	250101	13869121112	0531-81213899
赣州金环磁选设备有限公司	江西省赣州市章贡区沙河工业园	325000	13970765025	0797-8325798
威海市润泽矿山洗选设备有限公司	山东省威海市环翠区桥头镇临港科技创业园	264212	13863138508	0631-5800797
新乡市高科机械设备有限公司	河南省新乡市新乡县小冀镇21号桥西800米路北	453731	13903734412	0373-5593617
山东科力华电磁设备有限公司	山东省潍坊市临朐县城南工业园	262600	13953602126	0536-3181099
岳阳科德科技有限责任公司	湖南省岳阳市经济开发区科德工业园	414000	13332509188	0730-8729288
辽宁翔宇压滤机有限公司	辽宁省沈阳市于洪区太湖街1-3-1号	110141	024-25835556	024-25300270
东阳市天力磁电有限公司	浙江省金华市东阳市开发八华路18号	322100	13605727760	0579-86816587
上海恒源冶金设备有限公司	上海市浦东新区东胜路1001号	201201	13701688151	021-58975926
凤城市矿冶齿轮有限责任公司	辽宁省凤城市边门镇边门街	118119	13941528081	0415-8070241
西安船舶工程研究院有限公司	陕西省西安市雁塔区团结南路35号航海科技园三层	710077	15991797102	029-88891530
沈阳博众重型机械制造有限公司	辽宁省沈阳市皇姑区三台子经济开发区方溪湖村	110034	13940235508	024-89341098
四川高德特科技有限公司	四川省攀枝花市攀枝花大道南段234号	617000	13508236601	0812-2512388
昆明华扬机械制造有限公司	云南省昆明市晋宁县晋宁工业园区上蒜片区	620215	13808719152	0871-67822912
淮北市金牛源矿山机器有限公司	安徽省淮北市濉溪乾隆湖工业园	235100	15905610861	0561-7518061
烟台龙腾机械设备有限公司	山东省招远市初山东路99号	265400	15563800007	0535-8113099
扬州宝飞优斯特振动器制造有限公司	江苏省扬州市宝应县安宜创业园22栋	225800	13901440380	0514-88279611
朝阳市宏晟机械制造有限公司	辽宁省朝阳市下府经济开发区	122113	13841306326	024-58345885
河南省荥阳市矿山机械制造厂	河南省荥阳市三里庄	450100	13903821165	0371-64696896
天津市立鑫晟精细铸造有限公司	天津市静海县良王庄乡良二村	301600	13920890723	022-68122819
中国矿业大学化工学院	江苏省徐州市泉山区大学路1号	221116	0516-83985486	0516-83591056
福州大学紫金矿业学院	福建省福州市福州地区大学新区学园路2号	350108	15806038882	0591-22865213
沈阳永达有色铸造厂	辽宁省沈阳市皇姑区鸭绿江北街168号	110033	13904020959	024-86673763
沈阳有色金属研究院	辽宁省沈阳经济开发区七号路七甲六号	110141	13904051507	024-25375511
韶关市邵瑞重工有限公司	广东省韶关市武江区西郊六公里科技工业园	512029	18948839999	0751-8136871
臣桀（上海）橡胶工业技术有限公司	上海市金山区吕巷镇溪南路86号	201500	18321344000	021-61842333
兴东不锈钢制件厂	福建省晋江市西园街道仕头	362200	13505975666	0595-85602756

物料搬运机械

单位名称	联系地址	邮编	电话	传真
华电重工股份有限公司	北京市丰台区汽车博物馆东路华电产业园B座11层	100070	010-63919213	010-63919230
北京起重运输机械设计研究院	北京市东城区雍和宫大街52号	100007	010-64031452	010-64052584
大连华锐重工集团股份有限公司	辽宁省大连市西岗区八一路169号	116013	0411-86852736	0411-86852013
太原重型机械集团有限公司	山西省太原市万柏林区玉河街53号	030024	0351-6364118	0351-6361133
上海振华重工（集团）股份有限公司	上海市浦东新区东方路3261号	200125	021-31191929	021-31191955
中国重型机械有限公司	北京市海淀区公主坟复兴路甲23号	100036	010-68211861	010-68296106
卫华集团有限公司	河南省新乡市长垣县卫华大道西段	453400	0373-8887646	0373-8887665
三一港口机械有限公司	湖南省长沙市经济开发区三一工业城(广东省珠海市金湾区三一科技大厦)	410100	0731-84031697	0731-84031999-1162
株洲天桥起重机股份有限公司	湖南省株洲市石峰区新民路266号	412004	0731-22337000	0731-22337798
衡阳运输机械有限公司	湖南省衡阳市珠晖区狮山路1号	421002	0734-3172006	0734-3172066
双鸟集团有限公司	浙江省嵊州市黄泽镇工业功能区玉龙路16号	312455	0575-83503801	0575-83503801
中煤西安设计工程有限责任公司	陕西省西安市雁塔路北段66号	710054	029-87858161	029-87855534
中煤科工集团沈阳设计研究院有限公司	辽宁省沈阳市沈河区先农坛路12号	110015	024-24156292	024-24156292
中冶南方武汉钢铁设计院有限公司	湖北省武汉市青山区红钢城15街坊	430080	027-51319084	027-86805606
中国电力工程顾问集团西北电力设计院	陕西省西安市高新技术产业开发区团结南路22号	710075	029-24156292	029-24156292
中国电力工程顾问集团西南电力设计院	四川省成都市东风路18号	610016	028-81724493	028-81724242
中交一航局安装工程有限公司	天津市经济技术开发区滨海金融街广场东20号E3ABC座5层	300457	022-66283176	022-66282879
上海工业自动化仪表研究院	上海市徐汇区漕宝路193号	200233	021-64368180	021-64845510
交通运输部水运科学研究院	北京市海淀区西土城路8号	100088	010-62079013	010-62079013
河北港口集团有限公司信息与技术中心	河北省秦皇岛市海滨路35号	066002	0335-3097232	0335-3097232
同济大学机械学院	上海市杨浦区四平路1239号	200092	021-69589750	021-69589750
北京科技大学国家板带生产先进装备工程技术研究中心	北京市海淀区学院路30号	100083	010-62332598	010-62334255
焦作市科瑞森机械制造有限公司	河南省焦作市高新区神州路2878号	454000	0391-3683685	0391-3683672
宁夏天地西北煤机有限公司	宁夏回族自治区石嘴山市大武口工业园区长安路1号	753001	0952-2175329	0952-2175357
杭州华新机电工程有限公司	浙江省杭州市西湖科技园区西园路二号	310030	0571-89905122	0571-89905117
山东山矿机械有限公司	山东省济宁市济安桥北路11号	272041	0537-2783813	0537-2228529
广州起重机械有限公司	广东省广州市广园中路283号	510405	020-86798728	020-86796828
四川省自贡运输机械集团股份有限公司	四川省自贡市国家工业园区富川路3号	643000	0813-8233607	0813-8233588
上海科大重工集团有限公司	上海市青浦区青浦工业园华青路815号	201707	021-69211568	021-69210321
力博重工科技股份有限公司	山东省泰安市宁阳经济开发区	271411	0538-2133862	0538-6962086
SEW-传动设备（天津）有限公司	天津市滨海新区天津经济技术开发区第七大街46号	300457	022-50880140	022-25323273
河南恒达机电设备有限公司	河南省新乡市长垣县起重工业园区纬四路东侧	453424	0373-2156199	0373-2156189

(续)

单位名称	联系地址	邮编	电话	传真
浙江东海减速机有限公司	浙江省温州市平阳经济开发区（敖江镇鸽巢路）	325401	0577-63631862	0577-63635393
吉林大学	吉林省长春市人民大街5988号	130025	0431-85094404	0431-85095288
上海海事大学	上海市浦东新区临港新城海港大道1550号	201306	021-38282600	021-38282600
东北大学机械工程与自动化学院	辽宁省沈阳市和平区文化路3号信箱11号	110819	13940324923	
太原科技大学机械工程学院	山西省太原市万柏林区窊流路66号	030024	0351-6998032	0351-6998032
上海理工大学机械工程学院	上海市杨浦区军工路516号	200093	021-55270456	021-55270456
起重运输机械杂志社	北京市东城区雍和宫大街52号	100007	010-64031987	010-64031987
沧州渤海新区黄骅港皮带运输有限公司	河北省沧州市沧州渤海新区港务大厦18楼	061113	0317-7559733	0317-7559733
凯盛重工有限公司	安徽省淮南市谢家集区蔡新路	232058	0554-5717600	0554-5717383
大唐环境产业集团股份有限公司	北京市海淀区紫竹院路120号7楼	100097	010-58389999	010-58389810
象王重工股份有限公司	江苏省盐城市建湖经济开发区明珠东路1号	224700	0515-82068933	0515-86312253
湖州电动滚筒有限公司	浙江省湖州市西凤路888号	313000	0572-2111325	0572-2174376
江西华伍制动器股份有限公司	江西省丰城市工业园区新梅路7号	331100	0795-6242073	0795-6241080
江阴齿轮箱制造有限公司	江苏省江阴市高新区澄山路601号	214437	0510-86993519	0510-86993519
四川东林矿山运输机械有限公司	四川省内江市市中区工业集中发展区乐贤大道398号	641005	0832-2112515	0832-2112500
江西特种电机股份有限公司	江西省宜春市环城南路581号	336000	0795-3288626	0795-3274523
山西中能建电力装备有限公司	山西省太原市北营南路30号	030031	0351-7662041	0351-7662246
通化市起重运输机械制造有限责任公司	吉林省通化市东昌区保安路2369号	134000	0435-3652139	0435-3617752
江苏万富安机械有限公司	江苏省张家港市经济开发区南区	215614	0512-58459230	0512-58421395
沈阳皆爱喜输送设备有限责任公司	辽宁省沈阳市经济技术开发区五号路19号	110141	024-25370291-8032	024-25370290
上海贯博起重设备有限公司	上海市浦东新区周浦镇3736号2幢2楼	201318	021-50880140	021-50880140
江苏兴洲工矿设备有限公司	江苏省泰州市高港科技创业园许庄许南	225323	0523-86161162	0523-86112111
哈尔滨和泰电力设备有限公司	黑龙江省哈尔滨市南岗区长江路380号宏洋大厦	150090	0451-82279918	0451-82314178
唐山德伯特机械有限公司	河北省唐山市缸窑路2号	063027	0315-8090500	0315-3203438
天津三岛输送机械有限公司	天津市塘沽区新北路创新创业园21-B 401室	300451	022-25213279	022-25213279
宁波探索机械制造有限公司	浙江省宁波市象山县丹城白鹤路206号	315700	0574-65782295	0574-65751946
武汉新华源电力设备有限公司	湖北省武汉市武昌区中北路148号东沙大厦A座8层	430077	027-87260868	027-87260858
宁波华臣输送设备制造有限公司	浙江省宁波市象山经济开发区滨海工业园金商路20号	315712	13906601166	0574-65803687
上海博强机械制造工程有限公司	上海市普陀区交通路4621弄4号1401室	200331	021-52926332	021-52956605
吴江市麒麟起重机械有限公司	江苏省吴江市铜罗镇人民街20号	215237	0512-63881241	0512-63881774
山西顾德宝丰重工机械有限公司	山西省原平市京原北路108国道（原种场）	034100	0350-3318959	0350-8238358
河北义坤矿山机械有限公司	河北省衡水市武邑县循环经济园区威武大街88号	053400	0318-2281199	0318-2281000
哈尔滨国海星轮传动有限公司	黑龙江省哈尔滨市平房区烟台三路8号	150060	0451-86530858	0451-86530858
启东金利润滑设备有限公司	江苏省启东市中央大道东首	226200	0513-83655222	0513-83655222

（续）

单位名称	联系地址	邮编	电话	传真
无锡市安能滑触电器有限公司	江苏省无锡市锡山区东北塘农坝工业园	214191	0510-83776272	0510-83776126
江苏鼎阳机电科技实业有限公司	江苏省南京市栖霞区紫东路2号紫东国际创意园区A2栋	210009	025-83696880	025-83696871
常州市潞城常东塑料五金厂	江苏省常州市戚墅堰区潞城街道光明村委李家塘村	213025	0519-88402188	0519-88400668
淄博九州润滑科技有限公司	山东省淄博市高新区万杰路108号博士楼	255086	0533-6200711	0533-3588387
厦门力祺环境工程有限公司	福建省厦门市环东海域工业区湖里工业园美溪道98号	361000	0592-5725120	0592-5725125
武汉正通传动技术有限公司	湖北省武汉市黄陂区横店街正通大道99号	430301	027-61879999	027-61768899
江西工埠机械有限责任公司	江西省樟树市药都北大道223号	331200	0795-7776606	0795-7776268

桥式起重机

单位名称	联系地址	邮编	电话	传真
北京起重运输机械设计研究院	北京市东城区雍和宫大街52号	100007	010-64031010	010-84037436
大连重工·起重集团有限公司	辽宁省大连市西岗区八一路169号	116013	0411-86852166	0411-86852222
卫华集团有限公司	河南省新乡市长垣县卫华大道西段	453400	0373-8887699	0373-8887646
太原重工股份有限公司	山西省太原市万柏林区玉河街53号	030024	0351-6362824	0351-6362554
河南省矿山起重机有限公司	河南省新乡市长垣县长恼工业区18号	453400	0373-8735555	0373-8735555
上海起重运输机械厂有限公司	上海市嘉定区安亭镇昌吉路28号	201805	021-65564735	021-56639864
株洲天桥起重机股份有限公司	湖南省株洲市田心北门	412001	0731-28462032	0731-28462033
山起重型机械股份公司	山东省青州市昭德北路2198号	262515	0536-3203038	0536-3203037
广州起重机械有限公司	广东省广州市广园中路283号	510405	020-86798891	020-86796828
象王重工股份有限公司	江苏省盐城市建湖经济开发区明珠东路1号	224700	0515-86317221	0515-86317221
宁夏天地奔牛银起设备有限公司	宁夏回族自治区银川市西夏区金波南街160号	750021	0951-5615026	0951-3067126
北京起重运输机械设计研究院	北京市东城区雍和宫大街52号	100007	010-64053039	010-84037436
法兰泰克重工股份有限公司	江苏省苏州市汾湖高新技术产业开发区汾越路288号	215211	0512-82072999	0512-82072999
武汉钢铁重工集团冶金重工有限公司	湖北省武汉市青山区厂前街青王路10号	430083	027-86303703	027-86865751
重庆起重机厂有限责任公司	重庆市九龙坡区中梁山人和场	400052	023-65269394	023-65258916
洛阳起重机厂	河南省洛阳市老城区唐宫东路10号	471009	0379-63415918	0379-63415999
常州市常欣电子衡器有限公司	江苏省常州市中凉亭	213001	0519-86643942	0519-86640473
杭州起重机械有限公司	浙江省海宁市连杭经济区新一路10号	311112	0571-88747563	0571-88747388
黑龙江富锦富华起重机有限公司	黑龙江省富锦市富福路西段	156101	0454-2347124	0454-2349210
柳州起重机器有限公司	广西壮族自治区柳州市阳和工业新区雒容工业园2号	545616	0772-3117615	0772-3117615
德马格起重机械（上海）有限公司	上海市闵行区沪闵路6088号18层	201199	021-37182205	021-57464558
河南豫飞重工集团有限公司	河南省新乡市新飞大道北段81号	453002	0373-3321000	0373-3321906
辽宁清原第一缓冲器制造有限公司	辽宁省抚顺市146信箱	113103	0413-54077398	0413-53020828
云南冶金昆明重工有限公司	云南省昆明市龙泉路871号	650203	0871-66085085	0871-66085285
江苏泰隆减速机股份有限公司	江苏省泰兴市大庆东路88号	225400	0523-87668088	0523-87665426

（续）

单位名称	联系地址	邮编	电话	传真
湖北银轮起重机械股份有限公司	湖北省赤壁市河北大道170号	437300	0715-5337928	0715-5337966
辽宁恒泰重机有限公司	辽宁省本溪市明山区文化路14号	117022	024-44845903	024-44829202
郑起重工有限公司	河南省郑州市化工路158号	450066	0371-67848168	0371-67848299
新乡市中原起重电器厂有限公司	河南省新乡市长垣县东关工业区工业路	453400	0373-8810889	0373-8812882
河南省东风起重机械有限公司	河南省新乡市长垣县工业园区纬二路1号	453400	0373-2156668	0373-2156886
广东永通起重机械实业有限公司	广东省佛山市顺德区陈村镇潭村工业区三路	528313	0757-23329912	0757-23833832
河南重工起重机集团有限公司	河南省新乡市长垣县魏庄工业园区6号	453424	0373-8927999	0373-8927999
河南宝起华东起重机有限公司	河南省新乡市长垣县起重工业园区巨人大道	453400	0373-8619880	0373-8619880
江西起重机械总厂	江西省樟树市共和东路82号	331200	0795-7364266	0795-7364566
浙江众擎起重机械制造有限公司	浙江省诸暨市城西工业区千禧路1号	311800	0575-87385688	0575-87387610
无锡新大力电机有限公司	江苏省无锡市惠山区惠畅路19号	214177	0510-83761037	0510-83621022
丹东振安建工机械有限公司	辽宁省丹东市振安区果园路30号	118001	0415-4188608	0415-4188606
四川川起重起重设备有限公司	四川省成都市金堂县成金大道1666号	610400	028-84932244	028-84932244
山东安信起重设备有限公司	山东省新泰市羊流工业区	271208	0538-7440328	0538-7444617
江苏三马起重机械制造有限公司	江苏省靖江市城南园区江防西路3号	214500	0523-84866933	0523-856778610
新乡市起重设备厂有限责任公司	河南省新乡市榆东工业园区	453003	0373-3054082	0373-3058094
中原圣起有限公司	河南省新乡市长垣县魏庄工业园区1号	453424	0373-8710562	0373-8711808
河南豫中起重集团有限公司	河南省新乡市长垣县城南工业区	453424	0373-8791368	0373-8791898
新乡市中原起重机械总厂有限公司	河南省新乡市长垣县东关工业区	453400	0373-8814682	0373-8810258
新疆通用机械有限公司	新疆维吾尔自治区乌鲁木齐市米东区九沟北路2446号	830019	0991-6868164	0991-6868363
河南省新乡市矿山起重机有限公司	河南省新乡市长垣县长恼工业区	453423	0373-8732008	0373-8732014
浙江通力重型齿轮股份有限公司	浙江省瑞安市林垟工业区	325207	0577-65599838	0577-65598888
上海豪力起重机械有限公司	上海市浦东新区凌白公路1128号	201201	021-58971138	021-58971159
浙江合建重工科技有限公司	浙江省温州市平阳县鳌江镇墨城临港工业小区4号路	325401	0577-58126288	0577-63191160
宁波市凹凸重工有限公司	浙江省宁波市机场路3998号	315176	0574-88008778	0574-88008779
焦作金箍制动器股份有限公司	河南省焦作市博爱县发展大道中段1688号	454461	0391-2931288	0391-2924446
宁波东力传动设备股份有限公司	浙江省宁波市江北工业区银海路1号	315033	0574-87587777	0574-88388889
河南华北起重吊钩有限公司	河南省新乡市长垣县工业园区华北大道12号	453424	0373-8791377	0373-8710503
奔宇电机集团有限公司	河南省新乡市长垣县起重工业园纬二路西段	453400	0373-8622311	0373-8622313
郑州凯澄起重设备有限公司	河南省郑州市新郑双湖开发区磨河桥南	451191	0371-62579688	0371-62575699
甘肃省定西起重机厂有限责任公司	甘肃省定西市安定区西川园区教育大道1号	743000	0932-8216532	0932-8221013
青岛立邦达电气有限公司	山东省青岛市国家高新技术开发区锦业路1号高新科技园A4栋	266033	0532-58717660	0532-58717670
泰星减速机股份有限公司	江苏省泰兴市姚王镇	225402	0523-87635681	0523-87635683
宝鼎重工股份有限公司	浙江省杭州市郊塘栖镇一号桥南	311106	0571-86380888	0571-86380688
江西特种电机股份有限公司	江西省宜春市环城南路581号	336000	0795-3285285	0795-3263554
大连辽南起重机器有限公司	辽宁省大连市旅顺区营顺路102号	116050	0411-86233046	0411-86236371

(续)

单位名称	联系地址	邮编	电话	传真
新乡市起重机厂有限公司	河南省新乡市南环路东1号	453003	0373-5795338	0373-5797669
辽宁国远科技有限公司	辽宁省鞍山市千山区通海大道427号	114041	0412-5644999	0412-5644777
奥力通起重机（北京）有限公司	北京市通州区张家湾镇枣林庄南口	101103	010-61509090-809	010-61509780
江苏太兴隆减速机有限公司	江苏省泰兴市城区科技工业园	225400	0523-87996666	0523-87996999
河南恒达机电设备有限公司	河南省新乡市长垣县魏庄工业园区维十路与巨人大道交叉口向东100米路南	453424	0373-2156768	0373-2156189
江西工埠机械有限责任公司	江西省樟树市药都北大道223号	331200	0795-7776606	0795-7776268
常州常矿起重机械有限公司	江苏省常州市武进区高新区凤鸣路18-2号	213119	0519-88609206	0519-88609203
常州市潞城常东塑料五金厂	江苏省常州市潞城镇潞横路中段	213025	0519-88402188	0519-88400668
山东省生建重工有限责任公司	山东省淄博市淄川区昆仑镇昆仑路1号	255129	0533-5787381	0533-5780070
西安标准起重机械有限公司	陕西省西安市西郊红光路72号	710077	029-84241163	029-84497216
大连起重矿山机械有限公司	辽宁省大连市甘井子区营口路10号	116036	0411-86704818	0411-86704184
上海伯瑞制动器有限公司	上海市奉贤区奉城镇东街98号	201411	021-57522358	021-57522350
上海雄风起重设备厂有限公司	上海市松江区佘北公路2199号	201602	021-57796242	021-57792656
常州市海之杰港口起重机设备有限公司	江苏省常州市新北区汤庄镇叶汤公路	213133	0519-83205268	0519-83205568
天津津起起重设备有限公司	天津市津南区葛沽镇	300352	022-28682369	022-28682369
扬戈科技股份有限公司	浙江省台州市三门县海游镇沙田洋经济开发区	317100	0576-83337758	0576-83373755
浙江立新起重开关厂	浙江省乐清市柳市镇柳黄路1658号西仁宕工业区	325604	0577-62718111	0577-62718999
河南省中原起重机械总厂	河南省新乡市长垣县文明路402号	453400	0373-8810848	0373-8813875
常州市武进起重电器有限公司	江苏省常州市武进区横林镇莲蓉村	213103	0519-88501043	0519-88501298
河南省飞马起重机械有限公司	河南省新乡市长垣县魏庄工业园区纬五东路	453400	0373-8712222	0373-8711976
江阴真良机械有限公司	江苏省江阴市利港镇	214444	0510-86636637	0510-86636637
昌乐县东田聚氨酯厂	山东省潍坊市昌乐县红河镇	262413	0536-6972111	0536-6972555
天水长城控制电器厂起重电气设备厂	甘肃省天水市秦州区南廓路11号	741018	0938-8383411	0938-8383411
新乡克瑞重型机械科技股份有限公司	河南省新乡市长垣县华垣路西段	453400	0373-8887988	0373-8887999
山东烟起起重设备有限公司	山东省烟台市福山区金凤路50号	265500	0535-6362473	0535-6367663
焦作市长江制动器有限公司	河南省焦作市武陟县大司马工业区888号	454981	0391-7517888	0391-7515658
焦作市制动器开发有限公司	河南省焦作市武陟县工业园	454950	0391-7268818	0391-7268019
南京开关厂有限公司	江苏省南京市江宁滨江开发区绣王路2号	210078	025-86106952	025-86106515
泰兴市华东减速机制造有限公司	江苏省泰兴市鑫泰路318号	225400	0523-87694282	0523-87694337
无锡市宏泰起重电机有限公司	江苏省无锡市惠山区前州镇工业园区万寿路17号	214181	0510-83392288	0510-83395888
新乡市鹏升起重设备有限公司	河南省新乡市长垣县位梁工业区	453424	0373-8719619	0373-8719398
施耐德电气（中国）投资有限公司	上海市普陀区云岭东路89号长风国际大厦8层	200062	021-62848800	021-62848800
江苏太兴隆减速机有限公司	江苏省泰兴市城区科技工业园	225400	0523-87996888	0523-87996999
江苏泰宏减速机有限公司	江苏省泰兴市姚王镇大庆东路999号	225400	0523-87548779	0523-87540655
无锡石油化工起重机有限公司	江苏省无锡市惠山区长安镇张村路9号	214178	0510-83592637	0510-83591226

(续)

单位名称	联系地址	邮编	电话	传真
中国长江航运集团电机厂	湖北省武汉市江夏区藏龙岛科技园九凤街5号	430205	027-81977307	027-87801309
焦作市虹桥重工科技发展股份有限公司	河南省焦作市武陟县云台大道东侧2号	454981	0391-7541888	0391-7541666
中国有色（沈阳）冶金机械有限公司	辽宁省沈阳市经济技术开发区沈辽路2号	110027	024-31228033	024-31228088
上海嘉庆轴承制造有限公司	上海市闸北区普善路239弄19号101室	200070	021-56559515	021-56559517
河南省力源重型起重机有限公司	河南省新乡市长垣县魏庄工业园区纬七路15号	453424	0373-8710919	0373-8710919
江苏锦友减速机制造有限公司	江苏省泰兴市城东工业园戴王路1号	225400	0523-87692335	0523-87694775
上海宝松重型机械工程有限公司	上海市宝山区盘古路732号	201900	021-56698880	021-56690455
无锡大力起重机械有限公司	江苏省无锡市华清路148号	214124	0510-85628988	0510-85627005
山东益杰重工机械有限公司	山东省淄博市博山区博莱高速路口	255213	0533-4658626	0533-4658727
江西飞达电气设备有限公司	江西省宜春市工业园区长青大道	336000	0795-2192198	0795-3245060
山东泰峰起重设备制造有限公司	山东省新泰市羊流工业区	271208	0538-7442272	0538-7442858
山东德鲁克起重机有限公司	山东省新泰市羊流工业区	271208	0538-7442429	0538-7442118
山东泰山起重机械有限公司	山东省新泰市羊流工业区	271208	0538-7442312	0538-7442366
江苏格雷特起重机械有限公司	江苏省南通市平潮镇沿江工业园蛟龙路18号	226361	0513-86725777	0513-86725777
山东柳杭减速机有限公司	山东省淄博市博山区水河路中段	255200	0533-4266859	0533-4182198
淄博市博山起重机器厂	山东省淄博市博山区白塔镇小庄村17号	255202	0533-4680509	0533-4680509
南京特种电机厂有限公司	江苏省南京市六合区雄州东路289号	211500	025-57512565	025-57512565
湖北鄂南起重运输机械有限公司	湖北赤壁市发展大道159号	437300	0715-5250777	0715-5250326
江苏宏达起重电机有限公司	江苏省无锡市惠山区前州镇开发区惠和路3号	214181	0510-83396666	0510-83396666
山东华通机械有限公司	山东省新泰市羊流工业区	271208	0538-7442393	0538-7442003
山东开元重型机械有限公司	山东省新泰市羊流工业区	271208	0538-7443936	0538-7443936
上海海希工业通讯股份有限公司	上海市松江区莘砖公路518号15幢	201612	021-54902525	021-54902626
无锡市安特防爆机电制造有限公司	江苏省无锡市惠山区长安镇长东	214177	0510-83620477	0510-83622120
湖北蒲圻起重机械有限公司	湖北赤壁市经济开发区起重机械工业园区	437300	0715-5250377	0715-5250489
重庆金象起重设备制造有限公司	重庆市江津区德感工业园18号	402284	023-87063693	023-87063693
焦作市长控液压制动器有限公司	河南省焦作市修武县集聚产业区	454950	0391-7260558	0391-7260558
湖北省咸宁三合机电制造有限责任公司	湖北省咸宁市咸安区同心路138号	437000	0715-8322725	0715-8322725
无锡市安能滑触电器有限公司	江苏省无锡市锡山区东北塘镇农坝村	214191	0510-83776272	0510-83776272
河南华豫起重集团有限公司	河南省新乡市长垣县起重工业园区华豫大道	453400	0373-8717666	0373-8717555
四平市海格起重机器制造有限公司	吉林省四平市红嘴开发区兴红路1515号	136000	0434-5016806	0434-5016816
武汉正通传动技术有限公司	湖北省武汉市黄陂区横店街正通大道99号	430301	027-84674487	027-84631790
上海共久电气有限公司	上海市松江区石湖荡镇育新路88号	201617	021-57841571	021-57841775
上海美绿起重设备有限公司	上海市崇明县港沿镇富强路807号	202158	021-59465126	021-66206651
南通力威机械有限公司	江苏省如皋市如城镇东部工业园区兴源大道6号	226522	0513-87268999	0513-87268999
江苏省泰宇减速机有限公司	江苏省泰兴市姚王镇石桥村工业园	225402	0523-87540099	0523-87540099

(续)

单位名称	联系地址	邮编	电话	传真
上海申江锻造有限公司	上海市嘉定区曹安公路 16 号桥南	201812	021-69134181	021-69134181
天津重钢机械装备股份有限公司	天津市滨海新区塘沽厦门路 139 号	300459	022-25211535	022-25211535
天府重工有限公司	山东省烟台市福山区上庄路 81 号	265500	0535-6331648	0535-6331648
南京一嘉起重机械制造有限公司	江苏省南京市栖霞区靖安街道飞花工园	210059	025-85738622	025-85738622
诸暨劫力起重吊索具有限公司	浙江省诸暨市人民中路 75 号	311800	0575-88791616	0575-88791616
浙江赛诺起重机械有限公司	浙江省杭州市拱墅工业园区康惠路 1 号	310015	0571-86331468	0571-86331468
象山万邦电器有限公司	浙江省宁波市象山县城东工业园望海路 5 号	315700	0574-65626626	0574-65626626
新乡市志远起重配件厂	河南省新乡市长垣县起重机工业园区	453400	0373-8615167	0373-8615167
河南新起腾升起重设备有限公司	河南省新乡市榆东产业聚集区	453000	0373-7722088	0373-7722088
河南恒达机电设备有限公司	河南省新乡市长垣县起重机工业园区纬四路	453424	0373-8615219	0373-8615319
绍兴起重机总厂	浙江省绍兴市袍江新区洋江东路 38 号	312000	0575-88265977	0575-88265977
江阴市起重运输机械有限公司	江苏省江阴市申港街道申新路 33 号	214443	0510-86621524	0510-86621524
四川合能起重设备有限公司	四川省成都市金堂县淮口工业园现代大道 999 号	610400	028-84901618	028-84903300
成都三江起重机制造有限公司	四川省成都市金堂县三中园区钢城路西段	610400	028-84934393	028-84934393
江西华伍制动器股份有限公司	江西省丰城市剑邑大道 779 号	331100	0795-6203200	0795-6203200
郑州市华中路桥设备有限公司	河南省郑州市上街区洛宁路 88 号	450041	0371-68117266	0371-68117258
唐山沧达电缆有限公司	河北省唐山市路南区复兴路 54 号	063001	0315-2863232	0315-5933210
长沙起重机厂有限公司	湖南省长沙市韶山南路 123 号	410004	0731-85590525	0731-87807779
江苏金长城减速机有限公司	江苏省泰兴市经济开发区城东工业园	225400	0523-87700018	0523-87552788
四川成启起重机制造有限公司	四川省什邡市经济开发区北区海淀路	610083	028-82572910	028-82572910
湖北创新电气有限公司	湖北省宜昌市伍家岗临江坪科技园	443000	022-84893995	022-6572412
无锡文鼎线缆有限公司	江苏省宜兴市官林台湾工业区张来路	214251	0510-87206210	0510-87209409
银川银重(集团)起重有限公司	宁夏回族自治区银川市金凤区贺兰山中路 533 号	750011	0951-3073729	0951-3072981
伟肯（中国）电气传动有限公司	北京市朝阳区光华路甲 8 号和乔大厦 A 座 528 室	100026	010-51280006	010-51280006
宁波市鄞州中久电子有限公司	浙江省宁波市鄞州横溪镇上畈村	315000	0574-88136553	0574-88239555
宜昌市微特电子设备有限责任公司	湖北省宜昌市发展大道 28 号	443005	0717-6922999	0717-6906018
无锡宏达特种电机厂	江苏省无锡市前州镇工业区兴州路 23 号	214181	0510-83393888	0510-83393188
南京高锐特起重机械有限公司	江苏省南京市六合区东沟镇前街	211514	025-68902298	025-68902298
深圳市汇川技术股份有限公司	广东省深圳市宝安区宝城 70 区留仙二路鸿威工业区 E 栋	518101	0755-29799595	0755-29799579
云南昆钢重型装备制造集团有限公司	云南省安宁市昆钢	650302	0871-8602490	0871-68602490
上海君睿起重设备安装工程有限公司	上海市闸北区永和路 398 号 315 室	200072	021-56652336	021-56652336
河南省恒远起重机械集团有限公司	河南省新乡市长垣县起重工业园区巨人大道 6 号	453400	0373-8622265	0373-8726666
岳阳科德科技有限责任公司	湖南省岳阳市经济开发区 188 号	414000	0730-8729888	0730-8729288
浙江三港起重电器有限公司	浙江省台州市三门县滨海新城永盛路 8 号	317100	0576-83351555	0576-83351555
南京神天起重机械设备有限公司	江苏省南京市江宁区禄口街道石埝社区	211156	025-87191633	025-87191633

(续)

单位名称	联系地址	邮编	电话	传真
宜昌三思科技有限公司	湖北省宜昌市发展大道33号	443000	0717-6341110	0717-6342020
无锡市西塘宏达机电有限公司	江苏省无锡市惠山区前洲镇西塘村	214181	0510-83396588	0510-83396588
上海乐派特机电科技有限公司	上海市闸北区中山北路2130号万千大厦23层	200063	021-52911319	021-32010097
新起起重机有限公司	河南省新乡市长垣县魏庄起重工业区	453424	0373-8672222	0373-8672222
意凯希通信设备（北京）有限公司	北京市朝阳区望京阜通东大街方恒国际中心C座902室	100102	010-84674921	010-84674931
索肯和平（上海）电气有限公司	上海市宝山区沪太路8017号	201908	021-36659997	021-36659997
上海辛格林纳新时达电机有限公司	上海市嘉定区思义路1560号	201801	021-69926036	021-69926011
辽宁铭鹏防爆起重机有限公司	辽宁省铁岭市清河区工业园区	112003	024-72131180	024-72131180
宁波新大通电机有限公司	浙江省宁波市象山产业区城东工业园万隆路587号	315706	0574-65626009	0574-65626009
象山亿佳电器有限公司	浙江省宁波市象山县滨海工业园金开路80号	315712	0574-65626626	0574-65803535
湖北神力起重机械有限公司	湖北省赤壁市经济开发区起重机工业园发展大道93号	437300	0715-5251589	0715-5251589
湖北重工蒲圻机械有限公司	湖北省赤壁市经济开发区赤马港园区11号路	437300	0715-5362978	0715-5362978
江苏上上电缆集团有限公司	江苏省溧阳市上上路68号	213300	0519-87308866	0519-87308866
山东天源重型起重机械有限公司	山东省新泰市羊流工业园	271208	0538-7443456	0538-7443456
河南省龙祥电力电缆有限公司	河南省新乡市长垣县人民路西段路南	453400	0373-8881932	0373-8881932
武汉金地球起重设备有限责任公司	湖北省武汉市中南路14号世纪广场802室	430071	027-85981426	027-85981426
奥力通起重机（北京）有限公司	北京市通州区张家湾镇枣林庄南口	101103	010-61509780	010-61509780
上海辽清缓实业有限公司	上海市宝山区爱辉路27弄4号102	200431	021-66207428	021-66207428
广东日丰电缆股份有限公司	广东省中山市西区广丰工业园	528401	0760-88166388	0760-88166388
丹东万达电缆卷筒有限公司	辽宁省丹东市元宝区八道街165号	118000	0415-3128544	0415-3131002
河南江河重工集团有限公司	河南省郑州市嵩山北路83号中机四建3楼江河集团	450000	0371-55173989	0371-55173989
鞍山市起重机械有限公司	辽宁省鞍山市立山区羊草庄工业园区强工路369号	114031	0412-6612568	0412-6600118
开原市起重机总厂	辽宁省开原市工业区铁西北街86号	112300	024-73715036	024-73715036
开原星都起重设备有限公司	辽宁省开原市工业区北区北环路4号	112000	024-73115556	024-73115559
山东巨人重工机械有限公司	山东省新泰市羊流工业园区北路186号	271208	0538-7446986	0538-7446986
山东天力重工集团有限公司	山东省新泰市羊流工业园区	271208	0538-7442126	0538-7442126
山东益统重工机械有限公司	山东省新泰市羊流工业园区	271208	0538-7446888	0538-7446777
山东鲁新起重设备有限公司	山东省新泰市羊流工业园区	271208	0538-7442439	0538-7442439
深圳市英威腾电气股份有限公司	广东省深圳市南山区龙井路高发科技园4#楼英威腾大厦	518055	0755-86312603	0755-86312603
石家庄铁道大学国防交通研究所	河北省石家庄市北二环东路17号	050043	0311-87935570	0311-87935570
西安宝德自动化股份有限公司	陕西省西安市高新区草堂科技产业基地秦岭大道西4号	710034	029-88323387转8231	029-88323336
浙江麒龙起重机械有限公司	浙江省绍兴市绍兴县兰亭镇工业园区	312043	0575-84608897	0575-84608897
浙江天正电气股份有限公司	上海市浦东新区康桥东路388号	201319	021-31167247	021-31198729
上海佩纳沙士吉打机械有限公司	上海市青浦区朱家角镇沪清平公路6098号	201713	021-59232408	021-33864157

(续)

单位名称	联系地址	邮编	电话	传真
江阴市三叶机械有限公司	江苏省江阴市申港镇申港路259号	214443	0510-86629737	0510-86682877
乐清市东方胶塑电器开关有限公司	浙江省乐清市柳市镇苏吕村苏太路418号	325604	0577-62790993	0577-62790784
德马科起重机械有限公司	河南省新乡市长垣起重工业园区纬四路一号	453400	0373-8614789	0373-8614455
浙江协成起重机械有限公司	浙江省嘉兴市嘉善县惠民街道成功路101号	314100	4008041010-810	0573-84648605
北起院装备制造（北京）有限公司	北京市通州区永乐经济开发区	101115	010-80513958	010-80513958
承德市开发区盛方电子有限公司	河北省承德市高新区科技大厦附楼8层	067000	0314-2067073	0314-2067073
上海宏欣电线电缆有限公司	上海市浦东新区新场镇祝桥一灶240号	201314	021-68158306	021-68158268
科尼起重机设备（上海）有限公司	上海市普陀区祁连山南路2891弄100号D栋	200331	021-26061051	021-26061182
北京北起新创起重设备有限公司	北京市大兴区西红门嘉悦广场5号楼907室	102609	010-63518521	010-83511775
北京和欣运达科技有限公司	北京市昌平区定福黄庄宾宾集团和欣控制楼2层	102208	010-62719109-8009	010-62718559
辽宁三洋重工起重机装备有限公司	辽宁省开原市解放路578号	112300	024-73609128	024-73357999
上海龙合电子商务有限公司	上海市浦东新区秀浦路2500弄13号	201319	021-68133305	021-68067644
深圳市益尔智控技术有限公司	广东省深圳市南山区公园南路蛇口联合工业村G栋南山区电子商务创新服务基地B602-1	518067	0755-26433905	0755-26641880
浙江东海减速机有限公司	浙江省温州市平阳经济开发区鸽巢路（鳌江镇）	325401	0577-58111903	0577-63679809
安徽多杰电气有限公司	安徽省黄山市歙县经济技术开发区潭石路6号	245200	0559-6913999	0559-6833333
斯泰尔起重设备（上海）有限公司	上海市普陀区绥德路128号	200331	021-66083737-13	021-66083015
浙江箭环电气开关有限公司	浙江省义乌市稠城街道城中北路37-1号	322000	0579-85555715	0579-85555726
无锡市安全滑触线有限公司	江苏省无锡市滨湖区雪浪街道南泉赵祖浜路北	214128	0510-85062656	0510-85418311
泉州市恒力起重机制造有限公司	福建省泉州市鲤城区江南高新技术园区紫山路30号	362000	0595-28829999	0595-28896889
东莞市台冠起重机械设备有限公司	广东省东莞市大朗镇杨涌金朗南路229号	523770	0769-83019666-881	0769-83019666
河南蒲瑞精密机械有限公司	河南省新乡市长垣县巨人大道南段路西	453400	0373-8619999	0373-8625688
湖北圣河金起重设备有限公司	湖北省襄阳市樊城区柿铺杨湖	441000	0710-3113198	0710-3113178
江阴市金达传动机械有限公司	江苏省江阴市云亭街道那巷路9号	214400	0510-86022317	0510-86022092
凯道起重设备（上海）有限公司	上海市徐汇区中山西路1800号兆丰环球大厦11J室	200235	021-54488935	021-54488937
石家庄五龙制动器股份有限公司	河北省石家庄市桥西区新石中路375号金石大厦C座501	050091	0311-83805606	0311-83826381
武汉港迪电气有限公司	湖北省武汉市东湖新技术开发区理工大科技园理工路6号	430223	010-84340251	010-84340251
义乌恒邦建筑智能科技有限公司	浙江省义乌市雪峰西路968号（义务科技创业园）8幢6楼	322000	0579-85232071	0579-85232073
浙江众磊起重设备制造有限公司	浙江省诸暨市江龙工业开发区	311800	0575-87398028	0575-87398028
定襄县佳敏机械锻造有限公司	山西省忻州市定襄县九龙湾工业区	035400	0350-6090911	0350-6090911
江阴市正盛机械制造有限公司	江苏省江阴市申港镇于门工业园68号	214443	0510-86688868	0510-86623128
浙江欧迈特减速机械有限公司	浙江省温州市平阳县宋桥镇工业园	325409	0577-63770881	0577-63775678
天津市百业机械制造有限公司	天津市东丽区民族路2号	300300	022-84893995	022-84893985
河南省盛华起重机有限公司	河南省新乡市长垣县起重机工业园区	453400	0373-8712503	0373-8710509

(续)

单位名称	联系地址	邮编	电话	传真
江西省宜春市建达安全装置设备有限公司	江西省宜春市明月南路267号	336000	0795-7040312	0795-7040312
江西冠华重工机械有限公司	江西省宜春市袁州区环城南路599号	336000	0795-3248111 3241888	0795-3241288
河南省新科起重机有限公司	河南省新乡市长垣县起重机工业园区纬七路	453400	0373-8622113	0373-8622900
无锡市新宏达电机有限公司	江苏省无锡市惠山区玉祁民主新桥	214183	0510-80226838	0510-80226978
江苏沃得起重机有限公司	江苏省镇江市丹徒新区勤政南路	212143	0511-85935166	0511-85935226
河南振强起重机械有限公司	河南省新乡市长垣县恼里镇碱场工业区	453400	0373-8639293	0373-8639288
江阴市兴科起重机械有限公司	江苏省江阴市申港镇申港村工业园	214443	0510-86621891	0510-86621891
河南省宏业起重设备有限公司	河南省新乡市长垣县长恼工业区	453423	0373-8639350	0373-8639059
咸宁起重机械有限公司	湖北省咸宁市巨宁大道56号	437000	0715-8343666	0715-8312668
常州达卡重工机械制造有限公司	江苏省常州市新北区薛冶路20号	213000	0519-85135677	0519-85135627
河北金马矿山机械集团公司	河北省遵化市东新庄镇	064209	0315-6999117	0315-6999117
河南省中威金属制品有限公司	河南省新乡市长垣县长城大道199号	453400	0373-8885868	0373-8885868
云南劲力重型机器有限公司	云南省安宁市昆钢金泰物流园区	650238	0871-8712750	0871-8712749
淄博九州润滑科技有限公司	山东省淄博市高新区万杰路108号	255086	0533-4548567	0533-4546336
河南省盛达起重机械有限公司	河南省新乡市长垣县长恼工业区	453423	0373-8731356	0373-8731355
河南省远征起重机械有限公司	河南省新乡市长垣县魏庄工业区南	453400	0373-8611999	0373-8611997
上海神安起重运输机械制造有限公司	上海市青浦区西岑莲西路4398号	201721	0391-59294306	0391-59295355
新乡市广增起重设备有限公司	河南省新乡市长垣县长恼工业区	453423	0373-8639183	0373-8639488

起重葫芦

单位名称	联系地址	邮编	电话	传真
江阴凯澄起重机械有限公司	江苏省江阴市澄江东路18号	214429	0510-86199688	0510-86196633
纽科伦（新乡）起重机有限公司	河南省新乡市长垣县河南起重机械工业园区	453424	0373-8622060	0373-8622060
北京起重运输机械设计研究院	北京市东城区雍和宫大街52号	100007	010-84037438	010-64079406
天津起重设备有限公司	天津市滨海新区经济开发区西区中南一街29号	300462	022-65382330	022-65382332
北京起重工具厂	北京市朝阳区红庙首都经贸大学内	100026	010-65976750	010-65067014
浙江双鸟机械有限公司	浙江省嵊州市黄泽镇工业功能区玉龙路16号	312455	0575-83055888	0575-83503801
浙江冠林机械有限公司	浙江省湖州市安吉县天子湖园区五福路7号	313310	0572-5091151	0572-5098786
浙江五一机械有限公司	浙江省衢州市衢江区百灵南路888号	324022	0570-2295151	0570-2295051
江苏三马起重机械制造有限公司	江苏省靖江市开发区城南园区江防西路3号	214500	0523-84866933	0523-84866284
上海雄风起重设备厂有限公司	上海市松江区佘北公路2199号	201602	021-57796432	021-57796450
江西起重机械总厂	江西省樟树市共和东路82号	331200	0795-7364266	0795-7364566
新乡市起重设备厂有限责任公司	河南省新乡市红旗区南4道111号	453003	0373-3838082	0373-3058094
湖北银起机械有限公司	湖北省赤壁市河北大道170号	437300	0715-5337938	0715-5337959
八达机电有限公司	浙江省瑞安市经济开发区毓蒙路8号	325200	0577-65156661	0577-65156699
南阳起重机械厂有限公司	河南省南阳市光武中路1615号	473000	0377-63382500	0377-63380410
洛阳汉鼎起重机械有限公司	河南省洛阳市老城区唐宫东路256号	471000	0379-63415988	0379-63415999

(续)

单位名称	联系地址	邮编	电话	传真
象王重工股份有限公司	江苏省盐城市建湖县经济开发区明珠东路1号	224700	0515-82068988	0515-86312253
《起重运输机械》杂志社	北京市东城区雍和宫大街52号	100007	010-64031987	010-64031987
德马格起重机械(上海)有限公司	上海市闵行区沪闵路6088号18层	201199	021-34702800	021-34702854
科尼起重机设备(上海)有限公司	上海市普陀区祁连山南路2891弄四号楼1-3层	200331	021-26061051	021-26061069
诺威起重设备(苏州)有限公司	江苏省苏州市吴江经济开发区庞金路1288号	215211	0512-63120889	0512-63120886
甘肃省定西起重机厂有限责任公司	甘肃省定西市安定区焦家坡新村3号	743000	0932-8212961	0932-8227125
西安起重机械总厂	陕西省西安市莲湖区红光路72号	710077	029-84253907	029-84236974
江阴市鼎力起重机械有限公司	江苏省江阴市金山路303号	214437	0510-86996868	0510-86996666
上海浦东明昌起重机械制造有限公司	上海市浦东新区川沙镇川六公路1851号	201202	021-58590038	021-58590038
广东超宇起重设备有限公司	广东省梅州市梅江区城北新田福瑞岗	514089	0753-2382068	0753-2382063
聊城五环机械有限公司	山东省聊城市经济开发区嫩江路55号	252000	0635-8880688	0635-8880699
山东聊城科顺机械有限公司	山东省聊城市东昌府区凤凰工业园纬二路18号	252000	0635-8578888	0635-8579988
重庆凯荣机械有限责任公司	重庆市九龙坡区九龙工业园区华龙大道9号	400052	023-68466283	023-68466282
杭州电机有限公司	浙江省杭州市西湖区文三路上宁巷1号	310012	0571-88833358	0571-88077935
河南省飞马起重机械有限公司	河南省新乡市长垣县起重工业园区纬五路11号	453400	0373-8712222	0373-8712368
北京北起科瑞起重设备制造有限公司	北京市大兴区工业开发区金苑路19号	100078	010-60213147	010-60215417
浙江手牌起重葫芦有限公司	浙江省嵊州市黄泽镇工业功能区腾龙路9号	312455	0575-83260828	0575-83261266
慈溪市捷豹起重机械有限公司	浙江省慈溪市庵东镇沿江路288号	315327	0574-63477188	0574-63479188
慈溪市勤丰机械有限公司	浙江省慈溪市庵东镇七二三大街11弄3号	315300	0574-63477188	0574-63479188
南京宝龙起重机械有限公司	江苏省南京市鼓楼区热河路50号	210031	025-58802630	025-58806417
常州市常欣电子衡器有限公司	江苏省常州市中凉亭夏雷路68号	213001	0519-86643943	0519-86640473
河南恒达机电设备有限公司	河南省新乡市长垣起重工业园区纬四路东侧	453424	0373-2156199-8008	0373-2156189
南京特种电机厂有限公司	江苏省南京市六合区雄州东路289号	211500	025-57512568	025-57107279
南京起重电机总厂	江苏省南京市江宁区东山科宁路268号	211100	025-51191919	025-52282652
南京开关厂有限公司	江苏省南京市江宁区滨江开发区绣玉路2号	211178	025-86106608	025-86106515
杭州浙起机械有限公司	浙江省富阳市东洲工业园区7号路9号	311401	0571-87191600-808	0571-87191609
重庆市飞鹰起重设备有限责任公司	重庆市九龙坡区中梁山起重新村1号	400052	023-61771787	023-65263714
江苏佳力起重机械制造有限公司	江苏省淮安市盱眙工业园区工六路	211700	0517-88299039	0517-88298123
湖北三六重工有限公司	湖北省咸宁市巨宁大道36号	437000	0715-8343111	0715-8312668
南京禄口起重机械有限公司	江苏省南京市江宁区禄口街道燕湖路	211113	025-52771222	025-52775660
北京双泰气动设备有限公司	北京市通州区张家湾镇枣林庄工业大院	101113	010-61569872	010-61505340
常熟海鸥起重机械有限公司	江苏省常熟市碧溪镇留下村	215512	0512-52637785	0512-52637785
四川莱斯特机械制造有限公司	四川省晋山市丹棱县关帝路69号	620200	028-37263360	028-37263222
南京神天起重机械设备有限公司	江苏省南京市江宁区禄口街道石埝社区	211156	025-87191633	025-87191633
上海万铂起重机械有限公司	上海市嘉定区丰功路628号	201801	021-69158828	021-69151468

（续）

单位名称	联系地址	邮编	电话	传真
浙江凯勋机电有限公司	浙江省瑞安市林垟工业区八达路35号	325207	0577-65592888	0577-65590198
上海劲雕起重设备厂有限公司	上海市嘉定区金园六路396号	201812	021-56651383	021-56650541
宁波市凹凸重工有限公司	浙江省宁波市鄞州区机场路3998号	315176	0574-88008778	0574-88008779
柯迈（杭州）起重机械有限公司	上海市浦东新区张江高科技园区毕升路289弄6号501	201204	021-38820620	021-38820619
高博（天津）起重设备有限公司	天津市滨海新区经济技术开发区第十三大街58号	300457	022-59822285	022-59822286
星都起重设备（辽宁）有限公司	辽宁省沈阳市沈北新区佳阳路18号	110164	024-88087557	024-88087007
吴江市麒麟起重机械有限公司	江苏省苏州市吴江市铜锣镇人民街20号	215237	0512-63881419	0512-63881774
四川合能起重设备有限公司	四川省成都市金堂县清江工业开发区	610400	028-84903622	028-84903300
慈溪市金鑫机械有限公司	浙江省慈溪市庵东镇工业园区南侧	315327	0574-63471402	0574-63475858
湖北蒲圻起重机械有限公司	湖北省赤壁市经济开发区发展大道131号	437300	0715-5250377	0715-5250489
赤壁市蒲圻起重运输机械有限责任公司	湖北省赤壁市经济开发区凤凰山路	437300	0715-5250338	0715-5250823
江阴市兴科起重机械有限公司	江苏省江阴市申港镇东徐路9号	214443	0510-86685317	0510-86621770
无锡市永昌起重机械厂	江苏省无锡市锡山区东港镇	214199	0510-88761399	0510-88760121
安徽九华机械股份有限公司	安徽省池州市经济技术开发区金科路19号	247000	0566-2220981	0566-2417707
山东省聊城市隆达实业有限公司	山东省聊城市开发区东城工业园九洲路7号	252000	0635-6976982	0635-8346011
常州市沪力起重机械有限公司	江苏省常州市青龙镇纺织工业园	213017	0519-85509090	0519-85503356
广州广鸽起重设备有限公司	广东省广州市荔湾区芳村白鹤洞罗冲岗1号之十三	510380	020-81502431	020-81515587
保定怀鸽起重机械制造有限公司	河北省保定市清苑区东吕怀鸽工业园	071100	0312-8498889	0312-8498890
清苑县川岛起重机械制造有限公司	河北省保定市清苑县东吕村	071100	0312-8151230	0312-8152011
杭州恒力机械厂	浙江省杭州市余杭区瓶窑镇凤都工业园区羊城路8号	311115	0571-88533080	0571-88533038
天津永恒泰科技有限公司	天津市西青区经济开发区津淄公路天祥工业园祥瑞路7号	300385	022-23789800	022-23786763
南京江陵机电制造有限责任公司	江苏省南京市江宁区上坊镇魏村	211103	025-52702818	025-52705288
合康变频科技（武汉）有限公司	湖北省武汉市东湖高新开发区佛祖岭三路6号	430205	027-81650223	027-81650200
扬戈科技股份有限公司	浙江省台州市三门县滨海新城滨港路16号	317100	0576-83337758	0576-83373755
杭州四达机械电子有限公司	浙江省杭州市余杭区瓶窑镇凤都工业园区	311115	0571-88531361	0571-88531629
常州市武进起重电器有限公司	江苏省常州市横林镇崔桥村横北路169号	213103	0519-88503118	0519-88501298
江苏宇泰电器有限公司	江苏省泰兴市分界工业一区	225416	0523-87261026	0523-87265388
杭州勤裕昌机械设备制造有限公司	浙江省杭州市余杭区瓶窑镇工业园区	311115	0571-88545633	0571-88545611
泰安金龙起重配件有限公司	山东省泰安市泰山区省庄镇东羊楼工业区	271039	0538-6512088	0538-6551728
乐清市东方胶塑电器开关有限公司	浙江省乐清市柳市镇苏吕村苏太路418号	325604	0577-62790993	0577-62790780
浙江中富电气有限公司	浙江省乐清经济开发区纬十一路259号	325600	0577-62998000	0577-62998111
江西飞达电气设备有限公司	江西省宜春市经济开发区宜工大道	336000	0795-3245168	0795-3245060
浙江立新起重开关厂	浙江省乐清市柳市镇西仁宕工业区柳黄路1658号	325604	0577-62711333	0577-62718999
衡水贝瑞起重机械有限公司	河北省衡水市和平西路肖屯新区60号	053000	0318-2328038	0318-2328038

(续)

单位名称	联系地址	邮编	电话	传真
慈溪市锦华机械实业有限公司	浙江省慈溪市古塘街道新潮塘 368 号	315303	0574-63272222	0574-63272727
慈溪市平浪实业有限公司	浙江省慈溪市古塘街道新潮村	315300	0574-63286888	0574-63286888
慈溪市华表五金厂	浙江省慈溪市庵东镇北路 515 号	315327	0574-63474222	0574-63471848
慈溪市腾达滚子有限公司	浙江省慈溪市庵东镇工业园区纬三西路	315327	0574-63472021	0574-63472822
慈溪市通发机械有限公司	浙江省慈溪市坎墩工业开发 A 区	315303	0574-63288185	0574-63282993
浙江省慈溪市精驰齿轮有限公司	浙江省慈溪市坎墩街道坎中路 75 号	315303	0574-63289280	0574-63288255
慈溪市威宁机械有限公司	浙江省慈溪市坎墩街道五房弄 11 号	315303	0574-63273238	0574-63273237
慈溪市庵东镇勤丰机械厂	浙江省慈溪市庵东镇宏兴路 449 弄 6 号	315327	0574-63471095	0574-63476158
慈溪市神州机电实业有限公司	浙江省慈溪市坎墩街道兴安路 250 号	315303	0574-63286681	0574-63288238
慈溪市朝阳机械有限公司	浙江省慈溪市庵东镇府北路 34 号	315327	0574-63471257	0574-63472257
慈溪市庵东镇红光滚柱厂	浙江省慈溪市庵东镇南七二三大街	315327	13906745562	0574-63472963
慈溪市文祥机械实业有限公司	浙江省慈溪市坎墩街道坎中路 1 号	315303	0574-63283758	0574-63283488
慈溪市金祥机械配件有限公司	浙江省慈溪市坎墩街道坎墩大道 606 号	315303	0574-63288363	0574-63288011
慈溪起升机械设备有限公司	浙江省慈溪市崇寿镇绿色食品工业园绿园二路 123 号	315326	0574-63297580	0574-63419928
慈溪市慈春机械有限公司	浙江省慈溪市坎墩街道坎中村郑家甲北路	315303	0574-63273105	0574-63273105
慈溪市启力机械有限公司	浙江省慈溪市坎墩街道坎墩西路 428 号	315303	0574-56337822	0574-56338380
慈溪市动力机械配件厂	浙江省慈溪市坎墩街道长白路 9 号	315303	0574-63273010	0574-63273010
慈溪市通发汽车配件有限公司	浙江省慈溪市坎墩街道沈家甲北路 96 号	315303	0574-63287578	0574-63275628
慈溪市兴迪机械配件有限公司	浙江省慈溪市坎墩镇街 42 号	315303	0574-63288032	0574-63288297
慈溪市庵东镇建兴机械配件厂	浙江省慈溪市庵东镇元祥村	315327	0574-63475790	0574-63475790
慈溪市海锐机械配件厂	浙江省慈溪市坎墩街道坎中村坎中路 118 号	315303	0574-63282081	0574-63289281 56337727
常州深兰工程材料有限公司	江苏省常州市新北区河海东路 108 号国宾一号 7 丙 101	213004	0519-89890325	0519-89890326
慈溪益通机械有限公司	浙江省慈溪市坎墩街道坎中村严家路 1 号	315303	0574-63273202	0574-63273223
慈溪市航林机械配件厂	浙江省慈溪市坎墩九甲弄	315303	0574-63289316	0574-56337602
广东日丰电缆股份有限公司	广东省中山市西区广丰工业园	528401	0760-88166388	0760-88166383
上海鑫斌机械有限公司	上海市嘉定区安亭镇漳翔路 1189 号	201814	021-59508789	021-59505086
宁波吉业机电有限公司	浙江省慈溪市古塘街道天和家园 5 号楼 501 室	315300	0574-63887357	0574-63887357
鞍山起重控制设备有限公司	辽宁省鞍山市千山区通海大道 427 号	114041	0412-5644676	0412-5644676
咸宁三宁机电有限公司	湖北省咸宁市长江产业园（旗鼓大道 12 号）	437000	0715-7200919	0715-8200937
南通合兴铁链股份有限公司	江苏省南通市如东县新店镇工业集中区	226432	0513-84399999	0513-84386666
上海精浦机电有限公司	上海市普陀区新村路 666 号 5 号楼 3 楼	200331	021-36320991	021-36320990
临安华龙摩擦材料有限公司	浙江省临安市龙岗镇龙岗街 130 号	311322	0571-63631188	0571-63631988
无锡文鼎线缆有限公司	江苏省宜兴市官林镇工业集中区	214251	0510-87211101	0510-87206210
上海冠威工具有限公司	上海市宝山区共康路 726 号	200443	021-56405418	021-56405418
江西省宜春市建达安全装置设备有限公司	江西省宜春市明月南路 267 号	336000	0795-7040312	0795-7040312
江苏欧玛机械有限公司	江苏省常熟市碧溪新区迎宾路 19-1 号	215513	0512-52639735	0512-52296322

(续)

单位名称	联系地址	邮编	电话	传真
重庆维大力起重设备有限公司	重庆市渝北区黄山大道中段77号	401121	023-88505800	023-88505859
郑州市泰德尔电机厂	河南省郑州市郑上路李克寨	450100	0371-64951411	0371-64951411
华德起重机（天津）有限公司	天津市武清区京滨工业园泰元道5号	301712	022-22199090	022-29467189
河北神力索具集团有限公司	河北省保定市清苑区东吕工业区	071100	0312-8156666	0312-8153333
江西工埠机械有限责任公司	江西省樟树市大桥工业园	331200	0795-7776368	0795-7776268
上海宏欣电线电缆有限公司	上海市浦东新区新场镇坦直荷花路19号	201316	021-68158066	021-68158268
浙江东海减速机有限公司	浙江省温州市鳌江镇平阳经济开发区鸽巢路	325401	0577-63631862	0577-63679809
无锡市瑞特起重机械有限公司	江苏省无锡市锡山区东港镇	214199		
重庆美和机电有限公司	重庆市大渡口区建桥工业园C区建园路	401325	023-61556906	023-61556907
清苑伟业起重机械制造有限公司	河北省保定市清苑区东吕工业园	071100	0312-8106333	0312-8106222
河南省兴垣电子商务有限公司	河南省新乡市长垣县南蒲起重汇展厅	453400	0373-8712560	0373-8712115
铜陵市神雕机械制造有限公司	安徽省铜陵市经济技术开发区泰山大道南段618号	244061	0562-5886768	0562-5886758
河北辰力吊索具制造有限公司	河北省保定市清苑区发展东街33号	071100	0312-8036111	0312-8152928
文盛钢绳（昆山）有限公司	江苏省昆山市周市镇金茂路699号5#厂房	201210	0512-50118457	
湖北华博三六电机有限公司	湖北省咸宁市咸安区凤凰工业园	437000	0715-8341384	0715-8341028
临清天德轴承有限公司	山东省临清市烟店经济开发区许张寨工业园110号	252665	0635-2855109	0635-2103777
浙江维大茵特起重设备有限公司	浙江省杭州市下沙八号坝栋梁路87号	314423	0571-88035681	0571-86925638
丹东市起重机械有限公司	辽宁省丹东市大孤山经济区嵩山街7号	118013	0415-6681188	0415-6681166
池州市华安起重机械有限公司	安徽省池州市高新区白浦路	247000	0566-3381969	0566-3381919
温州朗菲电气科技有限公司	浙江省乐清市柳市镇方斗岩工业区	325600	0577-62867767	0577-62867767
慈溪市洲际齿轮厂	浙江省慈溪市坎墩街道严家河路47号	315303	0574-63280945	0574-63276818
湖北恒欣传动设备有限公司	湖北省咸宁市高新技术产业园区旗鼓大道12号	437000	0715-8200935	0715-8200935
东莞市台冠起重机械设备有限公司	广东省东莞市大朗镇杨涌金朗南路229号	523790	0769-83019666	0769-83019669
南通瑞金制链科技有限公司	江苏省南通市如东县丰利镇枫发工业区	226408	0513-84582588	0513-84581688
中煤张家口煤矿机械有限责任公司	河北省张家口市产业集聚区煤机电1号	076250	0313-2056561	0313-2032388
无锡市欧力特起重设备有限公司	江苏省无锡市东港镇五一园区	214199	0510-88350326	0510-88353672

传动部件

单位名称	联系地址	邮编	电话	传真
焦作金箍制动器股份有限公司	河南省焦作市博爱县发展大道1688号	454461	0391-2086231	0391-2080000
大连华锐重工集团股份有限公司通用减速机厂	辽宁省大连市甘井子区新水泥路78号减速机厂	116035	13504082136	0411-86426190-801
北京起重运输机械设计研究院	北京市东城区雍和宫大街52号	100007	010-64053039	010-64052584
太原重工股份有限公司齿轮传动分公司	山西省太原市万柏林区玉河街53号	030024	0351-6366732	0351-6366732
太原科技大学	山西省太原市万柏林区瓦流路66号	030024	0351-6963399	0351-6998027
江西华伍制动器股份有限公司	江西省丰城市高新技术产业园区新梅路7号	331100	0795-6203200	0795-6241080

(续)

单位名称	联系地址	邮编	电话	传真
嘉兴嘉冶机械制造有限公司	浙江省嘉兴市角里街 112 号	314000	0573-82820184	0573-82818650
广州劲草减速机机械有限公司	广东省广州市白云区爱国 11 路 1-1 号	510450	020-86601532	020-86601532
荆州市巨鲸传动机械有限公司	湖北省荆州市经济技术开发区东方大道 58 号	434000	0716-8303888	0716-8303905
云南冶金昆明重工有限公司	云南省昆明市龙泉路 871 号	650203	0871-65150091	0871-65150151
宁波名泰天力机械制造有限公司	浙江省宁波市象山县丹城西丹路 18 号	315700	0574-65723430	0574-65723165
青岛星轮实业有限责任公司	山东省青岛市城阳区流亭建材工业园春雨西路 8 号	266108	0532-84909022	0532-84909003
焦作市虹发制动器有限公司	河南省焦作市武陟县虹桥工业区	454981	0391-7541838	0391-7542897
天水长城控制电器有限责任公司制动器分公司	甘肃省天水市秦州区南廓路 11 号	741018	0938-8371588	0938-8371588
宁波华阳起重电器有限公司	浙江省宁波市象山县大徐新凉亭工业园	315700	0574-65625818	0574-65765355
衡水昕龙制动绝缘材料有限公司	河北省衡水市人民西路电厂西侧	053000	0318-2157566	0318-2124019
贵阳天龙摩擦材料有限公司	贵州省贵阳市宝山北路 372 号贵州报业大厦 16 层	550001	0851-86612735	0851-86612763
焦作市长江制动器有限公司	河南省焦作市武陟县大司马工业区 888 号	454951	0391-7515618	0391-7515658
潍坊利达起重电器有限公司	山东省潍坊市经济开发区民主西街 2088 号	261021	0536-8321809	0536-8323208
长沙三占惯性制动有限公司	湖南省长沙市高新技术开发区桐梓坡西路 229 号	410205	0731-88912607	0731-88912691
湖南博云汽车制动材料有限公司	湖南省长沙市高新开发区麓松路 500 号	410205	0731-88122568	0731-88115258
江西华伍制动器股份有限公司	江西省丰城市工业园区新梅路 7 号	331100	0795-6203200	0795-6241080
上海伯瑞制动器有限公司	上海市奉贤区奉城镇东街 108 号	201411	021-57522358	021-57522350
晋城江淮工贸有限公司	山西省晋城市凤台东街 2755 号	048026	0356-2191600	0356-2190689
石家庄三元机电有限公司	河北省石家庄市桥西区西二环与新石北路交口西行 100 米拉斐小镇	050091	0311-86814291	0311-86814291
焦作市江河制动器有限公司	河南省焦作市武陟县虹桥工业区	454981	0391-7541060	0391-7541132
焦作市虹起制动器有限公司	河南省焦作市武陟县虹桥工业区	454981	0391-7541080	0391-7541088
焦作市液压制动器股份有限公司	河南省焦作市武陟县大虹桥乡彭庄西村	454981	0391-7545666	0391-7541058
石家庄五龙制动器股份有限公司	河北省石家庄市桥西区新石路 375 号 C 座 501 室	050091	0311-83806381	0311-83826381
石家庄纽伦制动技术有限公司	河北省石家庄市桥西区新石路 375 号金石大厦 C 座 1607 室	050091	18503226154	
象山万邦电器有限公司	浙江省宁波市象山产业区城东工业园望海路 5 号	315706	0574-65626628	0574-65622768
焦作市制动器开发有限公司	河南省焦作市武陟县工业园区工业南路 202 号	454950	0391-7230550	0391-7268019
焦作市制动器有限公司	河南省焦作市武陟工业园朝阳三路 999 号	454950	0391-7202100	0391-7202555
焦作市虹桥制动器股份有限公司	河南省焦作市武陟云台大道东侧 2 号	454981	0391-7541828	0391-7541666
河南省焦作市武陟县前牛工业区	河南省焦作市宏升实业有限公司	454950	0391-7618960	0391-7619888
宁夏天地奔牛实业集团有限公司	宁夏回族自治区银川市上海西路 475 号	750011	0951-3073858	0951-3067126
西安环力传动机械股份有限公司	陕西省西安市经济技术开发区凤城 11 路 91 号	710018	029-86171905	029-85251911
唐冶减速机制造有限公司	河北省唐山市路北区缸窑路 4 号	063027	0315-3202616	0315-3202214
包头市起重机械有限公司	内蒙古自治区包头市东河区西脑乡 135 号	014040	0472-4874100	0472-4862406

(续)

单位名称	联系地址	邮编	电话	传真
内蒙兴华机械制造厂	内蒙古自治区呼和浩特市南郊小黑河	010070	0471-5686313	0471-5686313
石家庄科一重工有限公司	河北省石家庄市和平西路595号	050071	0311-87796242	0311-87756244
山西新富生机器制造有限公司	山西省太原市小东门新开南巷27号	030013	0351-3074892	0351-3074892
山西平遥减速机厂	山西省平遥市古城南路138号	031100	0354-5622828	0354-5622828
沈阳金龟减速机厂有限公司	辽宁省沈阳市辽中县商业街15号	110200	024-87880508	024-87881361
青岛减速机厂	山东省胶州市铺集镇铺集二村	266326	0532-87737569	0532-86250253 转0075
龙口市减速机机械有限公司	山东省龙口市黄城区西市场1号	265701	0535-8519156	0535-8517471 转8506871
重庆减速机有限责任公司	重庆市璧山区牛角湾	402760	023-41432059	023-41436677
衡阳起重运输机械有限公司	湖南省衡阳市珠晖区狮山路1号	421005	0734-3172069	0734-8290779
宁波誉力冶金矿山机械有限公司	浙江省宁波市鄞州区鄞州镇经济工业园	315151	0574-88431146	0574-88432207
浙江东海减速机有限公司	浙江省温州市平阳经济开发区（鳌江镇鸽巢路）	325401	0577-63631862	0577-63635393

千斤顶

单位名称	联系地址	邮编	电话	传真
江苏通润集团常熟市千斤顶厂	江苏省常熟市虞山工业园联丰路58-1号	215500	0512-52820788	0512-52822288
北京起重运输机械设计研究院	北京市东城区雍和宫大街52号	100007	010-64032277	010-64052584
一汽四环随车工具总厂	吉林省长春市吉林大路3473号	130031	0431-4842054	0431-4842054
嘉兴金腾机械实业有限公司	浙江省嘉兴市海盐县西塘桥中乐路6号	314305	0573-86811167	0573-86811167
上海宝山液压工具有限公司	上海市宝山区宝杨路3055号	201901	021-56801448	021-56801448
上海沪南千斤顶厂	上海市虹口区南汇区六灶镇	201322	021-5816299	021-5816299
山东临沂启阳工具有限公司	山东省临沂市河东区双桥街东段	276000	0539-8082188	0539-8082929
嘉兴市正发机械厂	浙江省嘉兴市南胡区凤桥镇	314008	18368339238	0573-83131171
上海千斤顶厂	上海市虹口区周家嘴路500号	200080	021-65455036	021-65415171
承德胜利千斤顶有限公司	河北省承德市承德县孟家院街6号	067411	0314-3056478	0314-3056478
上海宝山千斤顶总厂有限公司	上海市宝山区江杨南路1085号	200434	021-56881711	021-56881711
承德润韩千斤顶有限公司	河北省承德市西大街142号	067000	0314-2185487	0314-2185589
安徽黄山密封件厂	安徽省黄山市屯溪区黎阳街261号	245000	0559-21114736	0559-21114736
安徽黄山市鑫佳橡塑有限责任公司	安徽省黄山市屯溪区新潭东源口8号	245000	0559-2512084	0559-2557850
国家起重运输机械质量监督检验中心	北京市东城区雍和宫大街52号	100007	010-64018780	010-64052252
抚顺市南山城螺旋千斤顶厂	辽宁省抚顺市清原县南山城镇中街	113308	0413-3555035	0413-3555605
杭州临安市橡胶有限公司	浙江省临安市昌化工业园区1号	311321	13906815862	0571-63668866
嘉兴市大通机械厂	浙江省嘉兴市余新镇	314009	0573-83166238	0573-83165918
海盐忠鑫五金机械厂	浙江省嘉兴市海盐县城北西路388号	314300	13706835781	0573-86882048
绵阳市金象机械有限公司	四川省绵阳市涪城区塘汛镇群丰东街154号	621000	0816-2212022	0816-2213008
上海金星机械实业有限公司	上海市奉贤区庄行镇丁宁路28号	201415	021-57469550	021-57469550
重庆千斤顶厂	重庆市北碚区静宁路44号	400700	13883161056	023-68863296

(续)

单位名称	联系地址	邮编	电话	传真
奉化南方机械制造有限公司	浙江省奉化市尚田镇	315511	13105588888	0574-56377771
杭州三星机械有限公司	浙江省杭州市丁桥镇	310021	0571-88111937	0571-88111040
上海江南千斤顶厂	上海市奉贤区庄行镇邬桥安东路25号	201402	13801704932	021-57401566
长春一汽技术中心	吉林省长春市创业大街35号	130011	13596499516	0431-85788125
杭州天恒机械有限公司	浙江省杭州市临安板桥乡下板桥113号	311301	13868098080	0571-63780362
海盐金鑫机械有限公司	浙江省嘉兴市海盐县西塘桥镇曙光村	314305	0573-86819668	0573-86819668
嘉兴大隆机械有限公司	浙江省嘉兴市海盐县大桥新区西场路58号	314305	0573-86811151	0573-86811151
山西太谷县永星铸造有限公司	山西省晋中市太古县胡村镇墩坊村	030800	13903446563	0354-6325038
上海鑫栋钢球轴承有限公司	上海市浦东新区航头镇航业路8号	201319	021-58116922	021-58116995
承德相一机械有限公司	河北省承德市平泉县红山嘴开发区	067500	13663142639	0314-6105654
嘉兴力托机械有限公司	浙江省嘉兴市平湖曹桥街道景兴一路158号	314305	13957328571	0573-86815636
南德认证检测（中国）有限公司上海分公司	上海市闸北区恒通路88号	200070	13918815583	021-32957886
海盐亿达电子科技有限公司	浙江省嘉兴市海盐县武原镇盐北路211号	314305	13666772017	0573-86188133
海盐海顶机械有限公司	浙江省嘉兴市海盐县元通街道真北路586号	314317	13906834159	0573-86813838
嘉兴市舜天机械有限公司	浙江省嘉兴市南湖余新镇真北路21号	314008	13806737856	
富阳通力机械有限公司	浙江省杭州市富阳鹿山工业园同辉路8号	311407	13968141718	

物流与仓储机械

单位名称	联系地址	邮编	电话	传真
北京起重运输机械设计研究院	北京市东城区雍和宫大街52号	100007	010-64031452	010-64052584
北京机械工业自动化研究所	北京市西城区德胜门外校场口1号	100011	010-62032255	010-62050838
上海精星仓储设备工程有限公司	上海市松江区车墩镇泖亭路398号	201611	021-37620999	021-37837356
昆明昆船物流信息产业有限公司	云南省昆明市人民中路6号昆船大厦	650051	0871-63172565	0871-63173570
北京伍强科技有限公司	北京市海淀区上地三街9号嘉华大厦C608室	100086	010-82783336	010-82782140
中国中元国际工程有限公司物流系统工程中心	北京市海淀区西三环北路5号	100089	010-68732798	010-68478686
沈阳飞机工业集团物流装备有限公司	辽宁省沈阳市皇姑区松山路11号	110034	024-86598228、86598225	024-86598218
沈阳新松机器人自动化有限公司物流与仓储自动化事业部	辽宁省沈阳市浑南新区金辉街16号	110168	024-31699677	024-31699275
天海欧康科技信息（厦门）有限公司	福建省厦门市火炬高新区软件园创新大厦A区	361005	0592-2521388	0592-2521399
山西东杰智能物流装备股份有限公司	山西省太原市新兰路51号	030008	0351-3633818	0351-3633521
总后勤部建筑工程研究所	陕西省西安市金花北路16号	710032	029-84755477	029-84755557
北京博途物流设备有限公司	北京市朝阳区南新园西路6号香榭舍公寓2B1室	100122	010-61556047/6048/6049	010-61552161
浙江德马科技有限公司德马物流技术研究院	上海市徐汇区虹漕路461号软件大厦7楼A座	313023	021-64855075-806	021-54260092
北京科技大学物流工程系	北京市海淀区学院路30号方兴大厦716室	100083	010-62332914	010-62329145

(续)

单位名称	联系地址	邮编	电话	传真
浙江刚玉智能科技有限公司	浙江省杭州市上城区婺江路217号近江时代大厦B座12层	310016	0571-88223938	0571-89988561
中邮科技有限责任公司	北京市海淀区西三旗建材城西路65号	100096	010-82913059	010-82915761
北京康拓红外技术股份有限公司	北京市海淀区地锦路中关村环保科技示范园7号院2号楼	100190	010-62549641、62579141	010-62573969
江苏六维物流设备实业有限公司	江苏省南京市建邺区奥林大街118号紫金西城1栋905室	210019	025-51873969、86106520	025-51873970
交通部公路科学研究院交通物流工程研究中心	北京市海淀区西土城路8号	100088	010-62016944	010-62354860转218
天奇自动化工程股份有限公司工程五公司	江苏省无锡市惠山区洛社镇洛藕路288号	214187	0510-83311041	0510-83313751
江苏前程工业包装有限公司	江苏省无锡市梅村镇新泰工业园锡鸿路18号	214112	0510-88551666-8035	0510-88551919
上海天睿物流咨询有限公司	上海市徐汇区虹漕南路718号1号楼9B室	200233	021-54190656	021-54198876
北京邮电大学自动化学院物流工程系	北京市海淀区西土城路10号	100876	010-62283296	010-62283296
同济大学机械与能源工程学院	上海市嘉定区曹安公路4800号	201804	021-69589736、65989750	021-69589485
河北滦宝装备制造有限公司	河北省承德市双滦区双塔山	067101	0314-4320186	0314-4044797
南京音飞货架制造有限公司	江苏省南京市江宁经济技术开发区殷华街470号	211102	025-52726325	025-52726328
武汉理工大学物流工程学院	湖北省武汉市和平大道1178号	430063	027-86533992	027-86533992
全国物流仓储设备标准化技术委员会	北京市东城区雍和宫大街52号	100007	010-64035247	010-64035403
国家起重运输机械质量监督检验测试中心	北京市东城区雍和宫大街52号	100007	010-64004968	010-64052252
三维通信股份有限公司	浙江省杭州市滨江区火炬大道581号	310053	0571-88866999	0571-88923311
浙江德能物流装备科技有限公司	浙江省湖州市八里店湖织大道三一重工园区西侧	313000	0572-2282001	0572-2282210
黄石邦柯科技股份有限公司	湖北省黄石市杭州西路194号	435000	0714-3090018-8311	0714-6352817
南京华德仓储设备制造有限公司	江苏省南京市江宁区科学园侯焦路111号	211122	025-52641198	025-52643200
机科发展科技股份有限公司	北京市海淀区首体南路2号	100044	010-88301241	010-68343180
苏州市普成机械有限公司	江苏省苏州市吴中区天鹅荡路2555号	215103	0512-65466477	0512-65466577
无锡中鼎物流设备有限公司	江苏省无锡市蠡园开发区鸿桥路801号（无锡现代工业设计大厦12B楼）	214072	0510-81175555-8007	0510-83318379
湖北三丰智能输送机装备股份有限公司	湖北省黄石市黄金山工业新区金山大道398号	435000	0714-6359320	0714-6359320
上海睿丰自动化系统有限公司	上海市普陀区中江路889号曹杨商务大厦1313室	200032	021-61170109-203	021-61170109-201
SEW-传动设备（天津）有限公司	天津市滨海新区经济技术开发区第七大街46号	300457	022-25322612	022-25323273
劳易测电子贸易（深圳）有限公司	广东省深圳市南山区桃园路1号西海明珠大厦F501-510室	518059	0755-86264909-811	0755-86294901
永恒力叉车（上海）有限公司	上海市普陀区绥德路2弄12号	200331	021-26020371	021-26020301
湖州锐格物流科技有限公司	浙江省湖州市南太湖高新区环渚路518号	313000	0572-2582598	0572-2293680
沈阳沈飞电子科技发展有限公司	辽宁省沈阳市皇姑区松山路11号	110034	024-86500156	024-86545727
哈尔滨龙航仓储设备制造有限公司	黑龙江省哈尔滨市南岗区闽建璐18号	150080	0451-82467705	0451-86655026
湖州双力自动化科技装备有限公司	浙江省湖州市经济技术开发区西凤路888号	313000	0572-2053013	0572-2031173
湖州众友物流技术装备有限公司	浙江省湖州市长兴李家巷工业集中区华锦路	313100	0572-6600801	0572-6600801

(续)

单位名称	联系地址	邮编	电话	传真
杭州厚达自动化系统有限公司	浙江省杭州市天目山西路58号	310023	0571-89301096	0571-89301105
吉林省佳信通用机械股份有限公司	吉林省集安市工业园区创业路3号	134200	0435-6222011	0435-6222532
浙江管工智能机械设备有限公司	浙江省湖州市南太湖高新技术产业园区工业路1号科创园3幢1层1号	313000	0572-2673290	0572-2673290

输送机给料机

单位名称	联系地址	邮编	电话	传真
芜湖起重运输机器股份有限公司	安徽省芜湖市三山经济开发区官河路5号	241001	0553-3916777	0553-5852711
北京起重运输机械设计研究院	北京市东城区雍和宫大街52号	100007	010-64032296	010-64047537
太原科技大学华科学院	山西省太原市万柏林区窊流路66号	030024	0351-6998039	0351-6998005
广西百色矿山机械厂有限公司	广西壮族自治区百色市工业园区银海路（六塘）	533000	0776-2770823	0776-2770488
湖北博尔德科技股份有限公司	湖北省宜昌市珍珠路69号盈嘉酒店23楼	443300	0717-8868868	0717-8868877
上海科大重工集团有限公司	上海市青浦区青浦工业园区华青路815号	201707	021-69213885	021-69211138
四川省自贡运输机械集团股份有限公司	四川省自贡市自井区大岩洞1号	643000	0813-8236964	0813-8236016
甘肃二通机械制造有限公司	甘肃省兰州市安宁区安宁中路148号	730070	0931-7752255	0931-5786512
江阴齿轮箱制造有限公司	江苏省江阴市山观工业园澄山路601号	214437	0510-86993222	0510-86993196
诸暨链条总厂	浙江省诸暨市牌头镇五一路1号	311825	0575-87051296	0575-87056868
芜湖市爱德运输机械有限公司	安徽省芜湖市高新技术开发区纬十路	241001	0553-5682728	0553-5687666
浙江恒丰泰减速机制造有限公司	浙江省温州市瓯海区梅屿工业区2—5号	325016	0577-86113799	0577-86111989
仪征市橡胶制品有限公司	江苏省仪征市陈集镇江淮街37号	211400	0514-83870019	0514-83873977
天津减速机股份有限公司	天津市河东区程林庄路8号	300160	022-24328922	022-24326558
石家庄科一重工有限公司减速机分公司	河北省石家庄市和平西路595号	050071	0311-87731909	0311-87772060
邯郸市红星机械制造有限公司	河北省邯郸市峰峰矿区太行东路25号	056200	0310-5167699	0310-5167188
大连理工大学	辽宁省大连市甘井子区凌工路2号	116024	0411-84708409	0411-84707507
鹤壁链条有限责任公司	河南省鹤壁市红旗街150号	458000	0329-2912392	0329-2891112
焦作市新链条输送设备制造有限公司	河南省焦作市解放西路中段54号	454191	0391-2947975	0391-2947487
昆明市输送机械有限公司	云南省昆明市五华区人民西路684号	650106	0871-68184910	0871-68184910
福州提升机厂	福建省福州市仓山公园路5号	050007	0591-83471735	0591-83441278
荆州市巨鲸传动机械有限公司	湖北省荆州市开发区东方大道58号	434000	0716-8303900	0716-8303809
宜昌三峡输送机械制造总公司	湖北省宜昌市本陵区窑湾乡东山村	443000	0717-6445067	0717-6445067
启东天地机械制造有限公司	江苏省启东市和平南路105号	226200	0513-83312668	0513-83312649
巢湖市工矿配件有限公司	安徽省巢湖市中旱工业区	238074	0565-8531058	0565-8531246
江苏双菱链传动有限公司	江苏省常州市武进区湟里镇卜东路1号	213151	0519-83341135	0519-83341270
扬州市精固链传动机械有限公司	江苏省扬州市朴席工业规划区	211426	0514-83617988	0514-83615003
通化市起重运输机械制造有限责任公司	吉林省通化市保安路2369号	113400	0435-3652137	0435-3617752
宏兴机械制造有限公司	黑龙江省鹤岗市红旗路69号	154101	0468-3342098	0468-3342098

(续)

单位名称	联系地址	邮编	电话	传真
沈阳市通用电器研究所	辽宁省沈阳市沈河区乐郊路35甲4号	110011	024-24804947	024-24804947
江阴华东机械有限公司	江苏省江阴市澄张公路518号	214429	0510-86195578	0510-86190678
江苏泰兴隆减速机有限公司	江苏省泰兴市城区科技工业园	225400	0523-87996888	0523-87996999
国茂减速机集团有限公司	江苏省常州市武进高新区西湖路111号	213161	0519-86581901	0519-86578002
朝阳东大运输机械有限公司	辽宁省朝阳市中山大街二段38号	122000	0421-3853370	0421-3853370
长沙起重运输机械厂	湖南省长沙市临乡县华夏工业园新康路9号	410005	0731-85555999	0731-85010292
黄山市轴承有限责任公司	安徽省黄山市黟县马道路9号	242700	0559-5522179	0559-5522926
安徽省黄山市健力输送机械有限公司	安徽省黄山市黟县马道路	242700	0559-5527927	0559-5527927
常州东吴链传动制造有限公司	江苏省常州市遥观镇东开发区洪庄路	213102	0519-88700518	0519-88700526
滁州市宏伟橡胶制品有限公司	安徽省滁州市南谯区担子街道	239000	0550-3023152	0550-2133810
湖南中特液力传动机械有限公司	湖南省长沙市三湘中路928号天心丽城	413000	0737-4743608	0737-6181199
安徽省无为神力运输机器制造有限公司	安徽省巢湖市无为县苏塘	238366	0565-6285091	0565-6285008
安徽省无为煤矿机械制造有限公司	安徽省巢湖市无为县赫店镇工业区	238300	0565-6200038	0565-6202198
上虞华运输送设备有限公司	浙江省上虞市五夫工业园区	312353	0575-82415928	0575-82415626
杭州临安输送机械链条厂	浙江省临安市青山工业园区	311300	0571-63783450	0571-63783450
湖州电动滚筒有限公司	浙江省湖州市经济开发区西凤路888号	313000	0572-2022263	0572-2022202
芜湖市通达成套输送设备有限公司	安徽省芜湖市清水工业园区	241060	0553-8294780	0553-8292361
芜湖中南轴承实业有限公司	安徽省芜湖市五一广场南侧	241002	0553-4110362	0553-4110363
南京起重电器厂	江苏省南京市江宁区淳化七里岗12号	211123	025-52262925	025-52252014
焦作市华武制动器厂	河南省焦作市虹桥工业区	454981	0391-7543668	0391-7543168
盐城康威特橡塑有限公司	江苏省大丰市大桥镇潘街39号	224000	0515-3384848	0515-3382398
上海交华液力机械有限公司	上海市崇明县绿华镇新建路575号	202151	021-59353159	021-59351202
天津重钢机械装备股份有限公司	天津市塘沽区海洋高新技术开发区厦门路139号	300459	022-25214993	022-25211535
安徽盛运机械股份有限公司	安徽省桐城市同安路265号	231400	0556-6206966	0556-6205280
湖北天宜机械股份有限公司	湖北省宜都市陆城十里铺工业园区	443000	0717-4823199	0717-4828111
中德（扬州）输送工程技术有限公司	江苏省扬州市扬州开发区鸿扬路66号	225009	0514-85881696	0514-85881690
哈尔滨和泰电力设备有限公司	黑龙江省哈尔滨市南岗区长江路380号宏洋大厦	150090	0451-82314958	0451-82314178
临安格林输送机械有限公司	浙江省临安市横畈镇（雅观村）工业区	311307	0571-63773958	0571-63771566
山东中一橡胶有限公司	山东省东营市大王经济开发区	257355	0546-6890999	0546-6890988
海安县万力振动机械有限公司	江苏省南通市海安县江海西路168号	226600	0513-88812579	0513-88814780
盐城市羽佳有色金属制品有限公司	江苏省盐城市建湖县汇文东路576号	224700	0515-86200056	0515-86203388
北京华伍创新科技有限责任公司	北京市东城区建国门南大街7号万豪酒店	100005	010-59117400	010-59117413

带式输送机

单位名称	联系地址	邮编	电话	传真
北方重工集团有限公司	辽宁省沈阳市经济技术开发区开发大路 16 号	110141	024-25802099	024-24835186
北京起重运输机械设计研究院	北京市东城区雍和宫大街 52 号	100007	010-64032598	010-64032570
山东山矿机械有限公司	山东省济宁市济安桥北路 11 号	272041	0537-2783800	0537-2228529
衡阳运输机械有限公司	湖南省衡阳市珠晖区狮山路 1 号	421002	0734-3172006	0734-3172066
四川省自贡运输机械集团股份有限公司	四川省自贡市高新工业园区富川路 3 号	643000	0813-8233678	0813-8233588
上海科大重工集团有限公司	上海市青浦区工业园区华青路 815 号	201707	021-69213885	021-69211138
太原科技大学机械工程学院	山西省太原市万柏林区窊流路 66 号	030024	0351-6998032	0351-6998032
焦作市科瑞森机械制造有限公司	河南省焦作市高新区神州路 2878 号	454000	0391-3663601	0391-3683672
铜陵天奇蓝天机械设备有限公司	安徽省铜陵市经济技术开发区翠湖三路 1355 号	244061	0562-2686168	0562-2686167
北京约基工业股份有限公司	北京市通州区中关村科技园通州园光机电一体化产业基地嘉创路 10 号 C4 座	101111	010-57601117	010-57601100
吉林省佳信通用机械有限公司	吉林省集安市工业园区创业路 3 号	134200	0435-6225696	0435-6225918
宁夏天地西北煤机有限公司	宁夏回族自治区石嘴山市大武口区工业园区长安路 1 号	753001	0952-2175329	0952-2175357
力博重工科技股份有限公司	山东省泰安市宁阳经济开发区	271044	0538-2133993	0538-6962086
东北大学机械工程学院	辽宁省沈阳市和平区文化路 3 号巷 11 号	110819	024-83670898	024-83679731
大连液力机械有限公司	辽宁省大连市甘井子区营城子工业园营辉路 5 号	116036	0411-85993888	0411-86642765
SEW-传动设备（天津）有限公司	天津市滨海新区经济技术开发区第七大街 46 号	300457	022-25322612	022-25348795
包头市万里机械有限责任公司	内蒙古自治区包头市东河区南二里半	014040	0472-4604508	0472-4604234
青岛华夏橡胶工业有限公司	山东省即墨市通济区城马路 146 号	266228	0532-82519338	0532-82519876
唐山重型装备集团有限责任公司	河北省唐山市路北区缸窑路 4 号	063027	0315-3100968	0315-3100968
唐山开元自动焊接装备有限公司	河北省唐山市高新区火炬路 189 号	063000	0315-3855257	0315-3859644
华电重工股份有限公司	北京市丰台区汽车博物馆东路 6 号华电产业园 B 座 7 层	100077	010-51966621	010-68710552
芜湖起重运输机器有限公司	安徽省芜湖市三山经济开发区官河路 5 号	241080	0553-5859945	0553-5852711
中发电气（铜陵）海德精密工业有限公司	安徽省铜陵市经济技术开发区西湖一路中发产业园区内	244000	0562-2627644	0562-2627501
徐州光环钢管（集团）有限公司	江苏省徐州市经济技术开发区三环东路 19 号	221004	0516-87779220	0516-87779220
江阴齿轮箱制造有限公司	江苏省江阴市澄山路 601 号	214437	0510-86991225	0510-86993196
安徽盛运环保（集团）股份有限公司	安徽省桐城市经济开发区东环路 1 号	231400	0556-6191666	0556-6205898
安徽攀登重工股份有限公司	安徽省桐城市南岛日华广场	231400	0556-6131226	0556-6127222
江阴市鹏锦机械制造有限公司	江苏省江阴市南闸观山东盟科技园 10 号	214405	13706168197	0510-86271878
安徽马钢输送设备制造有限公司	安徽省马鞍山市经济技术开发区阳湖路 499 号	243000	0555-2109765	0555-2109765
浙江双箭橡胶股份有限公司	浙江省桐乡市洲泉镇工业园区	314513	0573-88533806	0573-88531385
东莞市奥能实业有限公司	广东省东莞市望牛墩镇洲涡工业区	523206	0769-88560099	0769-88563508
东莞市隆泰实业有限公司	广东省东莞市石碣镇民丰路 421 号	523291	0769-86347218	0769-86623390
湖州电动滚筒有限公司	浙江省湖州市经济技术开发区西凤路 888 号	313000	0572-2022263	0572-2111316
桐乡机械厂有限公司	浙江省桐乡市崇福镇锦绣路 1082 号	314511	0573-88381709	0573-88381709
宝鸡杭叉工程机械有限责任公司	陕西省宝鸡市金台区十里铺纺西村 111 号	721004	0917-3454663	0917-3415180

（续）

单位名称	联系地址	邮编	电话	传真
太原向明机械制造有限公司	山西省太原市高新技术开发区中心街晨雨大厦6楼	030006	0351-2533227	0351-2533227
河南天隆输送装备有限公司	河南省新乡市高新一街	453000	18790518089	0373-7763882
中平能化集团机械制造有限公司	河南省平顶山市卫东区矿工路东段11号院	467021	18637559196	0375-2743018
国家起重运输机械质量监督检验中心	北京市东城区雍和宫大街52号	100007	010-64004968	010-64052252
沈阳泰丰胶带制造有限公司	辽宁省新民市大河沟村88号	110000	024-24363002	024-24363002
四川东林矿山运输机械有限公司	四川省内江市市中区工业集中发展区乐贤大道398号	641005	0832-2190099	0832-2112500
四川自贡起重输送机械制造有限公司	四川省自贡市高新工业园区金川路33号	643000	0813-2703285	0813-2703183
广东中兴液力传动有限公司	广东省郁南县都城镇河堤路45号	527100	0766-7592180	0766-7596216
国家安全生产北京矿用起重运输设备检测检验中心	北京市东城区雍和宫大街52号	100007	010-64065522	010-64032570
佳信通用机械泰州有限公司	江苏省泰州市海陵工业园区泰安路46号	225300	0523-86650182	0523-86558037
本溪市运输机械配件厂	辽宁省本溪市平山区生源街7号	117021	024-42372156	024-42372594
本溪华隆清扫器制造有限公司	辽宁省本溪市明山区大峪	117022	024-44592675	024-44592676
鞍钢附企炼铁建筑安装工程公司	辽宁省鞍山市铁东区团结街38号甲	114002	0412-6318878	0412-6318878
鞍钢附属企业公司烧结安装公司	辽宁省鞍山市鞍钢南门内100米	114021	0412-6724579	0412-6728698
鞍钢矿建建设工业公司	辽宁省鞍山市立山区鞍千路143号	114031	13050038165	0412-6961145
沈阳市煤机配件厂	辽宁省沈阳市于洪区长江北街58号	110034	024-86808449	024-86808506
沈阳市通用电器研究所	辽宁省沈阳市沈河区乐郊路35甲4号	110011	024-24804947	024-62465178
沈阳万捷重工机械有限公司	辽宁省沈阳市经济技术开发区8号路8甲6号	110127	024-23814646	024-23814545
沈阳德蒙福特电力设备制造有限公司	辽宁省沈阳市沈北新区沈北路160甲	110146	024-88260201	024-88260069
沈阳沈起技术工程有限责任公司	辽宁省沈阳市于洪区造化镇永强工业园206-600号	110034	024-86000177	024-86000155
沈阳制动电磁铁厂（有限公司）	辽宁省沈阳市铁西区路官一街31号	110023	024-25369240	024-25295198
沈阳市三原电器研究所	辽宁省沈阳市大东区珠林路71号	110042	024-88738001	024-88738002
辽宁起重机械有限公司	辽宁省沈阳市和平区十三纬路格林大厦2302室	110000	024-62669688	024-23253200
朝阳宏达机械有限公司	辽宁省朝阳市龙城区工业园区文化路5段108号	122005	0421-3931700	0421-3931590
大连营城液力偶合器厂	辽宁省大连市甘井子区营城子工业园区	116036	0411-86690271	0411-86690273
大连骅洋液力偶合器有限公司	辽宁省大连市甘井子区营城子街道对门沟	116036	0411-84444529	0411-84444509
黑龙江鹤岗斯达机电公司	黑龙江省鹤岗市南山区跃进路87号	154103	0468-3731415	0468-3382480
青岛银龙特种胶带有限公司	山东省胶州市胶东纺织工业园	266317	0532-88268130	0532-88268288
青岛港（集团）公司机械维修中心	山东省青岛市黄岛区黄河东路114号	266500	0532-82988639	0532-82988190
山东省生建重工有限责任公司	山东省淄博市淄川区昆仑镇昆仑路1号	255129	18053324001	0533-7910977
山东益杰重工机械有限公司	山东省淄博市博山区博莱高速路口南邻	255200	0533-4658626	0533-4658727
北京新兴超越离合器有限公司	北京市昌平区沙河镇踩河新村南500米	102206	010-80712591	010-80712591
天津减速机股份有限公司	天津市河东区卫国路112号	300160	022-24419736	022-24326558
河北港口集团港口机械有限公司	河北省秦皇岛市开滦路5号	066000	0335-3093143	0335-3094743
唐山市协力胶带输送设备公司	河北省唐山市路南工业园区北小街2号	063000	0315-2867507	0315-3187508

(续)

单位名称	联系地址	邮编	电话	传真
保定华月胶带有限公司	河北省保定市博野县橡胶工业区	071300	0312-8349877	0312-8349877
玉田县金利冷拔钢有限责任公司	河北省唐山市玉田县东关	064100	0315-5052666	0315-6114075
包头钢建新科机械设备制造有限公司	内蒙古自治区包头市昆区包钢厂区北门外三角地	010070	0472-2186528	0472-2188139
呼和浩特市强力煤矿机械有限责任公司	内蒙古自治区呼和浩特市回民区攸攸板镇西侧	010070	0471-3682479	0471-3682146
天津宝来工贸有限公司	天津市静海县大邱庄	301606	022-68588001	022-68587681
天津成科传动机电技术股份有限公司	天津市西青区华苑产业区（环外）海泰发展一路6号	300384	022-83711199	022-83711200
山东华特磁电科技股份有限公司	山东省潍坊市临朐县经济开发区中段	262600	0536-3158808	
内蒙古神华皮带机有限公司	内蒙古自治区鄂尔多斯市伊金霍洛旗	017209	0477-8284692	0477-8284692
兖矿集团大陆机械有限公司	山东省兖州市经济技术开发区	272109	0537-3472966	0537-3472482
海汇集团有限公司	山东省日照市莒县工业园	276500	0633-6269999	0633-6269678
安徽扬帆机电设备制造有限公司	安徽省桐城市西环线西南工业园	231404	0556-6138888	0556-6127788
安徽永生机械股份有限公司	安徽省桐城市龙眠街道同安北路245号	231400	0556-6968699	0556-6968699
凯盛重工有限公司	安徽省淮南市谢家集区蔡新路	232058	0554-5727529	0554-5717376
铜陵飞特运输机械厂	安徽省铜陵市西湖经济开发区	244000	0562-6865379	0562-6866021
滁州市宏伟橡胶制品有限公司	安徽省滁州市担子理想创业园北区一号	239000	0550-3023965	0550-3034157
安徽省无为神力运输机器制造有限公司	安徽省巢湖市无为县赫店镇苏塘	238366	0565-6285091	0565-6285008
安徽省无为煤矿机械制造有限公司	安徽省巢湖市无为赫店工业区	238367	0553-6600038	0553-6602198
芜湖市爱德运输机械有限公司	安徽省芜湖市高新技术开发区珩琅山路8号	241002	0553-5682700	0553-5687666
黄山市轴承有限责任公司	安徽省黄山市黟县马道路009号	245500	0559-5522179	0559-5522926
绍兴华运输送设备有限公司	浙江省绍兴市上虞区驿亭镇五夫工业园区驿五东路55号	312353	0575-82415818	0575-82415626
宁波甬港起重运输设备有限公司	浙江省宁波市鄞州区潘火街道王家弄村	315105	0574-88235492	0574-88546211
象山光明输送机有限公司	浙江省宁波市象山县石浦光明路1号	315731	0574-65983991	0574-65977491
宁波华臣输送设备制造有限公司	浙江省宁波市象山经济开发区滨海工业园金商路20号	315712	0574-65803687	0574-65803687
杭州雄鹰机械有限公司	浙江省杭州市萧山区南阳街道南兴路	311227	0571-82188686	0571-82180111
浙江宇龙机械有限公司	浙江省瑞安市塘下镇鲍四工业区	325204	0577-65205101	0577-65211889
浙江通力重型齿轮股份有限公司	浙江省瑞安市林垟工业区	325207	0577-65591111	0577-65598888
浙江鑫隆机械制造有限公司	浙江省瑞安市塘下镇前进工业区	325205	0577-65275038	0577-65279868
湖州新天翔橡胶厂	浙江省湖州市杨家埠镇九九桥北	313000	0572-2351969	0572-2361386
上海一钢南翔传动设备厂	上海市嘉定区于湾路469号	201808	021-59123997	021-59129910
上海嘉庆轴承制造有限公司	上海市闸北区民德路158号铭德国际广场1802室	200072	021-56559515	021-56639899
上海起重运输机械厂有限公司	上海市嘉定区安亭镇昌吉路28号	201805	021-59921261	021-56639864
上海富运运输机械有限公司	上海市虹口区保定路437号	200082	021-65590898	021-65418294
江西省萍乡市永固冶金矿山机械有限公司	江西省萍乡市高坑镇铁桥背	337042	0799-6378096	0799-6378096
江西铜业集团（贵溪）冶金机械厂	江西省贵溪市320国道1号江铜技校院内	335421	0701-3338669	0701-3331861

(续)

单位名称	联系地址	邮编	电话	传真
南京梅山工程技术新产业开发有限公司	江苏省南京市雨花台区梅山街道中兴路	210039	025-86707834	025-86707834
南京三户机械制造有限公司	江苏省南京市沿江工业开发区新华路148号	210048	025-57791473	025-57058515
南京夏元机械设备制造有限公司	江苏省南京市六合区冶山镇迎山村299号	211523	025-57570017	025-57570570
南京飞达机械有限公司	江苏省南京市沿江工业开发区中山科技园汇鑫路16号	210048	025-58399016	025-58395616
无锡迪达钢管有限公司	江苏省无锡市锡山区羊尖镇龙凤巷工业区	214101	0510-88738228	0510-88738218
无锡宝通带业股份有限公司	江苏省无锡市新区张公路19号	214112	0510-88155778	0510-88157553
江阴市特种运输机械有限公司	江苏省江阴市云亭工业园C区松文头路8号	214422	0510-86010318	0510-88615981
江苏牧羊集团输送设备分公司	江苏省扬州市邗江工业园牧羊路1号	225127	0514-7848801	0514-7848802
国茂减速机集团有限公司	江苏省常州市武进高新区西湖路111号	213161	0519-86588878	0519-86583315
江苏环宇起重运输机械有限责任公司	江苏省扬州市宝应县运西工业园区	225825	0514-88356868	0514-88351351
徐州光环皮带机托辊有限公司	江苏省徐州市解放南路矿大南都国际公寓4号楼1002室	221004	0516-83876198	0516-83876098
江苏上齿集团有限公司	江苏省溧阳市天目湖工业园区溪缘路6号	213333	0519-83101153	0519-88301184
响水县寇龙轴承座制造有限公司	江苏省盐城市响水县张集工业园区	224600	0515-86616568	0515-86616586
江苏山鑫重工有限公司	江苏省靖江市生祠镇江平路21号	214531	0523-81386620	0523-81389188
常州市传动输送机械有限公司	江苏省常州市武进高新技术产业开发区龙惠路27号	213166	0519-86485188	0519-86480737
台州千里马汽车零部件制造有限公司	浙江省临海市沿江工业区	317022	0576-85695777	0576-85695600
江阴华峰特种运输机械有限公司	江苏省江阴市临港新城璜土工业园区蓝湫路13号	214440	0510-86273273	0510-86272216
江苏泰隆减速机股份有限公司	江苏省泰兴市大庆东路88号	225400	0523-87762233	0523-87668163
广西百色矿山机械厂有限公司	广西壮族自治区百色市右江区（六塘）工业园区	533000	0776-2770802	0776-2770802
长沙第三机床厂	湖南省长沙市岳麓区含浦科教园（湖南工业职业技术学院实习工厂）	410208	0731-82946288	0731-82946290
昆明运输机械有限公司	云南省昆明市人民西路684号	650106	0871-68184208	0871-68184910
武汉武钢北湖机械制造有限公司	湖北省武汉市青山区武钢北湖农场39号	430085	027-86469165	027-86469165
武汉泛达机电有限公司	湖北省武汉市青山区前龚家岭	430083	027-86465086	027-86465872
武汉洪源机械制造有限公司	湖北省武汉市洪山区狮子山街南湖汽校7011工厂	430064	027-88035450	027-88035450
武汉丰凡科技开发有限责任公司	湖北省武汉市青山区冶金大道12号	430080	027-86879863	027-86866860
福州鑫广盛机电有限公司	福建省福州市五一南路186号和平大厦	350009	0591-83284295	0591-83284295
江门市振达机械制造有限公司	广东省江门市江海区外海东升路187号1座	529000	0750-3065012	0750-3869690
广州液力传动设备有限公司	广东省广州市花都区炭步镇茶塘工业区	510820	020-86735308	020-86735228
中联重科物料输送设备有限公司	湖南省长沙市芙蓉中路三段613号	410007	0731-88998380	0731-88998333
许昌煤机制造有限公司	河南省许昌市五一路17号	461000	0374-3328666	0374-3314613
河南鹤壁市起重运输机械厂	河南省鹤壁市长风路北段	458020	0392-2897342	0392-2897342
郑州同力重型机械有限公司	河南省郑州市高新区瑞达路华夏村18号	450001	0371-63657050	0371-63657050
焦作市正洁机械制造有限公司	河南省焦作市高新区中纬路	454003	0391-8865566	0391-8865511
焦作市中和通用机械有限责任公司	河南省焦作市焦西矿西200米铁路北	454000	0391-2933380	0391-2916939

(续)

单位名称	联系地址	邮编	电话	传真
鑫恒重工机械有限公司	河南省焦作市解放东路 827 号	454003	0391-3955009	0391-3958123
焦作市虹发制动器有限公司	河南省焦作市武陟县大虹桥乡	454981	0391-7541838	0391-7542897
焦作金箍制动器股份有限公司	河南省焦作市博爱县发展大道 1688 号	454450	0391-2086210	0391-2086210
洛阳豫新工程技术有限公司	河南省洛阳市文新科技开发区	471000	13526902740	0379-64122126
新乡中新环保输送设备有限责任公司	河南省新乡市 4281 信箱	453000	0373-2682193	0373-5466125
长治市潞安合力机械有限责任公司	山西省长治市南环东街 138 号	046000	0355-3137324	0355-3137324
原平凯世达机械制造有限公司	山西省原平市大牛店镇中神山村	034100	0350-8352588	0350-8352580
原平市宝丰机械制造有限公司	山西省原平市城西大运路	034100	0350-8273788	0350-8373360
原平市丰峰起重运输机械有限公司	山西省原平市永康南路 42 号	034100	0350-8234366	0350-8277010
原平市宇峰起重运输机械有限公司	山西省原平市原五路南（东营）	034100	0350-8341112	0350-8341115
原平市兴胜机械制造有限公司	山西省原平市东原南路 538 号	034100	0350-8258123	0350-8258123
原平维达机械制造有限公司	山西省原平市城南大运路西东泥河	034100	0350-8256588	0350-8586588
长治市潞安飞虹煤机有限公司	山西省长治市郊区	046011	0355-2131119	0355-2130560
焦作宏德重型机器制造有限公司	河南省焦作市太行街北侧 61 号	454000	0391-2858229	0391-3519129
焦作三岛输送机械有限公司	河南省焦作市高新区神州路东段	454003	0391-3683692	0391-3683690
义马永兴矿山机械设备修造有限公司	河南省义马市毛沟开发区	472300	0398-5637130	0398-5637112
山东淄博电动滚筒厂有限公司	山东省淄博市博山岭西	255213	0533-4140168	0533-4140088
天津中外建输送机械有限公司	天津市津南区双港工业园发港路 27 号	300350	022-88822043	022-88822043
天津市电动滚筒厂	天津市东丽区津塘公路 7 号桥	300300	022-24991119	022-24995599
泰州市运达电动滚筒制造有限公司	江苏省泰州市东花园路 11 号（钢厂大院内）	225300	0523-86231268	0523-86214599
福伊特驱动技术系统（上海）有限公司北京销售分公司	北京市朝阳区曙光西里甲 5 号凤凰置地广场 F 座 1801 室	100028	010-56653388	010-56653333
南宁市劲源电机有限责任公司	广西壮族自治区南宁市北湖南路 30 号	530001	0771-3323116	0771-3323116
桐乡市梧桐东方齿轮厂	浙江省桐乡市梧桐街道文华路 519 号	314500	0573-88119699	0573-88112774
阜阳轴承有限公司	安徽省阜阳市阜埠路 58 号	236023	0558-2323393	0558-2323368
山西凤凰胶带有限公司	山西省长治市太行西街 168 号	046011	0355-2085924	0355-2085924
中交第三航务工程勘察设计院有限公司	上海市徐汇区肇嘉浜路 831 号	200032	021-64381730-3226	021-64335958
安徽芜湖市宝丰输送机械有限公司	安徽省芜湖市无为县无城工业园	238300	0553-6316855	0553-6316728
孚乐率传输设备制造（上海）有限公司	上海市松江区新润路 388 号 17 幢	201612	021-33528388	021-33528058
山东华城中德传动设备有限公司	山东省淄博市博山经济开发区	255200	0533-4662478	0533-4661009
通化建新科技有限公司	吉林省通化市二道江路 2326 号	134001	0435-3656911	0435-3942661
安徽省巢湖运输机械制造有限公司	安徽省芜湖市无为县无城无开路 9 号	238300	0565-6311696	0565-6311616
湖南鸿韵传送科技发展有限公司	湖南省长沙市雨花区人民中路 568 号融圣国际公寓 3 栋 1703 房	421001	0731-89787996	0731-89787559
比塞洛斯（淮南）机械有限公司	安徽省淮南市经济技术开发区	232008	0554-3609708	0554-3660921
山东祥通橡塑集团有限公司	山东省济宁市高新区凯旋路 1 号（祥通工业园）	272000	0537-2078989	0537-2935111
萧爱矿业设备（天津）有限公司	天津市西青区西青开发区赛达汇亚工业园 13A	300385	022-23889075	022-23889071
瑞安市康泰机械制造有限公司	浙江省瑞安市塘下镇海安凤山村凤凰西路 6 号	325205	0577-65272511	0577-65273956

（续）

单位名称	联系地址	邮编	电话	传真
浙江宝科机械有限公司	浙江省台州市天台县洪畴洪三工业园区	317200	0576-83018858	0576-83018898
沧州国峰精密钢管有限公司	河北省沧州市南皮县冯家口开发区（南冯路西）	061504	0317-8781199	0317-8783155
山西晋煤集团金鼎公司皮带机分公司	山西省晋城市北石店镇	048006	0356-3667597	0356-3667597
北京雨润华科技开发有限公司	北京市东城区草园胡同76号聚才大厦A-308室	100007	010-84001165	010-64063037
铜陵百瑞豪科技股份有限公司	安徽省铜陵市经济开发区石桥路288号	244000	0562-5859007	0562-5859009
自贡市倍特逆止器制造有限公司	四川省成都市新都区工业园东区创业路189号	616500	028-83939059	028-83939059
唐山东亚重工装备集团有限公司	河北省唐山市玉田县西环路玉泰工业区	064100	0315-5053344	0315-6136126
广州飞旋橡胶有限公司	广东省广州市花都区赤坭镇橡胶路3号	510828	020-86748413	020-86748418
河北鲁梅卡机械制造股份有限公司	河北省沧州市盐山县正港工业园18号	061300	0317-6193011	0317-6193922
四川自贡红光输送机械制造有限公司	四川省自贡市火车站东侧（原高阀总厂）大楼内	643000	0813-2701219	0813-2701219
衡水金太阳输送机械工程有限公司	河北省衡水市桃城区北方工业基地橡塑路6号	053020	0318-2257600	0318-2892988
霍州煤电集团辛置多种经营公司	山西省霍州市辛置矿区	031412	0357-5632096	0357-5633132
湖南中特液力传动机械有限公司	湖南省益阳市泉交河镇万利工业园	413043	0737-6181876	0737-6181199
重庆市九龙橡胶制品制造有限公司	重庆市长寿区经济技术开发区齐心大道46号	401221	023-85330687	023-85330695
山东横滨橡胶工业制品有限公司	山东省潍坊市临朐县辛寨镇	262610	0536-3440237	0536-3342597
西安重装韩城煤矿机械有限公司	陕西省韩城市新城区苏山路	715401	0913-5265031	0913-5290676
阳煤集团奥伦胶带公司	山西省阳永市开发区大连东路99号	045000	0353-7088466	0353-7088466
山东胶六橡特胶带有限公司	山东省高密市胶河疏港物流园区胶平路1号	261503	0536-82825527	0536-83809013
浙江龙圣华橡胶有限公司	浙江省台州市天台县洪三工业区	317200	0576-83013082	0576-83013099
江阴华东机械有限公司	江苏省江阴市杨宕路8号	214400	13961617793	0510-86190678
艾克玛（惠州）输送设备有限公司	广东省惠州市惠阳区新圩镇红卫村	516225	0752-6516777	0752-6516777
江苏泰来减速机有限公司	江苏省泰兴市江平南路588号	225400	0523-8756598	0523-87566000
江苏鼎阳机电科技实业有限公司	江苏省南京市栖霞区紫东路2号紫东创意园区A2栋	210046	025-83696880	025-83696880
福建龙净环保股份有限公司	福建省龙岩市新罗区陵园路81号	364000	0597-2886020	0597-2988512
阳泉煤业集团华越机械有限公司	山西省阳泉市矿区桃南中路112号	045008	0353-7024666	0353-7024666
湖州恒通机械设备有限公司	浙江省湖州市埭溪工业园区（国道路8号）	313032	0572-3827830	0572-3827036
日照港机工程有限公司	山东省日照市黄海一路126号	276826	0633-8380632	0633-8380167
苏州大力神起重运输机械制造有限公司	江苏省苏州市吴江区汾湖镇芦墟梗田路183号	215211	0512-63263288	0512-63263166
山东泰丰钢业有限公司	山东省新泰市经济技术开发区	271200	0538-7059589	0538-7059915
献县通利达机械设备制造有限公司	河北省沧州市献县南河头乡抛庄工业区	062250	0317-6010168	0317-6010160
山东省莱州市金桥实业总公司	山东省莱州市虎头崖镇后桥工业园	261415	0535-2329191	0535-2329134
大连长盛海华输送设备制造有限公司	辽宁省大连市金州区亮甲店镇石城村	116104	0411-87275188	0411-87275757
山西东昌实业有限公司	山西省原平市108国道薛孤	034100	0350-8552158	0350-8552158
开封铁塔橡胶（集团）有限公司	河南省开封市汴西新区周凤路109号	475000	0371-23978341	0371-23978341
江苏凯博传动设备有限公司	江苏省武进市国家高新区南夏墅	213166	0519-86483908	0519-86487355
南通世邦机器有限公司	江苏省南通市启东市海滨工业园区北海路78号	226200	0513-68958325	0513-68958325

(续)

单位名称	联系地址	邮编	电话	传真
东莞大马输送设备有限公司	广东省东莞市企石镇莫屋村远鑫工业园区五街1号	523502	0769-82216389	0769-82216029
安徽华运机械有限公司	安徽省安庆市桐城经济开发区	231400	0556-6219679	0556-6567629
河北奋进矿山机械有限公司	河北省衡水市枣强县崔庄工业区	053100	0318-8435636	0318-84388910
沈阳皆爱喜输送设备有限责任公司	辽宁省沈阳市经济技术开发区五号路19号	110141	024-25370292	024-25370293
山东能源重装集团巨力装备有限公司	山东省泰安市新泰市东都镇	271400	0538-7861103	0538-7861103
天津博宇钢管有限公司	天津市静海县大邱庄镇太平村工业园区	301606	022-68558955	022-68558977
希望森兰科技股份有限公司	四川省成都市双流县航空港经济开发区空港二路1599	610207	028-85964751	028-85962488
南京世嘉机械制造有限公司	江苏省南京市江宁区横溪街道陶吴工业集中区	210000	025-86700058	025-86738226
泰星减速机股份有限公司	江苏省泰兴市姚王镇泰姚北路10号	225402	0523-87086618	0523-87096617

散料装卸机械与搬运车辆

单位名称	联系地址	邮编	电话	传真
大连重工·起重集团有限公司	辽宁省大连市西岗区八一路169号	116013	0411-86852166	0411-86852222
哈尔滨重型机器有限责任公司	黑龙江省哈尔滨市高新技术开发区哈平路集中区大连北路15号	150060	0451-87091585	0451-87091617
湖南长重机器股份有限公司	湖南省长沙市开福区湘江北路一段12号	410201	0731-85318081	0731-85318081
北京起重运输机械设计研究院	北京市东城区雍和宫大街52号	100007	010-64023392	010-64052584
常熟市电动平车厂	江苏省常熟市梅李镇聚沙路5号	215511	0512-52661892	0512-52661886
长春发电设备总厂	吉林省长春市经济技术开发区世纪大街3388号	130033	0431-81966709	0431-85868500
秦皇岛秦冶重工有限公司	河北省秦皇岛市经济技术开发区鄱阳湖路2号	066318	0335-8358085	0335-8586258
上海电力环保设备总厂有限公司	上海市闸北区共和新路3155号	200072	021-56650088	021-56657888
丹东振安建工机械有限公司	辽宁省丹东市振安区鸭绿江村89号	118002	0415-4188608	0415-4188606
上海振华重工港机通用装备有限公司	上海市浦东新区东方路3261号	200125	021-31195630	021-31195918
浙江双鸟机械有限公司	浙江省嵊州市黄泽镇工业功能区玉龙路16号	312455	0575-83503888	0575-3503801
北方重工集团有限公司装卸设备分公司	辽宁省沈阳市经济技术开发区开发大路16号	110042	024-25802281	024-25802527
岳阳强力电磁设备有限公司	湖南省岳阳市京珠连线5公里处（137信箱）	414000	0730-8799598	0730-8799009
江阴市万事达液压机械有限公司	江苏省江阴市周庄镇周西工业园区高僧桥	214423	0510-86221271	0510-86903068
浙江特种电机股份有限公司	浙江省嵊州市经济开发区加佳路18号	312400	0575-83000258	0575-83000566
上海公茂起重设备有限公司	上海市浦东新区云台路145号云台大厦2803室	200126	021-50871759	021-50871665
常熟市亿安电动平车有限公司	江苏省常熟市董浜镇徐市安庆路北	215535	0512-52496081	0512-52496082
康稳移动供电设备（上海）有限公司	上海市浦东新区世纪大道1500号东方大厦925室	200122	021-68407060	021-68407060
武汉电力设备厂	湖北省武汉市武昌区白沙洲特3号	430064	027-68888403	027-88113825
上海特国斯传动设备有限公司	上海市闸北区曲阜西路268号恒安大厦1302室	200122	021-63812226	021-63810571
浙江东海减速机有限公司	浙江省温州市平阳经济开发区鳌江镇鸽巢路	325401	0577-63679809	0577-63679809
哈尔滨龙鑫重型机械有限公司	黑龙江省哈尔滨市香坊区珠江路29号	150040	13503618096	0451-55195730
大连长盛输送设备制造有限公司	辽宁省大连市金州区亮甲店镇石城村	116104	0411-87275136	0411-87275757

(续)

单位名称	联系地址	邮编	电话	传真
大连通达矿冶机械有限公司	辽宁省大连市金州区三十里堡镇	116104	0411-87362498	0411-87350008
大连重工机电动力有限公司	辽宁省大连市沙河口区河川街21号	116021	0411-39757578	0411-39757528
常熟市凯龙电动平车有限公司	江苏省常熟市梅李镇珍南路18号	215514	0512-52664298	0512-52262798
湖南省映宏新材料股份有限公司	湖南省娄底市新化县向红工业园一区	417600	0738-3537338	0738-3537909
无锡巨力电动平车有限公司	江苏省无锡市新区新光工业园5号地块	214028	0510-82255086	0510-85210217
哈尔滨国海星轮传动有限公司	黑龙江省哈尔滨市哈平路工业区烟台三路8号	150060	0451-86530788	0451-86530858
华电重工股份有限公司	上海市浦东新区福山路458号同盛大厦21F	200122	021-60126207	021-60126207
湖北三六重工有限公司	湖北省咸宁市巨宁大道36号	437000	0715-8343111	0715-8312668
哈尔滨和泰电力设备有限公司	黑龙江省哈尔滨市南岗区长江路380号	150090	0451-82314958	0451-82314178
大连天重散装机械设备有限公司	辽宁省大连市沙河口区会展路33号环球金融中心7A	116023	0411-62631977	0411-62631978
南京三埃工控股份有限公司	江苏省南京市江宁经济开发区胜利路12号	211100	025-52124028	025-52124028
泰富重装集团有限公司	湖南省湘潭市九华经济技术开发区奔驰路6号	430107	0731-52837017	0731-52837255

润滑液压设备

单位名称	联系地址	邮编	电话	传真
太原矿山机器润滑液压设备有限公司	山西省太原市经济技术开发区电子街25号	030032	0351-3045918	0351-3045918
中国重型机械研究院有限公司	陕西省西安市辛家庙	710032	029-86322543	029-86322431
四川川润股份有限公司	四川省成都市郫县现代工业港北区港北六路85号	611743	028-61836200	028-61777787
常州市华立液压润滑设备有限公司	江苏省常州市武进区郑陆镇三河口	213115	0519-88675056	0519-88675343
启东润滑设备有限公司	江苏省启东市和平中路306号	226200	0513-83356668	0513-83312646
上海澳瑞特润滑设备有限公司	上海市虹口区丰镇路788号	200434	021-65288155	021-65288155
一重集团大连设计研究院有限公司	辽宁省大连市经济技术开发区东北大街96号	116600	0411-39243635	0411-39243366
太原科技大学机电工程学院	山西省太原市万柏林区窊流路66号	030024	0351-6963399	0351-6963399
启东市南方润滑液压设备有限公司	江苏省启东市惠萍镇工业园区	226255	0513-83792888	0513-83795028
燕山大学	河北省秦皇岛市河北大街西段438号	066004	0335-8051166	0335-8074498
上海润滑设备厂有限公司	上海市奉贤区平港路655号	201413	021-65430543	021-65431871
吉林四平维克斯换热设备有限公司	吉林省四平市铁东区南一经街5665号	136001	0434-3335589	0434-3335515
北方重工集团公司设计研究院	辽宁省沈阳市经济技术开发区开发大路16号	110141	024-25802407	024-25802416
辽宁省机械研究院有限公司	辽宁省沈阳市皇姑区北陵大街56号	110032	024-86890291	024-86890291
中冶京诚工程技术有限公司技术研究院	北京市大兴区亦庄经济技术开发区亦庄建安街7号	100176	010-67835821	010-67835154
中色科技股份有限公司装备所	河南省洛阳市西苑路1号	471039	0379-64872373	0379-64872352
二重集团重型机械设计研究院	四川省德阳市珠江路1号	618013	0838-2342292	0838-2204416
北京冶金设备研究设计总院	北京市东城区安定门外胜古庄2号	100029	010-64428432	010-64418694
北京科技大学	北京市海淀区学院路30号	100083	010-62332916	010-62332916
大连华锐股份有限公司液压装备厂	辽宁省大连市甘井子区新水泥路78-7号	116035	0411-86426269	0411-86427852
宁波盛发液压有限公司	浙江省宁波市鄞州区望春宋家漕	315175	0574-88449050	0574-88055152

(续)

单位名称	联系地址	邮编	电话	传真
江苏澳瑞思液压润滑设备有限公司	江苏省启东市城北工业园经济开发区杨沙路2号	226200	0513-83637418	0513-83637448
沈阳市北方润滑设备制造有限公司	辽宁省沈阳市沈河区文化东路99号	110015	024-24824187	024-24206028
淄博九洲润滑科技有限公司	山东省淄博市博山区北博山	255207	0533-4548567	0533-4546336
温州中合润滑设备制造有限公司	浙江省温州市双屿镇屿头工业区3号-2	325007	0577-88781219	0577-88781270
温州市龙湾润滑液压设备厂	浙江省温州市飞鹏巷6号(新14号)	325000	0577-88290271	0577-88295568
温州市三丰润滑设备制造有限公司	浙江省温州市双屿镇嵇师新街11号	325007	0577-88763177	0577-88766885
沈阳市大金润滑设备厂	辽宁省沈阳市沈河区沈洲路185-2号	110014	024-22907338	024-22940938
南通市南方润滑液压设备有限公司	江苏省启东市开发区纬二路236-238号	226200	0513-83110190	0513-83110290
启东安升润液设备有限公司	江苏省启东市久隆镇新巷工业集中118号	226222	0513-83852668	0513-83852108
苏州宝宇液压设备制造有限公司	江苏省太仓市浏河镇听海路106号	215431	0512-53601818	0512-53601155
沈阳市北方润华冷却设备有限公司	辽宁省沈阳市东陵区泉园二路15-4-212	110015	024-86670917	024-86670451
启东中冶润滑设备有限公司	江苏省启东市台角工业园区跃龙路16号	226200	0513-83250190	0513-83250310
四平市隆百洲机电科技有限公司	吉林省四平市铁东区山门镇	136002	0434-3301333	0434-3301598
启东丰汇润滑设备有限公司	江苏省启东市南苑西路999号	226200	0513-83113685	0513-83349800
沈阳三丰液压润滑设备有限公司	辽宁省沈阳市于洪区平罗镇陆家村	110147	024-89286088	024-89286893
江苏恒泰自动化润滑设备有限公司	江苏省启东市南苑工业园区恒丰路28号	226200	0513-80286900	0513-83307018
北京中冶华润科技发展有限公司	北京市丰台区南四环西路188号三区21号楼	100070	010-63964536	010-63964534
美润思(北京)科技有限公司	河北省秦皇岛市北戴河区海宁路225号	066102	0335-4289066	0335-4289066
浙江镇南精工机械有限公司	浙江省诸暨市店口镇解放路259号	311835	0575-87655388	0575-87655618
陕西中润液压设备有限公司	陕西省西安市西安经济技术开发区泾渭工业园泾高南路中段22号	710201	029-86963180	029-86963166
黄山工业泵制造有限公司	安徽省黄山市屯溪区九龙工业园区九龙大道5号	245021	0559-2553898	0559-2568248
淄博市博山润丰油泵厂	山东省淄博市博山区博山镇博沂路	255207	0533-4544888	0533-4548198
南通博南润滑液压设备有限公司	江苏省启东市开发区精工路7号(一区)	226200	0513-83122033	0513-83228811
泰州市远望换热设备有限公司	江苏省泰州市姜堰区娄庄镇	225300	0523-88691628	0523-88696288
重庆安特瑞润滑设备有限公司	重庆市万州区经济技术开发区化工园内	404130	023-58325121	023-58325121

重型基础件

单位名称	联系地址	邮编	电话	传真
中国重型机械研究院股份公司	陕西省西安市未央区东元路209号	710032	029-86322583	029-86322583
宁波东力传动设备股份有限公司	浙江省宁波市江北工业区银海路1号	315000	0574-88398990	0574-88398840
浙江通力重型齿轮股份有限公司	浙江省瑞安市林垟通力大道	325207	0577-65590088	0577-65598888
江苏省金象传动设备股份有限公司	江苏省淮安市清河区青龙湖路1号	223001	0517-83649806	0517-83649839
安徽泰尔重工股份有限公司	安徽省马鞍山市开发区红旗南路18号	243000	0555-2229329	0555-2229287
杭州杰牌传动科技有限公司	浙江省杭州市空港新城(萧山靖江)	311223	0571-82996826	0571-82994444
荆州市巨鲸传动机械有限公司	湖北省荆州市高新技术开发区东方大道58号	434000	0716-8303805	0716-8303886
恒星科技控股集团有限公司	浙江省杭州市萧山经济技术开发区鸿达路66号	311215	0571-22892986	0571-82605888

(续)

单位名称	联系地址	邮编	电话	传真
襄阳宇清机械有限公司	湖北省襄阳市高新区十二号路	441058	0710-3332586	0710-3564322
泰星减速机股份有限公司	江苏省泰兴市姚王镇	225402	0523-87541669	0523-87548888
山西省平遥减速器有限责任公司	山西省晋中市平遥县古城南路138号	031100	0354-5650091	0354-5650268
浙江长城减速机有限公司	浙江省温州市鹿城区轻工产业园成江路28号	325019	0577-88628620	0577-88628622
浙江东海减速机有限公司	浙江省温州市平阳经济开发区鳌镇鸽巢路	325401	0577-63631862	0577-63635393
意宁液压股份有限公司	浙江省宁波市北仑区坝头西路288号	315806	0574-86115072	0574-86115070
昆山荣星动力传动有限公司	江苏省昆山市高新区中华园西路1869号	215347	0512-57781849	0512-57797398
天津市万新减速机有限公司	天津市东丽区经济开发区一经路31号	300300	022-24830967	022-24374550
重庆齿轮箱有限责任公司	重庆市江津区东方红工业区	402263	023-47211757	023-47211161
燕山大学机械工程学院	河北省秦皇岛市燕山大学机械工程学院	066004	13081889632	
西安理工大学	陕西省西安市金花南路5号	710048	029-82319700	029-83230026
江阴齿轮箱制造有限公司	江苏省江阴市山观工业园区澄山路601号	214437	0510-86993103	0510-86993196
安徽省湖滨机械厂	安徽省巢湖市巢湖北路369号	238013	0565-2393587	0565-2317765
上海茂德企业集团	上海市浦东新区南汇工业园区沪南公路9408号茂德工业园	201300	021-68016659	021-68016458
南京高精齿轮集团有限公司	江苏省南京市江宁科学园莱茵达路299号	211100	025-52172828	025-52172700
哈尔滨国海星轮传动有限公司	黑龙江省哈尔滨市哈平路工业区内烟台三路8号	150060	0451-86530788	0451-86530858
内蒙古兴华机械制造厂	内蒙古自治区呼和浩特市昭君路玉泉区政府西侧	010070	0471-2397262	0471-5686313
宁波市镇海减变速机制造有限公司	浙江省宁波市镇海经济开发区青青路168号	315200	0574-86302258	0574-86302358
第二集团公司精衡传动设备公司	四川省德阳市珠江西路460号	618000	0838-2341179	0838-2341179
北方重工集团有限公司传动设备分公司	辽宁省沈阳市经济技术开发区开发大路16号	110142	024-85834628	024-85834325
太原重工股份有限公司技术中心	山西省太原市万柏林区玉河街53号	030024	13513638123	
上海尔华杰机电装备制造有限公司	上海市嘉定区宝安公路1785号	201907	021-66028006	021-56022054
江苏上齿集团有限公司	江苏省溧阳市天目湖工业园溪缘路6号	213333	0519-88301181	0519-87229638
宁波中意液压马达有限公司	浙江省宁波市镇海经济开发区中意路88号	315200	0574-86264491	0574-86264387
石家庄科一重工有限公司	河北省石家庄市和平西路595号	050071	0311-87796242	0311-87783772
德阳立达基础件有限公司	四川省德阳市庐山南路3段32号	618000	0838-2903951	0838-2903848
山东省德州市金宇机械有限公司	山东省德州市德城区胡滨北路888号	253015	0534-2745032	0534-2745033
冀州市联轴器厂	河北省冀州市刘柏村180号	053200	0318-8693695	0318-8691484
乐清重型机械配件厂	浙江省乐清市宁康西路157号	325600	0577-62522038	0577-61527608
宁波市实立矿山机械制造有限公司	浙江省宁波市象山县石铺镇兴港路100号	315731	0574-65982886	0574-65982886
宁波市东钱湖旅游度假区华实传动机械厂	浙江省宁波市东钱湖工业园区莫高公路58号	315121	0574-88370903	0574-88370903
乐清市联轴器厂	浙江省乐清市柳市镇上金垟	325604	0577-62722326	0577-62728326
乐清虹桥万向轴有限公司	浙江省乐清市虹桥镇西工业区E2-1号	325608	0577-62311811	0577-62322180
常州市二传机械有限公司	江苏省常州市武进区漕桥镇运村	213175	0519-86131020	0519-86133108
陕西博特齿轮有限公司	陕西省西安市西咸新区泾河新城泾阳县工业密集区	713702	029-36386088	029-36386092

(续)

单位名称	联系地址	邮编	电话	传真
盐城华兴液压机械有限公司	江苏省盐城市建湖县严桥	224700	13921851333	
中钢西重传动机械公司	陕西省西安市汉城北路 99 号	710077	029-84619374	029-84619371
西安环力传动机械股份有限公司	陕西省西安市经济技术开发区凤城十一路 91 号	710018	029-86171905	029-85251460
乐清机械厂有限公司	浙江省乐清市城西路 55 号	325600	0577-62522885	0577-62522885
上海合纵重工机械有限公司	上海市金山区金山工业区金流路 879 号	201506	021-67276715	021-67277700
扬中市金星联轴器制造有限公司	江苏省扬中市新坝科技园区	212212	0511-88433602	0511-88436976
陕西秦川机械发展股份有限公司	陕西省宝鸡市姜谭路 22 号	721009	0917-3670640	0917-3393841
青海华鼎齿轮箱有限公司	青海省西宁市南川东路 75 号	810021	0971-4310385	0971-4310004
山东博山减速机厂	山东省淄博市博山区水河路中段	255200	0533-4264888	0533-4184888
唐山重型装备集团有限责任公司	河北省唐山市缸窑路	063027	0315-3202248	0315-3202208
镇江通宇传动机械有限公司	江苏省镇江市矿机路 5 号	212003	0511-84421221	0511-84422078
江苏新瑞戴维布朗齿轮系统有限公司	江苏省常州市武进开发区西太湖大道 1 号	213149	0519-83163480	0519-86361355
江苏东方万向重型机械有限公司	江苏省镇江市辛丰镇	212141	0511-3321074	0511-3322338

油膜轴承

单位名称	联系地址	邮编	电话	传真
太原重工油膜轴承分公司	山西省太原市万柏林区玉河街 53 号	030024	0351-6367118	0351-6360514
宝钢湛江钢铁有限公司	上海市宝山区富锦路宝钢指挥中心	201900	021-56780055	021-26648046
本钢板材采购中心	辽宁省本溪市平山区 6 号	117000	024-7839809	024-2842074
鞍钢设备资材采购中心	辽宁省鞍山市南中华路 396 号	114021	0412-6734511	0412-6753575
太钢不锈钢股份有限公司	山西省太原市尖草坪区尖草坪	030003	0351-3011010	0351-3134170
太原理工大学	山西省太原市迎泽西大街 73 号	030024	0351-6010290	0351-6220233
太原重工油膜轴承分公司	山西省太原市万柏林区玉河街 53 号	030024	0351-6367206	0351-6367206
鞍钢热连轧厂	辽宁省鞍山市鞍钢厂区北部	114021	0412-6751589	0412-6752915
本钢集团有限公司热连轧厂	辽宁省本溪市平山区轧钢路	117021	18041406000	024-7825049
首秦金属材料有限公司轧钢部	河北省秦皇岛市海港区杜庄乡	066326	0335-6086238	0335-6089252
南钢股份有限公司宽厚板厂	江苏省南京市六合区大厂	210035	025-57074699	025-57072545
首钢京唐钢铁公司热轧部	河北省唐山市曹妃甸工业区	100043	0315-88292051	0315-8871641
安钢股份有限公司第二炼轧厂	河南省安阳市殷都区梅园庄	455004	0372-3120928	0372-3120909
武汉钢铁集团公司热轧总厂	湖北省武汉市青山区厂前	430083	027-86891525	027-86891525
攀枝花钢铁集团公司热连轧厂	四川省攀枝花市向阳区	617062	0812-3393260	0812-3396573
太钢热连轧厂	山西省太原市尖草坪区尖草坪	030003	0351-3014802	0351-3016105
包钢钢联股份有限公司	内蒙古自治区包头市河西工业区	014010	0472-2181236	0472-2181236
宝钢集团宝钢分公司设备部	上海市宝山区同济路 3521 号	201900	021-26646629	021-26648830
宝钢热轧厂	上海市宝山区宝钢纬三路	200941	021-26645174	021-26649677
鞍钢第二冷轧厂	辽宁省鞍山市鞍钢厂区北部	114021	0412-6752596	0412-6751512
上海大学机自学院	上海市静安区延长路 149 号	200072	021-82669152	021-56331937

(续)

单位名称	联系地址	邮编	电话	传真
铁岭五星油膜橡胶研究所	辽宁省铁岭市辽海北路15号	112000	0410-4564226	0410-4501500
太原科技大学机械工程学院	山西省太原市万柏林区窊流路66号	030024	0351-6998313	0351-6963332
鞍钢中板厂	辽宁省鞍山市鞍钢厂区北部	114021	0412-6762355	0412-6761293
沙钢集团有限公司	江苏省张家港市锦丰镇	215625	13951139955	0512-58550681
唐山中厚板有限公司	河北省唐山市乐亭县玉滩镇	063610	0315-4959566	0315-4959336
唐山港陆钢铁有限公司	河北省遵化市镇海东街	064200	0315-6075518	0315-6075518
唐山不锈钢有限公司热轧厂	河北省唐山市古冶区唐家庄	063105	0315-3765888	0315-3768802
唐山钢铁集团公司第一轧钢厂	河北省唐山市滨河路9号	063013	0315-3707227	0315-3707227
安钢股份有限公司第二轧钢厂	河南省安阳市殷都区梅园庄	455004	0372-3123012	0372-3123613
武汉钢铁集团公司冷轧厂	湖北省武汉市青山区厂前	430083	027-86894638	027-86891470
涟源钢铁集团公司热轧板厂	湖南省娄底市轧钢东路	417009	0738-8663655	0738-8663726
攀钢冷轧厂	四川省攀枝花市向阳区	617062	0812-3380118	0812-3380137
首钢迁钢股份有限公司	河北省迁安市扬店子镇滨河村	064404	0315-7703962	0315-7703011
宁波钢铁有限公司热轧厂	浙江省宁波市北仑区霞浦临港二路168号	315800	0574-86859108	0574-86859126
南京钢铁有限公司中板厂	江苏省南京市大厂卸甲店	210035	025-57074699	025-57072545
宝钢不锈钢分公司热轧厂	上海市宝山区长江路735号	200431	021-26033369	021-26034661
广西柳钢热轧板带厂	广西壮族自治区柳州市北雀路117号	545002	0772-2596358	0772-2596355
新余钢铁有限责任公司	江西省新余市新钢冶金路	338001	0790-6293328	0790-6294999
五矿营口中板有限责任公司设备部	辽宁省营口市老边区	115005	0417-3256655	0417-3256063
吉林通化钢铁股份公司热轧厂	吉林省通化市二道江区	134003	13304422311	0432-3775652
舞阳钢铁有限责任公司一轧厂	河南省舞钢市湖滨大道西段	462400	13937566928	0395-8112802
邯郸钢铁有限责任公司中板厂	河北省邯郸市复兴路232号	056015	0310-6075426	0310-4959971
河钢承钢板带事业部	河北省承德市双滦区滦河镇	067002	0314-4079789	0314-4314947
马钢股份有限公司第四钢轧总厂	安徽省马鞍山三台路	243051	13805551364	0555-2890805
江阴兴澄特种钢铁有限公司钢板厂	江苏省江阴市滨江东路297号	214429	13961672702	0510-86190970
河北敬业集团中厚板厂	河北省石家庄市平山县南甸镇	050400	13230135485	0310-82878888
冀南钢铁有限公司	河北省邯郸市武安市上团城乡	056300	0310-5179100	0310-5179100
沧州中铁装备制造材料有限公司轧钢厂	河北省沧州渤海新区	061113	0317-5761614	0317-5761614
山西百一机械制造有限公司	山西省太原市尖草坪2号	030003	0351-3016342	0351-3016803
优必胜（大连）轴承制造有限公司	辽宁省瓦房店市北三家瓦窝工业园北路18号	116300	0411-85508388	0411-85545658
广州机械科学研究院密封研究所	广东省广州市黄埔区茅岗	510700	020-32388050	020-32389624
中国石化润滑油有限公司北京研发中心	北京市2852#研发中心	100085	010-62949743	010-62949751
中国一重集团大连设计研究院	辽宁省大连经济技术开发区	116600	0411-39243245	0411-39243388
上海重型机器厂有限公司	上海市闵行江川路1388号	200245	021-64632262	021-54722933
中钢设备公司机电部	北京市朝阳区芳园街1号	100016	010-62688018	010-62688098
宝钢八钢热轧厂	新疆维吾尔自治区乌鲁木齐市头屯河区新钢路	830022	0991-3886408	0991-3886458
燕山钢铁公司1780热轧厂	河北省迁安市迁安火车站旁	063000	18903380259	0315-5359666

(续)

单位名称	联系地址	邮编	电话	传真
燕山钢铁公司1580热轧厂	河北省迁安市迁安火车站旁	063000	18931537633	0315-5359666
安丰钢铁公司1780热轧厂	河北省秦皇岛市昌黎县靖安镇	063000	18031658999	0315-2092111
北海诚德压延有限公司	广西壮族自治区北海市铁山港区工业园区四号路与七号路交汇处	536000	0779-8527463	0779-8527464
莱芜钢铁集团银山板带厂	山东省莱芜市钢城区	271100	13156347978	0634-6921887
舞阳钢铁有限责任公司二轧厂	河南省舞钢市湖滨大道西段	462400	13837510808	0395-8112802
南阳汉冶特钢有限公司轧钢厂	河南省南阳市西峡县回车镇	473000	18695968869	0377-69693555
太原嘉明科技有限公司	山西省榆次工业园区中央大道	030600	13934156424	0354-3966970
瓦房店轴承股份有限公司	辽宁省瓦房店市北共济街	116300	0351-2390981	0351-6827588
济钢中厚板厂	山东省济南市工业北路21号	250101	0531-88847758	0531-88847461

停车设备

单位名称	联系地址	邮编	电话	传真
中国重型机械工业协会停车设备工作委员会	北京市西城区月坛南街26号院1号楼2002室	100825	010-68584668	010-68584667
杭州西子石川岛停车设备有限公司	浙江省杭州市余杭经济技术开发区宏达路181号	311199	0571-88136666	0571-88139678
山东莱钢泰达车库有限公司	山东省莱芜市钢城区泰达工业园	271129	0634-5879939	0634-5879911
深圳怡丰自动化科技有限公司	广东省深圳市龙岗区龙城大道龙西路口龙岗高科技园	518116	0755-84879829	0755-84879397
河南中继威尔停车系统股份有限公司	河南省许昌市城乡一体化示范区魏武大道与尚德路交汇处东南角	461000	0374-3219098	0374-3219091
北京航天汇信科技有限公司	北京市大兴区经济技术开发区中和街20号	100176	010-67886600	010-67874871
浙江子华停车设备科技股份有限公司	浙江省绍兴市柯桥区滨海工业区思源路782号	312073	0575-81199858	0575-81199877
唐山通宝停车设备有限公司	河北省唐山市丰润区公园道162号	064000	18631576606	0315-3081781
大洋泊车股份有限公司	山东省潍坊市潍城区拥军路3777号	261041	0536-4008080536	0536-8662694
山东天辰智能停车股份有限公司	山东省德州市德州（禹城）国家高新技术产业开发区振兴大道西侧	251200	15020008578	0534-7289960
上海赐宝停车设备制造有限公司	上海市卢湾区打铺路1号金玉兰广场906室	200023	021-53960436	021-53960435
北京鑫华源机械制造有限责任公司	北京市门头沟区门头沟路47号	102300	010-61814331转32553	010-61815100
明椿电气机械股份有限公司	上海市松江区石湖荡镇长塔公路565号3号楼	201617	021-59177921	021-59177920
北京起重运输机械设计研究院	北京市东城区雍和宫大街52号	100007	010-64032277	010-64052584
杭州友佳精密机械有限公司	浙江省杭州市萧山经济技术开发区市心北路120号	311215	13817071008	0571-82832353
上海万强自动化设备有限公司	上海市金山区张堰镇松金公路2502号	201514	021-57210128	021-57213723
上海浦东新区远东立体停车装备有限公司	上海市黄浦区浦东新区东川公路7447号	201201	021-68903740	021-68901921
北京天宏恩机电科技有限公司	北京市海淀区复兴路12号	100038	010-63963040	010-63962898
敬稳（北京）机电设备有限公司	北京市东城区建国门外大街19号国际大厦B座202室	100004	010-85261141	010-85261145
广州广日智能停车设备有限公司	广东省广州市番禺区石楼镇国贸大道南636号之一	511447	13560178302	020-39965877
上海天地岛川停车设备制造有限公司	上海市虹口区东宝兴路157号17A	200080	021-63563092	021-63243035

(续)

单位名称	联系地址	邮编	电话	传真
江苏启良停车设备有限公司	江苏省江阴市锡澄路886号	214405	0510-80667788	0510-80667733
杭州福瑞科技有限公司	浙江省杭州福瑞科技有限公司	310013	0571-85023846	0571-85123228
深圳市伟创自动化设备有限公司	广东省深圳市福田区上梅林卓悦汇A座南区701室	518000	0755-82445970	0755-82439670
镭蒙机电股份有限公司	浙江省诸暨市城西工业区千禧路8-1号	311800	0575-87380088	0575-87399282
车立方（北京）新能源科技有限公司	北京市海淀区昆明湖南路甲72号院3号楼西厅	100097	13311566888	010-88462779转8866
江苏金冠停车产业股份有限公司	江苏省南通市港闸区兴盛路6号	226003	0513-81552626	0513-81552626
广东三浦车库股份有限公司	广东省广州市海珠区新港西路1号银华大厦20楼	510260	020-34112922	020-34061599
江苏普腾停车设备有限公司	江苏省南通市经济技术开发区通盛南路32-9	226017	0513-80770518	0513-80770077
日立产机系统（中国）有限公司	上海市黄浦区茂名南路205号瑞金大厦1207室	200020	021-54892378转2002	021-33565070
苏州东力机电工业有限公司	北京市朝阳区朝外大街乙12号昆泰国际公寓2204室	100020	010-58790418	010-58790065
苏州仲益电机设备有限公司	江苏省苏州市相城区太平街道聚金路28号	215000	0512-66830093	0512-66830315
河南省盛茂永代机械制造有限责任公司	河南省郑州市惠济区绿源路与丰硕街交叉口北	450000	13838009289	0371-63770651
杭州永利百合实业有限公司	浙江省杭州市萧山区义桥工业园区	311256	13758137728	0571-82409363
安徽马钢智能立体停车设备有限公司	安徽省马鞍山市经济技术开发区红旗南路19号	243071	0555-2960018	0555-2960021
安徽乐库智能停车设备有限公司	安徽省合肥市肥东县金阳北路16号	231600	0551-62533979	0551-62533977
深圳中集天达空港设备有限公司	广东省深圳市宝安区福永福园二路九号	518103	0755-4006007756	0755-26685815
湖南地生工业设备有限公司	湖南省长沙市雨花区芙蓉中路三段489号鑫融国际25楼	410000	17775810190	0731-85781519
江苏润邦智能停车设备有限公司	江苏省南京市浦口区星甸工业园	211803	025-58465657	025-58265566
陕西隆翔停车设备集团有限公司	陕西省西安市高新区锦业路38号粤汉国际D座18层	710077	029-88865536	029-88865382
上海剑峰停车设备工程有限公司	上海市黄浦区南京东路61号新黄浦金融大厦607室	200002	021-63392097	021-63391924
杭州大中泊奥科技有限公司	浙江省杭州市萧山经济技术开发区桥南区高新五路58号	311231	0571-22867610	0571-82695083
苏州联发电机有限公司	江苏省苏州市相城经济开发区富元路402号	215131	0512-65793566	0512-65793569
苏州环球集团科技股份有限公司	江苏省苏州市吴中区胥口镇石中路188号	215156	0512-65333805	0512-66235388-0
上海山电电机有限公司	上海市普陀区祁连山南路2888弄B座507室	200331	021-62841028	021-52841755
青岛茂源停车设备制造有限公司	山东省青岛市黄岛区临港路1319号（原2377号）	266400	18366262658	0532-83196318
上海禾通涌源停车设备有限公司	上海市闵行区莲花路1555号318室	200233	13020217116	021-33677096
安徽鸿路钢结构(集团)股份有限公司	安徽省合肥市双凤工业区鸿路大厦	231131	0551-6391971	0551-6391793
安徽华星智能停车设备有限公司	安徽省合肥市循环经济示范园天工路1号	231602	0551-67758520	0551-67601802
安徽凯旋智能停车设备有限公司	安徽省合肥市高新区黄山路601号科技创新公共服务中心104室	230088	0551-63475498	0551-63475418
合肥巍华智能停车设备有限公司	安徽省合肥市肥东经济开发区公园路12号	231600	0551-67266669	0551-67799556
安徽鸿杰威尔停车设备有限公司	安徽省六安市裕安区平桥工业园	237000	13625711830	0564-3351677

(续)

单位名称	联系地址	邮编	电话	传真
宿州方圆安全设备有限公司	安徽省宿州市经济开发区金海六路西外环一路南	234000	13655577233	0557-3318065
天马华源停车设备(北京)有限公司	北京市大兴区北京经济技术开发区科创二街3号	100176	010-87952557	010-87952559
北京大兆新元停车设备有限公司	北京市海淀区北小马厂6号华天大厦12层13-16室	100038	010-51916680	010-63319786
北京宏地车港科技有限公司	河北省石家庄市建设北大街228号东海国际19B2	050000	0311-86692826	0311-68022622
北京海亮机械制造有限公司	北京市通州区漷县镇觅子店组团鑫隅四街2号	101112	010-80569606	010-80569770
北京博锐奥盛科技发展有限公司	北京市大兴区北京经济技术开发区地盛北街1号院40号楼701	100176	010-67886088	010-58235608
北京安祥通机电设备有限公司	北京市通州区台湖镇府东苑34栋01号	101111	010-81507019	010-81507019
北京首钢机电有限公司	北京市石景山区老山西里甲8号	100049	010-88297133	010-88297135
北京首钢城运控股有限公司	北京市石景山区石景山路首钢厂东门内	100043	010-88292668	
北京东星立达立体停车设备有限公司	北京市通州区西集工业区	101106	13901257287	010-61557469
北京韩建河山科技有限公司	北京市房山区韩村河镇	102423	15699829360	010-80389041
北京康拓红外技术股份有限公司	北京市海淀区中关村环保科技园7号院2号楼四层	100095	13466778367	010-82493674
福建福广停车设备有限公司	福建省龙岩市永定区高新技术产业开发区	364101	0597-2833639	0597-2833639
福建轻安智能仓储设备有限公司	福建省邵武市经济开发区紫金工业园区香林大道中段	354000	0599-6228228	0599-6228228
福建敏捷机械有限公司	福建省南安市官桥镇洪邦工业区福建敏捷机械有限公司	362341	13505013675	0595-86881520
厦门炜城智能停车科技有限公司	福建省厦门市湖里区五缘湾海富中心B座17C	362342	0592-5795913	0592-5793912
厦门市华尔曼泊车设备有限公司	福建省厦门市湖里区安岭路1001号1楼	361015	0592-8808989	0592-2612566
福建金三洋控股有限公司	福建省福州市鼓楼区西江滨大道66号融侨锦江B区(永辉超市楼上)	350000	15280083002	0591-83300344
兰州远达停车产业有限公司	甘肃省兰州市西固区西固西路35号	730060	0931-8585511	
佛山市南海高达建筑机械有限公司	广东省佛山市南海区平洲工业园胜利西路6号	528251	0757-86795321	0757-86778582
深圳市中科利亨车库设备有限公司	广东省深圳市宝安区西乡街道桃花源科技创新园主楼513	518102	0755-29981555	0755-29981777
广东溢隆实业有限公司	广东省广州市越秀区东风东路天誉大厦东塔109室	510000	020-37615036	020-37885775
深圳市擎天达科技有限公司	广东省深圳市龙华新区大浪街道工业园路1号凯豪达大厦18楼	518109	0755-28030881	0755-28030981
深圳精智机器有限公司	广东省深圳市南山区科技园科研路9号比克科技大厦11楼B	518057	0755-86017789	0755-86017528
深圳市金正方科技股份有限公司	广东省深圳市龙岗区南湾街道南岭村社区黄金北路7号厂房	518000	0755-28324399-8038	0755-25501937
韶关市磊信机械制造有限公司	广东省韶关市浈江区产业转移工业园狮塘路47号	512023	0751-8838236	0751-8838231
广州建德机电有限公司	广东省广州市花都区新华街九塘1404坐落	510800	020-62321784	020-62321791
深圳市华智联科技有限公司	广东省深圳市龙华新区清湖新侨工业园第四栋3楼	518000	4008939885	0755-29476689
中建钢构有限公司	广东省深圳市南山区高新园高新南一道富诚科技大厦6楼	518000	18787025852	

(续)

单位名称	联系地址	邮编	电话	传真
广西景和停车设备有限责任公司	广西壮族自治区南宁市民族大道115-1号现代国际905-908室	530028	0771-5595654	0771-5596031
桂林市中天机械有限公司	广西壮族自治区桂林市雁山区柘木镇奇峰创业园	541001	13317737778	0773-2561698
南宁市宏涛机械设备有限责任公司	广西壮族自治区南宁市五一中路南五里10号	530022	0771-4855196	0771-4848255
贵州高矿重工（长顺）有限公司	贵州省黔南布依族苗族自治州长顺县威远工业园区高矿重工	550704	13885819500	0854-6644666
贵州海悦科技立体停车设备有限公司	贵州省毕节地区黔西县经济开发区甘棠工业园	557500	0857-4669000	0857-4668000
石家庄舒玛停车设备有限公司	河北省石家庄正定县南牛村	050800	0311-88257270	0311-88257270
石家庄宝地停车机械有限公司	河北省石家庄市平山县西柏坡工业园区南区199号	050400	0311-89115889	0311-89115885
唐山市朋鼎停车设备制造有限公司	河北省唐山市丰南区小集镇草泊东部、大碱路西侧	063300	0315-8657777	0315-8209777
廊坊三联停车设备有限公司	河北省廊坊市经济技术开发区蓝多廊6-1-301	065001	15373260922	0316-6081133
唐山德玛停车设备制造有限公司	河北省唐山市曹妃甸区曹妃甸装备制造产业园区	063200	0315-8850196	0315-8850198
河北津西钢铁集团大方重工科技有限公司	河北省唐山市迁西县三屯营镇	064302	0315-5838696	0315-5838601
河北高西宅智能车库工程有限公司	河北省衡水市经济开发区北区新区七路以南滏阳三路以东	053000	15350810900	0318-2331070
河北约基输送机械制造有限公司	河北省廊坊市大厂潮白河工业区福喜路1200号	065300	0316-8961799	0316-80842630
唐山宝乐智能科技有限公司	河北省唐山市滦县装备制造产业园区	063706	13903256868	0315-7410188
河北京驿车屋科技有限责任公司	北京市西城区广安门内大街6号枫桦豪景A座2单元702	100053	13810695916	0316-63578681
河北建帮立体停车设备有限公司	河北省石家庄市新华区中华北大街27号鑫明商务中心404室	050000	0311-89937699	0311-89937696
河南宏丰停车设备制造有限公司	河南省新乡市新乡经济开发区环城北路	453700	0373-5635559	0373-5636844
洛阳龙辇居停车设备有限公司	河南省洛阳市孟津县小浪底镇小浪底街	471100	15038559988	0379-63086309
河南中州起重集团有限公司	河南省新乡市长垣县魏庄镇工业区	453400	0373-8611564	0373-8611564
河南祥鼎机械设备有限公司	河南省郑州市惠济区新城街道办事处固城村118号	450000	15639928999	0371-86178680
南阳力神重型机器有限公司	河南省南阳市镇平县遮山镇	474250	15637770405	0377-65625455
南阳市海鑫智能科技有限公司	河南省南阳市生态工业园区纬十路金厦集团	473000	18937719988	0377-60876999
河南柯尼达智能停车设备有限公司	河南省许昌市尚集产业集聚区兴平路中段99号	461111	0374-5218889	0374-5218699
洛阳凯德数控设备有限公司	河南省洛阳市老城区邙山镇中沟村（老城区工业园）	471011	0379-62239798	0379-62263667
河南省中原奥起实业有限公司	河南省新乡市长垣县文明路402号	453400	0373-8615105	0373-8813875
河南华士机械设备科技有限公司	河南省郑州市金水区金水路297号	450000	15936373333	0371-86135600
河南省健泰实业有限公司	河南省商丘市民权县产业集聚区兴业路	476800	13702601164	0760-22816225
尚志市田地立体车库设备制造有限公司	黑龙江省尚志市经济开发区	150600	0451-56757878	0451-56757979
哈尔滨龙士达钢结构彩板有限公司	黑龙江省哈尔滨市道里区群力开发区洪湖络7号	150078	0451-84373223	
武汉辉创智能装备有限公司	湖北省武汉市武昌区积玉桥临江大道96号万达中心28楼	430061	15827157482	027-81889099
湖北广兴停车设备有限公司	湖北省仙桃市胡场镇发展大道特1号	433000	13607227069	0728-2812669

(续)

单位名称	联系地址	邮编	电话	传真
武汉电力设备厂	湖北省武汉市武昌区白沙洲特 1 号	430064	027-68888714	027-88113825
湖北众达智能停车设备有限公司	湖北省黄石市金山大道 398 号	435000	027-6399998	027-6399998
湖北中筑邦建筑工程有限公司	湖北省武汉市汉阳区瑞地自由度 3 层	430073	18872230393	
湖北新世纪环保设备制造有限公司	湖北省武汉市光谷大道 62 号光谷总部国际 1# 楼 1105 室	430073	027-86397698	027-86550036
湖北华鸿智能化立体停车设备有限公司	湖北省黄石市黄石大道 658 号	435001	0714-8669999	0714-8380222
湖北勇创智能泊车设备有限公司	湖北省十堰市普林工业园 31 号	442000	0719-8880005	
湖北天弓智能设备有限公司	湖北省黄冈市红安县经济开发区高新技术产业园	438400	0713-5289666	0713-5319280
湖北省齐星汽车车身股份有限公司	湖北省随州市经济技术开发区十里铺村	441300	13886865569	0722-3587089
湖南泰安智能立体车库设备有限公司	湖南省郴州市苏仙区良田工业园	423026	0735-2763358	0735-2763316
湖南环通科技有限公司	湖南省常德市常德大道 2128 号	415000	0736-7791066	0736-7783987
湖南安然立体停车系统有限公司	湖南省长沙市高新区林语路 158 号	410006	0731-89835193	
湖南宇恒立体停车立体停车设备有限公司	湖南省湘潭市九华示范区银盖南路	411100	15874862390	0731-52650708
吉林省利源机械制造有限公司	吉林省长春市绿园区西新镇开元村 4 队	130062	18910290024	0431-87089509
辽源市鑫锐机械制造有限公司	吉林省辽源市经济技术开发区友谊工业园区甲六路	136200	18243716619	0437-5017555
四平市金立方停车设备有限公司	吉林省四平市铁西区红嘴经济技术开发区新材街 111 号	136000	0434-2206666	0434-3252266
苏州江南嘉捷电梯股份有限公司	江苏省苏州市苏州工业园区唯新路 28 号	215122	0512-62746790-3048	0512-62741517
无锡许继富通达车库装备有限公司	江苏省无锡市滨湖区梁青路 58 号华邸国际大厦 B 座 6 楼	214062	0510-85881881 转 208、203	0510-85868947
江苏顺达工程科技有限公司	江苏省如皋市九华镇九华居委会二十六组 98 号	226000	13773668487	0513-82913888
江苏安华机电工程有限公司	江苏省徐州市贾汪大吴安华产业园	221000	0516-87036829	0516-87036829
昆山通祐电梯有限公司	江苏省昆山市陆杨镇财贸路 3 号	215213	0512-57646892	0512-57646808
江苏冠宇机械设备制造有限公司	江苏省溧阳市中关村科技产业园吴潭渡路 9 号	213300	0519-87033616	0519-87036130
江苏省宏展机械有限公司	江苏省大丰市经济开发区申丰路（七灶河桥北 200 米）	224100	18651528888	0515-83532158
昆山华恒焊接股份有限公司	江苏省昆山市巴城镇博士路 1588 号	215300	0512-81866666	0512-87880400
江苏瑞科停车系统科技有限公司	江苏省金坛市儒林镇府前路 68 号 218 室	213225	18752748303	0514-85869366
昆山翔固机械有限公司	江苏省昆山市周市镇长兴路 219 号	215314	0512-83663988	0512-83663788
江苏精诚电工有限公司	江苏省南京市溧水区和凤镇工业集中区	211218	025-57466288	025-57466222
南京力霸智能停车设备制造有限公司	江苏省南京市江宁滨江开发区绣玉路 1 号	211178	025-83340638	025-58707353
江苏聚力智能机械股份有限公司	江苏省苏州市吴江区汾湖高新技术产业开发区新黎路 300 号	215211	0512-82880000	0512-82855666
江苏金三角钢结构有限公司	江苏省淮安市淮安区工业新区吴鞠通路 46 号	223200	13905230159	0517-85201112
江苏谦益实业有限公司	江苏省盐城市建湖县高新产业园唐桥路 66 号	224700	0515-86235868	0515-86390680
布兰汀机电工程南通有限公司	江苏省南通市海安县大公科技产业园海古路 2 号	226623	18862701581	0513-88698611
江苏恒瑞科智能车库有限公司	江苏省盐城市建军节东路 856 号	224001	15189215299	0515-88298358
扬州鑫昊重型机械有限公司	江苏省扬州市江都区宜陵镇工业集中区	225253	0514-86835888	0514-86836555

(续)

单位名称	联系地址	邮编	电话	传真
国信机器人无锡股份有限公司	江苏省无锡市惠山经济开发区堰新路311号3号楼509室	214000	0510-88150159	0510-88150159
淮安市魔方泊车自动车库有限公司	江苏省淮安市经济开发区白果路10号	223005	0517-89888296	0517-89888296
宏达博能自动化设备（江苏）有限公司	江苏省盐城市经济开发区湘江路12号	224007	18118685999	0515-80500999
江苏升辉装备集团股份有限公司	江苏省南通市海安县白甸镇府前路33号	226682	18012285805	0513-88408655
江西龙腾工程机械有限公司	江西省宜春市经济技术开发区C1-7号	336000	0795-2197596	0795-2197598
大连华锐重工集团股份有限公司钢构设备制造厂	辽宁省大连市甘井子区中华东路3号	116031	0411-86855206	0411-86855208
大连鸿升立体泊车建造有限公司	辽宁省大连市甘井子区大连湾街道苏家村	116000	0411-39322999-8112	0411-39322990
大连誉兴智能设备有限公司	辽宁省大连市大连保税区亮甲店工业区B-01-3亮源路5号	116600	0411-87300643	0411-87150505
大连辽南起重机器有限公司	辽宁省大连市旅顺口区营顺路102号	116050	0411-86233046	0411-86236371
沈阳华德机械工程安装有限公司	北京市西城区白纸坊东街2号6号楼经济日报社A座综合楼7层702室	100054	010-57385358	010-57385357
中船重工（沈阳）辽海电梯有限公司	辽宁省沈阳市和平区十三纬路23号	110003	024-23707527	024-23707525
沈阳圣泰机电设备有限公司	辽宁省沈阳市苏家屯区瑰香北街20-1号	110101	024-89468828	024-89463888
营口智文机械设备制造有限公司	辽宁省营口市经济技术开发区熊岳大铁工业园	115009	0417-7022222	0417-7016789
营口天兴机械制造有限公司	辽宁省营口市沿海产业基地新联大街东一号	115003	0417-3443311	
盘锦智人科技有限公司	辽宁省盘锦市大洼临港经济区榆树镇梧桐苑小区对面	124000	18742389666	0427-8620999
鞍山千钢机械制造有限公司	辽宁省鞍山市铁西区鞍刘路460号	114000	13942272350	0412-8435858
宁夏鑫华源智能立体停车设备制造有限公司	宁夏回族自治区银川市金凤区正源南街534号天乐苑大厦三楼	750002	0951-5113155	0951-5055260
青岛昊悦机械有限公司	山东省青岛市李沧区遵义路3号	266043	0532-84829888	0532-84816885
山东同力达智能机械有限公司	山东省济南市槐荫区槐村街73号	250022	0531-88305461	0531-88305505
山东诺德机械制造有限公司	山东省聊城市开发区辽河路东首路北	252400	18963569111	0635-5051019
烟台华安智能停车设备制造有限公司	山东省烟台市烟台开发区华山路7号	265304	13002741420	0535-6393888
青岛车的家车库有限公司	山东省青岛市城阳区玉皇岭工业园	266107	13605427666	0532-66736769
山东金冠机械有限公司	山东省聊城市冠县新世纪工业园区	252500	0635-5261777	0635-5261777
德州科博智能仓储物流设备有限公司	山东省德州市经济开发区高速东路（凯元热电西北侧）	253000	13905342560	0534-2722667
山东海龙机械有限公司	山东省滨州市博兴县城东街道办事处东上瞳工业园	256500	13954306862	0543-2301877
山东上冶仓储科技有限公司	山东省安丘市青云山路青云商务中心13楼	262100	0536-4398678	0536-4613888
山东华亿钢机股份有限公司	山东省曲阜市王庄主体功能区华亿路1号	273100	13021781586	0537-4653666
山东沃尔重工科技有限公司	山东省泰安市泰山工业园区科技中路	271000	0538-8883788	0538-8880995
山东天宇结构工程有限公司	山东省曲阜市经济开发区（东区）发展大道西首路北	273100	0537-4483999	0537-4438558
山东昊骏机电工程有限公司	山东省济宁市梁山县拳铺工业园区	272600	13792311988	0537-7732333
山东恒运自动化泊车设备股份有限公司	山东省淄博市张店区华光路玉龙大厦B座2017号	256406	0533-8789397	0533-8788878
山东克瑞斯立体车库有限公司	山东省泰安市岱岳区石膏工业园	271000	13805484085	0538-8160795

(续)

单位名称	联系地址	邮编	电话	传真
山东瑞莱堡立体停车设备有限公司	山东省荷泽市定陶经济开发区北外环北侧，京九铁路东侧	274100	18953018166	0530-7396177
山东金工自动泊车设备有限公司	山东省东营市垦利区开发区广兴路199号	257500	15954625376	0546-7738111
山起重型机械股份公司	山东省青州市昭德北路2198号	262500	0536-3295377	0536-3203037
山东九路泊车设备股份有限公司	山东省聊城市高唐县人和街道办事处卢田楼村北段	252800	13801184460	0635-3673899
太原刚玉产业发展有限公司	山西省太原市阳曲县侯村乡赵庄村刚玉工业园区	030110	0351-5565986	0351-5565986
太原市大强伟业机械制造有限公司	山西省太原市晋源区姚村镇南峪村村南	030025	13835128887	0351-6932222
山西金源凯祥科技制造有限公司	山西省太原市高新区中心北街3号晨雨大厦二层	030032	0351-2533001	0351-2533001
山西东杰智能物流装备股份有限公司	山西省太原市新兰路51号	030008	13935163396	0351-3633521
山西森尔科技有限公司	山西省太原市小店区农科南路76号	030031	13834201239	0351-7128772
陕西隆翔停车设备集团有限公司	山西省西安市高新区锦业路38号粤汉国际D座18层	710077	029-88865536	029-88865382
陕西中汽合力停车系统有限公司	陕西省西安市高新区唐延路23号	710075	13572520263	029-87305158
陕西吉亨自动化科技有限公司	陕西省咸阳市渭城区周陵镇西兰路北段苏家寨村咸阳空压机厂院内	712000	029-89238089	029-89238318
陕西仑堡工程科技有限公司	陕西省咸阳市人民东路鼎城花园1号楼601室	712000	18691981553	029-33215560
陕西双力智能机械发展有限公司	陕西省宝鸡市陈仓区科技工业园西虢大道1号	721400	0917-6213488	0917-6213488
陕西上通泊车设备有限公司	陕西省宝鸡市扶风县机械加工园立体车库	722200	13335376602	0917-5231502
陕西天驹静态交通科技有限公司	陕西省宝鸡市西安市雁塔区雁翔路99号	710054	13335383718	
西安航天动力机械厂	陕西省西安市灞桥区田王街特字一号14号	710025	029-83605360	029-83602276
上海人本旭川自动化机械有限公司	上海市闵行区顾戴路3009号902室	201101	021-54152892	021-54152892
上海爱登堡电梯股份有限公司	上海市闵行区浦星公路1601号	201114	021-54331601	021-64970181
上海沈中停车设备有限公司	上海市浦东新区浦建路729号804室	200127	021-61460158	021-61460108
上海席尔诺停车设备有限公司	上海市普陀区怒江北路598号1619室	200333	021-61671489转8020	021-62169365
上海泊鼎停车设备有限公司	上海市宝山区湄星路1933号	201906	021-66788790	021-66787981
上海萨逸检测设备制造股份有限公司	上海市嘉定区外冈恒冠路120号	201816	13321819329	021-39537132
上海新泊乐停车设备有限公司	上海市长宁区仙霞路137号盛高国际大厦2F201室	200050	13916589247	021-33550173
上海腾库智能科技有限公司	上海市闵行区恒西路189号507室	201114	15000128187	021-34786970
上海轼泊停车场管理有限公司	上海市浦东新区张杨路188号汤臣商务中心B座1401室	200122	18616743561	
上海彭浦机器厂有限公司	上海市浦东新区沧海路288号	201306	021-38584602	021-38584770
上海赛迪停车设备有限公司	上海市浦东新区沪南路2419弄30号复地万科活力城B座902室	201204	021-61106032	021-61106033
成都东风停车设备制造有限公司	四川省成都市新都工业东区高东路	610500	13908047636	028-83939176
四川五新智能设备有限公司	四川省成都市双流县西南航空工业港空港二路二段1399号	610200	15828158212	028-85744258
四川志泰立体车库有限公司	四川省成都市锦江区东大街东方广场A座2210	620000	13696084999	028-84442325
四川金牛智能机械有限公司	四川省自贡市沿滩工业集中区	643030	13990076857	0813-3808020
天津鑫基机械停车设备有限公司	天津市东丽区幺六桥乡三合庄北赤海路6499号	300402	022-60409228	022-60409228

(续)

单位名称	联系地址	邮编	电话	传真
天津通广集团专用设备有限公司	天津市河北区新大路185号	300140	022-26237315	022-26270462
天津市天兴机械制造有限公司	天津市大港区中塘镇中公路899号	300270	022-63276278	022-63270525
天津市中环富士智能设备有限公司	天津市西青区李七庄街天祥工业区祥遵路10号	300385	13602190505	022-23962205
天津赛瑞机器设备有限公司	天津市东丽区滨海重机工业园重工路3号	300301	022-24943116	022-24355100
天津知时捷科技发展有限公司	天津市东丽区华明高新技术产业区华兴路10号2号院	300300	15692259126	022-60126488
新疆神洲汇和重工有限公司	新疆维吾尔自治区昌吉市三工镇八钢工业园	831113	13899991032	0994-2717667
昆明松骋汽修设备有限公司	云南省昆明市关雨路东聚小车汽配城B区11幢	650214	13187443209	0871-7369448
云南名家智能设备股份有限公司	云南省昆明市经开区顺通大道世纪浩鸿商业广场3栋11楼	650217	13518765786	0871-68135189
宁波邦达智能停车设备股份有限公司	浙江省宁波市国家高新区剑兰路1369号	315013	13906611118	0574-88411233
宁波祥云停车设备有限公司	浙江省余姚市泗门镇光明北路	315470	13757488877	0574-62165172
森赫电梯股份有限公司	浙江省湖州市练市工业园区森赫大道1号	313013	0572-2923378	0572-2923397
浙江越宫钢结构有限公司	浙江省绍兴市袍中南路166号	312017	13777339769	0575-89103789
浙江双金机械集团股份有限公司	浙江省杭州市余杭区瓶窑镇	311115	0571-88566829	0571-88560827
浙江巨人控股有限公司	浙江省湖州市南浔镇胜利路698号	313009	0572-3912111	0572-3912112
浙江天马停车设备有限公司	浙江省杭州市拱墅区石祥路208号	310015	18858297778	0571-86479153
浙江正立钢结构有限公司	浙江省温州市火车站广场瓯江大厦主楼1607室	325014	0577-86788201	0577-86788061
浙江嘉联电梯有限公司	浙江省海宁市硖川路399号	314400	13968101431	0573-87251685
浙江诺力车库设备制造有限公司	浙江省湖州市长兴县太湖街道长城路358号	313100	13757257771	0572-6210097
绍兴市中立钢业建筑工程有限公司	浙江省绍兴市袍江新区袍渎路15号-3	312000	13819583778	0575-88331447
杭州专用汽车有限公司	浙江省杭州经济技术开发区M20-15-1地块	310018	13606557439	0571-86721839
浙江先锋机械股份有限公司	浙江省桐乡市梧桐街道石门路10号	314500	0573-88108133	0573-88103866
重庆桥瑞工程机械制造有限公司	重庆市九龙坡区巴国公馆6号楼13-7室	400039	023-68193631	023-68193301
重庆钢铁集团三峰工业有限公司	重庆市长寿区晏家工业园区D区	401221	13608313471	023-40713306
重庆伊士顿电梯有限责任公司	重庆市南岸区茶园新区伊士顿电梯有限责任公司	401336	023-62489680	023-62489679
重庆大江本大工程机械有限责任公司	重庆市巴南区鱼洞大江工业园本大工程机械有限责任公司	401321	13908388120	023-66456629
史克马机电（上海）有限公司	上海市青浦区青浦工业园区漕盈路3588号	201712	15921558834	021-59228700
上海亚敖机电科技有限公司	上海市青浦区金泽镇沪青平公路9188号	201718	021-59266855	021-69232222-601
浙江康明斯机械有限公司	浙江省温岭市新河镇中厢工业园	317502	0576-86578602	0576-86578336
昆山达嘉传动设备有限公司	江苏省昆山市周市镇横长泾路515号	215300	0512-57938806	0512-57938801
江西特种电机股份有限公司	江西省宜春市环城南路581号	336000	13879533689	0795-3512060
上海东元德高电机有限公司	上海市长宁区中山西路1279弄6号3楼321室	200051	021-51168255	021-32098761
上海至宝电机制造有限公司	上海市嘉定区黄渡镇曹联路19号	201804	13391020398	021-69597848
南京特种电机厂有限公司	江苏省南京市六合区雄州东路289号	211500	025-57512569	025-57107279
上海特国斯传动设备有限公司	上海市闸北区曲阜西路268号恒安大厦1302室	200070	021-63812226	021-63810571
苏州乔力以机械设备有限公司	江苏省苏州市相城区太平街道聚金路11号	215100	13405048618	0512-65719022

(续)

单位名称	联系地址	邮编	电话	传真
广东星光传动股份有限公司	广东省佛山市三水区白坭镇汇金工业城 10 号	528100	13172378877	0757-66639837/838
万鑫精工（湖南）有限公司	湖南省长沙市宁乡县金州新区金沙东路 158 号	410600	13809275632	0731-87074866
苏州金有冠电机有限公司	江苏省昆山市张浦镇垌坵路 88 号 B 栋 3 楼 - 凤冠工业园	215321	0512-82190808	0512-82177558
山东汉隆液压机械有限公司	山东省济南市历城区工业北路 161-1 号	250100	0531-83130517	0531-68820518
南京意力停车设备制造有限公司	江苏省南京市六合区金牛工业集中区一区	210000	025-58854243	025-83750297
松下电器（中国）有限公司 工业控制事业部	北京市朝阳区建国路 79 号华贸中心 2# 写字楼 6F	100025	010-59255988	010-59255980
欧姆龙自动化（中国）有限公司	上海市浦东新区银城中路 200 号中银大厦 2211 室	200431	021-50372222	021-50373300
北京第一机床电器厂有限公司	北京市海淀区知春路 114 号华源写字楼	100086	13601286747	010-61233595
天津市杰泰克自动化技术有限公司	天津市南开区科研西路 9 号 B2 座	300192	022-23050231	022-23007923
上海兰宝传感科技股份有限公司	上海市奉贤区金汇工业园区金碧路 228 号	201404	021-57486188	021-57486188
上海佐逸电器有限公司	上海市浦东新区川南奉公路 5131 号天竹新村 6 号楼 102 室	201206	15921405837	021-58100927
上海宝舟电器有限公司	上海市静安区西康路 1068 号 A 栋 15 楼 A 室	200060	021-62274842	021-62661382
台达集团 - 中达电通股份有限公司	上海市浦东新区民夏路 238 号	201209	021-63012827	021-58630003
乐清市凯昆贸易有限公司	浙江省乐清市柳市镇柳翁西路 6 号	325604	0577-62769205	0577-62766030
深圳市汇川技术股份有限公司	广东省深圳市宝安区新安街道留仙二路鸿威工业园 E 栋	518101	0755-29619876	0755-29799579
北京亚博瑞思科技开发有限责任公司	北京市海淀区祁家豁子甲 2 号健德商务楼 107A	100191	010-82076094	010-62740309
施瑞克（北京）电气自动化技术有限公司	北京市石景山区八大处高科技园 1906	100041	15901102719	010-62568906
杭州赛翔科技有限公司	浙江省杭州市西湖区文三路 408 号综合楼 218 室	310013	0571-89738802	0571-87357542
北京京溪友联科技有限公司	北京海淀区阜石路甲 69 号 10-423	100043	13511075086	010-56531337
中国船舶重工集团公司第七一三研究所自动化装备事业部	河南省郑州市金梭路玉兰街	450000	18537121918	0371-67132366
北京昌立达科技有限公司	北京市房山区拱辰街道天星街 1 号院 4-615	102488	010-60388376	
郑州纬达自动化科技有限公司	河南省郑州市京广路与长江路交叉口仁恒上元	450000	0371-63302468	0371-60972076
中瑞丸达机电科技（北京）有限公司	北京市顺义区顺平路 580 号航城广场 G 座 402 室	101309	010-89477167	010-89477167
杭州神光电器有限公司	浙江省杭州市萧山区新湾街道三新村	311228	0571-57182941	0571-57182944
北京蓝卡科技股份有限公司	北京市海淀区上地西路 8 号院上地科技大厦 4 号楼 801	100085	010-58859090-851	010-58859191
无锡市三爱电器有限公司	江苏省无锡市苏锡路 553 号	214121	0510-85072580	0510-85072581
无锡市明达电器有限公司	江苏省无锡市滨湖经济技术开发区立业路 7 号	214124	0510-85629938	0510-85627663
射阳县达金电气有限公司	江苏省盐城市射阳县经济开发区西区北环西路 66 号	224300	0515-82391680	0515-82391080
合肥汉德贝尔属具科技有限公司	安徽省合肥市肥东县经济开发区金阳北路 16 号	230011	0551-64328418	0551-64328665
上海万鸿国际贸易有限公司	上海市宝山区友谊路 1588 弄钢领一号楼 1606 室	201900	13917336635	021-51261971-104
罗巴鲁（上海）商贸有限公司	上海市嘉定区马陆镇丰功路 393 号	201801	021-69156584	021-69152081

（续）

单位名称	联系地址	邮编	电话	传真
宣化冶金工业有限责任公司	河北省张家口市高新区（机械装备园）	075131	18603139646	0313-5014230
洛阳宝岛停车设备有限公司	河南省洛阳市老城区道北五路老城区中沟村工业园6号	471011	13703888258	0379-65938883
山东万事达钢铁贸易有限公司	山东省滨州市博兴县经济开发区兴博五路800号	256500	13805436177	0543-2165087
山东神宇机械制造有限公司	山东省东营市广饶县广明路	257300	18766476793	0543-7793898
莱芜市耀辉金属制品有限公司	山东省莱芜市钢城区颜庄镇颜庄创业园	271107	13906342436	0634-6464969
浙江澳琪同济停车配件制造有限公司	浙江省湖州市长兴县吕山工业集中区38号	310004	0572-6219899	0572-6219388
上海正盟精密传动有限公司	上海市浦东新区老港工业园区良欣路265号	201302	021-60273626-888	021-60273620
杭州东华链条集团有限公司	浙江省杭州余杭经济开发区昌达路1号	311101	0571-85042765	0571-85040765
诸暨链条总厂	浙江省诸暨市牌头镇五一路1号	311525	0575-87051296	0575-87056868
浙江神牛机械制造有限公司	浙江省诸暨市丰南路8号	311800	0575-89096982	0575-87185255
浙江恒久机械集团有限公司	浙江省诸暨市迎宾路8号	311800	0575-87389767	0575-87214388
浙江力璇链传动有限公司	浙江省金华市武义县黄龙工业园区二路9号	321200	0579-87988090	0579-87698070
浙江永美链条有限公司	浙江省永康市龙山镇桥下工业区	321312	0579-87477083	0579-87476005
北京双马飞腾传动机械设备有限公司	北京市大兴区旧宫工业区北西区甲5号	100076	13910992566	010-59751579
杭州东毅链传动有限公司	浙江省杭州市萧山区衙前镇新林周工业园	311200	0571-82921882	0571-82921882
青岛征和工业股份有限公司	山东省平度市香港路112号	266700	18053223933	0532-83305918
常州明瑞链传动有限公司	江苏省常州市新北区春江镇百丈创业东路20号	213034	13606124818	0519-85860171
桂盟链条（太仓）有限公司	江苏省太仓市陆渡镇郑和中路165号	215412	0512-82783067	0512-53453112
杭州东腾实业有限公司	浙江省杭州市萧山区靖江镇靖东村	311200	0571-82973496	0571-82978729
任丘市华兴机械传动配件厂	河北省任丘市石门桥磨盘街工业区	062550	0317-2802980	0317-2802538
浙江川益机械有限公司	浙江省嵊州市三界镇振兴北路245号	312452	0575-83831189	0575-83083988
淮安市东方油尼龙有限公司	江苏省淮安市博里工业集中区	223200	15950355233	0517-85681234
丹东振安建工机械有限公司	辽宁省丹东市振安区果园路30号	118003	0415-4188608	0415-4188606
杭州台创实业有限公司	浙江省杭州市瓶窑镇毛元岭	311115	0571-86771291	0571-86778253
潍坊奥腾冷弯机械有限公司	山东省潍坊市坊子区北海路翠坊街交叉口西700米路北	261200	13355368018	0536-7658855
金城集团进出口有限公司	江苏省南京市龙蟠中路216号金城大厦26楼	210002	025-51815963	025-51815379
厦门正黎明冶金机械有限公司	福建省厦门市同安区圳南二路187号	361000	13806005679	0592-6385810
济南燎原数控机械有限公司	山东省济南市高新区舜华东路666号A座5楼	250012	13969197379	0531-55585077
山东法因数控机械股份有限公司	山东省济南市高新区天辰大街389号	250101	0531-88875517	
济南光先数控机械有限公司	山东省济南市吴家堡龙腾工业园18号	250118	13305317659	0531-85986889
济南天辰铝机股份有限公司	山东省济南市高新区天辰路1571号	250101	18660196303	0531-88882995
新乡天丰机械制造有限公司	河南省新乡市开发区新一街17号	453002	0373-3526678	0373-3526676
山东拓维数控设备有限公司	山东省济南市槐荫区小李庄工业园南首	250000	0531-85981057	0531-85985911
潍坊银河泊车设备有限公司	山东省潍坊市潍城区乐埠山工业园银河街8号	261055	15953686228	0536-5603509
国家建筑城建机械质量监督检验中心	湖南省长沙市银盆南路361号	410013	0731-88923872	0731-8910912
天津滨新科技贸易发展有限公司	天津市河北区胜利路与新开路交口北斗花园8-2804	300000	022-24388662	022-24127208

(续)

单位名称	联系地址	邮编	电话	传真
河北睿众机械停车设备销售有限公司	河北省石家庄市裕华区翟营南大街43号金马国际大厦A2座	050800	13831108727	0311-85031244
山西华博科技有限公司	山西省太原市长治路249号523室	030006	0351-7024989	0351-7024987
沈阳建伟智能立体停车系统有限公司	辽宁省沈阳市沈河区西滨河路62号滨湖俪园大厦18B2	110014	024-22906641	024-22906641
深圳市快易停立体车库销售有限公司	广东省深圳市南山区粤海街道高新南一道创维大厦A座901	518057	0755-86959387	0755-86959386
都市（北京）智能停车设备集团股份有限公司	北京市怀柔区迎宾中路1号508室	101400	010-69685415	010-69685415
北京东合南泊车科技有限公司	北京市西城区马连道路中基大厦7层	100055	010-63260560	010-63260560
深圳市易停车库科技有限公司	广东省深圳市龙岗区中心城黄阁北路天安数码城2栋B座403B	518172	15818737980	0755-88609800
西安博铭智能科技有限公司	陕西省西安市高新区锦业一路56号研祥城市广场B座2127	710065	18192380999	029-81108061
云鼎智慧城（北京）科技有限公司	北京市大兴区经济技术开发区科创十三街锋创科技园9号楼四层	100176	010-67862306	
平安国际融资租赁有限公司	上海市浦东新区世纪大道8号上海国金中心办公楼二期18楼	200120	13602628750	021-50338427
南京海轩企业管理咨询有限公司	江苏省南京市建邺区万达广场西地E座1503	210017	025-87716968	025-87716878
南京一招人力资源有限公司	江苏省南京市鼓楼区中央路417号先锋广场1033-1034室	210012	4008841004	025-66639971

大型铸锻件

单位名称	联系地址	邮编	电话	传真
中国第二重型机械集团公司	四川省德阳市珠江西路460号	618013	0838-2341482	0838-2201998
中国第一重型机械集团公司	黑龙江省齐齐哈尔市富拉尔基厂前路9号	161042	0452-6810488	0452-6810111
上海电气上重铸锻有限公司	上海市闵行区江川路1800号	200245	021-34098018	021-54721132
洛阳中重铸锻有限责任公司	河南省洛阳市涧西区建设路206号	471039	0379-64088936	0379-64088394
太原科技大学材料科学与工程学院	山西省太原市柏林区窊流路66号	030024	0351-6963359	0351-6963369
鞍钢重型机械有限责任公司	辽宁省鞍山市铁东区东山街77号	114042	0412-6611161	0412-6613458
中原特钢股份有限公司	河南省济源市第九号信箱	454685	0391-6099019	0391-6099019
内蒙古北方重工业集团有限公司	内蒙古自治区包头市青山区	014033	0472-3384491	0472-3335641
中国中元国际工程有限公司工业工程设计研究院	北京市海淀区西三环北路5号	100089	010-68732019	010-68715543
天津市天重江天重工有限公司	天津市北辰区西堤头镇津榆公路609号	300408	022-86885188	022-86885188
南车资阳机车有限公司	四川省资阳市雁江区晨风路6号	641301	028-26282650	028-26653416
中钢集团邢台机械轧辊有限公司	河北省邢台市新兴西大街1号	054025	0319-2022061	0319-2022061
北京科技大学材料科学与工程学院	北京市海淀区学院路30号主楼201室	100083	010-62332572	010-62397463
清华大学材料学院	北京市海淀区双清路30号	100084	010-62789922	010-62773637
燕山大学	河北省秦皇岛市海港区河北大街西段438号	066004	0335-8074036	0335-8387472
东方汽轮机有限公司	四川省德阳市高新技术产业园金沙江西路666号	618000	0838-2687289	0838-2687253
上海电气电站设备有限公司上海汽轮机厂	上海市闵行区江川路333号	200240	021-64358331-2110	021-64355046

(续)

单位名称	联系地址	邮编	电话	传真
哈尔滨汽轮机厂有限责任公司	黑龙江省哈尔滨市香坊区三大动力路345号	150046	0451-82953194	0451-82681364
山东山一重工机械有限公司	山东省泰安市山口镇	271000	0538-8611759	0538-8611063
石钢京诚装备技术有限公司	辽宁省营口市老边区柳树镇	115004	0417-3257899	0417-3257777
沈阳铸锻工业有限公司锻造分会司	辽宁省沈阳市经济技术开发区沈辽西路188号	110142	024-25336760	024-25336788
烟台台海马努尔核电设备股份有限公司	山东省烟台市莱山经济开发区恒源路6号	264003	0535-3725658	0535-3725699
中国第二重型机械集团公司铸锻公司	四川省德阳市珠江西路460号	618013	0838-2341631	0838-2201742
天津重型装备工程研究有限公司	天津市滨海新区经济技术开发区宏达街21号B座11层	300457	022-58808555	022-58808000
中国第一重型机械集团公司铸锻钢事业部	黑龙江省齐齐哈尔市厂前路9号	161042	0452-6811237	0452-6810030
内蒙古北方重工业集团有限公司特殊钢公司	内蒙古自治区包头市青山区	014033	0472-3386109	0472-3322346
大连华锐重工铸钢股份有限公司	辽宁省大连市甘井子区新水泥路78号	116035	0411-86427062	0411-86428210
武汉重工铸锻有限责任公司技术中心	湖北省武汉市青山区武东路1号	430084	027-68861955	027-68861955
云南冶金昆明重工有限公司锻造分公司	云南省昆明市龙泉路871号	650203	13700685245	0871-66085054
沈阳铸造研究所	辽宁省沈阳市铁西区云峰南街17号	110025	13332430936	024-25851306
中国第二重型机械集团公司铸锻公司	四川省德阳市珠江西路460号	618013	0838-2341715	0838-2201742
中国第二重型机械集团德阳万航模锻有限责任公司	四川省德阳市珠江西路460号	618013	0838-2342304	0838-2201552
太原重工股份有限公司冶铸分公司	山西省太原市万柏林区玉河街53号	030024	0351-6366750	0351-6366750
大连理工大学材料学院	辽宁省大连市高新园区凌工路2号	116024	0411-84706183	0411-84709284
上海电气上重铸锻有限公司大锻所	上海市闵行区江川路1800号	200245	021-34098189	021-34098188
鞍钢重型机械有限责任公司锻造厂	辽宁省鞍山市立山区灵山红旗路19号	114042	0412-6762398	0412-6763038
大同电力机车有限责任公司技术中心	山西省大同市大庆路前进街1号	037038	0352-7162511	0352-7162440
中冶陕压重工设备有限公司	陕西省渭南市富平县庄里镇	714000	0913-8622090	0913-8622278
中山市广重铸轧钢有限公司	广东省中山市黄圃镇鲤鱼嘴工业开发区	528429	0760-23213333	0760-23212227
无锡宏达重工股份有限公司	江苏省无锡市南泉壬港	214128	0510-85952557	0510-85953536
重庆焱炼重型机械设备有限公司	重庆市江津区德感工业园	400084	023-68611119	023-68883622
天津天重车轴制造有限公司	天津市北辰区天穆镇马庄村	300400	022-26626168	022-26341806
宝鼎重工股份有限公司	浙江省杭州市余杭区塘栖工业园区塘兴街9号	311106	0571-86319009	0571-86380688
上海申模计算机系统集成有限公司	上海市徐汇区华山路1954号	200030	021-62813430-8026	021-62946388
江苏国光重型机械有限公司	江苏省江阴市利港镇镇澄路2600号	214441	0510-86631242	0510-86600851
德阳万鑫电站产品开发有限公司	四川省广汉市高坪镇龙潭村八社	618306	0838-5603545	0838-5603545
中国长江动力集团有限公司	湖北省武汉市东湖新技术开发区佛祖岭一路6号	430074	027-59704989	027-59704989
太原重工股份有限公司锻造分公司	山西省太原市万柏林区玉河街53号	030024	0351-6365304	0351-6365304
青岛华东工程机械有限公司开发部	山东省青岛市高新区（棘洪滩）春阳路	266071	0532-85011825	0532-85011825
烟台台海玛努尔核电设备股份有限公司	山东省烟台市莱山经济开发区恒源路6号	264003	0535-3725885	0535-3725885

(续)

单位名称	联系地址	邮编	电话	传真
武汉迈特炉业科技有限公司	湖北省武汉市东湖高新区光谷大道303号光谷芯中心2-1-503号	430223	027-87806707	027-87677372
绵阳科奥表面涂层技术有限公司	四川省绵阳市绵州大道北段13号	621000	0816-6390391	0816-6390392
天津市中达电热设备有限公司	天津市西青区南河工业园	300382	022-23811661	022-23811991
中国联合工程公司工业装备分公司	浙江省杭州市石桥路338号	310022	0571-88155018	0571-88155018
中航卓越锻造（无锡）有限公司	江苏省无锡市梁溪区新生路499号东方云顶大厦625室	214183	0510-83896896	0510-83896897

重型锻压机械

单位名称	联系地址	邮编	电话	传真
中国第二重型机械集团公司	四川省德阳市珠江西路460号	618013	0838-2341181	0838-2341181
中国重型机械研究院有限公司	陕西省西安市未央区东元路209号	710032	029-86322430	029-86322430
太原重型机械集团有限公司	山西省太原市万柏林区玉河街53号	030024	0351-6361327	0351-6361327
上海重型机器厂有限公司	上海市闵行区江川路1800号	200245	021-34098005	021-34098005
北方重工沈阳重型机械集团有限责任公司	辽宁省沈阳市铁西区兴华北街8号	110025	024-25802222	024-25802222
中国第一重型机械集团公司	黑龙江省齐齐哈尔市富拉尔基区厂前路9号	116600	0452-6810123	0452-6810111
西安交通大学	陕西省西安市咸宁路28号	710049	029-82668607	029-82665204
重庆大学	重庆市沙坪坝区沙正街174号	040044	023-6511493	023-6511493
燕山大学	河北省秦皇岛市	066004	0335-8052253	0335-8074783
清华大学机械系	北京市海淀区双清路30号	100084	010-62782448	010-62788675
德阳立达基础件厂	四川省德阳市庐山南路三段32号	618099	13981099142	0838-2903979

冶金压延机械

单位名称	联系地址	邮编	电话	传真
中国第一重型机械集团公司	黑龙江省齐齐哈尔市富拉尔基区厂前路9号	161042	0452-6810186	0452-6810111
中国重型机械研究院股份公司	陕西省西安市未央区东元路209号	710032	029-86322669	029-86713965
中国重型机械有限公司	北京市海淀区公主坟复兴路甲23号	100036	010-68221576	010-68296106
大连重工·起重集团有限公司设计研究院	辽宁省大连市西岗区八一路169号	116013	0411-86852288	0411-86852283
云南冶金昆明重工有限公司	云南省昆明市龙泉路871号	650203	0871-66085233	0871-66085085
上海市机电设计研究院有限公司	上海市静安区北京西路1287号	200040	021-62479741	021-62479741
中国第二重型机械集团公司	四川省德阳市珠江路460号	618013	0838-2341817	0838-2201998
上海重型机器厂有限公司	上海市闵行区江川路1800号	200245	021-54721141-2110	021-54722933
北方重工集团有限公司	辽宁省沈阳市铁西区兴华北街8号	110025	024-25802406	024-25802416
天津天重重型机器有限公司	天津市北辰区高峰路	300400	022-26341079	022-26340718
燕山大学机械学院	河北省秦皇岛市河北大街169号	066044	0335-8057040	0335-8050148
浙江省宁波凯特机械有限公司	浙江省宁波市宁海县越龙街道西郊路55号	315600	0574-65210558	0574-65562620
包头市冶金矿山机械制造有限公司	内蒙古自治区包头市东河区巴彦塔拉大街15号	014040	0472-4111538	0472-4172310

（续）

单位名称	联系地址	邮编	电话	传真
云南冶金昆明重工有限公司拉丝设备分公司	云南省昆明市茨坝路31号	650203	0871-5150091-2241	0871-5150151
一重集团大连设计研究院有限公司冷轧部	辽宁省大连市经济技术开发区东北大街96号	116600	0411-39243301	0411-39243345
中冶京诚工程技术有限公司	北京市大兴区经济技术开发区建安街7号	100176	010-83587839	010-83587998
北京科技大学机械工程学院	北京市海淀区学院路30号	100083	010-62334723	010-62329145
北京有色冶金设计研究院	北京市海淀区复兴路12号	100038	010-63936451	010-63936618
邢台冶金机械轧辊厂	河北省邢台市新兴西大街1号	054025	0319-2116090	0319-2022061
哈尔滨环保制氢设备工业公司	黑龙江省哈尔滨市南岗区哈西大街107号	150080	0451-86662954	0451-86662954
沈阳冶金机械有限公司	辽宁省沈阳市技术开发区沈辽路2号	110141	024-25810645	024-25810645
太原重型机械集团有限公司	山西省太原市万柏林区玉河街53号	030024	0351-6362594-8018	0351-6365903
太原矿山机器集团有限公司	山西省太原市解放北路75号	030009	0351-3041086	0351-3041086
太原科技大学冶金机械学院	山西省太原市万柏林区瓦流路66号	030024	0351-6963332	0351-6963332
鞍山矿山机械股份有限公司	辽宁省鞍山市立山区励工街5号	114032	0412-6612676	0412-6612313
洛阳矿山机械工程设计研究院有限责任公司	河南省洛阳市涧西区建设路206号	471039	0379-64087777	0379-64087818
杭州拉丝机制造厂	浙江省杭州市桐庐县富春江镇子陵路10号	311504	0571-64653908	0571-64653411
西安忠义金属制品设备总厂	陕西省西安市未央宫乡小白杨路20号	710016	029-86312404	029-86312404
锡山大象机械制造有限公司	江苏省无锡市锡山区荡口镇人民路63号	214116	0510-88741471	0510-88741471

武汉雄驰机电设备有限公司
Wuhan Xiongchi Electromchanical Equipment Co., Ltd.

  武汉雄驰机电设备有限公司是一家专业从事以铜及铜合金为主导的有色金属材料及机电产品制造的民营企业，坐落于武汉市著名的"有色金属之乡"黄陂区甘棠镇，位于武汉市外环线出口3 000m处，318国道穿贯全境，占地面积40 000㎡,公司建立了满足市场经济和现代企业管理要求的经营机制，拥有专业技术及研发人员39人，具有进行产品研发及持续创新的能力。

  二十多年来随着市场不断变化，公司不断地进行产品结构调整，技术设备改造，拥有完善的生产系统和检测手段，形成集有色金属铸锻、挤压、拉拔、轧制机加工综合一体的制造型企业，具有年产铜及铜合金材料及加工产品5 000t的生产规模。

  公司相继研制开发的以铬、锆为代表的稀、重有色金属高强高导铜合金材料及主导铜合金产品有：滑动轴承、电机端环、螺旋桨和铜合金艺术铸造工艺品。铜合金产品广泛应用于航天、船舶、桥梁、港口、油田、化工、冶金、矿山、电力、电器等领域，产品销往全国各地，主要客户为国家大型机电装备企业：如中船重工武昌造船厂、大桥局武汉桥机、哈电集团、湘电集团、中车电机等，随主机出口到十多个国家和地区。得到广大客户的好评，企业通过了ISO9001:2000国际质量体系认证，GJB 9001B-2009国军标质量管理体系认证；获得多项发明专利，2015年认定为湖北省高新技术企业；"牵天"商标已获湖北省著名商标；为武汉市名牌产品；武汉市诚信企业。竭诚欢迎广大客商牵手雄驰，雄驰天下！